Entscheidungen

des

Reichsgerichts.

Herausgegeben

von

den Mitgliedern des Gerichtshofes
und der Reichsanwaltschaft.

Entscheidungen in Zivilsachen.

Neue Folge.

Siebenundvierzigster Band.

Der ganzen Reihe siebenundneunzigster Band.

Berlin und Leipzig 1920
Vereinigung wissenschaftlicher Verleger
Walter de Gruyter & Co.
vormals G. J. Göschen'sche Verlagshandlung :: J. Guttentag, Verlags-
buchhandlung :: Georg Reimer :: Karl J. Trübner :: Veit & Comp.

Entscheidungen

des

Reichsgerichts

in

Zivilsachen.

Neue Folge.

Siebenundvierzigster Band.

Der ganzen Reihe siebenundneunzigster Band.

Berlin und Leipzig 1920

Vereinigung wissenschaftlicher Verleger

Walter de Gruyter & Co.

vormals G. J. Göschen'sche Verlagshandlung :: J. Guttentag, Verlagsbuchhandlung :: Georg Reimer :: Karl J. Trübner :: Veit & Comp.

Manuldruck von F. Ullmann G. m. b. H., Zwickau Sa.

Inhalt.

I. Bürgerliches Recht.

a. Reichsrecht

b. Landesrecht.

II. Öffentliches Recht.

III. Gerichtliches Verfahren.

1. 1. Haben der Handlungsreisende und der als solcher tätige Handlungsagent kraft Gesetzes Vollmacht, Verträge fest abzuschließen?
2. Was ist im Sinne des § 85 HGB. unter Kenntnis vom Abschluß zu verstehen?

HGB. §§ 54, 55, 85, 87.

II. Zivilsenat. Urt. v. 7. Oktober 1919 i. S. H. D. G. m. b. H. (Kl.) w. B. M. & Co. G. m. b. H. (Bekl.). II 120/19.

I. Landgericht Köln, Kammer für Handelssachen.
II. Oberlandesgericht daselbst.

Die Parteien streiten darüber, ob ein Vertrag, den die Klägerin mit dem Handlungsagenten der Beklagten P. namens dieser verhandelt hat, hierbei fest abgeschlossen worden ist. Die Beklagte bestreitet, daß P. Abschlußvollmacht besessen habe. Nach Billigung der Feststellung, daß dem P. die Abschlußvollmacht ausdrücklich versagt war, heißt es in den

Gründen:

... „In dieser Instanz hat die Klägerin auf § 87 HGB. hingewiesen, wonach das vom Handlungsreisenden im Sinne des § 55 HGB. dort Bestimmte auch auf Handlungsagenten anzuwenden ist, wenn sie als Handlungsreisende tätig sind. Es mag sein, daß die letzterwähnte Voraussetzung hier vorliegt. Behauptungen sind nach dieser Richtung in den Unterinstanzen nicht aufgestellt worden. Aber aus den Mitteilungen der Zeugen ergibt sich das Bild, daß P. seine Geschäftstätigkeit auch außerhalb des Platzes seiner Niederlassung entfaltete. Indessen läge auch so eine Bevollmächtigung des P., die Verträge fest abzuschließen, nicht vor. Der § 55, der danach Anwendung zu finden hätte, weist in erster Linie auf § 54 zurück. Selbständig regelt er den Umfang der Vollmacht des Reisenden nur insofern, als er sie auf die Erhebung des Kaufpreises und Bewilligung von Zahlungsfristen, wie das in Abs. 2 näher bestimmt ist, und auf Entgegennahme der in Abs. 3 genannten Erklärungen festlegt. Damit ist in § 55 nichts darüber gesagt, ob der Reisende Abschlußvollmacht hat oder nicht. In dieser Beziehung richtet sich der Umfang seiner

Vertretungsmacht nach dem in § 54 Bestimmten, d. h. es hängt davon ab, ob und in welchem Umfang er im allgemeinen zum Abschluß oder nur zur Vermittlung von Geschäften ermächtigt worden ist. Zwar findet sich auch die Meinung vertreten, daß der Angestellte als Handlungsreisender kraft Gesetzes die Vollmacht zum Abschluß besitze. So Staub HGB. § 55 Erl. 3. Das ist aber grundlos und wird auch allgemein nicht anerkannt (vgl. Düringer-Hachenburg HGB. § 55 Erl. 1; Ritter HGB. Erl. 1 zu § 55; Makower Erl. 1a; Brand Erl. 2 zu § 55; Immerwahr, Das Recht der Handlungsagenten S. 63).

Endlich macht die Revision in dieser Instanz den Umstand geltend, daß P. am Tage der Verhandlung mit der Klägerin der Beklagten mittags 12 Uhr telefonisch von dem Geschehenen Mitteilung gemacht, und daß diese gegenüber P. überhaupt nicht, gegenüber der Klägerin erst nachmittags ½ 4 Uhr widersprochen habe. Sie weist darauf hin, daß nach § 182 BGB. die Beklagte das Geschäft mit der Klägerin auch durch Erklärung an P. habe wirksam genehmigen können und tatsächlich durch Stillschweigen genehmigt habe. Man könnte auch an § 85 HGB. denken, wonach der Geschäftsherr, wenn er von dem Abschluß eines Geschäftes durch den Agenten erfährt, der nicht bevollmächtigt ist abzuschließen, unverzüglich ablehnen muß, wenn er nicht als genehmigend gelten will. Aber weder das eine noch das andere führt zum Ziel. Es ist nicht behauptet worden und steht nicht fest, wie die Mitteilung gelautet hat, mit der P. die Beklagte von dem Geschehenen in Kenntnis gesetzt hat. War aus ihr nicht zu entnehmen, daß er seine Befugnis überschritten hatte, so lag für die Beklagte keine Veranlassung vor, zu widersprechen, und es kann in ihrem Stillschweigen keine Genehmigung gefunden werden." ...

---

2. Inwiefern erlischt eine feste Offerte, auch wenn sie ohne zeitliche Schranke gemacht worden ist, durch Zeitablauf?

II. Zivilsenat. Urt. v. 14. Oktober 1919 i. S. A. K. & Co. (Kl.) w. C. N. S. (Bekl.). II 117/19.

I. Landgericht I Berlin, Kammer für Handelssachen.
II. Kammergericht daselbst.

Die Klägerin behauptet, daß sie auf Grund eines Abschlusses vom 12. Februar 1915 von der Beklagten 10000 Dtzd. Damenstrümpfe auf Lieferung fest gekauft habe, die Lieferung von der Beklagten aber verweigert sei, und sie erhebt Anspruch auf Schadensersatz wegen Nichterfüllung des Vertrags. Die Parteien standen bereits mit einander in Geschäftsbeziehungen, als am 12./13. Februar 1915 zwischen ihnen ein Abschluß über Lieferung von 7000 Dtzd. Damenstrümpfen, in 3 Qualitäten auf Abruf bis spätestens 31. Dezember 1915 zu liefern, zustande kam. In dem Bestätigungsschreiben der Klägerin lautet es ferner:

Einen weiteren Abschluß auf obige 3 Qualitäten oder in ähnlichen guten Ersatzqualitäten in diesen Preislagen, welche uns von Ihnen in den nächsten 14 Tagen bis 3 Wochen anzustellen sind, halten Sie uns bis zur Höhe von 10000 Dtzd. frei.

Anfang März 1915 hat die Beklagte bezüglich einer der drei Qualitäten der Klägerin das Muster eines Ersatzes zugehen lassen und sodann auf deren Verlangen sich bereit erklärt, aus dem bemusterten Faden probeweise 20—30 Dtzd. Strümpfe herzustellen. Am 18. März 1915 schrieb die Klägerin der Beklagten, daß sie die Ersatzmuster erwarte. In der Folgezeit wurde wegen der Lieferung der 7000 Dtzd. Strümpfe zwischen den Parteien vielfach korrespondiert. Auf die 10000 Dtzd. kam die Klägerin allererst mit ihrem Schreiben vom 5. September 1916 wieder zurück, indem sie nunmehr die Lieferung auch dieses Quantums beanspruchte, die die Beklagte ablehnte.

Die Klage wurde abgewiesen, die Berufung zurückgewiesen. Auch die Revision wurde zurückgewiesen.

Aus den Gründen:

„Mit Recht stellt der Vorderrichter — im Gegensatze zum Richter erster Instanz — fest, daß es in dem Abschlusse vom 12. Februar 1915 zwischen den Parteien nicht nur hinsichtlich der festverkauften 7000 Dtzd. Strümpfe, sondern auch in Beziehung auf die weiter in Aussicht genommene Lieferung von 10000 Dtzd. zu einem festen Abkommen insofern gekommen ist, als die Beklagte sich einseitig gebunden hat, in kurzer Frist Ersatzmuster zu stellen und auf Verlangen der Klägerin nach diesen zu liefern. Aber ebenso zutreffend nimmt der Vorderrichter an, daß die Beklagte an diese Offerte nicht mehr gebunden war, als Klägerin nach Ablauf von etwa $1^1/_2$ Jahren auf die Sache zurückkam und die Ersatzmuster verlangte. Wenn zur Begründung dessen gesagt wird, daß Klägerin auf ihre Rechte aus dem Vertrage stillschweigend verzichtet habe, und ferner, daß die Parteien den Vertrag stillschweigend wieder aufgehoben haben, so kann dahingestellt bleiben, ob das im Sinne einer tatsächlichen Feststellung zu verstehen ist und ob für eine solche Feststellung die genügenden tatbestandmäßigen Unterlagen vorliegen würden. Denn es ist davon auszugehen, daß einer einseitigen Bindung dieser Art von vornherein, auch ohne daß es ausgesprochen worden ist, eine zeitliche Schranke innewohnt. Vernünftigerweise können die Vertragschließenden es anders nicht gewollt und gemeint haben. Immer läuft eine Frist, nach deren Ablauf die Offerte erlischt. Die Länge dieser Frist muß aus allgemeinen Gesichtspunkten und nach den Umständen des einzelnen Falles nach Billigkeit bemessen werden. Dem hat sich der Vorderrichter mit ausführlicher und rechtlich einwandfreier Begründung unterzogen. Dabei hat er mit Recht dem Umstande keine entscheidende Bedeutung beigemessen, daß die Beklagte in ihrem Schreiben vom 13. März 1915 ein Muster in Gestalt von 20—30 Dtzd. innerhalb 4 Wochen zugesagt und die Klägerin in ihrer Antwort vom 18. März erwidert hatte, sie erwarte diese Muster, worauf dann weiter nichts erfolgt ist. Denn selbst wenn zuzugeben wäre, daß die Beklagte mit Lieferung der Muster in Verzug geraten ist, so würde doch noch nicht die Gebundenheit der Beklagten in das Endlose verlängert worden sein. Es war der Klägerin unbenommen, die in Stillstand geratene Angelegenheit in jedem Augenblicke wieder aufzunehmen. Nach den Feststellungen des Vorderrichters hat sie das nicht getan. Sie ist in Beziehung auf die festverkauften 7000 Dtzd., deren Lieferung sich bis in den Oktober 1916 erstreckt hat, dauernd in ständigem Briefwechsel mit der Beklagten gewesen, ohne in ihren Briefen bis zum 5. September 1916 auch nur einmal auf gegenwärtige Angelegenheit zurückzukommen. Unter diesen Umständen konnte die Beklagte sich mit Recht auf den Standpunkt stellen, daß ihre Offerte der Klägerin nicht mehr offen stand." . . .

---

3. Ist das Zurücklassen von Fremdkörpern in der Operationswunde stets als von dem operierenden Arzte verschuldet anzusehen?

III. Zivilsenat. Urt. v. 17. Oktober 1919 i. S. X. (Kl.) w. Y. (Bekl.). III 122/19.

I. Landgericht Flensburg.
II. Oberlandesgericht Kiel.

Bei der am 3. März 1910 vom Beklagten an der Klägerin vorgenommenen Ovariotomie war eine Gazeserviette in der Bauchhöhle der Klägerin zurückgeblieben und hatte Nachoperationen und Gesundheitsschädigung verursacht. Die Klägerin führt das Zurückbleiben auf ein Verschulden des Beklagten zurück und fordert Schadensersatz. Die Instanzen haben ein Verschulden des Beklagten verneint und die Klage abgewiesen.

Die Revision, welche rügte, daß das Berufungsgericht die Beweislast verkannt, die Gutachten der Sachverständigen kritisch zu würdigen unterlassen und zu Unrecht den Antrag auf Einholung eines Obergutachtens abgelehnt habe, hatte keinen Erfolg.

Aus den Gründen:

„Der Berufungsrichter geht zutreffend davon aus, daß es besonderer Fachkunde und Facherfahrung bedürfe, um zu beurteilen, wie weit die Sorgfalt eines gewissenhaften Chirurgen und Operateurs bei einer derart komplizierten Operation zu gehen habe und gehen könne. Sodann legt er unter Erwähnung der mehreren von den Sachverständigen erörterten, von ihnen und sonst gehandhabten Maßnahmen deren Auffassung zugrunde, daß auch bei Anwendung dieser Maßnahmen und trotz aller Sorgfalt ein Zurückbleiben von Servietten, Tupfern u. dgl. in der Bauchhöhle versehentlich möglich sei. Nur gegenüber dieser, die Anwendung aller Sorgfalt voraussetzenden Auffassung fragt der Berufungsrichter, ob besondere Umstände auf ein Verschulden des Beklagten schließen lassen. Er prüft also, ob wirklich der Beklagte alle Sorgfalt angewendet hat, und bejaht dies, ohne die Beweislast irgend zu berühren, weil der immer sonst gewissenhafte und sorgfältige Beklagte die von ihm verwendeten Servietten, um deren Übersehen beim Schluß der Operation tunlichst unmöglich zu machen, mit einem Zipfel heraushängen ließ oder mit einem Instrumente festklemmte. Diese Maßnahme hält er in Übereinstimmung mit den drei Sachverständigen für genügend, so daß der Beklagte alles getan habe, was auch vom Maßstab einer gesteigerten Sorgfalt aus irgend von ihm zu verlangen war. Die von der Revision betonte, vom Beklagten nicht getroffene Maßnahme einer vorherigen Abzählung der in einer Kassette bereit zu haltenden Servietten bietet nach den Gutachten keine größere Sicherheit, als das Heraushängenlassen von Zipfeln oder eingeklemmten Instrumenten, — im Gegenteil: war nämlich etwa das Abzählen der in der Kassette zurückgebliebenen Servietten erst nach der Wiederschließung der Bauchhöhle möglich, so konnte das Suchen nach den fehlenden Servietten nur mittels nochmaliger Öffnung der Bauchhöhle erfolgen, also mit einer oft noch größeren Gesundheits- und Lebensgefahr für den Patienten, als das Verbleiben der Serviette in der Bauchhöhle bildete. — Eine solche nochmalige Eröffnung der Bauchhöhle wegen einer Fehlzahl in dem vorher abgezählten Serviettenbestande hatte in anderen Fällen stattgefunden, war jedoch vergeblich geblieben, weil in Wirklichkeit nichts in der Bauchhöhle zurückgeblieben war; diese Fälle kennzeichnen die Unzuverlässigkeit auch des vorherigen Abzählens als schlagende Beispiele.

Die Revision würdigt nicht genügend, daß — und gerade hierdurch unterscheidet sich der vorliegende Fall von dem RGZ. Bd. 83 S. 75 behandelten — während der Operation eine dreifache, nicht voraussehbare und nicht vorausgesehene Komplikation eintrat." (Folgen nähere Angaben.) „Wenn bei diesen so plötzlich auftauchenden und so schnell zu erledigenden Operationsaufgaben die Serviette vollständig, auch mit dem zum Heraushängen bestimmten Zipfel, in die Bauchhöhle geriet und darum übersehen wurde, so war das einer der nach der übereinstimmenden, vom Berufungsrichter für richtig erachteten Meinung der drei Sachverständigen unvermeidlichen, auch durch die größte Sorgfalt nicht auszuschließenden Zufälle. Mit Recht bemerkt der Sachverständige S. in fast wörtlicher Übereinstimmung mit der Darlegung des erkennenden Senats in RGZ. Bd. 78 S. 435, daß auch die gewissenhaftesten Menschen nicht immer mit der Präzision einer Maschine arbeiten.

Ein Obergutachten abzulehnen, war endlich der Berufungsrichter gerade im Rahmen des § 287 ZPO. befugt. Auch von seiten der Obermedizinalbehörde könnte ein Obergutachten nicht durch der Praxis fern stehende Mitglieder erstattet werden, sondern nur durch Männer, welche die Notwendigkeiten, Möglichkeiten und Gefahren einer komplizierten Bauchhöhlenoperation in eigener Praxis auf das genaueste erfahren haben und andauernd erfahren. Wenn bei dieser Sachlage der Berufungsrichter erklärt, seine aus den drei übereinstimmenden Gutachten von in der Praxis stehenden Autoritäten gewonnene Überzeugung könne durch ein etwa abweichendes Obergutachten nicht erschüttert werden, so unterliegt dies auch sachlich keinem Bedenken."

---

4. 1. Zum gegenseitigen Verhältnis der Schadensersatzansprüche aus § 325 und § 326 BGB.
2. Zur Frage, wann der Eintritt des Verzugs gemäß § 285 BGB. ausgeschlossen ist.
3. Zum Begriffe der Mahnung.

II. Zivilsenat. Urt. v. 17. Oktober 1919 i. S. T. & Co. (Bekl.) w. R. (Kl.). II 107/19.

I. Landgericht Hamburg, Kammer für Handelssachen.
II. Oberlandesgericht daselbst.

Im November 1916 verkaufte die Beklagte dem Kläger ca. 400 Faß marinierte holländische Vollheringe, franko Emmerich, prompte Abladung. Der Kaufpreis war zahlbar „gegen ordnungsmäßige Verladedokumente gegen sofortiges unwiderrufliches Akkreditiv bei der Emmericher Kreditbank in Emmerich zugunsten des Verkäufers." Nachträglich, am 13. November 1916, vereinbarten die Parteien, daß die Akkreditierung bei der Commerz- und Diskontobank in Hamburg erfolgen solle. Der Kläger beauftragte am selben Tage die Deutsche Nationalbank in Dortmund, das Akkreditiv in Höhe von 148500 ℳ für seine Rechnung unwiderruflich bei der genannten Hamburger Bank zu stellen. Als die Beklagte von der Bank in Dortmund Nachricht über den Vollzug des

Auftrags erhielt, beanstandete sie in einem an den Kläger gerichteten Briefe vom 15. November, daß dem Erfordernis der Unwiderruflichkeit des Akkreditivs nicht genügt sei; zugleich forderte sie den Kläger auf, zu veranlassen, daß es auf etwa 14 Tage, also bis zum 1. Dezember 1916, unwiderruflich gestellt werde. Seitens des Klägers erhielt sie durch Brief vom 16. November zunächst die Nachricht, daß noch keine Antwort erteilt werden könne, weil ein in dem Briefe genannter Herr verreist sei. Dann teilte ihr der Kläger durch Schreiben vom 20. November mit, daß er die Deutsche Nationalbank entsprechend angewiesen habe. Weiter verlangte er unterm 21. November Andienung der Ware bis spätestens am 25. desf. Mts. Ebenfalls am 21. November erhielt er einen Brief der Beklagten vom 20. desf. Mts., in dem er für alle Folgen seiner Säumnis verantwortlich gemacht wurde, worauf er in einem zweiten Briefe vom 21. November erklärte, daß ein Irrtum der Nationalbank vorliege. Die Commerz- und Diskontobank schrieb der Beklagten am 24. November, daß sie gemäß einem ihr an demselben Tage zugegangenen Auftrage der Deutschen Nationalbank das Akkreditiv unwiderruflich bis zum 1. Dezember eröffnet habe, daß der Betrag zahlbar sei gegen Auslieferung des Duplikatfrachtbriefs über die in Holland verladene Ware und daß sie, die Bank, die Aushändigung des Dokuments bis zu dem angegebenen Zeitpunkt erwartend bleibe.

Die Beklagte hat die Ware nicht geliefert. Nach dem 30. November 1916 war die Lieferung wegen des Eingreifens der Zentraleinkaufsgesellschaft nicht mehr möglich.

Mit der Klage beanspruchte der Kläger Schadensersatz wegen Nichterfüllung. Das Landgericht wies die Klage ab. Das Oberlandesgericht sprach zunächst durch Zwischenurteil aus, es werde festgestellt, daß die Beklagte durch Empfang des Briefes der Commerz- und Diskontobank in Hamburg vom 24. November 1916 in Verbindung damit, daß der Kläger vorher die Lieferungsmahnung vom 21. November 1916 an sie gerichtet habe, mit ihrer Verpflichtung zur Lieferung der streitigen Ware in Verzug gekommen sei. Das Endurteil erklärte sodann den Klaganspruch für dem Grunde nach gerechtfertigt. Auf die Revision der Beklagten wurde das Berufungsurteil aufgehoben und die Sache in die Vorinstanz zurückverwiesen.

Gründe:

„Das Landgericht hat die Klage abgewiesen, weil der Lieferungsanspruch des Klägers erst mit der Stellung des unwiderruflichen Akkreditivs (24. November 1916) fällig geworden sei, weil erst von da an eine Mahnung des Klägers die Beklagte hätte in Verzug setzen können, weil aber eine solche Mahnung in der Zeit, zu der die Leistung noch möglich gewesen wäre (bis zum 30. November 1916), nicht stattgefunden habe.

Das Berufungsgericht führt in dem Zwischenurteile zunächst aus, daß der Kläger seiner Vertragspflicht, ein unwiderrufliches Akkreditiv zu stellen, erst am 24. November 1916 genügt habe. Im Gegensatze zum Landgericht ist es dann der Meinung, daß nach diesem Zeitpunkte zur Herbeiführung des Verzugs der Beklagten nicht noch eine Mahnung erforderlich gewesen sei. Das Endurteil behandelt die — in dem Zwischenurteile der späteren Entscheidung vorbehaltene — Frage, ob die Lieferung in der Zeit vom 24. November bis zum 30. desf. Mts. (dem Eintritte der endgültigen Unmöglichkeit) noch hätte bewirkt werden können und sollen. Diese Frage beantwortet es zugunsten des Klägers.

Der Revision ist einzuräumen, daß das Zwischenurteil so, wie es lautet, nicht hätte erlassen werden dürfen. Erst wenn feststand, daß die Beklagte in der Zeit vom 24. bis zum 30. November zu leisten hatte, konnte ausgesprochen werden, daß sie durch das Unterlassen der Leistung in Verzug kam. Indessen ist dieser Mangel, wie auch die Revision nicht verkennt, für die schließliche Entscheidung belanglos, weil die notwendige weitere Feststellung in dem Endurteile nachgeholt ist. Zu beanstanden ist aber die ganze rechtliche Unterlage der beiden Urteile.

Nach einer von dem Berufungsgericht erhobenen Auskunft der Zentraleinkaufsgesellschaft ist am 22. November 1916 für marinierte Heringe ein holländisches Ausfuhrverbot in dem Sinne ergangen, daß zur Ausfuhr eine Genehmigung der Regierung (sog. Consent), die von Fall zu Fall erteilt wurde, erforderlich war. Die Einfuhr nach Deutschland unterlag bis zum 7. November 1916 keiner Beschränkung. Von da an war sie noch bis zum 30. November 1916 frei, wenn die Ware vor dem 8. Oktober 1916 (also vor dem Abschlusse der Parteien) in Holland gekauft und der Vertrag spätestens am 11. desf. Mts. bei der Zentraleinkaufsgesellschaft angemeldet war. Fehlte diese Voraussetzung, so wurde die Ware bei der Einfuhr für die Zentraleinkaufsgesellschaft beschlagnahmt. Nach dem 30. November 1916 eingeführte Ware verfiel in allen Fällen dieser Beschlagnahme. Die Beklagte hat geltend gemacht, sie habe sich bei G. Sch. in Emmerich rechtzeitig einer vor dem 8. Oktober 1916 in Holland gekauften und vor dem 12. desf. Mts. angemeldeten Ware versichert gehabt, der erteilte Consent sei aber wieder eingezogen worden, auch habe die holländische Regierung wegen Kohlenmangels die zur Beförderung notwendigen Eisenbahnwagen nicht freigegeben, der eigentliche Grund des Unterbleibens der Lieferung liege darin, daß der Kläger die Stellung des unwiderruflichen Akkreditivs bis zum 24. November verzögert habe.

Das Berufungsgericht geht nun bei der Beurteilung der Sache in dem Endurteile von der Vorschrift des § 326 BGB. aus. Es knüpft an das Zwischenurteil an, wonach die Beklagte sich seit dem 24. November 1916 in Verzug befunden habe, und bemerkt weiter, zur Begründung des klägerischen Anspruchs auf Schadensersatz wegen Nichterfüllung sei die Bestimmung einer Nachfrist nicht erforderlich gewesen, weil die Beklagte die Lieferung endgültig verweigert habe und weil die Ausführung des Vertrags nach dem 30. November nicht mehr möglich gewesen sei, so daß die Fristbestimmung jetzt eine leere Form gewesen wäre. Die Erfüllungsverweigerung findet das Berufungsgericht darin, daß die Beklagte sich nach dem 30. November auf die von da an bestehende Unmöglichkeit der Lieferung bezogen habe. Sodann ist ausgeführt, daß der Schadensersatzanspruch des Klagers hiernach gerechtfertigt sei, wenn die Beklagte nicht dartun könne, daß die Lieferung in der Zeit vom 24. bis zum 30. November unmöglich gewesen sei. Letzteres ist verneint und dabei u. a. erwogen, der Nachweis, daß die Beklagte sich rechtzeitig einer vor dem 7. Oktober 1916 in Holland eingekauften und bis zum 11. dess. Mts. bei der Zentraleinkaufsgesellschaft angemeldeten Ware versichert habe und daß dann der ihrem Hintermann erteilte Consent wieder eingezogen worden sei, befreie sie nicht von der Lieferungspflicht, denn es handle sich um einen Kauf von „der Zahl nach bestimmten Gegenständen", ein solcher Abschluß sei vom persönlichen Unvermögen des Verkäufers oder seines Lieferanten unabhängig und es frage sich nur, ob seine Erfüllung in der maßgebenden Zeit überhaupt möglich gewesen sei; daß alle Lieferungen von Heringen aus Holland um die fragliche Zeit, sei es durch Verweigerung und Einziehung der Consente, sei es durch Vorenthaltung von Eisenbahnwagen, unmöglich geworden seien, sei widerlegt.

Diese Beurteilung beruht auf unrichtiger Anwendung von § 326 BGB. Zur Bewirkung einer unmöglich gewordenen Leistung ist der Schuldner nicht mehr verpflichtet, daher kann er eine solche Leistung auch nicht mehr rechtswidrig verweigern. Die in einem derartigen Falle etwa begründete Schadensersatzpflicht kann deshalb nicht aus § 326 abgeleitet werden. Vielmehr ist sie zu stützen auf die die Folgen der nachträglichen Unmöglichkeit regelnden Vorschriften des Gesetzes. Bei Anwendung des hiernach maßgebenden § 325 hätte sich nun zunächst ergeben, daß der Umstand, infolge dessen nach dem insoweit übereinstimmenden Vorbringen der Parteien die Leistung unmöglich wurde, von der Beklagten nicht zu vertreten ist. Denn die Maßnahmen der Zentraleinkaufsgesellschaft, die nach dem 30. November 1916 der Lieferung entgegenstanden, waren der Einwirkung der Beklagten entzogen. Weiter wäre aber die Beklagte nach § 287 Satz 2 BGB. für das als Zufall im Sinne des Gesetzes sich darstellende Eingreifen der genannten Gesellschaft dann verantwortlich, wenn sie sich damals in Verzug befunden hat. Das Berufungsgericht bejaht den Verzug, begeht aber dabei den Fehler, daß es die Vorschrift des § 285 nicht beachtet, wonach der Schuldner nicht in Verzug kommt, solange die Leistung infolge eines Umstandes unterbleibt, den er nicht zu vertreten hat. Statt diese Vorschrift anzuwenden, befaßt es sich, losgelöst vom Verzuge, mit der Frage der Unmöglichkeit der Leistung, die an dieser Stelle, eben wegen des hier maßgebenden § 285, nicht ausschlaggebend ist.

Die Sache liegt auch im gegebenen Falle nicht etwa so, daß in dem, was das Berufungsgericht über die Möglichkeit, die Leistung in der Zeit vom 24. bis zum 30. November zu bewirken, ausführt, eine einwandfreie Beurteilung nach § 285 gefunden werden könnte. Das Berufungsgericht stellt weiter nichts fest, als daß die Möglichkeit, in Holland Heringe abzuladen, über die Grenze zu bringen und dem inländischen Käufer zuzuführen, in jenen Tagen nicht völlig ausgeschlossen war. Hier kommt es aber darauf an, ob nicht die durch die mancherlei Maßnahmen der Zentraleinkaufsgesellschaft und der holländischen Regierung geschaffenen Verhältnisse die Beklagte in die Lage versetzt haben, die der Lieferung entgegenstehenden Hindernisse nicht mehr oder doch nur unter Schwierigkeiten überwinden zu können, denen sie sich bei Berücksichtigung des Grundsatzes des § 242 BGB. nicht zu unterziehen brauchte. Dabei kann, soweit die Vorschrift des § 279 BGB. eingreift, die Frage der Verantwortlichkeit der Beklagten für ihr Unvermögen nicht schlechthin mit der Erwägung erledigt werden, daß die Beklagte der Gattung nach bestimmte Sachen zu liefern gehabt habe. Das ist dadurch ausgeschlossen, daß, wie das Berufungsgericht augenscheinlich selbst annimmt, nicht eine reine Gattungsware, sondern aus Holland einzuführende Ware verkauft war, daß solche Ware zu der in Betracht kommenden Zeit nur unter ganz besonderen Voraussetzungen geliefert werden konnte, daß in dem Vertrage die sofortige Stellung des unwiderruflichen Akkreditivs vorgesehen war und daß nicht die Beklagte die schwierige Lage geschaffen hat, sondern daß der trotz des Drängens der Beklagten säumige Kläger es war, durch den die Ausführung des Geschäfts verzögert worden ist. Außerdem weist die Revision mit Recht auch auf § 254 BGB. hin. Nachdem die Beklagte behauptet hatte, daß die Säumigkeit des Klägers in der Akkreditivstellung die nur noch bis Ende November ausführbare Lieferung verhindert habe, wäre — die Verantwortlichkeit der Beklagten vorausgesetzt — zu prüfen gewesen, ob nicht eigenes Verschulden des Klägers vorliegt, das bei der Entstehung des Schadens mitgewirkt hat und darum die Ersatzpflicht der Beklagten aufhebt oder doch mindert.

Die Ansicht des Berufungsgerichts, daß der Verzug der Beklagten nicht deshalb zu verneinen sei, weil die nach § 284 Abs. 1 BGB. erforderliche Mahnung fehle, ist, entgegen der Meinung der Revision, nicht zu beanstanden. Es genügte, daß der Beklagten die ordnungsmäßige Akkreditierung als erfolgt angezeigt wurde, wie dies durch den Brief der Commerz- und Diskontobank vom 24. November 1916 geschehen ist. Denn da die Beklagte nach dem Vertrag auf die Akkreditierung hin liefern sollte, lag in der Anzeige die Aufforderung, die nunmehr fällige Leistung zu bewirken. Zudem ist aber in jenem Briefe der — von dem Kläger zur weiteren Besorgung der Angelegenheit ermächtigten — Bank die Aufforderung zur Leistung noch besonders zum Ausdrucke gebracht durch die Schlußbemerkung, daß die Bank die Aushändigung des Duplikatfrachtbriefs erwartend bleibe.

Die Entscheidung des Zwischenurteils ist danach in dem Sinne als richtig anzuerkennen, daß der Klaganspruch nicht schon, wie das Landgericht angenommen hat, wegen Fehlens der zur Herbeiführung des Verzugs erforderlichen Mahnung hinfällig ist. Im übrigen konnte der Auffassung des Berufungsgerichts, daß der festgestellte Sachverhalt die Schadensersatzpflicht der Beklagten rechtfertige, nicht beigetreten werden."...

---

5. Wird eine persönliche Haftung des Zwangsverwalters gegenüber dem Mieter durch schuldhafte Unterlassung begründet?

BGB. §§ 823 flg.; ZVG. §§ 152, 154, 155.

III. Zivilsenat. Urt. v. 24. Oktober 1919 i. S. K. (Kl.) w. Zwangsverwalter F. (Bekl.). III 151/19.

I. Landgericht II Berlin.
II. Kammergericht daselbst.

Der Beklagte war vom 11. August 1913 bis zum 4. August 1916 Zwangsverwalter eines Grundstücks, auf dem der Kläger Räume zum Betrieb einer Holzleistenfabrik gemietet hatte. In der Nacht zum 12. August 1915 drang infolge eines Wasserrohrbruchs in die von dem Kläger gemieteten Kellerräume Wasser ein, wodurch dort lagernde Holzleisten des Klägers beschädigt wurden. Mit der Behauptung, der Beklagte habe diese Beschädigung verschuldet, beansprucht der Kläger von ihm in seiner Eigenschaft als Zwangsverwalter und auch von ihm persönlich Schadensersatz. Das Landgericht hat den Klaganspruch völlig, das Berufungsgericht hat ihn insoweit abgewiesen, als er gegen den Beklagten persönlich gerichtet ist. Die Revision des Klägers wurde zurückgewiesen.

Gründe:

„Das Berufungsgericht prüft die persönliche Haftung des Beklagten nur unter dem Gesichtspunkte des § 154 ZVG., nach dem der Zwangsverwalter für die Erfüllung der ihm obliegenden Verpflichtungen allen Beteiligten gegenüber verantwortlich ist, und verneint sie, weil der Kläger als Mieter nicht zu den Beteiligten im Sinne des § 9 ZVG. gehört habe, da er sein Recht in dem Zwangsverwaltungsverfahren nicht angemeldet habe. Daß nur die im § 9 genannten Personen Beteiligte im Sinne des § 154 sind, hat der erkennende Senat in dem Urteile vom 12. Oktober 1910 (III 694/09, RGZ. Bd. 74 S. 258) ausgesprochen; an dieser Ansicht ist festzuhalten und demnach mit dem Vorderrichter eine Haftung des Beklagten aus § 154 dem Kläger gegenüber zu verneinen.

Aber auch auf Grund der §§ 823 flg. BGB. kann der Beklagte persönlich nicht in Anspruch genommen werden. Ihm wird von dem Kläger zum Vorwurfe gemacht, daß er, der für den ordnungsmäßigen Zustand des Hauses als dessen Verwalter und alleiniger Verfügungsberechtigter verantwortlich gewesen sei, es schuldhaft unterlassen habe, Vorkehrungen gegen das Eindringen von Wasser in den Keller zu treffen, obwohl ihm bekannt gewesen und insbesondere auch von dem Mieter früher mitgeteilt sei, daß wiederholt Wasser in den Keller eingedrungen wäre; außerdem habe er das in der Nacht zum 12. August eingedrungene Wasser erst am 13. herauspumpen lassen. Der Schaden des Klägers soll also nicht durch ein positives Tun, sondern nur durch Unterlassungen des Beklagten verursacht sein. Für Unterlassungen haftet aber der Schuldige aus § 823 nur dann, wenn er eine Rechtspflicht zum Handeln hatte und diese schuldhaft verletzte. Eine allgemeine Rechtspflicht, fremdes Eigentum gegen Gefahren zu schützen, es vor Zerstörung oder Beschädigung zu bewahren, besteht nun nicht. Hierzu wird eine Pflicht nur durch ein besonderes Rechtsverhältnis begründet. Vorliegendenfalls war der Beklagte ausschließlich in seiner Eigenschaft als Zwangsverwalter verbunden, sich um den Zustand des vermieteten Kellers zu kümmern und dafür zu sorgen, daß das Eigentum des Klägers nicht geschädigt werde. Es wird ihm nur die Unterlassung einer Tätigkeit vorgeworfen, die in den Kreis der ihm als Zwangsverwalter obliegenden Aufgaben fällt. In einem solchen Falle haftet der Zwangsverwalter persönlich lediglich gemäß § 154 ZVG. Der nicht zu den Beteiligten im Sinne dieser Vorschrift gehörende Dritte kann sich nur an die Zwangsverwaltungsmasse (vgl. §§ 152, 155 ZVG.) halten, die ihrerseits gemäß § 154 gegen den Verwalter Rückgriff nehmen kann."

6. Verteilung der Beweislast bei einem Verstoße gegen Art. 27, 29 der Seestraßenordnung vom 5. Februar 1906 (RGBl. S. 120).

I. Zivilsenat. Urt. v. 25. Oktober 1919 i. S. G. (Bekl.) w. M. u. Gen. (Kl.). I 64/19.

I. Landgericht Hamburg, Kammer für Handelssachen.
II. Oberlandesgericht daselbst.

In der Nacht vom 18. auf den 19. Januar 1913 fand unweit Bornholm ein Zusammenstoß statt zwischen dem Dampfer Minos und dem Dampfer Haparanda. Der Dampfer Minos ist mit seiner Ladung gesunken.

Die Klägerinnen sind Ladungsinteressenten, Ladungsversicherer und Zessionare solcher Versicherer der Minos und beanspruchen von dem Beklagten als dem Korrespondentreeder der Haparanda den Ersatz des sie betreffenden Ladungsschadens der Minos. Die Klägerinnen behaupten, daß das alleinige Verschulden am Zusammenstoß auf seiten der Haparandaführung gelegen habe. Die Beklagte hat den Klaganspruch nach Grund und Höhe bestritten. Das Landgericht hat auf Klagabweisung erkannt; das Berufungsgericht hat die Klagansprüche im wesentlichen dem Grunde nach für berechtigt erklärt. Die hiergegen eingelegte Revision hat zur Aufhebung des Berufungsurteils und Zurückverweisung der Sache an die Vorinstanz geführt aus folgenden

Gründen:

„Das Berufungsgericht hat ausgeführt: es erblicke mit dem Seeamt ein Verschulden des zu der maßgeblichen Zeit den Dampfer Haparanda führenden ersten Steuermannes H. darin, daß dieser auf das erste Zwei-Töne-Signal der Minos noch weiter beobachtet und nicht sofort die Maschine der Haparanda auf volle Kraft rückwärts beordert habe. Damit sei ein Verstoß des H. gegen die nautische Vorsicht erwiesen. Es könne jedoch nicht mit Sicherheit beantwortet werden, mit welcher Stärke, in welchem Winkel und an welcher Stelle die Haparanda die Minos bei rechtzeitigem Rückwärtskommando getroffen hätte, und es könne daher auch nicht festgestellt werden, daß die Kollision auch ohne den erwähnten Verstoß des H. das Sinken der Minos und den Verlust ihrer Ladung zur Folge gehabt hätte. Angesichts des vorliegenden schuldhaften Verhaltens des genannten Führers der Haparanda, das für den genannten Schaden ursächlich gewesen sein könne, hätte es aber dem Beklagten obgelegen, den Beweis zu erbringen, daß der Schaden auch entstanden wäre, wenn H. rechtzeitig rückwärts beordert hätte. Da dieser Beweis nicht geführt sei, sei ein für den Kollisionsschaden kausales Mitverschulden auf seiten der Haparandaführung anzunehmen.

Die gegen diese Ausführungen von der Revision erhobene Rüge der Verletzung des materiellen Rechtes ist begründet.

Das Berufungsgericht hat eine positive Feststellung, daß das für erwiesen erachtete Verschulden des H. für den Schaden kausal gewesen sei, abgelehnt. Es hat ferner das betreffende Verschulden des H. nur dahin charakterisiert, daß es sich um einen Verstoß gegen die nautische Vorsicht handle. Zwar hat sich das Berufungsgericht dabei auch auf die Entscheidung des Seeamtes Hamburg bezogen, in welcher das Verschulden des H. als eine Verletzung des Art. 23 SStrO. erachtet ist. Diese Bezugnahme ist aber nur ganz nebenbei und in einer Weise erfolgt, daß daraus, zumal im Beihalt der sonstigen betreffenden Ausführungen des Berufungsgerichtes, nicht entnommen werden kann, daß auch von ihm ein Verstoß gegen Art. 19, 23 SStrO. angenommen ist. Vielmehr hat ersichtlich das Berufungsgericht nur an eine Verletzung von Art. 29, 27 gedacht. Dies erhellt u. a. auch daraus, daß es ein Eingehen auf die für die Anwendung von Art. 19, 23 bedeutungsvolle Frage unterlassen hat, ob die Haparanda, als auf ihr das erste Zwei-Töne-Signal der Minos gehört und das grüne Licht derselben gesichtet wurde, oder in einem späteren Zeitpunkte bis zur Kollision die Minos an ihrer (der Haparanda) Steuerbordseite gehabt hat und somit nach Art. 19 im Prinzip ausweichpflichtig gewesen ist, während solchenfalls die Minos an sich nach Art. 21 Kurs und Geschwindigkeit hätte beibehalten müssen.

Ist danach nur die Feststellung eines nautischen Verschuldens auf seiten der Haparandaführung im Sinne von Art. 27, 29 getroffen, so reichen die Erwägungen des Berufungsgerichts nicht aus, um die von ihm erlassene Entscheidung zu tragen.

Wer aus einer Schiffskollision der hier fraglichen Art Ansprüche auf Schadensersatz herleitet, hat in der Regel nicht nur ein Verschulden auf seiten der Besatzung des in Anspruch genommenen Schiffes, sondern auch die Kausalität des Verschuldens für den betreffenden Schaden zu beweisen, da das Verschulden für sich allein eine Vermutung für den betreffenden Kausalzusammenhang nicht begründet (vgl. auch RG. Urt. v. 2. Oktober 1898 in Hans. GZtg. Hbl. 1898 Nr. 127 S. 311; Schaps, Seerecht § 734 Anm. 31 S. 656). Von dieser Regel ist durch die Praxis verschiedentlich insofern eine Ausnahme gemacht, als ausgesprochen ist: wenn zum Schutze gewisser Interessen denjenigen, welche in die Lage kommen können, dieselben zu schädigen, ein bestimmtes Verhalten durch Gesetz (oder auch durch anderweitige Regelung) zur Pflicht gemacht sei, so sei beim Zuwiderhandeln gegen jene Vorschrift zu vermuten, daß derjenige Schaden, welchem diese Vorschrift vorbeugen wolle, durch deren Übertretung entstanden sei, falls dadurch dieser Schaden nach den obliegenden Umständen verursacht sein könne (vgl. RGZ. Bd. 21 S. 109, Bd. 31 S. 64; ROHG. Bd. 18 S. 292flg., Bd. 23 S. 187; Schaps, Seerecht § 734 Anm. 32 S. 656; vgl. aber auch Schaps, Seerecht § 734 Anm. 34 u. 38 Abs. 2; Hans. OLG. in Hans. GZtg. 1893 Hbl. S. 32; 1895 Hbl. S. 139; 1898 Hbl. S. 311). Es ist aber hinsichtlich dieses Grundsatzes zu beachten, daß es sich um eine Ausnahme von den normalen Regeln über die Beweislast handelt, welche eine ausdehnende Anwendung nicht verträgt. Demgemäß ist es schon fraglich, ob der erwähnte Grundsatz auch dann Anwendung finden darf, wenn, wie das hier nach den Feststellungen des Berufungsgerichts der Fall ist, auf der Gegenseite zweifellos ein schuldhafter und für den Schaden kausaler Verstoß gegen ein derartiges Schutzgesetz, nämlich gegen Art. 21, 19 SStrO., begangen ist (vgl. auch Schaps, Seerecht § 734 Anm. 38 Abs. 2). Es kann dies aber hier dahingestellt bleiben. Denn jedenfalls darf der fragliche Grundsatz nicht ohne weiteres auf die Übertretung jeder einen derartigen Interessenschutz bezweckenden Vorschrift im weitesten Sinne angewendet werden, sondern seinem Sinne und Zwecke entsprechend nur da, wo es sich um die Verletzung einer solchen Vorschrift handelt, die ein bestimmtes Verhalten (Tun oder Unterlassen) ausdrücklich vorschreibt und im einzelnen regelt (vgl. z. B. ROHG. Bd. 23 S. 187 u. RGZ. Bd. 21 S. 109: „ein bestimmtes Verhalten zur Pflicht gemacht worden ist"; Bd. 18 S. 293: „Sind ... gewisse Vorschriften gesetzlich erteilt worden" usw.). Solche Vorschriften finden sich u. a. in Art. 17 bis 26 SStrO. Dagegen stellen die Bestimmungen in Art. 27, 29 SStrO. nur eine allgemeine, die eben erwähnten Spezialvorschriften durchbrechende Regel auf, die sich an die allgemein geltenden Grundsätze von der Sorgfalt im Verkehr anlehnt. Welche Maßnahmen auf Grund dieser in Art. 27, 29 SStrO. aufgestellten Regel im einzelnen zu treffen sind, ist aus den betreffenden Gesetzesvorschriften selbst nicht zu ersehen, sondern hängt ganz von den subjektiven und objektiven Verhältnissen des Einzelfalls ab. Während bei einer Verletzung der in Art. 17 bis 26 SStrO. enthaltenen Vorschriften ein Verschulden auf seiten des Übertretenden — vorausgesetzt, daß die äußeren Umstände dem Handelnden die Möglichkeit gewährten, eine Lage zu erkennen, für welche ihm ein bestimmtes Verhalten vorgeschrieben war, RGZ. Bd. 31 S. 64 — prima facie vermutet wird (RG. Bd. 69 S. 434; Schaps, Seerecht § 734 Anm. 34, 38; RG. 28. Nov. 1908 I 666/07; 29. Februar 1904 I 450/03; 14. Mai 1902 I 38/02; 19. Juni 1901 I 62/01; 27. Juni 1900 I 142/00 u. a. m.), bedarf dieses Verschulden eines besonderen, nach den normalen Beweisregeln zu führenden Beweises, wenn es sich um eine Verletzung von Art. 27, 29 SStrO. handelt (vgl. auch RG. Urt. v. 29. Oktober 1898 in Hans. GZtg. 1898 Hbl. S. 311). Dasselbe gilt aber auch für die Frage, ob zwischen einer schuldhaften Verletzung der letzterwähnten Vorschriften und dem eingetretenen Schaden ein Kausalzusammenhang besteht. Auch hier genügt es für die Annahme eines solchen Kausalzusammenhanges nicht, daß die betreffende Verletzung der nautischen Vorsicht für den entstandenen Schaden ursächlich gewesen sein kann und ein Gegenbeweis gegen diese Vermutung nicht geführt ist, sondern es muß der wirkliche Beweis einer solchen Verursachung erbracht werden, wobei allerdings dem Gerichte gemäß § 287 ZPO. ein besonders freier Spielraum in der Beweiswürdigung eingeräumt ist."...

---

7. Zur Haftung der Eisenbahn für ihre Angestellten bei dem Entladen von Wagenladungsgütern.

Deutscher Eisenbahngütertarif § 50; HGB. § 459 Abs. 3; BGB. § 278.

I. Zivilsenat. Urt. v. 25. Oktober 1919 i. S. preuß. Eisenbahnfiskus (Bekl.) w. B. (Kl.). I 128/19.

I. Landgericht Hamburg.:
II. Oberlandesgericht daselbst.

Am 22. Dezember 1917 versandte die Rheinische Spiegelglasfabrik einen Waggon Spiegelglas an die Klägerin. Als Bestimmungsort war im Frachtbriefe der Kran der Bestimmungsstation (Hamburg-Sternschanze) bezeichnet. Die Entladung des Waggons erfolgte unter Mitwirkung eines Kutschers der Klägerin mittels eines dem Beklagten gehörigen und von einem seiner Angestellten bedienten Krans, für dessen Benutzung die Klägerin 7 ℳ Krangeld bezahlte. Bei dem Entladen stieß eine Kiste mit Spiegelglas so heftig auf den Boden, daß ihr Inhalt zerbrach. Für den hierdurch entstandenen Schaden nimmt die Klägerin den Beklagten in Anspruch. Sie behauptet, daß der Schaden auf ein Verschulden des Kranwärters des Beklagten zurückzuführen sei. Der Beklagte bestreitet dies Verschulden und seine Haftbarkeit.

Das Landgericht hat nach Beweisaufnahme das von der Klägerin behauptete Verschulden des Kranwärters für erwiesen erachtet und deshalb unter Anwendung des § 278 BGB. der auf Zahlung von 5329,83 ℳ gerichteten Klage durch Teilurteil in Höhe des für dargetan erachteten Schadensbetrages von 4845,30 ℳ stattgegeben.

Das Oberlandesgericht hat die Berufung des Beklagten zurückgewiesen, indem es die Haftbarkeit des Beklagten für den der Klägerin entstandenen Schaden ohne Rücksicht auf die Frage des Verschuldens des Kranwärters auf Grund des § 456 HGB. deshalb bejaht hat, weil der Beklagte das Entladen des Waggons übernommen habe und keiner der Haftausschließungsgründe des § 456 HGB. vorliege. Auf die Revision des Beklagten wurde das Berufungsurteil aufgehoben und die Klage, soweit über sie erkannt war, abgewiesen.

Gründe:

„Das angefochtene Urteil beruht auf der Annahme, daß der Beklagte das Abladen der Spiegelscheiben übernommen habe. Diese Annahme wird von der Revision mit Recht als rechtsirrtümlich bekämpft. Nach der auf § 76 Abs. 6 EVO. beruhenden Vorschrift des § 50 des deutschen Eisenbahngütertarifs sind Wagenladungsgüter — und um solche handelt es sich hier — vom Empfänger zu entladen, sofern nicht die Eisenbahn diese Leistung gegen die im Nebengebührentarife festgesetzten Gebühren übernimmt. Nach Absatz 3 dieses Paragraphen ist aber die Übernahme der Entladung vom Empfänger schriftlich zu beantragen. Es ist das die Form, unter der sich die Eisenbahn zur Übernahme der Entladung erboten hat; wird sie nicht gewahrt, so kommt eine rechtsgültige Vereinbarung nicht zustande und zwar um so weniger, als nicht anzunehmen ist, daß die Eisenbahn in Widerspruch zur erwähnten Tarifvorschrift das Abladen auch ohne schriftliches Ersuchen habe übernehmen wollen. In Einklang damit bestimmt denn auch Abs. 5 des § 50, daß, wenn die Eisenbahn dem Absender oder Empfänger ohne schriftlichen Antrag zum Auf- oder Abladen unter seiner Leitung Leute stellt, dies nicht als Übernahme des Auf- oder Abladens durch die Eisenbahn gilt. Im vorliegenden Falle hat die Klägerin unstreitig einen schriftlichen Antrag nicht gestellt. Eine bloß mündlich getroffene Vereinbarung mit einem Bahnangestellten wäre unwirksam. Zwar nimmt das Berufungsgericht das Gegenteil an. Aber es liegt nach dem tatbestandsmäßigen Vorbringen der Parteien nicht mehr vor, als daß der Beklagte der Klägerin einen Kran nebst Bedienung zur Verfügung gestellt und daß darauf der Kranwärter gemeinschaftlich mit dem Kutscher der Klägerin das Abladen bewirkt hat. Aus diesen Tatsachen ist aber nicht einmal eine stillschweigende Übernahme des Abladens zu entnehmen. Denn danach hat der Beklagte der Klägerin nur ein Hilfsmittel und eine Hilfskraft zu der von ihr unter eigener Leitung und Verantwortung zu bewirkenden Abladung zur Verfügung gestellt, aber keineswegs das ganze Abladegeschäft übernommen. Er hat auch für seine Leistungen nur das unter Ziffer IV 2[1] des Nebengebührentarifs bestimmte Krangeld, nicht aber die im Falle der Übernahme der Entladung nach

Ziffer IV 2[3] daneben zu entrichtende Abladegebühr berechnet. Liegt sonach eine Übernahme des Abladens von seiten des Beklagten nicht vor, so kann die Klägerin aus dem Frachtvertrag Ansprüche gegen den Beklagten nicht herleiten. Denn diesen Ansprüchen hatte der Beklagte dadurch genügt, daß er die Wagenladung der Klägerin an der Bestimmungsstation zur Entladung übergab. Das Abladen war dann Sache der Klägerin; diese kann mithin weder aus § 456 noch aus § 459 Abs. 3 in Verbindung mit § 458 HGB. Rechte gegen den Beklagten herleiten.

Auch aus der durch Zurverfügungstellung des Krans nebst Bedienung erfolgten Übernahme dieser Nebenleistung kann die Klägerin den Beklagten nicht in Anspruch nehmen. Denn solche Ansprüche könnten nur dann in Frage kommen, wenn den Beklagten bei der Gestellung des Krans oder bei der Auswahl des Kranwärters ein Verschulden träfe. Das ist nicht behauptet. Für ein etwaiges Verschulden des Kranwärters aber braucht der Beklagte nicht einzustehen. Die Vorschrift des § 278 BGB, auf die der erste Richter diese Haftung gründen will, kommt nicht zur Anwendung. Denn ist das Abladen Sache des Empfängers, so sind die Bahnangestellten, die ihm dabei helfen, wie allgemein anerkannt ist (Rundnagel, Die Haftung der Eisenbahn 2. Aufl. S. 171; Derselbe in Ehrenbergs Handbuch des Handelsrechts Bd. V Abteilung II S. 452 Anm. 3; Eger EVO. 3. Aufl. S. 482), als seine Leute, nicht aber als Erfüllungsgehilfen der Eisenbahn anzusehen."

---

8. Sind Verträge, in denen die Befugnis, Anschlußgleise zu Eisenbahntransporten zu benutzen, entgeltlich eingeräumt wird, als Mietverträge nach Tarifst. 48 I preuß. StempStG. vom 30. Juni 1909 zu versteuern?

VII. Zivilsenat. Urt. v. 17. Oktober 1919 i. S. Terrain-Gesellschaft Rittergut L. (Kl.) w. preuß. Staat (Bekl.). VII 102/19.

I. Landgericht I Berlin.
II. Kammergericht daselbst.

Der Rittergutsbesitzer R. legte auf seinem Gelände in L. auf Grund eines mit der Eisenbahnverwaltung geschlossenen Vertrags Anschlußgleise und einen Rangierbahnhof an. Er übertrug der Klägerin das Recht, diese Anlagen bis zum Jahre 1950 zu benutzen und die Benutzung auch weiteren Anliegern zu überlassen. Die Klägerin schloß mit mehreren Anliegern Verträge, in denen sie ihnen entgeltlich die

Benutzung der von R. und weiter auch noch von ihr selbst hergestellten Anlagen auf die gleiche Zeit überließ. Die Beförderung auf den Anlagen führt der Eisenbahnunternehmer aus. Für diese Verträge wurde der Mietstempel erfordert. Die Klägerin verlangte die gezahlten Beträge zurück. Ihre Klage wurde in den Vorinstanzen abgewiesen, vom Reichsgerichte wurde nach dem Klagantrag erkannt.

Gründe:

„Das Berufungsgericht verneint, daß durch die im Tatbestande bezeichneten Verträge der Klägerin mit den Anliegern subjektiv oder objektiv dingliche Rechte begründet sind. In Übereinstimmung mit dem ersten Richter wird das streitige Vertragsverhältnis als unter den Begriff der Miete einer unbeweglichen Sache fallend erachtet. Beide Vertragsteile würden nach dem Inhalte der Verträge berechtigt und verpflichtet. Die Klägerin räume — so führt das angefochtene Urteil aus — ihren Vertragsgegnern gegen Zahlung des in den Verträgen bestimmten Geldbetrags das Recht ein, die ihr vom Rittergutsbesitzer R. zur Verfügung gestellten Gleisanlagen und den Rangierbahnhof bis zum Jahre 1950 zu benutzen. Dadurch werde den Anliegern der Gebrauch einer Sache insofern gewährt, als sie Wagen, welche von ihren Grundstücken nach dem Eisenbahnkörper der Staatsbahn oder umgekehrt laufen, über die Gleise der Klägerin laufen und auf deren Rangierbahnhof verschieben lassen dürfen. Hierin liege ein Gebrauch der Gleisanlagen und damit des Grundstücks, auf dem sich diese befinden. An der Tatsache der Benutzung werde dadurch nichts geändert, daß die Anlieger die Wagen nicht durch ihre Angestellten schieben lassen dürfen, sondern daß das Recht der Beförderung ausschließlich der Eisenbahn zustehe. Indem die Eisenbahn die Wagen befördere, handle sie im Interesse der Anlieger. Eigener Vorteil der Eisenbahn bei der Übernahme der Beförderung der Güter auf den Anschlußgleisen schließe einen Gebrauch der Anlieger, für welche die Eisenbahn gewissermaßen als Gehilfe handle, nicht aus. Ob den Anliegern außer diesem Gebrauche noch gestattet sei, die betreffende Grundfläche zu betreten, oder ob sie das nicht dürften, sei bedeutungslos. Ebenso sei es rechtlich unerheblich, daß keiner der Anlieger berechtigt sei, die anderen von dem gleichen Gebrauche der Gleise abzuhalten. Ob die mit dem Hauptanschlußgleise bedeckte Grundfläche der Klägerin gehöre, sei ohne Belang. Die Klägerin trage selbst vor, daß ihr auch diese Fläche gegen Entgelt zur Verfügung gestellt sei. Es liege dann hinsichtlich dieser Fläche eine den gleichen Steueranspruch begründende Aftermiete vor. Danach seien alle Begriffsmerkmale der Tarifstelle 48 I gegeben.

Den von der Revision gegen diese Beurteilung erhobenen Angriffen, welche rügen, daß die §§ 535 ff. BGB. und Tarifstelle 48 I preuß. StempG. verletzt sind, war der Erfolg nicht zu versagen. Die rechtliche Natur solcher Anschlußverträge, bei denen, wie dies hier der Fall ist, die Eisenbahn den Transport auf den Anschlußgleisen ausführt, ist verkannt. Den Ausführungen, aus welchen das Berufungsgericht ein den Anliegern an dem mit den Schienen bedeckten Gelände eingeräumtes Gebrauchsrecht und damit das Vorliegen eines Mietverhältnisses über eine unbewegliche Sache herleitet, ist deshalb nicht beizutreten.

Als Anfangs- und Endpunkt eines Transports, den die Eisenbahn übernehmen muß, wird ein in Betrieb befindlicher Bahnhof vorausgesetzt. Anlaß zum Abschluß von Eisenbahnanschlußverträgen gibt das Verlangen der Anlieger, insbesondere gewerblicher Unternehmungen, unmittelbar von ihren Grundstücken aus Waren auf den Transport zu geben und ebendort Waren entgegenzunehmen. In den Verträgen räumt die Eisenbahn den Anliegern das Recht ein, einen von ihnen herzustellenden Schienenstrang mit den Eisenbahnanlagen derart in Verbindung zu bringen, daß eine Hinüberführung von Wagen von und nach den anliegenden Grundstücken möglich ist. Die Anschlußstelle tritt damit — gleich dem Bahnhof — in die Reihe der Punkte, von denen und nach denen die Eisenbahn von den Anliegern Transporte zu übernehmen hat (vgl. RGZ. Bd. 58 S. 264). Solche Verträge sind mit der Eisenbahnverwaltung von dem Rittergutsbesitzer R. und von der Klägerin geschlossen. Die erforderlichen Anlagen sind von R. und von der Klägerin hergestellt. R. hat der Klägerin das Recht eingeräumt, die von ihm hergestellten Anlagen zu benutzen und ihre Benutzung weiteren Anliegern zuzugestehen. Von dieser Befugnis hat die Klägerin in den hier in Rede stehenden Verträgen Gebrauch gemacht, und es werden nun die Eisenbahntransporte auf den von R. und von der Klägerin ausgeführten Anlagen von der Eisenbahnverwaltung bis auf die Grundstücke geführt, welche von der Klägerin an die in den Verträgen bezeichneten weiteren Anlieger verkauft sind. Die vorstehend wiedergegebene Beurteilung des Berufungsgerichts, daß damit den Abkäufern der Klägerin von dieser als Vermieterin — soweit die von R. gemachten Anlagen in Betracht kommen, im Wege der Aftervermietung — ein Gebrauchsrecht an den Gleisen und dem mit ihnen bedeckten Gelände bis zum Jahre 1950 eingeräumt sei, wird dem für die Entscheidung maßgebenden Gesichtspunkte nicht gerecht, daß auch auf den Anschlußgleisen die Eisenbahnverwaltung Betriebsunternehmerin ist. Auf den Anschlußgleisen besorgt der Eisenbahnunternehmer das gleiche Transportgeschäft wie auf den öffentlichen Ladegleisen. Er tut das nicht als Gehilfe oder im besonderen Auftrage des Anliegers, sondern er führt den Transport auf den Anschlußgleisen weiter, weil durch den Anschließungsvertrag der Anfang und das Endziel des Transports zugunsten bestimmter Personen verlegt ist. Das Anschlußgleis ist, wenn es auch nicht vom Eisenbahnunternehmer angelegt ist, doch ebenso wie das öffentliche Gleis mit dem unter ihm befindlichen Gelände allein der Benutzungsbefugnis des Eisenbahnunternehmers unterworfen. Es unterscheidet sich vom öffentlichen Ladegleise nur dadurch, daß auf diesem Waren für jedermann, auf dem Anschlußgleise nur Waren für bestimmte Personen als Zustellungs- und Empfangsberechtigte befördert werden. Der Eisenbahnunternehmer hat allein das Gebrauchsrecht, nachdem er das Gleis durch die Eröffnung des Transportverkehrs auf der Anschlußanlage in Besitz genommen hat. Die Einräumung von Gebrauchsrechten an andere Personen neben ihm ist ebenso ausgeschlossen, wie dies bei öffentlichen Gleisen der Fall ist. Neben dem Eisenbahnunternehmer, dessen Betrieb öffentlichrechtlich geregelt ist, kann an den diesem Betrieb ebenfalls unterworfenen Anschlußgleisen während der Dauer des Anschlußvertrags kein anderer, auch wenn er zu den am Vertrage Beteiligten gehört, Besitzhandlungen ausüben.

Werden, wie es geschehen muß, diese aus dem Wesen des Eisenbahnanschließungsvertrags hergeleiteten Rechtssätze der Prüfung der Streitfrage zugrunde gelegt, dann bleibt für die Annahme, die Klägerin habe in den in Frage kommenden Verträgen mit ihren Abkäufern einen Mietvertrag geschlossen, kein Raum.

Daß in den Verträgen, insbesondere in § 2, Vereinbarungen getroffen sind, die auf den Abschluß eines Mietvertrags hindeuten, daß dort den Käufern die Benutzung von Flächen für die Zwecke eines Eisenbahnanschlußgleises eingeräumt ist, ist nicht entscheidend. Denn, wie das Berufungsgericht zutreffend bei der Verneinung der Begründung einer Grunddienstbarkeit ausführt, ist für die rechtliche Natur des Vertrags nicht die von den Vertragschließenden gewählte Ausdrucksweise, sondern die Gesamtheit der Vertragsbestimmungen nach ihrem objektiven Inhalt entscheidend. Der Gesamtinhalt der hier in Betracht kommenden Verträge aber ist dahin zu beurteilen: Die Klägerin läßt für die ihr auf Grund der beiden Anschließungsverträge und des Abkommens mit R. zur Verfügung stehenden Gleisanschlüsse mit eisenbahnbehördlicher Genehmigung bis zum Jahre 1950 die Parzellenkäufer und ihre Rechtsnachfolger als zur Zustellung und Empfangnahme von Sendungen an den Endpunkten der Anschlußanlage Berechtigte gegen Entgelt zu und ermöglicht ihnen damit Beförderungsverträge mit den Anfangs- und Endpunkten der Anschlußanlage. Diese Zulassung, die Aufnahme der Käufer in den Kreis der aus den Anschlußverträgen Berechtigten, wird ihnen gegen Zahlung der in den Verträgen bestimmten Geldsummen, durch welche sich die Klägerin für die zur Anlage gemachten Aufwendungen mitentschädigt, eingeräumt. Ein Gebrauchsrecht an den mit den Anschlußgleisen bedeckten Flächen stand, da, wie ausgeführt, die Eisenbahnverwaltung als Betriebsunternehmerin allein gebrauchs- und besitzberechtigt ist, der Klägerin nicht zu. Sie konnte deshalb ein solches auf die Käufer auch nicht übertragen.

Bei Verträgen, durch welche Stadtgemeinden öffentliche Straßen zum Straßenbahnbetrieb entgeltlich überlassen, ist der Tatbestand ein wesentlich anderer. Die Straßen werden tatsächlich von den Berechtigten für diesen Zweck benutzt, sie befahren sie mit ihren Bahnen. Deshalb sind daraus, daß solche Verträge vom Reichsgericht als privatrechtliche Mietverträge beurteilt sind, für die hier zu treffende Entscheidung Folgerungen nicht herzuleiten.

Es handelt sich nach dem Ausgeführten um Verträge über vermögensrechtliche Gegenstände, auf welche keine andere als Tarifst. 71 Nr. 2 zur Anwendung kommt, sog. unbenannte Verträge." ...

---

9. Kann auch derjenige, der nur mittelbar aus dem Automatenbetrieb Gewinn zieht, zur Zahlung der Automatensteuer herangezogen werden?

Preuß. StempStG. vom 30. Juni 1909 Tarifst. 11a.

VII. Zivilsenat. Urt. v. 17. Oktober 1919 i. S. preuß Staat (Bekl.) w. Deutsche Automatenwerke (Kl.). VII 140/19.

I. Landgericht I Berlin.
II. Kammergericht daselbst.

Die Klägerin ist Herstellerin von kleinen Automaten zum Verkauf von Schokolade und Konfitüren. Eine größere Anzahl solcher Automaten hat sie an Besitzer von Lichtspielhäusern verliehen. Laut der hierüber getätigten Verträge verpflichtet sich der Theaterbesitzer, die Automaten in seinem Lichtspielhaus anzubringen und die Schokolade- und Konfitürenpackungen zum Preise von je 10 bzw. 50 Pfennigen abzüglich 25 % ausschließlich von der Klägerin zu beziehen und innerhalb 30 Tagen nach Lieferung in wöchentlichen Raten von je einem Viertel Zahlung zu leisten. Außerdem behält Klägerin sich vor, die Automaten und Packungen mit Reklamen zu versehen; der Theaterbesitzer erhält 10 % des hieraus sich ergebenden Nutzens, welcher nach der Zahl der bei ihm aufgestellten Automaten berechnet wird. Der Ertrag der Automaten wird von dem Entleiher herausgenommen und behalten. Der Beklagte hat auf Grund der Tarifst. 11a preuß. StempStG. für die in jener Weise verliehenen Automaten einen Stempel von insgesamt 3060,50 ℳ für die Jahre 1914 bis 1917 von der Klägerin verlangt, dessen Einziehung aber bis zur Entscheidung über die Klage ausgesetzt. Mit der Klage begehrt Klägerin Feststellung, daß ihr die Zahlung dieses Stempels nicht obliegt. Sie ist der Meinung, daß der Stempel von den Theaterbesitzern gemäß Tarifst. 11a Nr. 4 zu erheben sei, weil diesen die Automaten zur Ausnutzung überlassen worden seien.

Beide Vorinstanzen haben der Klage stattgegeben. Die Revision des Beklagten wurde zurückgewiesen.

Gründe:

„Nach Nr. 4 der Tarifst. 11a preuß. StempStG. vom 30. Juni 1909 ist Schuldner der Abgabe der Eigentümer des Automaten oder, wenn der Automat einem andern zur Ausnützung überlassen ist, dieser. Damit ist durchaus klar der Grundsatz zum Ausdrucke gebracht, daß derjenige zur Zahlung der Automatensteuer verpflichtet ist, der, sei es auf Grund seines Eigentums am Automaten, sei es auf Grund eines Miet-, Leih- oder sonstigen Rechtsverhältnisses berechtigt ist, die aus der bestimmungsmäßigen Benutzung des Automaten fließenden Erträge zu vereinnahmen. Mit dieser Auffassung deckt sich auch diejenige des preußischen Finanzministers in § 44 seiner Ausführungsbestimmungen, die übrigens für die Gerichte bei Auslegung des Stempelsteuergesetzes nicht maßgeblich sind. Unter Vereinnahmen der Erträge ist, wie der erkennende Senat bereits in seiner Entscheidung vom 3. Dezember 1912 — RGZ. Bd. 81 S. 52 — dargelegt hat, nicht etwa der tatsächliche Vorgang des Herausnehmens der eingeworfenen Geldstücke aus dem Automaten zu verstehen, sondern der rechtliche Vorgang des Eigentumserwerbs an diesen Geldstücken.

Von der gleichen Rechtsauffassung ausgehend, hat das Berufungsgericht auf Grund der tatsächlichen Feststellung, daß die Kinobesitzer die Automaten, welche ihnen leihweise von der Klägerin überlassen worden sind, mit der von der Klägerin gekauften und zu Eigentum erworbenen Ware füllen und die beim automatischen Verkaufe von den Käufern eingeworfenen Geldstücke zu Eigentum erwerben, angenommen, daß die Kinobesitzer und nicht die Klägerin zur Versteuerung der Automaten verpflichtet sind.

Die Revision bekämpft diese Entscheidung und meint, daß hier ein Fall vorliege, wonach beide Teile, sowohl die Klägerin als Eigentümerin, als auch die Kinobesitzer als Entleiher, die Automaten ausnützen, die Klägerin insofern, als bei häufigerem Gebrauche der Automaten von ihr eine größere Menge Schokolade bezogen werden müsse, als bei geringerem Gebrauche, und daß ihr Verdienst dementsprechend steige. Als Ausnützung des Automaten müsse aber jeder Erwerb gelten, der aus dem Betriebe des Automaten, gleichgültig ob unmittelbar oder mittelbar, erzielt werde. Wenn demnach sowohl der Eigentümer als auch ein anderer die Automaten ausnütze, so sei die Abgabe von dem Eigentümer als dem Hauptsteuerpflichtigen zu entrichten.

Da unstreitig die Klägerin nicht unmittelbar aus den Automaten Nutzen zieht, sondern nur mittelbar, insofern, als der Absatz mittels derselben den Anlaß gibt, daß die Kinobesitzer von der Klägerin, als der vertragsgemäß ausschließlichen Lieferantin, neue Waren beziehen müssen, so ist die Rechtsfrage zu entscheiden, ob eine solche mittelbare Gewinnziehung aus dem Automatenbetriebe die Klägerin neben den Kinobesitzern steuerpflichtig macht. Das ist aber zu verneinen.

Die Revision versucht aus der Entstehungsgeschichte der Tarifst. 11a ihre Ansicht zu begründen. Es mag sein, daß die vom Plenum des Abgeordnetenhauses zuerst beschlossene Besteuerung nach dem Rohertrage zu der Bestimmung in Nr. 4 geführt hat, und daß durch die, den späteren Beschlüssen des Herrenhauses entsprechend Gesetz gewordene Besteuerungsart nach der Zahl der Warenbehälter die Vorschrift in Nr. 4 entbehrlich geworden wäre, sie ist aber trotzdem stehen geblieben und Gesetz geworden, daher für die Frage, wer die Steuer zu zahlen hat, maßgebend. Die Bestimmung läßt aber mit hinreichender Klarheit erkennen, daß nur derjenige, der unmittelbar den Nutzen aus dem Automaten zieht, als Steuerpflichtiger in Betracht kommt; denn unter dem den Automaten Ausnützenden kann, wie eingangs der Gründe ausgeführt ist, nur verstanden werden, wer den Gewinn aus dem bestimmungsmäßigen Gebrauche des Automaten erzielt, also wer die Erträge des Automaten, die eingeworfenen Geldstücke, für sich und zu seinem alleinigen Eigentum vereinnahmt. Wollte man der Revision folgend alle, welche mittelbar aus dem Betrieb und dem Absatze des Automaten einen geldlichen Gewinn erzielen, als Steuerpflichtige heranziehen, so ließe sich keine Grenze finden. Auch z. B. der Lieferant der Klägerin, der die Schokolade herstellt, ferner die Arbeiter, die die Automaten herstellen, und ungezählte andere Personen haben ein mittelbares Interesse an dem gesteigerten Absatze durch die Automaten, sind also mittelbar an deren Ausnutzung beteiligt. Daß die Klägerin aber die ausschließliche Warenlieferantin nach dem Vertrag und die Eigentümerin der Automaten ist, ist rechtlich bedeutungslos.

Es kommt aber noch hinzu, daß die Automatensteuer ihrem Wesen nach eine Gewerbesteuer ist. Nur äußerlich ist sie in die Form einer Urkundensteuer gekleidet insofern, als sie mittels Lösung von Jahreskarten erhoben wird. Diese Jahreskarte ist lediglich Steuerzeichen (vgl. auch RGZ. Bd. 75 S. 178). Als Steuerpflichtiger kommt also nur der Inhaber des Automatengewerbebetriebs in Betracht, d. h. wer den gewerbsmäßigen Verkauf von Waren zwecks Gewinnerzielung mittels des Automaten betreibt. Das ist aber im vorliegenden Falle nicht die Klägerin, sondern es sind ausschließlich die Kinobesitzer.

Mit zutreffenden Gründen hat endlich der Berufungsrichter auch die Steuerpflicht der Klägerin aus dem Grunde, daß sie vertraglich berechtigt ist, die Automaten und Füllungen mit Reklamen zu versehen und daraus für sich noch einen Gewinn zu ziehen, verneint. Auch dieser Gewinn wird nicht aus dem bestimmungsmäßigen Gebrauche der Automaten erzielt, ist also kein unmittelbarer Gewinn aus dem Gewerbebetriebe mittels des Automaten."

---

10. 1. Zum Begriff des Störers im Sinne von § 1004 BGB.

2. Kommt es für die Anwendung des § 905 BGB. darauf an, ob die Art der Einwirkung nach den örtlichen Verhältnissen eine gewöhnliche ist?

3. Zur Frage des Verschuldens und der Schadenszufügung beim Überfliegen eines fremden Grundstücks.

4. Hat die Zurückverweisung der Sache in die Vorinstanz gemäß § 538 Abs. 1 Nr. 3 ZPO. zu erfolgen, wenn in erster Instanz lediglich ein Unterlassungsanspruch erhoben und abgewiesen war, in der Berufungsinstanz aber ein auf Geld gerichteter Schadensersatzanspruch geltend gemacht und dem Grunde nach für gerechtfertigt erklärt wird?

5. Kann ein Zwischenurteil aus § 304 ZPO., welches einen nach verschiedenen Richtungen geltend gemachten Schadensersatzanspruch nur in bestimmter Richtung dem Grunde nach für gerechtfertigt, im übrigen aber für unbegründet erklärt, vom Kläger angefochten werden?

V. Zivilsenat. Urt. v. 18. Oktober 1919 i. S. Auto Akt.-Ges. (Bekl.) w. Schr. (Kl.). V 97/19.

I. Landgericht Potsdam.
II. Kammergericht Berlin.

Der Kläger fühlte sich in der Benutzung seines Landsitzes in Wendisch B. dadurch beeinträchtigt, daß die Beklagte auf dem angrenzenden Grundstück einen Flugplatz eingerichtet hatte und Flugschüler ausbilden ließ. Durch das Anlassen und Ausprobieren der Motore, führte er aus, würde auf dem Flugplatz ein betäubender Lärm verursacht, der auf sein Grundstück hinüberdringe. Die Flugschüler überflögen sein Grundstück in geringer Höhe und störten die Bewohner desselben durch den Lärm, den sie hierbei machten, in erheblichem Maße. Auch beunruhige sie die stete Gefahr eines Absturzes der Flieger. Der Kläger hat deshalb Klage mit dem Antrag erhoben, die Beklagte zu verurteilen, den Betrieb ihres Flugplatzes zu unterlassen, hilfsweise das Überfliegen des klägerischen Grundstücks, sowie die von ihrem Flugplatz und ihren Flugzeugen ausgehenden Geräuscheinwirkungen auf sein Grundstück zu unterlassen.

Das Landgericht wies die Klage ab. Nach Einlegung der Berufung verkaufte der Kläger sein Grundstück. Er behauptete, infolge der Beeinträchtigungen seines Grundstücks durch den Betrieb der Beklagten einen um 100000 *M* geringeren Kaufpreis erzielt zu haben und verlangte in zweiter Instanz von der Beklagten nur noch Schadensersatz im Betrage von 100000 *M*. Das Kammergericht erklärte den Schadensersatzanspruch dem Grunde nach für gerechtfertigt, soweit Ersatz des Schadens verlangt werde, der durch den Lärm beim Überfliegen des früher dem Kläger gehörigen Grundstücks entstanden sei; zur Entscheidung über die Höhe des Schadens verwies es die Sache an das Landgericht zurück. Die Beklagte legte Revision, der Kläger Anschlußrevision ein. Das Reichsgericht beseitigte nur die Zurückverweisung in die erste Instanz.

Aus den Gründen:

„I. Zur Revision.

1. Die Ausführungen des angefochtenen Urteils über die Passivlegitimation der Beklagten, um deren Nachprüfung die Revision zunächst bittet, lassen einen Rechtsirrtum nirgends hervortreten. Störer im Sinne von § 1004 BGB. ist nicht nur der unmittelbare Täter, der die Beeinträchtigung des fremden Eigentums vornimmt, sondern auch derjenige, der die Störung durch seine Anordnungen veranlaßt oder in ungehöriger Weise duldet. Die Beeinträchtigung oder deren Fortdauer muß, wenn auch nur mitwirkend, auf den Willen des Störers zurückzuführen sein; ein ursächlicher Zusammenhang mit seiner Willensbetätigung, die nicht die alleinige Ursache zu sein braucht, muß festgestellt sein (Jur. Wochenschr. 1904 S. 142 Nr. 11; Gruchot Bd. 54 S. 156; RGZ. Bd. 92 S. 22). Daher kann in der Regel der Vermieter neben dem Mieter, der Auftraggeber neben demjenigen, der die Störung in fremdem Auftrage verübt hat, mit der Eigentumsfreiheitsklage in Anspruch genommen werden. Tritt ein Verschulden auf seiten desjenigen hinzu, der die Störung durch einen Dritten veranlaßt hat, so muß auch seine Verpflichtung zum Schadensersatz bejaht werden. Diese Voraussetzungen sind hier gegeben. Denn es ist festgestellt, daß die Beklagte die Fliegerschule unterhält; sie bildet die ihr von der Militärbehörde zugewiesenen Flieger für eigene Rechnung aus, sie stellt die Flugzeuge für den Betrieb und duldet, daß die Flieger die Grenzen des Flugplatzes überschreiten, die Nachbargrundstücke in geringer Höhe überfliegen und hierbei starke Geräusche verursachen. Wenn die Ausbildung auch im Interesse der Militärbehörde erfolgt, ist doch nicht diese, sondern die Beklagte die Unternehmerin des Betriebes auf dem Flugplatze.

2. Verfehlt ist auch die fernere Revisionsbeschwerde wegen Verletzung der §§ 905 und 906 BGB. Die Voraussetzungen des § 906 BGB. hat das Berufungsgericht verneint, weil die Geräusche, welche durch das Fliegen über dem Flugplatze verursacht würden, nur gedämpft auf das Grundstück des Klägers hinüberdrängen und deshalb keine wesentliche Beeinträchtigung desselben hervorriefen. Als unzulässige Einwirkung hat das Berufungsgericht nur diejenigen Geräusche angesehen, welche von den Flugzeugen ausgingen, die in geringer Höhe das Grundstück des Klägers überflögen. Im Falle des § 905 BGB. kann es aber, wie der Berufungsrichter zutreffend ausführt, darauf nicht ankommen, ob die Benutzungsart des anderen Grundstücks nach den örtlichen Verhältnissen eine gewöhnliche ist. Denn in § 905 handelt es sich überhaupt nicht um Einwirkungen, die von einem anderen Grundstück ausgehen; vielmehr werden hier nur Einwirkungen behandelt, die in dem Raume über der Oberfläche oder in dem Erdkörper unter der Oberfläche des Grundstücks selbst vorgenommen werden, das unter den Einwirkungen leidet. Hier ist das Verbietungsrecht des Eigentümers lediglich davon abhängig gemacht, ob die Einwirkungen in solcher Höhe oder Tiefe vorgenommen werden, daß er an der Ausschließung ein Interesse hat. Bei Beantwortung der Frage, ob ein schutzwürdiges Interesse des Eigentümers vorliegt, können natürlich die allgemeinen Verkehrsanschauungen über das, was der Eigentümer sich an Einwirkungen des Luftverkehrs gefallen lassen muß, und unter Umständen auch ortsübliche Verhältnisse in Betracht kommen. Es ist aber nicht anzunehmen, daß der Berufungsrichter dies verkannt hat. Denn bei den hier festgestellten überaus starken Geräuschen, die in geringer Höhe über dem Grundstücke des Klägers verursacht wurden, lag das Interesse des Klägers an der Ausschließung dieser Einwirkungen auf der Hand.

3. Richtig ist, daß der Schadensersatzanspruch, der in der Berufungsinstanz lediglich noch geltend gemacht wurde, ein Verschulden voraussetzt. Hiervon ist der Berufungsrichter aber auch ausgegangen. ... Das Verschulden der Beklagten ist in ausreichender und rechtlich bedenkenfreier Weise nachgewiesen. Denn es ist festgestellt, daß die Beklagte gewußt hat, daß die Flugschüler auch außerhalb der Grenzen des Flugplatzes in geringer Höhe fliegen und daß die Flugzeuge hierbei über den Nachbargrundstücken starke Geräusche entwickeln. Trotz der unstreitigen Beschwerde des Klägers hat die Beklagte, wie der Berufungsrichter ausdrücklich ausführt, nichts zur Abstellung der Mißstände getan. Ohne Rechtsirrtum hat daher das Berufungsgericht ein unerlaubtes Handeln der Beklagten als vorliegend angenommen.

4. Auch die Ausführungen in dem angefochtenen Urteile darüber,

daß überhaupt ein Schaden für den Kläger entstanden sei, geben zu den von der Revision angeregten Bedenken keinen Anlaß. Der Kläger behauptet, daß er ohne die Beeinträchtigung seines Grundstücks durch die Flieger 100000 ℳ mehr als Kaufpreis erzielt haben würde. Er macht also eine bereits eingetretene Entwertung des Grundstücks geltend, die bei dem erfolgten Verkaufe des Grundstücks auch tatsächlich schon in die Erscheinung getreten sei. Mit Rücksicht auf die tatsächlichen Feststellungen über den verursachten Lärm und auf die Aussage des Käufers, wonach er wegen der von der Fliegerschule ausgehenden Störungen nur einen geringeren Preis für das Grundstück bezahlt habe, unterlag die Annahme des Berufungsrichters, es sei ein Schaden entstanden, keinem Bedenken.... Die bisher erörterten Revisionsangriffe sind daher unbegründet.

5. Dagegen ist der Revision darin beizutreten, daß die Zurückverweisung der Sache in die Vorinstanz unzulässig war. Die Bestimmung des § 538 Abs. 1 Nr. 3 ZPO. setzt einen nach Grund und Betrag streitigen Anspruch voraus, bezüglich dessen durch das angefochtene Urteil über den Grund vorab entschieden oder die Abweisung der Klage erfolgt ist. Daraus, daß schon die erste Instanz in der Lage gewesen sein muß, die Entscheidung über den Grund von der über den Betrag zu trennen, ergibt sich, daß grundsätzlich schon in jener Instanz ein bestimmter Betrag gefordert und streitig gewesen sein muß. An dieser Voraussetzung fehlte es hier. Die Klage war in erster Instanz auf Einstellung des Flugbetriebs, hilfsweise auf Unterlassung des Überfliegens des klägerischen Grundstücks, sowie auf Unterlassung der Geräuscheinwirkungen gestützt. Erst in der Berufungsinstanz ging der Kläger, als der Verkauf des Grundstücks erfolgt war, von der Unterlassungsklage zur Schadensersatzklage über. Ein dem Betrage nach geltend gemachter Anspruch lag also erst in zweiter Instanz vor. Das Landgericht war mit einem Anspruche, der auf einen bestimmten Betrag gerichtet war oder gerichtet werden konnte, überhaupt nicht befaßt gewesen. Bei dieser Prozeßlage mußte das Berufungsgericht über den erst vor ihm erhobenen Schadensersatzanspruch auch hinsichtlich des Betrags selbst entscheiden und durfte daher die Sache nicht insoweit an das Gericht erster Instanz zurückverweisen. Dem Vorausgeführten stehen die Urteile des Reichsgerichts RGZ. Bd. 49 S. 38, 43, Bd. 77 S. 396 und Gruchot Bd. 50 S. 1079, 1081 nicht entgegen; sie beziehen sich auf Fälle, wo in erster Instanz nur Verurteilung zum Ersatz des der ziffermäßigen Höhe nach noch festzustellenden Schadens verlangt war, sowie auf ähnliche von dem vorliegenden Prozeßtatbestand abweichende Fälle. Das angefochtene Urteil war daher in diesem Punkte aufzuheben und die Zurückverweisung der Sache in Wegfall zu bringen.

II. Zur Anschlußrevision.

Die Zulässigkeit der Anschlußrevision des Klägers wird von der Beklagten mit Unrecht beanstandet. Durch das angefochtene Zwischenurteil ist der Schadensersatzanspruch des Klägers dem Grunde nach insoweit für gerechtfertigt erklärt, als Ersatz des Schadens verlangt wird, der durch den Lärm beim Überfliegen des früher klägerischen Grundstücks entstanden ist. Aus der Begründung des Urteils ergibt sich, daß der Berufungsrichter eine Beeinträchtigung des Grundstücks des Klägers durch den Lärm, der auf dem Flugplatz oder durch das Fliegen über diesem verursacht wird, nicht als vorliegend angesehen hat; ebensowenig hat er in dem bloßen Überfliegen des klägerischen Grundstücks an und für sich eine den Wert desselben mindernde Einwirkung gefunden. Dieser Standpunkt des Berufungsrichters ist auch in der Urteilsformel dadurch zum Ausdruck gelangt, daß der Schadensersatzanspruch nur in bestimmter Richtung für begründet erklärt ist; allerdings ist nicht ausdrücklich darin hervorgehoben, daß der Schadensanspruch wegen der andern geltend gemachten Beeinträchtigungen unbegründet sei. Der Vollständigkeit und größeren Deutlichkeit halber erschien es angebracht, diesen in der Urteilsformel des Berufungsgerichts enthaltenen Sinn durch einen Zusatz noch besonders zum Ausdruck zu bringen. Bei dieser Bedeutung der ergangenen Entscheidung muß aber deren Anfechtung auch seitens des Klägers statthaft sein. Ein Zwischenurteil aus § 304 ZPO. hat den Grund des Anspruchs erschöpfend zu bestimmen, so daß für das weitere Verfahren nur noch die Entscheidung über den Betrag übrig bleibt. Wenn also der Klaganspruch über den als gerechtfertigt anzuerkennenden Rahmen hinausgeht, ist der Grund des Anspruchs durch eine einschränkende Entscheidung in seinen maßgebenden Grenzen festzustellen. Eine solche Entscheidung beschwert den Kläger und muß ihm deshalb die Möglichkeit eröffnen, sie mit dem Rechtsmittel der Berufung oder der Revision anzufechten. Denn andernfalls würde, sobald das Zwischenurteil die Rechtskraft beschritten hat, feststehen, daß sein Anspruch nur mit den darin ausgesprochenen Einschränkungen zu Recht besteht. Es handelt sich, soweit der Anspruch in dem Zwischenurteil ausdrücklich oder stillschweigend für unbegründet erklärt wird, allerdings noch um keine endgültige ziffermäßige Abweisung der Klage in diesem Umfange, wenn die letztere wie hier auf Zahlung einer bestimmten Geldsumme gerichtet ist. Denn es besteht die Möglichkeit, daß auch wenn mehrere Klagegründe für unbegründet erachtet worden sind, doch auf Grund des einen für gerechtfertigt erklärten Klaggrundes dem Kläger die volle Klagesumme, die hier als einheitlicher Schadensersatzanspruch gefordert wird, zugesprochen wird. Durch die Einschränkungen, welche der Vorabentscheidung über den Grund des Anspruchs hinzugefügt sind, wird an der Natur der ergangenen Entscheidung als eines Zwischenurteils gemäß § 304 ZPO. jedoch nichts geändert. Namentlich liegt insoweit nicht etwa eine einem Rechtsmittel unzugängliche Entscheidung nach § 303 ZPO. vor. Das Reichsgericht hat denn auch in ständiger Rechtsprechung die Anfechtung derartiger Zwischenurteile aus § 304 ZPO., welche Einschränkungen zuungunsten des Klägers enthalten, mit Rechtsmitteln auch seitens des dadurch beschwerten Klägers für zulässig erachtet (RGZ. Bd. 91. S. 408, 411; Jur. Wochenschr. 1919 S. 249 Nr. 19; Warneyer 1911 Nr. 359; Gruchot Bd. 41 S. 183; RG. I 336/00 [Urt. v. 19. Januar 1901]; vgl. auch Schmidt-Bardeleben Gruchot Bd. 47 S. 791 und 792). Nur in Fällen, in denen die Einschränkungen des Ausspruchs, daß der Klaganspruch seinem Grunde nach gerechtfertigt sei, lediglich in den Entscheidungsgründen enthalten, in der Urteilsformel aber nicht zum Ausdruck gebracht waren, hat das Reichsgericht mit Rücksicht darauf, daß die Entscheidungsgründe für sich allein der Rechtskraft nicht fähig sind, dem Kläger das Rechtsmittel der Revision gegen derartige Zwischenurteile versagt (RGZ. Bd. 93 S. 156; Leipz. Zeitschr. 1917 Sp. 1127 Nr. 13 [V 102/17]; Gruchot Bd. 41 S. 179, 181)."

(Es folgt die Darlegung, daß die Anschlußrevision sachlich nicht begründet ist.)

---

11. 1. Zum Begriff des rechtlichen Zusammenhangs in § 302 Abs. 1 ZPO.
2. Ist die Zweckmäßigkeit des Erlasses eines Vorbehaltsurteils nach § 302 ZPO. vom Berufungsgericht nachzuprüfen?
3. Zur Anwendung des § 302 ZPO. bei Geltendmachung von Gegenforderungen gegen eine geteilt in mehreren Prozessen eingeklagte Gesamtforderung.

III. Zivilsenat. Urt. v. 24. Oktober 1919 i. S. Deutsches Reich (Bekl.) w. K. (Kl.). III 144/19.

I. Landgericht Frankfurt a. M.
II. Oberlandesgericht daselbst.

Der Beklagte ist dem Kläger für Holz, welches dieser in der Zeit vom Oktober 1917 bis September 1918 dem Militär-Neubauamt in Gießen geliefert hat, insgesamt 245821,24 M schuldig geworden. Davon hat der Kläger in einem Vorprozesse zunächst 87606,37 M eingeklagt und ein obsiegendes Urteil unter Vorbehalt der Entscheidung über eine vom Beklagten zur Aufrechnung gestellte Gegenforderung von 223087,73 M erstritten. In dieser Höhe soll der Kläger bei früheren

Holzgeschäften der Parteien aus den Jahren 1915 und 1916 unter Verstoß gegen die Bekanntmachung des Reichskanzlers vom 23. Juli 1915 gegen übermäßige Preissteigerung einen unerlaubten Gewinn gezogen haben und daher zu dessen Rückgewähr verpflichtet sein. Auf Grund des inzwischen rechtskräftig gewordenen Urteils hat der Beklagte an Kapital und Zinsen 89567,21 M an den Kläger gezahlt. Im vorliegenden Rechtsstreite macht dieser seine Restforderung von 158214,87 M nebst Zinsen geltend. Gegen sie will der Beklagte nicht nur mit seiner bereits erwähnten Forderung von 223087,73 M, sondern auch mit seinem angeblichen Anspruch auf Rückzahlung der Urteilssumme von 89567,21 M aufrechnen. Das Landgericht verurteilte den Beklagten vorbehaltlos zur Zahlung von 22733,51 M und unter Vorbehalt der Entscheidung über die Aufrechnungseinrede zur Zahlung der geforderten Restsumme. Die vom Beklagten eingelegte Berufung wurde mit einer unwesentlichen Änderung der Zinsberechnung zurückgewiesen. Auch seine Revision hatte keinen Erfolg.

Gründe:

„Der Revisionskläger bestreitet die Zulässigkeit des Vorbehaltsurteils, erachtet es für rechtsirrig, daß das Oberlandesgericht eine Prüfung seiner Zweckmäßigkeit abgelehnt habe, und fühlt sich schließlich dadurch beschwert, daß es die 22733,51 M nicht unter den Vorbehalt habe fallen lassen.

In allen drei Punkten ist die Revision unbegründet.

Die rechtlichen Voraussetzungen für den Erlaß eines Urteils aus § 302 ZPO. sind

1. die Geltendmachung der Aufrechnung mit einer mit der Klagforderung nicht in rechtlichem Zusammenhange stehenden Gegenforderung,
2. der Mangel ihrer Entscheidungsreife,
3. Entscheidungsreife der Klagforderung.

Die Voraussetzungen zu 2 und 3 sind unstreitig gegeben, zu 1 ist der rechtliche Zusammenhang zwischen beiden Forderungen streitig. Er ist jedoch mit den Vorinstanzen zu verneinen. Wenn man auch die Grenzen des Begriffs der Einheit des Rechtsverhältnisses, auf das beide Forderungen zurückzuführen sind, soweit als möglich zieht, so kann hier doch nicht von einer Konnexität gesprochen werden. Nicht nur, daß beide Ansprüche aus verschiedenen Geschäften stammen, es ist auch das Rechtsgeschäft, auf welches der Beklagte nunmehr zurückgreift, von beiden Teilen längst erfüllt. Es handelt sich daher auch nicht um einen Erfüllungsanspruch oder überhaupt um einen Vertragsanspruch, sondern um einen Anspruch aus unerlaubter Handlung, um eine Kondiktion dessen, was der Kläger ohne rechtlichen Grund, weil wider ein Verbotsgesetz verstoßend, empfangen hat oder vielmehr empfangen haben soll.

Ist daher die Zulässigkeit eines Vorbehaltsurteils nicht zu beanstanden, so hing dessen Erlaß lediglich von dem Ermessen des Landgerichts ab, und der Berufungsrichter hat sich mit Recht geweigert, sein Ermessen an die Stelle des Ermessens der Vorinstanz treten zu lassen. Die Frage, ob der Berufungsrichter die Zweckmäßigkeit eines Vorbehaltsurteils nachzuprüfen habe, ist allerdings nicht unbestritten. Sie wird bejaht von Stein ZPO. III zu § 302; Neukamp ZPO. Anm. 2 d zu § 302 und vom Bayerischen Obersten Landesgericht Seuff. Arch. Bd. 63 S. 293 Nr. 168, verneint von Skonietzki-Gelpcke ZPO. Anm. 2 zu § 302; Seuffert ZPO. 11. Aufl. Anm. 2 f zu § 302; Förster-Kann ZPO. Anm. 3 zu § 302; Petersen-Anger ZPO. Anm. 2 zu § 145; Struckmann-Koch ZPO. Anm. 1 zu § 150 vom Kammergericht Rechtspr. O.L.G. Bd. 20 S. 318 und vom Oberlandesgericht Köln Rhein. Arch. Bd. 98 Abt. 1 S. 215. Dieser letzteren Ansicht pflichtet der erkennende Senat bei.

Die Sachlage ist fast die gleiche, wie im Falle des Abs. 2 des § 301 ZPO., der es in das Ermessen des ersten Richters stellt, von der Erlassung eines Teilurteils auch beim Vorliegen der gesetzlichen Voraussetzungen eines solchen aus Zweckmäßigkeitsgründen abzusehen. Daß hier der Berufungsrichter die Angemessenheit des Teilurteils nicht nachprüfen dürfe, hat der V. Zivilsenat des Reichsgerichts in Seuff. Arch. Bd. 54 Nr. 115 mit überzeugender Begründung ausgesprochen. Er weist darauf hin, daß der durch das Teilurteil noch nicht erledigte Streitstoff nicht in die Berufungsinstanz gediehen sei, vom Berufungsrichter aber bis zu einem gewissen Grade herangezogen und mitgeprüft werden müsse, wenn er untersuchen wolle, ob die erste Instanz das ihr vom Gesetz eingeräumte Ermessen richtig gehandhabt habe. Sodann hebt der V. Senat — und das ist zwingend — hervor, daß das Gesetz keinen Anhalt dafür gebe, wie der Berufungsrichter entscheiden solle, wenn er den Erlaß des Teilurteils nicht für rechtsirrig sondern lediglich für zweckwidrig erachtet. Sachlich darf er über den im ersten Rechtszuge noch nicht erledigten Teil des Anspruchs nicht befinden und zur Zurückweisung in die erste Instanz bietet § 539 ZPO. keine Handhabe. Denn die Ausübung des dem Richter anheimgegebenen Ermessens nach einer nach Ansicht des Berufungsrichters falschen oder unzweckmäßigen Richtung verletzt keine Prozeßvorschrift und bedeutet daher keinen zur Urteilsaufhebung berechtigenden Verfahrensmangel. Dieselben Gründe schließen auch die Zulässigkeit der Ermessensnachprüfung im Falle des § 302 Abs. 1 ZPO. aus. Wenn für die Bejahung der Zulässigkeit geltend gemacht wird, das erste Gericht entscheide über die Aufrechnung insoweit, als es feststelle, daß die Gegenforderung nicht geeignet sei, die einstweilige Verurteiluag des Beklagten unter den obwaltenden Umständen abzuwenden, so ist dem entgegenzuhalten, daß das nicht der Inhalt der erstrichterlichen Entscheidung ist. Diese befindet vielmehr aus Zweckmäßigkeitsrücksichten lediglich über die Klagforderung — wenigstens einstweilig — so, als wenn die Gegenforderung überhaupt nicht geltend gemacht wäre. Daher gelangt der Rechtsstreit auch nur in diesem beschränkten Umfange an den Berufungsrichter und dieser darf infolgedessen nicht so verfahren und urteilen, als wenn die Gegenforderung und damit die Entscheidung darüber, ob sie zu berücksichtigen oder vorläufig zurückzustellen sei, an ihn gediehen wäre. Denn eine solche Entscheidung würde ihn zwingen, sich mit einem Prozeßstoffe zu befassen, dessen Erledigung sich der Vorderrichter noch vorbehalten hat. Er darf somit auch nicht sagen: „Rechtlich durfte der Vorderrichter zwar so verfahren, wie er verfahren ist; da ich aber sein Verfahren für unzweckmäßig halte, hebe ich sein Urteil auf und weise ihn an, an Stelle seines Ermessens das meinige zu setzen." Zu beidem berechtigt das Gesetz nicht und wenn von Vertretern der gegenteiligen Ansicht hervorgehoben wird, daß die Zivilprozeßordnung die Unanfechtbarkeit einer erstrichterlichen Ermessensentscheidung aus § 302 nicht ausdrücklich ausgesprochen habe, so ist darauf zu erwidern, daß sie anderseits auch keinen Weg zur praktischen Durchführung einer solchen Anfechtung zeigt und damit mittelbar die Nachprüfung der Zweckmäßigkeit des Vorbehalts ausgeschlossen hat.

Die Revision bemängelt schließlich die Nichterstreckung des Vorbehalts auf die 22731,51 *M*, welche dem Kläger unbedingt zugesprochen sind, weil der Beklagte infolge der Zahlung der dem Kläger in dem ersten, nicht in die Revisionsinstanz gediehenen Urteile zuerkannten 87606,37 *M* nebst Zinsen eine neue, gleichhohe Gegenforderung auf Rückgewähr erworben habe. Dem widerspricht schon der gesetzgeberische Gedanke des § 302 ZPO., der verhindern will, daß die Entscheidung über eine klare Forderung durch Aufrechnung mit zweifelhaften und bestrittenen Gegenforderungen verzögert werde. § 302 a. a. O. will also den Gläubiger, der eine entscheidungsreife Forderung hat, begünstigen. Daß dies unter Umständen zu Härten für den Beklagten führen kann, nämlich dann, wenn er infolge unberechtigter Winkelzüge des Klägers die rechtliche Anerkennung seiner Gegenforderung mühsam erst erkämpfen muß, liegt auf der Hand. Sie hat auch der Gesetzgeber nicht verkannt, er hat aber die Härten, die darin liegen, daß ein unredlicher Beklagter durch Vorbringen illiquider Gegenforderungen die Befriedigung einer zweifelsfreien Forderung hintenanhält, für unerträglicher erachtet als jene und ihnen nur die Spitze dadurch abzubrechen versucht, daß er dem Gläubiger die Gefahr einer etwaigen Zwangsvollstreckung aus dem Vorbehaltsurteil und die volle Verantwortlichkeit für sie aufbürdet, indem er ihn schlechthin hinsichtlich aller Nachteile, welche dem Schuldner aus einer ungerechtfertigten Vollstreckung entstehen können, für ersatzpflichtig erklärt. Wäre nun die Auffassung der Revision richtig, so wäre die Rechtslage des vom Gesetze begünstigten Klägers im vorliegenden Falle, in welchem er seine Gesamtforderung geteilt und in zwei getrennten Prozessen geltend gemacht hat, weniger gut, als wenn er sie von vornherein ungeteilt in einer Klage erhoben und ein Vorbehaltsurteil über 245821,24 *M* erstritten hätte. Das würde mit der eben entwickelten Absicht des Gesetzes nicht im Einklange stehen. Die Revision irrt aber auch in der Annahme, daß schon jetzt von einer Forderung des Beklagten auf Rückgewähr von 87606,37 *M* nebst Zinsen gesprochen werden könne. Der Beklagte hat seine urteilsmäßige Verpflichtung erfüllt und die Kaufpreisforderung des Klägers mit den aufgelaufenen Verzugszinsen getilgt. Dadurch wird der Rechtscharakter seiner Verteidigung nicht geändert. Zur Zeit des Erlasses des zweiten Vorbehaltsurteils stand für den erkennenden Richter fest, daß der Beklagte keinen Anspruch auf Rückgewähr der ordnungs- und rechtmäßig gezahlten Judikatssumme habe. Er konnte deshalb ihretwegen keinen Vorbehalt aussprechen. Was dem Beklagten möglicherweise zustand, war seine aus der Überwucherung abgeleitete Schadensersatzforderung von 87606,37 *M*. Sie war dem Beklagten bereits vorbehalten und, ob sie bestand, war lediglich in dem schon vorbehaltenen Nachverfahren zu prüfen. Würde die Aufrechnung der Forderung auf Rückgewähr der Judikatssumme des ersten Prozesses dem Beklagten in dem zweiten Prozesse vorbehalten, so käme mittelbar dieselbe Forderung zweimal zur Aufrechnung, und es müßte — wenn z. B. die beschlossene Verbindung der beiden Prozesse wieder aufgehoben würde — über ihre Aufrechnungsfähigkeit zweimal entschieden werden. Tatsächlich ist aber jetzt durch die Verbindung der beiden Prozesse für das Nachverfahren der Zustand hergestellt, der sich ergeben hätte, wenn die ganze Streitsumme auf einmal eingeklagt wäre. Wird nun das im ersten Urteile dem Beklagten vorbehaltene Verteidigungsmittel für begründet erklärt, dann erst gelangt ein aufrechnungsfähiger Anspruch auf Rückzahlung der Urteilssumme nebst Zinsen zur Entscheidung. Daraus folgt, daß die als Zinsen über den urteilsmäßig festgestellten Betrag von 87606,37 *M* hinaus gezahlten 1960,84 *M* gleichfalls nicht vorbehalten werden durften."

---

12. 1. Sind die Schürfrechte im Gebiete des preuß. Allgemeinen Berggesetzes und des kursächsischen Mandats vom 19. August 1743 dinglicher oder schuldrechtlicher Natur?

2. Was ist unter „Einziehung" der Forderung in den §§ 1282 flg., § 1290 BGB. zu verstehen?

3. Ist, wenn eine Forderung oder ein sonstiges Vermögensrecht für mehrere Pfandgläubiger gepfändet ist, der nachstehende Pfandgläubiger berechtigt, den Verkauf der Forderung oder des Rechtes zu beantragen und zu betreiben?

4. Erfordernisse des Bereicherungsanspruchs.

Preuß. ABG. §§ 5, 8; ZPO. §§ 844, 857.

V. Zivilsenat. Urt. v. 25. Oktober 1919 i. S. M. R. G. m. b. H. (Bekl) w. Gebr. G. (Kl.). V 54/19.

I. Landgericht II Berlin.
II. Kammergericht daselbst.

Beide Parteien sind Gläubiger der Gewerkschaft F. F. zu G. und haben für ihre Forderungen vollstreckbare Titel erlangt, und zwar die Klägerin in Höhe von 5000, die Beklagte in Höhe von 1500 *M*. Die Schuldnerin hat mit einer größeren Zahl von Landwirten in Gr. eine Reihe von Verträgen geschlossen, darunter einen solchen vom 16. Dezember 1906, in welchem diese ihr unter anderem auch das Recht einräumten, auf ihren Grundstücken nach Kohlen zu schürfen und Bohrversuche zu machen. Auf Antrag der Klägerin sind durch Beschluß des Amtsgerichts M. vom 19. Oktober 1916 die angeblichen Ansprüche der Schuldnerin aus den mit den Landwirten geschlossenen Verträgen, darunter auch der Anspruch aus dem Vertrage vom 16. Dezember 1906, auf den daselbst bezeichneten Grundstücken Bohrversuche und Schürfarbeiten auf Kohlen vorzunehmen, gepfändet und ihr zur Einziehung überwiesen. Auf Antrag der Beklagten wurde sodann durch Beschluß des Amtsgerichts M. vom 4. Juli 1917 der angebliche Anspruch der Schuldnerin gegen eine Anzahl von Landwirten in Gr. auf Ausübung des ausschließlichen Rechtes, auf bestimmten Flächenabschnitten der diesen Landwirten gehörigen Grundstücke auf Grund des Vertrags vom 16. Dezember 1906 Bohrversuche und Schürfarbeiten vorzunehmen, gepfändet und zunächst ihr „zur Ausübung“ überwiesen, dann aber auf Beschwerde der Beklagten dieser Beschluß dahin abgeändert, daß die Versteigerung der gepfändeten Rechte nach § 844 ZPO. angeordnet wurde. Bei der Versteigerung wurden diese Rechte gegen das Meistgebot von 2500 *M* der Beklagten zugeschlagen. Von dem Reinerlöse von 2386,25 *M* erhielt die Beklagte auf ihre Forderung 1628,90 *M*; der Rest wurde der Schuldnerin zugewiesen. Mit der Klage hat die Klägerin beantragt, festzustellen, daß die Versteigerung ihr gegenüber rechtsunwirksam sei. Das Landgericht hat die Klage abgewiesen. In der Berufungsinstanz hat die Klägerin hilfsweise beantragt, die Beklagte zu verurteilen, die durch den

Pfändungs- und Überweisungsbeschluß des Amtsgerichts M. vom 19. Oktober 1916 für die Klägerin begründeten Rechte trotz der Versteigerung vom 19. September 1917 als fortbestehend anzuerkennen. Das Berufungsgericht hat nach diesem Hilfsantrag erkannt. Auf die Revision der Beklagten ist das Urteil aufgehoben und die Berufung der Klägerin gegen das landgerichtliche Urteil zurückgewiesen worden.

Gründe:

„Der Berufungsrichter geht von der tatsächlichen Feststellung aus, daß das auf Antrag der Beklagten gepfändete und ihr zugeschlagene Recht, auf den Grundstücken der in dem Pfändungsbeschlusse genannten 26 Gr.er Landwirte zu schürfen und Bohrversuche anzustellen, unter diejenigen Rechte fällt, die vorher auf Antrag der Klägerin gepfändet und ihr zur Einziehung überwiesen worden waren. Der Berufungsrichter nimmt deshalb an, daß für beide Parteien der Anspruch ihrer Schuldnerin, nämlich der Gewerkschaft F. F., auf bestimmten Grundstücken zum Zwecke des Erwerbes einer selbständigen Kohlenabbaugerechtigkeit Schürfarbeiten vorzunehmen und dadurch in die Lage versetzt zu sein, durch Mutung den Anspruch des § 22 ABG. auf Verleihung dieser Gerechtsame zu erwerben, gepfändet und überwiesen sei. Der Berufungsrichter ist aber der Ansicht, daß die Klägerin durch den früheren Vollstreckungsbeschluß ein Vorrecht erworben habe, welchem die Beklagte nachstehen müsse. Zur Begründung dieser Ansicht weist er zunächst den Einwand der Beklagten zurück, daß das in Frage stehende Recht ein höchst persönliches sei, das nicht abgetreten und deshalb auch nicht gepfändet werden könne. Er führt sodann unter Bezugnahme auf die §§ 5 und 8 ABG. aus, das Recht, auf fremden Grundstücken zu schürfen, werde durch Einigung mit den Grundeigentümern und nur in Ermangelung einer solchen Einigung durch einen Beschluß des Oberbergamts erworben, der die Einigung ersetze. Die Einigung, welche sich über die, nötigenfalls vom Oberbergamt ersatzweise aufzustellenden Bestimmungen verhalte, ob und unter welchen Bedingungen die Schürfarbeiten vorgenommen werden dürfen, sei nicht dinglicher Natur, sondern bestehe nach der Ausdrucksweise des Berggesetzes in der vom Schürfer mit dem Eigentümer getroffenen Vereinbarung; sie habe auch keine dingliche Wirkung, denn erst die Verleihung des Bergwerkeigentums oder der Abbaugerechtigkeit begründe ein Recht, für welches nach Art. 38 preuß. AusfG. z. BGB. die sich auf Grundstücke beziehenden Vorschriften des Bürgerlichen Gesetzbuchs gelten, sie sei deshalb auch kein Anspruch nach § 848 ZPO., der eine unbewegliche Sache betreffe. Die Einigung begründe vielmehr ein Schuldverhältnis, indem sie auf seiten des Schürfers einen obligatorischen Anspruch und für den Eigentümer eine obligatorische Verpflichtung erzeuge. Auf das Pfändungspfandrecht an diesem Anspruche kämen diejenigen Grundsätze des Bürgerlichen Gesetzbuches in Anwendung, welche das Vertragspfandrecht beträfen; das ergebe sich aus den §§ 1257, 1273 Abs. 2 BGB. in Verbindung mit § 804 ZPO., wonach das Pfändungspfandrecht kraft Gesetzes entstehe. Fraglich sei aber, ob der streitige Anspruch als eine Forderung im Sinne des § 1290 oder als ein anderes Recht im Sinne des § 1273 BGB. zu gelten habe. In letzterem Falle würde es nach der Meinung des Berufungsrichters zweifelhaft sein, ob nicht gemäß § 1232 Satz 2 in Verbindung mit § 1273 Abs. 2 der vorgehende Pfandgläubiger die auf Betreiben des nachstehenden Pfandgläubigers erfolgte Versteigerung gegen sich gelten lassen müßte und auf die Befugnis beschränkt sein würde, sich aus dem Versteigerungserlöse vor dem nachstehenden Pfandgläubiger befriedigen zu lassen. Die zuvor aufgeworfene Frage entscheidet aber der Berufungsrichter dahin, daß der streitige Anspruch als eine Forderung im Sinne des § 1290 anzusehen sei; denn eine Forderung sei nach § 241 BGB. der obligatorische Anspruch auf eine Vertragsleistung, die der Gläubiger von dem Schuldner zu fordern habe und die auch in einer Unterlassung bestehen könne. Der streitige Anspruch gegen die Grundeigentümer gehe dahin, daß diese die ihnen nach § 907 BGB. zustehende Ausschließung jedes Dritten von der Einwirkung auf das Grundstück unterlassen; er bestehe daher in der auf diese Unterlassung gerichteten Forderung. Mit Unrecht sehe das Landgericht den § 1290, der von der Befugnis des vorgehenden Pfandgläubigers zur Einziehung handle, nicht für anwendbar an um deswillen, weil der streitige Anspruch nicht der Einziehung unterliege; unter Einziehung sei nicht nur die Beitreibung einer Kapitalforderung, sondern jede Art der Realisierung zu verstehen; die hier in Betracht stehende Forderung auf Unterlassung werde durch die Vornahme der Schürfarbeiten realisiert; die Überweisung zu dieser Einziehung sei durch § 835 ZPO. begründet. Da sonach § 1290 BGB. zur Anwendung komme und durch diese Sondervorschrift die Anwendung des § 1232 ausgeschlossen werde, so sei nur die Klägerin, nicht aber die Beklagte berechtigt gewesen, das Schürfrecht in Anspruch zu nehmen. Darin sei auch durch die auf Anstehen der Beklagten erfolgte Versteigerung keine Rechtsänderung eingetreten; denn auch die Zwangsversteigerung, die durch den Gerichtsvollzieher ausgeführt werde, stehe unter den allgemeinen Grundsätzen des Umsatzgeschäftes, wofür sich der Berufungsrichter auf eine Entscheidung des RG. Gruchot Bd. 42 S. 1210 und auf Stein Anm. II 1 zu § 825 ZPO. beruft; die spätere Übertragung einer Forderung, welche schon vorher einem anderen übertragen war, bewirke den Rechtsübergang auf den späteren Gläubiger nicht, auch wenn dieser die frühere Übertragung nicht kannte (§ 408 BGB.). Deshalb sei das früher erworbene Recht der Klägerin durch die spätere Übertragung der Forderung im Wege der Versteigerung auf die Beklagte nicht beseitigt.

Der Revision muß zunächst zugegeben werden, daß die Ausführungen, mit denen der Berufungsrichter seine Annahme begründet, die für die Gewerkschaft F. F. durch die Verträge mit den Grundbesitzern von Gr. erworbenen Schürf- und Bohrrechte seien nicht dinglicher Natur, sondern lediglich auf dem Gebiete der Schuldverhältnisse liegende Leistungsansprüche und demnach Forderungen, rechtlich unhaltbar sind. Der Umstand, daß diese Rechte nicht durch Verfügung des Bergamts entstanden sind, sondern sich auf eine Vereinbarung mit den Grundbesitzern gründen, die der Berufungsrichter selbst als Einigung bezeichnet und bei welcher die Bedingungen, unter denen die Schürf- und Bohrarbeiten vorgenommen werden sollen, festgesetzt sind, würde nicht hindern, daß sie dinglicher Natur wären. Denn auch dingliche Rechte können durch Vereinbarung (Einigung) begründet werden, wozu allerdings in den Regelfällen nach § 873 BGB. noch die Eintragung kommen muß, die jedoch nicht erforderlich ist für die besonderen bergrechtlichen Gebrauchs- und Nutzungsrechte, die nach § 8 ABG. im Wege des Zwangsverfahrens erworben werden können und gemäß Art. 22 Nr. 2 preuß. AusfG. z. BGB. zur Erhaltung ihrer Wirksamkeit gegenüber dem öffentlichen Glauben des Grundbuchs der Eintragung nicht bedürfen, und zwar auch dann nicht, wenn sie im Einzelfalle gemäß § 5 ABG. durch freiwillige Gestattung des Grundeigentümers erworben sind (Stranz und Gerhard, Komm. zum preuß. AusfG. z. BGB. Art. 22 Erl. 4). Rechtsirrig ist es auch, wenn der Berufungsrichter anscheinend die Nichtdinglichkeit der Schürf- und Bohrrechte daraus herleiten will, daß auf sie nicht, wie auf das Bergwerkseigentum selbst, die Vorschriften über Grundstücke Anwendung finden; denn diese Vorschriften kommen keineswegs bei allen oder auch nur der Mehrzahl der dinglichen Rechte an Grundstücken in Anwendung, sondern nur bei ganz vereinzelten, dem Eigentume nahe kommenden Rechten, wie es das Erbbaurecht und das Bergwerkseigentum sind. Die Möglichkeit der dinglichen Begründung der Schürfrechte nach §§ 5, 8 ABG. ist denn auch in der bergrechtlichen Lehre anerkannt (Klostermann-Fürst zu § 5 Anm. 4; Brassert zu § 5 Anm. 5). — Es entsteht aber die Frage, ob nicht im vorliegenden Falle die Dinglichkeit dadurch ausgeschlossen wird, daß die Grundstücke, auf welche die Rechte sich beziehen, in dem früheren Geltungsgebiete des kursächsischen Mandats von 1743 liegen, in welchem nach §§ 1, 2, 9 des preuß. Gesetzes vom 22. Februar 1869 in Verbindung mit Art. 38 AusfG. z. BGB. nur die in § 9 daselbst aufgeführten Vorschriften des Allgemeinen Berggesetzes gelten, nicht dagegen die Vorschriften des zweiten Titels über die Erwerbung des Bergwerkseigentums, zu welchen die §§ 5, 8 gehören. Vgl. **Klostermann-Fürst** zu §§ 212, 213 ABG. Anm. 1 (S. 621); **Brassert** zu § 9 Anm. 1. Einer Entscheidung dieser Frage bedarf es aber nicht, da die Anwendung des § 1290 BGB. auf den vorliegenden Fall, auch wenn man unterstellt, daß es sich um Forderungen im Sinne dieser Gesetzesstelle handelt, nicht zu billigen ist. § 1290 bestimmt, daß, wenn mehrere Pfandrechte an einer Forderung bestehen, zur Einziehung nur derjenige Pfandgläubiger berechtigt ist, dessen Pfandrecht den übrigen Pfandrechten vorgeht. Was unter Einziehung im Sinne dieser Vorschrift und der vorhergehenden Paragraphen, insbesondere des § 1282 zu verstehen, ist nicht unbestritten. Das Reichsgericht hat in RGZ. Bd. 58 S. 105 ausgesprochen, daß der Begriff nicht im engsten Sinne aufzufassen und deshalb auch die Aufrechnung, und zwar sowohl die von dem Schuldner der Pfandforderung gegenüber dem Pfandgläubiger, wie auch die von diesem gegenüber jenem vorgenommene zu verstehen sei. Ob auch die Ausübung von Rechten, wie sie hier in Frage stehen, bei denen von einer eigentlichen Einziehung durch Anhalten des Schuldners zur Leistung nicht die Rede sein kann, unter den Begriff der Einziehung fällt, kann dahingestellt bleiben. Dagegen ergibt sich schon aus der Entstehungsgeschichte des Gesetzes, daß der Verkauf der Forderung nicht unter den Begriff der Einziehung fällt; denn in dem § 1218 des ersten Entwurfs, der dem § 1282 BGB. entspricht, war ausdrücklich ausgesprochen, daß der Pfandgläubiger zu anderen Verfügungen als zur Einziehung, insbesondere zum Verkaufe der Forderung, nicht berechtigt sein solle, und in der Begründung (Motive Bd. 3 S. 861) ist bemerkt, eine Befugnis zum Privatverkaufe müsse ausgeschlossen bleiben, und zwar unter Hinweis auf die Bemerkungen zu § 1215 des Entwurfs, wo ausgeführt ist (Motive S. 859), daß Vermögensrechte wegen der Unsicherheit der Wertschätzung nicht ebensogut geeignet seien, durch öffentliche Feilbietung verwertet zu werden, wie bewegliche Sachen, und daß deshalb auch in den Bestimmungen der Zivilprozeßordnung über die Zwangsvollstreckung der Verkauf des gepfändeten Rechtes überall nur als Notbehelf hingestellt werde. Die zweite Kommission hat die ausdrückliche Hervorhebung der Nichtgestattung des Verkaufs gestrichen, ohne Gründe anzugeben; aber offensichtlich, wie auch in RGZ. Bd. 58 S. 105 angenommen ist, lediglich in dem Sinne, daß es einer solchen Hervorhebung nicht bedürfe, weil der Verkauf ohne weiteres nicht unter die Einziehung, sondern unter die anderen Verfügungen falle. Wenn **Falkmann** (bei Gruchot Bd. 44 S. 109) und ihm folgend auch **Dernburg**, Sachenrecht S. 948 Anm. 6, einen Verkauf zum Nominalbetrag, aber nicht unter dem Nominalbetrage, gestatten wollen, so kann dahingestellt bleiben, ob diese Auffassung mit dem Gesetze sich vereinigen läßt, da sie sich nur auf

Geldforderungen bezieht, die hier nicht in Frage stehen. Ist aber der Pfandgläubiger zum Verkauf der Forderung grundsätzlich nicht berechtigt, so kann auch § 1290, der bei Bestehen mehrerer Pfandrechte dem späteren Pfandgläubiger die Einziehungsbefugnis versagt, sich auf den Verkauf der Forderung nicht beziehen.

Rechtsirrig ist es aber ferner, daß der Berufungsrichter auf das Pfändungspfandrecht die Grundsätze des Bürgerlichen Gesetzbuchs über das Vertragspfandrecht ganz allgemein und unterschiedslos zur Anwendung bringen will unter Bezugnahme auf § 1257, der die Vorschriften über das durch Rechtsgeschäft bestellte Pfandrecht für anwendbar erklärt auf ein kraft Gesetzes entstandenes Pfandrecht. Das Pfändungspfandrecht ist kein gesetzliches Pfandrecht; es entsteht nicht unmittelbar ohne einen darauf gerichteten Willensakt durch das Gesetz, sondern durch die Pfändung, also durch eine auf die Entstehung von Rechten gerichtete Handlung, ein Rechtsgeschäft, das aber auf prozessualem Gebiete liegt. Über die Wirkungen dieses prozessualen Rechtsgeschäfts bestimmt in erster Linie die Zivilprozeßordnung. Sie schreibt in § 804 Abs. 1 vor, daß durch die Pfändung der Gläubiger ein Pfandrecht an dem gepfändeten Gegenstand erwirbt. Das Verhältnis dieses Pfandrechts zu anderen Pfändungspfandrechten ordnet sie selbständig durch die Vorschrift in § 804 Abs. 3, wonach das durch eine frühere Pfändung entstandene dem durch eine spätere Pfändung entstandenen vorgeht. Auch das gesamte weitere Betreibungsverfahren zum Zwecke der Verwertung des gepfändeten Gegenstandes ist in der Zivilprozeßordnung selbständig geordnet. Einen Rechtssatz, der einem Pfändungspfandgläubiger, dem ein anderes Pfändungspfandrecht der Zeit nach vorangeht, die weitere Betreibung des Zwangsvollstreckungsverfahrens untersagte und sie dem erstpfändenden Gläubiger vorbehielte, kennt die Zivilprozeßordnung nicht; ein solcher Satz würde auch mit den Zwecken der Zwangsvollstreckungsordnung unvereinbar sein, da er es dem Schuldner ermöglichen würde, einen ihm wohlwollenden Gläubiger dazu zu veranlassen, zu pfänden und dann die Zwangsvollstreckung nicht weiter zu betreiben, wodurch andere Gläubiger am Zugriff auf den Gegenstand verhindert werden würden. Vielmehr ergibt der Zusammenhang ihrer Bestimmungen, daß sie die Konkurrenz mehrerer Pfändungspfandgläubiger bei dem Betreibungsverfahren als zulässig voraussetzt und dieses in solchem Falle als ein für alle gemeinschaftliches durchgeführt wissen will und daß sie insbesondere, in direktem Gegensatze zu § 1290 BGB., auch die Überweisung der gepfändeten Forderung zur Einziehung an einen nachpfändenden Gläubiger gestattet; vgl. §§ 827, 853, 856, 872 flg. ZPO. Demnach kann aber einem nachpfändenden Gläubiger auch nicht das Recht versagt werden, wenn die Voraussetzungen des § 844 ZPO. vorliegen, bei dem Vollstreckungsgerichte den Antrag auf eine andere Art der Verwertung an Stelle der Überweisung, insbesondere durch Versteigerung der gepfändeten Forderung, oder des gepfändeten Rechtes (§ 857), zu stellen. Einem solchen Antrage steht die vorher bereits erfolgte Überweisung der gepfändeten Forderung zur Einziehung an den vorpfändenden Gläubiger nicht entgegen; denn durch eine solche Überweisung wird nicht, wie durch die Überweisung an Zahlungsstatt, die Zwangsvollstreckung des erstpfändenden Gläubigers beendet; die Forderung ist dadurch nicht in dessen Vermögen übergeführt, sondern im Vermögen des Schuldners verblieben und daher auch weiter den Zugriffen anderer Gläubiger ausgesetzt, vorbehaltlich des durch das vorgehende Pfandrecht des Erstpfänders für diesen begründeten Vorzugsrechts an dem Erlöse. Der erstpfändende Gläubiger hat deshalb kein die Veräußerung hinderndes Recht und kann gegen die von nachfolgenden Gläubigern ausgebrachten Zwangsvollstreckungsmaßregeln nicht etwa im Wege der Klage aus § 771 ZPO. Widerspruch erheben (vgl. auch § 805 ZPO. und dazu RGZ. Bd. 87 S. 322). Er hat aber zur Wahrung seiner Interessen gegenüber etwa für ihn nachteiligen Betreibungsmaßnahmen nachpfändender Gläubiger, namentlich auch gegenüber dem Antrag aus § 844, das Schutzmittel der Erinnerung bei dem Vollstreckungsgerichte (§ 766). Freilich ist nicht zu verkennen, daß dieses Schutzmittel unter Umständen versagt, wenn er von der Nachpfändung oder von den weiteren Betreibungsmaßregeln des Nachpfändenden keine Kenntnis erlangt, und daß er in solchem Falle, wenn ohne Rücksicht auf sein Vorzugsrecht der Erlös von dem Nachpfändenden vereinnahmt wird, auf einen Bereicherungsanspruch gegen diesen, der nicht immer zum Ziele führt, angewiesen sein würde. Dagegen kann sich aber der erstpfändende Gläubiger dadurch einigermaßen sichern, daß er die von ihm eingeleitete Zwangsvollstreckung ohne Säumen weiterbetreibt. Läßt er, wie im vorliegenden Falle, nachdem ihm die Forderung zur Einziehung überwiesen ist, längere Zeit verstreichen, ohne weitere Schritte zu tun, so hat er den durch das Dazwischenkommen anderer Gläubiger etwa entstehenden Schaden sich selbst zuzuschreiben. Im vorliegenden Falle hat übrigens, wie festgestellt ist, die Klägerin von der Versteigerung der Rechte so rechtzeitig Kenntnis erhalten, daß sie im Versteigerungstermine vertreten war; sie war daher in der Lage, ihre Interessen, nötigenfalls durch Erstehen der Rechte, zu wahren.

Die Vorschriften des bürgerlichen Rechtes über das Pfandrecht können auf das Pfändungspfandrecht jedenfalls nur insoweit Anwendung finden, als sich nicht aus den Vorschriften der Zivilprozeßordnung oder aus dem Zusammenhange der von ihr getroffenen Regelung etwas Abweichendes ergibt (RGZ. Bd. 61 S. 333; Stein zu § 804 Erl. III S. 578). Übrigens steht die Zulassung des nachpfändenden Gläubigers zum Verkaufe des Pfandgegenstandes den Vorschriften des Bürgerlichen Gesetzbuchs über das Pfandrecht durchaus nicht grundsätzlich entgegen; vielmehr läßt auch § 1232, der allerdings zunächst nur für das Pfandrecht an beweglichen Sachen gegeben, aber vom Reichsgericht (RGZ. Bd. 87 S. 325) als entsprechend anwendbar auch auf das Gebiet des Pfandrechts an Rechten erachtet wird, die Betreibung des Verkaufs durch den nachstehenden Pfandgläubiger zu, ohne dem vorgehenden, wenn er nicht im Besitze des Pfandes ist, ein Recht zum Widerspruche zu geben (entsprechend § 805 ZPO.). Auch die Motive zum ersten Entwurf eines BGB. (Bd. 3 S. 819) führen — worauf gleichfalls schon in RGZ. Bd. 87 S. 325 hingewiesen ist — aus, daß, wenn an einer beweglichen Sache mehrere Pfandrechte bestehen, gleichzeitig mehreren Pfandgläubigern das Verkaufsrecht zustehen könne, und daß in Übereinstimmung mit den aus den Vorschriften der Zivilprozeßordnung zu entnehmenden Anschauungen das Vorzugsrecht des früheren Pfandgläubigers sich in der Regel nur an dem Erlöse geltend mache, da der Zweck des Pfandrechts ein Weiteres nicht verlange. Dadurch wird die vorstehend vertretene Auffassung über den Sinn und Zusammenhang der Vorschriften der Zivilprozeßordnung bestätigt.

Stellt sich sonach die von der Beklagten betriebene Versteigerung der Rechte nicht als eine unrechtmäßige dar, so kann die sehr bestrittene Frage unentschieden bleiben, ob auch bei einer unrechtmäßigen Zwangsversteigerung von Gegenständen, die nicht der Zwangsvollstreckung in das unbewegliche Vermögen unterliegen (für diese letztere vgl. § 90 ZVG.), der Ersteher das ihm durch die gerichtlichen Organe übertragene Recht frei von den darauf ruhenden Lasten, also auch von einem vorgehenden Pfandrecht, erwirbt. Vgl. darüber Stein, Grundfragen der Zwangsvollstreckung S. 70 flg. und ZPO. zu § 814 I, 817 IV, 825 II, 2, 3, 806 I 1, auf den sich der Berufungsrichter ganz mit Unrecht für die Verneinung der Frage beruft.

Der Berufungsrichter meint aber schließlich, die zuletzt erwähnte Rechtsfrage könnte dahingestellt bleiben; denn die Beklagte hafte der Klägerin auch aus der Bereicherung, da sie nicht bloß die Ersteherin, sondern auch die betreibende Gläubigerin gewesen sei; der Vollstreckungsgläubiger, welcher durch die von ihm betriebene Zwangsvollstreckung ein fremdes Recht verletze, hafte dem Verletzten aus der Bereicherung, und da die Beklagte in der Lage sei, der Klägerin das dieser entzogene Recht zurückzugewähren, weil es ihr selbst in der Versteigerung zugeschlagen worden sei, so sei sie hierzu verpflichtet.

Auch dieser Entscheidungsgrund ist nicht geeignet, das Berufungsurteil selbständig zu tragen, da er, wie die Revision mit Recht rügt, nicht frei von Rechtsirrtum ist. Richtig ist nur, daß der die Zwangsvollstreckung betreibende Gläubiger, der dabei rechtswidrig in das Recht eines Dritten eingreift und dieses verletzt, dem Dritten aus der Bereicherung haftet. Wenn aber, wie auf Grund des vorstehend Dargelegten anzunehmen ist, die Beklagte berechtigt war, die Versteigerung der Rechte ungeachtet des vorgehenden Pfandrechts der Klägerin zu betreiben, so hat sie durch diese Versteigerung weder das Pfandrecht der Klägerin, noch die aus der Überweisung zur Einziehung für diese entstandenen Rechte verletzt, d. h. rechtswidrig in sie eingegriffen. Eine Verletzung der Rechte der Klägerin könnte nur insoweit in Betracht kommen, als die Beklagte den Erlös der Versteigerung ohne Rücksicht auf das daran bestehende Vorzugsrecht der Klägerin in Empfang genommen hat. Auf die Erstattung dieses Erlöses war aber der zugesprochene Hilfsantrag der Klägerin ebensowenig, wie der in erster Linie gestellte, gerichtet; er ging vielmehr auf Feststellung, daß die für die Klägerin durch die Pfändung und Überweisung begründeten Rechte ungeachtet der Versteigerung fortbestehen. Schon die Fassung dieses Antrags verbietet es, wie die Revision zutreffend ausführt, darin einen Bereicherungsanspruch zu sehen; denn sie geht nicht auf Rückgängigmachen einer kraft Rechtens eingetretenen Vermögensverschiebung, sondern auf Feststellung, daß eine solche überhaupt nicht eingetreten sei. Aber auch wenn man hiervon absieht, kann ein Bereicherungsanspruch in der geltend gemachten Richtung nicht in Betracht kommen. Die von der Beklagten bei der Versteigerung erworbenen Schürf- und Bohrrechte waren der Klägerin nur zur Einziehung überwiesen; dadurch waren sie, wie oben schon dargelegt, nicht in das Vermögen der Klägerin übergegangen; die Beklagte hat sie also nicht aus dem Vermögen der Klägerin, nicht auf deren Kosten erlangt. Die durch die Pfändung und Überweisung für die Klägerin begründeten Pfand- und Einziehungs- bzw. Ausübungsrechte aber sind durch die Versteigerung, wenn man deren Rechtmäßigkeit annimmt, zwar untergegangen, aber nicht ohne rechtfertigenden Grund, sondern auf Grund der im Wesen solcher Rechte liegenden Entwicklung zu Vorzugsrechten an dem Erlöse."

---

13. Ist der in § 618 BGB. ausgesprochene Grundsatz auf das öffentlichrechtliche Beamtenverhältnis anwendbar?

III. Zivilsenat. Urt. v. 28. Oktober 1919 i. S. Postsekretär a. D. J. (Kl.) w. Deutsches Reich (Bekl.). III 168/19.

I. Landgericht Magdeburg.
II. Oberlandesgericht Naumburg a. S.

Der Kläger ist infolge Erkrankung an Gelenkrheumatismus pensioniert worden. Er führt diese seine Erkrankung auf fehlerhafte Beschaffenheit seines Arbeitsplatzes zurück und fordert Schadensersatz. Das Landgericht hat abgewiesen; der Berufungsrichter hat zu $^3/_4$ zugesprochen, zu $^1/_4$ abgewiesen. Die Revisionen beider Teile blieben erfolglos. Aus den

Gründen:

„Der Berufungsrichter stützt sein Erkenntnis auf entsprechende Anwendung des § 618 BGB. Die Revision des Beklagten stellt dies zur Nachprüfung. Dem Berufungsrichter ist beizustimmen, jedoch, wie der erkennende Senat schon wiederholt dargelegt hat, vgl. z. B. die Entscheidungen vom 2. Juni 1916 und vom 15. Dezember 1916 III 65/16 und III 354/16, Leipz. Zeitschr. 1916, Sp. 1102 Nr. 18, 1917, Sp. 740 Nr. 4, nicht in dem Sinne, als ob es sich um entsprechende, analoge Anwendung des privatrechtlichen § 618 auf das öffentlichrechtliche Beamtenverhältnis handle. Der Richter schöpft vielmehr aus Natur und Inhalt des Beamtenverhältnisses eine öffentlichrechtliche Rechtsregel, die auf einem allgemeinen Rechtsgedanken fußt, der, wie er für das Privatrecht in § 618 ausgeprägt ist, so in Ausfüllung einer Lücke des positiven öffentlichen Rechts auch das öffentlichrechtliche Beamtenverhältnis beherrschen muß. Es wird also nicht der § 618 angewendet, sondern § 618 ist nur ein auf anderm Rechtsgebiete gefundener Beleg für das Vorhandensein und die Notwendigkeit des allgemeinen Rechtsgedankens, den der Richter selbstschöpferisch in das öffentliche Recht einführt und nach dessen inneren Eigenarten und Erfordernissen, also unabhängig vom Inhalte des § 618, entwickelt, begrenzt und anwendet."...

---

14. 1. Beschränkt sich die Entschädigungspflicht des Versicherers, wenn vom Versicherungsnehmer erzeugte Sachen durch Brand zerstört sind, auf den Ersatz der Gestehungskosten oder erstreckt sie sich auf den Ersatz des gemeinen Wertes der Sachen?

2. Zum Begriff des „entgehenden Gewinns" im Sinne des § 53 des Gesetzes über den Versicherungsvertrag vom 30. Mai 1908 (RGBl. S. 263).

VII. Zivilsenat. Urt. v. 28. Oktober 1919 i. S. Schl. Feuerversicherungsges. (Bekl.) w. Gewerkschaft S. (Kl.). VII 147/19.

I. Landgericht Hannover.
II. Oberlandesgericht Celle.

Die Klägerin, die auf ihrem Grundstück Öl gewinnt, hat 60000 kg Rohölvorrat mit 30000 *M* bei der Beklagten gegen Brandschaden versichert. Im November 1916 sind ihr 56147 kg des Rohöls verbrannt. In einem Abschätzungsverfahren wurde der Wert des Verbrannten auf 4107,75 *M*, der entgangene Gewinn auf 35195,75 *M* festgesetzt. Als Wert sind dabei nur die Gestehungskosten in Rechnung gestellt. Da die Klägerin zu einem Viertel selbstversichert war, erhielt sie von der Beklagten nur drei Viertel von 4107,75 *M* mit 3080,38 *M* als Entschädigung gezahlt. Sie hält die Wertschätzung für offenbar unbillig und fordert den gemeinen Wert des Öles mit 21055,13 *M* zu drei Vierteln. Landgericht und Berufungsgericht verurteilten die Beklagte demgemäß. Die Revision der Beklagten wurde zurückgewiesen aus folgenden

Gründen:

„Die Parteien streiten darüber, ob die Beklagte als Versicherer der Klägerin nur die sogenannten Gestehungskosten des verbrannten Öles oder dessen gemeinen Wert zu ersetzen hat. Die Vorinstanzen haben übereinstimmend im letzteren Sinne entschieden. Ein Rechtsirrtum ist in dieser Entscheidung nicht zu finden.

Das Versicherungsvertragsgesetz bestimmt im § 52: „Bezieht sich die Versicherung auf eine Sache, so gilt, soweit sich nicht aus den Umständen ein anderes ergibt, der Wert der Sache als Versicherungswert." Im vorliegenden Falle ist Rohöl, also eine Sache, der Gegenstand der Versicherung. Danach ist im Zweifel der Wert des Rohöls, das heißt, das Interesse, das der Eigentümer des Rohöls an ihm hat, zu ersetzen. Umstände, aus denen „ein anderes" zu entnehmen wäre, sind hier nicht ersichtlich, vielmehr stimmen in dieser Beziehung die Bestimmungen der allgemeinen Versicherungsbedingungen der Beklagten mit § 52 VersVG. überein. Nach § 1 Abs. 2 dieser Bedingungen hat der Versicherer entsprechend der Vorschrift des § 83 VersVG. den durch die Zerstörung oder Beschädigung der versicherten Sachen entstehenden Schaden und „auch den Wert" derjenigen versicherten Sachen zu ersetzen, die bei dem Brand abhanden gekommen sind. Also auch für die Bemessung des durch die Zerstörung oder Beschädigung der Sachen erwachsenen Schadens soll ihr Wert entscheidend sein. Nach § 13 Abs. 1 der Bedingungen ist der zu ersetzende Schadensbetrag „unter Zugrundelegung des Wertes der Sache zur Zeit des Eintrittes des Versicherungsfalls" festzustellen. Dafür, daß unter diesem Werte der Sache die Gestehungskosten zu verstehen seien, ist weder im Gesetz noch in den Versicherungsbedingungen ein Anhalt zu finden. Die Beklagte könnte diese Kosten daher für ihre Entschädigungspflicht nur dann an die Stelle des Sachwerts setzen, wenn dieser mit jenen Kosten in Geld gleichwertig wäre. Das trifft jedoch nicht zu, da die Gestehungskosten im einzelnen Falle den Wert übersteigen oder hinter ihm zurückbleiben können.

Der Begriff des hiernach zu ersetzenden Sachwerts ist mehrdeutig. Man kann darunter den Wert, den die Sache für jedermann hat, also den Verkehrs- oder gemeinen Wert verstehen, aber auch den höheren Wert, den sie im Einzelfall unter besonderen Voraussetzungen dem Eigentümer gewähren kann (außerordentlicher Wert) oder den nur in der Meinung des Eigentümers bestehenden Wert der besonderen Vorliebe. Wo in den Gesetzen nur vom „Wert", ohne besondere nähere Beziehung, gesprochen wird, ist regelmäßig darunter der gemeine Wert zu verstehen. Daß dies insbesondere auch für das VersVG. zutrifft ergibt sich aus der im § 86 enthaltenen Ausnahmebestimmung in Verbindung mit der zum Entwurfe gegebenen amtlichen Begründung. Nach dieser Bestimmung gilt bei Haushalts- und sonstigen Gebrauchsgegenständen, bei Arbeitsgerätschaften und Maschinen als Versicherungswert derjenige Betrag, der erforderlich ist, um Sachen gleicher Art anzuschaffen, unter billiger Berücksichtigung des aus dem Unterschiede zwischen alt und neu sich ergebenden Minderwerts. Die Begründung führt dazu aus: „Werden die versicherten Sachen durch Brand zerstört, so soll die Entschädigung dem Versicherungsnehmer die Mittel gewähren, an ihrer Stelle andere zu erwerben; sein berechtigtes Interesse wird nicht gewahrt, wenn er als Ersatz nur den Verkaufswert erhält, den die Sachen zur Zeit des Eintritts des Versicherungsfalls hatten." Als Regel gegenüber der Ausnahmevorschrift wird daher angesehen, daß der Verkehrswert, also der gemeine Wert zu ersetzen ist. Jedenfalls hat die Beklagte keinen Anlaß, sich darüber zu beschweren, wenn sie nicht zur Leistung des Wertes, den die Sache für ihren besonderen Eigentümer oder unter besonderen Umständen hat, verpflichtet wird, sondern zum Ersatz des niedrigeren Wertes, den sie für jedermann hat.

Es fragt sich aber, ob diese Erwägungen auch gegenüber der Vorschrift des § 53 VersVG. und den dieser entsprechenden Bestimmungen der allgemeinen Versicherungsbedingungen als für den vorliegenden Fall zutreffend anzusehen sind. Die Frage, die von der Revision verneint wird, ist zu bejahen. Der § 53 bestimmt, die Versicherung umfasse den durch den Eintritt des Versicherungsfalls „entgehenden Gewinn" nur, soweit dies besonders vereinbart sei. Eine gleiche Bestimmung enthält der Abs. 2 letzter Satz des § 1 der allgemeinen Bedingungen. Eine besondere Vereinbarung hinsichtlich des Ersatzes des Gewinns ist hier nicht getroffen. Die Beklagte folgert hieraus, daß nur die Gestehungskosten des Rohöls zu ersetzen seien, da derjenige Teil des Betrags des Gemeinwerts, der über diese Kosten hinausgehe, als entgangener Gewinn anzusehen sei. Der Schluß ist nicht gerechtfertigt, und zwar auch dann, wenn man hier den Begriff der Gestehungskosten im weitesten Sinne versteht, also darunter nicht nur die Kosten der besonderen Herstellung gerade der in Betracht kommenden Ware für sich allein begreift, sondern auch den verhältnismäßigen Anteil an den Kosten der die Errichtung des Unternehmens durch den Versicherungsnehmer vorbereitenden Handlungen (Bohrversuche usw.), der Errichtung selbst, der Verzinsung des Anlagekapitals, der geschäftlichen Verluste, die Minderung des in der Erde noch befindlichen Rohstoffs usw. in Rechnung zieht. Zwar ist der Revision zuzugeben, daß in dem gemeinen Werte, den das Rohöl zur Zeit des Brandes hatte, schon über die Gestehungskosten hinaus ein Gewinn, das ist eine Vermögensvermehrung gegenüber der Zeit vor dem Beginne der Erzeugung des Rohöls, steckt, der sog. Unternehmergewinn. Gerade zur Erzielung dieses Gewinns wird das Unternehmen betrieben. Dieser Gewinn ist aber nicht der für die Entschädigungsfrage in Betracht kommende, durch den Brand entgangene Gewinn des § 53 VersVG. Unter dem letzteren ist vielmehr nur eine, von der Zeit des Brandfalls aus betrachtet, in Zukunft durch geschäftliche Verwertung des Öles oder sonstwie zu erzielende Vermehrung des Vermögens gegenüber dem Vermögensstande zur Zeit der Brandentstehung zu verstehen. Die schon mit der Erzeugung des fertigen Rohöls verbundene Gewinnziehung gehörte zur Zeit des Brandes bereits der Vergangenheit an; ihr Ergebnis, der Gewinn, war schon ein gegenwärtiger fester Bestandteil des Vermögens der Klägerin geworden. Dieser Erfolg trat nicht, wie, die Revision meint, erst durch die Veräußerung des Öles an Dritte ein die Vermögensvermehrung war vielmehr schon vorher durch Fertigstellung des Öles erfolgt, wenn, was hier anzunehmen ist, der sofortigen Veräußerung zum Marktpreise nichts entgegenstand. Hätte jemand unmittelbar vor dem Brande die Absicht gehabt, das gesamte Unternehmen der Klägerin einschließlich des versicherten Rohöls käuflich zu erwerben, so würden beide Teile bei der Bemessung des Kaufpreises nicht die bloßen Gestehungskosten, sondern die Möglichkeit, das Rohöl bald zum Marktpreis umzusetzen, in Rechnung gezogen haben. Da hiernach zur Zeit des Versicherungsfalls der Unternehmergewinn bereits gezogen war, konnte er der Klägerin im Sinne der Versicherungsbestimmungen nicht mehr „entgehen“. Selbstverständlich lag jedoch die Möglichkeit vor, daß ein dieser bereits eingetretenen Vermögensvermehrung entsprechender Betrag hinterher dem Vermögen, z. B. durch Brand, wieder entzogen wurde. Der in diesem Falle eintretende Schaden war dann aber ein das gegenwärtige Vermögen des Versicherten als

Ganzes unmittelbar vermindernder und stellte einen entgangenen Gewinn nicht dar.

Die vorstehenden Erwägungen treffen nicht nur für den Fall zu, daß die verbrannte Sache zur Zeit des Brandfalls noch im Eigentum des Erzeugers stand, sondern auch dann, wenn sie zu dieser Zeit bereits in das Eigentum eines anderen übergegangen war. Wenigstens gilt dies stets, wenn die verbrannte Sache, wie im vorliegenden Falle das Rohöl, eine marktgängige vertretbare Ware ist. Erwirbt ein Kaufmann eine solche Ware vom Erzeuger, so umfaßt der dem letzteren zu zahlende Preis nicht nur die Gestehungskosten, sondern auch den Unternehmergewinn, der sich aus dem Unterschiede des Betrags der Gestehungskosten und des gemeinen Werts, zu dem die Ware veräußert werden kann, ergibt. Das VersVG. enthält zwar für die Bewertung von solchen Waren nicht Sondervorschriften, wie sie für Gebrauchsgegenstände im § 86 getroffen sind, aber aus der Natur der Feuerversicherung als einer Schadensversicherung folgt ohne weiteres, daß für die Entschädigung der Neubeschaffungswert gleicher Waren die Höchstgrenze bildet. Durch Gewährung dieses Neubeschaffungswerts wird der Versicherte regelmäßig in die Lage versetzt, seinen Schaden — abgesehen vom entgehenden Gewinn — in vollem Maße zu decken. Zu einer Bereicherung darf die Versicherung nicht führen. Der Neubeschaffungswert ist aber bei marktgängigen Waren gleich dem gemeinen Werte, da sich der Marktpreis einer Ware — also der Betrag, in dem durch Nachfrage und Angebot der Einkaufspreis und der Verkaufspreis sich zusammenfinden, — nach dem Werte richtet, den die Ware für jedermann aus dem in Betracht kommenden Interessentenkreise hat. Der Erzeuger der Ware also und ebenso der nur mit ihrem Umsatz befaßte Kaufmann hat im Brandfalle Anspruch auf Ersatz des gemeinen Wertes der verbrannten Ware zur Zeit des Brandfalls, also des Betrags, den er aufzuwenden hat, um sich zur Zeit des Brandes die Ware, je nachdem im Großhandel oder im Kleinhandel, neu zu beschaffen. Dabei macht es keinen Unterschied, ob dieser Betrag gleich dem tatsächlich aufgewendeten ursprünglichen Einkaufspreise oder höher oder niedriger als dieser ist; die Höhe des zu ersetzenden Schadens ist stets nach den Verhältnissen zu berechnen, die zur Zeit des Brandfalls herrschten. Wenn es bei Brandfällen, von denen versicherte Kaufleute betroffen werden, üblich ist, die Entschädigung nach den aufgewendeten Einkaufspreisen der Waren zu berechnen, so beruht dies darauf, daß meistens der Einkaufspreis von dem zur Zeit des Brandfalls geltenden Marktpreise nur unwesentlich verschieden sein wird und daß zum Nachweise der Höhe des Schadens sich schnell und bequem die vorzulegenden Rechnungen und Geschäftsbücher des versicherten Gewerbetreibenden ohne weiteres verwerten lassen.

Die Revision gibt zu, daß in dem von dem Streitfall nicht wesentlich im Sachverhalt abweichenden Falle, in dem beim Erzeuger landwirtschaftlicher Produkte Getreide oder sonstige landwirtschaftliche Erzeugnisse verbrennen, die Versicherungsgesellschaften den Landwirten nicht nur die Gestehungskosten, sondern den Marktwert erstatten. Diese Gepflogenheit sucht die Revision dadurch zu erklären, daß infolge der besonderen Natur des Betriebes der Landwirtschaft und der bei Landwirten üblichen mangelhaften oder fehlenden Buchführung der Berechnung der Gestehungskosten große Schwierigkeiten entgegenständen, die bei der Industrie fortfielen, weil bei dieser infolge der viel genaueren Buchführung und der gleichmäßigeren Voraussetzungen für die Erzeugung von Gütern sich unschwer die Selbstkosten für jedes Erzeugnis nachprüfen ließen. Dieser Begründung fehlt die Überzeugungskraft. Der wirkliche Grund wird darin zu finden sein, daß auch die Versicherungsgesellschaften davon ausgehen, dem Erzeuger von Waren gegenüber sei ebenfalls der gemeine Wert als der maßgebende Versicherungswert anzusehen, nicht aber die bloßen Gestehungskosten, die im vorliegenden Falle nach der von der Beklagten gebilligten Schätzung noch nicht ein Sechstel des jetzt unstreitigen gemeinen Wertes des Rohöls und weniger als ein Achtel der Summe betragen, die von der Beklagten als „entgangener Gewinn" bezeichnet wird. Diese Begründung ist auch unvereinbar mit der von der Beklagten vertretenen Meinung, daß der Unternehmergewinn — sei es im landwirtschaftlichen, sei es im industriellen Betrieb — als zu dem nicht zu ersetzenden „entgangenen Gewinn" zu rechnen sei. Das Berufungsurteil war hiernach aufrechtzuerhalten."

---

15. 1. **Hatte der Grundstückseigentümer, dessen Land zum ersten oder zweiten Rayon gezogen, oder dessen dort gelegenes Gebäude bei dem Armieren der Festung zerstört wurde, nach älterem preußischen Rechte einen Anspruch auf Entschädigung?**

2. **Welche Bedeutung hatten die nach § 4 des Rayonregulativs vom 10. September 1828 auszustellenden Reverse?**

3. **Ist in den vorbezeichneten Rechtsverhältnissen mit dem Inkrafttreten des Reichsrayongesetzes eine Änderung erfolgt?**

4. **Bezieht sich die Vorschrift des § 44 Abs. 5 Nr. 2a RRG. hinsichtlich der Gebäude und Anlagen im ersten oder zweiten Rayon nur auf neu angelegte Befestigungen?**

Reichsgesetz vom 21. Dezember 1871, betr. die Beschränkungen des Grundeigentums in der Umgebung von Festungen (RGBl. S. 459) §§ 44, 34, 25; Preußisches Rayonregulativ vom 10. September 1828

(GS. S. 119) §§ 1, 4, 30; Kabinettsorder vom 12. März 1814 (GS. S. 25), vom 24. August 1814 (GS. S. 75), und vom 4. Dezember 1831 (GS. S. 255); ALR. Einl. §§ 74, 75, I, 8 §§ 31 flg., I, 22 §§ 1, 2.

VII. Zivilsenat. Urt. v. 28. Oktober 1919 i. S. Ehel. P. (Kl.) w. Deutsches Reich (Bekl.). VII 179/19.

I. Landgericht Lyck.
II. Oberlandesgericht Königsberg.

Die Kläger sind eingetragene Eigentümer des Grundstücks L. Bd. II Bl. 44 des Grundbuchs. Die auf diesem Grundstücke stehenden Baulichkeiten wurden im August 1914 bei der Armierung der Feste B. niedergelegt. Für einen Teil der Baulichkeiten sind die Kläger vom Beklagten entschädigt worden. Keine Entschädigung haben sie erhalten für ein Wohnhaus, ein Werkstattgebäude, einen Stall aus Fachwerk und einen Stall aus Bohlenwänden. Diese Gebäude sind in den Jahren 1845 bis 1860 im damaligen zweiten Rayon der Festung errichtet. Wegen jeden Gebäudes haben die damaligen Grundstückseigentümer einen Revers ausgestellt, durch den sie sich verpflichteten, sobald die Umstände es erforderten oder die Kommandantur der Festung es schriftlich verlangte, das Gebäude sogleich unter Verzicht auf jede weitere Entschädigung wieder wegzuschaffen oder im Weigerungsfalle sich der Zerstörung des Gebäudes auf ihre Kosten zu unterwerfen. Im Grundbuche stehen die aus den Reversen sich ergebenden Verpflichtungen nicht eingetragen. Eine im Jahre 1845 erfolgte Eintragung ist noch in demselben Jahre wieder gelöscht worden. Eine Hälfte des Werkstattgebäudes ist im Jahre 1888 niedergerissen und in etwas anderen Abmessungen neugebaut worden. Ein Revers ist damals nicht gegeben. Die 1888 stehengebliebene Hälfte des Werkstättengebäudes ist im Jahre 1903 abgebrannt. Nach dem Tatbestande des landgerichtlichen Urteils ist sie unstreitig nicht wieder aufgebaut worden. Nach den Gründen des Berufungsurteils soll sie allerdings neu errichtet sein.

Das Rayonkataster für die Feste B. ist im Jahre 1878 angelegt. Im Winter 1913/14 wurden die Rayons erheblich erweitert. Das Grundstück der Kläger wurde in den ersten Rayon einbezogen. Das neue Rayonkataster ist im Sommer 1914 angelegt worden.

Die Kläger behaupten, daß ihre Vorbesitzer die Reversverpflichtungen nur für ihre Person übernommen hätten. Jedenfalls seien sie, die Kläger, bei Erwerb des Grundstücks im Jahre 1905 wegen dieser Verpflichtungen in gutem Glauben gewesen, ihnen gegenüber könne der Beklagte sich auf die Reverse nicht berufen. In dem

Feststellungsverfahren nach § 40 Abs. 2 RRG. hat der Beklagte seine Entschädigungspflicht gleichwohl bestritten. Die Kläger haben deshalb Klage erhoben und Verurteilung des Beklagten zur Zahlung eines Teilbetrags von 5000 *M*, hilfsweise Feststellung der Entschädigungspflicht im ganzen beantragt. Die beiden Vorinstanzen haben die Klage abgewiesen. Die Revision der Kläger wurde zurückgewiesen aus folgenden

Gründen:

... „Die Kläger stützen ihre Klage auf die Vorschriften des § 44 Abs. 1 bis 4 RRG. Dort wird der Grundsatz ausgesprochen, daß der Beklagte Entschädigung zu leisten hat, wenn bei der Armierung einer Festung bauliche oder sonstige Anlagen — im folgenden kurz als „bauliche Anlagen" bezeichnet — zerstört werden, die sich in den freizulegenden Rayons befinden. Die Revision rügt die Nichtanwendung dieser Bestimmung und weist darauf hin, daß das Reichsrayongesetz sich in der Entschädigungsfrage auf einen anderen Standpunkt gestellt habe als den der früher geltenden preußischen Gesetze; ebenso wie für die Einbeziehung eines Grundstücks in den ersten oder zweiten Rayon werde jetzt auch für die Zerstörung von baulichen Anlagen bei der Armierung Entschädigung geleistet. Das ist an sich richtig, nur sind die Grundsätze nicht so unbedingt und ausnahmslos aufgestellt, wie die Revision meint. Für Beschränkungen in der Benutzung des innerhalb der Rayons belegenen Grundeigentums leistet das Reich nur dann Entschädigung, wenn sie infolge des Reichsgesetzes eintreten, und Entschädigung wird von seiten des Reiches nicht gewährt für Beschränkungen jeder Art, welchen das Grundeigentum innerhalb der bisherigen Rayons der bereits bestehenden Festungen nach der seitherigen Gesetzgebung unterworfen war und auch nach dem gegenwärtigen Gesetz unterworfen bleibt, § 34 Abs. 1 und Abs. 2 Nr. 1 RRG. Das Reich übernimmt also die bei dem Inkrafttreten des Rayongesetzes bestehenden Rayonrechte der Einzelstaaten, lehnt es aber ab, die von den Rayonlasten betroffenen Grundstückseigentümer nachträglich aus seinen Mitteln zu entschädigen. Lediglich eine Anwendung desselben Grundsatzes ist es, wenn es im Anschluß an die Absätze 1 bis 4 des § 44 RRG. in Abs. 5 Nr. 1 das. heißt, daß Entschädigung nicht gewährt wird hinsichtlich derjenigen vor Eintritt der Geltung des Gesetzes vorhandenen Gebäude und Anlagen, welche nach der bisherigen Gesetzgebung oder infolge besonderer Rechtstitel die Besitzer auf Befehl der Kommandantur unentgeltlich zu beseitigen verpflichtet waren. Die Kläger bestreiten, daß sie durch besondere Rechtstitel irgendwie gebunden gewesen seien; zutreffend weist aber der Revisionsbeklagte darauf hin, daß die Pflicht der Kläger sich bereits aus der früheren Gesetzgebung ergab, soweit die baulichen Anlagen unter deren Herrschaft errichtet waren.

Das Reichsrayongesetz bestimmt selbst nichts über den Zeitpunkt seines Inkrafttretens. Nach der Regel des Art. 2 der Reichsverfassung vom 16. April 1871 ist es daher am 12. Januar 1872 in Kraft getreten. Die das Rayongesetz enthaltende Nummer des Reichsgesetzblatts ist am 29. Dezember 1871 in Berlin ausgegeben. Bis zum 12. Januar 1872 galt in Preußen die Kabinettsorder vom 30. September 1828 und das durch sie genehmigte Regulativ vom 10. September 1828 über das Verfahren bei baulichen Anlagen oder sonstigen Veränderungen der Erdoberfläche innerhalb der nächsten Umgebungen der Festungen. Das Regulativ enthält in der Hauptsache eine Zusammenfassung der seither schon geltenden einzelnen Bestimmungen und setzt die leitenden Grundsätze der ganzen Rayongesetzgebung mehr voraus, als daß es sie im einzelnen anführt. Sie ergeben sich jedoch aus den Eingangsworten. Danach ist das Regulativ erlassen, damit die Verteidigungsfähigkeit der Festungen durch solche bauliche Anlagen oder Veränderungen der Erdoberfläche nicht nachteilig beschränkt werde, wodurch die freie Umsicht von den Festungswerken und die Wirkung der Schußwaffen behindert, die Annäherung des Feindes begünstigt werden könnte, und damit auch die Anwohner der Festungen vor wiederkehrenden Kriegsschäden möglichst bewahrt bleiben. Den Ausgangspunkt bildet also die Erkenntnis der militärischen Notwendigkeit, bei der Belagerung einer Festung das Land in gewissen nahen Bezirken freizulegen und die darauf befindlichen Anlagen zu zerstören; daran knüpft sich die Absicht, dieser Notwendigkeit entsprechend zu verfahren, und das Ergebnis ist schließlich die Vorbereitung der Ausführung schon im Frieden. Ihr dienen die Rayons, in denen die Bebauung teils verboten, teils eingeschränkt wird. Dadurch soll eine schnelle und restlose Freilegung des Landes erreicht, und dadurch sollen die Anwohner vor wiederkehrenden Kriegsschäden bewahrt werden. Die schließliche Zerstörung der baulichen Anlagen ist auf diese Weise nur die notwendige Folge davon, daß die Grundstücke in den ersten oder zweiten Rayon einbezogen sind, vgl. Laband, Staatsrecht, 5. Aufl. Bd. 4 S. 328. Die beiden Rayons sind der Sache nach, aber noch ohne den Namen, durch das Ingenieur-Reglement vom 14. Februar 1790 (Zimmermann, die preußischen Rayongesetze, S. 4) geschaffen und durch die Kabinettsorder vom 18. April 1797 (das. S. 5) bestätigt worden. Der erste Rayon endete 700 bis 800, der zweite 1200 bis 1300 Schritt von der Festung, im ersten Rayon durfte — kurz gesagt — überhaupt nicht, im zweiten nur mit Genehmigung der Kommandantur gebaut werden. Diese Grundsätze sind mit geringen Einschränkungen durch die Kabinettsorder vom 24. August 1814 (GS. S 75) aufrechterhalten worden, und sie liegen auch dem Regulative vom 10. September 1828 zugrunde. Schon 1814 erhielten die Rayons die heute noch maßgebenden Ausdehnungen von 800 Schritt = 600 m und 500 Schritt = 375 m, vgl. Nr. 1 und 2 der Kabinettsorder vom 24. August 1814, § 1 des Regulativs, §§ 4, 5 RRG. Durch die erwähnte preußische Gesetzgebung war auf das Gebiet um die Festungen herum eine Einschränkung des Eigentums gelegt, die dauernd die Benutzung des Landes einengte und im gegebenen Falle auch zur Aufopferung der auf dem Gebiete befindlichen baulichen Anlagen nötigte.

Von einer allgemeinen Entschädigung der Besitzer für die Auferlegung der Last auf ihre Grundstücke oder für die etwaige Zerstörung ihres Eigentums ist in den früheren Bestimmungen und auch in dem Regulative von 1828 keine Rede. Eine Ausnahmevorschrift findet sich nur in der Kabinettsorder vom 12. März 1814 (GS. S. 25), die davon handelt, daß „durch die bisherigen kriegerischen Ereignisse ein großer Teil der außerhalb der Festungen oder zwischen ihren Außenwerken belegenen Vorstädte und Gebäude teils zufällig, teils absichtlich gewaltsam zerstört worden ist". Es wird angeordnet, daß erst nach wiederhergestelltem Frieden aufgebaut werden darf, daß vor dem Ausbau die Verteidigungsfähigkeit der Festung untersucht und festgestellt werden soll, welche Gebäude wieder gebaut, und welche nicht wieder aufgebaut werden können, und wie die Besitzer der Grundstücke entschädigt werden sollen, die nicht wieder bebaut werden dürfen. Wegen dieser Entschädigung soll unter Beifügung von Vorschlägen an den König berichtet werden. Nach Zimmermann a. a. O. S. 7 ist es in diesem Ausnahmefall auch zu einer Entschädigung gekommen; sie scheint aus Billigkeitsrücksichten und durch einen königlichen Gnadenakt gewährt zu sein, nicht in Anerkennung eines Rechtsanspruchs. Die angeführte Bestimmung der Kabinettsorder vom 12. März 1814 ist in § 30 des Regulativs von 1828 dahin wiederholt worden, daß, wenn künftig im Laufe eines Krieges Vorstädte und Gebäude innerhalb der Rayonbezirke zerstört werden sollten, vor dem Wiederaufbau zu untersuchen ist, ob die Herstellung auf den alten Plätzen zulässig oder ein Abbau notwendig ist; in betreff der Entscheidung über die Notwendigkeit des Abbaues und die Höhe der den Grundbesitzern zu gewährenden Entschädigung soll es dann bei den bestehenden gesetzlichen Vorschriften sein Bewenden behalten. Ein selbständiger Rechtsanspruch auf Entschädigung ist auch hier nicht begründet. Wollte man es doch annehmen und den Hinweis auf die bestehenden gesetzlichen Vorschriften nur auf den Betrag, nicht auf den Grund des Anspruchs beziehen, so würde die Entschädigung doch immer nur für das Wiederaufbauverbot in einem Sonderfalle bewilligt sein. Jedenfalls ist an dieser einzigen Stelle, an der das Regulativ von einer zu zahlenden Entschädigung spricht, die Frage einer allgemeinen Entschädigung für die Auferlegung der Rayonlast oder die Zerstörung von baulichen Anlagen offen geblieben.

Etwas Gegenteiliges ergibt sich für die letztere Frage auch nicht aus dem § 4 des Regulativs, der die von den Grundstückseigentümern bei Bauten in den ersten beiden Rayons auszustellenden Reverse behandelt. Erstmalig eingeführt sind die Reverse durch die Kabinettsorder vom 24. August 1814. Dort heißt es unter Nr. 2, daß der Grundbesitzer, der eine Bauerlaubnis für den zweiten Rayon erhält, sich verpflichten muß, die aufgeführten Gebäude auf eigene Kosten wieder zu zerstören, sobald die Umstände es erheischen und die Kommandantur der Festung es verlangt, „widrigenfalls sie auf Kosten der Eigentümer zu zerstören sind". Nach § 4 des Regulativs muß bei Bewilligung eines Baugesuchs für den ersten oder zweiten Rayon der Besitzer des Grundstücks einen Revers ausstellen, in welchem er sich unter Verzichtleistung auf jede Entschädigung verpflichtet, die bewilligte neue Anlage, sobald die Umstände es erheischen und die Kommandantur der Festung es schriftlich verlangt, sogleich wiederum wegzuschaffen oder im Falle der Säumnis sich der Zerstörung der Anlagen auf seine Kosten zu unterwerfen. Die Verzichtleistung auf jede Entschädigung soll offenbar mehr bedeuten, als die bloße Verpflichtung, die Gebäude auf eigene Kosten zu zerstören. Sie umfaßt ersichtlich auch die Entschädigung für die zerstörten Gebäude selbst. Es wäre nun aber voreilig, aus dem Erfordern dieses Verzichts den Schluß zu ziehen, daß die Grundbesitzer ohne den Verzicht einen Anspruch auf Entschädigung für ihre zerstörten baulichen Anlagen gehabt hätten. Dem steht schon die Erwägung entgegen, daß die Zerstörung der Anlagen keinen selbständigen Eingriff in die Rechte des Grundbesitzers, vielmehr nur die notwendige Folge der Auferlegung der Rayonlast auf das Grundstück darstellt, wie oben bereits hervorgehoben ist. Es kommt aber noch folgendes hinzu: Das preußische Rayonrecht kannte keinen Rayonplan und kein Rayonkataster. Die einzige urkundliche Unterlage für die Sach- und Rechtslage wegen der einzelnen baulichen Anlagen in den Rayonbezirken und für die von den Festungskommandanturen auszuübende Aufsicht — vgl. Begr. zu § 10 des Entwurfs des RRG. — bildeten die Reverse. Es lag deshalb nahe, in ihnen auch die Rechtslage zu kennzeichnen, wie sie sich bei der Zerstörung von baulichen Anlagen ergab. Dadurch wurden auch aus einer gewissen landesväterlichen Fürsorge heraus dem Bauenden die Folgen seines Beginnens noch eindringlich vor Augen geführt. Den Reversen kam also nur eine rechtsanerkennende, keine rechtsbegründende Bedeutung zu. Die vom Oberlandesgericht in einer gleichliegenden Sache geäußerte Mittelmeinung, daß die Verpflichtung zur unentgeltlichen Beseitigung der baulichen Anlagen nur bestand, wenn sie deklaratorisch festgelegt war, ist unhaltbar, sie gelangt auf dem Umweg über eine Bedingung doch zu rechtsbegründender Wirkung der Reverse.

Die von dem Regulative nicht geregelte und deshalb nach den allgemeinen gesetzlichen Bestimmungen zu entscheidende Rechtsfrage, ob wegen der Einschränkung des Eigentums in den Festungsrayons Entschädigung gefordert werden dürfe, kam zunächst vor den Gerichtshof zur Entscheidung der Kompetenzkonflikte. In seinem Urteile vom 6. November 1847 (abgedruckt in „Erstrebung gerechter und zeitgemäßer Gesetze, betr. Einwirkung der Festungseigenschaft auf Ortschaften und Grundeigentum" S. 381) erachtet er den Rechtsweg für zulässig, und nach den Gründen sieht er den Entschädigungsanspruch grundsätzlich auch als gerechtfertigt an. Im Gegensatze dazu hat das Obertribunal (Entsch. Bd. 20 S. 101) durch Urteil vom 15. November 1850 ausgesprochen, daß die Entschädigungsforderung unbegründet sei. Während das Urteil vom 6. November 1847 die Belastung der Grundstücke mit den Rayonbeschränkungen einer Teilenteignung gleichstellte und sich im übrigen auf § 31 ALR. I, 8 stützte, dem die §§ 1, 2 ALR. I, 22 nicht entgegenstünden, lehnte das Obertribunal den Vergleich mit der Enteignung ab, verwarf auch die Anwendbarkeit der §§ 74, 75 EinlALR., und stützte sich in der Hauptsache auf § 2 ALR. I, 22, wonach ein Besitzer für gesetzliche Einschränkungen seines Eigentums nur dann Entschädigung fordern darf, wenn sie ihm im Gesetz ausdrücklich vorbehalten ist. Einen solchen Vorbehalt fand das Obertribunal weder in den staatsrechtlichen Bestimmungen des ALR. II, 13, noch in dem Regulative von 1828.

Dieses Urteil des Obertribunals ist viel und heftig angegriffen worden, es wurde als eine endgültige Entscheidung der streitigen Frage nicht anerkannt. Auch die Reichstagskommission, die das Rayongesetz beraten hat, hebt dies in ihrem Berichte (S. 18) ausdrücklich hervor. Nach ihrer Auffassung (S. 19 und Nachtrag dazu) soll durch das neue Gesetz eine Entschädigungspflicht des Reiches „pro praeterito" nicht anerkannt werden, der Frage aber, ob nach der bisherigen Gesetzgebung eine Entschädigungspflicht des Staates bestand oder nicht, in keiner Weise präjudiziert werden, dergestalt, daß auch für die vor Erlaß des Rayongesetzes auferlegten Beschränkungen dem Beschädigten der Anspruch auf Entschädigung unbenommen sein soll, soweit er ihn auf Grund der bisherigen Gesetzgebung geltend zu machen imstande ist. Diesem ausweislich der §§ 34 und 44 auch im RRG. selbst zum Ausdruck gelangten Standpunkt entspricht eine etwas andere Wertung der Reverse im Gesetz, als sie hier vertreten wird. Da mit der Möglichkeit einer staatlichen Entschädigungspflicht gerechnet wurde, mußte auch eine rechtsbegründende Wirkung der Reverse unterstellt werden. Deshalb ist an verschiedenen Stellen des RRG., z. B. § 34 Abs. 2 Nr. 4, § 44 Abs. 5

Nr. 1 von besonderen Rechtstiteln die Rede, unter denen nach der Erklärung eines Bundesratsvertreters in der Kommission (Ber. S. 21) auch „die bisher üblich gewesenen Reverse“ zu verstehen sind.

Das Urteil des Obertribunals ist vom Reichsgericht in seinem Urteile vom 15. März 1884, V 286/83, gebilligt worden. Es stellt den besonderen Eingriffen des Staates in das Recht des einzelnen, für welche der Staat den einzelnen nach § 75 EinlALR. und § 31 ALR. I, 8 zu entschädigen habe, die auf allgemeiner gesetzlicher Norm beruhenden Einschränkungen gegenüber, auf welche der § 2 ALR. I, 22 zutreffe. Unter sie rechnet das Reichsgericht auch die Rayonbeschränkungen. Darüber herrscht heute kein Streit mehr, vgl. Laband a. a. O. S. 311; Mandry-Geib, Zivilr. Inhalt der Reichsges., 4. Aufl., S. 379; Förster-Eccius, Preuß. Privatrecht Bd. 3 § 171 Anm. 8. Alsdann ist aber den Urteilen des Obertribunals und des Reichsgerichts lediglich beizutreten.

Die Richtigkeit dieser Entscheidungen ergibt sich auch aus dem durch die Kabinettsorder vom 4. Dezember 1831 (GS. S. 255) genehmigten Berichte des Staatsministeriums vom 16. November 1831 (a. a. O. S. 256). Darin wird festgestellt, daß der Landesherr nicht stets die Verpflichtung habe, diejenigen zu entschädigen, deren Privatinteresse durch die Ausübung seiner Hoheitsrechte gefährdet werde. Eine Entschädigung des einzelnen aus dem Gesamtvermögen habe wohl stattzufinden, wenn das Interesse der Gesamtheit eine das Privateigentum des einzelnen gefährdende Einrichtung in der Verwaltung erfordere, nicht dagegen, wenn der Landesherr eine Maßregel der inneren Verwaltung unmittelbar durch einen Akt der Gesetzgebung angeordnet habe; falls hierbei das Bedürfnis vorhanden gewesen sei, dem Privatinteresse vorzusehen, so sei die Verpflichtung zum Schadensersatz aus dem Staatsvermögen besonders festgestellt worden. Was nach § 31 ALR. I, 8 und § 2 ALR. I, 22 für die Einschränkungen des Eigentums ohnehin galt, ist hier also als allgemeine Rechtsregel, und zwar auch für die nichtlandrechtlichen Gebietsteile Preußens, ausgesprochen worden. Die fortdauernde Geltung der Kabinettsorder vom 4. Dezember 1831 auch noch für die heutige Zeit ist vom Reichsgericht in ständiger Rechtsprechung anerkannt worden, vgl. RGZ. Bd. 79 S. 64 flg., S. 427 flg. (434), Bd. 89 S. 207 flg. (210).

Die angeführten Urteile beziehen sich ausdrücklich nur auf die Frage, ob für die Belastung eines Grundstücks mit den Rayonbeschränkungen Schadensersatz zu zahlen ist. Mit ihnen ist aber auch die weitere Frage entschieden, ob für ein bei der Armierung der Festung zerstörtes, im ersten oder zweiten Rayon belegenes Gebäude Entschädigung zu gewähren ist. Diese Zerstörung ist kein besonderer Eingriff der Verwaltung, sie ist vielmehr eine Wirkung der gesetzlichen

Rayonbeschränkung. Zu ihrem Wesen und Inhalt gehört es, wie oben dargelegt, daß die im ersten und zweiten Rayon vorhandenen baulichen Anlagen zerstört werden, sobald die Festung armiert wird. Damit entfällt auch hier die Entschädigungspflicht.

Von den Gebäuden der Klägerin, um die es sich in dem gegenwärtigen Rechtsstreite handelt, sind das Wohnhaus und die beiden Ställe in den Jahren 1845 bis 1860 in dem damaligen zweiten Rayon der Feste B. errichtet worden und seither unverändert geblieben. Diese Gebäude fallen daher unter die Vorschrift des § 44 Abs. 5 Nr. 1 RRG., weil die Besitzer schon nach der bisherigen Gesetzgebung verpflichtet waren, sie auf Befehl der Kommandantur unentgeltlich zu beseitigen. Unerörtert kann bleiben, ob die bei Errichtung der Gebäude von den damaligen Vorbesitzern der Kläger gegebenen Reverse ausreichen würden, auch die Kläger zur unentgeltlichen Beseitigung zu verpflichten. Die Auffassung der Revision, daß § 44 Abs. 5 Nr. 1 RRG. als Übergangsvorschrift nur die damaligen Besitzer der Grundstücke in der Entschädigung beschränke, nicht aber für alle Zukunft jeden späteren Besitzer, findet in dem Gesetze keine Unterlage. Es spricht a. a. O. nicht von Besitzern, die ohne Entschädigung bleiben sollen, sondern von Gebäuden und Anlagen, für die keine Entschädigung gezahlt werden soll. Ein Unterschied, in wessen Hand sich die Gebäude und Anlagen befinden, wird dabei nicht gemacht. Nur das entspricht auch dem allgemeinen Grundsatze, nach welchem das Reich die Rayonrechte der Einzelstaaten übernahm.

Anders liegt die Sache mit dem Werkstättengebäude der Kläger. Dieses ist im Jahre 1845 im zweiten Rayon der Festung errichtet, die eine Hälfte ist aber 1888 abgerissen und damals in größeren Abmessungen wieder aufgebaut worden, die andere Hälfte ist im Jahre 1903 abgebrannt und, wie das Oberlandesgericht in den Gründen seines Urteils annimmt und deshalb auch hier zu unterstellen ist, damals neu aufgebaut worden. Der Bau vom Jahre 1888 ist mit Genehmigung der Kommandantur erfolgt. Diese war nach § 22 RRG. erforderlich. Diese Vorschrift unterscheidet zwischen Wiederherstellung von Gebäuden in den alten Abmessungen, die nur anzeigepflichtig ist, und Wiederherstellung in größeren Abmessungen, die genehmigungspflichtig ist. Nach der Regel des § 15 B 3 RRG. sind genehmigungspflichtig alle Neubauten im zweiten Rayon. Daraus ist zu schließen, daß auch umgekehrt alles, was im zweiten Rayon genehmigungspflichtig ist, einen Neubau darstellt. Als Neubau fällt der Bau vom Jahre 1888 unter die Bestimmung des § 44 Abs. 5 Nr. 2a RRG., wie auch das Oberlandesgericht für diesen Fall annimmt.

§ 44 Abs. 5 Nr. 2 lautet: „Entschädigung wird nicht gewährt hinsichtlich derjenigen Gebäude und Anlagen, welche nach Eintritt der

Geltung dieses Gesetzes a) entweder im ersten oder zweiten Rayon, oder in einem Zwischenrayon einer neu angelegten Befestigung, b) oder auf einem Terrain, welches infolge des Neu- oder Verstärkungsbaues einer schon bestehenden Festung in einen strengeren Rayon fällt, nach erfolgter Absteckung der Rayonlinien errichtet worden sind". Die Revision bemängelt die Anwendbarkeit der Bestimmung zu a auf den vorliegenden Fall, weil die Feste B. keine neu, d. h. nach dem Inkrafttreten des Reichsrayongesetzes angelegte Festung sei. Der gleichen Ansicht, daß sich die Vorschrift zu a nur auf den ersten und zweiten Rayon einer neu angelegten Festung beziehe, sind Weinhagen, Festungsrayongesetz S. 198 und Laband a. a. O. S. 328. Weinhagen unterstützt seine Ansicht durch ein, wie er anerkennt (a. a. O. S. 15 und Rücks. d. Titelbl.), im Texte des Gesetzes nicht vorhandenes Komma, das er zu a hinter das Wort Zwischenrayon setzt. Dann stehen allerdings der erste und zweite Rayon gleichwertig neben dem Zwischenrayon, auf alle drei bezieht sich die nähere Bestimmung, daß es sich um eine neu angelegte Festung handeln muß. Laband unterscheidet die alten, d. h. die vor dem 12. Januar 1872 bereits vorhandenen, von den neuen Rayons, d. h. denen, die auf Grund des Rayongesetzes abgesteckt sind. Er meint nun richtig, daß für solche Bauten, die in neuen Rayons nach Absteckung der Rayonlinien errichtet würden, bei der Zerstörung keine Entschädigung zu zahlen sei, weil die Zerstörung ja nur eine Folge der Einbeziehung in den Rayon oder in den strengeren Rayon sei, und für diese Einbeziehung nach §§ 34 flg. Entschädigung geleistet werde. Er meint aber weiter, daß diese Entschädigung bei den alten Rayons fehle, und daß deshalb für das Niederreißen solcher Gebäude, die in alten Rayons nach dem Inkrafttreten des Gesetzes errichtet würden, Entschädigung zu zahlen sei. Das ist unrichtig. Laband übersieht dabei den, sonst von ihm anerkannten, leitenden Grundsatz, den das Rayongesetz für die Entschädigungspflicht des Reiches aufstellt. Das Reich will grundsätzlich die von den Rayonbeschränkungen betroffenen Grundstückseigentümer entschädigen, es will aber anderseits auch nur die Schäden vergüten, die es selbst angerichtet, nicht auch diejenigen, die schon früher von den das Deutsche Reich bildenden Einzelstaaten angerichtet waren, vgl. § 34. Liest man den § 44 Abs. 5 Nr. 2a unter genauer Beachtung der Satzzeichen, so stimmt sein Inhalt mit der Regel des § 34 überein. Es wird a. a. O. der erste und zweite Rayon schlechthin dem Zwischenrayon einer neu angelegten Festung gegenübergestellt; bei dem ersten und zweiten Rayon kommt es nicht darauf an, ob es sich, nach Labands Ausdrucksweise, um einen alten oder neuen Rayon handelt. Diese Auffassung wird auch durch die Entstehungsgeschichte des Gesetzes bestätigt. In der Reichstagsvorlage (§ 24) lautete die Ausnahmevorschrift Nr. 2 a. a. O.

kurz dahin: „Eine Entschädigung unterbleibt in Ansehung derjenigen Gebäude und Anlagen, welche erst nach erfolgter öffentlicher Auslegung des Rayonplanes im ersten oder zweiten Rayon errichtet worden sind.“ Zwischen alten und neuen Festungen, alten und neuen Rayons wurde hier also nicht unterschieden. Auch für die alten Rayons konnten nach § 25 Abs. 1 RRG. — in der Reichstagsvorlage § 5 Abs. 2 des dem Gesetze beigefügten Regulativentwurfs — Rayonpläne und Rayonkataster aufgestellt werden. Nach dem Kommissionsbericht S. 16 beabsichtigte die Regierung sogar, dies mit tunlichster Beschleunigung durchzuführen. Zu der in das Gesetz übergegangenen Fassung des § 44 Abs. 5 bemerkt der Kommissionsbericht (S. 27): „Der 5. Absatz enthält im wesentlichen nur eine andere und präzisere Fassung der Regierungsvorlage. Die Absteckung der Rayonlinien ist konform der Bestimmung im § 8 der Auslegung des Rayonplanes substituiert.“ Wenn das, was nach der Regierungsvorlage für jeden ersten und zweiten Rayon gelten sollte, nach der Kommissionsfassung nur für den ersten und zweiten Rayon einer neu angelegten Befestigung zuträfe, so hätte das eine wesentliche Änderung des Gesetzentwurfs bedeutet. Eine solche sollte aber nach dem Kommissionsbericht nicht vorgenommen werden und ist insoweit auch nicht vorgenommen worden. Den „Zwischenrayon einer neu angelegten Befestigung“ hat die Kommission offenbar hinzugefügt, weil das Regulativ von 1828 diesen Begriff überhaupt noch nicht kannte und in seinem § 24 das, was das Rayongesetz als Zwischenrayon bezeichnet, mit einigen Maßgaben dem zweiten Rayon gleichstellte. Die Ausnahmevorschrift zu b ist hinzugefügt, um die Fälle zu treffen, welche sich bei Neu- und Verstärkungsbauten bestehender Festungen unter der Herrschaft des Rayongesetzes ergeben würden. Mit dem Übergangsrecht hat diese Bestimmung an sich nichts zu tun.

Eine, das schließliche Ergebnis allerdings nicht beeinflussende, Änderung des Gesetzentwurfs bedeutete es, wenn die Reichstagskommission im § 44 Abs. 5 Nr. 2 RRG. an die Stelle der öffentlichen Auslegung des Rayonplanes (§ 24 Abs. 5 Nr. 2 d. Entw.) die Absteckung der Rayonlinien setzte. Erstere mußte nach § 11 RRG. der Feststellung des Rayonplanes und des Rayonkatasters in allen Fällen vorangehen, also auch dann, wenn der Plan und das Kataster die alten Rayons von am 12. Januar 1872 bereits bestehenden Festungen betrafen, letztere war bei den unverändert bleibenden Rayons der alten Festungen aber nicht notwendig. Deshalb hätte § 44 Abs. 5, wenn der Entwurf Gesetz geworden wäre, als Übergangsbestimmung nicht ausgereicht. Nr. 1 das. hätte sich auf die am 12. Jannar 1872 in den alten Rayons vorhandenen baulichen Anlagen bezogen, Nr. 2 das. auf die in alten Rayons nach der öffentlichen Auslegung des Rayonplanes errichteten. Die in diesem Falle notwendige Bestimmung für die Gebäude, die in alten

Rayons nach dem 12. Januar 1872, aber vor der öffentlichen Auslegung des Rayonplanes errichtet wurden, fand sich im § 5 Abs. 2 des dem Gesetzentwurfe beigefügten Regulativentwurfs vor, vgl. jetzt § 25 Abs. 2 RRG. Für die angegebene Zeit sollten die bisher erforderlichen Reverse beibehalten werden, d. h. es sollte für diese Zeit bei der alten Gesetzgebung, in Preußen also bei dem Regulative von 1828, sein Bewenden behalten. Daraus würde sich nach den obigen Darlegungen ergeben haben, daß für die Zerstörung von Gebäuden, die in der angegebenen Zwischenzeit in alten Rayons errichtet waren, Entschädigung nicht zu zahlen war. Nach der Fassung, die das Gesetz in der Kommission erhalten hat, kommt es für das Übergangsrecht auf den § 25 Abs. 2. nicht mehr an. Die Absteckung der Rayonlinien war bei dem Inkrafttreten des Gesetzes für die alten Rayons der damals bestehenden Festungen bereits bewirkt, denn nach § 2 des Regulativs von 1828 mußten die Rayonlinien der beiden ersten Rayons „wirklich abgesteckt und durch Pfähle oder Marksteine dauernd bezeichnet" werden. Nach der endgültigen Fassung des Gesetzes fehlt es also an einer von § 44 Abs. 5 nicht betroffenen Zwischenzeit. Nr. 1 das. bezieht sich auf die in alten Rayons am 12. Januar 1872 vorhandenen Gebäude und Anlagen, Nr. 2 das. auf die in alten Rayons nach dem 12. Januar 1872 errichteten Gebäude und Anlagen, die sämtlich auch nach dem — längst früher bewirkten — Abstecken der Rayonlinien errichtet wurden oder noch errichtet werden. Es ist richtig, daß das Abstecken der Rayonlinien im § 44 Abs. 5 Nr. 2 als Zeitbestimmung gewählt ist (Kommissionsbericht S. 27), weil nach § 8 Abs. 2 mit diesem Zeitpunkte die gesetzlichen Beschränkungen in der Benutzung des Grundeigentums in Wirksamkeit treten sollen. An dieser Bedeutung wird dadurch nichts geändert, daß auch eine vor dem 12. Januar 1872 erfolgte Absteckung der Rayonlinien für maßgebend erachtet wird. Auch sie bewirkte, daß die gesetzlichen Beschränkungen in der Benutzung des Grundeigentums in Wirksamkeit traten. Ein späterer Zeitpunkt kam jedenfalls nicht in Frage, denn das Regulativ von 1828 kannte noch keinen Rayonplan und kein Rayonkataster. Der Grundgedanke bleibt immer derselbe. Er geht dahin: Wo auf einem Grundstücke gebaut wird, das den Rayonbeschränkungen bereits unterworfen ist, braucht das Reich keine Entschädigung zu zahlen, wenn das Gebäude bei der Armierung der Festung zerstört wird.

Der vom Oberlandesgerichte gemachte Versuch, zwischen dem Inkrafttreten des Rayongesetzes schlechthin und seinem Inkrafttreten in vollem Umfange zu unterscheiden und als diesen letzteren Zeitpunkt die Fertigstellung der Rayonkataster anzunehmen, entspricht hiernach wohl der Reichstagsvorlage, aber nicht mehr dem Gesetze selbst. Dem § 25 Abs. 2 ist bei dieser Auffassung nicht jede Bedeutung abgesprochen.

Die Vorschrift hatte nach dem Kommissionsbericht S. 16 auch den Zweck, „durch Revers klarzustellen," d. h. jeden Zweifel darüber — insbes. auch bei dem Grundstücksbesitzer — auszuschließen, daß der Besitzer im Falle der Armierung zur unentgeltlichen Beseitigung des Gebäudes verpflichtet ist.

Aus den vorstehenden Darlegungen ergibt sich, daß der Neubau der Hälfte des Werkstättengebäudes im Jahre 1888 nach Eintritt der Geltung des Rayongesetzes, im zweiten Rayon und nach erfolgter Absteckung der Rayonlinien errichtet ist. Die Zahlung einer Entschädigung für die Zerstörung dieses Bauwerks ist also nach § 44 Abs. 5 Nr. 2 a RRG. ausgeschlossen. Ist der vom Oberlandesgericht unterstellte Wiederaufbau der 1903 abgebrannten zweiten Hälfte des Werkstättengebäudes ebenfalls ein Neubau gewesen, so gilt das gleiche. Handelte es sich dabei nur um einen Wiederherstellungsbau, so blieben für diesen Teil des Gebäudes die alten Rechtsverhältnisse maßgebend, und die Entschädigung ist nach § 44 Abs. 5 Nr. 1 ausgeschlossen. Einer näheren Aufklärung der Tatsachen bedarf es daher nicht." . . .

---

16. 1. Zur rechtlichen Bedeutung der in der Zwangsversteigerung angeordneten Bewachung und Verwahrung des Schiffes.

2. Steht dem Schiffspfandgläubiger wegen seiner Auslagen für Erhaltung und Verbesserung des Schiffes das Vorrecht des § 10 Nr. 1 ZVG. zu?

3. Zu den Ansprüchen aus der Bereicherung und der Geschäftsführung ohne Auftrag.

ZVG. §§ 162, 165, 9, 10 Nr. 1; ZPO. §§ 876, 878, 870 Abs. 2; BGB. §§ 812, 677, 683.

I. Zivilsenat. Urt. v. 29. Oktober 1919 i. S. Hollandsche Scheepsverband Maatschappij (Kl.) w. Sch. (Bekl.). I 125/19.

I. Landgericht Breslau.
II. Oberlandesgericht daselbst.

Im Schiffsregister des Flußdampfers „Präsident" standen für die Klägerin zwei Darlehnspfandrechte und ein Höchstbetrags-Sicherungspfandrecht von 2000 *M* eingetragen. Darauf folgten in der Rangordnung zwei Sicherungspfandrechte bis zum Höchstbetrage von 30000 *M* für den Beklagten. Dieser beantragte die Zwangsversteigerung des Schiffs, das sich damals auf der Werft des Schiffsbauers F. in B. befand. Das Amtsgericht in B. leitete das Versteigerungsverfahren ein, ordnete die Bewachung und Verwahrung des Schiffs an und bestellte den Schiffsbauer F. als Verwahrer. Im Versteigerungstermine wurde das Schiff vom Beklagten erstanden. Bei der Verteilung des Kaufgeldes wurden in nachstehender Rangordnung berücksichtigt:

1. Der Schiffsbauer F. in Höhe von 13500 *M* mit einer Forderung für Arbeiten zur Instandsetzung des Schiffs,
2. die Klägerin, welche dem Versteigerungsverfahren beigetreten war, in Höhe ihrer Forderungen aus den Darlehnspfandrechten und dem Sicherungspfandrechte von 2000 *M*, wogegen ein von ihr an der gleichen Stelle angemeldeter weiterer Anspruch von 12722 *M* außer Ansatz blieb,
3. der Beklagte in Höhe von 10712 *M* aus seinen Sicherungspfandrechten, während er mit dem weiter für ihn angesetzten Betrage von 19606 *M* ausfiel.

Gegen die Berücksichtigung der Forderung des F. erhoben beide Parteien Widerspruch; die Klägerin widersprach auch den Forderungen des Beklagten. Infolgedessen wurden die für F. zur Hebung gelangten 13500 *M* und ebenso die für den Beklagten angesetzten 10712 *M* als Streitmassen hinterlegt. Hinsichtlich der erstgenannten Streitmasse, die im gegenwärtigen Rechtsstreite allein in Betracht kommt, stellte das Amtsgericht im Teilungsplane fest, daß sie zunächst dem Beklagten gebührte, falls er mit seinem Widerspruch Erfolg hätte, daß sie aber in Höhe von 12722 *M* der Klägerin zufallen sollte, falls diese mit ihrem Widerspruche sowohl gegen F. als auch gegen den Beklagten durchdränge. Letzterer erwirkte in einem Vorprozesse gegen F. ein rechtskräftig gewordenes Urteil, durch welches sein Widerspruch für begründet erklärt wurde.

Im gegenwärtigen Rechtsstreite macht die Klägerin gegenüber dem Beklagten ihre Rechte an der Streitmasse geltend. Sie nimmt davon aber nur 7631 *M* nebst Hinterlegungszinsen für sich in Anspruch, und zwar 2938 *M* als Versicherungsprämien, die sie für die Zeit vom 29. August 1913 bis 30. März 1917 an die Versicherungsgesellschaft W. in M. gezahlt haben will, und 4693 *M* als Auslagen für Instandsetzung des Schiffs. Ihr Antrag geht auf Verurteilung des Beklagten, in die Auszahlung der Hinterlegungsmasse an sie zum Betrage von 7631 *M* nebst Hinterlegungszinsen zu willigen.

Das Landgericht erklärte ihren Widerspruch gegen den Teilungsplan gegenüber dem Beklagten für unbegründet und ordnete die Anfertigung eines neuen Plans und ein anderweitiges Verteilungsverfahren an. Die Berufung der Klägerin wurde zurückgewiesen. Auch ihre Revision hatte keinen Erfolg.

Gründe:

„Der Klaganspruch stützt sich auf die §§ 162, 115 Abs. 1, 124 ZVG.; §§ 876, 878 ZPO. Beide Parteien haben gegen den Teilungsplan, soweit darin die Forderung des Schiffsbauers F. von 13500 *M* berücksichtigt worden ist, Widerspruch erhoben. Zugleich hat die Klägerin ihren Widerspruch auch dagegen gerichtet, daß bei der Eventualverteilung des streitigen Betrags (§ 124 Abs. 1 ZVG.) der Anspruch, mit dem der Beklagte nach dem Teilungsplan ausfällt, vor der angemeldeten, aber nicht zum Ansatz gelangten Forderung der Klägerin von 12722 ℳ berücksichtigt worden ist. Diesen letzteren Widerspruch verfolgt die Klägerin jetzt gemäß § 878 ZPO. im Wege der Klage, indem sie geltend macht, daß ihr an der zur Hinterlegung gekommenen Streitsumme ein besseres Recht zustehe, als dem Beklagten.

Den Vorrang ihres Anspruchs gegenüber demjenigen des Beklagten begründet sie in erster Reihe damit, daß ihre Auslagen zur Erhaltung und Verbesserung des Schiffs notwendig gewesen seien und ihrem Anspruche deshalb bei entsprechender Anwendung des § 10 Nr. 1 ZVG. ein Vorrecht zustehe. Das Berufungsgericht hat das Vorrecht mit der Begründung verneint, daß der § 10 Nr. 1 eine Zwangsverwaltung voraussetze, eine solche aber bei Schiffen ausgeschlossen sei. Zwar sei, so heißt es weiter im Vorderurteile, gemäß § 165 a. a. O. die Bewachung und Verwahrung des Schiffs angeordnet worden. Mit dieser Maßregel könnten jedoch die fraglichen Aufwendungen schon deshalb nicht in Verbindung gebracht werden, weil sie vor Einleitung der Zwangsversteigerung entstanden seien.

Vergeblich sucht demgegenüber die Revision auszuführen, daß der Tatbestand zu einer entsprechenden Anwendung des § 10 Nr. 1 zwinge und die Begründung des Berufungsurteils gegen die §§ 10 Nr. 1, 165 ZVG. verstoße. Der § 10 Nr. 1 knüpft das Recht des Gläubigers auf vorzugsweise Befriedigung aus dem Grundstück an die Voraussetzung, daß der Gläubiger die Zwangsverwaltung betrieben, daß diese bis zum Versteigerungstermine fortgedauert hat, ferner, daß die Ausgaben vom Gläubiger zur Erhaltung und nötigen Verbesserung des Grundstücks gemacht worden sind und nicht aus den Nutzungen des Grundstücks erstattet werden können. An diesen Voraussetzungen gebricht es im vorliegenden Falle, so daß eine sinngemäße Anwendung der Vorschrift auf die in Rede stehende Schiffsversteigerung ausgeschlossen ist. Die Anordnung der Zwangsverwaltung von Schiffen ist, wie der Vorderrichter mit Recht hervorhebt, dem Gesetz unbekannt (§ 870 Abs. 2 ZPO.), und mit ihr läßt sich auch nicht etwa die im § 165 ZVG. vorgesehene Anordnung der Bewachung und Verwahrung des Schiffs auf die gleiche Stufe stellen. Denn diese Maßnahme wird nicht auf Antrag eines betreibenden Gläubigers, sondern bei jeder Zwangsversteigerung eines Schiffs von Amts wegen getroffen und dient lediglich zur sicheren Durchführung des Verfahrens. Zum Zwecke der Sicherstellung soll das Schiff an seinem Standorte festgehalten werden; zugleich soll für Dritte erkennbar gemacht werden, daß es unter Zwangsversteigerung steht. In der Natur der Sache liegt es, daß durch die Durchführung der Maßregel Aufwendungen vermögensrechtlicher Art notwendig werden. Diese bilden aber, da sie ihre Grundlage in einer von Amts wegen getroffenen Anordnung des Gerichts haben, einen Teil der Kosten des Verfahrens, für die der betreibende Gläubiger vorschußpflichtig ist (§ 109 ZVG.), begründen also nicht einen bevorrechtigten Gläubigeranspruch im Sinne des § 10 Nr. 1 (Jaeckel-Güthe, Zwangsversteigerungsgesetz Anm. 1 zu § 165, 5. Aufl. S. 684). Als Kostenauslagen können die Aufwendungen der Klägerin schon deshalb nicht angesehen werden, weil sie außerhalb der gerichtlichen Zwangsvollstreckung auf Grund eines vor der Einleitung des Zwangsversteigerungsverfahrens erteilten Auftrags gemacht worden sind. Hiernach erweist sich die Rüge der Revision als verfehlt, ohne daß es des weiteren Eingehens auf die Frage bedarf, ob unter anderen Umständen Auslagen an Versicherungsprämien und für nötige Instandsetzungsarbeiten zu den Kosten der Bewachung und Verwahrung des Schiffs gerechnet werden können.

In zweiter Reihe stützt die Klägerin ihren Anspruch auf ungerechtfertigte Bereicherung (§ 812 BGB.) und auftraglose Geschäftsführung (§§ 677, 683 BGB.). Dazu hat sie ausgeführt: Da der frühere Eigentümer trotz aller Mahnungen die dringend notwendigen Arbeiten zur Instandsetzung des Schiffs nicht habe ausführen lassen, so sei sie genötigt gewesen, diese Arbeiten durch F. herbeizuführen, um so dem drohenden gänzlichen Verderben des Schiffs vorzubeugen. Ebenso habe sie auf ihre Kosten das Schiff unter Versicherung bringen müssen, da der Eigentümer für die Versicherung des Schiffs nicht gesorgt habe. Um die Aufwendungen der Klägerin sei der Beklagte, der jetzt mit dem ersteigerten Dampfer die Schiffahrt betreibe und in der Rangordnung der Pfandgläubiger hinter der Klägerin gestanden habe, bereichert worden, da ihm die wirtschaftlichen Vorteile aus den Auslagen der Klägerin zugefallen seien. Auch hafte er der Klägerin auf Grund ihrer Geschäftsführung, da sie sowohl bei dem Auftrage zur Instandsetzung des Schiffs als auch bei Entrichtung der Versicherungsprämien neben ihrem eigenen Interesse zugleich dasjenige des Beklagten wahrgenommen habe.

In dieser Weise kann jedoch der Klaganspruch überhaupt nicht begründet werden. Die Klägerin verfolgt mit der Klage ihren gegen den Teilungsplan erhobenen Widerspruch, macht ein dem Anspruche des Beklagten angeblich vorgehendes Recht am Versteigerungserlöse geltend und verlangt die Auszahlung eines Teils der aus dem Erlöse gebildeten Hinterlegungsmasse. Vorbedingung für diesen Anspruch ist, daß sie wegen der ihr zustehenden Forderung zu den Beteiligten des Versteigerungsverfahrens im Sinne des § 9 ZVG. gehört und die Befriedigung aus dem Erlöse verlangen kann. Nur derjenige, der in seinem Rechte auf Befriedigung aus dem Erlöse durch den von einem anderen erhobenen Anspruch verdrängt wird, ist zur Erhebung des Widerspruchs gegen den Teilungsplan und demgemäß auch zur Verfolgung seines vermeintlich besseren Rechtes an dem Erlöse befugt (§ 878 ZPO., RGZ Bd. 71 S. 424; Jaeckel-Güthe Anm. 5 zu § 115 S. 494). Aus den Rechtsgründen der Bereicherung und der auftraglosen Geschäftsführung kann die Klägerin aber gegen den Beklagten nur einen rein persönlichen Anspruch herleiten, der auf Zahlung des Betrags der Bereicherung oder auf Ersatz des verauslagten Betrags zu richten wäre. Dagegen kann sich daraus nicht der im gegenwärtigen Rechtsstreite geltend gemachte Anspruch auf Auszahlung des hinterlegten Versteigerungserlöses ergeben.

Im übrigen fehlt es auch beiden Begründungen an den notwendigen gesetzlichen Voraussetzungen. Von einer ungerechtfertigten Bereicherung des Beklagten auf Kosten der Klägerin (§ 812 BGB.) kann, wie das Berufungsgericht mit Recht hervorhebt, schon deshalb keine Rede sein, weil es an dem hierzu nötigen Erfordernis der unmittelbaren Vermögensverschiebung unter den Parteien fehlt. Nur dann liegt eine Bereicherung im Sinne des § 812 vor, wenn zwischen der Vermögensverminderung des einen und der Vermögensvermehrung des anderen ein unmittelbarer ursächlicher Zusammenhang besteht (RGZ. Bd. 66 S. 80, Bd. 73 S. 177; Warneyer 1908 Nr. 439). Ein solcher enger Zusammenhang zwischen den Vermögensveränderungen der Parteien liegt hier nicht vor. Wie das Berufungsgericht festgestellt hat, sind die Aufwendungen der Klägerin für Instandsetzung und Versicherung des Schiffs vor dessen Zwangsversteigerung erfolgt, also unmittelbar nur dem damaligen Eigentümer, nicht aber dem Beklagten zugute gekommen. Dieser hat die Vorteile aus den Aufwendungen der Klägerin erst später mittelbar dadurch erlangt, daß er das Schiff in der Zwangsversteigerung erstanden hat. Dafür hat er aber auch das Meistgebot entrichtet, das sich als Entgelt für das Schiff in dem Zustande darstellt, in dem es sich zur Zeit der Versteigerung befand. Demgemäß hat weder eine unmittelbare Verschiebung zwischen den Vermögen der Parteien stattgefunden, noch hat der Beklagte auch nur mittelbar aus dem Vermögen der Klägerin etwas ohne Rechtsgrund erlangt.

Auch der Rechtsgrund der auftraglosen Geschäftsführung steht der Klägerin nicht zur Seite. Der Anspruch aus der Geschäftsführung (§§ 677, 683 BGB.) hat zur Voraussetzung, daß der Geschäftsführer ein Geschäft für einen andern besorgt hat, ohne von ihm beauftragt oder ihm gegenüber sonst dazu berechtigt zu sein. Von der Besorgung eines Geschäfts für einen andern kann nur dann die Rede sein, wenn eine Tätigkeit ausgeübt wird, die an und für sich der Sorge des andern obliegen würde, durch die daher das Interesse des andern gefördert wird. Die Tätigkeit muß Gegenstand der Sorge des andern sein, und diese Sorge muß ihm von dem Handelnden durch sein Eintreten abgenommen sein (Komm. v. RGR. Vorbem. 2 zu § 677, Vorbem. 2 zu § 662, Anm. 1 zu § 677). Ein derartiges Eintreten der Klägerin für den Beklagten kommt im vorliegenden Falle nicht in Betracht. Solange der Beklagte zu dem Schiffe keine anderen Beziehungen als die des Pfandgläubigers hatte, gehörte die Sorge für die Instandsetzung und Versicherung des Schiffs weder rechtlich noch wirtschaftlich zu seinen Obliegenheiten, sondern fiel allein in den Pflichtenkreis des damaligen Eigentümers. Zutreffend weist daher das Berufungsgericht darauf hin, daß die vor Einleitung des Versteigerungsverfahrens von der Klägerin bewirkte Bestellung der Instandsetzungsarbeiten und Zahlung der Versicherungsprämien nicht als eine Besorgung von Geschäften des Beklagten aufgefaßt werden könne. Das gleiche muß gelten für etwaige spätere Aufwendungen der Klägerin bis zur Zuschlagserteilung. Demgegenüber sucht die Revision auszuführen, daß die Klägerin, wie die von ihr in den Vorinstanzen aufgestellten tatsächlichen Behauptungen ergäben, bei ihren Maßnahmen die Geschäftsführung für denjenigen noch unbekannten Dritten, der später aus der Benutzung des Schiffs Vorteil ziehen würde, also vor allem für den späteren Ersteher, ins Auge gefaßt habe. Allein der spätere Ersteher hatte zur Zeit der Geschäftsführung der Klägerin noch nicht das Geringste mit der Instandsetzung oder Versicherung des Schiffs zu tun. In seinen Geschäftskreis fielen die Maßnahmen der Klägerin nicht, und es erscheint daher abwegig, wenn die Klägerin den Beklagten wegen der späteren Ersteigerung des Schiffs als denjenigen bezeichnet, für den sie Geschäfte besorgt habe. Ihre Geschäftsführung berührte lediglich den Sorgenkreis des damaligen Eigentümers. Ob sie gegen diesen Ersatzansprüche aus der Geschäftsführung nach §§ 1216, 1266, 677, 684 BGB. erheben könnte, bedarf hier keiner Ausführung. ...

---

17. Wird eine nach § 211 Abs. 2 Satz 2 BGB. begonnene neue Verjährung schon durch die Einreichung oder erst durch die Zustellung einer Ladung unterbrochen?

VI. Zivilsenat. Urt. v. 30. Oktober 1919 i. S. K. (Bekl.) w. F. (Kl.). VI 185/19.

I. Landgericht Zweibrücken.
II. Oberlandesgericht daselbst.

Nach Feststellung, daß durch Vereinbarung der Parteien der Rechtsstreit am 23. November 1914 in Stillstand geraten war, prüft das Reichsgericht die Frage, ob die danach neu begonnene Verjährung schon durch das am 17. November 1917 erfolgte Einreichen einer Ladung bei dem Prozeßgericht unterbrochen worden ist, oder ob dazu die Zustellung der Ladung mit der Terminsbestimmung an den Gegner erforderlich war, und entscheidet diese Frage im ersteren Sinne aus folgenden

Gründen:

„In Anlehnung an die Darlegungen des Senats im Urteil VI 476/10 vom 2. Oktober 1911 (RGZ. Bd. 77 S. 324 flg.) ist der ersteren Meinung der Vorzug zu geben. Die Gesetzesworte „in gleicher Weise wie durch Klagerhebung" sind nur in Beziehung zu setzen zu dem, was im § 211 Abs. 1 über die Wirkung der Unterbrechung durch Klagerhebung bestimmt ist, nicht aber so zu verstehen, daß die Unterbrechung der neuen Verjährung gerade in derselben Weise wie eine Klagerhebung, also durch Zustellung eines Schriftsatzes an die Gegenpartei vor sich gehen müßte. Bei dem Akte des „Weiterbetreibens" handelt es sich im Grunde um Aufrechterhaltung der durch die Klagerhebung eingetretenen Unterbrechung, um Beseitigung des Stillstandes im Rechtsstreite. Deshalb muß jede Prozeßhandlung einer Partei genügen, die dazu bestimmt und geeignet ist, den stillstehenden Prozeß weiter in Gang zu setzen. Wenn hierzu in der angeführten Entscheidung schon die Anbringung eines Armenrechtsgesuchs als genügend erachtet worden ist, so muß die Einreichung eines Ladungsschriftsatzes um so mehr den Begriff erfüllen. Deshalb ist anzunehmen, daß die Klägerin die neue Verjährung am 17. November 1917, also rechtzeitig, unterbrochen hat."...

---

18. Zur Auslegung des § 6 des Telegraphenwegegesetzes vom 18. Dezember 1899.

VI. Zivilsenat. Urt. v. 30. Oktober 1919 i. S. Reichspostfiskus (Kl.) w. Gemeinde W. (Bekl.). VI 202/19.

I. Landgericht Köln.
II. Oberlandesgericht daselbst.

Die beklagte Gemeinde W. erhielt am 15. Januar 1917 die Genehmigung zur Herstellung und zum Betrieb einer elektrischen Straßenbahn vom Staatsbahnhof W. bis zum Militärschießplatz W. auf Grund des Kleinbahngesetzes vom 28. Juli 1892. Die Bahn sollte sich auf längere Strecken den bis dahin oberirdischen Telegraphenleitungen der Reichspostverwaltung nähern. Mit Rücksicht hierauf hat die Postverwaltung die oberirdischen Isoliervorrichtungen und Leitungsdrähte entfernt und die Telegraphenlinie insoweit in die Erde gelegt. Der für diese Arbeiten auf 17000 *M* veranschlagte Betrag wurde auf Verlangen des Klägers von der Beklagten unter Vorbehalt der Rückforderung bezahlt. Daraufhin beantragte die Beklagte am 27. November 1916 bei dem Regierungspräsidenten in Köln gemäß §§ 6, 13 des Telegraphenwegegesetzes vom 18. Dezember 1899,

> alle Kosten, die durch die Verlegung, Veränderung und Sicherung der Reichstelegraphenleitung entstehen, der Postverwaltung selbst aufzuerlegen und diese zu verurteilen, den Betrag von 17000 *M* nebst Zinsen seit der Zahlung zurückzuerstatten.

Der Regierungspräsident gab diesem Antrage durch Beschluß vom 13. August 1917 statt, indem er zugunsten der Beklagten die Voraussetzungen des § 6 TelWG. für gegeben erachtete, insbesondere annahm, daß die Beklagte die Unternehmerin des Baues und des Betriebes der Bahn sei, daß der Bau einem öffentlichen Interesse diene und daß er aus Mitteln der Beklagten ausgeführt werde. Mit der jetzigen Klage bestreitet der Kläger, daß der Beklagten die Bevorrechtigung aus § 6 TelWG. zustehe, und beantragte,

> den Beschluß des Regierungspräsidenten in Köln vom 13. August 1917 aufzuheben und den ihm zugrunde liegenden Antrag der Beklagten abzuweisen.

Das Landgericht hat die Klage abgewiesen. Hiergegen hat der Kläger Berufung eingelegt und seinen Klagantrag um den an die Beklagte zurückerstatteten Betrag von 1151,04 *M* ermäßigt. Das Oberlandesgericht hat die Berufung mit einer die Klagermäßigung berücksichtigenden Maßgabe zurückgewiesen. Die Revision des Klägers wurde zurückgewiesen aus folgenden

Gründen:

„Der Bau der Straßenbahn vom Staatsbahnhofe W. zum Schießplatze W. ist, wie unangefochten feststeht, aus Gründen des öffentlichen Interesses ausgeführt worden. Infolge dieser neuen Anlage des Bahnbaues mußte die Telegraphenlinie teilweise anderweitig untergebracht und ausgestaltet werden. Hinsichtlich der weitaus größeren Wegstrecke, auf der der Bahnbau und die Telegraphenlinie zusammentreffen, ist die Beklagte wegeunterhaltspflichtig.

Die Beklagte verlangt nun, daß die durch die anderweite Unterbringung der Telegraphenlinie entstandenen Kosten in dem jetzt noch in Betracht kommenden Betrage von 15848,96 *M* von der Telegraphenverwaltung getragen werden. Um ihr aber diese Vergünstigung nach § 6 TelWG. zugestehen zu können, muß hinzukommen, daß der Bahnbau auch durch die Beklagte zur Ausführung gebracht worden ist.

Das heißt: die Herstellung und die erste Einrichtung der Anlage (und nur diese im Gegensatze zum späteren Bahnbetrieb und der weiteren Unterhaltung der Anlage) müssen für die Beklagte und für deren Rechnung zur Ausführung gebracht sein. Dabei spielt aber keine Rolle, ob die Beklagte die Herstellung der Bahn und ihre erste Errichtung selber ausgeführt oder für sich und ihre Rechnung durch einen anderen hat ausführen lassen.

Von diesem rechtlichen Standpunkt aus, den auch die Revision als zutreffend anerkennt, hat nun das Berufungsgericht die Sachlage, insbesondere den Vertrag der Beklagten mit dem Rheinisch-Westfälischen Elektrizitätswerk (= RhWE.) vom 21. Juli 1916 beurteilt und ist dabei, ebenso wie der Beschluß des Regierungspräsidenten vom 13. August 1917 und das landgerichtliche Urteil, zu der Überzeugung gelangt, daß die Beklagte als diejenige anzusehen sei, die den Bahnbau für sich und ihre Rechnung hat ausführen lassen.

In dieser Hinsicht hat das Berufungsgericht folgendes festgestellt: Nach dem Vertrage vom 21. Juli 1916 hat die Beklagte das Grundstück für den Bahnhof und die Straße, die sie zu unterhalten hat, für den Bahnbau herzugeben. Sie wird als diejenige bezeichnet, die die Anlage „baut" und an das RhWE. vergibt (§ 1). Und ebenso ist es die Beklagte, die die Kosten des Bahnbaues beschaffen muß, und zwar durch Aufnahme eines Darlehens, das sie zum Schuldner des Darlehnsgebers macht (§ 4). Sie hat ferner dem RhWE. für die ihm vergebene Ausführung eine Vergütung zu zahlen (§ 7) und die vom RhWE. als Bauleiter zu prüfenden Kosten des Bahnbaues zur Zahlung anzuweisen (§ 6). Vom Augenblicke der Betriebseröffnung an verpachtet die Beklagte den Betrieb dem RhWE. gegen eine jährlich zu zahlende Pachtsumme (§ 12). Die Beklagte muß aber auch weiterhin, wenn die Bahnanlagen zu erweitern und die Betriebsmittel zu vermehren sind, das dazu notwendige Kapital beschaffen (§ 16). Nach Auflösung des Pachtverhältnisses kann die Beklagte selbst die Bahn betreiben. Schließlich haftet sie nach allgemeinen Rechtsgrundsätzen als Eigentümerin des Unternehmens und hat, wenn Teile der Anlage und der Betriebsmittel zu erneuern sind, selbst die Kosten aufzubringen, sofern der Erneuerungsfonds nicht ausreicht (§ 19).

Unbedenklich konnte das Berufungsgericht aus diesen Vertragsbestimmungen den Willen der Parteien entnehmen, daß nicht das RhWE., sondern die Beklagte diejenige sein sollte, für welche und für deren Rechnung die Bahn gebaut und erstmalig eingerichtet wurde, so daß also die Beklagte hiernach die Bahnanlage im Sinne des § 6 Abs. 2 Satz 1 TelWG. zur Ausführung gebracht hat. Denn rechtlich nimmt die Beklagte auf Grund jener Bestimmungen die Stellung der Bauherrin ein, die zu eigenen Lasten, für eigene Rechnung das Bau kapital zu beschaffen, die entstandenen Baukosten zu bestreiten und dem von ihr mit dem Bahnbau betrauten RhWE. die Vergütung für die Bautätigkeit zu entrichten hatte.

1. Die Revision will diese Auffassung nicht gelten lassen, weil irrigerweise die wirtschaftlichen Gesichtspunkte bei der Prüfung der Rechtsfrage außer acht geblieben seien. Sie sucht aus den Bestimmungen der §§ 4, 5, 7 Abs. 2 und §§ 12, 21 des Vertrags darzulegen, daß die Kosten der Bahnanlage nicht endgültig aus den Mitteln der Beklagten bestritten, sondern ihr von dem RhWE. voll zurückerstattet werden sollen, damit die Beklagte „in keiner Weise durch den Bau der Straßenbahn belastet wird" (§ 21); hiernach seien aber die Gesamtkosten der Beklagten wirtschaftlich von dem nicht wegeunterhaltspflichtigen RhWE. übernommen worden und aus dessen Mitteln zu bestreiten. Das Berufungsgericht verstoße daher gegen die Auslegungsregel des § 133 BGB., wenn es dem Worte „baut" im § 1 des Vertrags Bedeutung beimesse und den Vertrag nur nach der äußeren Form einiger, allerdings für die Auffassung der Beklagten sprechender Bestimmungen beurteile, dabei aber die aus den §§ 12, 21 sich ergebenden rechtlichen und wirtschaftlichen Folgen nicht beachtet habe.

Die Rüge ist nicht begründet. — Das Berufungsgericht hat auch zu diesen Bestimmungen ausdrücklich Stellung genommen. Dafür, daß es dabei, wie die Revision meint, übersehen habe, daß auch die Vergütung für die Bautätigkeit des RhWE. (§ 7) in die der Beklagten von dem RhWE. zurückzuerstattenden Baukosten einzurechnen sei, gibt das Berufungsurteil keinen Anhalt und zwar um so weniger, als es die §§ 12, 21 ausdrücklich mitberücksichtigt hat. Es erklärt aber, jene Bestimmungen bewiesen nichts für die Absicht der Vertragschließenden, die Beklagte nur nach außen als die Bauausführende hinzustellen, während dies in der Tat das RhWE. sein sollte; insbesondere sei die Annahme abwegig, daß die Beklagte bei der Eingehung der Darlehensschuld nur habe vorgeschoben werden sollen, um dem RhWE. als dem wahrheitswidrig hingestellten Ausführenden des Bahnbaues bei den nach Hunderttausenden von Mark zählenden Baukosten einige Tausend Mark zu ersparen. Das Berufungsgericht sieht vielmehr in jenen Bestimmungen nur das Bestreben der Beklagten, ihr mit dem Unternehmen verbundenes finanzielles Risiko (zu dem auch die dem RhWE. nach § 7 ausgesetzte Vergütung gehört) nach Möglichkeit dem RhWE. als ihrem Pächter, der auch den finanziellen Vorteil haben sollte, aufzubürden; deshalb habe sie auch das RhWE. mit der Verzinsung und allmählichen Abtragung des von ihr zur Herstellung des Bahnbaues aufgenommenen Baukapitals belastet (§ 12). — Diese Beurteilung verstößt in keiner Weise gegen die Vorschrift des § 133 BGB., sie verkennt auch nicht den Rechtsbegriff „zur Ausführung bringen". So, wie das Berufungsgericht den Inhalt des Vertrags ausgelegt hat, hat die Beklagte die Kosten der Herstellung und ersten Einrichtung des Bahnbaues rechtlich wie wirtschaftlich aus ihren eigenen Mitteln zu leisten, und zwar vornehmlich aus dem Betrage des Darlehens, das sie im eigenen Namen angeliehen und als Schuldnerin den Darlehensgebern zurückzuzahlen hat. Alles, was bis zu der von ihr zur Ausführung gebrachten Herstellung der Bahn an Kosten aufgebracht und verausgabt worden ist, ist hiernach rechtlich und wirtschaftlich allein auf Rechnung und zu Lasten der Beklagten gegangen. Die Beklagte ist daher ohne Rechtsirrtum als diejenige angesehen worden, die im Sinne des § 6 TelWG. die Bahnanlage zur Ausführung gebracht hat. Bei der Beurteilung dieser Voraussetzung des § 6 TelWG. ist mit Recht lediglich auf die Tatsache das ausschlaggebende Gewicht gelegt worden, daß die Anlage für Rechnung der Beklagten als Eigentümerin des Unternehmens ausgeführt worden ist. Dagegen kam es nicht darauf an, wie etwa später der Betrieb der Bahn vor sich gehen und wer das Risiko des Unternehmens tragen sollte. Daher konnte auch nicht entscheidend sein, daß die Beklagte durch den gleichzeitigen Abschluß des Pachtvertrags bestrebt war, ihr mit der Herstellung der Bahnanlage verbundenes finanzielles Risiko auf das RhWE. als ihren Pächter abzuwälzen und durch die Bemessung der Pachtsumme auch ihre Darlehnsschuld nebst Zinsen allmählich abzutragen. Auch hier gelten die grundsätzlichen Ausführungen in dem Urteile des Senats vom 23. März 1906 VI 266/05 in RGZ. Bd. 63 S. 92. Übrigens hat die Beklagte durch die Bestimmungen des Pachtvertrags keineswegs erreicht, daß nunmehr die Baukosten endgültig aus den Mitteln des RhWE. zu bestreiten sind. Das Berufungsgericht hält dieser von der Revision vertretenen Auffassung mit Recht entgegen, daß die Beklagte vor wie nach mit ihrer Baukostenschuld belastet bleibt und auch angesichts der überaus langen Pachtzeit nicht mit unbedingter Sicherheit auf die Kapitalkraft des RhWE. vertrauen kann.

Die Revision meint weiter, infolge der Abweisung der Klage würden die gemäß § 1 Abs. 3, §§ 4, 21, 12 Abs. 1 des Vertrags von dem RhWE. zu tilgenden Baukosten um den Betrag der Klagesumme vermindert und dadurch die Vorteile des § 6 TelWG. im Widerspruche mit dem Zwecke dieser Bestimmung lediglich den Privatinteressen eines nichtwegeunterhaltspflichtigen Dritten zugute kommen. Diese Erwägung trifft nicht zu. Nach § 1 Abs. 3 sollen allerdings „etwaige Kosten, die für die Freigabe des Staatsbahnwegs, der Provinzialstraße und durch deren Unterhaltung der Gemeinde erwachsen“, zu den Bau- und Betriebskosten gehören, die das RhWE. nach den Pachtbestimmungen der Beklagten zurückerstatten soll. Dies ist aber bei den Klagbeträgen nicht der Fall. Denn diese beziehen sich auf

Kosten, die von vornherein nur dem Kläger infolge der nach § 6 TelWG. erforderlich gewordenen Veränderung usw. der Telegraphenleitung erwachsen und, wie das Berufungsgericht ohne Rechtsirrtum festgestellt hat, von ihm auch wegen der der Beklagten durch § 6 Abs. 2 Satz 1 TelWG. gewährten Vergünstigung endgültig zu tragen sind. Sie fallen daher überhaupt nicht unter die nach § 1 Abs. 3 als Baukosten der Beklagten zu behandelnden und von dem RhWE. als Pächter des Bahnbetriebes zu tilgenden Kosten. Die Auffassung der Revision, daß „infolge der Abweisung der Klage" der Betrag der vom RhWE. zu tilgenden Baukosten um die Klagsumme vermindert würde, verkennt somit die Rechtslage, wonach das RhWE. zu den vom Kläger aufgewendeten Kosten in keiner rechtlichen Beziehung steht; das RhWE. hat weder den Bahnbau im Sinne des § 6 TelWG. ausgeführt noch als Pächter des Bahnbetriebes die Tilgung dieser Kosten übernommen.

Ist aber nach diesen Feststellungen davon auszugehen, daß die gesamte Bahnanlage nur für die Beklagte und auf deren Rechnung und mit ihren Mitteln zur Ausführung gebracht worden ist, während das RhWE. als Pächter nur das spätere wirtschaftliche Risiko des Bahnunternehmens übernommen hat, so erledigt sich damit auch das weitere Vorbringen der Revision als rechtlich unhaltbar, daß die Bahnanlage nicht unter überwiegender Beteiligung der Beklagten an den Herstellungskosten ausgeführt worden sei.

2. Die Revision beruft sich schließlich noch auf den § 6 Abs. 2 Satz 2 TelWG. Danach konnte die Verlegung der (nicht lediglich dem Orts-, Vororts- oder Nachbarortsverkehre dienenden) Telegraphenlinie nur dann verlangt werden, wenn die Telegraphenlinie ohne Aufwendung unverhältnismäßig hoher Kosten anderweit ihrem Zwecke entsprechend untergebracht werden konnte. Der Kläger hat auszuführen versucht, daß die durch die Verlegung der Telegraphenlinie entstandenen Kosten im Betrage von 15501,48 *M* unverhältnismäßig hoch seien und daß die Beklagte, auch wenn sie als Unternehmerin der Bahn anzusehen wäre, diese Kosten erstatten müsse. Das Berufungsgericht hat jedoch diese Vorschrift für unanwendbar erklärt, weil hier nur eine Veränderung der Telegraphenlinie, aber keine Verlegung stattgefunden habe; denn die Linie sei ohne völlige Entfernung vom bisherigen Verkehrswege nur auf der anderen Seite der Straße unterirdisch verkabelt worden. Die Revision hält diese Gesetzesauslegung für irrig, weil unter einer Verlegung der Telegraphenlinie überhaupt jede mit irgendeiner Ortsveränderung verbundene anderweite Führung der Linie zu verstehen sei. Indes braucht hierauf nicht näher eingegangen zu werden. Denn die Vorschrift des § 6 Abs. 2 Satz 2 TelWG. steht dem Kläger schon aus einem anderen rechtlichen Grunde nicht zur Seite.

Diese Vorschrift schränkt nämlich die im § 6 Abs. 2 Satz 1 der Beklagten gewährten Vergünstigungen, wonach die Telegraphenlinie auf Kosten der Telegraphenverwaltung zu verlegen ist, für den Fall ein, daß die Verlegung unverhältnismäßig kostspielig werden würde. In diesem Falle konnte der Kläger das auf Grund des § 6 Abs. 2 Satz 1 gestellte Verlangen der Beklagten, die Linie auf Kosten der Telegraphenverwaltung zu verlegen, mit Hinweis auf die Ausnahmevorschrift im Satz 2 als unberechtigt ablehnen. Damit würde die Beklagte vor die Wahl gestellt worden sein, entweder von der Ausführung der Bahn in der geplanten Weise abzusehen oder sich dem Kläger gegenüber zur Tragung der Verlegungskosten, soweit sie das gewöhnliche Maß übersteigen sollten, bereit zu erklären. Kraft dieser Erklärung war die Beklagte in der Lage, den aus § 6 Abs. 2 Satz 2 hergeleiteten Weigerungseinwand des Klägers auszuräumen und nunmehr ihr Verlangen durchzusetzen, daß der Kläger die Telegraphenlinie auf eigene Kosten verlege, soweit sie das gewöhnliche Maß nicht übersteigen würden. Diese Auslegung des § 6 Abs. 2 TelWG. folgt schon aus der Fassung des Gesetzes, entspricht aber auch den Erklärungen des Direktors im Reichspostamte Sydow als stellvertretenden Bevollmächtigten zum Bundesrat auf die in der Reichstagssitzung vom 12. Dezember 1899 gestellte Anfrage des Abgeordneten Kirsch (I. Session 1898/1900 Sten. Ber. S. 3299 flg.; v. Rohr, Telegraphenwegegesetz § 6 Anm. 15; Wiltz, Telegraphenwegegesetz § 6 S. 14). Nur auf diese Weise war der Kläger in der Lage, sich gegen eine Belastung mit etwaigen unverhältnismäßig hohen Kosten für die Verlegung der Telegraphenlinie zu verwahren und zu schützen. Wenn er aber diesen ihm im § 6 Abs. 2 Satz 2 offengelassenen Weg nicht eingeschlagen, die Beklagte nicht vorher zur Übernahme der unverhältnismäßig hohen Kosten veranlaßt, sondern auf das Verlangen der Beklagten die Telegraphenlinie ohne ein Kostenabkommen und ohne jeden Widerspruch und Vorbehalt verlegt hat, so kann er nicht mehr nachträglich auf die Ausnahmevorschrift des § 6 Abs. 2 Satz 2 zurückgreifen, um der Beklagten die übermäßigen Verlegungskosten in Rechnung zu stellen, sondern muß gemäß der nunmehr zugunsten der Beklagten im vollen Umfange platzgreifenden Regelvorschrift des § 6 Abs. 2 Satz 1 TelWG. diese Kosten selber tragen."

---

19. Zum Begriff des Gewerbebetriebes im Sinne des Gesetzes über einen Warenumsatzstempel vom 26. Juni 1916 (RGBl. S. 639).

VII. Zivilsenat. Urt. v. 30. Oktober 1919 i. S. Universität M. (Kl.) w. preuß. Staat (Bekl.). VII 135/19.

I. Landgericht Kassel.
II. Oberlandesgericht daselbst.

Von der Klägerin ist auf Grund des § 76 RStempG. in der Fassung des Art. III des G. vom 26. Juni 1916 für die Lieferung künstlicher Gebisse seitens ihres zahnärztlichen Instituts ein Umsatzstempel von 4,90 *M* erfordert worden, den sie auch bezahlt hat. Diesen Stempel fordert sie mit der Behauptung, daß er zu Unrecht erhoben sei, von dem Beklagten zurück. Sie ist unter Abänderung des ihrem Antrage stattgebenden landgerichtlichen Urteils vom Berufungsgerichte mit ihrer Klage abgewiesen worden. Ihre Revision wurde zurückgewiesen aus folgenden

Gründen:

... „Schon in der Entscheidung RGZ. Bd. 94 S. 209 hat sich der erkennende Senat auf den Standpunkt gestellt, daß zur Annahme eines Gewerbetriebes im Sinne des durch das Gesetz über einen Warenumsatzstempel vom 26. Juni 1916 abgeänderten § 76 RStempG. die Absicht der Gewinnerzielung nicht gehört, sondern eine geschäftliche Tätigkeit, die auf die Erzielung von Einnahmen aus Warenumsätzen gerichtet ist, den Begriff des Gewerbebetriebs ausmacht. Diese Auffassung, die auch in der alsbald nach dem Inkrafttreten des Gesetzes vom 26. Juni 1916 erlassenen Bekanntmachung des Reichskanzlers vom 23. Oktober 1916 zum Ausdruck gekommen ist und ebenso im Schrifttum überwiegend vertreten wird (vgl. Popitz, Umsatzsteuergesetz S. 52 Anm. 2) wird von der Revision auch nicht bekämpft. Sie meint aber, daß die Universität keine geschäftliche Tätigkeit ausübe, die sie zum Gewerbetreibenden mache, und deshalb ihre Einnahmen auch dem Umsatzstempel aus § 76 a. a. O. nicht unterlägen. Dieser Angriff geht jedoch fehl. Zum Gewerbebetrieb im Sinne des Warenumsatzstempelgesetzes ist eine Erwerbsabsicht nicht erforderlich. Denn wenn bei diesem Gewerbebetriebe die Gewinnabsicht als Erfordernis entfällt, ist auch die Erwerbsabsicht als dessen Voraussetzung abzulehnen (Urteil des erkennenden Senats vom 11. April 1919 VII 68/19). Deshalb gehört zur geschäftlichen Tätigkett hier nicht, wie die Revision meint, eine auf Erwerb gerichtete Tätigkeit des Steuerpflichtigen, sondern nur eine Tätigkeit, die die Erzielung von Einnahmen zum Inhalte hat. Auch diese Tätigkeit muß zwar eine geschäftliche sein. Aber sie setzt eine Teilnahme am Erwerbsleben nicht voraus. Es darf deshalb das Wort „geschäftlich" nicht in dem Sinne verstanden werden, daß der Steuerpflichtige sich als „Geschäftsmann" betätigen muß. Vielmehr bedeutet geschäftliche Tätigkeit nur, daß die Tätigkeit fortgesetzt entfaltet wird oder entfaltet werden soll (vgl. Weinbach, Warenumsatzstempelgesetz S. 96; Popitz im Preuß. Verw.-Bl. Bd. 39 S. 315). Es bildet also nicht der Geschäftszweck, sondern die Geschäftsmäßigkeit ihr eigentliches Merkmal und lediglich die letztere ist der Umstand, der sie zum Geschäftsbetriebe stempelt. Sie steht im Gegensatze zum Gelegenheitsgeschäft, das dem Umsatze von Waren dient. In beiden Fällen liegt die Abgabe auf dem Umsatz und den damit verbundenen Einnahmen, denn beide sind dem Gedanken des Quittungsstempels entsprungen. Verschieden ist nur die Art der Steuererhebung im § 76 und § 83a RStempG. Man würde den Begriff des Gewerbebetriebs im Sinne des Warenumsatzstempelgesetzes wieder auf den üblichen Gewerbebegriff zurückführen, wenn man unter geschäftlicher Tätigkeit mehr als eine geschäftsmäßige, d. h. planmäßig auf die Erzielung von Einnahmen gerichtete Tätigkeit verstehen wollte. Damit stimmt auch überein, daß das Gesetz die Gewerbsmäßigkeit einer Unternehmung nicht dadurch für ausgeschlossen hält, daß sie von einer öffentlichen Korporation, einem Vereine u. dgl., die nur an die eigenen Mitglieder liefern, betrieben wird. Denn als Geschäft, d. h. mit Geschäftstendenz, betreiben auch diese nicht ihre Unternehmungen. Mit Fug hat deshalb auch der Unterstaatssekretär im Reichsschatzamt in der Sitzung des Reichstags vom 31. Oktober 1916 erklärt: „Soweit Gemeinden oder Gemeindeverbände zur Versorgung der Bevölkerung mit Nahrungsmitteln Warenumsätze gegen Entgelt tätigen, ist nach der Auffassung des Bundesrats der Warenumsatzstempel von diesen Umsätzen geschuldet" (Preuß. Verw. Bl. Bd. 39 S. 188). Denn es reichte hin, daß sie fortlaufend eine Tätigkeit entwickelten, die mit der Erzielung von Einnahmen verbunden war. Gerade das macht aber auch die Universität im gegebenen Falle steuerpflichtig. Allerdings liegt ihr Ziel bestimmungsgemäß in dem Unterricht und der Forschung. Aber gegenüber den Patienten, die ihre Zahnklinik aufsuchen, will sie neben dem Heilzweck Einnahmen erzielen, wenn sie diesen die Zahngebisse liefert und sich bezahlen läßt. Denn andernfalls würde sie sich die Gebisse überhaupt nicht bezahlen lassen. Der wissenschaftliche Zweck der klagenden Universität schließt ihre geschäftliche Tätigkeit auch keineswegs aus. Sie wurde neben ihrem eigentlichen Zwecke von ihr betrieben und mußte von ihr auch betrieben werden, weil die in der Zahnklinik behandelten Patienten diese gar nicht aufsuchen würden, falls sie nicht die Gewißheit hätten, dort auch die erforderlichen Gebisse geliefert zu bekommen. Im gewissen Sinne diente ihre geschäftliche Tätigkeit sogar ihrem Hauptzwecke, weil ohne den Vertrieb der Gebisse auch die Belehrung der Studierenden über deren Anfertigung, Anbringung usw. nicht durchführbar wäre. Von diesem Gesichtspunkte hat denn auch der Reichskanzler (Reichsschatzamt) in einem Rundschreiben vom 10. Oktober 1917 (Amtl. Mitteilungen 1917 S. 161) und im Anschlusse daran der preußische Finanzminister in einer Verfügung vom 24. November 1917 (Schlegelberger, Kriegsbuch Bd. 6 S. 731 darauf hingewiesen, daß staatliche

Betriebe, welche an sich wissenschaftliche oder Unterrichtszwecke verfolgen, der Pflicht zur Entrichtung des Warenumsatzstempels unterliegen, insoweit sie hierbei erzeugte oder sonst in ihrem Besitze befindliche Waren veräußern und damit neben ihrem eigentlichen Zwecke eine geschäftliche, auf die Erzielung von Einnahmen gerichtete Tätigkeit entfalten. Nur wenn auch dieser Betrieb überwiegend Zwecke verfolgt, die im Rahmen der öffentlichrechtlichen Aufgaben des Steuerpflichtigen liegen, könnte das Vorliegen eines Gewerbebetriebs im Sinne des § 76 RStempG. verneint werden (vgl. Rundschreiben des Reichskanzlers vom 20. September 1917 Amtl. Mitteilungen S. 161). So aber liegt hier der Fall nicht. Der Stempel ist deshalb von der Klägerin zu Recht erfordert worden, so daß die Revision zurückzuweisen war."

---

20. Inwiefern kann „der auf § 67 Satz 1 des Versicherungsvertragsgesetzes beruhende Übergang des dem Versicherungsnehmer gegen einen Dritten zustehenden Schadensersatzanspruchs auf den Versicherer durch Vereinbarung ausgeschlossen werden?

Gesetz über den Versicherungsvertrag vom 30. Mai 1908 (RGBl. S. 263) § 67; BGB. § 399.

I. Zivilsenat. Urt. v. 1. November 1919 i. S. der Versicherungsgesellschaften „B." und „Rh." (Kl.) w. die Gesellschaft „Vereinigte Spediteure und Schiffer" (Bekl.) und B. (Nebeninterv.). I 86/19.

I. Landgericht Mannheim, Kammer für Handelssachen.
II. Oberlandesgericht Karlsruhe.

Im Sommer 1914 übertrug die Elsässische Schiffahrts- und Speditionsgesellschaft in St. der Beklagten die Beförderung von Hafer von Rotterdam nach Straßburg. Die Beklagte stellte über die Abladung einen Ladeschein aus, der die Antwerp Grain Work Company Filiale Rotterdam als Ablader in der fraglichen Ware bezeichnete. Die genannte Ablader in hat den Ladeschein an die Order der Mühlenwerke B. in Straßburg indossiert. Für die Fahrt von Rotterdam bis Mannheim bediente sich die Beklagte des in dem Ladeschein angegebenen Schiffs Elisa. In Mannheim wurde die Ware in das dem Nebenintervenienten B. gehörige Schiff Adelheid umgeladen, mit welchem Schiff B. Gesellschafter der Beklagten ist. Auf der Reise von Mannheim nach Straßburg ist das Schiff Adelheid gesunken, wobei die Ladung zugrunde gegangen ist.

Die durch den Ladeschein als Empfänger der Ware legitimierten Mühlenwerke B. hatten die Ladung für den fraglichen Transport bei der Klägerin und der Allgemeinen Versicherungsgesellschaft in Dr. versichert und sind wegen des Verlustes der Ware von den genannten Versicherern schadlos gehalten worden. Im Hinblick auf den erwähnten Schadensersatz verlangt die Klägerin, welcher die Allgemeine Versicherungsgesellschaft in Dr. ihre Ansprüche abgetreten hat, in Gemäßheit des § 67 VVG. von der Beklagten Erstattung der an den Versicherungsnehmer gezahlten Beträge.

Die Vorinstanzen haben die Klage abgewiesen. Die Revision hatte keinen Erfolg.

Gründe:

„Die Klägerin stützt ihre Klage darauf, daß sie in Gemäßheit von § 67 Satz 1 VVG. Rechtsnachfolgerin der Mühlenwerke B. geworden sei und deren Ansprüche gegen die Beklagte aus dem fraglichen Unfalle geltend machen könne. Bei Prüfung dieser letzteren Ansprüche hat das Berufungsgericht u. a. den in den Ladeschein aufgenommenen Frachtvertrag als das Moment bezeichnet, welches die vertraglichen Beziehungen zwischen der Beklagten und den Mühlenwerken herstellte, und ausgeführt, daß die Beklagte den Mühlenwerken für den Transport des Hafers von Mannheim nach Straßburg auf Grund des Frachtvertrags haftbar sei. Dies ist insofern nicht zutreffend, als laut Tatbestand des Berufungsurteils der Frachtvertrag zwischen der Elsässischen Schiffahrts- und Speditionsgesellschaft und der Beklagten geschlossen ist, während die Mühlenwerke nur aus dem sie als Empfänger laut Indossament der Abladerin bezeichnenden Ladeschein als solchem, d. h. auf Grund einer selbständigen obligatorischen Verpflichtung (Skripturobligation) des Frachtführers zur Herausgabe des in dem Ladescheine bezeichneten Gutes an den legitimierten Empfänger, vertragliche Rechte gegen die Beklagte herleiten (Düringer-Hachenburg, HGB. 2. Aufl. § 444 Anm. 2, § 446 Anm. 4; Mittelstein, Binnenschiffahrtsrecht § 72 Anm. 1, 25; Schaps, Seerecht § 651 Anm. 5, 6; § 642 Anm. 6). Indessen kann dies hier auf sich beruhen bleiben. Denn jedenfalls ist der Ansicht des Berufungsgerichts beizupflichten, daß, soweit der Klaganspruch auf Vertrag gestützt ist, der § 26 Abs. 2 der in den Ladeschein aufgenommenen „Verlade- und Transportbedingungen" maßgeblich ist, lautend:

> „Kraft gegenseitiger Vereinbarung ist die Zession der Rechte aus dem mittels dieses Konnossements geschlossenen Frachtvertrag an die das Transportobjekt versichernde Versicherungsgesellschaft unzulässig."

Allerdings spricht diese Klausel nur von Rechten aus dem Frachtvertrage, während die Mühlenwerke nach obigem Rechte aus dem Ladescheine als Skripturobligation haben. Gemeint sind aber offenbar auch die letzteren Rechte, da der Ladeschein in erster Linie das Rechtsverhältnis zwischen dem Frachtführer und dem Empfänger regelt und nur nebenbei auch den Frachtvertrag enthalten kann, und da ferner der Frachtvertrag die Grundlage der Verpflichtungen des Frachtführers auch aus dem Ladeschein ist (Düringer-Hachenburg, HGB. § 446 Anm. 2 und 4 Abs. 3). Daß die Rechte der Mühlenwerke aus dem Ladescheine durch die in Mannheim erfolgte Umladung der Güter nicht berührt sind, hat das Berufungsgericht zutreffend ausgeführt.

Die aus der fraglichen Klausel vom Berufungsgerichte gezogene Schlußfolgerung, daß eine auf § 67 VVG. beruhende Abtretung des aus dem betreffenden Vertrage hergeleiteten Schadensersatzanspruchs seitens der Mühlenwerke an die Klägerin ungültig und daher diese insoweit zur Erhebung der Klage nicht aktiv legitimiert sei, wird zu Unrecht von der Revision angegriffen.

Nach § 399 BGB. kann eine Forderung nicht abgetreten werden, wenn die Abtretung durch Vereinbarung mit dem Schuldner ausgeschlossen ist. Und zwar kann eine solche Vereinbarung der allgemeinen Fassung der fraglichen Gesetzesvorschrift entsprechend nicht nur bereits bestehende, sondern auch etwaige künftige oder bedingte Forderungen betreffen. Dieser vereinbarte Ausschluß der Abtretbarkeit der betreffenden Forderung wirkt sowohl zwischen Gläubiger und Schuldner als auch jedem Dritten gegenüber, nimmt also der Forderung selbst die Eigenschaft der Veräußerungsfähigkeit. Hieran wird durch die Vorschrift in § 67 Satz 1 VVG. nichts geändert. Diese Bestimmung ist nicht zwingenden Rechtes. Sie beruht auf dem Gedanken, daß ein entsprechender Parteiwille zu vermuten ist und scheidet aus nicht nur, wo sie ersichtlich dem Parteiwillen — d. h. dem von Versicherer und Versicherungsnehmer — widerspricht (vgl. auch Kommentar zum VVG. von Gerhard, Hagen usw. § 67 Anm. 3; Hager-Bruck, § 67 Anm. 5 usw.), sondern auch soweit es sich um eine auf Grund einer zwischen dem Versicherungsnehmer und einem Dritten getroffenen Vereinbarung nicht abtretbare Forderung handelt.

Ebensowenig ist die Annahme der Revision gerechtfertigt, daß im vorliegenden Falle die zwischen der Beklagten und den Mühlenwerken getroffene, die fragliche Forderungsabtretung ausschließende Abrede als gegen die guten Sitten verstoßend anzusehen und nichtig sei. Es ist nicht einzusehen, inwiefern durch die fragliche Klausel die berechtigten Interessen des Versicherers in einer Weise berührt werden sollen, die unter Berücksichtigung der einschlägigen Verhältnisse und Sittenanschauungen dem Anstandsgefühl aller billig und gerecht Denkenden widerspricht. Zutreffend ist in der Entscheidung des Reichsgerichts vom 9. April 1913 I 319/12 (Leipz. Zeitschr. 1913 Sp. 945) darauf hingewiesen, daß der Versicherer bei einem Zessionsverbote der fraglichen Art unschwer einen Weg zu finden wissen werde, trotz des Verbots zu seinem Rechte zu kommen. Im einzelnen mag dazu auf folgendes verwiesen werden. Soweit es sich um eine in Fällen der fraglichen Art nicht ungewöhnliche Klausel handelt — und das Gegenteil ist hier nicht behauptet und nicht ersichtlich —, muß der Versicherer bei Abschluß des Versicherungsvertrags mit der Möglichkeit rechnen, daß der Versicherungsnehmer eine die fragliche Klausel enthaltende Vereinbarung mit dem Frachtführer treffen wird oder bereits getroffen hat, und ist in der Lage, durch bestimmte, mit dem Versicherungsnehmer zu vereinbarende Abreden sich entsprechend vorzusehen. Sollte aber eine ungewöhnliche Klausel in Frage kommen, auf welche der Versicherer nicht gefaßt zu sein brauchte, so wäre der Versicherungsnehmer nach den Grundsätzen von Treu und Glauben verpflichtet, den Versicherer bei Abschluß des Versicherungsvertrags gehörig zu unterrichten und könnte gegebenenfalls wegen Verletzung dieser Pflicht von dem Versicherer haftbar gemacht werden. Würde der Versicherungsnehmer trotz voller Entschädigung seitens des Versicherers den Dritten auf Schadensersatz belangen und das so Erlangte nicht an den Versicherer abführen, so könnte er vom Versicherer wegen ungerechtfertigter Bereicherung nach Maßgabe von § 812 BGB. in Anspruch genommen werden. Sollte der Versicherungsnehmer eine gehörige Inanspruchnahme des Dritten unterlassen, so würde er der nach Sachlage mit dem Abschluß des Versicherungsvertrags stillschweigend übernommenen Verpflichtung zuwiderhandeln, für den Versicherer — der die Entschädigungssumme gezahlt hat und durch die fragliche Klausel in § 26 Abs. 2 der Verlade- und Transportbedingungen an der eigenen Verfolgung des Schadensersatzanspruchs gegen den Dritten gehindert ist — die fragliche Ersatzsumme einzuziehen, und würde dadurch entsprechend dem Versicherer verhaftet werden. Anderseits kann der vom Versicherungsnehmer auf Schadensersatz belangte Dritte nicht etwa mit Erfolg einwenden, daß jener durch die Leistung des Versicherers bereits befriedigt und somit nicht mehr geschädigt sei, da dies eine unzulässige exceptio de jure tertii sein würde. Dies alles zeigt, daß die fragliche Klausel mit der Tendenz des § 67 Satz 1 VVG., daß weder der Dritte infolge der Leistung des Versicherers von seiner Verbindlichkeit befreit werden noch die Versicherung zu einer Bereicherung des Versicherungsnehmers führen darf, sehr wohl vereinbar ist und nicht etwa wegen Verstoßes gegen die guten Sitten oder aus anderen Gründen als nichtig erachtet werden kann." ...

---

21. 1. Bedeutung der Bestimmung eines auf feste Zeit geschlossenen Mietvertrags, daß er bei Unterlassung der Kündigung binnen bestimmter Frist vor Ablauf auf bestimmte Dauer fortlaufe.

2. Ist in solchem Falle die Kündigung eines von mehreren Vermietern oder Mietern wirksam?

III. Zivilsenat. Urt. v. 1. November 1919 i. S. Firma M. u. Ehel. W. (Kl.) w. Ehel. Sch. (Bekl.). III 191/19.

I. Landgericht Wiesbaden.
II. Oberlandesgericht Frankfurt a. M.

In dem am 10./23. Juli 1915 zwischen den Klägern als Vermietern und den Beklagten als Mietern über die Räume eines Hauses in Wiesbaden schriftlich auf 3 Jahre (bis zum 30. September 1918) geschlossenen, von sämtlichen 5 Kontrahenten (von M. als dem Inhaber dieser Firma) unterzeichneten Mietvertrage war in § 2 bestimmt: „Erfolgt 4 Monate vor Ablauf dieser Endfrist, also spätestens am 31. Mai 1918 keine beiden Teilen zustehende Kündigung, so läuft dieser Vertrag auf 2 weitere Jahre, um nach Ablauf dieser Zeitfrist jedesmal um dieselbe Dauer verlängert zu werden." M. hatte dem beklagten Ehemann unter dem 11. Mai 1918 geschrieben „falls die Verhandlungen bis 31. Mai nicht beendigt sind und die Mietverträge (nämlich neue, geänderte) unterzeichnet, so würden die Verträge von 10./23. Juli 1915 mit dem 30. September 1918 ihr Ende erreicht haben." Auf Grund dieser Erklärung als einer dem § 2 des Vertrags entsprechenden Kündigung fordern die Kläger Räumung, während die Widerklage die Feststellung des Zurechtbestehens des Vertrags von 1915 bis zum 30. September 1920 begehrt. Das Landgericht hat die Klage zugesprochen und die Widerklage abgewiesen; das Berufungsgericht hat umgekehrt erkannt. Die Revision der Kläger blieb erfolglos.

Gründe:

„Das Landgericht stützt sich darauf, daß der über den 30. September 1918 fortzusetzende Vertrag gemäß der überzeugenden Darlegung in RGZ. Bd. 86 S. 62 als ein neuer Vertrag angesehen werden müsse; zum Abschluß dieses neuen Vertrags sei natürlich die übereinstimmende Willenserklärung beider Teile erforderlich; M., der eine der Vermieter, habe erklärt, daß er einen neuen Mietvertrag zu den bisherigen Bedingungen nicht abschließen wolle; ein solcher neuer Mietvertrag sei also nicht zustande gekommen. Der Berufungsrichter dagegen führt aus, die Ablehnung des neuen Vertragsschlusses habe nur im Rahmen und unter den Einschränkungen des bisherigen Vertrags, auf Grund des § 2, erfolgen können und demgemäß von sämtlichen drei Vermietern gemeinsam erfolgen müssen, die Erklärung des M. allein sei darum nicht rechtswirksam.

Nur diese grundlegende Auffassung des Berufungsrichters hat die Revision angegriffen, dagegen unangefochten gelassen die weitere Feststellung und Darlegung, daß M. seine Erklärung vom 11. Mai 1918 ohne Wissen und gegen den Willen der Eheleute W. abgegeben hat, und daß eine nachträgliche, zurückzubeziehende Genehmigung jener Erklärung durch die Eheleute W. aus Rechtsgründen zu verneinen sei.

In jener grundlegenden Frage ist dem Berufungsrichter beizutreten; die Anschauung des Landgerichts beruht auf einem Mißverständnis der Entscheidung des erkennenden Senats in RGZ. Bd. 86 S. 60, 63. Freilich muß daran festgehalten werden, daß das kraft einer solchen häufigen Vertragsklausel sich fortsetzende Mietverhältnis durch einen neuen Vertragsschluß ins Leben tritt; aber die Parteien haben sich dann — und so auch hier — in betreff des neuen Vertragsschlusses bereits gebunden, nämlich vereinbart, daß ihr Schweigen über einen gewissen Zeitpunkt vor Ablauf des ursprünglichen Vertrags hinaus — hier ihr Schweigen über den 31. Mai 1918 hinaus — die Erklärung darstelle, den neuen, bereits im ursprünglichen Vertrag in Aussicht genommenen Vertrag abschließen zu wollen. Kraft dieser Vereinbarung muß also die eine oder die andere Partei, falls sie den neuen Vertrag nicht will, rechtzeitig, d. h. vor dem bestimmten Zeitpunkte das Schweigen brechen und reden, nämlich dem anderen Teil erklären, daß sie den in Aussicht genommenen Vertrag nicht wolle. Diese sogen. Kündigung zielt nicht auf Beendigung eines schon bestehenden Mietvertrags, sondern lehnt in der durch jene Vereinbarung über die rechtliche Bedeutung des Schweigens bestimmten Form und Frist die Entstehung eines neuen Mietverhältnisses ab; für diese Entstehung war eben bereits im ursprünglichen Vertrag eine Grundlage geschaffen, insofern nach ihm das Schweigen über eine Frist hinaus oder das Reden innerhalb bestimmter Frist den Willen, den neuen Vertrag zu schließen oder nicht zu schließen, bekundet und bekunden muß. Diese Grundlage ist vorliegend geschaffen wie von den 2 Mietern gemeinsam, so von den 3 Vermietern gemeinsam. Von dieser so vereinbarten Grundlage eines etwaigen neuen Vertragschlusses abzugehen, steht demnach jedem der sich gegenüberstehenden Teile ebenfalls nur gemeinsam zu. Nicht der einzelne Mieter und nicht der einzelne Vermieter kann die von ihm nur gemeinsam mit seinen Vertragsgenossen getroffene Vereinbarung in dem oder jenem Sinne zur Ausführung bringen, dies kann allein die Mieterschaft einerseits oder die Vermieterschaft anderseits. Im alten Vertrag und also auch in jener Vereinbarung über die Schließung eines neuen Vertrags haben sich beide Teile je als Einheit einander gegenübergestellt, auf Festhaltung und Fortdauer dieser Einheit hat jeder Teil dem anderen gegenüber ein Vertragsrecht, kein einzelner kann durch von ihm allein ausgehende

Rechtsakte in dieses so begründete und aufgebaute Mietverhältnis eingreifen. Die Erklärung des M. allein ist demnach vom Berufungsrichter mit Recht für bedeutungslos erachtet worden. Die weiteren Gründe des Berufungsrichters sind frei von jedem materiellen Rechtsverstoß. Insbesondere ist eine nachträgliche Genehmigung der Erklärung des M. durch die Eheleute W. schon darum ausgeschlossen, weil die Eheleute W. nicht Dritte sind, sondern selbst den Vertrag mitgeschlossen haben und folgeweise selbst mit M. zusammen handeln, nämlich die Ablehnung des in Aussicht genommenen neuen Vertrags selbst gemeinsam mit diesem ihrem Vertragsgenossen erklären mußten."

---

22. 1. Welche rechtlichen Folgen hat die Überschreitung von Richtpreisen?

2. Ist § 817 Satz 1 BGB. auch dann anwendbar, wenn der Leistende bei der Leistung das Nichtbestehen einer Verpflichtung hierzu gekannt hat?

BGB. §§ 814, 817.

II. Zivilsenat. Urt. v. 24. Oktober 1919 i. S. K. (Bekl.) w. F. (Kl.). II 192/19.

I. Landgericht Elberfeld.
II. Oberlandesgericht Düsseldorf.

Die Klägerin hat der Beklagten in der Zeit vom 9. Juni bis 6. November 1915 Häute geliefert und verlangt die Bezahlung der vom 6. September 1915 an gelieferten Posten mit 5296 *M*. Die von der Klägerin berechneten Preise, die zwischen den Parteien vereinbart sind, übersteigen die durch ein Rundschreiben der Kriegsrohstoffabteilung des preußischen Kriegsministeriums vom 18. April 1915 für Leder festgesetzten Richtpreise jedenfalls zum Teil um ein Erhebliches. Hierauf stützt die Beklagte ihre Zahlungsweigerung. Außerdem rechnet sie auf mit einem den eingeklagten Betrag angeblich übersteigenden Rückforderungsanspruch, der damit begründet wird, daß die für die früheren Posten gezahlten Beträge die Richtpreise überstiegen. Unbestritten ist, daß der Kaufpreis für die Posten vom 6. September bis 6. November 1915 auch bei Zugrundelegung der Richtpreise die Klagesumme übersteigt.

Das Landgericht hat die Klage abgewiesen. Das Oberlandesgericht hat ihr stattgegeben. Es geht davon aus, daß eine Verpflichtung der Beklagten zur Bezahlung der die Richtpreise überschreitenden Beträge wegen des der Klägerin zur Last fallenden Verstoßes gegen die guten Sitten nicht begründet gewesen sei, ihre Verpflichtung zur Bezahlung des den Richtpreisen entsprechenden Teiles des Kaufpreises aber bestehen bleibe. Dem Rückforderungsanspruch der Beklagten stehe jedoch der Umstand entgegen, daß sie das Nichtbestehen einer Verpflichtung, mehr als die Richtpreise zu bezahlen, gekannt habe. Hilfsweise wurde der Rückforderungsanspruch auch deshalb für unbegründet erklärt, weil die Beklagte durch Bewilligung und Bezahlung der Überpreise selbst zur Erhöhung ihrer eigenen Kosten und damit zur Verteuerung des Kriegsbedarfs beigetragen und daher auch ihrerseits sich eines Verstoßes gegen die guten Sitten schuldig gemacht habe.

Auf die Revision der Beklagten ist das Berufungsurteil aufgehoben und die Sache an das Oberlandesgericht zurückverwiesen worden aus folgenden

Gründen:

„Der Ausgangspunkt des angefochtenen Urteils, daß die Klägerin mit den geforderten 5296 *M* Bezahlung für die in der Zeit vom 6. September bis 6. November 1915 gelieferten letzten neun Posten verlange und nach Sachlage verlangen dürfe, und daß dieser Anspruch an und für sich begründet sei, wird von der Revision nicht beanstandet. Es ist daher Sache der Beklagten, ihren nach der gleichfalls nicht bemängelten Annahme des Berufungsgerichts schon in erster Instanz zur Aufrechnung verstellten Anspruch auf Rückerstattung der bei Bereinigung der früheren Posten über die Richtpreise hinaus bezahlten Beträge in allen seinen Einzelheiten darzulegen und zu beweisen.

Wie das Berufungsgericht zutreffend ausführt, hat die Klägerin, indem sie die von der Kriegsrohstoffabteilung des Kriegsministeriums zwecks möglichster Verbilligung der Herstellung von Kriegsbedarf festgesetzten Richtpreise für Häute überschritt und von der Beklagten die so erhöhten Kaufpreise sich bezahlen ließ, gegen die guten Sitten verstoßen. Dies ergibt sich ohne weiteres daraus, daß die Klägerin dem ihr kundgegebenen Bestreben der Kriegsrohstoffabteilung, den Kriegsbedarf an Leder auf einer angemessenen Preishöhe zu halten, bewußt entgegenwirkte, nachdem sie sich zur Einhaltung der Richtpreise der Kriegsleder-Aktiengesellschaft gegenüber ausdrücklich durch Unterzeichnung eines Scheines verpflichtet hatte. Die Folge dieses Verstoßes der Klägerin ist, wovon auch das Berufungsgericht ausgeht, nicht die Nichtigkeit des zwischen den Parteien abgeschlossenen Lieferungsvertrags oder der etwaigen mehreren Abschlüsse, soweit Überschreitungen der Richtpreise dabei vorkamen. Die Annahme der Nichtigkeit (§ 138 Abs. 1 BGB.) verbietet sich durch die Erwägung, daß der Verkauf von Häuten als solcher, wenn er, wie hier, an einen „beauftragten Lieferer" im Sinne des Verpflichtungsscheins erfolgte, keinem höheren Interesse zuwiderlief und auch nicht untersagt, sondern nur an die Einhaltung der Richtpreise gebunden war. Der Verkäufer, der die Richtpreise überschritten und einen über sie hinausgehenden Kaufpreis in Empfang genommen hat, ist vielmehr wegen des ihm zur Last fallenden Verstoßes gegen die guten Sitten lediglich gemäß § 817 Satz 1 BGB. zur Herausgabe des Überpreises verpflichtet; im übrigen bleibt aber der Vertrag, ähnlich wie bei der Zuwiderhandlung gegen ein Höchstpreisgesetz (vgl. RGZ. Bd. 88 S 250, Bd. 89 S. 196), unter Herabsetzung des Kaufpreises auf das durch die Richtpreise bestimmte Maß in Kraft. Die Klägerin muß sich diese Herabsetzung im Hinblick auf ihr sittenwidriges Handeln gefallen lassen, und das Einverständnis der Beklagten mit der Aufrechterhaltung des Geschäfts unter Minderung des Kaufpreises ergibt sich aus ihrem Verhalten im Rechtsstreit.

Der von der Revision bemängelten Annahme des Berufungsgerichts die Beklagte habe sich durch Bewilligung und Bezahlung der die Richtpreise übersteigenden Preise für die Posten vom 9. Juni bis 24. August 1915 auch ihrerseits eines Verstoßes gegen die guten Sitten schuldig gemacht, vermag der erkennende Senat nicht beizutreten. Mag auch die Beklagte, als sie mit der Klägerin in Verbindung trat, von dem Bestehen und der Höhe der Richtpreise für Häute und Leder sowie von der wirtschaftlichen Bedeutung solcher Richtpreise Kenntnis gehabt haben, so war doch die Sachlage offenbar die, daß die Beklagte, um ihre eigene Lieferungsverpflichtung gegenüber der Militärbehörde erfüllen zu können, bei der herrschenden Knappheit an Häuten zugreifen mußte, wo sie Gelegenheit, sich einzudecken, fand. Die Feststellungen des Berufungsgerichts rechtfertigen die Annahme, daß die Beklagte in dieser Zwangslage dem Verlangen der wirtschaftlich stärkeren Klägerin nach Bewilligung die Richtpreise übersteigender Preise nur widerwillig sich gefügt hat. Eine Verpflichtung, für Häute nicht mehr als die Richtpreise zu bezahlen, hatte die Beklagte nach keiner Seite übernommen; das Rundschreiben der Kriegsrohstoffabteilung vom 18. April 1915 war nur an Gerbereien gerichtet, die das von ihnen erzeugte Leder an die Heeres- oder Marineverwaltung oder an deren beauftragte Lieferer zu verkaufen hätten. Überdies fehlt es an tatsächlichem Anhalt dafür, daß die Beklagte in der Absicht gehandelt hätte, ihre Lieferungen an die Militärverwaltung höher zu berechnen, als dies beim Ankauf der Häute um einen die Richtpreise nicht übersteigenden Betrag der Fall gewesen wäre. Unter diesen Umständen liegt ein Verstoß gegen die guten Sitten auf seiten der Beklagten nicht vor; § 817 Satz 2 BGB. ist daher nicht anwendbar.

Die Frage, ob die Beklagte bei ihren Zahlungen gewußt hat, daß sie zur Leistung nicht verpflichtet war, kommt für die Entscheidung nicht in Betracht. Denn § 817 Satz 1 gibt dem Leistenden das

Recht zur Rückforderung ohne Rücksicht darauf, ob er bei der Leistung das Nichtbestehen einer Verpflichtung hierzu gekannt hat oder nicht. Das Gesetz geht davon aus, daß der Empfänger, der durch die Annahme der Leistung gegen die guten Sitten oder gegen ein gesetzliches Verbot verstoßen hat, vorbehältlich der im Satze 2 des § 817 bestimmten Ausnahme stets zur Herausgabe verpflichtet sein soll, auch dann, wenn der Leistende das Nichtbestehen seiner Verpflichtung gekannt hat. Die Sittenwidrigkeit, die der Empfänger durch Annahme der Leistung begeht, wiegt nach dem Standpunkte des Gesetzes schwerer als die — eine Rückforderung sonst ausschließende — Kenntnis des Leistenden vom Fehlen einer Verpflichtung zur Leistung; nur wenn auch der Leistende gegen die guten Sitten verstoßen hat, soll, regelmäßig wenigstens, der durch die Leistung geschaffene Zustand erhalten bleiben, die Rückforderung also ausgeschlossen sein. Demgemäß kann die Klägerin, die allein und zwar durch Annahme des die Richtpreise übersteigenden Teiles des Kaufpreises für die Posten bis zum 24. August 1915 gegen die guten Sitten verstoßen hat, sich nicht auf die Vorschrift des § 814 BGB. berufen (vgl. hierzu Staudinger BGB., 7./8. Aufl., § 817 Anm. 6 und Oertmann BGB., 3./4. Aufl., § 817 Anm. 5). So kann anerkanntermaßen auch der Bewucherte, obwohl er den wucherischen Charakter des Geschäfts bei seiner Leistung kannte, zurückfordern, wenn die Voraussetzungen des § 817 Satz 1 in der Person des Gegners gegeben sind und nicht etwa er selbst als Leistender auch seinerseits gegen die guten Sitten verstoßen und dadurch nach § 817 Satz 2 das Recht auf Rückerstattung verwirkt hat.

Die beiden rechtlichen Gesichtspunkte, aus denen das Berufungsgericht die zur Aufrechnung verstellte Rückforderung der Beklagten für unbegründet erklärt hat, treffen hiernach nicht zu."...

---

23. Ist die Revisionssumme gegeben, wenn der nach dem Revisionsantrag als Schadensersatz verlangte Betrag auf mehr als 4000 ℳ beziffert ist, der Schaden aber bei Einlegung der Revision den Betrag von 4000 ℳ offenbar nicht übersteigt?

ZPO. § 546.

VI. Zivilsenat. Urt. v. 3. November 1919 i. S. Providentia (Kl.) w. B. und Stadtgemeinde N. (Bekl.). VI 216/19.

I. Landgericht Ansbach.
II. Oberlandesgericht Nürnberg.

Am 17. April 1916 fuhr das Fuhrwerk des Landwirts N. durch die Hafenstraße in N. Vor der dort aufgestellten Holzsäge- und Spaltmaschine des V. scheuten die Pferde, gerieten in schnelle Gangart und überfuhren die Frau des Händlers F., die dabei ums Leben kam. Durch Vergleich vom 30. August 1916 trat der Ehemann F. der jetzt klagenden Versicherungsgesellschaft die Ansprüche ab, die er gegen den V. oder andere Personen aus dem Unfalle hat.

Die Klägerin hat darauf gegen den V. und die Stadtgemeinde R. Klage mit dem Antrag erhoben, ihr als Gesamtschuldner 4000 ℳ nebst Zinsen zu zahlen. Das Landgericht hat die Klage abgewiesen. Hiergegen hat die Klägerin Berufung eingelegt mit dem erweiterten Antrage,

die Beklagten als Gesamtschuldner zur Zahlung von 4300 ℳ nebst Zinsen zu verurteilen — hilfsweise: sie zu verurteilen, an die Klägerin 800 ℳ nebst Zinsen und weiterhin bis zum Gesamtbetrage von 3500 ℳ vom 17. April 1916 an eine jährliche Rente von 1000 ℳ zu zahlen.

Das Oberlandesgericht hat ebenfalls die Klage abgewiesen. Mit der Revision wiederholt die Klägerin ihre Berufungsanträge. Die Beklagten beantragen dagegen, die Revision als unzulässig zu verwerfen; sie weisen nach, daß der Ehemann F. sich am 23. Oktober 1916 wieder verheiratet hat.

Die Revision ist als unzulässig verworfen worden aus folgenden

Gründen:

„Allerdings verlangt die Klägerin mit ihren Berufungsanträgen einen Betrag von mehr als 4000 ℳ. Dieser Betrag setzt sich nach den im Tatbestande des Berufungsurteils wiedergegebenen Angaben der Klägerin zusammen aus 800 ℳ Beerdigungskosten und aus 1000 ℳ jährlich, die als Entschädigung für die dem Ehemanne F. durch den Tod seiner Frau weggefallenen häuslichen Dienste verlangt werden; dazu ist nebenbei bemerkt, der Gesamtschaden des F. habe weit über 6000 ℳ betragen. Aber die beklagte Stadt R. hat der Klägerin entgegengehalten, F. sei seit Februar 1917 wieder verheiratet und seitdem jedenfalls ein Schaden entfallen. Die Klägerin hat darauf ausdrücklich bestritten, daß F., ihr Zedent, sich wieder verheiratet habe. Dieses Bestreiten der Klägerin war, wie die vorgelegten Nachweise der Beklagten ergeben, wahrheitswidrig; sie hat auch in der Revisionsverhandlung ihr Bestreiten nicht aufrecht erhalten. Wenn die Klägerin aber, lediglich um die Revisionssumme vertreten zu können, in bewußtem Widerspruche mit der Wirklichkeit trotzdem über den Zeitpunkt der Wiederverheiratung des F. hinaus eine Entschädigung für den Wegfall der häuslichen Dienste seiner ersten Frau verlangt und daraufhin an dem klagend verlangten Schadensbetrage von 4300 ℳ festhält, so kann sie damit keinen Erfolg haben. Das Revisionsgericht lehnt es unter den gegebenen Umständen ab, dem im Berufungsantrage bezifferten Schadens-

Betrage von 4300 *M*, für den es für die Zeit nach der Wiederverheiratung des F. an jeder tatsächlichen Unterlage und Berechtigung fehlt, die Bedeutung einer maßgeblichen Revisionssumme beizulegen. Denn der wirkliche Wert des Streitgegenstandes für die Revisionsinstanz beträgt nur 800 *M* für Beerdigungskosten und 500 *M* für den Wegfall der häuslichen Dienste der Frau für die Zeit vom 17. April bis zur Wiederverheiratung des F. am 23. Oktober 1916, zusammen also nur 1300 *M*. Hiernach war die Revision mangels der nach § 546 ZPO. erforderlichen Revisionssumme von mehr als 4000 *M* als unzulässig zu verwerfen."

---

24. 1. Zur Frage der Schadensbegründung aus der Person eines Dritten.
2. Voraussetzung des Anspruchs auf Ersatzherausgabe.
3. Zum Begriffe des Werkvertrags und des Werklieferungsvertrags.

BGB. §§ 281 Abs. 1, 631, 651.

VII. Zivilsenat. Urt. v. 4. November 1919 i. S. Schl. (Kl.) w. B. (Bekl.). VII 121/19.

I. Landgericht Essen.
II. Oberlandesgericht Hamm.

Der Beklagte hatte es übernommen, für einen Bau des Klägers in St. die Treppenanlagen auszuführen und einzubauen. Als er am 23. April 1914 auf dem Bahnhof in St. mit dem Ausladen der Treppen beschäftigt war, fiel ihm infolge eines von der Eisenbahn verschuldeten Unfalls ein größeres Treppenstück auf den Kopf. Er brach bewußtlos zusammen und verfiel in Geisteskrankheit. Der Einbau der Treppenhölzer verzögerte sich hierdurch. Der Kläger macht den Beklagten dafür verantwortlich, daß die Läden und Wohnräume seines Neubaus in der Zeit vom 1. Mai 1914 bis dahin 1915 teilweise unvermietet geblieben sind. Er hat Klage erhoben und beantragt, den Beklagten zur Zahlung von 6600 *M* und Zinsen, notfalls aber ihn zu verurteilen, alle seine Rechte an den Kläger abzutreten, welche er gegen den Eisenbahnfiskus aus dem Unfalle vom 23. April 1914 insofern hat, als er durch den Unfall außerstand gesetzt wurde, seine vertraglichen Verpflichtungen wegen der Treppenlieferungen dem Kläger gegenüber einzuhalten. Die beiden Vorinstanzen haben die Klage abgewiesen. Die Revision des Klägers wurde zurückgewiesen.

Gründe:

„Mit seinem Hauptantrage verlangt der Kläger vom Beklagten Schadensersatz wegen verspäteter Erfüllung. Er verkennt nicht, daß der Unfall, den der Beklagte erlitten hat, für sich allein betrachtet im Verhältnis der Parteien zueinander als Zufall wirkte, vom Beklagten nicht zu vertreten war und deshalb keinen Verzug des Beklagten begründen konnte, § 285 BGB. Unter drei Gesichtspunkten glaubt aber der Kläger den Beklagten gleichwohl haftbar machen zu können. Der Berufungsrichter hat sie alle drei abgelehnt, seine Gründe halten der von der Revision erbetenen Nachprüfung stand. Ohne Rechtsirrtum hat das Oberlandesgericht festgestellt, daß es dem Beklagten nach Lage der Sache nicht als Verschulden anzurechnen ist, wenn er in seinem Betriebe niemanden angestellt hatte, der ihn im Notfalle bei der Leitung von schwierigeren Arbeiten vertreten konnte, daß es ferner für den etwaigen Schaden des Klägers nicht ursächlich gewesen ist, wenn dem Kläger von dem Unfalle des Beklagten keine Anzeige erstattet ist, und daß endlich das Verschulden, das die Eisenbahn trifft, von ihr nicht in ihrer Eigenschaft als Erfüllungsgehilfin des Beklagten bei der Beförderung der Treppenhölzer von G. nach St. begangen ist. Aus der Erwägung heraus, daß er selbst dem Kläger hafte, konnte also der Beklagte den dem Kläger erwachsenen Schaden in seiner der Eisenbahnverwaltung gegenüber aufgemachten Schadensrechnung nicht berücksichtigen, und kann er jetzt auch nicht verpflichtet sein, seine Forderung an die Eisenbahnverwaltung auf Ersatz des dem Kläger erwachsenen Schadens diesem abzutreten, wie es der Kläger mit seinem Hilfsantrage verlangt.

Der Kläger glaubt aber darlegen zu können, daß diese Verbindlichkeiten des Beklagten auch dann bestehen, wenn der Beklagte dem Kläger nicht haftbar sei. Diesen Gedanken hat namentlich die Revision vertreten. Sie meint, daß eine so enge Verknüpfung der Interessen des Klägers mit denen des Beklagten vorgelegen habe, daß die Eisenbahn auf Grund ihrer Ersatzpflicht gegenüber dem Beklagten auch den Schaden des Klägers mitzutragen habe. Es ist richtig, daß derartige Fälle von Interessenverknüpfung mit der von der Revision behaupteten Wirkung in der Rechtsprechung des Reichsgerichts anerkannt sind. Alle die Fälle, in denen zugelassen ist, daß der Schaden eines Dritten zu dessen Gunsten mit in Rechnung gestellt wird, haben aber das Gemeinsame, daß der Dritte der wirklich und endgültig Geschädigte ist, während ein anderer, der im eigenen Namen, aber für Rechnung des Dritten gehandelt hat (RGZ. Bd. 58 S. 42, Bd. 62 S. 334, Bd. 87 S. 289, Bd. 89 S. 432, Bd. 90 S. 246, Bd. 93 S. 39; Jur. Wochenschr. 1910 S. 1000 Nr. 5; Recht 1910 Nr. 12) oder zu handeln hat (RGZ. Bd. 87 S. 150), nach außen hin als zur Klage berufen erscheint. Um einen solchen Fall handelt es sich vorliegend nicht. Der die Eisenbahn zum Schadensersatz verpflichtende Umstand besteht in einer Verletzung des Körpers und der Gesundheit des Beklagten; dieser ist der wirklich und endgültig Geschädigte; er allein ist auch unmittelbar geschädigt; nur mittelbare Schadenswirkungen erstrecken sich, wie das Oberlandesgericht unterstellt, auch auf das Vermögen des Klägers. Jeder Versuch, diesen mittelbaren Vermögensschaden des Klägers der Eisenbahn in Rechnung zu stellen, mag er nun vom Kläger oder vom Beklagten ausgehen, stößt auf zwei Hindernisse. Für den bloßen Vermögensschaden wird nach den Grundsätzen des Bürgerlichen Gesetzbuchs bei dem Fehlen sonstiger Rechtsbeziehungen nur gehaftet, wenn einer der besonderen Tatbestände der §§ 823 flg. BGB. gegeben ist (RGZ. Bd. 51 S. 92, Bd. 57 S. 353). Keiner dieser Tatbestände trifft zu. Namentlich hat die Eisenbahn weder gegen ein Schutzgesetz gehandelt, das den unmittelbaren Schutz (RGZ. Bd. 82 S. 190) des Klägers bezweckte, noch ist der Körper oder die Gesundheit oder das Eigentum des Klägers verletzt worden (vgl. § 823 Abs. 2 und Abs. 1 BGB.). Ebenso ist es ein anerkannter Grundsatz des Bürgerlichen Gesetzbuchs, daß regelmäßig nur der unmittelbar Verletzte Schadensersatz fordern darf (RGZ. Bd. 64 S. 345, Bd. 82 S. 189 flg.). Ausnahmen von dieser Regel werden in den §§ 844 und 845 gemacht. Die Vorschrift des § 844 betrifft nur den Fall der Tötung eines Menschen, die des § 845 allerdings auch den der Verletzung von Körper oder Gesundheit eines Menschen, ein Schadensersatzanspruch wird aber auch hier nur demjenigen zugebilligt, dem der Verletzte kraft Gesetzes verpflichtet war, Dienste im Hauswesen oder im Gewerbe zu leisten. Dieser Tatbestand ist dadurch nicht erfüllt, daß der Beklagte, worauf die Revision hinweist, gerade bei der Vornahme von Arbeiten verletzt ist, die der Erfüllung seiner Vertragspflichten gegenüber dem Kläger dienten. Leben und Gesundheit eines Menschen sind nicht nur für ihn selbst und seine Angehörigen, sondern häufig auch für seine Gläubiger und überhaupt alle die von Wert, die mit ihm in einem Vertragsverhältnis stehen. Für die Schadenswirkungen, die von der Tötung oder der Verletzung von Körper und Gesundheit eines Menschen auf diese Kreise ausstrahlen, wird nach dem Bürgerlichen Gesetzbuch von den erwähnten Ausnahmen abgesehen kein Ersatz geleistet. Das Gesetz hat sich mit Bewußtsein auf diesen Standpunkt gestellt, um nicht uferlosen Schadensersatzansprüchen Tür und Tor zu öffnen. Er allein entspricht auch dem — vom Berufungsrichter mit Recht angezogenen — Grundsatze des sogenannten adäquaten, d. h. der Natur der Sache entsprechenden, ursächlichen Zusammenhangs, von dem das Bürgerliche Gesetzbuch ausgeht.

Für den Fall, daß die Vorschriften des Reichshaftpflichtgesetzes für das Verhältnis des Beklagten zur Eisenbahnverwaltung maßgebend sein sollten, §§ 3 flg. das., sei darauf hingewiesen, daß dieses Gesetz auf den gleichen Grundanschauungen beruht, wie das Bürgerliche Gesetzbuch, soweit es sich um die oben besprochenen Rechtssätze handelt.

Die Vorschrift des § 281 Abs. 1 BGB. hat die Revision zur Begründung der Ansprüche des Klägers nicht mehr herangezogen. Gegen ihre Anwendbarkeit spricht außer dem schon vom Berufungsrichter Hervorgehobenen noch der Umstand, daß der Beklagte dem Kläger nicht eine Sache schuldete, sondern ein Werk. Der von den Parteien über den Treppeneinbau geschlossene Vertrag war kein Werklieferungsvertrag, wie der Berufungsrichter ausführt, sondern ein reiner Werkvertrag (vgl. RGZ. Bd. 94 S. 126). Der Beklagte hatte nicht Treppen als bewegliche Sachen aus von ihm zu beschaffenden Stoffen herzustellen, sie dem Besteller zu übergeben und ihm das Eigentum daran zu übertragen, er hatte vielmehr die Treppen als neue wesentliche Bestandteile in unbewegliche Sachen des Bestellers einzufügen und diese dadurch zu verändern. Die Treppenhölzer waren und blieben Eigentum des Beklagten, bis sie in den Neubau des Klägers eingebaut wurden und dann gemäß § 946 BGB. in das Eigentum des Klägers übergingen. Wurde aber keine Sache geschuldet, so fehlt die Möglichkeit, aus § 281 BGB. etwas zugunsten des Klägers herzuleiten. Für diese Vorschrift und den daselbst geregelten dinglichen Ersatz kommen praktisch nur Sachen in Betracht (RGZ. Bd. 88 S. 287)."...

---

25. Liegt in der Eintragung einer Anzahl von Warenzeichen auf Vorrat schlechthin etwas Rechts- und Sittenwidriges?

WZG. §§ 12, 20; BGB. §§ 226, 826.

II. Zivilsenat. Urt. v. 4. November 1919 i. S. M. (Kl.) w. B. & Co. (Bekl.). II 129/19.

I. Landgericht I Berlin.
II. Kammergericht daselbst.

Für die Beklagte ist unter Nr. 72976 der Warenzeichenrolle auf ihre Anmeldung vom 8. Juli 1904 das Wort „Pecose" für den Geschäftsbetrieb „Chemische Fabrik" und eine große Anzahl von Waren, wie Nährpulver, Suppentafeln, Fleischwaren, Milch, Käse, Zucker und Zuckerwaren, Backpulver, Mast- und Freßpulver für Tiere usw eingetragen worden. Benutzt hat sie das Zeichen bisher nicht, ebensowenig kommt ihm der Charakter eines Defensivzeichens zu.

Die Klägerin hat am 13. Juni 1917 das Wortzeichen „Pecho" für Hustenheilmittel beim Patentamt angemeldet. Dieses hat jedoch wegen Verwechslungsgefahr mit dem eingetragenen Warenzeichen „Pecose" auf Widerspruch der Beklagten die Anmeldung zurückgewiesen. Die Klägerin hat daher gegen die Beklagte Klage erhoben und beantragt, sie zu verurteilen, in erster Linie darein zu willigen, daß ihr angemeldetes Warenzeichen „Pecho" in die Rolle eingetragen werde, hilfsweise, ihr die Führung dieses Warenzeichens für Hustenmittel zu gestatten. Sie macht zur Begründung geltend, einmal, das Zeichen sei mit dem der Beklagten überhaupt nicht verwechslungsfähig, sodann, die Beklagte habe ihr Zeichen nur eintragen lassen, um andere rechtswidrig an dessen Gebrauch zu verhindern, ohne es selbst zu gebrauchen, und an seinem Gebrauch ein Interesse zu haben.

Die Beklagte hat die Abweisung der Klage beantragt; sie behauptet, das von der Klägerin angemeldete Zeichen sei mit dem ihren verwechslungsfähig, dies sei auch rechtskräftig vom Patentamte festgestellt worden und vom Gerichte nicht mehr nachprüfbar. Ein Verstoß gegen die guten Sitten liege in der Eintragung des Zeichens „Pecose" nicht. Es entspreche vielmehr einer allgemeinen Übung größerer Firmen, namentlich der chemischen Industrie, vorsorglich sich Warenzeichen eintragen zu lassen, um bei eintretendem Bedürfnis für ihre neuen Erzeugnisse ein Zeichen an der Hand zu haben und nicht erst auf das langwierige Anmeldeverfahren angewiesen zu sein.

Während das Landgericht dem an erster Stelle erhobenen Klagantrage stattgab, wies das Kammergericht die Klage ab. Die Revision hatte keinen Erfolg.

Gründe:

„Die Klägerin verlangt in erster Linie von der Beklagten, ihr die Eintragung des von ihr angemeldeten Warenzeichens „Pecho" für die Waren „Hustenheilmittel" zu gestatten. Soweit sie zur Begründung dieses Anspruchs entgegen der Entscheidung des Patentamts geltend macht, das Zeichen sei mit dem für die Beklagte eingetragenen Zeichen „Pecose" nicht verwechslungsfähig, wird dieser Grund mit Recht von beiden Vorinstanzen zurückgewiesen, da die Entscheidung des Patentamts für diese Frage bindend ist (RGZ. Bd. 38 S. 73). Soweit sie dagegen hilfsweise beantragt, die Beklagte solle ihr die Führung des Wortzeichens „Pecho" gestatten, verlangt sie die Feststellung, daß der Beklagten aus § 12 WZG. für das für sie eingetragene Wortzeichen kein Untersagungsrecht zustehe, da sie nicht in deren Zeichenrecht eingreife, und zur Entscheidung hierüber hat das Kammergericht mit Recht selbst geprüft, ob die Verwechslungsgefahr mit dem Zeichen der Beklagten vorliegt oder nicht (RGZ. Bd. 61 S. 214).

Das Landgericht hat dem Hauptklaganspruch stattgegeben, indem es erwägt, daß die Anmeldung von Zeichen auf Vorrat, ohne eine bestimmte Verwendungsabsicht in wenigstens absehbarer Zeit, nicht zulässig sei. Die Beklagte habe sich das Wort Pecose auch für Waren eintragen lassen, die über den Rahmen ihres Geschäftsbetriebs offensichtlich hinausgehen. Damit habe sie die Benutzung des Zeichens für ein weiteres Gebiet für sich allein mit Beschlag belegt, während der Umstand, daß sie sich des Zeichens während seines langjährigen Bestehens überhaupt nicht bedient habe, erkennen lasse, daß sie ein ernsthaftes Interesse an seinem Gebrauche nicht habe. Unter diesen Umständen sei die Benutzung des formalen Rechtes aus dem Zeichen und seine Berufung darauf nur zu dem Zwecke, Dritte von der Eintragung ähnlicher Zeichen auszuschließen, nach § 226 und § 826 BGB. sittenwidrig.

Das Kammergericht dagegen begründet seine abweichende, zur Abweisung des Hauptanspruchs führende Entscheidung damit, daß die Entstehung und Fortdauer des mit der Eintragung geschaffenen Zeichenrechts unabhängig von der Benutzung des Zeichens sei, insbesondere auch der Anmelder des Zeichens bei der Anmeldung selbst nicht die Absicht gehabt haben müsse, das Zeichen zu gebrauchen. Der Umstand, daß die Beklagte 14 Jahre lang ihr Zeichen im Betriebe nicht verwendet habe, beweise noch nicht, daß sie überhaupt nicht die Absicht habe, bei eintretender Gelegenheit das Zeichen in Gebrauch zu nehmen, und gebe noch keinen Anhaltspunkt für ein sittenwidriges Verhalten der Beklagten. Denn sie habe ein bedeutendes chemisches Unternehmen und es sei verständlich, wenn sie sich bei der Schwierigkeit der schnellen Beschaffung eines guten Warenzeichens durch die Eintragung ihr gut scheinender Zeichen im voraus sichern wolle. Bei der Erfindung von Wortzeichen habe die schöpferische Phantasie ein so weites Feld, daß eine ernstlich fühlbare Beeinträchtigung für Dritte durch jenes Vorwegnehmen kaum bewirkt werden könne.

Die Revision bekämpft diese Auffassung, indem sie sich im wesentlichen die Entscheidungsgründe des Landgerichts aneignet. Es sei schon zweifelhaft, ob sog. Defensivzeichen zu Recht bestünden, keinesfalls aber sei es mit dem Sinne des Warenzeichengesetzes vereinbar, auch sog. „Vorratszeichen" zuzulassen. Die für die Beklagte eingetragenen mehr als 48 Zeichen seien Phantasiezeichen, die keine Beziehung zu bestimmten Waren mehr hätten. Ihre Menge zeige, daß es undenkbar sei, alle diese Zeichen zu benutzen, und daß gerade das Zeichen „Pecose" die Beklagte habe in Gebrauch nehmen wollen, sei nicht erkenntlich. Dann nütze die Beklagte aber ihr formales Recht ohne eigenes Interesse aus. Die Meinung des Kammergerichts, daß hierin keine fühlbare Beeinträchtigung der Klägerin liege, sei auch nicht zutreffend. Wortzeichen seien in der Regel keine reinen Phantasiezeichen, sondern stellten irgendeine

Beziehung zur Ware dar, wie denn „Pecho" im Spanischen „Brust" bedeute. Der Kreis wirksamer Warenzeichen sei daher nicht unbeschränkt und die Beschlagnahme einer großen Anzahl im voraus ohne Gebrauchsmöglichkeit und Gebrauchsabsicht beeinträchtige den freien Wettbewerb. Die Beklagte hat unter Widerspruch gegen diese Ausführungen noch darauf hingewiesen, daß sich unter den vom Kläger angeführten Warenzeichen, die sie sich habe eintragen lassen, eine große Zahl reiner Defensivzeichen befänden, sonach keineswegs davon ausgegangen werden könne, daß sämtliche reine „Vorratszeichen" seien.

Gegen die Zulässigkeit des Klagantrags, die Beklagte zur Einwilligung in die Eintragung des Zeichens „Pecho" zu verurteilen, bestehen keine Bedenken. Diese wäre insbesondere auch ohne Löschung des für die Beklagte eingetragenen verwechslungsfähigen Zeichens möglich. Denn die Kollision zweier Zeichen ist kein öffentlicher Versagungsgrund. Nach § 5 Abs. 1 WZG. ist ein später angemeldetes Zeichen auch bei Übereinstimmung mit dem früher eingetragenen Zeichen einzutragen, wenn der Inhaber dieses Zeichens nicht rechtzeitig auf erfolgte Benachrichtigung Widerspruch erhebt. Dem steht gleich, wenn auf den Widerspruch verzichtet oder ausdrücklich die Zustimmung zur Eintragung erklärt wird. Der Kläger verlangt diese, und dann ist die Eintragung seines Zeichens an sich möglich, ohne daß zuvor das Zeichen der Beklagten „Pecose" gelöscht wird. Es ist sonach nicht nötig, die Klage auf Einwilligung zur Eintragung des klägerischen Zeichens mit der Klage auf Löschung des Zeichens Pecose zu verbinden. Die Möglichkeit des Bestehens zweier kollidierender Zeichen ergibt sich auch aus § 9 Nr. 1 WZG.

Beide Instanzen gehen davon aus, daß nach formalem Zeichenrecht der Schutz am Zeichen mit der Eintragung allein und schlechthin entsteht und es zur Begründung dieses Rechtes weder eines Gebrauches des Zeichens noch einer bei der Anmeldung vorhandenen Absicht, es zu gebrauchen, bedarf. Sie stehen damit auf dem Boden der Rechtsprechung, namentlich RGZ. Bd. 13 S. 157 und Bd. 69 S. 380; RGSt. Bd. 32 S. 370 und fast des gesamten Schrifttums.[1] Auch darin stimmen die Vorinstanzen überein, daß dieses formale Zeichenrecht nur ausgeübt werden darf innerhalb der Grenzen, die das Recht höherer Ordnung

[1] Vgl. Kent, Kom. z. WZges. S. 39; Finger (2. Aufl.) S. 25; Seligsohn S. 34; Rhenius S. 8; Allfeld S. 440; Osterrieth, Lehrb. d. gewerbl. Rechtssch. (1908) S. 349; Gülland u. Queck, Die gesetzgeb. Reform d gewerbl. Schutzrechte S. 353; Salinger, Gewerbl. Rechtsschutz 1916 S. 99; Kloeppel, Die Grundlagen d. Markenschutzes (1911) S. 31, Geschäftsbericht des Patentamts 1891/1900 im Erg.=Band d. Blatts für Patent=, Muster= u. Zeichenwesen 1901 S. 253. Auch Kohler, Aus d. Patent= u. Industrierecht III (1892) S. 24, aber mit der Einschränkung S. 25. Abweichend allein Kohler, Warenzeichenrecht S. 147. D. E.

gibt, insbesondere nur innerhalb der Grenzen des lauteren Wettbewerbs und guter Sitten, in dessen Dienst auch das formale Zeichenrecht steht, nicht zur Verübung unlauterer Handlungen und Verletzungen materieller Rechte. Das ist gleichfalls anerkannten Rechtens (RGZ. Bd. 48 S. 235; Jur. Wochenschr. 1915 S. 246 Nr. 8). Das Berufungsgericht weicht in der rechtlichen Beurteilung aber von der des Landgerichts insofern ab, als es nicht wie dieses in der Eintragung einer Anzahl von Warenzeichen auf Vorrat, wie sie hier die Beklagte vorgenommen hat, schlechthin und schon an sich etwas Rechts- und Sittenwidriges findet, daher die Anwendung der §§ 226 und 826 BGB. verneint.

Das Urteil des Berufungsgerichts läßt einen Rechtsirrtum nicht erkennen. Die Beklagte hat das Zeichen „Pecho" für den Geschäftsbetrieb „Chemische Fabrik" angemeldet. Ob die dabei angegebenen einzelnen Waren sämtlich solche sind, die unter diesen Betrieb fallen, und nicht etwa zum Teil betriebsfremde Waren, die Marke also insoweit eine sog. „blinde" wäre (Kohler, Markenrecht S. 148), und der Rechtswirksamkeit entbehrte (RGZ. Bd. 87 S. 89), kann unerörtert bleiben, da jedenfalls die Herstellung von Zuckerwaren zum Betrieb einer chemischen Fabrik, die pharmazeutische Präparate herstellt, gerechnet werden muß und das von der Klägerin angemeldete Hustenmittel darunter fällt. Das für die Beklagte angemeldete Zeichen „Pecose" bezieht sich sonach nach der Anmeldung der Waren, für die es bestimmt ist, auch auf Hustenmittel. Darauf, daß der in Anspruch genommene Zeichenschutz über den Rahmen des Geschäftsbetriebs der Beklagten hinausginge, kann sonach der Einwand gegen seine Rechtsbeständigkeit nicht gestützt werden.

Aber auch der Umstand, daß die Beklagte das jetzt in Frage kommende Zeichen mit einer Reihe von anderen zunächst nur auf Vorrat hat eintragen lassen, ohne es bisher in tatsächlichen Gebrauch genommen zu haben, steht seiner Geltung und Wirksamkeit nach § 12 WZG. nicht entgegen. Die „auf Vorrat" eingetragenen Zeichen sind, anders als die sog. Defensivzeichen, nicht von vornherein jedem Gebrauch entzogen, vielmehr sollen sie künftigem Gebrauche dienen und werden gerade um deswillen, nur vorsorglich, jetzt schon eingetragen. Von solchen Zeichen kann dann aber nicht gesagt werden, daß sie ihrem Wesen nach keine Warenzeichen seien, des ihnen innewohnenden Zweckes, im Verkehre der Kennzeichnung von Waren und ihrer Herkunft aus einem bestimmten Geschäftsbetriebe zu dienen, schlechthin entbehren. Ihre Eintragung entspricht den in §§ 1 und 2 WZG. an solche Zeichen gestellten Anforderungen und liegt innerhalb des Rahmens der Aufgabe, die sich das Warenzeichengesetz gestellt hat. Daher sind grundsätzlich vom Standpunkte des formalen Zeichenrechts die Eintragungen von „Vorratszeichen" zur vorläufigen Erlangung des Rechtsschutzes nicht zu beanstanden. Es muß aber weiter ein Bedürfnis der Industrie nach solchen vorläufigen Anmeldungen von Warenzeichen auf Vorrat anerkannt werden (RGZ. Bd. 69 S. 380), so daß darin auch keine den guten Sitten des Wettbewerbs zuwiderlaufende Ausnutzung eines formalen Rechtes auf Kosten der freien gleichberechtigten Mitbewerber erblickt werden kann. Mit Recht hebt das Berufungsgericht hervor, daß es für den Vertrieb neuer Waren, insbesondere neuer chemischer Erzeugnisse, wichtig ist, sofort nicht nur ein passendes, sondern auch ein geschütztes Warenzeichen zur Hand zu haben. Den vom Berufungsgericht angestellten Erwägungen ist noch hinzuzufügen, daß namentlich auch für den im Auslande zu erwerbenden Rechtsschutz gerade die frühere Zeit der Anmeldung des Zeichens im Inlande von Bedeutung wird, so z. B. nach dem französischen WZG. vom 23. Juni 1857 / 3. Mai 1890, wo nach § 1 Abs. 4 bei Prioritätsbeanspruchung die Angabe des Datums der ausländischen — also der deutschen — Anmeldung genügt. Dasselbe gilt vom englischen Rechte nach § 1 Abs. 5 des großbritannischen Gesetzes vom 11. August 1905. Ebenso haben nach österreichischem WZG. vom 6. Januar 1890 / 30. Juli 1895 § 1 Abs. 4 Ausländer den Nachweis der Eintragung des Zeichens des Heimatlandes zu erbringen. Hieraus erhellt zugleich, daß aus dem Nichtgebrauche des Zeichens im Inlande noch nicht einmal folgen müßte, es solle überhaupt nicht gebraucht werden, da auch für einen Gebrauch des Zeichens im Auslande die Eintragung in der inländischen Zeichenrolle vorausgehen müßte.

Hiernach kommt nur in Frage, ob in dem konkreten vorliegenden Falle der Anmelder etwa nach Art und Umfang des Vorrats über ein anzuerkennendes schutzwürdiges Bedürfnis hinausgegangen ist, so daß darin eine unzulässige Beschlagnahme der jedermann zugänglichen Warenzeichen für sich und eine übermäßige Beeinträchtigung der Ausübung des freien Wettbewerbs Dritter enthalten wäre (vgl. RGZ. Bd. 87 S. 89 und Entsch. des Patentamts in Bl. f. Pat.-, Must.- u. Zeichenwesen 1908 S. 195). Diese Frage liegt jedoch auf rein tatsächlichem Gebiet und ist ebenfalls vom Berufungsgerichte mit ausreichender Begründung verneint worden. Entscheidend, ob die Beschlagnahme einer Anzahl von Zeichen durch die vorsorgliche Eintragung auf Vorrat dem notwendigen Bedürfnis des Anmelders entspricht oder nicht, kann immer nur die Art und Größe des einzelnen Betriebes sein, und es muß nicht notwendig aus dem Umstande, daß es schließlich längere Zeit hindurch nicht zur Benutzung eines eingetragenen Zeichens gekommen ist, gefolgert werden, daß hierzu überhaupt keine Absicht und in absehbarer Zeit keine Aussicht bestehe. Im vorliegenden Falle ergibt, worauf die Revisionsbeklagte zutreffend hinweist, auch das in seiner Richtigkeit unbestritten gebliebene Verzeichnis der eingetragenen Zeichen, daß keineswegs sämtliche für die Beklagte eingetragene Zeichen Vorratszeichen in dem vorerwähnten Sinne sind, so daß um ihrer Menge willen, wie die Revision geltend macht, es von vornherein ausgeschlossen sei, alle Zeichen jemals in Gebrauch zu nehmen. Denn von ihnen stellt sich die größte Anzahl lediglich als Defensivzeichen dar, deren Zulässigkeit aus anderen Gründen innerhalb der vom Reichsgerichte gegebenen Beschränkung (RG. II 190/14 v. 1. Dezember 1914 Markenschutz und Wettbewerb 1915 S. 187) anerkannt wird, und die daher bei der Beurteilung der Frage, ob etwa die Größe des Vorrats unangemessen sei und eine unzulässige Beschlagnahme von Zeichen bedeute, hier außer Betracht bleiben müssen. Dann aber vermindert sich die Zahl der wirklich als reine Vorratszeichen in Betracht kommenden Warenzeichen so erheblich, daß aus der Anzahl ihrer Eintragungen der von der Revision gewollte Schluß nicht gezogen werden darf.

Kann sonach die Beklagte den Schutz des § 12 WZG. für ihr Zeichen „Pecose" in Anspruch nehmen, so unterliegt weiter auch die Feststellung der Verwechslungsgefahr mit dem von der Klägerin angemeldeten Zeichen „Pecho" keinen rechtlichen Bedenken. Wenn die Revision hiergegen noch geltend macht, da das Zeichen „Pecose" als Vorratszeichen noch nicht in den Verkehr gekommen sei, könne auch eine Verwechslungsgefahr im Verkehr gemäß § 20 WZG. nicht angenommen werden, es müsse sich vielmehr der Schutz nach § 12 nur gegen die identischen Zeichen richten, so kann dahingestellt bleiben, ob diese Auffassung nach dem Zweck und der Bedeutung, die den Defensivzeichen zukommt, etwa für diese als zutreffend anzuerkennen sein würde. Für die hier allein in Frage kommenden Vorratszeichen ist dies nicht zuzugeben. Denn diese sind, anders als die Defensivzeichen, gerade dazu bestimmt, künftig im Verkehr gebraucht zu werden, und es ist deshalb auch vom Standpunkte dieses künftigen Verkehrs aus nach § 20 die Verwechslungsgefahr zu prüfen. In § 20 wird nicht ein besonderer, erweiterter und von dem in § 12 abweichender Rechtsschutz begründet, sondern lediglich der Umfang des Rechtsschutzes umschrieben, den ein nach § 12 begründeter Zeichenschutz nach dem Willen des Gesetzes hat. Wollte man das nach § 20 mit dem eingetragenen Vorratszeichen verwechslungsfähige ähnliche Zeichen zulassen und es nicht von dem nach § 12 gegebenen Untersagungsanspruch getroffen ansehen, so würde diesem Vorratszeichen alle Kennzeichnungskraft für die Waren des Zeicheninhabers genommen werden und es bei dem künftigen Gebrauche wirkungslos geworden sein, somit derselbe Zustand eintreten, als wenn es überhaupt nicht vorsorglich eingetragen worden wäre. Davon aber kann keine Rede sein. Ist anzuerkennen, daß das eingetragene Zeichen Pecose den Schutz des § 12 WZG. genießt, so kommt er ihm auch in dem nach § 20 gewollten Umfange zu."

26. 1. Genügt die bloße Absicht, einen Geschäftsbetrieb zu beginnen, um die Eintragung eines Warenzeichens rechtswirksam zu machen?
2. Gilt die zweijährige Sperrfrist des § 4 Abs. 2 WZG. auch für Warenzeichen, die niemals im Verkehr verwendet worden sind?

WZG. § 9 Nr. 2, § 4 Abs. 2.

II. Zivilsenat. Urt. v. 4. November 1919 i. S. H. (Kl.) w. B. (Bekl.) und S. G. m. b. H. (Nebeninterv.). II 59/19.

I. Landgericht II Berlin, Kammer für Handelssachen.
II. Kammergericht daselbst.

Für den Beklagten ist auf Grund seiner Anmeldung vom 18. Juni 1910 am 3. April 1911 das Warenzeichen „Sojana" für eine große Menge von Waren verschiedener Warenklassen eingetragen worden. Er hat Widerspruch dagegen erhoben, daß die von der Klägerin im Jahre 1916 zur Zeichenrolle angemeldeten Zeichen: Sojin, Sojana, Sojan, Sojesona, Sojon eingetragen werden. Die Klägerin verlangte daher mit der erhobenen Klage Verurteilung des Beklagten zur Einwilligung in die Löschung seines Warenzeichens und zur Anerkennung, daß sein Widerspruch der Eintragung ihrer Zeichen nicht entgegenstehe.

Während das Landgericht der Klage stattgab, wies das Kammergericht den Anspruch auf Zurücknahme des Widerspruchs gegen die Eintragung der von der Klägerin angemeldeten Zeichen ab. Hiergegen legte die Klägerin Revision ein mit dem Antrage, die Berufung des Beklagten völlig zurückzuweisen. Die Sojanawerke G. m. b. H. in Fankfurt a. M., auf die unbestritten das Warenzeichen des Beklagten Sojana am 7. Januar 1919 umgeschrieben worden ist, traten dem Beklagten zum Zwecke der Unterstützung bei. Als Nebenintervenientin bat die Gesellschaft um Zurückweisung der Revision der Klägerin und legte ihrerseits gleichfalls Revision ein mit dem Antrage, die Klage in vollem Umfang abzuweisen. Die Klägerin bestritt die Zulässigkeit dieser Revision.

Das Reichsgericht wies die Revision der Nebenintervenientin zurück und entsprach dem Rechtsmittel der Klägerin.

Gründe:

1. Das nach § 66 ZPO. erforderliche rechtliche Interesse der Nebenintervenientin am Obsiegen des Beklagten im Rechtsstreit ergibt sich daraus, daß auf sie das für den Beklagten eingetragene Warenzeichen Sojana am 7. Januar 1919 umgeschrieben worden ist. Wenn die Klägerin den Übergang des Zeichens um deswillen bestreitet, weil

der ursprüngliche Beklagte keinen Geschäftsbetrieb gehabt habe und daher mit einem solchen eine wirksame Übertragung auf die Nebenintervenientin nicht habe erfolgen können, und sich dabei auf die Feststellungen der Vorderrichter beruft, so will die Revision der Nebenintervenientin diese Feststellungen eben als rechtsirrig angreifen. Es muß für die Revisionsinstanz zum Nachweis des rechtlichen Interesses daher die Umschreibung des Warenzeichens auf die Nebenintervenientin in der Zeichenrolle genügen.

Die Revision der Nebenintervenientin ist somit zulässig; sie konnte aber sachlich keinen Erfolg haben.

Aus §§ 1, 7, 9 Nr. 2 und § 12 WZG. ergibt sich der Grundsatz, daß die Eintragung eines Warenzeichens nur dann rechtsbeständig ist, wenn es in einem wirklich betriebenen Geschäfte verwendet wird und dessen Zubehör ist. Nun hat allerdings derjenige, der einen Geschäftsbetrieb erst beginnen will, ein Interesse daran, daß er das für diesen bestimmte Warenzeichen rechtzeitig eingetragen erhält, um es sofort bei Beginn des Geschäfts zur Verfügung zu haben, und die Berücksichtigung dieses Interesses hat dazu geführt, die Anmeldung eines Zeichens für diesen Betrieb bereits vor seiner Eröffnung zuzulassen. Voraussetzung aber ist dabei immer, daß es sich nur um einen kurzen Schwebezustand handelt und der normale Zustand der Vereinigung von Betrieb und Zeichen alsbald eintritt, die Eröffnung des Geschäftes unmittelbar bevorsteht. Die bloße, selbst ernstliche Absicht, einen Geschäftsbetrieb zu errichten, kann nicht genügen, wenn sie nicht in angemessener Zeit Verwirklichung findet. Andernfalls würde die gesetzliche Bedingung, daß das Warenzeichen an einen bestehenden Geschäftsbetrieb als sein Zubehör gebunden sein muß, hinfällig werden. Von diesen Grundsätzen geht bereits RGZ. Bd. 67 S. 352 aus. Im vorliegenden Falle hat der Beklagte am 18. Juni 1910 das bekämpfte Warenzeichen „Sojana" angemeldet und am 5. April 1911 eingetragen erhalten, nach den Feststellungen des Berufungsurteils aber bis jetzt, 1919, noch keinen der Betriebe, für die angeblich das Zeichen bestimmt war, begonnen. Schon diese Feststellung trägt die auf § 9 Abs. 1 Nr. 2 WZG. gestützte Verurteilung zur Löschung des Zeichens, da ein Nichtbeginnen des Betriebs dem Nichtmehrfortsetzen nach der ständigen Rechtsprechung des Reichsgerichts rechtlich gleichsteht (RGZ. Bd. 15 S. 106, Bd. 30 S. 2, Bd. 56 S. 36, Bd. 67 S. 350). Die vom Revisionskläger hiergegen vorgebrachten Tatsachen sind rechtlich belanglos, insoweit mit ihnen die ernstliche Absicht des Beklagten erwiesen werden soll, künftig einmal ein Geschäft zu betreiben, da diese Absicht nach dem Ausgeführten für sich allein nicht genügt: sofern aber weiter damit dargetan werden soll, daß der Beklagte tatsächlich einen Geschäftsbetrieb bereits begonnen habe, so ergibt sich aus ihnen mehr nicht, als daß er einen solchen Beginn höchstens vorbereitet hat, was ebenfalls nicht genügt, oder daß es sich um den Betrieb Dritter, nicht des Zeicheninhabers gehandelt hat. Dann bedurfte es aber auch nicht der Anregung, Beweismittel für diese Behauptungen anzugeben; eine Verletzung von § 139 ZPO. liegt hiernach nicht vor.

2. Dagegen ist die Revision der Klägerin begründet. Die Abweisung des Klaganspruchs auf Rücknahme des vom Beklagten erhobenen Widerspruchs gegen die Eintragung der klägerischen Zeichen „Sojin" usw. erscheint nicht gerechtfertigt. Das Berufungsgericht begründet sie damit, daß dem Beklagten trotz der Löschung seines Warenzeichens doch das vom Patentamte zu beachtende Vorrecht aus § 4 Abs. 2 verbleibe, dieses aber dem Beklagten entzogen werden würde, wenn die Klägerin den Widerspruch des Beklagten beseitige und damit dessen Zustimmung zur Eintragung mit der Wirkung vom Tage der Zeichenanmeldung ersetze. Diese Schlußfolgerung ist an sich zutreffend, beruht aber auf einer Verkennung der rechtlichen Bedeutung jenes in § 4 Abs. 2 gegebenen Vorrechts. Allerdings ist dem Widerspruche des Beklagten nicht schon damit der Boden entzogen, daß dessen Zeichenrecht zur Löschung kommt, wie die Revision in ihrer Begründungsschrift geltend macht. Auch § 12 Abs. 2 WZG. ordnet nur an, daß die Rechte aus der Eintragung für die Zeit, in der ein Rechtsgrund für die Löschung bereits früher vorgelegen hat, nicht geltend gemacht werden können. Die in § 4 Abs. 2 angeordnete zweijährige Sperrfrist für gelöschte Warenzeichen fließt aber nicht aus dem formellen Zeichenrecht und einer stattgefundenen Eintragung, sondern hat ihren Rechtsgrund in dem hinter jedem Zeichenrechte stehenden Gewerbebetrieb und dem seine freie Betätigung schützenden materiellen Rechte. Das erhellt ohne weiteres schon daraus, daß die Sperrfrist gerade dann erst zur Entstehung kommt, wenn das formale Zeichenrecht erloschen ist. Die Sperrfrist will auch nicht etwa eine Nachwirkung der ursprünglichen Eintragung an sich und des hierdurch ehemals begründeten formalen Zeichenrechts sein. Insbesondere ist sie nicht zu dem Zwecke geschaffen, um das Erfinderrecht des Anmelders an dem gelöschten Zeichen über die formelle Dauer des Zeichenschutzes hinaus zu schützen und um dieses Urheberrechts willen dem früheren Inhaber die Möglichkeit der Wiedererlangung des Zeichenrechts vorzubehalten. Denn durch das Warenzeichengesetz wird das Warenzeichen überhaupt nicht in seiner Eigenschaft als mögliches immaterielles Rechtsgut für seinen Urheber geschützt, es will nicht einen etwa in ihm enthaltenen Erfindergedanken, nicht das geistige Eigentum an ihm schützen, dies bleibt vielmehr den hierfür bestimmten besonderen Gesetzen, wie dem Geschmacksmustergesetz, Urhebergesetz usw. vorbehalten. Vielmehr dient das Warenzeichengesetz einzig und allein dazu, dem Warenzeichen als Kennzeichnungsmittel im Verkehr für die Herkunft der Ware be-

sonderen Rechtsschutz zu verleihen. Diese Kennzeichnungskraft des Warenzeichens ist als wesentliches verkehrsförderndes Mittel der Grund für den besonderen ihm erteilten Zeichenschutz. Sie aber bildet auch allein den gesetzgeberischen Grund für die Aufstellung einer Sperrfrist in § 4 Abs. 2 nach Wegfall des formellen Zeichenschutzes. Das ergibt die Entstehungsgeschichte und der Anlaß, der zur Einfügung dieser Vorschrift in das Warenzeichengesetz führte. „Die Wahrnehmung, daß in einzelnen Fällen Zeichen, deren rechtzeitige Erneuerung versäumt wurde, in unlauterer Absicht von einem Dritten zur Anwendung gebracht worden sind, gibt Anlaß zu der Bestimmung, wonach für die Dauer von zwei Jahren dem Inhaber eines gelöschten Zeichens das ausschließliche Recht auf die erneute Eintragung vorbehalten werden soll." (Begründung zu § 5 Entw., Aktenstück Nr. 70 des Reichstags 9. Legisl.Periode II, Session 1893/94, S. 13). Die Vorschrift soll also im Interesse des ursprünglichen Zeicheninhabers als Präventivmaßregel gegen mißbräuchliche Verwendung eines vom formalen Zeichenschutz entkleideten, aber weiterhin noch mit Kennzeichnungskraft versehenen Warenzeichens zu unlauteren Wettbewerbszwecken dienen. Der Gesetzgeber geht von der richtigen Erkenntnis aus, daß ein im Verkehr als Kennzeichen benutztes Warenzeichen, mit dem das Publikum eine Vorstellung über die Herkunft der Ware aus einem bestimmten Betriebe zu verknüpfen gewohnt ist, noch nicht darum schon diese seine Kennzeichnungskraft einbüßt, weil es seines formellen Zeichenschutzes entkleidet worden ist. Und diese Kennzeichnungskraft kann es durch seinen Gebrauch selbst dann gewinnen, wenn seine zeichenrechtliche Eintragung unzulässig war. Darum ist es mit Recht für die Frage der Anwendbarkeit des § 4 Abs. 2 insoweit für gleichgültig angesehen worden, aus welchem Grunde später die Löschung in der Zeichenrolle erfolgt ist (vgl. RG., II 278/13 v. 26. November 1913). Dieser allein durch den Gebrauch im Verkehr hergestellte Zusammenhang zwischen Zeichen, Geschäftsbetrieb und Ware wird als ein zunächst fortbestehender tatsächlicher Zustand vom Gesetzgeber anerkannt. Durch die Sperrfrist von zwei Jahren will er einerseits dem bisherigen Inhaber die Möglichkeit geben, diesen tatsächlichen Zustand aufrechtzuerhalten und wieder mit dem formellen Zeichenrechte zu sichern. Anderseits aber soll die Sperrfrist dazu dienen, durch den Nichtgebrauch des Zeichens im Verkehr während dieser Zeit auch seine Kennzeichnungskraft und den Hinweis auf den früheren Inhaber zum Erlöschen zu bringen, so daß nach dieser Zeit durch das Aufgreifen des Zeichens seitens Dritter ein unlauterer Wettbewerb zum Nachteil des ursprünglichen Zeicheninhabers nun annehmbar nicht mehr zu befürchten ist.

Hiernach hat aber der von der Vorschrift des § 4 Abs. 2 verfolgte gesetzgeberische Zweck und der sie beherrschende Grundgedanke zur notwendigen Voraussetzung, daß es sich eben um ein Warenzeichen handelt, das im Verkehr als solches verwendet worden ist und deshalb die seinem Wesen entsprechende Kennzeichnungskraft erlangt hat. Denn nur ein solches ist ein taugliches Mittel, zu unlauterem Wettbewerb durch mißbräuchliches Aufgreifen verwendet zu werden.

Fehlt einem solchen Zeichen jedoch nach den besonderen Umständen des Falles von vornherein diese kennzeichnende Kraft, so entfällt mit dem gesetzgeberischen Grunde auch die Anwendbarkeit der Vorschrift des § 4 Abs. 2. So aber liegt der Fall hier, wo der Beklagte überhaupt noch keinen Geschäftsbetrieb errichtet und folgeweise das Zeichen in ihm auch noch nicht verwendet hat. Dann hat es für die Waren und den Geschäftsbetrieb des Beklagten auch noch keine Kennzeichnungskraft erworben. Der Umstand, daß der Beklagte noch keinen Geschäftsbetrieb eröffnet hat, wird daher nicht nur zeichenrechtlich als Grund für die Löschung des Zeichens von Bedeutung, sondern wirkt auch weiter als Ursache für den Mangel jeglicher Kennzeichnungskraft des Zeichens und damit für die Entbehrlichkeit der in § 4 Abs. 2 angeordneten Vorbeugungsmaßnahmen gegen seine mißbräuchliche Benutzung zu Zwecken des unlauteren Wettbewerbs. Denn es ist hierzu von vornherein nicht geeignet. Dann aber liegt auch kein Grund vor, dem Beklagten noch zwei Jahre das ausschließliche Recht auf erneute Eintragung des ursprünglich zu Unrecht eingetragenen Zeichens vorzubehalten und anderen Gewerbetreibenden das Aufgreifen des Zeichens, an dem dem Beklagten irgendein Recht nicht zusteht, vorzuenthalten. Solange die Gefahr bestand, daß mit dem Zeichen unlauterer Wettbewerb betrieben werden könnte, war seine Sperrung gegen Dritte aus dem Gesichtspunkt einer vorbeugenden Maßregel gerechtfertigt. Ohne diese Gefahr würde sie einen ungerechtfertigten Eingriff in das freie Betätigungsrecht Dritter und eine Bevorzugung des Beklagten durch Erteilung einer Anwartschaft auf das Zeichen bedeuten, die im Rechte nicht begründet und vom Gesetzgeber mit seiner Vorschrift des § 4 Abs. 2 nicht gewollt ist. Diese aus Sinn und Zweck des Gesetzes gewonnene Auslegung kann auch nicht damit bekämpft werden, daß § 4 Abs. 2 ohne jede Einschränkung die zweijährige Sperrfrist anordne. Denn das Gesetz hat den Regelfall im Auge, daß das eingetragene Warenzeichen auch im Verkehr verwendet worden ist und ein Geschäftsbetrieb einmal bestanden hat. Wie es daher auch nur Vorschriften für den Fall trifft, daß der Geschäftsbetrieb nachmals nicht fortgesetzt wird, den Fall, daß er überhaupt nicht begonnen wurde, aber unbeachtet läßt, so geht es auch in § 4 Abs. 2 davon aus, daß die Löschung nur wegen Nichtfortsetzung des Geschäftsbetriebes erfolgte. Daß es die gleiche Sperrfrist auch für den Fall treffen wollte, daß gar kein Geschäftsbetrieb eröffnet wurde und damit das Warenzeichen gar nicht zur Kennzeichnung der Herkunft aus einem solchen hat werden können, ist nach dem aus der Begründung erkennbaren Zwecke der Vorschrift nicht anzunehmen."

---

27. 1. Sind Gebäude, die ein Fideikommißbesitzer auf dem Fideikommißgute aus Allodialvermögen mit der Absicht errichtet, sie als Allodialbesitz bestehen zu lassen, wesentliche Bestandteile des Fideikommißguts?

2. Wann verliert das Fideikommißgut, das gegen Flächen eines anderen Grundstücks ausgetauscht wird, die Fideikommißeigenschaft?

3. Erstreckt sich die Wirkung der Auflassung des Fideikommißgrundstücks auf allodiales Zubehör?

BGB. §§ 95, 926.

VII. Zivilsenat. Urt. v. 4. November 1919 i. S. Fürst H. (Kl.) w. preuß. Staat (Bekl.). VII 126/19.

I. Landgericht Breslau.
II. Oberlandesgericht daselbst.

Am 15. Mai 1907 hat ein Bevollmächtigter des Fürsten H. mehrere Parzellen des zum sächsisch-schlesischen Familienfideikommisse des Fürstenhauses H. gehörenden Rittergutes B. in einer Größe von 86,3370 ha an die Aktiengesellschaft H.-Werke aufgelassen. Die Auflassung erfolgte nach Beibringung eines von der Generalkommission in Breslau ausgestellten Unschädlichkeits-Zeugnisses unter Vorlegung eines mit der Erwerberin geschlossenen Tauschvertrags vom 19. Juli 1906, inhalts dessen der Fürst als Besitzer des Fideikommisses die bezeichneten Fideikommißflächen gegen eine Fläche des Rittergutes M. von 95,1606 ha an die Aktiengesellschaft H.-Werke vertauschte, die dem Fideikommisse ihrerseits die ihr gehörigen Flächen als Gegenwert überließ. Die eingetauschten Trennstücke des Ritterguts M. waren dem Fideikommisse bereits am 11. März 1907 aufgelassen und im Anschluß daran auch dem Fideikommißgute zugeschrieben worden. Nachdem zu dem Tauschvertrag ein Stempel von 2257 ℳ berechnet worden war, wurde am 4. Februar 1911 noch für die an die H.-Werke erfolgte Auflassung gemäß Tarifst. 8 Abs. 4 preuß. StempStG. alter Fassung ein Stempel von 129618 ℳ erfordert, weil der vorgelegte Tauschvertrag das Veräußerungsgeschäft nicht so enthalten habe, wie es abgeschlossen worden sei, da sich der Vertrag nur auf die Grundflächen beziehe, während die Veräußerung und Auflassung auch die darauf errichteten Hüttenwerke im Werte von 12961781,90 ℳ mitumfaßt habe. Der Kläger hat diesen Stempel bezahlt, ist jedoch der Meinung, daß der Stempel von ihm zu Unrecht erhoben sei, weil sich die Auflassung in Wirklichkeit nur auf die Grundflächen, nicht aber auf die darauf errichteten industriellen Anlagen, deren Wert er selbst nur auf 12757254 ℳ beziffert, bezogen habe, und verlangt die Rückzahlung des Betrags. Das Landgericht gab der Klage statt, auf die Berufung des Beklagten wies dagegen das Berufungsgericht die Klage ab. Die Revision des Klägers hatte Erfolg.

Gründe:

„Die Erhebung des von dem Kläger geforderten Auflassungsstempels war nur dann begründet, wenn der zur Ausschließung dieses Stempels vorgelegte Tauschvertrag vom 19. Juli 1906 das der Auflassung zugrunde liegende Rechtsgeschäft nicht so enthielt, wie es von den Beteiligten hinsichtlich des Wertes der Gegenleistung verabredet worden war (Tarifst. 8 Abs. 4 Nr. 1 StempStG.). Da sich aber der Tauschvertrag unstreitig nur auf die darin bezeichneten Grundflächen unter Ausschluß der darauf stehenden Baulichkeiten bezog, so hängt die Entscheidung des Rechtsstreits davon ab, ob durch die Auflassung auch die auf den Flächen befindlichen industriellen Anlagen übereignet worden sind. Denn in diesem Falle geht der Gegenstand der Auflassung über dasjenige hinaus, was der Kläger in dem Vertrage vom 19. Juli 1906 den H.-Werken tauschweise überlassen hat.

Ob die Auflassung auch die erwähnten Anlagen zum Gegenstande hatte, wird, wie auch das Berufungsgericht nicht verkennt, durch die Beantwortung der Frage bedingt, ob diese Anlagen ein wesentlicher Bestandteil der eingetauschten Flächen waren oder nicht. Denn waren sie wesentliche Bestandteile, so bezog sich die Auflassung schlechthin auf sie mit, ohne daß es in der Macht der Beteiligten lag, sie von der Auflassung auszuschließen. Ein entgegenstehender Wille würde die Auflassung nichtig gemacht haben, weil sie auf etwas Unmögliches gerichtet gewesen wäre (RGZ. Bd. 46 S. 227; Johow, Jahrb. Bd. 25 S. 140). Hatten die Baulichkeiten aber nicht die Eigenschaft wesentlicher Bestandteile, weil sie in Ausübung eines Rechtes am fremden Grundstück oder nur zu einem vorübergehenden Zwecke mit dem Grund und Boden verbunden waren, so galten sie als bewegliche Sachen (RGZ. Bd. 55 S. 284, Bd. 59 S. 20) und konnten als solche durch Auflassung grundsätzlich nicht übereignet werden.

Die industriellen Anlagen, um die es sich handelt, sind zwar in den Jahren 1873—1889, also vor dem Inkrafttreten des Bürgerlichen Gesetzbuchs, auf den eingetauschten Parzellen errichtet worden. Aber für die Frage, ob eine Sache als wesentlicher Bestandteil anzusehen ist, sind die Vorschriften des Bürgerlichen Gesetzbuchs auch dann maßgebend, wenn die Verbindung schon vor dem 1. Januar 1900 stattgefunden hat (RGZ. Bd. 56 S. 289). Daran wird auch dadurch nichts geändert, daß die Gebäude auf Fideikommißgelände errichtet worden sind. Denn wenn nach Art. 59 EinfG. z. BGB. die landesgesetzlichen Vorschriften über Familienfideikommisse unberührt geblieben sind, so ist zwar die Frage, ob die errichteten Baulichkeiten Allodialeigentum des Klägers waren oder zum Fideikommisse gehörten, nach dem bisherigen Rechte, d. i. nach dem preußischen Allgemeinen Landrechte, zu beurteilen, ihre Bestandteilseigenschaft aber richtet sich nach den Vorschriften des Bürgerlichen Gesetzbuchs, da diese Frage als eine dem Fideikommißrecht angehörige nicht anzusehen ist. Wesentlich sind die Bestimmungen des Fideikommißrechts nur insofern, als die Beantwortung der Frage, ob die Baulichkeiten zum Allodial- oder Fideikommißvermögen gehörten, auch die Entscheidung über ihre Bestandteilseigenschaft bedingt. Denn waren sie Fideikommißvermögen, so gehörten sie mit dem Grund und Boden so eng zusammen, daß die Voraussetzungen der §§ 93, 94 BGB. als erfüllt angesehen werden müssen; waren sie aber Allodialeigentum, so muß ihnen die Eigenschaft als wesentlicher Bestandteil auf Grund des § 95 BGB. abgesprochen werden.

Unstreitig hat der Kläger die in Frage stehenden industriellen Anlagen aus seinem Allodialvermögen errichtet. Das schloß an sich zwar nicht aus, daß sie Fideikommißvermögen wurden (RGZ. Bd. 30 S. 283), doch war Voraussetzung dafür, daß die Absicht bestand, sie dem Fideikommißvermögen einzuverleiben, und daß diese Absicht, gleichviel ob etwa außerdem noch eine Mitwirkung der Fideikommißbehörde oder der Familie dazu erforderlich war, durch irgendwelche Erklärungen oder Handlungen erkennbar gemacht wurde (Gruchot Bd. 31 S. 968). Diese Erfordernisse aber vermißt das Berufungsgericht. Den in dem Beschlusse des Kammergerichts vom 5. Juli 1912 vertretenen Standpunkt, daß die Anlagen ein Ersatz für die im Anfange der 1870er Jahre abgebrochenen, zum Fideikommiß gehörigen Hütten „Helene" und „August" waren und deshalb auch ein Teil des Fideikommisses wurden, lehnt es ab, weil mit Rücksicht darauf, daß die mit einem Kostenaufwande von 12000000 ℳ errichteten Neuanlagen erheblich mehr wert waren, als die wegen ihres Alters und ihrer Abnutzung nur geringwertigen abgebrochenen Hüttenwerke, nicht angenommen werden könne, daß der Kläger die neuen Anlagen als Ersatz für die abgebrochenen Hütten errichtet habe, um seiner angeblichen Entschädigungspflicht gegenüber dem Fideikommisse zu genügen. Diese Erwägungen sind rein tatsächlicher Natur und deshalb der Nachprüfung in der Revisionsinstanz entzogen. Daß der Kläger sonstwie ersichtlich gemacht hätte, daß er die Anlagen, schlimmstenfalls mit dem Anspruche auf Ersatz der Verbesserungen (§ 211 II 4, § 527 I 18 ALR.), dem Fideikommisse habe hinzufügen wollen, ist nicht festgestellt. Unter diesen Umständen hat das Berufungsgericht sie mit Recht als Allodialeigentum angesehen, wie sie der Kläger in § 9 Abs. 1 des mit den H.-Werken abgeschlossenen Vertrags vom 17. Mai 1905 auch selbst bezeichnet hatte. Hat sie aber der Kläger als zeitiger Inhaber des Fideikommisses nur als Allodialbesitz bestehen lassen wollen und demgemäß auch nur mit der Absicht errichtet, während seiner Besitzzeit mit ihnen die Ausnutzung der zum Fideikommisse gehörigen Gruben zu betreiben oder auch anderswo gefundene Erze darin zu verhütten, so waren sie, auch wenn sich ihre Inbetriebhaltung auf längere Zeit erstreckte, nur zu einem vorübergehenden Zwecke mit dem Grund und Boden verbunden. Das blieben sie auch, wenn selbst die Voraussicht bestand, daß die Baulichkeiten auch über die Besitzzeit des Klägers mit dem Fideikommisse verbunden bleiben würden. Denn auch solchenfalls hatte sie der Kläger mit dem Recht auf jederzeitige Wegnahme vorläufig nur in seinem eigenen Interesse errichtet, da er sie sonst wohl wirtschaftlich von vornherein dem Fideikommisse zugeschlagen hätte. Aus diesem Grunde waren sie auch kein wesentlicher Bestandteil des Grundstücks. Damit erübrigt sich die Entscheidung der Frage, ob es wegen des nutzbaren Eigentums des Fideikommißbesitzers auch so anzusehen ist, als wenn er nach Art eines Nießbrauchers die Baulichkeiten auf fremdem Grund und Boden errichtet hätte, und deshalb auch nach Maßgabe des anderen Falles des § 95 BGB. die Bestandteilseigenschaft der allodialen Industrieanlagen verneint werden muß.

Mit Recht hebt nun allerdings der Berufungsrichter hervor, daß es nicht bloß darauf ankommt, ob die fraglichen Gebäude zur Zeit der Verbindung mit dem Grund und Boden keine Bestandteile des Grundstücks geworden sind, sondern auch darauf, ob die bezeichneten Verhältnisse während der ganzen Dauer der Verbindung fortbestanden haben und insbesondere auch noch zur Zeit der Auflassung vorhanden gewesen sind. Aber ohne Grund vermißt er diese Voraussetzungen. An sich muß, wovon der Berufungsrichter anscheinend ausgegangen ist, als richtig anerkannt werden, daß eine Sache, die wegen ihrer Allodeigenschaft nur als vorübergehend mit dem Fideikommißgute verbunden anzusehen ist, Bestandteil des Grundstücks wird, sobald der Fideikommißbesitzer, der die Verbindung bewirkt hat, das Allodialeigentum am Grund und Boden erlangt. Denn die Absicht des Fideikommißbesitzers, die allodialen Anlagen nur während seiner Besitzzeit auf dem Fideikommißgute zu unterhalten, fällt zusammen, sobald er durch Allodifizierung des Grund und Bodens dauernder und unbeschränkter Besitzer des Grundstücks geworden ist. Aber daß eine solche Eigentumsveränderung in der Person des Klägers stattgefunden hätte, als er die eingetauschten Flächen den H.-Werken aufließ, trifft nicht zu. Es kann dahingestellt bleiben, ob auf Grund des Unschädlichkeitszeugnisses der Generalkommission vom 21. September 1906, in dem bescheinigt ist, daß der in dem Vertrage vom 19. Juli 1906 vereinbarte Austausch der dort bezeichneten Trennstücke des Rittergutes B. den Fideikommißberechtigten unschädlich sei, sofern die einzutauschenden Flächen des Rittergutes M.

dem Fideikommißgute B. pfandfrei zugeschrieben würden, die M.er Flächen mit der Auflassung und Zuschreibung zu dem Gute B. ohne weiteres in den Fideikommißverband eintraten oder die Fideikommißeigenschaft erst durch die auf Antrag der Fideikommißbehörde erfolgende Eintragung des Fideikommißvermerks erlangten. Auch wenn das erstere der Fall ist und damit eine Voraussetzung erfüllt war, die unter allen Umständen zur Allodifizierung der von B. abzutrennenden Flächen gehörte, so wurden doch mit der Zuschreibung der M.er Trennstücke zu B. allein die eingetauschten Flächen des Rittergutes B. noch nicht fideikommißfrei und allodiales Eigentum des Klägers. Denn dessen unbeschränktes Eigentum sollten sie überhaupt nicht werden, sondern Eigentum der H.-Werke, und aus dem Fideikommisse schieden sie erst aus, wenn sie aufgelassen und vom Fideikommißgute abgeschrieben waren. Die Zuschreibung der M.er Trennstücke in Verbindung mit dem Unschädlichkeitszeugnisse befreite den Kläger nur von der Verfügungsbeschränkung, der er kraft der fideikommissarischen Bindung unterworfen war, und setzte ihn damit in den Stand, auch ohne Zustimmung der Familie und der Fideikommißbehörde, wie ein voller Eigentümer über die abzuschreibenden Flächen zu verfügen. Aber sie machte ihn nicht zu deren Allodialeigentümer, so daß sich seine Eigentumsrechte hinsichtlich der Grundfläche und der Baulichkeiten inhaltlich keinesfalls deckten. Vielmehr blieb es in dieser Beziehung auch trotz der Zuschreibung der M.er Flächen bei dem bisherigen Zustande, wonach der Kläger hinsichtlich des Grund und Bodens Fideikommißbesitzer, hinsichtlich der industriellen Anlagen Allodialeigentümer war, wenn auch dieser Zustand nur noch ein vorübergehender war und demnächst beendigt werden sollte. Das Gegenteil ist aus § 5 des preuß. Gesetzes vom 27. Juni 1860, betr. die Abänderung des Gesetzes vom 13. April 1841 über den erleichterten Austausch einzelner Parzellen von Grundstücken, in Verbindung mit Art. 20 Z. 2 preuß. AusfG. z. GrBO. nicht zu entnehmen.

Hiernach konnten die Gebäude durch die Auflassung gar nicht übereignet werden, denn sie galten nach wie vor als bewegliche Sachen und konnten deshalb nur nach den für die Eigentumsübertragung solcher geltenden Vorschriften übertragen werden, wie auch schon in § 9 des Vertrags vom 27. Mai 1905 vorgesehen war. Daß die Vertragsparteien von der Ausführung der dort getroffenen Bestimmung, die den Kläger von der ihm jetzt angesonnenen Stempelpflicht auf jeden Fall frei gehalten hätte, nicht schon vor der Auflassung Gebrauch gemacht haben, indem sich die H.-Werke die in ihrem Pachtbesitze befindlichen industriellen Anlagen als bewegliche Sachen zum Eigentum übereignen ließen, ändert an der Sachlage nichts.

Auch der § 926 BGB. führt zu keinem anderen Ergebnis. Denn die in Rede stehenden Baulichkeiten waren, weil sie mangels entsprechender Erklärung nicht dauernd in den Dienst des Fideikommisses gestellt worden sind, auch nicht dessen Zubehör. Wären sie es aber auch gewesen, so gingen sie dennoch mit der Auflassung nicht auf die H.-Werke über, weil das Zubehör, das von der Auflassung betroffen wird, dem Auflassenden in demselben Rechtsumfange und mit demselben Rechtsinhalte gehören muß, wie das Grundstück selbst und dieses Erfordernis nicht erfüllt ist, wenn der Kläger hinsichtlich der Grundfläche als Fideikommißbesitzer, hinsichtlich der Baulichkeiten aber als Allodialeigentümer in Betracht kam.

Unter diesen Umständen aber kann auf sich beruhen, ob der Kläger, wie das Berufungsgericht annimmt, tatsächlich den Willen gehabt hat, mit dem Grund und Boden auch die industriellen Anlagen den H.-Werken zu übereignen. Denn wenn es für die Stempelerhebung auch grundsätzlich darauf ankommt, was nach dem Willen der Beteiligten Gegenstand der Auflassung sein sollte (Heinitz, Stempelsteuergesetz S. 307 flg.; Hummel-Specht S. 500; RGZ. Bd. 46 S. 227; Johow Jahrbuch Bd. 13 S. 219), so ist dieser Wille doch belanglos, wenn die Auflassung die Gebäude nach dem Gesetze nicht erfassen konnte und deshalb auch nicht erfaßt hat.

Nach alledem ist der Auflassungsstempel von dem Kläger zu Unrecht erfordert worden und deshalb hat das Landgericht der Klage mit Recht stattgegeben, so daß die Berufung gegen das landgerichtliche Urteil zurückzuweisen war, ohne daß noch zur Höhe des geforderten Stempels Stellung genommen zu werden brauchte."

---

28. Ist der Konkursverwalter zur Schadensersatzklage wegen Verkürzung der Konkursmasse legitimiert?

KO. §§ 117, 36.

VII. Zivilsenat. Urt. v. 4. November 1919 i. S. H. (Bekl.) w. T. (Kl.). VII 209/19.

I. Landgericht Naumburg a. S.
II. Oberlandesgericht daselbst.

Der Beklagte war Direktor und Vorstandsmitglied der Spar- und Vorschußbank A.-G. zu Z. und hatte aus laufender Rechnung am 16. April 1915 eine Schuld an die Bank von 14357,44 *M*. Nach einer am 11. April 1915 auf Veranlassung einiger Aktionäre stattgehabten Versammlung von Aktionären, Vorstand und Aufsichtsrat ließ der Beklagte sich Einlageforderungen seiner Verwandten und seines Dienstmädchens an die Bank im Gesamtbetrage von rund 15000 *M* abtreten. Auf Grund eines mit den gesetzlichen Vertretern der Bank abgeschlossenen Aufrechnungsvertrags wurden dann am 16. April 1915 die abgetretenen Forderungen auf die Schuld des Beklagten verrechnet und dementsprechend in den Büchern der Bank umgebucht. Am 23. April 1915 wurde über das Vermögen der Bank das Konkursverfahren eröffnet. Der Konkursverwalter hat, gestützt auf §§ 29 flg. KO. und § 826 BGB., beantragt, den Beklagten zur Zahlung von 14357,44 *M* an ihn zu verurteilen. Das Landgericht wies die Klage ab. Auf die Berufung des Klägers wurde auf Grund des § 826 BGB. der Anspruch des Klägers dem Grunde nach für gerechtfertigt erklärt. Der Berufungsrichter hat zur Begründung ausgeführt, daß der Beklagte, als er sofort nach der Versammlung vom 11. April 1915 die nicht fälligen Forderungen seiner Verwandten und seines Dienstmädchens gegen die Bank sich abtreten ließ, um sie gegen seine Schuld an die Bank zur Aufrechnung zu bringen, sich bewußt war, daß die Dinge bei der Bank sich weiter ungünstig entwickeln würden und möglicherweise mit dem Konkurse zu rechnen sei. Wenn er auch durch die Aufrechnung vielleicht keinen eigennützigen Zweck verfolgt habe, so habe er doch den ihm persönlich nahestehenden Gläubigern ihre im Falle des Konkurses nicht mehr vollwertigen Forderungen zum vollen Nennwert retten wollen. Durch den Erwerb der Forderungen zu diesem Zwecke habe er die Konkursgläubiger geschädigt. Diese Handlungsweise des Beklagten, der auf die pflichtwidrige Konnivenz der Vertreter der Bank bei der Vornahme der Aufrechnung der nichtfälligen Forderungen gerechnet habe, verstoße um so mehr gegen die guten Sitten, als er als Vorstandsmitglied die Interessen der Bank zu wahren besonders verpflichtet gewesen sei. Die Revision des Beklagten hat u. a. gerügt, der Konkursverwalter sei zur Erhebung einer solchen Schadensersatzklage nicht befugt. Der Angriff wurde zurückgewiesen aus folgenden

Gründen:

... „Zunächst ist aus § 36 KO. zugunsten der Revision nichts herzuleiten; denn wenn hier bestimmt ist, daß das Anfechtungsrecht von dem Verwalter ausgeübt wird, so folgt daraus gegensätzlich nicht etwa, daß der Konkursverwalter zu Schadensersatzklagen, welche die Masse betreffen, nicht berechtigt sei, sondern das Gesetz will bestimmen, daß nur der Konkursverwalter, nicht auch irgendein Konkursgläubiger zur Anfechtung befugt sei. Auch die Bezugnahme der Revision auf Jaeger, KO. Anm. 5 zu § 29, ist verfehlt. Durchaus zutreffend führt zwar Jaeger dort aus, daß der Verwalter nicht legitimiert sei, den einem einzelnen Konkursgläubiger zustehenden Schadensersatzanspruch geltend zu machen. Aber so liegt die Sache hier nicht. Hier ist nach der Behauptung des Klägers durch unsittliches Verhalten des Beklagten vorsätzlich die Konkursmasse verkürzt, also die Gesamtheit der Konkursgläubiger geschädigt worden. Die Berechtigung des Verwalters zur Geltendmachung des Ersatzes einer derartigen die Masse betreffenden

Schädigung ergibt sich schon aus der gesetzlichen Pflicht des Konkursverwalters, die Teilungsmasse zu bilden (§ 117 KO.). Es liegt ihm ob, nicht nur alle zur Masse gehörigen Gegenstände in Besitz zu nehmen und für die Konkursgläubiger zu sichern, sondern auch alles das der Masse wieder zuzuführen, was ihr auf irgendeine Weise widerrechtlich entzogen worden ist (vgl. auch RGZ. Bd. 37 S. 95). Dabei kann es dahingestellt bleiben, wie man die rechtliche Stellung des Konkursverwalters auffassen will, ob man ihn als Vertreter der Konkursgläubigerschaft oder des Gemeinschuldners oder beider, oder ob man ihn, wie es der ständigen Rechtsprechung des Reichsgerichts entspricht, als amtliches Organ zur Durchführung des Konkurses ansieht. In jedem Falle steht es ihm zu, sowohl im Interesse der Konkursgläubiger, als auch des Gemeinschuldners, zur Masse alles zu sammeln, was zu ihr gehört, und sie unverkürzt zur Verteilung zu bringen."

---

29. Haftet die Eisenbahn für Verlust, wenn sie Gegenstände, die nicht zum Reisegepäck gehören, in Unkenntnis dieser Tatsache zur Beförderung als Reisegepäck annimmt?

Eisenbahn-Verkehrsordnung § 30 Abs. 1, 3 und 4, §§ 35, 54, 96.

I. Zivilsenat. Urt. v. 5. November 1919 i. S. K. (Kl.) w. preuß. Eisenbahnfiskus (Bekl.). I 151/19.

I. Landgericht I Berlin.
II. Kammergericht daselbst.

Der Kläger will in der Zeit vom 1. Oktober bis 11. Dezember 1917, während er sich als Heeresangehöriger im besetzten Gebiete Belgiens und Frankreichs aufhielt, von Bouchain und Orchies 6 Koffer mit 24 Dutzend Handtüchern im Werte von 960 *M*, 61,2 kg Leinenzwirn im Werte von 3366 *M*, schwarzem Ulsterstoff und 80 Bobinen Leinenzwirn im Werte von 1369,75 *M*, 10 m blauer Serge, 3,9 m grauem und 3 m schwarzem Damentuch im Werte von 1015 *M* und Herrenulsterstoff im Werte von 1095 *M* auf Militärfahrschein der Eisenbahn zur Beförderung als Reisegepäck nach verschiedenen Bahnhöfen von Berlin aufgegeben haben. Sämtliche Koffer haben nach der Behauptung des Klägers die Grenzbahnhöfe überschritten, sind aber am Bestimmungsorte nicht angelangt. Da sie mithin im Inland auf der preußischen Eisenbahn verloren gegangen seien, fordert der Kläger vom Beklagten für die Koffer nebst Inhalt Schadensersatz in Höhe von insgesamt 8062,20 *M*.

Das Landgericht wies die Klage ab; die Berufung und Revision des Klägers wurden zurückgewiesen; letztere aus folgenden

Gründen:

„Der § 30 EVO. bestimmt im Absatz 1: „Der Reisende kann Gegenstände, deren er zur Reise bedarf, zur Beförderung als Reisegepäck aufgeben." Im Absatz 3 heißt es sodann: „Ob und unter welchen Bedingungen Gegenstände, die nicht zum Reisebedarf zu rechnen sind, sowie Tiere in genügend sicheren Behältern und Fahrzeuge als Reisegepäck angenommen werden, muß der Tarif einheitlich bestimmen." Welche Gegenstände hierzu gehören, ist in Nr. 1a bis i und 2 der Allgemeinen Ausführungsbestimmungen angegeben.

Der Berufungsrichter stellt fest, daß den Inhalt der sechs Koffer weder Reisegepäck im Sinne des Abs. 1 noch solche Gegenstände gebildet haben, die gemäß Abs. 3 und den Allgemeinen Ausführungsbestimmungen bedingt als Reisegepäck angenommen werden, sondern daß es sich um Waren gehandelt hat, welche der Kläger in dem besetzten Gebiete zwecks späterer Verwertung in der Heimat angekauft hatte.

Welche Folgen eintreten, wenn Dinge, die nicht zum Reisebedarf zu rechnen sind, als Reisegepäck mitgenommen werden, ist im Abs. 4 des § 30 nur für solche Gegenstände angegeben, die von der Beförderung als Frachtgut überhaupt ausgeschlossen sind (es sind dies die in § 54 unter A, B 1, 2 aufgeführten, dem Postzwang unterliegenden, sowie die explosionsgefährlichen Gegenstände und selbstentzündlichen Stoffe) und für die in § 29 aufgeführten Gegenstände (gefährliche Gegenstände, insbesondere geladene Schußwaffen, ferner explosionsgefährliche, leicht entzündliche, ätzende, übelriechende Stoffe u. dgl.). Die Folgen bestehen, abgesehen von Strafen, die der Zuwiderhandelnde verwirkt, in einem Frachtzuschlage von 12 ℳ für jedes Bruttokilogramm. Zu diesen Gegenständen, auf die sich der Abs. 4 des § 30 bezieht, gehören die in Verlust geratenen Sachen des Klägers nicht.

In dem die Haftung der Eisenbahn für Verlust, Minderung oder Beschädigung regelnden § 35 ist im Abs. 1 bestimmt: Für Reisegepäck haftet die Eisenbahn, soweit nicht in diesem Abschnitt (nämlich dem IV., vom Reisegepäck handelnden Abschnitt) Abweichungen vorgesehen sind, nach den Vorschriften über die Haftung für Güter (Abschnitt VIII). Schon hieraus ergibt sich, daß sich die Haftung der Eisenbahn auf diejenigen als Reisegepäck aufgegebenen Gegenstände beschränkt, welche im Sinne des § 30 Abs. 1 und 3 als Reisegepäck zugelassen sind, und daß sie sich auf solche hierzu nicht gehörigen Sachen, welche die Eisenbahn in Unkenntnis dieser Tatsache als Reisegepäck annimmt, nicht erstreckt. Es behält also auch für die in § 30 Abs. 4 bezeichneten Gegenstände bei den daselbst angegebenen Folgen nicht sein Bewenden, vielmehr haftet auch bei ihnen die Eisenbahn für Verlust nicht, so daß in dieser Beziehung alle nicht als Reisegepäck zugelassenen Gegenstände gleich stehen.

Ergibt sich schon hieraus der Ausschluß der Haftung des Beklagten, so folgt derselbe zugleich aus dem in Abschnitt VIII enthaltenen, von der Verwirkung der Ersatzansprüche handelnden § 96. Hier heißt es: „Werden Gegenstände, deren Beförderung nach gesetzlicher Vorschrift oder aus Gründen der öffentlichen Ordnung verboten ist oder die von der Beförderung ausgeschlossen oder nur bedingungsweise zur Beförderung zugelassen sind, unter unrichtiger Bezeichnung aufgegeben . . ., so ist die Haftung der Eisenbahn auf Grund des Frachtvertrags ausgeschlossen." Berücksichtigt man, daß der nach § 35 Abs. 1 in Bezug genommene Abschnitt VIII ganz allgemein von der Beförderung der Güter handelt, so muß man im Sinne des § 35 Abs. 1 den § 96 dahin auslegen, daß für Gegenstände, deren Beförderung als Reisegepäck ausgeschlossen ist, die Haftung der Eisenbahn auf Grund des Frachtvertrags ausgeschlossen ist, wenn sie unter unrichtiger Bezeichnung als Reisegepäck aufgegeben worden sind. Unter unrichtiger Bezeichnung kann ein Gut sowohl dann aufgegeben werden, wenn es von der Beförderung ausgeschlossen, wie wenn es nur bedingungsweise zur Beförderung zugelassen ist. Es kann deshalb dem Kläger darin nicht beigetreten werden, daß die Worte „unter unrichtiger Bezeichnung" sich nur auf die bedingungsweise zur Beförderung zugelassenen beziehen. Auch das praktische Ergebnis spricht für die Richtigkeit dieser Auslegung des § 96. Bei der Verpackung in Koffern, Reisekörben, Reisetaschen, Hutschachteln, handlichen Kisten u. dgl. (§ 30 Abs. 2) läßt sich in der Regel nicht feststellen, ob die Umhüllung wirklich Reisegepäck birgt; die Eisenbahn ist also gezwungen, dem Publikum das Vertrauen entgegenzubringen, daß kein Mißbrauch mit der Reisegepäckbeförderung getrieben wird. Anderseits hat die Eisenbahn ein erhebliches Interesse, den Personenzugsverkehr nicht unnütz dadurch zu belasten, daß Dinge, zu deren Beförderung der Güterzugsverkehr bestimmt ist, in den dem Personenverkehr dienenden Zügen befördert werden. Erst dadurch, daß die mißbräuchliche Übertretung der Bestimmung des § 30 auf die Gefahr dessen geht, der sich des Mißbrauchs schuldig macht, gewinnt mithin die Vorschrift des § 30 praktische Bedeutung und wird dem Anreiz zu seiner Übertretung wirksam begegnet. Inwiefern die Bestimmung des § 467 HGB. zu einer gegenteiligen Auslegung führen soll, wie der Kläger meint, ist nicht ersichtlich.

Auch darin ist dem Berufungsrichter beizutreten, daß die Eisenbahn, da die Koffer zur Beförderung als Reisegepäck aufgegeben sind, selbstverständlich davon ausgehen mußte, daß auch tatsächlich nur solche Sachen, die als Reisegepäck zugelassen waren, den Inhalt der Koffer bildeten. In der Aufgabe als Reisegepäck liegt eine objektiv unrichtige

Bezeichnung der Gegenstände, denn dadurch wurde ihnen vom Kläger die Eigenschaft von Reisegepäck, d. h. von Gegenständen des Reisebedarfs, beigelegt.

Aus Vorstehendem muß auch gefolgert werden, daß die Eisenbahn sich nicht schon durch die Annahme der Koffer zur Beförderung als Reisegepäck bei Verlust ersatzpflichtig macht, sondern daß sie ihrer Rechte aus § 96 erst dann verlustig geht, wenn sie Güter trotz Kenntnis der Tatsache, daß es sich nicht um Reisegepäckgegenstände handelt, zur Beförderung als Reisegepäck annimmt. Diese Kenntnis wird nicht durch den Umstand ersetzt, daß während des Krieges vielfach die Bestimmungen des § 30 mißbräuchlich übertreten worden sind und diese Tatsache der Eisenbahn bekannt ist. Denn jeder derartige Mißbrauch geht auf Gefahr des Übertreters."

(Es folgen Ausführungen, daß tatsächlich im vorliegenden Falle ein Mißbrauch auf seiten des Klägers vorgelegen hat und daß keinerlei Tatsachen vorgebracht sind, aus denen eine außervertragliche Haftung der Eisenbahn, die durch den § 96 an sich nicht berührt wird, zu folgern wäre.)

---

30. 1. Ist die Überschwemmung unterhalb liegender Grundstücke infolge Durchbruchs im Flußbette errichteter Dämme als eine durch den Einsturz oder die Ablösung von Teilen eines mit einem Grundstücke verbundenen Werkes entstandene Beschädigung der Grundstücke anzusehen?

2. Verhältnis der wasserrechtlichen Vorschriften zu den Vorschriften des allgemeinen bürgerlichen Rechtes.

BGB. § 836; EG. z. BGB. Art. 65.

V. Zivilsenat. Urt. v. 5. November 1919 i. S. H. u. Gen. (Bekl.) w. Gr. (Kl.). V 121/19.

I. Landgericht Danzig.
II. Oberlandesgericht Marienwerder.

Die beiden Beklagten sind Anlieger des St.baches in der Weise, daß ihre Grundstücke auf den beiden Seiten des Baches einander gegenüber liegen und der Bach die Grenze zwischen ihnen bildet. Wo der Bach zwischen den Grundstücken der Beklagten fließt, ist er zu acht hintereinander liegenden Fischteichen erweitert, und zwar durch Aufwerfen von Dämmen, welche das Wasser anstauen. In der Nacht zum 7. September 1915 hat das Hochwasser des St.baches die sieben unteren Dämme durchbrochen und sich auf das unterhalb am St.bach belegene Grundstück des Klägers ergossen, das hierdurch Schaden erlitten hat. Der

Kläger verlangt den Ersatz dieses Schadens von den Beklagten. Das Landgericht hat die Klage abgewiesen, das Berufungsgericht hat den Klaganspruch für dem Grunde nach zu Recht bestehend erklärt. Die Revision des Beklagten B. wurde zurückgewiesen.

Gründe:

„Der Berufungsrichter hat den mit der Klage geltend gemachten Schadensersatzanspruch gegenüber beiden Beklagten für dem Grunde nach gerechtfertigt erklärt auf Grund des § 836 BGB., indem er davon ausgegangen ist, daß die durch das Hochwasser durchbrochenen Dämme der Fischteiche mit den Grundstücken der Beklagten verbundene Werke sind, und daß durch ihren Einsturz der Schaden an dem Grundstücke des Klägers entstanden ist. Als haftbar für den Schaden erachtet er die beiden Beklagten als Eigenbesitzer der quer durch den Bach, also teilweise auf den Grundstücken des einen und teilweise auf denen des anderen Beklagten, errichteten Dämme. Den nach § 836 dem Geschädigten obliegenden Beweis erachtet der Berufungsrichter unter eingehender Würdigung der erhobenen Sachverständigengutachten für geführt, und zwar sowohl in der Richtung, daß die Dammbrüche in Mängeln der Errichtung, wie auch in der Richtung, daß sie in Mängeln der Unterhaltung der Dämme ihren Grund haben. Den Beklagten H., der für die Revisionsinstanz allein in Betracht kommt, erklärt der Berufungsrichter für verantwortlich zwar nicht für die bei Errichtung der Dämme, bei der er nicht mitgewirkt habe, wohl aber für die bei ihrer Unterhaltung und Beaufsichtigung gemachten Fehler. Er führt aus, H. hätte, als er mit dem Eigentum an dem Grundstücke den Besitz der Anlage erlangte, sich bei seinen Besitzvorgängern oder bei dem Mitbeklagten R. darüber erkundigen müssen, wie die Anlage hergestellt sei und sich bewährt habe, und er würde dann erfahren haben, daß die Herstellung ohne Hinzuziehung von Sachverständigen erfolgt war, was angesichts der mit solchen Stauungen in fließenden Gewässern verbundenen Gefahr für die Unterlieger der im Verkehr zu beobachtenden Sorgfalt nicht entsprochen habe. Der Beklagte H. hätte bei solchem Nachfragen auch erfahren, daß der letzte Damm bereits einmal, im Jahre 1913 oder 1914, gebrochen war. Er hätte sich dann bei Anwendung der erforderlichen Sorgfalt sagen müssen, daß eine sachgemäße Unterhaltung der Anlage und eine Sicherung der Unterlieger ohne Hinzuziehung von Wasserbausachverständigen nicht durchführbar sei; ein hinzugezogener Sachverständiger aber würde die zur Abwendung der Gefahr erforderlichen Maßnahmen getroffen haben, zumal nach dem Gutachten eines Sachverständigen die Beschaffenheit der Dämme eine derartige gewesen sei, daß schon bei einem nicht allzu starken Wasseraufstau ein Dammbruch mit einiger Wahrscheinlichkeit vorauszusehen gewesen sei. Bei dieser Sachlage werde H. nicht dadurch entschuldigt, daß er die Teiche fast täglich und auch noch am Tage vor dem Durchbruche kontrolliert habe. Der Beklagte H. habe sonach ebenso wie der Beklagte R. den ihm obliegenden Beweis, daß er die zum Zwecke der Abwendung der Gefahr erforderliche Sorgfalt beobachtet habe, nicht geführt und deshalb seien beide Beklagte als Gesamtschuldner für den entstandenen Schaden verantwortlich.

Die Revision erhebt Bedenken gegen die Anwendung des § 836 BGB. auf den vorliegenden Fall. Diese Bedenken sind jedoch unbegründet. Daß zu einem bestimmten Zwecke — der Aufstauung des Wassers — von Menschenhand durch planmäßige Arbeit hergestellte Dämme ein „Werk" im Sinne dieser Gesetzesvorschrift darstellen, kann nicht zweifelhaft sein (vgl. RGZ. Bd. 60 S. 139, Bd. 76 S. 261). Ebensowenig kann es einem Bedenken unterliegen, daß dieses Werk mit den Grundstücken der Beklagten verbunden war, da es in dem Bette des St.bachs, eines Wasserlaufs dritter Ordnung, errichtet ist, der nach § 8 des preuß. Wassergesetzes vom 7. April 1913 im Eigentum der Anlieger steht und dessen Bett deshalb, soweit er die Grundstücke der Beklagten durchfließt, einen Teil dieser Grundstücke bildet. Übrigens kann unbedenklich angenommen werden, daß die Dämme auch mit dem Ufer verbunden waren, da sie andernfalls das Wasser nicht angestaut haben würden. Ob die entstandenen Dammbrüche als Einsturz, d. h. Zusammenbrechen des Werkes im ganzen, oder nicht vielmehr als Ablösung von Teilen dieses Werkes sich darstellen, kann dahingestellt bleiben, da in beiden Fällen § 836 zutrifft. Unbedenklich ist es aber auch, daß die Beschädigung des Grundstücks des Klägers als „durch" den Einsturz oder die Ablösung entstanden angesehen wird. Dazu ist, wie das Reichsgericht wiederholt ausgesprochen hat, nicht erforderlich, daß die abgelösten Massen unmittelbar durch ihren Druck oder Stoß die Beschädigung herbeiführen; vielmehr genügt es, ist aber anderseits auch erforderlich, daß die durch die Ablösung entstandene Bewegung in adäquater Weise, wenn auch durch Vermittelung dadurch in Bewegung gesetzter anderer Materien, die Beschädigung verursacht; vgl. RGZ. Bd. 52 S. 239; Urt. v. 21. Januar 1907 IV 258/06, v. 2. Mai 1905 III 438/04 (Jur. Wochenschr. 1905 S. 370 Nr. 10), v. 3. Oktober 1910 VI 366/09. Eine engere Auslegung wird durch den Wortlaut nicht geboten, um so weniger da, wie schon in RGZ. Bd. 52 S. 240 hervorgehoben ist, das Gesetz von der Beschädigung „durch den Einsturz oder die Ablösung von Teilen des Gebäudes," nicht etwa durch das einstürzende Gebäude oder durch sich ablösende Teile spricht. Übrigens ist auch für den Fall des § 833 BGB. vom Reichsgerichte wiederholt ausgesprochen, daß eine Verletzung „durch ein Tier" auch die mittelbare adäquate Verursachung umfaßt (vgl. RGZ. Bd. 50 S. 219 und die weiteren im Komm. von RGR. zu § 833 Erl. 2 angeführten Entscheidungen). Eine engere Auslegung würde zudem dem Zwecke des Gesetzes, Schutz gegen die aus fehlerhaft errichteten oder unterhaltenen Anlagen für die Allgemeinheit entstehenden Gefahren zu gewähren, nicht gerecht werden. Das Erfordernis der adäquaten Verursachung ist aber hier erfüllt; denn durch die Ablösung von Teilen der Dämme ist die durch diese zurückgehaltene Bewegung der Wassermassen ausgelöst und zur unmittelbaren Schadensursache geworden. Daß eine durch Einsturz eines Dammes herbeigeführte Überschwemmung unter § 836 fällt, hat das Reichsgericht auch bereits in dem oben angeführten Urteile vom 2. Mai 1905 angenommen.

Die Revision zieht sodann in Zweifel, ob ein Besitzer von Fischteichen diese so anlegen müsse, daß dabei außergewöhnlichen Elementarereignissen Rechnung getragen werde. Der Berufungsrichter hat indessen ohne Rechtsirrtum auf Grund einer im wesentlichen auf tatsächlichem Gebiete liegenden Würdigung aller Umstände festgestellt, daß die Dämme fehlerhaft errichtet und unterhalten sind und daß dabei die im Verkehr erforderliche Sorgfalt von den Beklagten, und zwar auch von H., nicht beobachtet worden ist, daß vielmehr die Beschaffenheit der Dämme eine solche war, daß schon bei einem nicht allzu starken Wasseraufstau ein Durchbruch mit Sicherheit zu erwarten stand. Der Eintritt von Hochwasser ist keineswegs, wie die Revision meint, ein so außergewöhnliches Elementarereignis, daß damit nicht gerechnet zu werden brauchte.

Endlich macht die Revision noch geltend, das Berufungsgericht habe übersehen, daß das streitige Rechtsverhältnis überhaupt nicht nach dem Bürgerlichen Gesetzbuche, sondern gemäß Art. 65 EinfG. z. BGB. nach Landesrecht, und zwar nach dem preuß. Gesetze über die Benutzung der Privatflüsse vom 28. Februar 1843, zu beurteilen sei. Diese Einwendung geht fehl. Der in Art. 65 a. a. O. zugunsten der landesgesetzlichen Vorschriften, die dem Wasserrecht angehören, gemachte Vorbehalt spricht nur aus, daß soweit solche Vorschriften bestehen, sie unberührt bleiben; im übrigen wird dadurch die Anwendung der Vorschriften des Bürgerlichen Gesetzbuchs auch auf wasserrechtliche Verhältnisse keineswegs ausgeschlossen. Daß aber wasserrechtliche Vorschriften beständen, die der Anwendung des § 836 BGB. auf den hier vorliegenden Fall entgegenständen, kann nicht anerkannt werden. Es kann dahingestellt bleiben, ob dabei das neue preuß. Wassergesetz vom 7. April 1913 in Betracht kommt oder, wie die Revision meint, auf Grund der in § 379 Abs. 2 dieses Gesetzes enthaltenen Übergangsbestimmung das frühere preußische Wasserrecht, insbesondere das von der Revision angeführte Gesetz über die Benutzung der Privatflüsse vom 26. Februar 1843. Denn weder die eine noch die andere Gesetzgebung steht der Anwendung des § 836 BGB. auf Stauanlagen entgegen. Das jetzt geltende Gesetz bestimmt in § 40, daß das dem Eigentümer als solchem zustehende Recht, den Wasserlauf zu benutzen, insbesondere das Stauungsrecht (§ 40 Abs. 2 Nr. 3), den in den

§§ 41 bis 45 aufgeführten Beschränkungen unterliegt, zu welchen auch die Beschränkung gehört, daß der Wasserstand nicht derart verändert werden darf, daß fremde Grundstücke beschädigt werden (§ 41 Abs. 1 Nr. 2). In sachlicher Übereinstimmung damit schrieb § 13 des Gesetzes von 1843 vor, daß das dem Uferbesitzer zustehende Recht zur Benutzung des vorüberfließenden Wassers u. a. der Beschränkung unterliege, daß keine Überschwemmung fremder Grundstücke verursacht werden dürfe. Auch ohne diese positiven Bestimmungen würde sich übrigens aus allgemeinen Rechtsgrundsätzen ergeben, daß das durch die Wassergesetzgebung den Anliegern eingeräumte Recht auf Benutzung des vorüberfließenden Wassers keine Befugnis zur Gefährdung fremder Grundstücke gewährt und daß deshalb die eine solche Gefährdung für unerlaubt erklärende Vorschrift des § 836 BGB. mit wasserrechtlichen Vorschriften nicht in Widerspruch steht."

---

31. Beweislast und Beweisführung hinsichtlich des Verschuldens bei Verabfolgung eines gesundheitsschädlichen Stoffes anstatt eines Genußmittels.

VI. Zivilsenat. Urt. v. 6. November 1919 i. S. B.sche Erben (Bekl.) w. St. (Kl.). VI 215/19.

I. Landgericht Hannover.
II. Oberlandesgericht Celle.

Der Kläger will dadurch in seiner Gesundheit beschädigt sein, daß ihm der Erblasser der Beklagten am 28. April 1915 in seiner Wirtschaft an Stelle der von ihm verlangten Flasche Selterswasser eine solche mit Salmiakgeist vorgesetzt und er davon, ohne es zu bemerken, getrunken habe. Seine Klage auf Schadensersatz wurde von beiden Vorbergerichten dem Grunde nach für gerechtfertigt erklärt. Die Revision der Beklagten wurde zurückgewiesen, aus folgenden

Gründen:

„Der Erblasser der Beklagten hat dem Kläger statt der bestellten Flasche Selterswasser eine Flasche Salmiakgeist vorgesetzt. Er hat dadurch die Schädigung des Klägers, der von dem Salmiakgeiste getrunken hat, verursacht. Dies ist prozeßgerecht festgestellt. . . .

Allerdings genügt nicht schon dieser äußere Tatbestand der Verwechslung der Flaschen, um der Schadensklage aus § 823 Abs. 1 BGB. stattzugeben. Hinzukommen muß der subjektive Tatbestand, nach dem die Verwechslung auf eine Fahrlässigkeit des Erblassers zurückzuführen ist. Auch hierfür ist der Kläger beweispflichtig. Aber hier, wo schon der äußere Tatbestand an sich betrachtet nach dem regelmäßigen Zusammenhange der Dinge die Folgerung rechtfertigt, daß, wie das Berufungsgericht ausführt, der Unfall im ordnungsmäßigen Wirtschaftsbetriebe bei gehöriger Sorgfalt zu vermeiden war, konnte das Berufungsgericht den Beweis für ein Verschulden des Erblassers zunächst als geführt erachten und es den Beklagten überlassen, sich nunmehr ihrerseits von diesem Vorwurfe des Verschuldens in der Weise zu entlasten, daß sie diejenigen besonderen Umstände nachweisen, aus denen sich die Schuldlosigkeit des Erblassers ergibt. — Dieser zur Beweisregelung eingenommene Standpunkt des Berufungsgerichts wird von der Revision auch nicht beanstandet. Er wird übrigens auch durch die Erwägung gerechtfertigt, daß es sich hier um ein zwischen Gastwirt und Gast geschlossenes Kaufgeschäft gehandelt hat, das der Erblasser als Gastwirt mit der im Verkehr erforderlichen Sorgfalt zu erfüllen verpflichtet war; auch aus diesem Gesichtspunkt ist es Sache der Beklagten, den Beweis dafür zu erbringen, daß der Erblasser, indem er dem Kläger die verwechselte Flasche vorsetzte, gleichwohl seiner vertraglichen Sorgfaltspflicht genügt hat (Staub-Könige, HGB. 9. Auflage § 347 Anm. 16, § 377 Anm. 130).

Zur Führung dieses Entlastungsbeweises hatten die Beklagten nur vorgetragen, die Flasche Salmiakgeist habe sich unter den von dem Selterswasserfabrikanten gelieferten Selterswasserflaschen befunden, im Hause des Erblassers sei niemals Salmiakgeist verwendet worden. Das Berufungsgericht hat dieses Vorbringen mit näherer Begründung als unzulänglich abgelehnt. Es hat dabei berücksichtigt, daß der Erblasser über die Herkunft der Flasche unsichere und wechselnde Angaben gemacht und daß auch die Beklagten trotz richterlicher Befragung weder bestimmte, den Erblasser entlastende Behauptungen aufzustellen noch bestimmte Beweise nach dieser Richtung anzutreten vermocht haben. Somit ist dieses Vorbringen der Beklagten tatsächlich belang- und beweislos geblieben. Die weitere in das Zeugnis des Dienstmädchens gestellte Behauptung der Beklagten, daß kein Salmiakgeist zur Verwendung im Haushalt angeschafft worden sei, hat aber das Berufungsgericht als zur Entlastung des Erblassers unzureichend gewürdigt, da offen bleibe, daß dieser den Salmiakgeist ohne Wissen des Mädchens zu anderen Zwecken angeschafft haben kann; hierbei hat das Berufungsgericht auch das vom Kläger mitgeteilte Gerücht, wonach der Erblasser sich mit der Herstellung von Selterswasser selbst befassen wollte, nach Lage der Sache als nicht unwahrscheinlich mitberücksichtigen dürfen. Bei dieser Sachwürdigung konnte das Berufungsgericht ohne Prozeßverstoß von der Vernehmung des Dienstmädchens absehen und den Entlastungsbeweis der Beklagten, daß den Erblasser kein Verschulden treffe, für nicht erbringbar erklären. Selbst wenn der Revision zuzugeben ist, daß einem Primafacie-Beweise gegenüber nicht unbedingt ein „absolut strikter" Gegenbeweis der Schuldlosigkeit verlangt werden darf, so haben doch die Beklagten nach den Ausführungen des Berufungsgerichts überhaupt keine besonderen Umstände auch nur mit einiger Sicherheit darzutun vermocht, die es rechtfertigen könnten, den Unfall anders als nach dem regelmäßigen Verlauf und Zusammenhange der Dinge zu erklären."

---

32. 1. Erstreckt sich die Rechtskraft eines Feststellungsurteils, das eine Schadensersatzverpflichtung aus rechtswidriger Körperverletzung oder Gesundheitsbeschädigung ausspricht, auf den ursächlichen Zusammenhang zwischen dem Unfall und dem von dem Verletzten angeblich erlittenen Gesundheitsschaden?

2. Verhältnis des Feststellungsurteils auf Schadensersatz zu dem Zwischenurteil über den Grund eines Schadensersatzanspruchs.

ZPO. §§ 256, 304, 322.

VI. Zivilsenat. Urt. v. 6. November 1919 i. S. preuß. Eisenbahnfiskus (Bekl.) w. M. (Kl.). VI 300/19.

I. Landgericht Essen.
II. Oberlandesgericht Hamm.

Der Kläger hat am 30. Oktober 1913 auf dem Bahnhof O. einen Unfall erlitten und wegen des infolge der Verletzung ihm entstandenen Schadens in einem Vorprozesse den Beklagten mit einer Feststellungsklage in Anspruch genommen. Der Beklagte wurde in jenem Prozesse rechtskräftig verurteilt, dem Kläger nach Maßgabe des Reichshaftpflichtgesetzes allen aus dem Unfall entstandenen und weiter entstehenden Schaden zu ersetzen. Nachdem der Beklagte dem Kläger bereits einmal 27000 *M* an Schadensersatz gezahlt hat, fordert dieser mit der gegenwärtigen Klage einen weiteren Betrag von 15140 *M* als Verdienstausfall und Heilungskosten bis 1. Januar 1917. Das Landgericht hat den Beklagten unter Abweisung der Mehrforderung zur Zahlung von 5256,55 *M* verurteilt. Die Berufung des Beklagten wurde zurückgewiesen, ebenso seine Revision, diese aus folgenden

Gründen:

„Mit dem Landgerichte hat sich das Berufungsgericht an die Feststellung des ursächlichen Zusammenhanges der bei dem Kläger bestehenden Muskelerschlaffung und der daraus hervorgegangenen Erwerbsunfähigkeit durch das rechtskräftig gewordene Urteil auf Feststellung der Schadensersatzverpflichtung für gebunden erachtet. Die Rechtskraft eines Urteils, führt es aus, bestimme sich nicht allein nach der Urteilsformel; diese erfahre vielmehr ihre nähere Bestimmung und Erläuterung in den Entscheidungsgründen. Im gegebenen Falle habe das Feststellungsurteil des Vorprozesses ausgesprochen, daß die Muskelerschlaffung, an der der Kläger leide, als Folgeerscheinung des erlittenen Unfalls eingetreten sei. Der Kläger habe zwar schon früher an Anfällen desselben Körperübels zu leiden gehabt; er sei aber zur Zeit des Unfalles davon völlig genesen gewesen und der erneute Ausbruch sei auf den Unfall zurückzuführen, der aus der vorhandenen Anlage von neuem das Leiden habe entstehen lassen. Damit sei die Schadensersatzpflicht des Beklagten aus der Unfallsfolge dieser bestimmten Erkrankung rechtskräftig festgestellt, und auf den jetzt vom Beklagten angebotenen Beweis, die Muskelerschlaffung sei nicht Folge des Unfalles gewesen, der Kläger würde auch ohne den letzteren an dem Übel wieder erkrankt sein, könne nicht mehr eingegangen werden. Ob die rechtskräftige Feststellung auch auf einen neuen Anfall desselben Körperleidens zu erstrecken sei, sei nicht in Frage; es handle sich noch um die Erwerbsfolgen des durch den Unfall ausgelösten Anfalls von Muskelerschlaffung.

Die Revision rügt die Verletzung der Rechtsgrundsätze über die Rechtskraft eines Urteils. Das Berufungsgericht verwechsele Anspruch und Rechtsverhältnis. Das Feststellungsurteil des Vorprozesses habe für den jetzt eingeklagten Anspruch, der damals noch nicht erhoben gewesen, keine Rechtskraft geschaffen; es verurteile lediglich den Beklagten zum Ersatz allen aus dem Unfalle dem Kläger erwachsenen Schadens. Dabei bleibe der letztere offen, damit aber auch die Frage, ob die noch bestehende Muskelerschlaffung und deren Wirkungen auf die Erwerbsfähigkeit des Klägers mit dem Unfall in ursächlichem Zusammenhange stehen. Welcher Schaden entstanden sei und noch entstehen werde, das gerade bleibe beim Feststellungsurteil unentschieden und müsse bei der nachfolgenden Leistungsklage jedesmal nachgewiesen werden.

Die Revision war nicht für begründet zu erachten. Nicht das Berufungsgericht verwechselt Anspruch und Rechtsverhältnis (§ 256 ZPO.), sondern die Revision verwechselt die Feststellung eines Rechtsverhältnisses mit derjenigen von rechtsbegründenden Tatsachen.

Ein Urteil, das eine Schadensersatzverpflichtung aus unerlaubter Handlung zur Feststellung bringt, hat das Rechtsverhältnis zum Gegenstande, das aus einem bestimmten äußeren Geschehnis zwischen dessen Urheber und der Person, in deren Rechtskreis durch das Geschehnis eingegriffen wird, entsteht. Die Feststellung soll die gesicherte Unterlage für spätere aus dem Rechtsverhältnis geltend zu machende Leistungsansprüche werden; sie muß also bis auf diese bestimmten Leistungsansprüche, die in ihrem Umfange noch nicht zu übersehen, vielleicht auch überhaupt noch nicht entstanden, sondern nur nach den Erfahrungen des Lebens mit einiger Sicherheit zu erwarten sind, den Streit der Parteien erledigen; sie muß nicht nur die rechtserheblichen Tatsachen sicherstellen, anderseits nicht nur die Rechtssätze entwickeln, die auf einen Fall dieser Art Anwendung finden können, sondern das Feststellungsurteil hat bereits die Anwendung der Rechtssätze auf einen bestimmten Tatbestand zu enthalten. Wie bei dem Zwischenurteil aus § 304 ZPO. bleibt auch beim Feststellungsurteile für die zukünftige weitere Entscheidung nur offen der Umfang und die Höhe des entstandenen Schadens; festgelegt wird der Tatbestand der zum Schadensersatz verpflichtenden unerlaubten Handlung, also der Rechtsverletzung, die eine Schadensersatzverpflichtung auslöst. Zu dem Tatbestande, der eine Schadensersatzverpflichtung aus § 1 des Reichshaftpflichtgesetzes, der hier in Frage steht, begründet, gehört nicht nur das Ereignis eines Betriebsunfalls, sondern auch, daß bei diesem Betriebsunfall ein Mensch körperlich verletzt oder an der Gesundheit beschädigt wird. Es ist also die Aufgabe des Feststellungsurteils, die infolge des Betriebsunfalls bei der Person, die daraus eine Schadensersatzverpflichtung des Betriebsunternehmers ableitet, eingetretene Körperverletzung oder Gesundheitsbeschädigung festzustellen. Offen bleibt nur der Vermögensschaden, der wiederum erst die Folgewirkung der Körperverletzung oder Gesundheitsbeschädigung ist. Diese selbst gehören dagegen zum Tatbestande der unerlaubten Handlung; die körperliche Verletzung, die Zufügung eines körperlichen Übels ist Voraussetzung der Schadensersatzverpflichtung. Der Betriebsunfall allein erzeugt kein Rechtsverhältnis; dieses wird erst dadurch geschaffen, daß bei dem Betriebsunfall ein Mensch körperlich verletzt wurde. Offen bleibt der wirtschaftliche, der Vermögensnachteil, den das Gesetz den Schaden schlechthin nennt, der zur Zeit der Erlassung des Feststellungsurteils noch nicht ermittelt werden kann, weil die Entwicklung der Dinge noch im Flusse ist (vgl. RGZ. Bd. 13 S. 372, Bd. 21 S. 382, Bd. 23 S. 346, Bd. 61 S. 164). Von dem Zwischenurteil über den Grund des Schadensersatzanspruchs nach § 304 ZPO. unterscheidet sich das Feststellungsurteil nur darin, daß bei jenem ein bestimmt umgrenzter Leistungsanspruch schon erhoben, also ein bestimmter Vermögensschaden als Folge der Körperverletzung schon dargelegt sein muß, während die Feststellungsklage gerade dann gegeben ist und nur dann zugelassen wird, wenn dieser Schaden noch nicht zu übersehen oder vielleicht auch noch gar nicht entstanden ist, aber nach den Erfahrungen des Lebens mit einiger Sicherheit zu erwarten steht.

Es war also die Aufgabe des Feststellungsurteils, nicht nur das Ereignis, das die Grundlage der Schadensersatzverpflichtung ist, sondern auch die Körperverletzung oder Gesundheitsbeschädigung des Betroffenen festzulegen, ohne die eine Schadensersatzverpflichtung aus dem Ereignis nicht entsteht. Erst beides zusammen bildet den Tatbestand der unerlaubten Handlung; beides ist demnach Gegenstand der Entscheidung und damit auch Gegenstand der Bindung der Gerichte bei eintretender Rechtskraft. Hat also das Feststellungsurteil ausgesprochen, daß eine nach dem Unfalle beim Kläger eingetretene Muskelerschlaffung, wenn er auch schon früher einmal oder selbst wiederholt an dem gleichen Übel erkrankt war, eine Folgeerscheinung des Unfalles war, und gerade dieses Übel als die Gesundheitsbeschädigung erklärt, die den Erwerbsschaden für den Kläger auslöste, dann ist dieser ursächliche Zusammenhang in der Tat rechtskräftig festgestellt, und es kann jetzt nicht mehr vom Beklagten nachgewiesen werden, daß die Muskelerschlaffung nicht Folge des Unfalles war. Damit würde das Feststellungsurteil inhaltslos werden; die Feststellungsklage hätte abgewiesen werden müssen, wenn die behauptete Gesundheitsbeschädigung als ursächlich mit dem Unfall in Zusammenhang stehend nicht vom Gericht anerkannt worden wäre.

Mit Recht läßt das Berufungsgericht die Frage offen, ob die Rechtskraft auch dann anzunehmen wäre, wenn es sich jetzt um einen neuen Anfall der Muskelerschlaffung nach einer Zwischenzeit völliger Gesundung des Klägers von dem Übel handelte. Darauf würde sich in der Tat das frühere Feststellungsurteil nicht erstrecken können; es müßte vielmehr dargetan werden, daß der neue Anfall nicht Auswirkung der früheren Anlage zu dem Leiden, sondern erst wiederum Folgeerscheinung des durch den Unfall ausgelösten Anfalles des Übels wäre. Es ist aber nach der Feststellung des angefochtenen Urteils noch der gleiche Eintritt der Muskelerschlaffung in Frage, der das Gericht des Vorprozesses beschäftigt hat.

Daß für die Rechtskraft eines Urteils nicht allein die Urteilsformel maßgebend ist, sondern das ganze Urteil mit Tatbestand und Gründen, ist feststehenden Rechtes und wird auch von der Revision nicht beanstandet (RGZ. Bd. 33 S. 4, Bd. 47 S. 370, Bd. 74 S. 122, Bd. 84 S. 372; Warneyer 1918 Nr. 225; Jur. Wochenschr. 1916 S. 831 Nr. 4). Die Entscheidungsgründe des die Schadensersatzpflicht des Beklagten aus dem Unfalle nach Maßgabe des Reichshaftpflichtgesetzes aussprechenden Urteils im Vorprozesse vom 7. Juli 1915 lassen keinen Zweifel darüber, daß das Gericht des Vorprozesses den Beklagten für schadensersatzpflichtig erklärte, weil es die Erkrankung des Klägers an Muskelerschlaffung nach dem Unfall als allein durch diesen hervorgerufen ansah."...

33. 1. Welche Rechtsstellung nimmt eine in Preußen staatlich zugelassene, aber als juristische Person nicht anerkannte Niederlassung eines Ordens oder einer ordensähnlichen Kongregation ein?
2. Zur Frage der Verjährung des Architektenhonorars.

ALR. II, 6 §§ 2, 11flg., II, 11 §§ 12, 939, 1057; BGB. §§ 54, 196 Nr. 1 und Nr. 7.

VII. Zivilsenat. Urt. v. 7. November 1919 i. S. Pl. u. Gen. (Bekl.) w. W. (Kl.). VII 154/19.

I. Landgericht I Berlin.
II. Kammergericht daselbst.

Die Dominikanerinnen betreiben seit dem Jahre 1896 durch eine Anzahl von Mitgliedern die St. Maria-Viktoria-Heilanstalt in Berlin. Für einen Neubau dieser Anstalt in Reinickendorf hat der Architekt We., der Zedent des Klägers, in den Jahren 1900—1902 Baupläne aufgestellt, Zeichnungen und Entwürfe geliefert. Der Kläger behauptet, daß dies auf Grund eines Werkvertrags geschehen sei. Einen Teil des nach seiner Ansicht noch rückständigen Werklohns klagte er gegen diejenigen Dominikanerinnen ein, die im Jahre 1900 zur Zeit des behaupteten Abschlusses des Werkvertrags in der Heilanstalt beschäftigt waren. Er nimmt sie als Mitglieder einer Gesellschaft des bürgerlichen Rechtes in Anspruch und behauptete ursprünglich nur, daß der Vertrag namens dieser Gesellschaft von der Oberin des Hauses, der Beklagten zu 1, abgeschlossen worden sei. Die Beklagten bestritten ihre Haftung, und wendeten u. a. ein, daß die Forderung verjährt sei. Das Landgericht nahm an, daß die Beklagte zu 1 einen Werkvertrag mit We. abgeschlossen habe, aber als Vertreterin des Mutterhauses der Dominikanerinnen in A. und ohne Vertretungsmacht, und erklärte unter Abweisung der Klage gegen die Mitbeklagten die Klageforderung ihr gegenüber dem Grunde nach für gerechtfertigt. Im Berufungsverfahren stellte sich der Kläger notfalls auf den Standpunkt, daß die Schwestern der Heilanstalt im Jahre 1900 einen nicht rechtsfähigen Verein gebildet hätten, und machte die Beklagte zu 1 auch unter dem Gesichtspunkte des § 54 Satz 2 BGB. haftbar. Dem ist das Kammergericht grundsätzlich beigetreten und hat die Berufung der Beklagten zu 1 zurückgewiesen. Auch ihre Revision blieb erfolglos.

Aus den Gründen:

... „Die Dominikanerinnen, die nur einfache Gelübde ablegen und nach einer vom Papst genehmigten Lebensregel zwar zur Führung eines fest geordneten Gemeinschaftslebens verpflichtet sind, aber nicht in Klöstern unter strenger Klausur zu leben brauchen, bilden eine sogenannte ordensähnliche Kongregation, keinen Orden im engeren Sinne, der als solcher vom Papst genehmigt ist, dessen Mitglieder feierliche Gelübde ablegen und in Klöstern unter strenger Klausur leben. Die einzelnen Niederlassungen der Orden und ordensähnlichen Kongregationen gehören zu den geistlichen Gesellschaften im Sinne der §§ 12, 939 ALR. II 11 (vgl. KG. bei Johow Bd. 27 A. S. 76; Rechtspr. OLG. Bd. 9 S. 372; Giese in den Annalen des Deutschen Reichs 1908 S. 171). Als die Dominikanerinnen im Jahre 1896 in Berlin die jetzt unter dem Namen der St. Maria-Viktoria-Heilanstalt bestehende Niederlassung mit der vorgeschriebenen staatlichen — ministeriellen — Genehmigung begründeten, erlangte diese Niederlassung nicht die Rechte einer juristischen Person. Denn einmal bezog sich der aus den §§ 939, 1057 ALR. II 11 zu folgernde Satz, daß die geistlichen Gesellschaften, insbesondere die Klostergesellschaften, mit der staatlichen „Aufnahme" Korporationsrechte erlangten, nur auf die Niederlassungen der Orden im engeren Sinne, sodann aber bestimmt Art. 13 der Verfassungsurkunde für den preußischen Staat vom 31. Januar 1850, daß geistliche Gesellschaften Korporationsrechte nur durch besondere Gesetze erlangen können. Diese dem öffentlichen Rechte angehörende Vorschrift ist durch das Bürgerliche Gesetzbuch nicht berührt worden. Art. 84 EG. z. BGB. spricht das noch besonders aus. Ein Gesetz, das der St. Maria-Viktoria-Heilanstalt Korporationsrechte verliehen hätte, ist nicht ergangen.

Bei dieser Sachlage nimmt das Kammergericht an, daß die Ordensschwestern, die im Jahre 1896 nach Berlin kamen und die bis dahin unter weltlicher Leitung bestehende Heilanstalt übernahmen, eine erlaubte Privatgesellschaft im Sinne der §§ 2, 11 flg. ALR. II 6 gebildet haben. Dem ist beizutreten. Das entscheidende Merkmal der erlaubten Privatgesellschaft wie jetzt das eines nicht rechtsfähigen Vereins im Sinne des § 54 BGB. ist der körperschaftliche Aufbau im Innern, aber das Fehlen der juristischen Persönlichkeit nach außen. Zum körperschaftlichen Aufbau wiederum gehört der Gesamtname, die Bestellung von Organen der Vereinigung und die Möglichkeit eines wechselnden Mitgliederbestandes (RGZ. Bd. 60 S. 94, Bd. 74 S. 371, Bd. 95 S. 192). Der Gesamtname ist bereits erwähnt; daß die Mitglieder wechselten, „kamen und gingen", ist unstreitig und die Revision hebt es noch besonders hervor. Von den „Schwestern des Vorstandes", die sie für eine bestimmte Ansicht gewonnen habe, spricht die Beklagte Pl. ausdrücklich in ihrer vom Berufungsrichter gewürdigten Zeugenaussage, die sie in dem Vorprozeß W. wider A. . . . abgegeben hat. Nach Jansen, Ordensrecht S. 108, 116, haben die einzelnen Niederlassungen der Orden und ordensähnlichen Kongregationen einen Lokaloberen, einen — insbesondere auch zur Verwaltung der zeitlichen Güter des Hauses und insoweit mit entscheidender Stimme — ihm beigegebenen

Lokalrat, bestehend gewöhnlich aus zwei Lokalassistenten oder „konsultoren", und das Lokalkapitel, d. h. die Versammlung der stimmberechtigten Religiosen eines Hauses unter dem Vorsitze des Lokaloberen. Deshalb nimmt auch Meurer, Katholisches Ordenswesen S. 41, vom Standpunkte des heutigen Rechtes aus an, daß die staatlich zugelassene aber als juristische Person nicht anerkannte Niederlassung eines Ordens oder einer Kongregation einen nicht rechtsfähigen Verein im Sinne des § 54 BGB. bildet. Loening in seiner Schrift über die Rechtsstellung der Orden usw. nach staatlichem Rechte (S. 71) ist für die elsaß-lothringischen Verhältnisse — die preußischen hat er a. a. O. nicht untersucht — der gleichen Ansicht. Das Reichsgericht endlich erwägt (RGZ. Bd. 41 S. 302), daß in der älteren landrechtlichen Zeit, d. h. in der Zeit vor Geltung des Art. 13 VerfUrk., eine Ordensniederlassung, die der staatlichen „Aufnahme" im Sinne des § 939 ALR. II 11 und damit der juristischen Persönlichkeit entbehrte, eine erlaubte Gesellschaft im Sinne der §§ 2, 11 flg. ALR. II 6 gebildet habe.

Was die Revision gegen die hiernach zu billigende Auffassung des Kammergerichts sachlich vorbringt, leidet darunter, daß die kirchlichen Wirkungen des Gehorsamsgelübdes auf die bürgerlichrechtlichen Verhältnisse übertragen werden. Ebenso wie die Mönche und Nonnen trotz ihres Gelübdes der Armut rechtsfähig und deshalb auch erwerbsfähig bleiben — die nach § 1 BGB. erworbene Rechtsfähigkeit endet nur durch den Tod oder die Todeserklärung —, ebenso bleiben sie trotz ihres Gelübdes des Gehorsams handlungsfähig. Die Befehle ihrer Oberen, denen sie nach kirchlichem Rechte unbedingt nachzukommen haben, bedeuten für das bürgerliche Recht nur einen Beweggrund ihrer Handlung. Die Beklagte Pl. und die andern Schwestern, die 1896 in die St. M.-V.-Heilanstalt gingen, haben sich auf Befehl ihrer Oberen zum gemeinschaftlichen Leben, zur gemeinschaftlichen Religionsübung und zur Krankenpflege zusammengeschlossen, aber sie haben sich doch eben zusammengeschlossen, wie das Kammergericht ausdrücklich feststellt, und sie haben dadurch nach der schon erwähnten Zeugenaussage der Beklagten Pl. eine weitgehende wirtschaftliche Selbständigkeit und Unabhängigkeit erlangt, die sich gerade auch auf bürgerlichrechtlichem Gebiet äußern mußte. Aus dem soeben entwickelten Gesichtspunkt ist es offenbar auch unerheblich, daß die jeweils aus der Heilanstalt ausscheidenden Schwestern nur auf Befehl ihrer Oberen ausscheiden. Die Tatsache, daß ein Mitgliederwechsel stattfindet und daß der Aufbau der Anstalt dadurch nicht geändert oder beeinträchtigt wird, bleibt bestehen. Daß die Heilanstalt trotz ihrer körperschaftlichen Verfassung schließlich doch von außen beherrscht wird, ist eine Eigenschaft, die sie mit sämtlichen Orden und Kongregationen und deren Niederlassungen teilt, auch soweit diesen die juristische Persönlichkeit durch Gesetz verliehen ist. Alle juristischen

Personen der katholischen Kirche sind eigentlich, wie Meurer a. a. O. S. 6 hervorhebt, trotz ihrer Körperschaftsform vom Papst geleitete „Anstalten". Auch die Anstalten gehören aber nach § 89 BGB. und gerade wegen ihrer kirchenrechtlichen Bedeutung zu den juristischen Personen des öffentlichen Rechtes. Es wird also ihr körperschaftlicher Aufbau als das Entscheidende angesehen, nicht die hinzukommende Leitung von außen. Deshalb muß auch bei den Rechtsgebilden, die zwar keine juristische Persönlichkeit besitzen, aber körperschaftlich gegliedert sind, auf diese Gliederung der ausschlaggebende Wert gelegt werden.

Ob die Meinung des Kammergerichts, daß die im Jahre 1896 gebildete erlaubte Privatgesellschaft sich mit dem 1. Januar 1900 von selbst in einen nicht rechtsfähigen Verein des Bürgerlichen Gesetzbuchs umgewandelt habe, zutreffend ist, und ob sie insbesondere mit der vom Kammergericht als Beleg herangezogenen Rechtsprechung des Reichsgerichts (vgl. RGZ. Bd. 77 S. 19, Bd. 51 S. 160; Jur. Wochenschr. 1911 S. 115 Nr. 53) im Einklange steht, braucht nicht untersucht zu werden, denn die Frage der Haftbarkeit gegenüber dritten Personen aus den nach dem 31. Dezember 1899 geschlossenen Verträgen ist jedenfalls, auch wenn eine erlaubte Privatgesellschaft an sich als solche fortbestehen sollte, nach neuem Rechte zu beurteilen (RGZ. Bd. 63 S. 64). Namentlich gilt dies von der Haftbarkeit desjenigen, der im Namen einer solchen Gesellschaft einem Dritten gegenüber ein Rechtsgeschäft vorgenommen hat (§ 54 Satz 2 BGB. und dazu RGZ. Bd. 77 S. 429). Das Kammergericht durfte also die persönliche Haftbarkeit der Beklagten zu 1 für das mit dem Zedenten des Klägers Verabredete annehmen, wenn sie dabei im Namen der Heilanstalt gehandelt hatte." ...

(Es wird dargelegt, daß die entsprechende Feststellung in genügender Weise getroffen ist, und daß der Zedent We durch einen Werkvertrag es übernommen habe, für die Anstalt die Vorarbeiten und Entwürfe zum Bau eines Krankenhauses anzufertigen. Sodann wird fortgefahren:)

„Der Einwand der Verjährung scheitert schon daran, daß die vom Kammergericht offen gelassene Frage, ob die Forderung des Klägers in zwei Jahren verjährt, gemäß § 196 BGB. zu verneinen ist. Schon das Landgericht hat angenommen, daß die Nr. 1 des § 196 nicht zutrifft. Der Architekt We. gehört vermöge seiner Vorbildung und seiner künstlerischen Betätigung nicht zu den Kaufleuten, Fabrikanten, Handwerkern und Kunstgewerbetreibenden, die unter diese Vorschrift fallen. Die vom Landgerichte für zutreffend erachtete Nr. 7 des § 196 ist aber ebenfalls nicht anwendbar, weil nach der Feststellung des Kammergerichts die Anfertigung der Vorarbeiten und Entwürfe den Gegenstand eines selbständigen Vertrags, und zwar eines Werkvertrags, gebildet hat, und weil Werkverträge allgemein nicht von jener Bestimmung umfaßt werden (vgl. RGZ. Bd. 72 S. 179, Bd. 86 S. 75)." ...

34. Zum Begriff des Stillstandes des Prozesses im Sinne des § 211 BGB. Kann die Unterbrechung der Verjährung während des Beweisaufnahmeverfahrens endigen?

BGB. § 211; ZPO. §§ 359 Nr. 2, 377, 373.

I. Zivilsenat. Urt. v. 8. November 1919 i. S. B. Lloyd (Bekl.) w. D.-Am. Petr.-Ges. (Kl.). I 87/19.

I. Landgericht Hamburg, Kammer für Handelssachen.
II. Oberlandesgericht daselbst.

Am 17. Juli 1914 fand auf der Havel ein Zusammenstoß zwischen einem Dampfer der Beklagten und einem im Anhange eines Schleppers fahrenden Tankkahne statt. Dieser und ein weiterer Anhangskahn wurden beschädigt. Für den Schaden nebst Schlepplohn und Nutzungsverlust verlangt die Klägerin gemäß §§ 3, 4 Nr. 3, 114 BinnenSchG. Ersatz von der Beklagten. Die Beklagte hat die Einrede der Verjährung des Klaganspruchs gemäß § 211 BGB. erhoben.

Die Vorinstanzen erklärten die Einrede der Verjährung für unbegründet und den Klaganspruch dem Grunde nach für berechtigt. Die Revision der Beklagten hatte keinen Erfolg aus folgenden

Gründen:

„Nach den Vorschriften der Zivilprozeßordnung hat das Gericht einen von ihm erlassenen Beweisbeschluß von Amts wegen zu erledigen. Tritt in dem Beginn oder der Durchführung dieser Erledigung eine Verzögerung ein, so folgt daraus nicht, daß der Prozeß im Sinne von § 211 BGB. in Stillstand geraten ist, da dies eine entsprechende Vereinbarung oder ein Nichtbetreiben seitens der Parteien erfordert. Nun erfolgt die Antretung des Zeugenbeweises u. a. durch die Benennung der Zeugen und nach § 377 ZPO. sind die auf Grund der Angaben der beweisführenden Partei im Beweisbeschluß gemäß § 359 Nr. 2 ZPO. benannten Zeugen von Amts wegen zu laden. Dies zeigt, daß die Beweisantretung durch Benennung der Zeugen in einer Weise zu erfolgen hat, daß das Gericht imstande ist, sie von Amts wegen zu laden (Stein ZPO. zu § 373), und daß eine solche Zeugenbenennung, wozu auch die Angabe einer für die Zeugenladung genügenden Adresse gehört, eine der beweisführenden Partei obliegende Prozeßhandlung ist. Es kann jedoch dahingestellt bleiben, ob um deswillen das Gericht befugt ist, von dem Erlaß eines an sich für erforderlich erachteten Beweisbeschlusses so lange Abstand zu nehmen, als nicht eine gehörige Antretung des betreffenden Zeugenbeweises in dem dargelegten Sinne erfolgt ist, und ob solchenfalls ein Stillstand des Prozesses im Sinne von § 211 BGB. eintritt. Denn jedenfalls liegt die Sache anders, wenn das Gericht, wie hier, einen auf die Vernehmung von Zeugen lautenden Beweisbeschluß verkündet hat, einerlei, ob dabei den Parteien die Beibringung der erforderlichen Zeugenadressen ausdrücklich aufgegeben ist oder nicht. Mit der Verkündung des Beweisbeschlusses ist der Prozeß in einen neuen, besonders gearteten Abschnitt, das Beweisverfahren, getreten. Solange dieses Beweisverfahren schwebt, liegt die Leitung des Prozesses ausschließlich in den Händen des Gerichts oder des mit der Beweisaufnahme betrauten Richters. Das Gericht hat von Amts wegen darüber zu entscheiden, ob und in welcher Weise es den erlassenen Beweisbeschluß durchführen will. Insbesondere kann es von einer Erledigung des Beweisbeschlusses ganz oder teilweise Abstand nehmen, sei es auf Grund nachträglicher anderweiter Überlegung, sei es aus Anlaß eines besonderen Ergebnisses des bereits durchgeführten Teils der Beweisaufnahme. In dieses gerichtliche Verfahren können die Parteien in entscheidender Weise nicht eingreifen, zumal sie an sich nicht wissen, worauf eine etwaige Verzögerung der Ausführung des Beweisbeschlusses beruht. Somit stellt sich während des Schwebens eines Beweisverfahrens die darauf bezügliche Angabe von Zeugenadressen, mögen diese schon bei Erlaß des Beweisbeschlusses gefehlt haben oder mag späterhin eine veränderte Adressenangabe erforderlich geworden sein, nicht etwa als die Wiederaufnahme des Prozeßbetriebes durch die betreffende Partei dar, sondern nur als ihre Beihilfe zur Durchführung des vom Gericht in die Hand genommenen Offizialbetriebes. Dementsprechend ist das Unterlassen einer solchen Adressenangabe nicht als ein Nichtbetreiben des Prozesses seitens der Parteien zu erachten und kann nicht zu seinem Stillstand im Sinne von § 211 BGB. führen. Nicht anders verhält es sich mit denjenigen Maßnahmen, welche die Parteien sonst während des Beweisverfahrens ergreifen können, wie die Stellung von Anträgen nach § 356 ZPO., die Beantragung eines Termins zur mündlichen Verhandlung, da die Adressen der betreffenden Zeugen nicht hätten ermittelt werden können, usw. Auch diese Schritte haben im Hinblick auf die prozeßleitende Stellung des Gerichts während des schwebenden Beweisverfahrens keinen entscheidenden Einfluß auf den Gang des Prozesses; ihre Vornahme ist kein Parteibetrieb im Sinne von § 211 BGB. und ihr Unterlassen führt nicht zu einem die Unterbrechung der Verjährung beseitigenden Stillstand des Prozesses.

Nach alledem haben die Vorinstanzen mit Recht die von der Beklagten vorgeschützte Einrede der Verjährung verworfen." . . .

---

35. Ist in dem Rechtsstreite, der auf die Fristbestimmung nach § 109 Abs. 1 ZPO. von dem Gegner des Sicherheitsbestellers wegen seiner Ansprüche auf die Sicherheit anhängig gemacht ist, nochmals zu prüfen, ob die Veranlassung für die Sicherheitsleistung weggefallen ist?

V. Zivilsenat. Urt. v. 8. November 1919 i. S. J. sen. Konk. (Kl.) w. E. (Bekl.). V 277/19.

I. Landgericht Dresden.
II. Oberlandesgericht daselbst.

Auf Antrag der Gesellschaft m. b. H. J. sen. wurde am 3. Mai 1913 die Zwangsversteigerung des damals dem Beklagten gehörenden Grundstücks in D. angeordnet. Nachdem über das Vermögen der Gesellschaft der Konkurs eröffnet worden war, betrieb der zum Konkursverwalter bestellte Kläger die Zwangsversteigerung weiter. Es wurde Versteigerungstermin auf den 17. April 1917 anberaumt. Jedoch ordnete auf Antrag des Beklagten das Vollstreckungsgericht gemäß § 769 ZPO. am 30. März 1917 die einstweilige Einstellung der Zwangsvollstreckung gegen eine Sicherheitsleistung von 17000 *M* an. Nachdem der Beklagte diese Sicherheit geleistet hatte, stellte das Vollstreckungsgericht das Zwangsversteigerungsverfahren einstweilen, bis zur Beibringung der Entscheidung des Prozeßgerichts, ein und hob den Versteigerungstermin auf. Diese einstweiligen Anordnungen wurden auf die vom Beklagten erhobene Vollstreckungsgegenklage aus § 767 ZPO. vom Prozeßgericht in den Akten 2. O 57/17 bis zum Erlasse eines Urteils aufrechterhalten, von dem Oberlandesgerichte jedoch aufgehoben, und es wurde die Fortsetzung des Zwangsversteigerungsverfahrens angeordnet. Demnächst wurde das Grundstück in dem auf den 13. Oktober 1917 neu anberaumten Versteigerungstermine versteigert. In dem Kaufgelderverteilungstermin kam der Kläger mit der ganzen Forderung der Gemeinschuldnerin von 59453,38 *M* zur Hebung. Dieser Betrag wurde auf den vom Beklagten und seiner Ehefrau erhobenen Widerspruch hinterlegt. Der sodann von dem Beklagten in Verfolgung des Widerspruchs angestrengte Rechtsstreit — 2. O 9/18 — schwebt noch. In der Prozeßsache 2. O 57/17 wurden nach Erledigung des Streites in der Hauptsache durch Urteil vom 2. Mai 1918 dem jetzigen Beklagten die Kosten des Rechtsstreits auferlegt.

Inzwischen hatte der Beklagte am 17. Dezember 1917 bei dem Vollstreckungsgerichte die Rückgabe der geleisteten Sicherheit von 17000 *M* beantragt. Auf erhobene Beschwerde gegen den diesen Antrag zurückweisenden Beschluß des Vollstreckungsgerichts wurde dem Kläger durch Beschluß vom 11. Mai 1918 eine einmonatige Frist zur Klagerhebung nach § 109 ZPO. gesetzt. Mit der darauf im Juni 1918 erhobenen Klage beantragte der Kläger, festzustellen, daß der Beklagte verpflichtet sei, die Befriedigung wegen der aus den Prozessen 2. O 57/17 und 2. O 9/18 etwa entstehenden Forderung des Klägers als Konkursverwalters auf Erstattung von Prozeßkosten und wegen etwaiger weiterer Schäden, die dem Kläger als Konkursverwalter daraus entstanden seien oder noch entstehen würden, daß die Versteigerung des vorbezeichneten

Grundstücks statt am 17. April 1917 erst am 13. Oktober 1917 erfolgt sei, aus der hinterlegten Sicherheit von 17000 *M* zu dulden. Der Kläger machte geltend, er als Konkursverwalter sei berechtigt, sich wegen ner genannten Prozeßkosten und wegen des der Konkursmasse durch die Verzögerung der Versteigerung entstandenen Schadens an die hinterlegte Sicherheit zu halten.

Der erste Richter wies die Klage ab. Die Berufung des Klägers wurde zurückgewiesen. Auch seine Revision hatte keinen Erfolg.

Aus den Gründen:

„Der Berufungsrichter verwirft die Auffassung des Klägers, daß im gegenwärtigen Prozeßverfahren zu prüfen sei, ob im Sinne des § 109 Abs. 1 ZPO. die Voraussetzung für die den Gegenstand des Rechtsstreits bildende Sicherheitsleistung des Beklagten weggefallen sei, und lehnt es ab, in eine nochmalige Prüfung der Frage über den Wegfall der Veranlassung für die Sicherheitsleistung einzutreten. Sodann geht der Berufungsrichter davon aus, daß eine nach §§ 769, 767 ZPO. geleistete Sicherheit lediglich den Zweck habe, dem Gläubiger den Ersatz des Schadens zu sichern, den er durch den Eingriff des Gegners in die Zwangsvollstreckung erleide, und ihm daher dieselbe Befriedigung zu verschaffen, die er ohne die Einstellung der Zwangsvollstreckung erlangen würde, daß aber für sonstige dem Gläubiger durch die Einstellung entstehende Nachteile die Sicherheit nicht hafte. Von diesem Gesichtspunkt aus nimmt der Berufungsrichter an, daß die Kosten der beiden Prozesse 2. O 57/17 und 2. O 9/18 keine Schäden seien, für die der Kläger die Haftung der Sicherheit in Anspruch nehmen könne. Weiter verneint der Berufungsrichter, daß dem Kläger im übrigen nach den von ihm behaupteten Richtungen Schäden entstanden seien, die auf die Einstellung des Zwangsversteigerungsverfahrens zurückzuführen wären.

Die Revision rügt zunächst, es habe der Berufungsrichter zu Unrecht die Prüfung der Frage, ob die Veranlassung zur Sicherheitsleistung weggefallen sei, abgelehnt, und macht geltend, es genüge die Möglichkeit der Entstehung von Schadensersatzansprüchen, um die Anwendung des § 109 ZPO. auszuschließen; erst wenn das Zwangsversteigerungsverfahren vollständig erledigt und der Kläger wegen seiner zur Vollstreckung stehenden Forderung nebst Zinsen voll befriedigt sein werde, werde sich übersehen lassen, ob und in welcher Höhe er noch Ersatzansprüche stellen könne, dazu kämen die Kosten der beiden Prozesse. Dieser Angriff ist jedoch ungerechtfertigt. Der erkennende Senat hat bereits in dem Urteile vom 14. November 1914 V 257/14 (RGZ. Bd. 86 S. 43) es für unzulässig erklärt, daß nach Einleitung des Verfahrens gemäß § 109 ZPO., das auf kurzem und einfachem Wege die Feststellung unter den Parteien ermöglichen solle, ob die Rückgabe einer prozessualen Sicherheit statthaft sei, der Gegner des Sicherheitsbestellers durch Klagerhebung in einem anderen Prozesse die Unzulässigkeit der Rückgabe der Sicherheit zur Feststellung zu bringen suche. Dieser Entscheidung, von der abzugehen kein Anlaß vorliegt, entspricht es, wenn dem Gegner des Sicherheitsbestellers, nachdem ihm auf Antrag des letzteren gemäß § 109 Abs. 1 ZPO. eine Frist bestimmt worden ist, binnen welcher er die Einwilligung in die Rückgabe der Sicherheit zu erklären oder die Erhebung der Klage wegen seiner Ansprüche nachzuweisen hat, es versagt wird, in dem Rechtsstreit, in dem er die durch die Sicherheitsleistung angeblich gesicherten Ansprüche geltend macht, zugleich auch zur Entscheidung zu stellen, daß die Veranlassung für die Sicherheitsleistung noch nicht weggefallen sei und daß daher der Antrag des Sicherheitsbestellers auf Fristbestimmung unbegründet gewesen sei. Allerdings steht, worauf die Revision sich beruft, dem Gegner des Sicherheitsbestellers, gegen den Beschluß, durch den dem Antrage des Sicherheitsbestellers auf Fristbestimmung stattgegeben wird, die Beschwerde nicht zu, wie aus dem § 109 Abs. 4 ZPO., der nur bei Ablehnung des Antrags auf Fristbestimmung Beschwerde zuläßt, sich ergibt (RGZ. Bd. 51 S. 145, Bd. 86 S. 41). Er bedarf aber dieses Rechtsbehelfs auch nicht. Läßt er die Frist ablaufen, ohne die Klage wegen seiner Ansprüche zu erheben, und wird dann gemäß § 109 Abs. 2 ZPO. auf Antrag des Sicherheitsbestellers die Rückgabe der Sicherheit angeordnet, so kann er gegen diesen Beschluß nach § 109 Abs. 4 ZPO. die sofortige Beschwerde einlegen und dabei die Frage der Rechtmäßigkeit der Fristbestimmung, also auch die Frage des Wegfalls der Veranlassung für die Sicherheitsleistung, zur Nachprüfung des Beschwerdegerichts bringen (RGZ. Bd. 86 S. 41). Dazu mag bemerkt werden, daß die Fristbestimmung nach § 109 Abs. 1 ZPO. nicht voraussetzt, daß die Möglichkeit des Bestehens von Ansprüchen, für welche die Sicherheit dem Gegner haften soll, überhaupt ausgeschlossen ist, daß vielmehr die Veranlassung für die Sicherheit dann als weggefallen zu erachten ist, wenn nach Lage des Einzelfalles weitere derartige Ansprüche nicht mehr entstehen können und der sofortigen Geltendmachung eines etwa bereits entstandenen Anspruchs Hindernisse nicht mehr entgegenstehen (RGZ. Bd. 61 S. 301; Gruchot Bd. 50 S. 125). Erhebt der Gegner des Sicherheitsbestellers aber wegen der Ansprüche, für welche die Sicherheit ihm haften soll, innerhalb der Frist die Klage und bringt er damit durch, so darf nach § 109 Abs. 2 ZPO. eine Anordnung auf Rückgabe der Sicherheit nicht erlassen werden, wenigstens so lange nicht, bis die Befriedigung wegen der Ansprüche erfolgt ist. Es ist dann die auf der Annahme des Wegfalls der Veranlassung für die Sicherheitsleistung beruhende Fristbestimmung überhaupt gegenstandslos. Überdies müßte die Geltendmachung, es sei die Veranlassung für die Sicherheitsleistung noch nicht weggefallen, darauf gerichtet sein, daß die Fristbestimmung als ungerechtfertigt aufgehoben werde. Vorliegend hat aber der Klagantrag, wie dies auch bei einer Klage, für deren Erhebung eine Frist nach § 109 Abs. 1 ZPO. gesetzt worden ist, überhaupt erforderlich ist, die Feststellung des Bestehens der Ansprüche, für welche die Sicherheit haften soll, zum Ziele. Für den Rechtsstreit hierüber wäre es auch ohne Bedeutung, wenn besonders geprüft würde, ob die Veranlassung zur Sicherheitsleistung noch bestehe. Die Entscheidung darüber, ob und inwieweit der Kläger sich wegen seiner angeblichen Ansprüche an die geleistete Sicherheit halten kann, erledigt für sich allein diesen Rechtsstreit. Demnach hat der Berufungsrichter mit Recht es abgelehnt, in eine Prüfung der Frage des Wegfalls der Veranlassung für die Sicherheitsleistung einzutreten."

(Sodann werden die weiteren Angriffe der Revision zurückgewiesen, die sich gegen die Auffassung des Berufungsrichters richten, daß die Ansprüche des Klägers auf Erstattung von Kosten in den beiden Prozessen 2. O 57/17 und 2. O 9/18 nicht solche seien, für welche die Sicherheit hafte, und daß der Konkursmasse sonstige Schäden durch die einstweilige Einstellung der Zwangsversteigerung nicht entstanden seien.)

---

36. Kann in einem vor Anhängigkeit des Rechtsstreits stattfindenden Beweissicherungsverfahren das dafür zuständige Amtsgericht die nachträgliche Vereidigung eines gemäß § 393 Abs. 1 Nr. 3 ZPO. zunächst uneidlich vernommenen Zeugen als Prozeßgericht gemäß § 393 Abs. 2 anordnen?

ZPO. §§ 486, 492.

V. Zivilsenat. Urt. v. 8. November 1919 i. S. Ehefrau St. (Bekl.) w. Ehemann St. (Kl.). V 305/19.

I. Landgericht Halle a. S.
II. Oberlandesgericht Naumburg a. S.

Die Parteien sind seit dem 15. April 1914 verheiratet. Der Kläger wurde am 18. August 1914 zum Heeresdienst eingezogen. Er erhob am 28. Januar 1916 Klage auf Scheidung der Ehe mit der Behauptung, während seiner Abwesenheit im Felde habe die Beklagte mit seinem Halbbruder, dem damaligen Flieger Paul H., die Ehe gebrochen.

Der erste Richter wies die Klage und die von der Beklagten erhobene Widerklage ab. Der Berufungsrichter schied die Ehe der Parteien auf die Klage und auf die Widerklage. Die Revision der Beklagten hatte keinen Erfolg.

Aus den Gründen:

„Die Revisionsangriffe richten sich gegen die Entscheidung des Berufungsrichters insoweit, als die Ehe der Parteien auch auf die Klage geschieden und die Beklagte für mitschuldig an der Scheidung erklärt worden ist. In dieser Hinsicht erachtet der Berufungsrichter den von dem Kläger behaupteten Ehebruch der Beklagten mit dem Halbbruder des Klägers, Pa... H., für erwiesen. H. ist am 25. Januar 1916 im Beweissicherungsverfahren vor dem Amtsgerichte Gr. als Zeuge vernommen und hat seine Aussage beeidigt. Sodann ist er am 14. Juli 1917 vor dem Prozeßgericht erster Instanz noch einmal uneidlich vernommen, wobei er seine frühere Aussage aufrecht erhalten hat. Der Berufungsrichter führt aus, die Aussagen des H., insbesondere die im Beweissicherungsverfahren, bei der der Zeuge bestimmt und mit genauen Einzelheiten über Veranlassung und Hergang den im Juli 1915 mit der Beklagten vollzogenen Geschlechtsverkehr unter Eid bekundet habe, seien ihrem Inhalte nach glaubwürdig, und erklärt, zwei von der Zeugin K. eidlich bekundete Unterredungen der Beklagten mit der Zeugin enthielten das direkte Eingeständnis der Richtigkeit der Bekundung des H. und dienten wesentlich zu ihrer Unterstützung. Danach sieht der Berufungsrichter den Beweis des Ehebruchs der Beklagten mit H. als erbracht an.

Die Revision macht geltend, H. hätte als Bruder des Klägers nicht beeidigt werden dürfen; der Richter im Beweissicherungsverfahren habe die Beeidigung durch Beschluß nach § 393 Abs. 2 ZPO. unzulässigerweise angeordnet. Dies ist jedoch unzutreffend. Die Anordnung des Beweissicherungsverfahrens und die Vernehmung des H. in diesem Verfahren haben stattgefunden, bevor die Klage am 28. Januar 1916 zugestellt wurde, also bevor der Ehescheidungsprozeß anhängig war. Nach § 486 Abs. 3 ZPO. war daher das Amtsgericht zu der Anordnung und zu der Vernehmung des H. als Zeugen zuständig. Gemäß § 492 Abs. 1 ZPO. erfolgt im Beweissicherungsverfahren die Beweisaufnahme nach den für die Aufnahme des betreffenden Beweismittels überhaupt geltenden Vorschriften. Daraus ergibt sich, daß, soweit nach diesen Vorschriften das Prozeßgericht bei der Beweisaufnahme tätig ist und Anordnungen zu erlassen berechtigt ist, für das Beweissicherungsverfahren als Prozeßgericht das Gericht zu gelten hat, das für das Beweissicherungsverfahren zuständig ist und dieses Verfahren beschlossen hat, also im Falle des § 486 Abs. 3 das Amtsgericht. Nach § 393 Abs. 2 kann das Prozeßgericht aber die Beeidigung von Zeugen, die wegen naher Verwandtschaft mit einer Partei gemäß § 383 Nr. 3 zur Verweigerung des Zeugnisses berechtigt und, wenn sie von diesem Rechte keinen Gebrauch machen, gemäß § 393 Abs. 1 Nr. 3 zunächst unbeeidigt zu vernehmen sind, nachträglich anordnen.

Im vorliegenden Falle war demnach das Amtsgericht Gr., nachdem es den Zeugen H., den Halbbruder des Klägers, der von dem Rechte der Zeugnisverweigerung keinen Gebrauch gemacht hatte, uneidlich vernommen hatte, berechtigt, die Beeidigung des Zeugen anzuordnen. Es hat nun das Amtsgericht die Vereidigung des Zeugen nach § 393 Abs. 2 ZPO. angeordnet, da er das in sein Wissen Gestellte bestätigt habe und seiner späteren Vereidigung wesentliche Hindernisse entgegenstehen könnten, und darauf ist die Vereidigung erfolgt. Der Zeuge ist mithin prozeßordnungsgemäß vereidigt worden. Für die Richtigkeit dieser Auffassung spricht auch die Erwägung, daß, wenn das für das Beweissicherungsverfahren zuständige Amtsgericht nicht als Prozeßgericht in diesem Verfahren zu einer Anordnung nach § 393 Abs. 2 ZPO. befugt wäre, das Prozeßgericht im Hauptverfahren möglicherweise nicht in der Lage sein könnte, die von ihm gewollte Beeidigung des Zeugen herbeizuführen, weil die nochmalige Vernehmung des Zeugen sich dann wegen Hindernisse, die inzwischen etwa eingetreten wären, nicht mehr ermöglichen ließe. Demnach ist der Revisionsangriff nicht gerechtfertigt." ...

---

37. 1. Zur Frage der Bedeutung kaufmännischer Bestätigungsschreiben.
2. Kann bei Sukzessivlieferungsgeschäften eine Mahnung, die vor Ablauf der für die ganze Lieferung bestimmten Frist erfolgt, genügen, Verzug des Verkäufers auch hinsichtlich der zur Zeit der Mahnung noch nicht fälligen Teillieferungen herbeizuführen?

HGB. § 346; BGB. § 284 Abs. 1.

II. Zivilsenat. Urt. v. 11. November 1919 i. S. St. & Co. (Kl.) w. R. (Bekl.). II 135/19.

I. Landgericht II Berlin, Kammer für Handelssachen.
II. Kammergericht daselbst.

Die Parteien schlossen am 18. Januar 1915 einen Vertrag, wodurch die Klägerin sich verpflichtete, dem Beklagten 17100 qm wasserdichte Baumwollgewebe für Tornister käuflich zu liefern. Im einzelnen handelte es sich um 2400 qm grauen und 1200 qm braunen Oberstoff und um 4200 qm grauen und 9300 qm braunen Taschen- und Klebestoff. Es liegen über den Abschluß zwei Schriftstücke vor. Beide wurden von dem Inhaber der klagenden Firma St. geschrieben und weisen die Form von kaufmännischen Bestätigungsschreiben auf, die von der Klägerin an den Beklagten gerichtet sind. Das eine Schreiben wurde dem

Beklagten ausgehändigt, das andere behielt St. zurück. Nach beiden Schreiben sollten je 5 Meter der verkauften Stoffsorten schnellstens durch Eilpaket abgesandt werden. Weiter heißt es in dem dem Beklagten ausgehändigten Schreiben: „Lieferfrist für die 3600 m . . . und 13500 m . . . sukzessive bis ca. 20./2. ausgeliefert, aber sofort resp. in ca. 8 Tagen mit Teillieferung beginnend. Erste Sendungen in Eilfracht." In dem zurückbehaltenen Schreiben lauten diese Bestimmungen: „Lieferfrist für die 3600 m . . . und 13500 m . . . bis 20. Februar ausgeliefert, in ca. 8 Tagen mit Teillieferung beginnend. Erste Sendungen in Eilfracht." Es fehlt also hier außer dem Worte „sukzessive" bei dem Datum des 20. Februar das in dem andern Schreiben beigefügte „ca." Das zurückbehaltene Schreiben enthält noch den von dem Beklagten unterschriebenen Zusatz: „Mit diesem Schlußbrief einverstanden."

Die Klägerin hat mit Rechnungen vom 23. und 30. Januar, 6., 10. und 12. Februar und 2. März 1915 die gekaufte Ware geliefert, abgesehen von einem — hier nicht in Betracht kommenden — Teile des grauen Oberstoffs. Die letzte Sendung enthielt die 9300 qm braunen Taschen- und Klebestoff. Sie ging am 2. März als Frachtgut von der Fabrik der Klägerin ab und traf am 21. dess. Mts. in Berlin ein. Der Gesamtpreis betrug 26893,87 *M*.

Mit der Klage beanspruchte die Klägerin Zahlung eines Kaufpreisrestes von 18369,87 *M*. Der Beklagte behauptete, daß ihm wegen der bei der letzten Lieferung unterlaufenen Verspätung eine Gegenforderung von 274500 *M* zustehe. Er rechnete die Gegenforderung gegen die Klageforderung auf und erhob wegen eines weiteren Teilbetrags von 5000 *M* Widerklage. Das Landgericht gab der Klage statt und wies die Widerklage ab. Das Berufungsurteil, das die Klage abwies und den Anspruch der Widerklage für dem Grunde nach gerechtfertigt erklärte, wurde auf die Revision der Klägerin aufgehoben.

Gründe:

„Der Beklagte hat zur Begründung seiner Gegenforderung geltend gemacht, die von ihm unter Verwendung der gekauften Stoffe anzufertigenden 9500 Tornister seien bis längstens 21. April 1915 von ihm abzuliefern gewesen, diese Frist habe er nicht einhalten können, weil die Klägerin ihre letzte Lieferung — 9300 qm braunen Taschen- und Klebestoff — verspätet ausgeführt habe, die Tornister seien ihm von dem Besteller nicht mehr abgenommen worden und seien nunmehr anderweitig nur um einen Preis verkäuflich, der um den Betrag der Gegenforderung hinter dem Kaufpreise zurückbleibe, den er mit seinem Abnehmer vereinbart gehabt habe. Der Anspruch stellt sich danach dar als ein auf den Leistungsverzug der Klägerin gestützter Schadensersatzanspruch (§ 286 Abs. 1 BGB.). Ferner hat der Beklagte der Klägerin noch zum Vorwurfe gemacht, daß sie die fragliche Sendung nicht als Eilgut auf den Weg gebracht habe. Hierin ist eine selbständige Begründung des Anspruchs insofern enthalten, als der Klägerin eine ungenügende Erfüllung der Versendungspflicht, die sie im Zusammenhange mit dem Kaufvertrag übernommen hat, zur Last gelegt wird.

Das Berufungsgericht, das die Sache nur unter dem Gesichtspunkte des Verzugs prüft, ist der Ansicht, daß die Klägerin nach § 284 Abs. 2 BGB. mit dem Ablaufe des 20. Februar 1915 ohne weiteres in Verzug gekommen sei, weil von den beiden Urkunden vom 18. Januar 1915 die von der Klägerin vorgelegte, die bei dem Datum des 20. Februar den Zusatz „ca." nicht enthält, für den Vertragsinhalt maßgebend sei und weil deshalb eine nach dem Kalender bestimmte Leistungszeit vorliege. Hierzu ist ausgeführt: Über die Entstehung der beiden Bestätigungsschreiben gingen die Angaben der Parteien auseinander, es könne aber dahingestellt bleiben, welche der beiden Angaben richtig sei, das von der Klägerin überreichte Schreiben trage den Vermerk des Beklagten „mit diesem Schlußbrief einverstanden" und die Unterschrift des Beklagten; hiernach müsse angenommen werden, daß dieses Schreiben dem Willen der Parteien entspreche; dasjenige Schreiben, auf welchem sich der Einverständnisvermerk des Beklagten befinde, stelle sich als ein nach § 126 Abs. 2 Satz 1 BGB. vollzogener schriftlicher Vertrag dar, der als solcher für die Rechtsbeziehungen der Parteien entscheidend sein müsse, es sei nicht abzusehen, aus welchem Grunde der Inhaber der Klägerin sonst die Einverständniserklärung des Beklagten gewünscht hätte.

Diese Ausführungen werden mit Recht von der Revision angegriffen. Das Berufungsgericht irrt, wenn es das Verhältnis, in dem die beiden Urkunden zueinander stehen, nur nach dem von ihm hervorgehobenen äußerlichen Gesichtspunkte beurteilt und wenn es die Umstände, unter denen die beiden Schriftstücke entstanden sind, als unerheblich ansieht; dabei geht es auch fehl in der Verwertung der von ihm erwähnten Gesetzesvorschrift, die sich auf die gesetzliche Schriftform bezieht und hier überhaupt bedeutungslos ist. Das richtige Verständnis der Sache erfordert vielmehr, daß auf die Art, wie die Urkunden zustande gekommen sind, eingegangen wird. Wie das Vorbringen der Parteien ergibt, befand sich der Inhaber der klagenden Firma St. zur Zeit des Vertragsabschlusses in Berlin. Dort verhandelte er in seinem Hotelzimmer mit dem Beklagten und hierbei wurden die beiden Schriftstücke von ihm angefertigt. Nach der Behauptung der Klägerin ist das von St. zurückbehaltene, mit der Einverständniserklärung des Beklagten versehene Schreiben nur eine Abschrift des vorher angefertigten, dem Beklagten überreichten Bestätigungsschreibens, bei der St. versehentlich den Zusatz „ca." weggelassen hat. Dagegen behauptet der Beklagte, das Abgesprochene sei zunächst niedergelegt worden in der von St. zurückbehaltenen Urkunde, die das Vereinbarte richtig wiedergebe, auf seine Bitte um einige Notizen über die Abmachung habe dann St. das andere Schriftstück angefertigt. Es kann dahingestellt bleiben, welche der beiden Behauptungen zutrifft, insbesondere in welcher Reihenfolge die beiden Schriftstücke entstanden sind. Trifft die Darstellung der Klägerin zu, dann ist ohne weiteres klar, daß St., der keine Kopie des dem Beklagten überreichten Bestätigungsschreibens besaß, durch die Anfertigung des weiteren Schriftstückes sich nur ein Beweismittel verschaffen wollte und daß das Schriftstück nicht dazu dienen sollte, die in dem Bestätigungsschreiben enthaltenen Lieferungsbedingungen abzuändern. Aber auch wenn die Anfertigung der von St. zurückbehaltenen Urkunde vorausgegangen ist, muß als maßgebend für den Umfang der von der Klägerin übernommenen Verpflichtung die dem Beklagten übergebene Urkunde gelten, die nicht bloß einige Notizen enthält, sondern ein förmliches Bestätigungsschreiben ist und widerspruchslos hingenommen wurde. Das folgt aus der nach § 346 HGB. zu berücksichtigenden Bedeutung, die einem solchen Schreiben nach kaufmännischer Auffassung zukommt.

Eventuell ist das Berufungsgericht der Ansicht, daß der Verzug der Klägerin auch durch Mahnung (Abs. 1 des § 284) herbeigeführt worden sei und zwar bezüglich der gesamten 9300 qm. Diese Beurteilung ist, entgegen der Meinung der Revision, nicht zu beanstanden. Die Klägerin hatte nach dem Vertrage vom 18. Januar 1915 in ca. acht Tagen mit Teillieferungen zu beginnen. Dabei war nicht etwa vereinbart, daß die einzelnen Stoffarten nacheinander zugesandt werden sollten, sondern die Abrede war gleichmäßig für alle 3600 qm Oberstoff und 13500 qm Taschen- und Klebestoff getroffen. Das Berufungsgericht nimmt deshalb einwandfrei an, daß die Teillieferungen, die nach ca. acht Tagen einsetzen sollten, sich sofort auch auf den hier streitigen braunen Taschen- und Klebestoff zu erstrecken hatten. Nun hat der Beklagte in zwei Briefen vom 30. Januar und in einem Briefe vom 3. Februar 1915, also nach Ablauf der Frist von ca. 8 Tagen, dringend an die pünktliche Zusendung der ganzen Ware, insbesondere auch des hier streitigen Stoffes gemahnt. Damals waren allerdings noch nicht die gesamten — bis ca. 20. Februar auszuliefernden — 9300 qm fällig, vielmehr konnte der Beklagte erst Teillieferungen verlangen. Nach der Lage der Sache hinderte das aber nicht, daß Verzug der Klägerin nicht nur hinsichtlich der Teillieferungen, die damals zu bewirken waren, sondern hinsichtlich des ganzen, verspätet zugesandten Postens herbeigeführt wurde Freilich ist dies nicht aus dem in der Rechtsprechung des Reichsgerichts anerkannten, von dem Berufungsgericht anscheinend für anwendbar erachteten Grundsatze zu folgern, daß bei Sukzessiv-

Lieferungsgeschäften der Verzug mit einer Teilleistung regelmäßig die gleiche Wirkung hat, wie wenn der Schuldner mit der ganzen Leistung in Verzug gekommen wäre. Denn dieser für das Anwendungsgebiet des § 326 BGB. geltende Satz hat hier, wo es sich um einen Anspruch aus § 286 Abs. 1 daselbst handelt, außer Betracht zu bleiben. Die erwähnten erfolglosen Mahnungen müssen aber deshalb als ausreichend angesehen werden, weil nicht besondere Termine für die einzelnen Teilleistungen innerhalb des einheitlichen Abschlusses festgesetzt waren und weil im Hinblick hierauf und bei Berücksichtigung des Inhalts der Briefe vom 30. Januar und 2. Februar 1915 spätere Mahnungen nur auf eine zwecklose Wiederholung der früheren Aufforderungen hinausgelaufen wären. Ungerechtfertigt ist auch der Einwand der Revision, daß der Beklagte sich nachträglich mit der späteren Lieferung des streitigen Stoffes stillschweigend einverstanden erklärt habe. Das Berufungsgericht hat diese Behauptung der Klägerin bedenkenfrei widerlegt.

Zur Abweisung der ganzen Klage und zu dem Ausspruche, daß die Widerklage dem Grunde nach gerechtfertigt sei, konnte das Berufungsgericht nur gelangen, wenn es feststellte, daß die teils aufgerechnete, teils widerklagend geltend gemachte Gegenforderung in Höhe eines Betrags besteht, der die Klageforderung übersteigt. Eine solche Feststellung hat das Berufungsgericht auch getroffen, indem es darlegt, daß der Beklagte wegen der verspäteten Lieferung der Klägerin die aus den Stoffen herzustellenden Tornister oder doch einen Teil derselben nicht rechtzeitig habe anfertigen können und daß er hierdurch den die Klageforderung übersteigenden Schaden erlitten habe. Die Grundlage dieser Schadensberechnung ist mit der Revision insofern zu beanstanden, als der 20. Februar ohne weiteres als der Zeitpunkt angesehen wird, zu welchem die streitige Ware dem Beklagten in Berlin zur Verfügung stehen mußte. Das widerspricht dem ausdrücklichen Vorbringen der Klägerin, daß der in dem Vertrage vorgesehene Auslieferungstermin den Zeitpunkt bezeichne, bis zu welchem die letzte Teilsendung in K., und zwar als Frachtgut, von der Fabrik abzugehen gehabt habe, und nicht den Zeitpunkt, bis zu welchem die ganze Ware in Berlin angekommen sein müsse. Über dieses Vorbringen durfte das Berufungsgericht nicht stillschweigend hinweggehen. Es ist, zumal bei einem in der Kriegszeit geschlossenen Vertrage, keineswegs etwas Selbstverständliches, sondern eine ungewöhnliche Abrede, wenn der Verkäufer die Einhaltung eines Ankunftstermins zusagt und damit hinsichtlich der Beförderungsdauer die an sich von dem Käufer zu tragende Gefahr übernimmt. Das eben erörterte, nicht auf dem Gebiete des § 287 ZPO. liegende, sondern die Vertragsauslegung betreffende Bedenken mußte, ohne daß es auf die sonstigen Revisionsangriffe ankam, zur Aufhebung des angefochtenen Urteils und zur Zurückverweisung der Sache führen, da aus den Erwägungen des Berufungsgerichts nicht erhellt, ob ein die Klageforderung übersteigender Schaden auch dann entstanden ist, wenn von der dem Vorbringen der Klägerin entsprechenden Vertragsauslegung ausgegangen wird."

---

38. Kann der Kauf von Wertpapieren wegen Irrtums über deren Börsenkurs angefochten werden?

I. Zivilsenat. Urt. v. 12. November 1919 i. S. Commerz- u. Diskonto-Bank (Bekl.) w. A. (Kl.). I 114/19.

I. Landgericht I Berlin.
II. Kammergericht daselbst.

Die Klägerin bot durch Schreiben vom 26. September 1917 der Beklagten 3000 *M* Düsseldorfer Eisen- und Draht-Aktien zum Kauf an, und zwar zum Kurs von 198, nachdem sie auf Anfrage von der Beklagten die Mitteilung erhalten hatte, daß der Kurs 207 betrage. Die Beklagte bestätigte durch Schreiben vom 28. September 1917, daß sie als Eigenhändlerin die genannten Papiere zum Kurse von 198 bzw. 199 von der Klägerin gekauft habe. Durch Schreiben vom 20. Oktober 1917 teilte sie aber der Klägerin mit, daß die Abrechnung vom 28. September 1917 über den Verkauf von „3000 Düsseldorfer Eisen- und Draht-Industrie-Aktien" zu 198 auf einem Irrtum beruhe, da dieser Kurs den Verkauf von „Aktien der Düsseldorfer Eisenhüttengesellschaft" darstelle, und daß demgemäß die Beklagte ihre Verkaufsorder vom 28. September storniere. Die Beklagte steht auf dem Standpunkte, daß sie mit diesem Schreiben ihre Erklärung vom 28. September 1917 betr. den Ankauf der Düsseldorfer Eisen- und Draht-Aktien wegen Irrtums angefochten habe, und zwar rechtzeitig, da sie erst am 20. Oktober von dem Anfechtungsgrunde Kenntnis erlangt habe. Die Klägerin will die Anfechtung nicht gelten lassen und beansprucht die Feststellung, daß der Ankauf der 3000 *M* Düsseldorfer Eisen- und Draht-Aktien durch die Beklagte zu Recht besteht.

Die Vorinstanzen gaben der Klage statt. Die Revision der Beklagten hatte Erfolg aus folgenden

Gründen:

„Legt man den Wortlaut der Erklärung der Beklagten vom 28. September 1917 für sich allein zugrunde, so ist zwischen den Parteien ein Vertrag geschlossen, inhalts dessen die Beklagte von der Klägerin die fraglichen Wertpapiere zu einem bestimmten Kurse von

198 und 199 gekauft hat. Nun darf aber der an sich zu billigende Gesichtspunkt, daß die Zuverlässigkeit ausdrücklicher vertraglicher Erklärungen ein Erfordernis der Sicherheit des geschäftlichen Verkehrs ist, in Gemäßheit von §§ 157, 133 BGB. nicht zu einer Überspannung der Bedeutung des buchstäblichen Wortsinns führen.

Im vorliegenden Falle hat die Klägerin nach ihrer eigenen Darstellung sich am 26. September 1917 durch ihren Ehemann bei der Beklagten nach dem Kurse der streitigen Aktien erkundigt und die Auskunft erhalten, daß der Kurs 207 sei. Im Anschluß hieran hat sie als Verkäuferin der Beklagten laut Schreiben vom 26. September die fraglichen Wertpapiere zum Kurse von 198 zum Kauf angeboten. In dem genannten Schreiben heißt es weiterhin:

„Diese Verkaufsgebote sind verbindlich für mich und gültig bis . . .

Auf die vorstehenden ohne Kursbegrenzung oder bestens gegebenen Anerbieten wollen Sie den Kurs nach billigem Ermessen (§ 315 BGB.) bestimmen . . ."

Diese Stelle des Schreibens läßt, wenngleich sie in den Rahmen des Angebots nicht ohne weiteres hineinpaßt, erkennen, daß die wesentliche Grundlage des Angebots der jeweilige Tageskurs sein sollte mit der Einschränkung, daß unter einem Kurse von 198 nicht abgeschlossen werden durfte. Wenn dann die Beklagte laut Schreiben vom 28. September 1917 erklärte, daß sie als Eigenhändlerin die fraglichen Aktien „heute", d. h. am 28. September 1917, per Kasse zum Kurse von 198 bzw. 199 gekauft habe, so ist damit in einer auch für die Klägerin erkennbaren Weise zum Ausdruck gebracht, daß zu dem betreffenden Tageskurse, der die genannte Höhe erreicht habe, der Kaufvertrag zustande gekommen sei. Insofern ähnelt der vorliegende Fall in wesentlichen Punkten dem in RGZ. Bd. 94 S. 65 behandelten Rechtsstreit. Allerdings ist dort angenommen, daß ein Kommissionsgeschäft oder auch eine Kommission mit Selbsteintritt des Kommissionärs in Frage komme, während hier die Feststellung des Vorderrichters, daß ein Eigengeschäft der Parteien vorliege, ohne erkennbaren Rechtsirrtum getroffen und von der Revision nicht beanstandet worden ist. Es können aber die in der genannten Entscheidung dargelegten Grundsätze auf ein Eigengeschäft jedenfalls dann entsprechende Anwendung finden, wenn es sich, wie hier, um den An- und Verkauf von Wertpapieren handelt, die zwar derzeit infolge der Kriegsverhältnisse keinen amtlichen, aber einen tatsächlichen Börsenkurs hatten und an einem bestimmten Tage gehandelt worden sind, da hier nach Lage der Sache für beide Vertragsteile nur der Börsenkurs des betreffenden Tags als Kaufpreis in Betracht kommen konnte. Daß die Beklagte sich bei Abgabe der erwähnten Erklärung vom 28. September 1917 über die Höhe des fraglichen Tageskurses irrte, ist zwischen den Parteien unbestritten, wie denn auch das Berufungsgericht festgestellt hat, daß die Beklagte derzeit angenommen habe, ihr Börsenvertreter habe die fraglichen Aktien am 28. September 1917 an der Börse zum Kurse von 201 bzw. 198,5, also zu einem etwas höheren als dem der Klägerin berechneten Kurs, weiter verkauft. Dieser Irrtum über den fraglichen Tageskurs war im Hinblick auf die erwähnten besonderen Umstände des Falls nicht ein bloßer Irrtum im Beweggrunde, sondern ein Irrtum über Grundlagen der rechtsgeschäftlichen Erklärung, welche in einer dem Gegner erkennbaren Weise diese Erklärung derart beeinflußten, daß der Irrtum über jene als Irrtum über den Inhalt der Erklärung im Sinne von § 119 BGB. erscheint. Demnach ist die Anfechtung der fraglichen Erklärung der Beklagten wegen Irrtums berechtigt, falls diese Anfechtung rechtzeitig erfolgt sein sollte." ...

---

39. Wann liegt in der Zahlung einer Nichtschuld ein Verzicht auf das Rückforderungsrecht?

BGB. §§ 814, 157; HGB. § 346.

I. Zivilsenat. Urt. v. 12. November 1919 i. S. Zuckerraffinerie M. (Bekl.) w. F., Allg. Vers.-Ges. (Kl.). I 111/19.

I. Landgericht I Berlin, Kammer für Handelssachen.
II. Kammergericht daselbst.

Die Beklagte hatte im Dezember 1914 mehrere Posten Zucker von Lübeck nach Königsberg mit dem Dampfer Stockholm verladen lassen. Der Dampfer ging in der Ostsee vor Erreichung des Bestimmungsorts mit seiner Ladung und der gesamten Bemannung unter. Die Beklagte hatte bei der Klägerin Versicherung für die Beförderung genommen. Die Police trägt die Klausel frei von Kriegsmolest. Nach Untergang des Dampfers entstand zwischen den Parteien Streit darüber, ob der Verlust durch einen Kriegsunfall, für den die Klägerin policenmäßig nicht zu haften hat (Auflaufen auf Minen oder Torpedierung) oder durch Seeunfall herbeigeführt worden ist. Schließlich bezahlte die Klägerin den Totalschaden. Sie fordert mit der Klage die gezahlte Summe zurück, weil sich nachträglich herausgestellt habe, daß ein Kriegsunfall vorliege, also eine nicht bestehende Schuld gezahlt sei. Die Beklagte bestritt, daß ein Kriegsunfall nachgewiesen sei, führte auch aus, daß die Klägerin auf Rückforderung verzichtet hätte.

Das Landgericht wies die Klage ab.

Das Berufungsgericht verurteilte in zwei Teilurteilen die Beklagte nach dem Klagantrage.

Die Beklagte legte gegen das zweite Teilurteil Revision ein, die Erfolg hatte.

Gründe:

„Das Berufungsgericht hat die Grundsätze über die Auslegung von Urkunden, sowie die § 157 BGB., § 346 HGB. verletzt.

Da der Dampfer Stockholm, seinen Bestimmungshafen, nicht erreicht hatte und Nachrichten über seinen Verbleib nicht einliefen, meldete die Beklagte am 31. Dezember 1914 ihre Ansprüche aus der Versicherung bei der Klägerin an. Diese erwiderte, sie könne in eine Prüfung ihrer Haftung erst eintreten, wenn die Ursache des Untergangs des Dampfers festgestellt sei, was vor Ablauf der Verschollenheitsfrist zweifellos geschehen werde; es müsse als sehr naheliegend angenommen werden, daß der Schaden auf eine der nicht versicherten Gefahren (Kriegsunfall) zurückzuführen sei. Der Briefwechsel zog sich bis Ende Februar 1915 hin. Die Klägerin betonte wiederholt, sie beabsichtige nicht, sich auf die Verschollenheitsfrist zu berufen, sobald feststehe, daß es sich um einen reinen Seeunfall, nicht um einen Kriegsunfall, handle. Die Beklagte vertrat die Ansicht, die Wahrscheinlichkeit spreche für einen Seeunfall. In ihrem Schlußbriefe vom 27. Februar erklärte die Klägerin, es müsse unbedingt abgewartet werden, ob sich die Schadensursache aufklären lasse; solange in dieser Beziehung nichts Zuverlässiges feststehe, könne sie noch nicht zahlen. Sodann trat eine Pause von zwei Monaten in dem Briefwechsel ein. Die Beklagte verlangte Ende April wiederum Zahlung des Schadens, und jetzt erwiderte die Klägerin am 26. April: Damit die Angelegenheit nunmehr baldigst zur Erledigung gebracht werden könne, bitte sie um Vorlage der erforderlichen Seekonnossemente und Beantwortung einiger Anfragen. Am 5. Mai erklärte sie, vor Erhalt sämtlicher Konnossemente könne sie nicht regulieren, so lieb es ihr auch wäre, endlich mit dieser Angelegenheit Schluß machen zu können. Auf die Frage, ob Seeunfall oder Kriegsschaden, ist die Klägerin nach dem vorgelegten Briefwechsel seit Ende Februar nicht wieder zurückgekommen. Am 13. Mai hat sie sodann Zahlung geleistet.

Das Berufungsgericht hat angenommen, es habe ein Kriegsunfall, nicht aber ein reiner Seeunfall vorgelegen. Die Klägerin sei deshalb nicht zur Zahlung verpflichtet gewesen, habe vielmehr eine Nichtschuld bezahlt. Deshalb sei die Rückforderung berechtigt. Allerdings sei die Klägerin nicht etwa irrtümlicherweise von ihrer Zahlungsverpflichtung überzeugt gewesen, sondern sie habe Zweifel über ihre Verpflichtung gehabt und habe trotzdem gezahlt; ein solcher Zweifel hindere aber die Rückforderungsberechtigung nicht. Aus der Zahlung sei auch nicht zu schließen, daß die Klägerin auf die Rückforderung verzichtet habe, vielmehr habe sie gezahlt, weil der Ablauf der Verschollenheitsfrist gedroht, und weil sie geglaubt habe, den Beweis, daß ein Kriegsunfall vorliege, nicht führen zu können. Es liege auch nicht etwa ein die Rückforderung beseitigender Vergleich vor. Allerdings habe die Beklagte 1 % ihrer Forderung (187,50 ℳ) nachgelassen, der Nachlaß sei jedoch nur ein Ausgleich für Zahlung vor Ablauf der Verschollenheitsfrist gewesen, habe aber nicht den Streit, ob ein Versicherungsfall vorliege, vergleichweise erledigen sollen.

Diesen Ausführungen des Berufungsgerichts kann nicht zugestimmt werden, vielmehr muß angenommen werden, daß der Klägerin ein Rückforderungsrecht nicht zusteht. Das Berufungsgericht hat festgestellt, die Klägerin habe bei der Zahlung und den vorausgegangenen Verhandlungen nicht etwa den Willen gehabt, daß es bei der Zahlung verbleiben solle, auch wenn der Zweifel über die Natur des Unfalles sich zu ihren Gunsten aufklären werde. Es kommt aber nicht entscheidend auf den inneren Willen der Klägerin an, sondern darauf, wie sich ihr Verhalten bei gutgläubig unbefangener Beurteilung darstellt. Die Sache liegt, wie folgt: Über den streitigen Punkt, ob Seeunfall oder Kriegsunfall, hatte man eingehend längere Zeit hindurch Briefe gewechselt. Die Klägerin hatte schließlich erklärt, sie könne nicht eher zahlen, als bis der Zweifel geklärt sei. Damit war der Briefwechsel zunächst abgebrochen. Nach zwei Monaten erklärte sich dann die Klägerin bereit, zu zahlen. Damals, am 26. April, lag für die Klägerin keinerlei Zwang zur Zahlung vor. Die Verschollenheitsfrist lief noch fast zwei Monate. Die Klägerin hat auch subjektiv nicht unter einem Zwange gehandelt, denn einmal schreibt sie am 27. Februar, daß bis zum Ablauf der Verschollenheitsfrist der Versicherte die Art des Unfalls nachweisen müsse, welche Beweisführung sie für unmöglich erachtete, und zweitens gibt sie als Grund ihrer jetzigen Zahlungsbereitwilligkeit am 26. April an, sie wolle die Angelegenheit baldigst zur Erledigung bringen, und am 5. Mai erklärt sie schließlich: es sei ihr lieb, endlich mit der Angelegenheit Schluß machen zu können. Sie hat also gezahlt, nicht, weil sie nach ihrer Überzeugung damals zahlen mußte, sondern weil sie die Angelegenheit aus der Welt haben wollte. Ein solches Verhalten stellt sich bei unbefangener Auffassung so dar, daß die Angelegenheit nun endgültig erledigt sein sollte, einerlei, ob die Klägerin im Innern an die Möglichkeit einer Rückforderung gedacht hat und ob sie sich diese vorbehalten wollte. Wollte die Klägerin diese Auffassung ihrer Handlungsweise vermeiden, so hätte sie unter Vorbehalt zahlen müssen. Dem vorstehend Dargelegten entspricht die Anschauung des kaufmännischen Lebens. Der kaufmännische Verkehr hat das entschiedene, vielfach in Handelsgebräuchen hervortretende Bestreben, klare und endgültig geregelte Verhältnisse zu schaffen, die nicht nachträglich wieder umgestoßen werden können. Dieses Streben entspringt daraus, daß auf Grund der durch das Verhalten zweier Parteien geschaffenen Sachlage in der Regel weitere neue Maßnahmen getroffen werden, die unterblieben wären, wenn man gewußt hätte, daß eine Partei die von ihr selbst geschaffene Sachlage nachträglich umstoßen könnte. Der kaufmännischen Anschauung würde es deshalb nicht entsprechen, wenn eine große, im kaufmännischen Verkehr stehende Anstalt, die zu einer zweifelhaften und streitigen Frage endgültig Stellung genommen und entsprechende Rechtshandlungen vorgenommen hat, nachträglich ihre Rechtshandlungen wieder rückgängig machen könnte, bloß um deswillen, weil sie zu ihrer nun einmal erfolgten Stellungnahme vom Rechte nicht genötigt war, vielmehr sich auch anders hätte entscheiden können. Es ist selbstverständlich, daß diese Verkehrsanschauung die gesetzlichen Bestimmungen über die Rückforderung nicht einengen kann, wohl aber muß sie bei Beurteilung der Frage, in welchem Sinne das Verhalten einer Partei nach objektivem Maßstab auszulegen ist, berücksichtigt werden. Daß bei der Beurteilung und Auslegung von Willenserklärungen nach § 157 BGB., § 346 HGB. nicht nur dasjenige verkehrsübliche Verhalten tatsächlicher Natur, das sich als Verkehrssitte darstellt, sondern daß auch Verkehrsanschauungen und Verkehrsauffassungen zu berücksichtigen sind, ergibt sich aus der Natur der Sache und ist vom Reichsgericht vielfach anerkannt (vgl. u. a. RGZ. Bd. 80 S. 211, Bd. 83 S. 186, Bd. 89 S. 262). Nach diesen vom Berufungsgericht nicht genügend in Rücksicht gezogenen rechtlichen Grundsätzen ist also das entscheidende Gewicht darauf zu legen, wie sich das Verhalten der Klägerin einem Dritten nach unbefangenem Verständnis darstellen mußte. Dafür kommt, wie bereits betont, in Betracht: die Zweifelsfrage war im Briefwechsel eingehend erörtert; nach anfänglicher Ablehnung entschloß sich die Klägerin, die die Sachlage klar überblickte, zur Zahlung, ohne damals durch irgendwelche Umstände zur Zahlung genötigt zu sein; sie zahlte auch nicht unter Vorbehalt, sondern erklärte wiederholt, sie wolle die Angelegenheit baldigst zur Erledigung bringen. Wer sich so verhält, der ist an seine Stellungnahme gebunden und hat sich des Rückforderungsrechts begeben.

Hinzuzufügen ist, daß dahingestellt bleibt, wie zu entscheiden sein würde, wenn nach Zahlung neue erhebliche Tatsachen zutage getreten wären, die den Sachverhalt in einem ganz anderen Lichte erscheinen ließen, als bei Zahlung angenommen wurde. Derartiges ist vorliegendenfalls nicht gegeben. Die Klägerin hat sich zwar in ihrem Schriftsatz vom 2. Mai 1918 darauf berufen, erst nach Zahlung habe sie erfahren, daß der Dampfer Stockholm seetüchtig gewesen sei und während seiner Reise normales Wetter geherrscht habe. Dem steht jedoch entscheidend entgegen, daß sie schon in ihrem Briefe vom

9. Januar 1915 die Möglichkeit eines Kriegsunfalls als sehr naheliegend bezeichnet hat. Hielt sie einen Seeunfall für mehr oder weniger ausgeschlossen, so war dafür normales Wetter und Seetüchtigkeit des Dampfers zweifellos Voraussetzung. Ebenso hat sie am 25. Januar erklärt, für einen Seeunfall seien nicht die geringsten Anhaltspunkte gegeben. Auch das hätte sie nicht erklären können, wenn sie nicht schon damals geglaubt hätte, daß schlechtes Wetter oder Seeuntüchtigkeit nicht in Frage ständen. Endlich kann sich die Klägerin auch nicht darauf berufen, daß erst nach ihrer Zahlung das Urteil des Oberlandesgerichts in Königsberg ergangen ist, in welchem das Vorliegen eines Kriegsunfalls als erwiesen angesehen wurde. Die vorhandenen Zweifel wurden dadurch nicht geklärt, denn — wie gerichtsbekannt ist — hat das Oberlandesgericht in Hamburg auf Grund des gleichen Beweisergebnisses den Beweis eines Kriegsunfalls nicht als geführt angesehen. Außerdem kann die Beurteilung gerichtlicher Instanzen in der hier in Betracht kommenden Richtung überhaupt nicht von ausschlaggebender Bedeutung sein, denn es kommt nicht darauf an, wie der vorliegende Sachverhalt beurteilt wird, sondern ob durch neu hervortretende sachliche Umstände der Sachverhalt ein anderes Ansehen gewinnt." . . .

---

40. Inwieweit hat eine die Stellung eines Akkreditivs ausführende Bank die Erfüllung des unterliegenden Geschäfts zu prüfen?

III. Zivilsenat. Urt. v. 14. November 1919 i. S. Br. Bankverein (Bekl.) und Stadt Z. (Nebeninterv.) w. Bank. Be. (Kl.). III 235/19.

I. Landgericht Köln, Kammer für Handelssachen.
II. Oberlandesgericht daselbst.

Der Beklagte stellte durch Telegramm vom 18. Oktober 1916 im Auftrage der Nebenintervenientin der Klägerin 140000 *M* gegen Auslieferung des Frachtbriefes und Verladedokuments über 400 Ztr. holländischen Rückenspecks zur Verfügung. Die Klägerin erkundigte sich bei dem Bürgermeister der Stadt Z. nach der Person des Verkäufers; es wurde ihr darauf F. als solcher genannt. Sie übersandte demnächst dem Beklagten 2 Frachtbriefe, den einen über halbe gesalzene Färken, den andern über gesalzenes Schweinefleisch. Der Beklagte beanstandete die Frachtbriefzahlung, da die Sendung nicht Speck enthalte, und wies die Frachtbriefe als dem Auftrage nicht entsprechend zurück.

Die Klägerin fordert die Zahlung der 140000 *M* nebst einer Vergütung von 200 *M*. Das Landgericht wies die Klage ab, das Berufungsgericht gab ihr statt. Das Reichsgericht hob das Berufungsurteil auf und wies die Berufung der Klägerin gegen das landgerichtliche Urteil zurück.

Aus den Gründen:

„Die Klägerin trägt zur Begründung ihres Anspruchs vor, sie habe am 24./25. Oktober 1916 die zwei Frachtbriefe über halbe gesalzene Färken und über gesalzenes Schweinefleisch durch Zahlung von 140000 *M* eingelöst auf die mündliche Versicherung des ihr von F., dem Vertrauensmann der Nebenintervenientin, als überwachender Verlader vorgestellten K., daß die von ihm abgenommene Ware tadellos und prima Rückenspeck sei. Die Frachtbriefe hätten nur wegen des notwendigen Gleichlauts mit dem holländischen Ausfuhrbewilligungsformular anders, als im Telegramm vom 18. Oktober vorgeschrieben war, lauten müssen. Eine Anfrage bei der Nebenintervenientin sei nicht mehr möglich gewesen, die Ware hätte nämlich dann nicht mehr rechtzeitig über die Grenze gehen können. Auf alles dieses hin habe sie sich zur Einlösung entschlossen; sie, als vom Beklagten beauftragt, habe so handeln müssen, wie der Beklagte seinem Auftraggeber, nämlich der Nebenintervenientin gegenüber zu handeln verpflichtet war; sie, die Klägerin, sei also berechtigt und verpflichtet gewesen, die Interessen der Nebenintervenientin, der es darauf ankam, den Speck alsbald zu bekommen, ohne Kleben am Wortlaut des Telegramms vom 18. Oktober wahrzunehmen, und demnach die Frachtbriefe einzulösen, nachdem sie sich sorgfältig erkundigt und soweit möglich davon überzeugt gehabt habe, daß die Ware wirklich Rückenspeck sei.

Dieses Verfahren der Klägerin und die von ihr dafür gegebene Begründung kann jedoch aus den wirklich bestehenden Rechtsbeziehungen nicht gerechtfertigt und kaum erklärt werden. Denn die Klägerin trägt selbst weiter vor, daß ihr der Kaufvertrag über Speck zwischen der Nebenintervenientin als Käuferin und F. als Verkäufer damals in keiner Weise näher bekannt war, daß sie auch von einem etwaigen weiteren, in Wirklichkeit nicht vorhandenen, Auftrag der Nebenintervenientin an den Beklagten, über die Akkreditivstellung hinaus, wie sie sich aus dem Telegramm vom 18. Oktober ergab, nichts wußte. Die Klägerin hat nie verlauten lassen, daß sie selbst von der Nebenintervenientin oder vom Beklagten irgendeinen weiteren Auftrag als den des Telegramms vom 18. Oktober erhalten hatte. Es ist deshalb nicht abzusehen, wie die Klägerin dazu kommen konnte, für die materiellen, ihr ja unbekannten Rechte und Interessen der Nebenintervenientin durch zwiefache Abweichung von dem ihr selbst und ihr nur durch den Beklagten erteilten Auftrage fürzusorgen; und zwar fürzusorgen dadurch, daß sie der Zusicherung des Vertragsgegners der Nebenintervenientin, nämlich des Verkäufers F. und seines Verladers, die im Frachtbrief anders bezeichnete Ware sei Rückenspeck, Glauben schenkte und dieses ihr Vertrauen in die Zusicherung des Kaufvertragsgegners für eine genügende sorgfältige Erkundigung ihrerseits erachtete. In Wahrheit waren die Klägerin und der Beklagte nur als Banken beteiligt, der Beklagte, indem er das Depositum der Nebenintervenientin von 140000 ℳ entgegennahm und die Ausführung dieses Akkreditivs durch das Telegramm vom 18. Oktober der Klägerin übertrug, die Klägerin, indem sie diesem Telegramme gemäß gegen bestimmt lautenden Frachtbrief und gegen bestimmte Verladedokumente über diese 140000 ℳ verfügen sollte; beide Parteien hatten im übrigen mit dem unterliegenden Speckankaufe der Nebenintervenientin nichts zu tun.

Der weitere Verlauf war der, daß die Klägerin am 24. Oktober an den Beklagten telegraphierte „Z. rollt heute", und am gleichen Tage dem Beklagten schrieb „Die Duplikatfrachtbriefe über die Sendung für Z. sende ich Ihnen separat", daß sie am 25. Oktober die beiden Frachtbriefe, nicht auch die Verladedokumente, die nach ihrer Behauptung im regelmäßigen Geschäftsgange immer beim Übergang über die Grenze kassiert werden, an den Beklagten einsendete, und daß der Beklagte diese Frachtbriefe am 28. Oktober erhielt. Darauf antwortete der Beklagte am 28. Oktober brieflich:

> „Wir empfingen heute von Ihnen zwei Duplikatfrachtbriefe über je 10000 kg gesalzenes Schweinefleisch und sehen Ihrer Belastungsaufgabe entgegen."

In diesem Briefe findet der Berufungsrichter eine Genehmigung des Beklagten, und zwar das den Beklagten zur Zahlung der Klagesumme verpflichtende Einverständnis damit, daß die Klägerin diese so lautenden Frachtbriefe eingelöst hatte, und die Erklärung der Absicht, die Einlösungssumme der Klägerin nach Mitteilung einer dahingehenden Belastungsaufgabe gutzuschreiben.

Diese Auffassung ist eine verfehlte, bei Würdigung aller Umstände unmögliche.

Falls der Beklagte auch — was er bestreitet, der Berufungsrichter aber feststellt — bei Absendung dieses seines angeblich zu seinen Ungunsten entscheidenden Briefes vom 28. Oktober bereits im klaren darüber war, daß es sich um eben dieses Geschäft handelte, so wußte er doch nichts davon, aus welchen Gründen die Klägerin anders lautende Frachtbriefe eingelöst hatte, daß dies insbesondere auf die Zusicherung des F. und seines Verladers geschehen war. Wiederholt betont die Klägerin, die sich ja selbst erst auf diese Zusicherung hin zur Einlösung entschlossen hatte, in ihren Schriftsätzen, der Beklagte habe prüfen müssen, ob das Verhalten der Klägerin ein richtiges gewesen war, der Beklagte habe den Ersatz der Einlösungssumme zurückhalten dürfen, bis die Frage geklärt war, ob die Ware wirklich Rückenspeck sei. Damit mutet die Klägerin dem Beklagten ebenfalls eine sachliche Einmischung in das materielle Speckkaufgeschäft zu. Am

28. Oktober aber hatte weder der Beklagte noch die Nebenintervenientin die geringste Kenntnis davon, wie und woraufhin die Einlösung der anders lautenden Frachtbriefe erfolgt war; weder der Beklagte noch die Nebenintervenientin konnten also die, von ihnen im Prozeß überhaupt bestrittene, Zusicherung des F. und des Verladers nachprüfen und zu der sich darauf stützenden Handlungsweise der Klägerin Stellung nehmen. Daß der Beklagte den angeblich entscheidenden Brief vom 28. Oktober nach Einvernahme mit der Nebenintervenientin mit deren Zustimmung und in deren Auftrage geschrieben habe, behauptet die Klägerin selbst nicht. Eine solche Behauptung würde bedeuten, daß die Käuferin des Speckes, die Nebenintervenientin, sich ohne alles Weitere mit der Einlösung der anders lautenden Frachtbriefe einverstanden erklärt habe, obwohl in dem Kaufvertrage zwischen ihr und F. ausdrücklich nur ca. 6—12 cm starker Rückenspeck als die Ware benannt war, und obwohl der Zahlungsauftrag an die Klägerin in dem Telegramme vom 18. Oktober ganz scharf präzisiert war. Sondern die Klägerin behauptet, der Beklagte habe für sich allein auf sein eigenes Risiko in jenem Schreiben vom 28. Oktober die Einlösung genehmigt, obwohl er die angebliche Zusicherung des F. und des Verladers nicht kannte, also weder prüfen konnte, ob diese Zusicherung überhaupt gemacht war, noch ob sie der Wahrheit entsprach. Damit wird dem Beklagten, einer Bank, die für ihre rein bankmäßige Beteiligung an dem Geschäfte nur 1 % Provision zu erhalten hatte, zugemutet, daß er sich noch in einer viel weiter gehenden Weise, als die Klägerin getan hatte, in das materielle Geschäft eingemischt habe, nämlich daß er ohne Möglichkeit einer, von der Klägerin selbst für nötig erachteten, Prüfung die Ware als eine vertragsmäßige angenommen habe. Solchenfalls müßte der Beklagte unrettbar die 140000 ℳ aus eigener Tasche bezahlen, falls die Nebenintervenientin es ablehnte, sich überhaupt auf anders lautende Frachtbriefe einzulassen oder der von der Klägerin angebotene Beweis ergab, daß die Ware nicht Rückenspeck gewesen war. Vernünftigerweise konnte die Klägerin ein derartiges Anerkenntnis des Beklagten in dessen Briefe vom 28. Oktober nicht erblicken; sie selbst hatte sich, wie sie sagt, erst nach sorgfältiger Erkundigung und gewonnener Überzeugung zur Einlösung entschlossen; sie durfte nicht annehmen, daß der Beklagte dagegen sich ohne Bedenken, ohne Kenntnis von der für den Entschluß der Klägerin maßgebend gewesenen Zusicherung, also ohne jede Möglichkeit, den ihm unbekannten Sachverhalt zu prüfen, zu einer Genehmigung entschlossen habe.

Die Klägerin hat denn auch wirklich eine solche Genehmigung selbst nicht entfernt angenommen." (Wird ausgeführt.)

„Die sämtlichen Begleitumstände des Briefes des Beklagten vom 28. Oktober ergeben hiernach mit vollster Sicherheit, daß mit den

Worten „und sehen Ihrer Belastungsaufgabe entgegen" die Erklärung einer Genehmigung nicht gemeint sein konnte und nicht gemeint war, und daß die Klägerin diese Worte als eine Genehmigung nicht auffassen durfte und nicht aufgefaßt hat. Damit entfällt jeder Grund für eine unmittelbare Haftung des Beklagten, der die ihm am 28. Oktober zugekommenen Frachtbriefe der Nebenintervenientin als der für die sachliche Prüfung und Entschließung allein zuständigen Partei sofort mitgeteilt und sodann entsprechend deren Stellungnahme die Frachtbriefe mittels der Telegramme vom 30. und 31. Oktober und vom 2. November der Klägerin gegenüber als auftragswidrig beanstandet und zurückgewiesen hat. Der Beklagte hielt sich in den Grenzen des ihm von der Nebenintervenientin erteilten, formalen und präzisen, rein bankmäßigen Auftrags und steht völlig außerhalb der ihn nicht berührenden Frage, ob die betreffenden Wagen kaufvertragsgemäßen Rückenspeck enthielten oder nicht, und außerhalb des Vorbringens der Klägerin, die Ware sei nur deshalb zurückgewiesen, weil sie auf deutschem Boden sofort beschlagnahmt wurde, die Berufung auf die anders lautende Warenbezeichnung in den Frachtbriefen sei nur ein Vorwand." ...

---

41. Wem steht das Recht zu, die durch das Austreten eines Binnengewässers zeitweise überfluteten fremden Grundstücke zu befischen, wenn zum Befischen des Gewässers selbst zwei Personen derart berechtigt sind, daß jedem von ihnen das ausschließliche Fischereirecht auf einem bestimmten Teile des Gewässers gehört?

Preuß. Fischereigesetz vom 11. Mai 1916 §§ 7, 8, 12.

VII. Zivilsenat. Urt. v. 14. November 1919 i. S. B. (Kl.) w. W. (Bekl.). VII 182/19.

I. Landgericht Prenzlau.
II. Kammergericht Berlin.

Der Kläger hat von der Pächterin der dem preußischen Domänenfiskus gehörigen Domäne Br. die Fischerei in dem zur Domäne gehörigen Großen See bis zum 1. Juli 1933 gepachtet. Der See überflutet zeitweise die angrenzenden Wiesen des Beklagten; dieser befischt die überfluteten Wiesen und nimmt ein Recht dazu in Anspruch. Dasselbe Recht macht der Kläger für sich mit der Klage geltend. Der Berufungsrichter erklärte den Beklagten für alleinberechtigt, die Wiesen zu befischen. Diese Entscheidung wurde auf die Revision des Klägers aufgehoben aus folgenden

Gründen:

„Nachdem im ersten Rechtszuge jeder der Streitteile seine Alleinberechtigung zum Fischen auf den vom Wasser des ausgetretenen

Großen Sees überfluteten Wiesen des Beklagten geltend gemacht hatte, handelt es sich jetzt nur noch um die Entscheidung der Frage, ob dem Kläger das von ihm beanspruchte Recht der Mitfischerei auf diesen Wiesen zusteht. Die Entscheidung ist aus dem am 15. April 1917 in Kraft getretenen preußischen Fischereigesetze vom 11. Mai 1916 zu entnehmen, da die Parteien mit der Klage und Widerklage, über die beide zuerst im Mai 1917 vor dem Prozeßgerichte verhandelt worden ist, die Regelung ihrer Fischereirechte für die Zukunft begehren. Die durch den § 13 GVG. allgemein für bürgerliche Rechtsstreitigkeiten begründete Zuständigkeit der ordentlichen Gerichte ist für den vorliegenden Rechtsstreit nicht durch den Abs. 2 des § 12 des genannten Fischereigesetzes ausgeschlossen, da die letztere Vorschrift nur anordnet, daß der Kreis- (Stadt-) Ausschuß, falls mehrere auf den überfluteten Grundstücken zu fischen berechtigt sind, zu bestimmen hat, wie sie ihre Rechte auszuüben haben, während im vorliegenden Rechtsstreit eine Entscheidung darüber nachgesucht wird, wem das Recht zum Fischen auf diesen Grundstücken zusteht. Insoweit war dem Berufungsrichter zu folgen. Das Berufungsurteil unterlag aber der Aufhebung, da nach einer anderen Richtung hin der § 12 durch unrichtige Anwendung verletzt ist.

Das vor dem 15. April 1917 für die Beurteilung der Fischereirechte im Großen See maßgebend gewesene Allg. Landrecht bestimmte in den §§ 176 flg. I 9, daß die Fische in geschlossenen Gewässern, die sich nicht über die Grenze des Grundstücks erstrecken, in dem sie liegen, dem Eigentümer des Grundstücks gehören, und daß aus solchen Gewässern ausgetretene Fische von dem Eigentümer auch auf dem überfluteten fremden Grunde eingefangen werden dürfen; traten aber uneingeschlossene Gewässer aus, so konnte der, welcher darin zu fischen berechtigt war, die ausgetretenen Fische in der Regel nicht verfolgen, vielmehr sollten sie dem fremden Eigentümer des überfluteten Grundstücks gehören. Der Große See ist im Sinne der §§ 176 und 180 ein uneingeschlossenes Gewässer, da er nach der unangefochtenen und auch nicht anzufechtenden Feststellung des Berufungsrichters nur zu einem Teile zur Domäne Br. gehört, zum andern, freilich viel kleineren Teile aber im Eigentum des Beklagten steht, also sich über die Grenze der Domäne hinaus erstreckt. Auch nach dem § 4 des preußischen Fischereigesetzes vom 30. Mai 1874 war es ein wesentliches Merkmal des Begriffes eines geschlossenen Gewässers, daß in ihm der Fischfang einem Berechtigten zustand. Die durch das Allg. Landrecht geschaffene Rechtslage wurde grundsätzlich geändert durch die an das gemeine Recht sich anlehnenden Vorschriften des § 12 des neuen Fischereigesetzes. Nach Abs. 1 das. hat ganz allgemein, ohne daß zwischen geschlossenen und uneingeschlossenen Gewässern ein Unterschied gemacht wird, jeder in einem Gewässer zur Ausübung der Fischerei Berechtigte, falls das Gewässer über seine Ufer tritt, das Recht, auf den überfluteten Grundstücken zu fischen. Nach Abs. 4 das. hat dagegen der Grundeigentümer nicht das Recht, auf den überfluteten Grundstücken, solange sie überflutet sind, zu fischen. Für den Schaden, der ihm durch die Ausübung der Fischerei auf diesen Grundstücken seitens des nach Abs. 1 Fischereiberechtigten verursacht wird, ist dieser ihm ersatzpflichtig (§ 15). Da ein Teil des Großen Sees im Eigentum der Domäne, der andere in dem des Beklagten steht, also beide nach § 7 zum Fischen im See, dem ausgetretenen Gewässer, berechtigt sind, steht seit dem 15. April 1917 beiden auch das Recht zu, auf allen durch den austretenden See überfluteten Grundstücken, also auch auf den überfluteten Wiesen des Beklagten, die Fischerei mit der aus dem Abs. 2 des § 12 folgenden Maßgabe auszuüben, daß die Art der Ausübung seitens des Kreisausschusses geregelt wird, der dabei auch zu berücksichtigen hat, daß das Fischereirecht im See nur zu einem sehr geringen Teile dem Beklagten, im übrigen dem Kläger zusteht. Ob seiner Zeit die Regelung durch den Kreisausschuß etwa dahin erfolgen wird, daß die Fischerei auf den überfluteten dem Beklagten gehörigen Wiesen diesem selbst, allein oder etwa in Gemeinschaft mit dem Kläger, der Ausübung nach zugewiesen wird, bedarf hier keiner Erörterung. Für die Entscheidung der hier streitigen Rechtsfrage, wem das Recht des Fischens selbst zusteht, genügt es, daß dies Recht, also auch die vom Kläger beanspruchte Mitfischerei, kraft Gesetzes (§ 12 Abs. 1) auch dem Kläger zusteht.

Zu dem entgegengesetzten Ergebnis, daß nämlich dem Kläger dies Recht nicht zustehe, gelangt der Berufungsrichter auf Grund folgender Erwägung: Der Beklagte sei als Eigentümer desjenigen Seeteils, der an seine Wiesen grenze, ohne weiteres berechtigt, diese Wiesen, sobald sie überflutet seien, zu befischen, da der Übertritt des Wassers auf die Wiesen eben von dem ihm gehörigen Teile des Sees aus erfolge. Dort wo etwa noch — was nicht sicher habe festgestellt werden können — der zur Domäne gehörige Seeteil die Wiesen berühre, finde ein Überfluten nicht statt, da dort Buschwerk sich befände. Stehe aber jener andere Seeteil (Rand) im Eigentum des Beklagten, so habe der Kläger nicht das Recht der Fischfolge auf die Wiesen des Beklagten, da das Wasser nicht von dem Fischereigebiete des Klägers, sondern von dem des Beklagten auf die Wiesen übertrete. Diese Ausführungen des Berufungsrichters verkennen den Wortlaut und Sinn des § 12 Abs. 1. Er lautet im maßgebenden ersten Satze: „Tritt ein Gewässer über seine Ufer, so hat der in ihm zur Ausübung der Fischerei Berechtigte das Recht, auf den überfluteten Grundstücken zu fischen." Der Wortlaut paßt sich der Tatsache an, daß, wenn Wasser aus einem Teile eines Gewässers austritt, sich sofort nach der Natur des der Schwerkraft unterworfenen Wassers der Spiegel des ganzen Gewässers, also auch des anderen Teiles, senkt und das Wasser aus diesem anderen Teile des Gewässers in jenen Teil nachströmt und ebenfalls austritt. Nach dem gewöhnlichen Sprachgebrauche, dem auch der § 12 Abs. 1 entspricht, wird deshalb nur vom Austreten eines Gewässers als eines Ganzen geredet, nicht aber vom Austreten eines Teiles eines Gewässers. Nicht darauf legt die Vorschrift Gewicht, von welchem Teile eines Gewässers aus unmittelbar örtlich der Übertritt des Wassers erfolgt, sondern darauf, ob „das Gewässer" austritt, und wer „in ihm", also im ganzen Gewässer, zur Fischerei berechtigt ist. Sind dies mehrere Personen, so steht ihnen allen das Recht der Fischfolge zu, und das erklärt sich naturgemäß daraus, daß ebenso, wie beim Austreten das gesamte Wasser des Gewässers beteiligt ist, so auch die sämtlichen darin befindlichen Fische, da sie sich frei im Wasser bewegen, in der Lage sind, dem Wasser auf die überfluteten Grundstücke zu folgen, und sie erfahrungsmäßig von dieser Gelegenheit vielfach auch Gebrauch machen. So hat in der Kommission des Abgeordnetenhauses betreffend den Entwurf des Fischereigesetzes (Nr. 725 A) der Regierungsvertreter ausgeführt, wenn das Gelände überschwemmt sei, gingen die Fische mit Vorliebe auf die überfluteten Flächen, da sie dort viel Nahrung fänden, und sie träten deshalb fast alle aus.

Es bleibt noch zu erörtern, ob dem Rechte des Klägers zur Mitfischerei die Vorschriften des § 8 Abs. 1 und 2 entgegenstehen. Sie bestimmen, daß gegenüber dem in einem Binnengewässer zur Fischerei Berechtigten alle Fischereirechte und der freie Fischfang aufrechterhalten bleiben, soweit sie am 30. April 1914 bestanden haben, und daß ferner für den, der ein Fischereirecht bis zum 1. Mai 1914 mindestens 30 Jahre lang als sein eigenes ausgeübt hat, die Vermutung spricht, daß es ihm zustehe. Diese Vorschriften bezwecken, wohlerworbene oder doch lange ausgeübte Fischereirechte, also Sonderrechte, die gegenüber fremden Gewässern das Eigentum an diesen belasten, vor den sie schädigenden Einwirkungen des neuen Gesetzes zu schützen. Der Beklagte hat aber nicht behauptet, daß er oder seine Vorbesitzer ein solches Recht an fremder Sache erworben oder ausgeübt hätten. Die Behauptung des Beklagten geht vielmehr nur dahin, daß er und seine Vorbesitzer als Eigentümer ihres Grundstücks ihre überfluteten Wiesen befischt hätten. Derartige Handlungen stellen sich aber als Ausfluß des Grundeigentums, nicht als die Ausübung eines Rechtes an fremder Sache dar. Ein solches Recht an eigener Sache, ihrem Grundstücke, zu erwerben, wäre auch den Eigentümern gegenüber dem allumfassenden Inhalt ihres Grundeigentumsrechts rechtlich unmöglich gewesen. Das Recht des Grundeigentümers als solchen aber, auf seinem überfluteten Grundstücke zu fischen, ist durch den Abs 4 des § 12 beseitigt. Der Kläger ist hiernach berechtigt, in den durch den Abs. 2 das. gezogenen Grenzen auf den überfluteten Wiesen des Beklagten neben diesem zu fischen, und der Beklagte ist verpflichtet, sich der Störung des Klägers bei Ausübung dieses Rechtes zu enthalten." ...

---

42. Cif-Abladungsgeschäft mit der Bestimmung, daß für einen Teil des Kaufpreises ein Akzept auf $3^1/_2$ Monate vom Konnossementsdatum und für den Rest ein solches auf $3^1/_2$ Monate, vom Eintreffen des Dampfers am Bestimmungsorte gerechnet, erteilt werden soll. Wen trifft bezüglich der Frage, ob vertragsmäßige Ware abgeladen ist, die Beweislast, wenn die Ware unterwegs verloren gegangen ist?

II. Zivilsenat. Urt. v. 14. November 1919 i. S. der Bruchsaler Gesellschaft für Holzhandel und Holzbearbeitung G. m. b. H. (Kl.) w. K. (Bekl.). II 173/19.

I. Landgericht Hamburg, Kammer für Handelssachen.
II. Oberlandesgericht daselbst.

Der Beklagte hat laut Bestätigungsschreiben vom 28. November 1913 der Klägerin 6000 — später abgeändert in 5200 — cbm japanische Eichenblöcke, lieferbar je $^1/_3$ März-Mai, Mai-Juli, August-Oktober, zu 80 *M* für das Kubikmeter Kluppenmaß cif Rotterdam verkauft. Die Zahlung sollte für 80% der Rechnungsbeträge einschließlich Fracht mit einem Ziele von $3^1/_2$ Monaten vom Konnossementsdatum, für die übrigen 20% mit dem gleichen Ziele vom Eintreffen des Dampfers in Rotterdam gerechnet erfolgen.

Von den 80% des Kaufpreises hatte die Rheinische Kreditbank 70%, die Klägerin selbst 10% gegen Auslieferung der Konnossemente zu akzeptieren; auch die letzten 20% waren von der Klägerin zu akzeptieren. Die Abnahme bezüglich der Qualität und Quantität sollte in Rotterdam bei Ankunft des Dampfers vor sich gehen.

Das gesamte der Klägerin verkaufte Holz ist im Juni 1914 in den englischen Dampfer „Cape Corso" verladen worden. Am 22. Juli 1914 legte T. im Auftrage der Vorschußgeberin der Beklagten Konnossemente über eine Teilladung von 2630,5 cbm vor. Die Rheinische Kreditbank und die Klägerin lehnten jedoch die Akzeptierung wegen der unsicheren politischen Verhältnisse ab.

Der Dampfer „Cape Corso" lief am 26. August 1914 in Brixham ein. Die Ladung wurde durch prisengerichtliches Urteil im Dezember kondemniert.

Da der Beklagte von der Klägerin Zahlung des Kaufpreises für die Teilladung forderte, erhob diese Klage auf Feststellung, daß solche Forderung nicht bestehe. Der Beklagte erhob Widerklage auf Verurteilung der Klägerin zur Zahlung des Fakturenpreises in Höhe von 210440 M, worauf die Klägerin ihre Klage zurücknahm.

Die Klägerin hat um Abweisung der Widerklage gebeten, und u. a. das Folgende geltend gemacht: Da die Ladung infolge ihrer Kondemnierung verloren gegangen sei, habe sie nicht zu akzeptieren und zu zahlen brauchen. Die Gefahr der Reise treffe den Beklagten, da nach Inhalt der mündlichen Kaufverhandlungen mit der Bestimmung, daß die Abnahme bezüglich Qualität und Quantität in Rotterdam zu erfolgen habe, dieser Platz zum Erfüllungsort für den Beklagten gemacht worden sei. Voraussetzung für Akzeptierung und Zahlung sei Lieferung vertragsmäßiger Ware, welche Beklagter zu beweisen habe. Erfahrungsgemäß wiesen die japanischen Abladungen sehr oft Mängel und Fehlmengen auf. Die Klägerin bestreitet, daß ordnungsmäßige Abladung stattgefunden habe.

Das Landgericht hat die Klägerin auf Grund des Hauptantrags der Widerklage zur Zahlung der 210440 M verurteilt. Die Berufung ist als unbegründet zurückgewiesen worden. Auch die Revision hatte keinen Erfolg.

Aus den Gründen:

... „Es bleibt die Frage zu erörtern, ob die Tratten auch ohne den vom Beklagten zu erbringenden Nachweis, daß das Holz in vertragsmäßiger Menge und Beschaffenheit verladen worden war, akzeptiert werden mußte. Die Frage ist mit dem Berufungsgericht und gegen die Revision zu bejahen. Die ersten 80% des Kaufpreises waren gegen Auslieferung der Konnossemente zu akzeptieren. Die Bestimmung hatte den Zweck, dem Verkäufer schnell zu seinem Gelde, oder doch zu einem erheblichen Teile desselben zu verhelfen, und der Käufer, der solche Zahlungsweise bewilligte, schenkte damit dem Verkäufer das Vertrauen, daß er für ordnungsmäßige Vertragserfüllung Sorge trage. Die Klägerin und die Rheinische Kreditbank waren daher am 22. Juli 1914, als ihnen Konnossemente und Tratten von T. vorgelegt wurden, verpflichtet, ihr Akzept zu leisten. Der Inhalt der Verladungspapiere gab ihnen keinen Anlaß zu Beanstandungen, und wenn sie die vertragsmäßige Verladung des Holzes in Japan bestreiten wollten, so war es ihre, nicht des Beklagten Sache, den diesbezüglichen Beweis zu führen (vgl. RGZ. Bd. 31 S. 100, Bd. 47 S. 131, Bd. 59 S. 24, Bd. 61 S. 349 und RG. I 459/97 in Hanseat. Ger.-Ztg., Hauptbl. 1898 S. 144).

Aber auch hinsichtlich der letzten 20% des Kaufpreises ist dem Berufungsgericht im Ergebnis beizutreten. Diese 20% sollten erst nach Eintreffen des Dampfers in Rotterdam akzeptiert werden. Wenn allerdings das Berufungsgericht auch in diesem Falle von einer Vorleistungspflicht der Käuferin spricht und annimmt, daß sich der Verkäufer mit solcher Bestimmung die Möglichkeit sofortiger Diskontierung des Wechsels vor Ausladung und Prüfung der Ware ausbedungen habe, so ist das als irrtümlich abzulehnen. Von einer Vorleistung der Käuferin ist schon deshalb keine Rede, weil die Verkäuferin bei dem vorliegenden Cif-Abladungsgeschäfte mit der Abladung und der Übergabe der Dokumente erfüllt. Die Erstreckung der Akzeptierungsfrist für die letzten 20 % kann vielmehr nur zugunsten der Käuferin und in dem Sinne erfolgt sein, daß dieser die Möglichkeit gewährt werden sollte, wenigstens einen kleinen Teil des Kaufpreises als eine Art Garantiesumme zurückzubehalten, bis die ordnungsmäßige Lieferung des Verkäufers festgestellt werden konnte. Allein im vorliegenden Falle nutzt der Käuferin dieses Verständnis der streitigen Bestimmung um deswillen nicht, weil infolge der Kriegsereignisse Dampfer und Ladung nicht am Bestimmungsort angelangt sind und die verkaufte Ware für die Käuferin endgültig verloren gegangen ist. Es war unmöglich, die Ware vor Leistung des letzten Akzepts in Rotterdam zu untersuchen. Die Gefahr dieses Sachverlaufs hatte aber die Käuferin, der cif Rotterdam zu liefern war, mit übernommen. Es entspricht nicht dem Sinne des zwischen den Parteien geschlossenen Vertrags, wenn die Käuferin im Falle des Totalverlustes der Ware und der damit herbeigeführten Unmöglichkeit, ihre Beschaffenheit am Bestimmungsorte zu prüfen, die Zahlung des Kaufpreises oder die Akzeptierung der Tratte von dem ihr zu führenden Beweise vertragsmäßiger Verladung der Ware abhängig macht. Durch Billigung eines solchen Standpunktes würde — entgegen dem im Vertrag ausdrücklich verlautbarten Parteiwillen — die Berichtigung des Kaufpreises für eine unbestimmbare Zeitdauer hinausgeschoben werden. Mit Recht hat daher das Berufungsgericht das bloße Bestreiten vertragsmäßiger Abladung seitens der Klägerin für unbeachtlich erklärt."

---

43. Zum Begriff der „Schienenbahnen" im Sinne des Gesetzes über die Besteuerung des Personen- und Güterverkehrs vom 8. April 1917 (RGBl. S. 329).

VII. Zivilsenat. Urt. v. 14. November 1919 i. S. Stadtgemeinde Sch. (Kl.) w. sächs. Staat (Bekl.). VII 169/19.

I. Landgericht Dresden.
II. Oberlandesgericht daselbst.

Für den Personenverkehr zwischen Schandau und Ostrau besteht ein elektrisch betriebener gegen Entgelt benutzbarer Personenaufzug. Im Mai 1918 eröffnete die Steuerbehörde der Stadtgemeinde Schandau der Betriebsunternehmerin, daß der Aufzug als Straßenbahnunternehmen im Sinne des Gesetzes über die Besteuerung des Personen- und Güterverkehrs vom 8. April 1917 zu gelten habe und deshalb vom 1. Juli 1918 ab der durch ihn bewirkte Verkehr der Besteuerung nach jenem Gesetz unterliege. Klägerin erhob darauf Klage auf Feststellung, daß der von ihr betriebene Aufzug nicht zu den von dem genannten Gesetze getroffenen Unternehmungen gehöre. Das Landgericht wies die Klage ab. Die Berufung der Klägerin wurde zurückgewiesen. Auch ihre Revision blieb erfolglos.

Gründe:

„Die Vorinstanzen fassen den Schandau-Ostrauer Personenaufzug als eine Schienenbahn im Sinne des § 1 des Verkehrssteuergesetzes auf und gelangen damit zur Bejahung der Anwendbarkeit dieses Gesetzes. Die von der Revision erhobenen Rechtsbedenken bewegen sich in dreifacher Richtung. Sie stellt in Abrede, daß bei und mit jenem Aufzug eine Beförderung auf einer Schienenbahn stattfinde. Sie macht ferner geltend, wenn die Einrichtung überhaupt als Schienenweg zu erachten wäre, würde ein solcher auf dem Landwege vorliegen; dann wäre aber Voraussetzung der Steuerpflicht, daß die Beförderung nach einem festgestellten Plane erfolge, und diese Voraussetzung sei für den streitigen Aufzug nicht gegeben. Sie weist endlich auf das zum § 58 Abs. 1 der Ausführungsbestimmungen des Verkehrssteuergesetzes mitgeteilte Muster 14 hin und sucht auszuführen, es fehle an jeder Möglichkeit, die Einnahme aus dem hier in Betracht kommenden Betrieb in eine der Spalten dieses Musters einzustellen.

Die Revision kann aber Erfolg nicht haben. Als zweifellos verfehlt sind der zweite und dritte Angriff auszuscheiden. Nach § 1 in Verbindung mit § 4 VStG. sind der Steuerpflicht drei Gruppen eines gegen Entgelt stattfindenden Personenverkehrs unterworfen, erstens die Beförderung auf Schienenbahnen, zweitens die Beförderung auf Wasserstraßen, drittens die Beförderung auf Landwegen. Nur für die letzte Gruppe besteht das Erfordernis eines im voraus festgesetzten Fahrplans. Die hier zu beurteilende Beförderung vollzieht sich aber nicht auf einem Landwege, sondern, ausgehend von einer Stelle des Erdbodens, 45 m aufwärts durch die Luft. . .

Übrig bleibt die, wie zuzugeben, nicht unzweifelhafte Frage, ob es sich bei der Beförderung mit dem Aufzuge der Klägerin um einen Verkehr auf einer Schienenbahn handelt. Eine Begriffsbestimmung für den Ausdruck „Schienenbahnen" ist im Wortlaute des Gesetzes und in den veröffentlichten Begründungen und Beratungen des Gesetzentwurfs nicht gegeben worden. Wenn die Revision namentlich daraus, daß der Entwurf die Beförderung auf Schienen- und Seilbahnen einbeziehen wollte, bei der Beratung aber die Beförderung auf Seilbahnen durch Streichung der beiden soeben hervorgehobenen Silben ausgeschieden ist, schließen will, daß der Aufzug der Klägerin nicht unter das Gesetz falle, so kann dieser Erwägung nicht gefolgt werden. Der Beförderungskörper, den man auch Wagen oder Fahrstuhl oder Fahrbühne oder Kabine nennen kann, gleitet hier mit Gleitlagern von Phosphorbronze zwischen und an zwei seitlichen, senkrecht stehenden Führungsschienen aus I-Eisen mit angebolzten Gleitstollen von Weißbuchenholz auf und nieder. Allerdings hängt der Wagen an Drahtseilen, die mit elektrischer Kraft gezogen werden. Wollte man aber aus diesem Grunde die Steuerpflicht verneinen, so müßte man das Verkehrssteuergesetz, was sicherlich nicht im Sinne des Gesetzgebers läge, auch auf die mit elektrischer Kraft betriebenen Drahtseilbahnen, die alle grundlegenden Eigenschaften einer Eisenbahn aufweisen (vgl. RGZ. Bd. 86 S. 95), als nicht anwendbar erklären (vgl. auch Weinbach und Moser, Gesetz vom 8. April 1917 § 1 Anm. 9 flg.). Bei dem Ausdrucke „Seilbahnen" des Gesetzentwurfs ist vielmehr an Bahnen zu denken, deren Wagen an Seilen, die über die Erde gespannt sind, entlanglaufen. Dazu zählen vor allem die Grubenbahnen, bei denen an Seilen kleine Wagen laufen (vgl. Weinbach und Moser a. a. O. Anm. 15). Hierauf deutet auch die Bemerkung eines Abgeordneten in der Sitzung des Reichstags vom 28. März 1917 (Stenograph. Bericht S. 2783) hin: „Die Seilbahnen, die ja vielfach zu den Werksbahnen gehören, haben wir ganz freigelassen."

Aus dem Ausdrucke des Gesetzes ist ein zwingender Grund gegen die hier fragliche Steuerpflicht nicht zu entnehmen. Der Aufzug erreicht im Betriebe nur eine hinauf oder hinab führende Strecke von 45 m. Will man demgegenüber betonen, eine Schienenbahn erfordere begrifflich, daß dadurch eine Wegestrecke von nicht ganz unbedeutender Ausdehnung überwunden werde, so darf man doch nicht übersehen, daß durch Benutzung der Aufzugseinrichtung ein unzweifelhaft nicht geringer Umweg, den ein Aufstieg auf dem allmählich zur Höhe hinaufführenden Fuß- oder Fahrwege darstellen würde, erspart wird. In Rücksicht hierauf erscheint es nicht gerechtfertigt, die Strecke, die der Aufzug im Betriebe zurücklegt, als ganz unbedeutend zu bezeichnen und aus diesem Gesichtspunkte zu verneinen, daß es sich um eine Bahn handle. Auch Schienen sind hier, und zwar als wesentliche Bestandteile der Einrichtung, auf welcher Personen befördert werden, vorhanden. Am vollkommensten dienen Schienen den an sich möglichen Bestimmungszwecken, wenn sie sowohl zum Tragen des Wagens als auch zur Minderung von Reibungen sowie endlich zur Führung in gewisser Richtung oder mit anderen Worten als Trag-, Lauf- und Leitschienen Verwendung finden. Indes genügen Schienen ihrem Begriffe schon dann, wenn sie im Gebrauche regelmäßig nur nach einer der drei bezeichneten Richtungen wirksam sind. Dies Erfordernis ist hier erfüllt. Im Fahrbetriebe dienen die zwei, Bestandteile der Beförderungseinrichtung der Klägerin bildenden senkrechten Schienen zur Leitung des Wagens, indem sie seiner Fahrbahn eine feste Spur, einen bestimmten Halt gewähren.

Alledem gegenüber ist freilich ein Bedenken, das nicht leicht wiegt, aus dem üblichen Sprachgebrauche zu entnehmen. Nach diesem wird eine Einrichtung, wie sie hier in Betracht kommt, nicht als Schienenbahn, sondern als Personenaufzug oder Personenfahrstuhl bezeichnet. Das Bedenken wird jedoch überwogen und damit erledigt durch erhebliche anderweite, für die fragliche Steuerpflicht sprechende Gründe. Mit Recht ist im Berufungsurteil einer steil aufwärts führenden Drahtseilbahn gedacht, deren Last kaum mehr auf den Schienen ruht, sondern fast ganz so wie beim Fahrstuhl am Drahtseil hängt, und erwogen, daß auch eine solche Bahn vom Volksmund als ein Aufzug bezeichnet werden kann. Wenn aber, wie nicht zweifelhaft ist, der Verkehr auf einer solchen Bahn der Besteuerung unterliegt, so fehlt es an jedem inneren Grunde, den Verkehr auf der hier in Betracht kommenden Beförderungseinrichtung von der Steuer freizulassen. Ein noch stärkerer Beweiswert in gleicher Richtung ist der erkennbaren grundlegenden Absicht des Gesetzgebers beizumessen. In der Begründung zum Entwurf des Verkehrssteuergesetzes ist ausgeführt, wenn jetzt der Zwang des Krieges dazu nötige, zur Deckung des Reichsbedarfs auch auf die Besteuerung des Verkehrs zurückzugreifen und hierdurch eine Einnahme von mehreren hundert Millionen Mark zu ziehen, so könne dies, ohne einzelne Verkehrsarten übermäßig zu belasten und ohne unerwünschte Verkehrsverschiebungen herbeizuführen, nur durch eine Besteuerung geschehen, die möglichst den gesamten Verkehr umschließe. Aus dieser Erwägung heraus hat man den Verkehr auf Schienenbahnen, auf Wasserstraßen und mit gewissen, aus dem Gesichtspunkte der steuerlichen Erfaßbarkeit erklärlichen Beschränkungen auch den Verkehr auf Landwegen herangezogen. Wenn auch bei der Beratung des Gesetzentwurfs die Besteuerung des letztgedachten Verkehrs durch Einfügung der Worte „mit motorischer Kraft" noch mehr eingeschränkt und der Nahverkehr (§ 11 Abs. 5) im Steuersatze begünstigt wurde, so ist doch der im vorstehenden mitgeteilte Grundgedanke nicht aufgegeben worden. Danach erscheint es aber berechtigt und angebracht, die Vorschriften des Gesetzes mit tunlichst weitherziger Auslegung anzuwenden und für zweifelhafte Fälle, in denen sich, wie vorliegend, Gründe einerseits gegen, anderseits für eine Steuerpflicht vertreten lassen, die Entscheidung im letzteren Sinne zu treffen."

44. 1. Sind die auf Grund des § 5 der Ausführungsbestimmung VIII der Reichs-Sackstelle vom 16. Februar 1918 (Reichsanz. vom 22. Februar 1918) vom Verbande deutscher Papiersackfabrikanten festgesetzten, von der Reichs-Sackstelle genehmigten Lieferungsbedingungen, insbesondere die darin enthaltene Schiedsklausel gültig?

2. Ist diese Klausel auf Verträge anwendbar, die nach dem Inkrafttreten der Ausf.-Best. VIII, aber vor endgültiger Festsetzung der erwähnten Lieferungsbedingungen abgeschlossen worden sind?

3. Tritt die Schiedsklausel dadurch außer Kraft, daß infolge Änderung der gesetzlichen Bestimmungen eine Bestellung des Schiedsgerichts in der vertraglich vorgesehenen Weise nicht mehr möglich ist? Inwieweit sind hierbei gesetzliche Bestimmungen zu berücksichtigen, die erst nach der Verkündung des Berufungsurteils erlassen sind?

ZPO. § 1033; Bekanntmachung des Reichskanzlers über Säcke vom 27. Juli 1916 (RGBl. S. 834). / 20. Dezember 1917 (RGBl. S. 1116).

I. Zivilsenat. Urt. v. 15. November 1919 i. S. H. (Kl.) w. F. (Bekl.) I 131/19.

I. Landgericht Halle a. S.
II. Oberlandesgericht Naumburg a. S.

Die Klägerin lieferte der Beklagten auf Grund eines Kaufvertrags vom 18. März 1918 Papiersäcke und erhob gegen sie auf Zahlung des Kaufpreises Klage. Die Beklagte verweigerte die Verhandlung zur Hauptsache und erhob die Einrede, daß die Entscheidung des Rechtsstreits durch Schiedsrichter zu erfolgen habe, weil für das Vertragsverhältnis der Parteien gemäß § 5 der Ausführungsbestimmung VIII der Reichs-Sackstelle vom 16. Februar 1918 die vom Verbande deutscher Papiersackfabrikanten zu Berlin festgesetzten und von der Reichs-Sackstelle genehmigten Lieferungsbedingungen und damit die in Ziffer 10 dieser Bedingungen enthaltene Schiedsklausel maßgebend seien.

Auf Grund dieser Einrede wies das Landgericht die Klage ab Die Berufung der Klägerin wurde zurückgewiesen. Auf die Revision wurde das Berufungsurteil aufgehoben.

Gründe:

„Die von der Revision gegen die Rechtsauffassung der Vorinstanzen erhobenen Angriffe müssen insoweit versagen, als sie sich gegen die Annahme richten, daß der der Klage zugrunde liegende Kaufvertrag mit der von der Beklagten behaupteten Schiedsklausel zustande gekommen sei. Die Revision gründet diese Angriffe darauf, daß die die Schiedsklausel enthaltenden Lieferungsbedingungen des Verbandes deutscher Papiersackfabrikanten überhaupt, jedenfalls aber soweit sie sich auf die Schiedsklausel bezögen, ungültig und überdies auf den vorliegenden Fall nicht anwendbar seien. Nach keiner dieser Richtungen hin ist jedoch den Ausführungen der Revision beizutreten.

Die Ungültigkeit sämtlicher Lieferungsbedingungen will die Revision daraus ableiten, daß die Bedingungen nicht in der vorgeschriebenen Form öffentlich bekannt gemacht worden seien. Einer öffentlichen Bekanntmachung dieser Bedingungen bedurfte es jedoch nicht. Denn sie enthalten keine behördliche Verordnung, sondern nur eine, allerdings mit Genehmigung der Reichs-Sackstelle erfolgte, Festsetzung eines Verbandes privater Unternehmer, deren Wirksamkeit nur auf der Ausf.-Best. VIII der Reichs-Sackstelle beruht. Diese Ausführungsbestimmung aber ist im Reichsanzeiger ordnungsmäßig bekannt gemacht worden.

Auch die Gültigkeit der in Ziffer 10 der Lieferungsbedingungen enthaltenen Schiedsklausel wird von der Revision mit Unrecht bekämpft. Die Revision meint, diese Klausel überschreite den Rahmen der in § 5 der Ausf.-Best. VIII vorgesehenen Lieferungsbedingungen, auch sei die Reichs-Sackstelle nach ihrem in der Bekanntmachung über Säcke bestimmten Wirkungskreise nicht befugt gewesen, eine solche in die Vorschriften des Gerichtsverfassungsgesetzes eingreifende Bestimmung zuzulassen. Auch diese Beanstandungen gehen fehl. Nach §§ 9 und 23 der erwähnten Bekanntmachung war der Reichs-Sackstelle ohne jede Einschränkung die Ermächtigung erteilt, über den Absatz der in § 1 bezeichneten Säcke Bestimmungen zu treffen. Die Reichs-Sackstelle war daher nicht, wie die Revision auszuführen sucht, darauf beschränkt, die Preise, die Beschaffenheit oder die Art der Lieferung der Säcke zu regeln, sondern sie konnte ihre zum Absatz der Säcke nach § 9 erforderliche Genehmigung auch von der Einhaltung anderer Bedingungen, insbesondere davon abhängig machen, daß die Vertragsparteien sich wegen aller Streitigkeiten aus dem Vertrag einem Schiedsgericht unterwürfen. Die Zulässigkeit eines solchen Verlangens ist überdies im vorliegenden Falle um so weniger zu bezweifeln, als die in Ziffer 10 der Lieferungsbedingungen enthaltene Schiedsklausel eine Mitwirkung des Vorsitzenden der Reichs-Sackstelle bei der Bestellung des Schiedsgerichts vorsieht, an der die Reichs-Sackstelle zwecks Überwachung des Sackhandels ein wesentliches Interesse hatte. Von einem unzulässigen Eingriff in die Bestimmungen des Gerichtsverfassungsgesetzes kann keine Rede sein. Denn diese Bestimmungen lassen es den Parteien unbenommen, die Tätigkeit der ordentlichen Gerichte nach Maßgabe der Vorschriften der Zivilprozeßordnung über das schiedsrichterliche Verfahren durch Abschluß eines

Schiedsvertrags auszuschließen. Es ist auch nicht zuzugeben, daß die in einem Lieferungsvertrag enthaltene Schiedsklausel nicht als Lieferungsbedingung angesehen werden könne. Denn diese Bezeichnung widerspricht in keiner Weise dem gewöhnlichen Sprachgebrauche. Tatsächlich sind auch derartige Klauseln nicht selten in den Lieferungsbedingungen gewerblicher Unternehmungen enthalten. Die Gültigkeit der in Ziffer 10 der Lieferungsbedingungen des Verbandes deutscher Papiersackfabrikanten getroffenen Bestimmung ist daher nicht in Zweifel zu ziehen.

Auch die weitere Rüge der Revision, daß diese Bestimmung hier deshalb nicht in Betracht komme, weil die Lieferungsbedingungen des genannten Verbandes — wie unstreitig — erst nach dem Abschlusse des der Klage zugrunde liegenden Vertrags endgültig festgesetzt und genehmigt worden sind, ist nicht begründet. Denn die Ausf.-Best. VIII der Reichs-Sackstelle, auf Grund deren die Lieferungsbedingungen festgesetzt worden sind, war nach § 10 dieser Ausf.-Best. bereits mit deren am 22. Februar 1918 im Reichsanzeiger erfolgten Verkündung, mithin schon vor dem Vertragsabschlusse der Parteien in Kraft getreten. Nach § 5 der Ausf.-Best. durfte aber die Klägerin — bei Meidung der in § 28 Ziffer 4 der Bekanntm. über Säcke vorgesehenen Strafe — die hier fraglichen Säcke, von dem in § 9 bestimmten Ausnahmefalle der Zulassung der Reichs-Sackstelle abgesehen, seit dem Inkrafttreten der Ausf.-Best. nicht mehr unter anderen als den von dem Verbande deutscher Papiersackfabrikanten festzusetzenden und von der Reichs-Sackstelle zu genehmigenden Lieferungsbedingungen abgeben. Dies war auch der Klägerin bekannt. Denn sie hatte ihrem Vertragsangebote vom 13. März 1918 einen Abdruck der Ausf.-Best. VIII beigefügt. Die Parteien mußten daher, wenn sie nicht mit dem Vertragsschlusse bis zur Festsetzung der Lieferungsbedingungen warten oder mit Zulassung der Reichs-Sackstelle etwas Gegenteiliges vereinbaren wollten, diejenigen Bedingungen im voraus als maßgebend anerkennen, die demnächst in der im § 5 der Ausf. Best. VIII bestimmten Weise festgestellt werden würden. Im vorliegenden Falle haben die Parteien darüber, wie Steitigkeiten zwischen ihnen entschieden werden sollten, keine besondere Abrede getroffen. Sie haben sich daher dem schiedsrichterlichen Verfahren der Ziffer 10 der Lieferungsbedingungen stillschweigend unterworfen. Die Klägerin muß dies um so mehr gegen sich gelten lassen, als ihr der Entwurf der Lieferungsbedingungen schon vor dem Vertragsschlusse mitgeteilt war und dieser Entwurf auch bereits die später endgültig festgesetzte Schiedsklausel enthielt. Dazu kommt, daß die Klägerin, nachdem sie in ihrem Schreiben vom 7. Juni 1918 zugeben mußte, daß der Vertrag der Parteien erst nach dem Inkrafttreten der Ausf.-Best. VIII abgeschlossen sei, in ihrem Briefe vom 24. dess. Mts. auch die Maßgeblichkeit der Schiedsklausel anerkannt hat. Denn in diesem Briefe teilt sie der Beklagten mit, daß sie „die Angelegenheit nach Punkt 10 der allgemeinen für den Abschluß geltenden Verkaufsbedingungen dem Schiedsgerichte bei der Reichs-Sackstelle übergeben werde". Damit wollte sie freilich, wie der Revision zuzugeben ist, kein Angebot zum Abschluß eines neuen Schiedsvertrags machen, wohl aber lag in ihrer Erklärung das Anerkenntnis, daß sie die Schiedsklausel als im ursprünglichen Vertrag enthalten ansehe. Dieses Anerkenntnis ist aber für die Auslegung dieses Vertrags verwertbar und diese Bedeutung wird ihm auch durch seinen späteren Widerruf nicht genommen.

Nach alledem hat das Berufungsgericht ebenso wie der erste Richter mit Recht angenommen, daß für das Vertragsverhältnis der Parteien die Schiedsklausel der Lieferungsbedingungen des Verbandes deutscher Papiersackfabrikanten als stillschweigend vereinbart anzusehen ist. Zu prüfen bleibt aber, ob dieser Schiedsvertrag nicht nachträglich entsprechend der Vorschrift des § 1033 ZPO. dadurch außer Kraft getreten ist, daß infolge Änderung der gesetzlichen Bestimmungen eine Bestellung des Schiedsgerichts in der in § 1 Nr. 10 der Lieferungsbedingungen vorgesehenen Weise nicht mehr möglich ist. Nach dieser Bestimmung soll nämlich das Schiedsgericht aus einem vom Vorsitzenden der Reichs-Sackstelle zu ernennenden Vorsitzenden und aus vier Beisitzern bestehen, von denen zwei gleichfalls vom Vorsitzenden der Reichs-Sackstelle zu bestellen sind. Nun ist aber die Ausf.-Best. VIII, auf Grund deren diese Lieferungsbedingung festgesetzt worden ist, bereits am 30. November 1918 durch die Ausf.-Best. X der Reichs-Sackstelle aufgehoben worden. Es bleibt daher festzustellen, ob damit nicht die Möglichkeit einer Mitwirkung des Vorsitzenden der Reichs-Sackstelle zur Ernennung von Mitgliedern des Schiedsgerichts entfällt. Aber auch bei Verneinung dieser Frage ist weiter zu erörtern, ob nicht die Möglichkeit der Berufung eines dem Schiedsvertrag entsprechenden Schiedsgerichts nunmehr dadurch fortgefallen ist, daß inzwischen, wenn auch erst nach Erlassung des am 5. April 1919 verkündeten Urteils des Berufungsgerichts, die Befugnisse der Reichs-Sackstelle durch Bekanntm. des Reichswirtschaftsministeriums vom 8. April 1919 (RGBl. S. 391) auf andere Stellen übertragen worden sind. Auch diese Bekanntmachung ist, obwohl sie während des Verfahrens vor dem Berufungsgerichte noch nicht erlassen war, von dem Revisionsgerichte zu berücksichtigen, da sie dem öffentlichen Rechte angehört."...

---

45. 1. Ist, wenn im Urkundenprozeß eine Forderung aus einer Bürgschaft erhoben wird, von dem klagenden Gläubiger nicht nur die Bürgschaftserklärung, sondern auch deren Annahme durch Urkunden zu beweisen?

2. Kann die in § 593 Abs. 2 ZPO. vorgesehene Beifügung der Urkunden zur Klage oder zu einem vorbereitenden Schriftsatze durch ihre Vorlegung im Verhandlungstermin ersetzt werden? Ist die Klage als im Urkundenprozeß unstatthaft wegen Verletzung dieser Vorschrift auch dann abzuweisen, wenn der Beklagte die vorgelegten Urkunden anerkennt?

3. Kann die in erster Instanz anerkannte Echtheit einer Urkunde in der Berufungsinstanz bestritten werden?

VI. Zivilsenat. Urt. v. 17. November 1919 i. S. K. (Kl.) w. M. (Bekl.). VI 270/19.

I. Landgericht München I.
II. Oberlandesgericht daselbst.

Aus den Gründen:

„Wird eine Klage im Urkundenprozeß erhoben, so müssen nach § 592 ZPO. alle den Klaganspruch begründenden Tatsachen durch Urkunden bewiesen werden. Handelt es sich um einen Bürgschaftsanspruch, so muß demzufolge nicht nur die Begründung der Bürgschaftsschuld, sondern auch die Entstehung der Hauptschuld durch Urkunden dargetan werden (Jur. Wochenschr. 1898 S. 572 Nr. 12, 1899 S. 142 Nr. 12; Seuff. Arch. Bd. 54 Nr. 194). Die Urkunde des § 592 ZPO. ist ein umfassender Begriff; Urkunden im Sinne dieses Gesetzes sind alle schriftlichen Beweisstücke, aus denen das Gericht die volle Überzeugung von der Wahrheit der zu beweisenden Tatsache nach dem Grundsatze der freien Beweiswürdigung zu gewinnen vermag. Nur die von der beweisführenden Partei zum Zwecke der Beweisführung außergerichtlich erhobenen schriftlichen Erklärungen von Zeugnissen sind keine tauglichen Urkunden, da sie den nicht zugelassenen Zeugenbeweis auf diesem Umweg ersetzen sollen (RGZ. Bd. 49 S. 374; Warneyer 1912 Nr. 48).

Die Bürgschaftsschuld des Beklagten ist vom Berufungsgericht ohne Rechtsirrtum durch die Bürgschaftserklärung des Beklagten in der Urkunde vom 19. September 1917 als voll dargetan erachtet worden. Laut dieser Urkunde hat der Beklagte dem Kläger gegenüber die Bürgschaft bis zur Höhe von 70000 ℳ übernommen für alle Forderungen, die dem Kläger gegen den Gerichtsassessor B. oder gegen die G. m. b. H. Th. K. in Berlin zustehen oder auch in Zukunft neu entstehen werden. Wenn die Revision gegen diese Urkunde geltend macht, daß sie die bestimmte Bezeichnung der Hauptschuld und des Hauptschuldners vermissen lasse, so ist dies nicht zutreffend. Die beiden Hauptschuldner sind deutlich genannt; einer näheren Bezeichnung der Schuld selbst bedarf es nicht, wenn die Bürgschaft alle Forderungen aus einer Geschäftsverbindung begreift, wie dies hier der Fall ist; über den Kreis der verbürgten Forderungen kann hierbei ein Zweifel nicht bestehen. Die Revision macht weiter geltend, die Bürgschaftserklärung des Bürgen genüge nicht zur Begründung des Bürgschaftsvertrags; dieser komme erst zustande durch die Annahme seitens des Gläubigers, die die Willenseinigung zur Vollendung bringe; deshalb müsse auch die Annahme der Bürgschaftserklärung im Urkundenprozesse durch Urkunden nachgewiesen werden. Dem kann nicht zugestimmt werden. Die Bestimmung des § 592 ZPO. erfordert den Beweis durch Urkunden für alle Tatsachen, die eines Beweises für den Richter bedürfen. Die Annahmeerklärung erfolgt bei schriftlicher Bürgschaftserklärung in selbstverständlicher Weise durch die Entgegennahme der Erklärung; die Urkunde darüber befindet sich in den Händen des Gläubigers; er macht Gebrauch davon; dadurch ist die Annahme erfolgt (Warneyer 1915 Nr. 49). Eines besonderen Nachweises außerhalb und neben der von ihm selbst beigebrachten Urkunde der Bürgschaftserklärung bedarf es für die Annahmeerklärung nicht; seine eigene Annahmeerklärung kann der Gläubiger gar nicht urkundlich nachweisen, er müßte denn sie dem Bürgen durch den Gerichtsvollzieher zustellen lassen. Selbstverständliches, das eines besonderen Beweises an sich nicht bedarf, bedarf dessen auch nicht im Urkundenprozesse.

Den urkundlichen Nachweis für die Entstehung der Hauptschuld erachtet das Berufungsgericht durch die privatschriftliche Urkunde vom 8. Juli 1918 und das notarielle Anerkenntnis vom 1. November 1918 für erbracht. Die erstere Urkunde, die die Bestätigung des B. enthält, daß von den Forderungen des Klägers bis zum 1. Juli 1918 insgesamt 92000 ℳ fällig geworden seien, ist in der Berufungsinstanz nicht anerkannt, sondern ausdrücklich bestritten worden. Das Berufungsgericht erachtet dieses Bestreiten nicht mehr für zulässig, da nach der Feststellung des landgerichtlichen Urteils alle vorgelegten Urkunden anerkannt worden seien. Es ist richtig, daß die Anerkennung einer Urkunde in der ersten Instanz nur nach Maßgabe der Bestimmungen über das gerichtliche Geständnis (§§ 288 bis 290 ZPO.) in zweiter Instanz widerrufen werden kann (Stein ZPO. Anm. III zu § 439). Allein die kurze Ausführung in den Entscheidungsgründen des landgerichtlichen Urteils: „durch die vorgelegten anerkannten Urkunden ist der Klaganspruch in Haupt- und Nebensache nachgewiesen“ kann zwar die Feststellung bedeuten, daß alle vom Kläger beigebrachten Urkunden vom Beklagten anerkannt seien; sie kann aber immerhin auch nur besagen, daß diejenigen Urkunden anerkannt sind, die nach der Auffassung des Gerichts zur Klarlegung des Klaganspruchs erforderlich sind. Nach dem Sitzungsprotokolle vom 20. August 1918 hatte sich der Beklagte über die beiden angeblich von B. ausgestellten Privaturkunden vom 8. Juli und 10. August 1918 die Erklärung vorbehalten; nach dem Sitzungsprotokolle vom 15. November 1918 ist die notarielle Urkunde vom 1. November 1918 anerkannt worden; eine Anerkennung der privatschriftlichen Urkunden findet sich darin nicht. Wenn es nun auch richtig ist, was die Revision geltend macht, daß die Anerkennung von Urkunden keiner Feststellung im Sitzungsprotokolle bedarf, so läßt der Inhalt des Sitzungsprotokolls vom 15. November 1918, das die Anerkennung der Urkunde vom 1. November enthält, ohne derjenigen vom 8. Juli und 10. August Erwähnung zu tun, doch dem Zweifel Raum, ob eine Anerkennung der letzteren, die freilich auch noch im Verhandlungstermine vom 6. Dezember 1918 erfolgen konnte, erklärt worden ist. Es bleibt ferner die Möglichkeit offen, auf die die Revision hinweist, daß das Landgericht diese privatschriftlichen Urkunden auf Grund des § 439 Abs. 3 ZPO. mangels einer darüber abgegebenen Erklärung als anerkannt angenommen hat. In diesem Falle aber konnte der Beklagte sie nach § 531 ZPO. noch in zweiter Instanz wirksam bestreiten. Damit verloren die Urkunden vom 8. Juli und 10. August 1918 für den Urkundenprozeß ihre Bedeutung.

Es kommt aber auf die Urkunden vom 8. Juli und 10. August 1918 — die letztere hat das Berufungsgericht in der Begründung seiner Entscheidung auch überhaupt nicht verwertet — für den Nachweis der Hauptschuld gar nicht an. Denn das Berufungsgericht erachtet hierzu auch die notarielle Urkunde vom 1. November 1918 allein für ausreichend, in der es mit Recht ein selbständiges Schuldanerkenntnis im Sinne des § 781 BGB. erblickt; dieser Charakter der Erklärung geht aus dem Inhalt: „Ich verschulde Herrn M. . . . aus Geschäftsverbindungen folgende Beträge: 1. 124000 *M* . . ., 2. 60000 *M* . . . Ich unterwerfe mich wegen vorgedachter Forderungen der sofortigen Zwangsvollstreckung gemäß § 794 Ziffer 5 der D.ZPO. . . ." deutlich hervor. Nun ist allerdings dieses Schuldanerkenntnis erst nach der Bürgschaftserklärung und nach der Klagezustellung abgegeben worden. Der für das gegenwärtige deutsche Recht maßgebende Satz, daß es für die Begründetheit eines geltend gemachten Klaganspruchs nicht auf die Zeit der Klagezustellung, sondern auf den Zeitpunkt der letzten mündlichen Verhandlung vor dem Urteilserlaß ankommt, gilt auch für den Urkundenprozeß, wie denn nach § 593 ZPO. die Urkunden dem Gegner auch mit einem späteren Schriftsatz als der Klage mitgeteilt werden können (vgl. Stein ZPO. Anm. IV 1 zu § 592, Anm. II 2 zu § 593, Anm. I zu § 278, Anm. III zu § 300 ZPO.). Unwesentlich ist ferner, daß das Schuldanerkenntnis erst nach der Bürgschaftserklärung abgegeben ist, da die Bürgschaftserklärung sich auf alle gegenwärtigen und zukünftigen Forderungen des Klägers gegen den Hauptschuldner aus ihrer Geschäftsverbindung bezieht. War deshalb zur Zeit des Urteilserlasses die Hauptschuld begründet, so ist auch die Bürgschaftsforderung begründet.

Nun ist allerdings die notarielle Urkunde vom 1. November 1918 überhaupt nicht gemäß § 593 ZPO. mit einem vorbereitenden Schriftsatze dem Beklagten zugestellt worden; sie ist in der mündlichen Verhandlung vom 15. November 1918 vorgelegt worden, und es kann die Frage aufgeworfen werden, ob nicht die Bestimmung des § 593 Abs. 2 ZPO. bindende Mußvorschrift und ein Verzicht auf ihre Befolgung nach § 295 ZPO. unzulässig sei (vgl. Warneyer 1916 Nr. 258). Die Revision hat nach dieser Richtung einen Prozeßangriff nicht erhoben; er würde auch unbegründet sein. Schon in einer Entscheidung des erkennenden Senats vom 11. Januar 1904 (RGZ. Bd. 56 S. 306) ist ausgeführt, daß die Mitteilung der Urkunde in der mündlichen Verhandlung, wenn diese nur lange genug vor der maßgebenden letzten mündlichen Verhandlung stattgefunden hat, der rechtzeitigen Zustellung der Urkunde mit einem Schriftsatze ganz gleich stehen muß; denn die Annahme des Gegenteils würde auf einen unerträglichen Formalismus hinauslaufen, der sicher dem Sinne des Gesetzes nicht entsprechen würde. Wenn also zwischen der mündlichen Verhandlung, in der die Mitteilung erfolgte, und zwischen der maßgebenden letzten mündlichen Verhandlung gemäß § 593 Abs. 3 ZPO. ein der Einlassungsfrist gleicher Zeitraum liegt,. ist auch durch die Mitteilung der Urkunde in der mündlichen Verhandlung dem Gesetze genügt. Dies ist in der vorliegenden Streitsache der Fall gewesen. Die Mitteilung der Urkunde an den Beklagten in der vorgeschriebenen Form des § 593 Abs. 2 ZPO. ist aber ferner im gegebenen Falle dadurch unwesentlich geworden, daß der Beklagte in der mündlichen Verhandlung vom 15. November 1918 die vorgelegte notarielle Urkunde vom 1. November 1918 anerkannt hat. Die Vorschrift der Mitteilung der Urkunde an den Gegner ist im Interesse des Beklagten erlassen und hat den offenbaren Zweck, ihm in bestimmter Form und Zeit die Vorbereitung zu seiner Verteidigung auf die Urkunde zu gewähren; wird die Urkunde anerkannt, so hat die formgerechte Mitteilung ihre Bedeutung verloren, und es würde auch hier von einem unerträglichen Formalismus gesprochen werden müssen, wenn gleichwohl die Abweisung der Klage wegen des Mangels der Mitteilung mit einem zugestellten Schriftsatz erfolgen müßte." ...

46. Sind bei einem Pachtvertrag über Garderoberäume die Räume oder der Gewerbebetrieb Gegenstand der Pacht?

BGB. §§ 580, 581.

III. Zivilsenat. Urt. v. 18. November 1919 i. S. Schloßbrauerei Sch (Kl.) w. Theater- u. Konzerthaus A.-G. (Bekl.). III 131/19.

I. Landgericht I Berlin.
II. Kammergericht daselbst.

Die Beklagte hatte in der Zwangsversteigerung gegen die Sportgesellschaft m. b. H. (= Sp.-G.) den Sportplatz zugeschlagen erhalten. Durch Vertrag vom 16. April 1909 (Nachtrag vom 13. April 1911) hatte die Sp.-G. „die komplett eingerichteten, beleuchteten, geheizten und für ein volles Haus ausreichenden Garderoberäume" an L. verpachtet. Die Klägerin fordert als Zessionarin des L. von der Beklagten den Betrag von 6000 ℳ an die Sp.-G. vorausbezahlter Pacht zurück, weil der Vertrag als ein Pachtvertrag über Räume nach § 57 ZVG. auf die Beklagte übergegangen sei und darum § 574 BGB. einschlage. Die Instanzen wiesen die Klage ab, weil der Pachtvertrag nicht Räume, sondern den abgesonderten Garderobegewerbebetrieb zum Gegenstand habe.

Die Revision der Klägerin blieb erfolglos.

Gründe:

„Die Klägerin leitet die rechtliche Natur des Vertrags als eines Pachtvertrags über Räume schon daraus ab, daß die Räume dem L. übergeben und im Besitze des L., dessen Inventar darin untergebracht stehe, geblieben seien; übrigens genüge bereits die Möglichkeit, jederzeit die tatsächliche Gewalt über die überlassene Pachtsache, nämlich eben über die Räume, auszuüben. Niemals aber ist von L. oder der Klägerin angegeben worden, in welcher Weise dem L. die Räume als solche zu ausschließlicher und zu jederzeitiger Verfügung überlassen wurden; insbesondere ist nie behauptet, daß dem L. der Schlüssel zu den Räumen übergeben und ihm die Befugnis erteilt wurde, die Räume auch während Stilliegens des Hauptbetriebs der Sp.-G. irgendwie zu benutzen oder auch nur zu betreten. Dem L. waren in Wirklichkeit die betreffenden bestimmten Räume nicht als Räume schlechthin, sondern, wie § 1 des Vertrags besagt, nur als Garderoberäume verpachtet, also lediglich für die Zwecke und für die Zeiten des Garderobebetriebs — wie § 6 des Vertrags sich ausdrückt — „überwiesen", ausschließlich dann, wenn und solange ein Garderobe ablegendes Publikum überhaupt vorhanden war; bei kürzerem oder längerem Stilliegen des Hauptbetriebs hatte L. in den Räumen nichts zu suchen. Für die Zeiten ohne Hauptbetrieb waren dem L. die Räume gerade nicht überlassen, sie blieben ihm völlig verschlossen, falls die Sp.-G. ihren Hauptbetrieb schon von Anfang des Vertrags an einstellte, so daß ein Garderobebetrieb gar nicht entstehen konnte. Und während fortgesetzten Hauptbetriebs und dadurch entstandenen und laufenden Garderobebetriebs hatte L. so wenig eine die Sp.-G. ausschließende Verfügung über die Garderoberäume, daß im Gegenteil sein Personal, wie § 7 des Vertrags ausdrücklich bestimmt, sich ständig den Anordnungen der Sp.-G. über die Abwicklung des Garderobeannahmegeschäfts zu fügen hatte. Die Garderoberäume waren also auch während des Garderobebetriebs der verpachtenden Sp.-G. in keiner Weise entzogen; diese hatte vielmehr auch während der Garderobetätigkeit des L. in den Räumen eine fortgesetzte Aufsicht und Leitung auszuüben, behielt also insoweit den Garderobebetrieb selbst und die von ihr zu beleuchtenden und zu heizenden Garderoberäume in ihrer eigenen Hand. L. war hiernach niemals, auch nicht bei währendem Garderobebetrieb, eigener Besitzer der Räume als solcher. Er hatte sie als den örtlichen Umkreis seiner Tätigkeit des Abnehmens, Verwahrens und Wiederaushändigens der Garderobe bei etwaiger Abwesenheit von beaufsichtigenden und leitenden Angestellten der Sp.-G. nur in einem gewissen Gewahrsam. Er war — dies allein ist der vermeintliche dingliche Charakter seiner Vertragsrechte — nur Besitzdiener der Sp.-G. im Sinne des § 855 BGB. und hatte als solcher nach § 860 gegen verbotene Eigenmacht Dritter die Befugnisse des § 859; nicht aber hatte L. einen Besitzschutz gegen die Sp.-G. und ebensowenig hatte er die nur einem unmittelbaren Besitzer im Sinne des § 868 zustehenden Rechte der §§ 861, 862. Nach der Anschauung des Lebens über eine derartige Sachlage und nach den Bestimmungen des Vertrags stand L. sogar in betreff des Garderobebetriebs und noch vielmehr in betreff der Räume als solcher in einem derartigen Abhängigkeitsverhältnis zur Sp.-G., daß diese, unbeschadet ihrer Haftung für etwaige Vertragsverletzung, stets unmittelbar ihren eigenen Willen gegen L. durchsetzen durfte. Gegen die Sp.-G. hatte L. über die Räume als solche weder je eine wirkliche tatsächliche Gewalt noch die Möglichkeit jederzeitiger Ausübung der tatsächlichen Gewalt (vgl. RGZ. Bd. 71 S. 250/252).

Die Klägerin stützt sich weiter auf die Entstehungsgeschichte des Vertrags, insbesondere auf den Unterschied des § 1 in dem von L. abgelehnten Entwurf und in dem Vertrage selbst. Dort, im Entwurfe, sei allerdings die Pacht nur des Garderobebetriebs vorgesehen gewesen, im Vertrage selbst seien gerade die Räume verpachtet.

Auch dies geht fehl. Während nach dem Entwurfe L. 75 % der Gesamt-Garderobeneinnahmen an die Sp.-G. abgeben sollte, ist im Vertrag eine bestimmte Jahrespachtsumme (40000 ℳ, im Nachtrage 50000 ℳ) festgesetzt und dem L. eine Entschädigung von 166,60 ℳ (im Nachtrage von 208,33 ℳ) für jeden ausgefallenen Tag, falls der Saal der Sp.-G. aus irgendeinem Grunde mehr als 125 Tage in einem Jahre geschlossen bleibt, zugebilligt, so daß bei Schließung des Saales während 240 Tagen genau die ganze Jahrespachtsumme aufgezehrt wurde. Weiter ist Nr. 1 des Entwurfs abgeändert; diese lautete: „L. pachtet in dem zu erbauenden Sportpalast und Wintervelodrom die Garderoben ebenso für die Winter- wie für die Sommersaison". Der § 1 des Vertrags aber lautet: „Die Sp.-G. verpachtet an L. die komplett eingerichteten, beleuchteten, geheizten und für ein volles Haus ausreichenden Garderoberäume." Die Abweichung bestand also allerdings nicht nur in der Abänderung des von L. zu zahlenden Entgelts, sondern auch und in erster Linie in der anderweiten Bezeichnung des Pachtgegenstandes. L. selbst hat aber mit voller Deutlichkeit vorgetragen, was er mit dieser anderen Bezeichnung bezweckte. Die Fassung des Entwurfs ließ der Auslegung Raum, daß die Garderoben nur während der eigentlichen, von der Sp.-G. selbst in ihrer Winter- und Sommersaison betriebenen Sport- und Velodromveranstaltungen verpachtet seien, nicht aber für Feste und Veranstaltungen Dritter, die unter Gestattung der Sp.-G. in deren Räumen abgehalten wurden. Demgegenüber wollte L. erreichen und ausgedrückt wissen, daß seinem Garderobenrecht unterworfen sein sollten auch alle diese Veranstaltungen Dritter, die ja auch einen Geschäftsbetrieb der Sp.-G. selbst darstellten, wenn auch einen nur mittelbaren, insofern die Sp.-G. ihre Räume zu anderweiten Zwecken Dritten gegen Entgelt überließ. Diesen Dritten sollte das Garderoberecht des L. als ein auch sie bindendes von seiten der Sp.-G. auferlegt werden; dafür sollte die Sp.-G. dem L. einzustehen haben. Darum wurde die Zubilligung des § 4 des Vertrags für den Fall bedungen, „daß der Saal des Sportpalastes und Velodroms aus irgendeinem Grunde mehr als 125 Tage in einem Jahre geschlossen bleibt". Nur diese Selbständigkeit seines Garderobebetriebs, auf die allein es L. nach seinen eigenen Prozeßangaben und nach seiner eigenen Zeugenaussage absah, hat L. durch die Änderung bezweckt und auch erreicht. Diese Selbständigkeit aber bedingte keineswegs, daß dem L. die Räume als solche verpachtet wurden nur mit der Verpflichtung ihrer Benutzung zum Garderobebetrieb. Es genügte vollständig, daß die Räume verpachtet wurden als Garderoberäume nicht nur für die Zeiten des eigentlichen Sportbetriebs, sondern für alle ein Garderobegeschäft ermöglichenden und nötig machenden Veranstaltungen schlechthin, sei es auch von seiten Dritter. Nur dies letztere ist der Inhalt des Vertrags, und dieser Inhalt ergibt, wie bereits ausgeführt wurde, nicht eine Pacht, eine pachtweise Überlassung und einen Pachtbesitz an den Räumen an sich.

Eben diese Auslegung hat der Berufungsrichter dem Vertrage

gegeben. Auch die von ihm weiter dafür dargelegten Gründe — wirtschaftliche Ausnützung des Garderobebetriebs und Abwälzung der Haftpflicht durch Sonderverpachtung, Höhe der Pachtsumme, Wertlosigkeit der Räume an sich, gänzlicher Wegfall des Pachtzinses bei Geschlossenbleiben des Saales während 240 Tagen im Jahre — sind frei von jedem Rechtsverstoß: sie beruhen auf der dem Richter obliegenden Würdigung aller Umstände. Mit Recht führt insbesondere der Berufungsrichter aus, daß es nichts verschlägt, wenn etwa bestimmte, von L. mit ausgewählte Räume verpachtet und überwiesen waren; eine etwaige Gebundenheit der Sp.-G. an diese Räume als die Garderoberäume ergibt noch nichts dafür, daß diese Räume an sich dem L. verpachtet wurden. Auch der Hinweis der Revision auf Bahnhofs-, Kasernen-, Kantinen-, Volksgarten- und Messewirtschaften und auf Hauspförtnereien trifft nicht zu. Die Pächter solcher Wirtschaften sind in anderer Weise und in anderem Maße in den Hauptbetrieb eingefügt und stehen zu diesem in einem anderen Abhängigkeitsverhältnis als der Garderobehalter; sie brauchen die ständige ausschließliche Verfügung über die Räume in ihrer vollen und ständigen Nutzbarkeit, ein Recht an den Räumen auf die Pachtzeit (§ 868 BGB.), für ihren ununterbrochen durchgehenden, mannigfache Tätigkeiten und vielfache Schulung erfordernden, in sich und nach außen selbständigen Wirtschaftsbetrieb. Der Garderobehalter aber darf die Garderoberäume erst und nur betreten und benutzen, sobald und solange der das Garderobegeschäft erst ermöglichende Hauptbetrieb stattfindet, und nur behufs Annahme, Verwahrung und Wiederaushändigung der Garderobe. Jene Wirtschaftspächter wirtschaften selbständig, indem sie als Wirte die Gäste aufnehmen und bewirten; der Garderobehalter aber bedient nur die vom Geschäftsherrn zu erstellende und gebrauchsfertig erstellte Garderobeeinrichtung statt desselben, indem er bei Behandlung der Garderobe und bei Einkassierung der Garderobegebühr dem Publikum als Beauftragter des Geschäftsherrn gegenübertritt. Für Beschädigung und Verlust der übergebenen Garderobe haftet dem Publikum der Geschäftsherr und nicht der Garderobehalter, von dessen etwaiger besonderer Stellung als eines das Garderobegewerbe für sich betreibenden Geschäftsmanns das Publikum aller Regel nach nichts weiß. So betrifft denn auch hier die Bestimmung des § 6 des Vertrags über die Haftbarkeit des L. für die ihm übergebene Garderobe nur das innere Verhältnis zwischen L. und der Sp.-G. Jene Wirtschaftspächter sind den Gästen für sachgemäße Herrichtung und Instandhaltung der ihnen überlassenen Räume verantwortlich; von einer solchen Verantwortlichkeit des Garderobehalters, hier des L., in betreff der Garderoberäume kann kaum die Rede sein. Diese Verschiedenheit der wirtschaftlichen Zwecke dem Grade nach und der Art nach kommt nun eben dadurch zum Ausdruck, daß der den Garderobebetrieb pachtende Garderobehalter — im Unterschiede von jenen Wirtschaftspächtern — in der Regel und so auch hier die Räume selbst und an sich nicht mietet oder pachtet, sondern sie nur al Garderoberäume, als örtlichen Bereich des von ihm gepachteten Garderobebetriebs während der Garderobezeiten überlassen erhält. Der Hauspförtner dagegen erhält die der Hauspforte nahe liegenden Räume mietweise überlassen als ständige Wohnung für sich und seine Familie. Der Umstand, daß für Eisenbahn- und ähnliche Wirtschaften oft oder gewöhnlich eine Preistarifierung von seiten des Hauptbetriebs vorgesehen wird und daß entsprechend hier in § 3 des Vertrags die Sp.-G. die von L. zu erhebende Garderobegebühr festgesetzt hat, beweist nur, daß in beiden Fällen dem Interesse des Hauptbetriebs ein maßgebender Einfluß auf die Geschäftsbedingungen des Nebenbetriebs eingeräumt ist, nichts aber dafür, daß der Nebenbetrieb des Garderobehalters L. nicht das Garderobegewerbe, sondern eine Pacht gewisser Räume war. Nicht die Garderobenräume sind es, die vermöge ihrer Einrichtung und Ausstattung Früchte tragen, wie dies ein eingerichteter Gasthof oder Geschäftsladen tut, sondern nur der ein zahlreiches Publikum hereinführende Hauptbetrieb wirft neben anderen Früchten nebenbei auch noch die Garderobegebühr und einen daraus erwachsenden reinen Gewinn ab." ...

---

47. Was versteht die Kabinettsorder vom 25. September 1834 unter den „früheren Verpflichtungen der Klostergeistlichen"?

II. Zivilsenat. Urt. v. 18. November 1919 i. S. der Kathol. Pfarrgemeinde Heribertus (Kl.) w. den preuß. Fiskus (Bekl.) II 233/19.

I. Landgericht Köln.
II. Oberlandesgericht daselbst.

Im Jahre 1003 hat der Stifter des Deutzer Benediktinerklosters, der Erzbischof Heribertus von Köln, die Deutzer Pfarrkirche der Benediktinerabtei Deutz schenkungsweise übertragen und zwar derart, daß sämtliche Einkünfte der Kirche einschließlich des Zehnten dem Kloster zufielen, wogegen dieses die Besorgung des Gottesdienstes an der Pfarrkirche mit allen dazu gehörigen Verpflichtungen und Lasten übernahm. Bei diesem Verhältnis zwischen Abtei und Pfarrkirche ist es bis zur Aufhebung des Klosters durch den Reichsdeputationshauptschluß von 1803 verblieben. Nach dem im Jahre 1814 erfolgten Anfalle von Deutz an Preußen wurden die Gehaltsverhältnisse des Pfarrers und der beiden Kaplane der Pfarrgemeinde durch landesherrliche Verfügungen vom 15. Mai 1822, 20. Mai 1823 und 24. Februar 1827 geregelt.

Die Klägerin verlangt vom Beklagten auf Grund der Kabinettsorder von 1834 die Gewährung je eines höheren, den jetzigen Zeit- und Besoldungsverhältnissen angepaßten Gehalts für den Pfarrer, die zwei Kaplane, den Organisten und den Küster der Pfarrkirche, soweit der Ertrag des zur Zeit der Säkularisation vorhanden gewesenen und eingezogenen Vermögens der Benediktinerabtei Deutz hierzu ausreiche.

Beide Vorinstanzen haben die Klage abgewiesen.

Auf die Revision der Klägerin ist das Berufungsurteil aufgehoben und die Sache an das Oberlandesgericht zurückverwiesen worden.

Aus den Gründen:

„Das Berufungsgericht geht in Übereinstimmung mit der ständigen Rechtsprechung des Reichsgerichts zutreffend davon aus, daß die Kabinettsorder vom 25. September 1834 den Charakter eines Gesetzes habe und daher privatrechtlichen Ansprüchen der Klägerin gegen den Staat als Grundlage dienen könne. Es ist auch richtig, daß die landesherrlichen Verfügungen vom 15. Mai 1822, 20. Mai 1823 und 24. Februar 1827 der Bezugnahme der Klägerin auf die Kabinettsorder als die rechtliche Unterlage ihrer Ansprüche nicht entgegenstehen. Die Kabinettsorder knüpft die Zubilligung „einer vollständigen oder ergänzenden" Dotation unter anderem an die Voraussetzung, daß die zu gewährenden Entschädigungen nicht „über die früheren Verpflichtungen der Klostergeistlichen" ausgedehnt werden dürfen. Der Berufungsrichter versteht unter den früheren Verpflichtungen der Klostergeistlichen die auf Rechtspflicht beruhenden tatsächlichen Leistungen des Klosters zur Zeit der Säkularisation.

Die Revision rügt Verletzung der Kabinettsorder durch unrichtige Auslegung. Der Angriff ist begründet. Es liegt nicht der mindeste Anhalt dafür vor, daß die Kabinettsorder, wenn sie von früheren Verpflichtungen der Klostergeistlichen spricht, damit etwas anderes gemeint hat, als den Inbegriff dessen, was den Klostergeistlichen auf Grund des durch die Inkorporation geschaffenen Rechtsverhältnisses der Pfarrkirche gegenüber zu leisten oblag. Von tatsächlich geleisteten Pfarrdiensten ist an dieser Stelle der Kabinettsorder nicht die Rede. Lediglich die früheren, d. h. die zur Zeit der Säkularisation in Kraft gewesenen Verpflichtungen des Klosters sollen den Maßstab bilden für das, was die Pfarrgemeinde äußerstenfalls vom Staate zu fordern berechtigt ist. Dem klaren Wortlaute und Sinne der Kabinettsorder gegenüber, die allein die rechtliche Grundlage des Klaganspruchs bildet, kann der Umstand, daß § 35 des Reichsdeputationshauptschlusses als Zweck der Säkularisation am Schlusse noch die Erleichterung der Finanzen der Landesherren anführt, keine Bedeutung haben in dem Sinne, daß an

Stelle der Verpflichtungen der Klostergeistlichen deren tatsächliche Leistungen im Zeitpunkte der Säkularisation die Höchstgrenze zu bilden hätten für die Dotationsleistungen des Staates auf Grund der Kabinettsorder von 1834. Der Möglichkeit einer Benachteiligung des Fiskus im einzelnen Falle ist durch den andern Vorbehalt der Kabinettsorder, daß die Entschädigungen nicht über den Ertrag des eingezogenen Klostervermögens hinausgehen dürfen, genügend vorgebeugt. Die dem Fiskus obliegenden Leistungen bestimmen sich somit nach dem Stande der Verpflichtungen des aufgehobenen Klosters oder Stifts im Zeitpunkte der Säkularisation; der Ausdruck „frühere Verpflichtungen der Klostergeistlichen" weist naturgemäß auf den Abschluß der Entwicklung hin, die das durch die Inkorporation von 1003 begründete Rechtsverhältnis bis zur Säkularisation genommen hat. Hatte diese Entwicklung im Einzelfalle dahin geführt, daß schon das Kloster rechtlich verpflichtet war, für eine in den Zeitverhältnissen liegende Steigerung der kirchlichen Bedürfnisse aufzukommen und — was hier besonders interessiert — den einzelnen Seelsorgegeistlichen und etwaigen anderen Angestellten der einverleibten Kirche das jeweils zum Unterhalt Erforderliche zu gewähren, so liegt, eben wegen der Bezugnahme der Kabinettsorder auf die früheren Verpflichtungen der Klostergeistlichen, die gleiche Verpflichtung jetzt dem Fiskus ob. Dasselbe gilt, wenn lediglich der Rechtsbesitz der Pfarr- oder Kirchengemeinde dem Kloster gegenüber so beschaffen war, daß in der einen oder anderen Beziehung die jeweiligen, also auch die einem gesteigerten Bedürfnis der Gemeinde entspringenden Anforderungen vom Kloster befriedigt wurden.

Dieses Ergebnis entspricht der bisherigen reichsgerichtlichen Rechtsprechung, von der abzugehen kein Anlaß vorliegt (folgen Zitate).

Der Beklagte ist daher dann, wenn bei der Säkularisation eine Rechtspflicht des Klosters zur Bestreitung der jeweiligen, also auch der mit der Zeit sich steigernden Unterhaltsbedürfnisse der Geistlichen und etwaigen sonstigen Angestellten der Pfarrkirche bestanden oder wenn sich die Pfarrgemeinde dem Kloster gegenüber in einem diesen gesteigerten Anforderungen entsprechenden Rechtsbesitze befunden hat, auf Grund der Kabinettsorder vom 25. September 1834 zur Gewährung den jetzigen Verhältnissen angemessener Dotationen verpflichtet. Diesen Gesichtspunkt hat das Berufungsgericht infolge seiner unrichtigen Auslegung der Kabinettsorder nicht beachtet. Darüber, daß schon dem Kloster eine derart gesteigerte Verpflichtung obgelegen und daß schon das Kloster dem jeweiligen Bedürfnis der Geistlichen und anderen Angestellten der Pfarrkirche entsprechende Dotationen gewährt habe, hat die Klägerin ausführliche tatsächliche Darlegungen gemacht, die vom Berufungsrichter noch nicht gewürdigt sind.

Von einer Verjährung der den Gegenstand der Klage bildenden

Ansprüche kann nicht die Rede sein, weil diese Ansprüche auf Gewährung den jetzigen Verhältnissen entsprechender Besoldungen für die Zukunft gerichtet und daher erst in neuester Zeit entstanden sind.

Die erwähnten Rechtsfolgen ergeben sich unmittelbar aus der Kabinettsorder vom 25. September 1834. Auf die in verschiedenen reichsgerichtlichen Entscheidungen (vgl. Jur. Wochenschr. 1888 S. 350 Nr. 27, Gruchot Bd. 51 S. 1131, 1139 und Urteil vom 29. März 1906 IV 485/05) bejahte Frage, ob nicht dasselbe Ergebnis aus dem Gesichtspunkte der Rechtsnachfolge des Staates gegenüber dem von der Säkularisation betroffenen Kloster abzuleiten wäre, braucht daher nicht eingegangen zu werden." ...

---

48. Unter welchen Voraussetzungen ist der Schuldner zur Hinterlegung eines Hypothekenbetrags, der außer vom eingetragenen Gläubiger auch von einem anderen in Anspruch genommen wird, auch dann berechtigt, wenn mit Rücksicht auf den öffentlichen Glauben des Grundbuchs die Zahlung an den eingetragenen Gläubiger den Schuldner auch dem anderen gegenüber befreien würde?

BGB. §§ 372, 893.

V. Zivilsenat. Urt. v. 20. November 1919 i. S. H. (Bekl.) w. C. (Kl.). V 258/19.

I. Landgericht Heilbronn.
II. Oberlandesgericht Stuttgart.

Auf dem Grundstücke des Klägers steht für die Beklagte eine mit der Vollstreckungsklausel versehene Hypothek von 5000 *M* eingetragen, die ihr der Vorbesitzer des Klägers bestellt hatte. Nachdem auf Antrag der Beklagten wegen ihrer Hypothekenforderung die Zwangsversteigerung des Grundstücks angeordnet worden war, wurde der Kläger mit dem Antrage klagbar, die Zwangsversteigerung für unzulässig zu erklären und aufzuheben. Dazu machte er namentlich geltend: Er sei durch Briefe der Rechtsanwälte seines Vorbesitzers darauf hingewiesen worden, daß die der Hypothek der Beklagten untergelegte Forderung nur in Höhe von 1500 *M* zur Entstehung gelangt sei, und die Hypothek sonach in Höhe von 3500 *M* nicht der Beklagten sondern als Eigentümergrundschuld seinem Vorbesitzer zustehe; zugleich sei ihm untersagt worden, der Beklagten 3500 *M* auf die Hypothek zu zahlen, mit der Verwarnung, daß er in solchem Falle von seinem Vorbesitzer auf Schadensersatz würde in Anspruch genommen werden. Infolgedessen habe er der Beklagten nur den Betrag von 1500 *M* angeboten, und da diese die Annahme des Betrags verweigerte, vielmehr Zahlung der vollen 5000 *M* verlangte, diese gesamte Summe hinterlegt. Das Landgericht gab der Klage statt; die Berufung und die Revision der Beklagten wurden zurückgewiesen.

Aus den Gründen:

„Die Revision hat das Berufungsurteil nur insoweit beanstandet, als angenommen worden ist, daß der Kläger zur Hinterlegung von 3500 *M* als Teilbetrag der für die Beklagte eingetragenen Hypothek von 5000 *M* berechtigt gewesen sei. Sie vertritt mit der Beklagten den Standpunkt, daß ein Hinterlegungsrecht des Klägers deswegen schlechthin ausgeschlossen gewesen sei, weil der Kläger den genannten Betrag mit befreiender Wirkung an die Beklagte habe zahlen können und ihm deswegen ein anerkennenswertes Interesse an der Hinterlegung gefehlt habe. Dieser Standpunkt kann jedoch nicht gebilligt werden. Entscheidend für die Frage, ob der Kläger von der Hinterlegungsbefugnis Gebrauch machen durfte, bleibt immer die Vorschrift des § 372 BGB., die es ausnahmslos gestattet, daß der Schuldner den geschuldeten Geldbetrag hinterlegt, wenn er infolge einer nicht auf Fahrlässigkeit beruhenden Ungewißheit über die Person des Gläubigers seine Verbindlichkeit nicht oder nicht mit Sicherheit erfüllen kann. Befand sich daher der Kläger infolge einer nicht auf Fahrlässigkeit beruhenden Ungewißheit darüber, wer hinsichtlich des Hypotheken-Teilbetrags von 3500 *M* der Empfangsberechtigte sei, ob die Beklagte oder sein Besitzvorgänger, der die Hypothek in Höhe von 3500 *M* als Eigentümergrundschuld für sich in Anspruch nahm, auch darüber in Ungewißheit, ob er sich von seiner Schuld durch die Zahlung an die Beklagte befreien würde, dann war er zur Hinterlegung befugt. Zu fragen ist daher auch nicht, ob der Kläger durch Zahlung an die Beklagte schlechthin auch dem R. gegenüber tatsächlich entlastet worden wäre; zu fragen ist vielmehr, ob der Kläger an dem Eintritt eines solchen Ergebnisses trotz Anwendung der im Verkehr erforderlichen Sorgfalt, ohne Fahrlässigkeit also, Zweifel gehegt hat und Zweifel hegen durfte. Zuzugeben ist zwar, daß dem Kläger die Vorschrift des § 893 BGB. auch seinem Vorbesitzer gegenüber so lange unbedingt zur Seite gestanden hätte, als ihm nicht nachgewiesen werden konnte, daß ihm der Mangel im Rechte der eingetragenen Hypothekengläubigerin, der Beklagten, im Sinne des § 892 „bekannt" gewesen sei; und daß solches der Fall gewesen, behauptet der Kläger selbst nicht, er will selbst nur Zweifel gehegt haben. Zuzugeben ist der Revision sogar ferner, daß nach den Unterstellungen des Berufungsurteils jetzt davon ausgegangen werden muß, daß die der Hypothek untergelegte Forderung der Beklagten auch in der Höhe von 3500 *M* zur Entstehung gelangt und die angebliche Eigentümergrundschuld des R. sonach nicht entstanden ist. Aber das alles schließt die Anwendbarkeit des § 372 zugunsten des Klägers nicht aus, falls nur im Zeitpunkte der Hinterlegung die besonderen, zuvor gekennzeichneten Voraussetzungen der Vorschrift gegeben waren. Denn nur hierauf kommt es an, nicht aber darauf, welchen Verlauf die Sache nach jetziger Kenntnis der Sachlage genommen haben würde, wenn der Kläger an die Beklagte Zahlung geleistet hätte. Solange der Kläger in dieser Hinsicht Zweifel hegte und ohne Fahrlässigkeit hegen durfte, so lange war ihm auch das im § 372 vorausgesetzte Interesse an der Hinterlegung zuzugestehen, angesichts der von ihm entschuldbar als bestehend angenommenen Gefahr, daß er von seinem Vorbesitzer nochmals auf Zahlung belangt werden würde, und zwar möglicherweise mit Erfolg. Zutreffend ist daher das Berufungsgericht grundsätzlich davon ausgegangen, daß auch die auf unverschuldeter rechtsirrtümlicher Auslegung der §§ 892, 893 BGB. beruhende Ungewißheit des Schuldners das Recht zur Hinterlegung aus § 372 Satz 2 begründe." ...

---

49. Haftet der Vater für die Erstattung von Prozeßkosten, zu deren Tragung sein minderjähriger Sohn verurteilt ist, auch dann, wenn kein seiner Nutznießung unterliegendes Kindesvermögen vorhanden ist?

GKG. §§ 6, 92; BGB. § 1654.

VI. Zivilsenat. Beschl. v. 20. November 1919 i. S. A. (Bekl.) w. H. (Kl.). VI 128/19.

Von dem Lehrer A., dem Vater des minderjährigen Beklagten A., wurden die Kosten der Revisionsinstanz eingefordert, zu deren Tragung der Beklagte A. verurteilt worden war. Er erhob hiergegen eine Erinnerung, weil sein Sohn kein Vermögen besitze, mithin ihm auch keine Nutznießung an solchem Vermögen zustehe.

Die Erinnerung wurde vom Reichsgerichte für begründet erklärt aus folgenden

Gründen:

„Die Erinnerung ist gemäß § 4 GKG. zulässig. Diese Vorschrift greift nicht nur ein, wenn die Höhe der angesetzten Gebühren oder die Notwendigkeit von Auslagen in Zweifel gezogen wird, sondern sie bezieht sich auf alle Fälle, in denen durch Erinnerung geltend gemacht wird, daß Kosten unter Verletzung von Normen des Gerichtskostengesetzes oder der in § 92 daselbst angeführten sonstigen Bestimmungen gefordert würden; sie trifft auch dann zu, wenn es sich um die Frage handelt, ob der in Anspruch Genommene überhaupt zahlungspflichtig ist (RGZ. Bd. 16 S. 291).

Die Erinnerung ist aber auch begründet. Zur Tragung der Kosten der Revisionsinstanz ist nur der Revisionskläger, der minderjährige Karl Heinrich A., verurteilt worden. Eine Haftung seines Vaters für diese Kosten könnte sich nur aus der Vorschrift des § 92 GKG. in Verbindung mit den Bestimmungen des bürgerlichen Rechts herleiten lassen. In Betracht kommt hier § 1654 BGB., dessen Auslegung nicht unbestritten ist. Nach Satz 1 daselbst hat der Vater die Lasten des seiner Nutznießung unterliegenden Kindesvermögens zu tragen. Für die Einzelheiten seiner Haftung verweist Satz 2 auf die für den Güterstand der Verwaltung und Nutznießung geltenden Vorschriften der §§ 1384 bis 1386, 1388, nicht aber auf den die Haftung für die Prozeßkosten unter Eheleuten regelnden § 1387 BGB. Auf diesen bezieht sich vielmehr Satz 3 des § 1654 BGB., nach dem zu den Lasten auch die Kosten eines Rechtsstreits gehören, der für das Kind geführt wird, sofern sie nicht dem freien Vermögen zur Last fallen. Aus dem Zusammenhange dieser Vorschriften ergibt sich, daß die Haftung des Vaters als die Folge seiner Nutznießung an dem Kindesvermögen anzusehen ist, und daß daher, wenn eine solche Nutznießung nicht stattfindet, der Vater auch nicht für die Kosten eines für das Kind geführten Rechtsstreits einzustehen hat. Den grundsätzlichen Ausspruch, daß der Vater die Lasten des seiner Nutznießung unterliegenden Vermögens zu tragen hat, enthält Satz 1; hieran ändert Satz 3 nichts, sondern setzt, soweit er dem Vater die Kostentragung zuweist, voraus, daß ein der Nutznießung des Vaters unterstehendes Kindesvermögen vorhanden ist. Anders ist die Rechtslage in dem Verhältnis zwischen Eheleuten (vgl. Komm. von RGR. Anm. 1 zu § 1387 BGB.), aber § 1387 wird in Satz 2 des § 1654 nicht erwähnt. Zu dem gleichen Ergebnis ist auch der erste Strafsenat des Reichsgerichts in einem Beschlusse vom 22. Januar 1912 gelangt (RGSt. Bd. 45 S. 407), in dem noch dargelegt ist, daß sich aus der Entstehungsgeschichte des § 1654 keine durchgreifenden Bedenken gegen die hier vertretene Auffassung ergeben.

Dafür, daß wirklich Kindesvermögen vorhanden ist, das der väterlichen Nutznießung unterliegt, spricht keinerlei Vermutung. Mit Recht hat daher das Kammergericht in Fällen, in denen beantragt war, dem Vater die Leistung eines Kostenvorschusses aufzugeben, die Glaubhaftmachung einer solchen Nutznießung von den Antragstellern verlangt (OLGRspr. Bd. 7 S. 73, Bd. 14 S. 253). Auch bei der Einforderung entstandener Gerichtskosten seitens des Fiskus darf die Haftung des Vaters nicht als gegeben vorausgesetzt werden. Da nun im vorliegenden Falle keine Anhaltspunkte dafür vorliegen, daß sich Vermögen des minderjährigen Beklagten in der Nutznießung seines Vaters befinde, letzterer aber behauptet, daß sein Sohn vermögenslos sei, so kann A. Vater nicht für die seinem Sohne auferlegten Kosten in Anspruch genommen werden."...

---

50. Zum Begriff des Betriebsunfalls in § 1 des Haftpflichtgesetzes. Inwieweit fallen seelische Einwirkungen eines Betriebsvorgangs darunter?

VI. Zivilsenat. Urt. v. 20. November 1919 i. S. preuß. Eisenbahnfiskus (Bekl.) w. B. (Kl.). VI 299/19.

I. Landgericht Dortmund.
II. Oberlandesgericht Hamm.

Der Kläger fordert Ersatz des Schadens, den er und seine Ehefrau durch den der letzteren am 30. Juli 1917 zugestoßenen Unfall erlitten haben und noch erleiden werden. Von den Landgerichte wurde dieser Anspruch im Rahmen des Haftpflichtgesetzes dem Grunde nach für gerechtfertigt erklärt, die Berufung des Beklagten wurde zurückgewiesen. Auch seine Revision blieb ohne Erfolg.

Aus den Gründen:

„Die Ehefrau des Klägers wollte am 30. Juli 1917 mit einem Gemüsewagen, der mit zwei Pferden bespannt war, von A. nach U. fahren. Die Straße wird von der Eisenbahn durchschnitten. An der Übergangsstelle befindet sich eine Schranke, die geöffnet war, als der Wagen herankam. Bei dem Versuche, über die Gleise zu fahren, blieb das Fuhrwerk stecken. Inzwischen kam ein Eilzug heran, der nicht mehr rechtzeitig zum Halten gebracht werden konnte. Der Ehefrau des Klägers gelang es, sich in Sicherheit zu bringen, Pferde und Wagen wurden aber von dem Zuge erfaßt. Die Ehefrau des Klägers erlitt eine Nervenerschütterung, durch die sie in ihrer Gesundheit geschädigt und in ihrer geschäftlichen Tätigkeit behindert sein will.

Das Landgericht hat seine Entscheidung auf ein von dem Beklagten abgegebenes Anerkenntnis gegründet, das es in dessen Schreiben vom 27. September 1917 findet. Dort heißt es: „Nachdem wir uns ... überzeugt haben, daß eine zu schwere Beladung des Fuhrwerks wohl nicht vorgelegen hat, erkennen wir die Haftpflicht für das Vorkommnis im Rahmen der gesetzlichen Bestimmungen an." Nach Prüfung der zwischen den Parteien gepflogenen Korrespondenz faßt das erste Gericht diese Erklärung dahin auf, daß der Beklagte das Anerkenntnis der Pflicht zum Schadensersatz dem Grunde nach zum Ausdruck bringen wollte, und daß sich die Worte „im Rahmen der gesetzlichen Bestimmungen" nur auf die Höhe beziehen können. Von dem Berufungsgerichte wird diese Auffassung gebilligt und weiter ausgeführt, wenn der Beklagte das Anerkenntnis gemäß § 812 BGB. zurücknehmen wolle, so könne er dies höchstens dann, wenn er über das Dasein eines Betriebsunfalls, über das Bestehen seiner Haftpflicht, im Irrtum gewesen wäre. Es liege aber in der Tat ein Betriebsunfall vor, aus dem Beklagter hafte, und daher komme es auf das Anerkenntnis nicht mehr an.

Die Revision hält die Annahme eines Betriebsunfalls für rechtsirrig. Unter Berufung auf das Urteil des Senats RGZ. Bd. 75 S. 284 sucht sie auszuführen, daß der zur Entscheidung stehende Fall mit dem damaligen wesentlich gleich, aber für den Beklagten insofern noch günstiger liege, als hier die Verletzte imstande gewesen sei, die Pferde rechtzeitig im Stiche zu lassen.

Dieser Ausführung konnte nicht zugestimmt werden. Nach feststehender Rechtsprechung liegt ein Betriebsunfall im Sinne des § 1 HaftpflG. dann vor, wenn der Unfall in einem äußeren, zeitlichen und örtlichen, sowie in einem inneren Zusammenhange mit einem bestimmten Betriebsvorgange steht. Der innere Zusammenhang muß ein unmittelbarer sein, braucht aber nicht in der direkten körperlichen Einwirkung des Betriebsvorganges auf den Verletzten zu bestehen. Er ist vielmehr insbesondere auch dann vorhanden, wenn ein Mensch unmittelbar durch einen Betriebsvorgang in Schrecken gesetzt wird, und nun die Schreckwirkung zu einer Schädigung führt, mag dies in der Weise geschehen, daß der Erschrockene an einem Nervenleiden erkrankt, oder mag er, wie in dem vom Reichsgericht im Urteile vom 14. Oktober 1909 VI 108/09 entschiedenen Falle, unter dem Einflusse des Schreckens eine unzweckmäßige Bewegung vornehmen und hierdurch zu Schaden kommen. Anders ist die Sachlage, wenn das Erschrecken nicht durch den Betriebsvorgang selbst, sondern erst durch dessen wahrgenommene Folgen hervorgerufen wird, wenn z. B. ein im Wartesaale Befindlicher hört, daß seine im Zuge sitzende Tochter durch einen auf dem Bahnhof erfolgten Zusammenstoß erheblich verletzt sei und er infolge dieser Nachricht und des Anblicks der Verletzten in Geisteskrankheit verfällt (RGZ. Bd. 68 S. 47). Ähnlich lag auch der in RGZ. Bd. 75 S. 284 entschiedene Fall, auf den sich die Revision ohne Grund beruft. Damals hatte der Eisenbahnwagen bei dem Durchfahren einer Kurve einen heftigen Stoß erhalten, eine Abteiltür war aufgesprungen und aus der offenen Tür war ein Kind auf den Bahnkörper gestürzt. Infolge dieses Unfalls sollte die Mutter eine schwere Nervenerschütterung erlitten haben, für die der Eisenbahnfiskus verantwortlich gemacht wurde. Dieses Verlangen wurde für unbegründet erachtet, weil der in Betracht kommende Betriebsvorgang in dem von dem Wagen erhaltenen Stoß und dem Aufspringen der Tür bestanden habe und diese Umstände in keiner Weise auf die körperliche Unversehrtheit der Frau eingewirkt, sie auch nicht erschreckt hätten; erschrocken sei sie nur über das Unglück ihres Kindes, einen außerhalb des Eisenbahnbetriebs liegenden Umstand. In dem jetzt zur Entscheidung stehenden Falle hat aber der Betriebsvorgang, das Herankommen des Eilzugs und sein Zusammenstoß mit dem Fuhrwerke, ganz unmittelbar durch Erregung von Schreck auf die Frau des Klägers eingewirkt. Mit Recht hält das Berufungsgericht es für unerheblich, ob sie sich bei der Annäherung des Zuges noch auf dem Wagen befand und im letzten Augenblick absprang, oder ob sie schon vorher abgestiegen war und neben den Pferden herging, denn in beiden Fällen drohte ihr unmittelbare Lebensgefahr. Diese hat sie nach der Auffassung des Berufungsgerichts in Schrecken versetzt und eine Nervenerschütterung herbeigeführt. Ob die Verletzte die Pferde früher im Stiche hätte lassen können, ist für die Annahme eines Betriebsunfalls unerheblich; ob aber ein solcher auch dann vorliegen würde, wenn sich die Frau bei dem Herankommen des Eilzugs persönlich außer Gefahr befunden hätte, jedoch aus Schrecken über den wahrgenommenen Zusammenstoß des Zuges mit dem Fuhrwerke erkrankt wäre, darf dahingestellt bleiben.

Liegt aber hiernach ein Betriebsunfall vor, so kann der Beklagte auch das von ihm abgegebene Anerkenntnis nicht deswegen widerrufen, weil es ohne rechtlichen Grund erklärt sei, denn für einen Betriebsunfall hat der Beklagte an sich einzustehen."...

---

51. Ist der Rechtsweg zulässig für Ersatzansprüche gegen den Staat oder einen anderen öffentlichrechtlichen Verband wegen gesetzwidriger Beschlagnahme? Bedeutung der Klagebegründung hierfür.

Preuß. Gesetz über die Haftung des Staates usw. vom 1. August 1909 (GS. S. 691); Bundesratsverordnung vom 27. März 1916 über die Fleischversorgung (RGBl. S. 199); Preuß. Ausführungsanweisung dazu vom 8. September 1916 (MinBl. f. Landw. S. 281) § 17 Abs. 4.

III. Zivilsenat. Urt. v. 21. November 1919 i. S. preuß. Staat und Kreiskommunalverband O. (Bekl.) w. S. (Kl.). III 126/19.

I. Landgericht Arnsberg.
II. Oberlandesgericht Hamm.

Der Klägerin, Besitzerin eines landwirtschaftlichen Gutes, wurden im Oktober 1917 auf Anordnung des Landrats und Vorsitzenden des Kreisausschusses des Kreises O., der nach der Behauptung der Klägerin auf Anweisung des Regierungspräsidenten gehandelt haben soll, drei Kühe weggenommen. Sie verlangte auf Grund des Gesetzes vom 1. August 1909 in Verbindung mit § 839 BGB. von den Beklagten den Ersatz des Wertes der Kühe nach Abzug eines ihr für diese ausbezahlten Betrags mit der Begründung, daß es sich um eine ungesetzliche Maßnahme gehandelt habe, durch die sie wegen ungenügender Butterlieferung bestraft werden sollte. Die Beklagten wandten die Unzulässigkeit des Rechtsweges ein, weil es sich um eine Maßregel der Fleischversorgung gehandelt habe, über deren Zulässigkeit nach § 17 Abs. 4 der preuß. Ausführungsanweisung vom 8. September 1916 die Provinzialfleischstelle zu entscheiden, diese Stelle auch auf Beschwerde der Klägerin die Beschlagnahme gebilligt habe. Das Landgericht erklärte den Rechtsweg für unzulässig. Das Berufungsgericht erklärte ihn für zulässig. Die Revision der Beklagten wurde zurückgewiesen.

Gründe:

„Das Berufungsgericht führt aus: Nach dem Vorbringen der Klägerin solle der Landrat die Wegnahme der Kühe angeordnet haben, um die Klägerin für ihre nach seiner Ansicht ungenügende Butterablieferung zu bestrafen. Ein solches in den Vorschriften über die Fettversorgung nicht begründetes Vorgehen führe zu der von der Klägerin geltend gemachten Schadensersatzpflicht, deren Verfolgung im Rechtswege nicht ausgeschlossen werden könne. Die Ausführungsanweisung komme demgegenüber nicht in Betracht, wolle aber auch für Fälle der vorliegenden Art keine Zuständigkeitsnorm aufstellen. Möge auch die Provinzialfleischstelle die Zulässigkeit der Fortnahme der Kühe für die Fleischversorgung bejaht haben, so könne diese Fortnahme sich doch als unerlaubte Handlung darstellen, wenn sie tatsächlich nicht im Interesse der Fleischversorgung, sondern als Strafmaßnahme für eine angebliche Zuwiderhandlung gegen die Vorschriften über die Fettversorgung erfolgt sei, und die Bestimmungen über die Fleischversorgung nur nachträglich als Deckmantel benutzt würden. Diese Ausführungen stehen im Einklange mit dem Klagevorbringen und geben zu rechtlichen Bedenken keinen Anlaß. Allerdings ist in der Rechtsprechung des Reichsgerichts (vgl. RGZ. Bd. 87 S. 120) anerkannt, daß ein dem Rechtsweg entzogener Anspruch nicht dadurch vor den ordentlichen Richter gebracht werden kann, daß er in das Gewand einer Schadensersatzklage gekleidet wird, und das Vorgehen der Klägerin könnte, namentlich wenn man die Behauptungen der Beklagten berücksichtigt, den Eindruck erwecken, als ob mit der Klage nur versucht werden sollte, die auf dem Gebiete der Fleischversorgung liegende, nach § 17 Abs. 4 der erwähnten Ausführungsanweisung von der Provinzialfleischstelle zu entscheidende Frage zur Entscheidung des Gerichts zu bringen. Ob es sich aber um einen zurückzuweisenden Versuch dieser Art oder um einen im Rechtsweg auszutragenden Schadensersatzanspruch handelt, ist danach zu beurteilen, wie sich das Klagebegehren nach der ihm von der Klägerin gegebenen Begründung darstellt. Danach handelte es sich aber bei der Wegnahme der Kühe nicht um eine nur aus unzulässigem Beweggrund ergangene Maßnahme der Fleischversorgung, sondern um eine gesetzlich überhaupt nicht zu rechtfertigende Maßnahme der Fettversorgung. In der Klageschrift ist nur von einer Bestrafung für ungenügende Butterablieferung die Rede. Es wird behauptet, daß von den drei Kühen nur eine geschlachtet, eine zweite versteigert, und die dritte, die habe geschlachtet werden sollen, vertauscht worden sei, und es wird im Anschluß daran ausgeführt, daß es an jeder gesetzlichen Bestimmung über die Fettversorgung fehle, die eine Bestrafung des säumigen Selbsterzeugers durch Wegnahme von Vieh rechtfertige. Die Klägerin hat an dieser Darstellung auch später festgehalten und gegenüber dem Hinweise der Beklagten auf die Vorschriften über die Fleischversorgung bestritten, daß die Kühe im Interesse der Fleischversorgung weggenommen worden seien, und geltend gemacht, es solle damit nur nachträglich der gesetzwidrigen Handlungsweise ein gesetzlicher Anstrich gegeben werden. Die Klägerin hat auch bestritten, daß sie sich selbst an die Provinzialfleischstelle gewendet habe. Unter diesen Umständen kann die Klage nicht, wie die Revision will, dahin verstanden werden, daß die Anordnung des Landrates zum Zwecke der Fleischversorgung erfolgt und es nur sein Beweggrund gewesen sei, die Klägerin auf diese Weise auch für die mangelhafte Butterablieferung zu bestrafen. Damit entfallen auch die von der Revision gezogenen Folgerungen. Das Berufungsgericht hat daher mit Recht den Rechtsweg für zulässig erachtet."

---

52. Ist auch die Widerklage an die im § 30 des preußischen Enteignungsgesetzes vom 11. Juni 1874 vorgeschriebene Ausschlußfrist gebunden?

VII. Zivilsenat. Urt. v. 21. November 1919 i. S. Deutsches Reich (Bekl.) w. v. R. (Kl.). VII 307/19.

I. Landgericht III Berlin.
II. Kammergericht daselbst.

Zur Errichtung von Kriegsbauten in der Artilleriewerkstatt und Geschützgießerei in Sp. ist ein dem Kläger gehöriges Grundstück enteignet worden. Durch Beschluß des Bezirksausschusses, der den Parteien am 1. Juni 1918 zugestellt worden ist, ist die Entschädigung des Klägers auf 22750 *M* festgesetzt worden. Der Kläger hat mit rechtzeitig erhobener Klage die Zahlung weiterer 16250 ℳ nebst Zinsen vom Beklagten verlangt, dieser aber hat Widerklage erhoben mit dem Antrage, die Entschädigungssumme auf 16900 ℳ herabzusetzen. Der Widerklageantrag ist in der mündlichen Verhandlung vom 20. Januar 1919 verlesen worden.

Das Landgericht wies durch Teilurteil die Widerklage ab, weil sie nicht innerhalb der in § 30 EnteigG. vorgeschriebenen Ausschlußfrist erhoben war. Die Berufung des Beklagten wurde zurückgewiesen. Auch seine Revision blieb erfolglos.

Gründe:

„Die Revision will die Entscheidung der Frage, ob auch die Widerklage der in § 30 EnteigG. vorgeschriebenen Ausschlußfrist unterworfen ist, lediglich davon abhängig machen, ob mit der Erhebung der Klage der Entschädigungsstreit ganz oder nur in den Grenzen, in denen sich der Kläger beschwert fühlt, vor den Richter gelangt. Im ersteren Falle erscheint ihr die Wahrung der Frist für die Widerklage nicht erforderlich. Ob dieser Schluß richtig ist und zwischen den beiden Fragen überhaupt ein Zusammenhang besteht, kann auf sich beruhen. Denn in keinem Falle trifft die Voraussetzung zu, unter der nach der Meinung der Revision von der Frist für die Widerklage abzusehen ist. Wenn gegen den Entschädigungsfeststellungsbeschluß des Bezirksausschusses von dem Unternehmer oder einem der Beteiligten nach § 30 der Rechtsweg beschritten wird, so hat das nicht die Bedeutung, daß nunmehr der ganze Entschädigungsstreit in die Hand des Gerichts gelegt wird und dieses in demselben Umfange mit der Sache befaßt wird, wie vorher die Verwaltungsbehörde. Vielmehr wird durch die Erhebung der Klage der Streit über die Höhe der Entschädigung nur insoweit zur gerichtlichen Entscheidung gestellt, als sich die klagende Partei durch den Beschluß des Bezirksausschusses beschwert glaubt. Daraus folgt allerdings nicht, daß der Entschädigungsfeststellungsbeschluß rechtskräftig wird, soweit er innerhalb der vorgeschriebenen Ausschlußfrist nicht angefochten wird, denn der Kläger kann seinen Anspruch erweitern (RGZ. Bd. 12 S. 299). Aber relativ rechtskräftig wird er gegenüber den anderen Beteiligten, die ihn nicht innerhalb der Ausschlußfrist durch Beschreitung des Rechtsweges anfechten. Darum kann auch der Beklagte behufs Herabsetzung der Entschädigungssumme nicht mehr Widerklage erheben, wenn er die Ausschlußfrist hat verstreichen lassen; denn sein Anfechtungsrecht ist durch den Ablauf der Frist hinfällig geworden. Durch die Erhebung der gegnerischen Klage kann es ihm nicht gewahrt werden. Es kann deshalb auch nicht darauf ankommen, ob die Klage fristgerecht erhoben ist. Die Unzulässigkeit der verspätet erhobenen Widerklage ist nur noch selbstverständlicher, wenn auch die Klage selbst nicht innerhalb der vorgeschriebenen Frist angestellt ist.

Daß es dem Kläger gestattet ist, seine Klage auch noch nach dem Ablaufe der Ausschlußfrist zu erweitern, führt nicht dazu, auch die Erhebung der Widerklage nach dem Ablaufe der Frist für zulässig zu halten. Das Recht der Erweiterung folgt aus allgemeinen Prozeßgrundsätzen, die es jedem Kläger gestatten, seinen Anspruch im Laufe des Verfahrens zu erweitern (§ 268 Nr. 2 ZPO.), und darum auch im Falle des § 30 EnteigG. dem Kläger die Erweiterung erlauben, nachdem er durch seine Klage zu erkennen gegeben hat, daß er sich mit der Entscheidung der Verwaltungsbehörde nicht zufrieden geben wolle. Für die Zulässigkeit einer Widerklage nach dem Ablaufe der sechsmonatigen Frist fehlen aber sowohl prozessual als nach den Bestimmungen des Enteignungsgesetzes die Voraussetzungen. Es ist auch kein Grund ersichtlich, warum die Widerklage, die sonst der Klage vollkommen gleichgestellt ist, in diesem Punkte anders wie die Klage behandelt werden soll. Besonders aber würde es nicht zu verstehen sein, warum der Anspruch, der mit besonderer Klage nach dem Ablauf der Ausschlußfrist nicht mehr geltend gemacht werden kann, sollte erhoben werden können, falls er in der Form der Widerklage geltend gemacht wird. Der Grundsatz des § 521 ZPO. kann nicht zur Anwendung kommen, da die Klage gegen den Entschädigungsfeststellungsbeschluß kein Rechtsmittel und darum die Widerklage auch kein Anschlußrechtsmittel ist (Urt. des III. Zivilsenats vom 22. Dezember 1882 in Eger Eisenbahnrechtl. Entsch. Bd. 2 S. 421). Auch der II. Zivilsenat hat in seiner Entscheidung vom 2. Januar 1884 (Jur. Wochenschr. 1884 S. 99) angenommen, daß die Widerklage innerhalb der sechsmonatigen Frist erhoben sein muß. Die gegenteiligen Meinungen von Eger Enteignungsgesetz Anm. 8d zu § 30 und Luther Enteignungsgesetz Anm. 8 zu § 30 sind ohne Begründung und, wie das Berufungsgericht schon hervorhebt, unter fälschlicher Beziehung auf Bolze Bd. 6 Nr. 768 aufgestellt. Denn dort ist nur gesagt, daß eine Erweiterung der fristgerecht erhobenen Widerklage nach dem Ablauf der Ausschlußfrist erfolgen könne."

---

53. Kann der Käufer einer Ware auf Abladung, wenn die unmittelbare Einfuhr der Ware durch den Ausbruch des Krieges unmöglich geworden ist, beanspruchen, daß ihm Lokoware, oder Ware der gehandelten Art, die in einem neutralen europäischen Hafen erhältlich ist, angedient werde?

II. Zivilsenat. Urt. v. 21. November 1919 i. S. J. & C. (Kl.) w. W. R. u. Gen. (Bekl.). II 226/19.

I. Landgericht Hamburg, Kammer für Handelssachen.
II. Oberlandesgericht daselbst.

Durch Abschluß vom 25. April 1914 kaufte die Klägerin von der Beklagten etwa 20 Tonnen Samana-Kakao, Verladung mit einem oder mehreren Dampfern, mit oder ohne Umladung von je 10 Tonnen in den Monaten Juni und Juli d. J. Die Juniabladung wurde geliefert. Am 12. Dezember mahnte die Klägerin wegen des Restes und setzte am 16. eine Nachfrist bis zum 19. Dezember mit der Androhung, daß die Annahme der Leistung abgelehnt werden würde. Die Lieferung ist nicht erfolgt. Die Beklagte behauptet, es seien 3 Tonnen am 2. Juli in St. Domingo in den Dampfer Seminola nach Newyork und hier in den Dampfer Kurfürst nach Hamburg, der Rest von 7 Tonnen am 15. Juli in den Dampfer Schaumburg direkt nach Hamburg abgeladen worden. Beide Dampfer hätten infolge des Kriegsausbruchs Deutschland nicht erreicht.

Gegenüber dem Anspruche der Klägerin auf Schadensersatz berief sich die Beklagte darauf, daß ihr durch den Ausbruch des Krieges die Erfüllung des Vertrags ohne Verschulden unmöglich geworden sei.

Das Landgericht wies die Klage ab. Die Berufung der Klägerin wurde zurückgewiesen. Auch ihre Revision hatte keinen Erfolg.

Aus den Gründen:

... „Die Klausel, welche die Parteien vereinbart hatten, ist nicht die typische Abladeklausel. Es ist nicht bedungen worden Juni-Juliabladung, sondern Verschiffung von je 10 Tonnen in den Monaten Juni und Juli mit einem oder mehreren Dampfern mit oder ohne Umladung. Dem entnimmt der Vorderrichter, daß die Meinung der Parteien gewesen sei, daß die Beklagte im Juni und Juli je 10 Tonnen in Samana für die Klägerin abladen oder von dritter Seite, etwa durch ihren Lieferer, abladen lassen mußte, und daß sie für jede Monatsrate einen oder mehrere Dampfer benutzen durfte, die die Ware entweder direkt von St. Domingo nach Hamburg oder aber nach einem der für die Ausfuhr von St. Domingo nach Deutschland in Betracht kommenden Zwischenhäfen brachten und dort für die Umladung in einen nach Hamburg fahrenden Dampfer sorgten. Schon die Zeit des Vertragsschlusses, April 1914, — so sagt der Vorderrichter — und die Fassung der Schlußnote sprächen entschieden dafür, daß mit der Angabe der Zeit der Verladung nicht so sehr an eine objektive Beschaffenheit der Ware wie vielmehr an ein die endgültige Leistung vorbereitendes Handeln des Verkäufers gedacht sei. Dazu komme, daß Verladung mit einem oder mehreren Dampfern mit oder ohne Umladungen bedungen worden sei, was unzweideutig auf eine Tätigkeit der Beklagten zum Zwecke der Vertragserfüllung hinweise und die Auslegung nicht zulasse, daß es der Klägerin nur darauf nicht habe ankommen sollen, ob die Ware mit der Verzögerung einer Umladung in Newyork oder Havre in Hamburg eintreffen werde.

Weiter stellt der Vorderrichter fest, daß die Beklagte im Sinne des Vertrags verfahren sei, daß sie am 2. Juli 3 Tonnen und am 15. Juli 7 Tonnen verladen habe, daß aber beide Abladungen infolge des Kriegsausbruchs Deutschland nicht erreicht hätten und daß somit ohne ihr Verschulden die Erfüllung unmöglich geworden sei; daß dasselbe aber auch, abgesehen von jenen Verladungen, anzunehmen sei, weil die Beklagte nach dem Vertrage mit der Verladung bis Ende Juli hätte warten können, zu dieser Zeit aber eine Beförderung des Kakaos nach Deutschland nicht mehr möglich gewesen sei.

Was endlich die Frage angeht, die den eigentlichen Streitpunkt der Parteien ausmacht, ob die Beklagte nicht mit Rücksicht darauf, daß nicht unerhebliche Juliabladungen in Samana-Kakao wenn auch nicht Hamburg, so doch Kopenhagen erreicht hatten und dort greifbar waren, verpflichtet gewesen wäre, aus diesen Vorräten zu liefern, so hat auch das der Vorderrichter mit zutreffender Begründung zurückgewiesen. Er führt aus, ein Verkäufer, der, wie hier geschehen, auf Abladung in einem überseeischen Platze verkauft, habe dabei im Auge, sich am genannten Platze direkt oder durch seine dortigen Beziehungen einzudecken und selbst die Sorge für den Transport zu übernehmen, also für seine Verkäufe seine dortigen Handelsbeziehungen sowie seine Verbindungen und Erfahrungen auf dem Gebiete der Transportgelegenheiten auszunutzen, so daß, was die Klägerin der Beklagten hier zumute, sich als ein wirtschaftlich ganz anders geartetes Geschäft darstellen würde. Wie die Klägerin ein dem Vertrag entsprechendes Konnossement hätte fordern und die Andienung einer in Hamburg liegenden oder aus Kopenhagen einzuführenden Ware auch dann hätte ablehnen können, wenn ihr der Nachweis der Juliabladung im Ursprungsland erbracht wäre, so könne sie anderseits die Lieferung solcher Ware als vertragsmäßige Leistung nicht beanspruchen.

Wenn die Revision sich gegen die Auslegung des Vertrags wendet, so bekämpft sie lediglich die tatsächliche Feststellung. Wie der Vorderrichter in seiner Auslegung nicht an die Auffassung der vernommenen Sachverständigen gebunden war, so war er auch nicht gehalten, darüber weitere Sachverständige zu hören. Es braucht daher kein Gewicht darauf gelegt zu werden, daß es auf diese Auslegung des Vertrags im Ergebnis gar nicht ankommt, die Ausführungen des Vorderrichters über die Unmöglichkeit der Leistung vielmehr den Fall auch treffen würden, wenn man die Klausel im Sinne der üblichen Abladungsklausel verstehen müßte. Die Feststellung des Vorderrichters, daß der Beklagten die Leistung unmöglich geworden ist, erscheint ganz unabhängig davon, daß sie zugleich übernommen hatte, die Verladung selbst zu veranlassen, und die Erwägung, daß ihr mit der Anforderung einer aus Kopenhagen heranzuziehenden Juliabladung eine Leistung anderer

Art zugemutet wird, als wozu sie im Vertrage sich verpflichtet hat, würde auch gegenüber der typischen Abladeklausel für durchschlagend zu erachten sein."...

---

54. Unter welchen Voraussetzungen unterliegt, wenn ein Grundstück zusammen mit einem darauf betriebenen Handelsgeschäfte veräußert wird, der für das Handelsgeschäft vereinbarte Sonderpreis dem für die Veräußerung unbeweglicher Sachen bestimmten Stempel?

RStempG. vom 3. Juli 1913 Tarifnr. 11a; preuß. StempStG. vom 30. Juni 1909 Tarifst. 32a.

VII. Zivilsenat. Urt. v. 21. November 1919 i. S. Bergwerksgesellschaft G. (Kl.) w. preuß. Staat (Bekl.). VII 239/19.

I. Landgericht Breslau.
II. Oberlandesgericht daselbst.

Die Klägerin hat durch den Vertrag vom 21. Oktober 1915 von dem Rittergutsbesitzer P. eine Fläche von etwa 100 Morgen gekauft, auf der sich ein im Abbau begriffenes Basaltlager befand. Mitverkauft wurde das Steinbruchgeschäft mit der Kontoreinrichtung und dem gesamten Kundenkreise derart, daß die Klägerin mit dem Tage der Übergabe in sämtliche Verträge eintrat. Von dem Gesamtkaufpreise von 750000 *M* rechneten die Vertragsteile 400000 *M* auf das Grundstück und 150000 *M* auf das Steinbruchgeschäft, den Rest auf das Zubehör und ein Pachtrecht. Der Grundstücksveräußerungsstempel aus der Tarifst. 32 preuß. StempStG. vom 30. Juni 1909 und aus der Tarifnr. 11a RStempG. vom 3. Juli 1913 wurde von dem Betrage von 400000 *M* entrichtet, während für die Übertragung des Geschäfts nur der Notariatsurkundenstempel verwendet wurde. Der Beklagte berechnete aber den erstgenannten Wertstempel von dem Betrage von 550000 *M*, indem er den Wert des Geschäfts dem Grundstückswerte hinzurechnete. Den hiernach durch den Beklagten nacherhobenen Stempelbetrag von 2497 *M* fordert die Klägerin mit der Klage zurück. In den Vorinstanzen wurde die Klage abgewiesen. Die Revision blieb erfolglos aus folgenden

Gründen:

„Der Berufungsrichter geht in Übereinstimmung mit der von den Streitteilen vertretenen Rechtsauffassung davon aus, daß der Grundstücksveräußerungsstempel von dem Werte des veräußerten kaufmännischen Steinbruchgeschäfts nur dann zu erheben war, wenn das Geschäft in so engem wirtschaftlichen Zusammenhange mit dem veräußerten Grundstücke stand, daß der Geschäftsbetrieb seiner selbständigen Bedeutung entkleidet war und sich nur als eine werterhöhende Eigenschaft des Grundstücks selbst darstellte. Dieser Ausgangspunkt ist zu billigen, der dabei leitende Rechtsgedanke ist aber dahin einzuschränken und näher zu bestimmen, daß der bezeichnete Zusammenhang in den sachlichen Eigenschaften des Grundstücks, seiner Gebrauchs- und Ertragsfähigkeit die Grundlage haben muß, die Zerstörung des Zusammenhanges also den Wert des Grundstücks wesentlich vermindert und den Charakter des Geschäfts verändert. Beruht der Zusammenhang nur auf einer zufälligen und willkürlichen Verbindung der Nebensache mit der Hauptsache, dem Grundstücke, die leicht lösbar ist, ohne den Wert des Grundstücks zu verändern, so läßt sich die gleichzeitig mit dem Grundstücke veräußerte Nebensache nicht als ein Wertteil des Grundstücks selbst ansehen. Aus diesem Grunde unterliegt auch die Mitveräußerung des bei dem verkauften Landgute befindlichen, zum Wirtschaftsbetriebe bestimmten Gerätes und Viehes (§ 98 BGB.), das sich leicht vom Grundstücke trennen und durch anderes marktgängiges Gerät und Vieh ersetzen läßt, nicht dem für unbewegliche Gegenstände, sondern dem für bewegliche Sachen angeordneten Wertstempel. Ist aber der Zusammenhang ein enger in dem obenbezeichneten Sinne, also ein innerlich begründeter, so vermindert sich beim Ausschluß der Nebensache vom Mitverkauf der Wert, den das veräußerte Grundstück für den Erwerber hat, um so viel, als sich das Grundstück ohne die Nebensache weniger vorteilhaft nutzen läßt.

Das hier in Betracht kommende Steinbruchgeschäft war vom Eigentümer P. des Grundstücks gegründet worden, um den im Grundstücke ruhenden und zu fördernden Basalt vorteilhafter verwerten zu können. Als ein Wertteil des Grundstücks selbst war aber damals das Geschäft nicht anzusehen, da es nicht von P. sondern auf Grund eines von ihm mit dem Kaufmann K. geschlossenen Vertrags von dem letzteren selbständig und für eigene Rechnung betrieben wurde. Nachdem Ende Dezember 1913 dieser Vertrag abgelaufen war, begann P. das Geschäft für eigene Rechnung zu führen, um sein Basaltlager zu verwerten. Damit war der innere Zusammenhang des Geschäfts mit dem Grundstücke hergestellt. P. hatte sich, wie der Zeuge K. bekundet, einen neuen Kundenkreis zu suchen und mußte Anstrengungen machen, um den alten Kundenkreis zurückzugewinnen; er hatte aber später einen so großen Kundenkreis erworben, daß der Abbau des in seinem Grundstücke befindlichen Basaltbruchs nicht hinreichte, um auch nur im entferntesten allen Ansprüchen zu genügen. Deshalb sei er, wie K. bekundet, gezwungen gewesen, erhebliche Mengen Basalt auch von auswärts zu beziehen, um alle seine Kunden befriedigen zu können. Es kann dahingestellt bleiben, ob hiernach anzunehmen ist, das Steinbruchgeschäft habe durch diesen Aufschwung eine gegenüber dem Grundstücke selbständige Bedeutung in solchem Maße erlangt, daß sein Wert — ganz oder etwa auch teilweise — nicht mehr als ein Wertteil des Grundstücks angesehen werden könne. Denn es ist weiterhin festgestellt, jener Aufschwung habe nur in der Zeit bis zum Ausbruch des Krieges, also während der ersten sieben Monate des Jahres 1914, stattgehabt, seit dem Kriegsbeginne habe aber P. Basalt von auswärts überhaupt nicht mehr bezogen, und ebenso habe die Klägerin sich seit dem Erwerbe des Grundstücks auf die Verwertung der aus dem Grundstücke gewonnenen Ausbeute an Basalt beschränkt. Hiernach ist nicht zu erkennen, inwiefern dem Berufungsrichter ein Rechtsirrtum zur Last gelegt werden könnte, wenn er annimmt, in dem maßgebenden Zeitpunkte der Veräußerung, am 21. Oktober 1915, hätte sich die Wirksamkeit des Geschäfts darauf beschränkt, die Erträgnisse des Grundstücks an Basalt zum Vorteil des Eigentümers nutzbar zu machen und deshalb habe es dem Geschäft an Selbständigkeit gefehlt, so daß also sein Vorhandensein nur als eine werterhöhende Eigenschaft des Grundstücks anzusehen sei. Freilich würde eine einmal gewonnene Selbständigkeit des Geschäfts nicht schon dann beseitigt sein, wenn nur vorübergehend der Umsatz des Geschäfts aufgehört hätte, in der Hauptsache von auswärts bezogenen Basalt zum Gegenstand zu haben. Mit Rücksicht darauf aber, daß schon im Oktober 1915 die Schwere und die voraussichtlich lange Dauer des Krieges für jedermann erkennbar waren, durfte der Berufungsrichter annehmen, daß auch nach der Meinung der Vertragsteilnehmer es sich bei der damals bestehenden Unselbständigkeit des Steinbruchsgeschäfts nicht um einen bloß vorübergehenden Zustand, sondern um eine für absehbare Zeit dauernde Eigenschaft des Geschäfts gehandelt habe. Diese Annahme beruht auf tatsächlichen, der Nachprüfung durch den Revisionsrichter entzogenen Erwägungen. Eine Verkennung der Beweislast, wie sie die Revision dem Berufungsrichter vorwirft, fällt ihm hierbei nicht zur Last; er hält die Unselbständigkeit des Steinbruchsgeschäfts nicht etwa wegen fehlenden oder mangelhaften Beweises, der der Klägerin obliege, für dargetan, nimmt vielmehr an, der Beweis der Unselbständigkeit sei durch die nicht beanstandete Aussage des Zeugen K. schon geführt. Die prozessuale Rüge der Revision, der Berufungsrichter habe die Behauptungen der Klägerin nicht berücksichtigt, daß P. vielfach Basaltmaterial auch von auswärts bezogen habe und habe beziehen müssen, um das Steinbruchsgeschäft aufrecht zu erhalten, kann ebenfalls nicht zur Aufhebung des Berufungsurteils führen. Unterstellt man auch die Richtigkeit dieser Ausführungen, die sich gegenüber der unangefochtenen Feststellung, P. habe seit Kriegsbeginn überhaupt nicht mehr Basalt von auswärts bezogen, nur auf die Zeit bis zum Kriegsbeginn beziehen können, so wird doch das Berufungsurteil durch die vorbezeichnete Feststellung allein schon getragen. Das Berufungsurteil war hiernach aufrechtzuerhalten."

55. Zu den Begriffen des Unfalls und der Operation im Sinne allgemeiner Unfallversicherungsbedingungen.

VII. Zivilsenat. Urt. v. 21. November 1919 i. S. M. Vers.-Ges. (Bekl.) w. Sch. (Kl.). VII 263/19.

I. Landgericht München I.
II. Oberlandesgericht daselbst.

Der Kläger hat, während er bei der Beklagten gegen Unfall versichert war, infolge einer am 9. Januar 1917 im Krankenhause zu G. vorgenommenen Röntgenbestrahlung eine Verbrennung beider Hände erlitten, wegen der er die Beklagte auf Grund der Versicherung in Anspruch nahm. Da die Beklagte das Vorliegen eines unter die Versicherung fallenden Unfalls bestritt, sich die Folgen der Verbrennung aber noch nicht übersehen ließen, hat er Klage erhoben auf Feststellung der Verpflichtung der Beklagten, ihn nach Maßgabe der Versicherungsbedingungen für die Folgen des Unfalls zu entschädigen. Beide Vorinstanzen haben einen durch den Versicherungsvertrag gedeckten Unfall als vorliegend angesehen und nach dem Klagantrag erkannt. Die Revision der Beklagten wurde zurückgewiesen aus folgenden

Gründen:

„Dem Berufungsrichter ist zunächst darin beizutreten, daß als Unfall, der von der Versicherung gedeckt werden soll, nicht das Ereignis als solches, sondern die als Wirkung des Ereignisses ärztlicherseits erkannte Körperbeschädigung anzusehen ist — § 1 Abs. 1 der Allgemeinen Versicherungsbedingungen — und daß die Unfreiwilligkeit, die nach dem Abs. 2 daselbst als Voraussetzung eines unter die Versicherung fallenden Unfalls gefordert wird, dann vorliegt, wenn die durch das Ereignis hervorgerufene Körperverletzung von dem Willen des Versicherungsnehmers nicht mitumfaßt, nicht gewollt war. Mit Recht hat deshalb der Berufungsrichter für entscheidend erachtet, daß der Kläger durch die von ihm allerdings gewünschte Röntgenbestrahlung keineswegs die tatsächlich eingetretene Verbrennung herbeiführen wollte.

Das Berufungsurteil ist aber auch insoweit nicht zu beanstanden, als der Berufungsrichter die in der angezogenen Bestimmung der Allg. Versicherungsbedingungen weiter als Voraussetzung eines unter die Versicherung fallenden Unfalls geforderte „Plötzlichkeit" der schädigenden

Einwirkung angenommen hat. Die geforderte „plötzliche“ Einwirkung des schädigenden Ereignisses liegt, wie der Berufungsrichter in Übereinstimmung mit der Rechtsprechung des erkennenden Senats angenommen hat, nicht nur dann vor, wenn das Ereignis seine schädigende Wirkung augenblicklich, momentan ausgeübt hat, sondern auch dann, wenn die Einwirkung erst in ihrer einen verhältnismäßig kurzen Zeitraum umfassenden Fortsetzung die Körperbeschädigung herbeigeführt hat, sofern nur diese Wirkung für den Verletzten überraschend, unerwartet, unvorhergesehen eingetreten ist. Wie in dem Urteile des Senats vom 2. Juni 1911 VII 554/10 ausgeführt wird, erschöpft sich der Begriff der Plötzlichkeit keineswegs in dem Begriffe der Schnelligkeit, schließt vielmehr als wesentliches Merkmal das des Unerwarteten, Unvorhergesehenen, Unentrinnbaren in sich. Daß aber im vorliegenden Falle die schädigende Wirkung der Bestrahlung in diesem Sinne plötzlich eingetreten ist, die Bestrahlung plötzlich ihre schädigende Wirkung auf den Körper des Klägers ausgeübt hat, hat der Berufungsrichter ohne Rechtsverstoß festgestellt. Für den Kläger, der nach den Feststellungen des Berufungsrichters damit rechnen durfte, daß die Dauer der Bestrahlung von der sie vornehmenden Krankenschwester richtig bemessen und ihm ein Nachteil nicht entstehen werde, und der an die Möglichkeit einer Verletzung nicht einmal gedacht hat, trat die Verbrennung als Folge der über das zulässige Maß fortgesetzten Bestrahlung überraschend, unvermutet und damit plötzlich im Sinne der Versicherungsbedingungen ein. Die Annahme der Plötzlichkeit wird aber selbst dann nicht ausgeschlossen, wenn, wie die Beklagte behauptet hat, die Bestrahlung ununterbrochen 40 Minuten lang angedauert haben sollte. Auch dann würde die immerhin sich nur über einen geringen Zeitraum erstreckende Bestrahlung erst durch ihre über das richtige Maß hinaus ausgedehnte Fortsetzung im obigen Sinne plötzlich ihre schädigende Wirkung ausgeübt haben.

Beruht hiernach die Annahme der Plötzlichkeit des von dem Kläger erlittenen Unfalls nicht auf der von der Revision gerügten Verletzung des § 286 ZPO., so erweisen sich schließlich auch die Angriffe der Revision als unbegründet, die sie dagegen richtet, daß der Berufungsrichter die Ausnahmebestimmung unter III Abs. 3 des § 1 der Allg. Versicherungsbedingungen nicht für anwendbar angesehen hat. Nach dieser Bestimmung sind von der Versicherung ausgeschlossen: „Verletzungen infolge von Eingriffen, die der Versicherte an seinem Körper vornimmt und bei Operationen, falls letztere nicht durch einen von der Versicherung umfaßten Unfall veranlaßt sind.“ Wie der erkennende Senat wiederholt ausgesprochen hat, kommt es bei der Auslegung von Versicherungsbedingungen nicht auf die fachwissenschaftliche Terminologie der ärztlichen Wissenschaft an, sondern darauf, was nach dem Sprachgebrauche des täglichen Lebens unter dem gebrauchten Ausdruck verstanden wird, was der nicht ärztlich gebildete Versicherungsnehmer nach der allgemeinen Verkehrsanschauung unter dem Ausdrucke verstehen durfte. Wenn der Berufungsrichter, von dieser zutreffenden Auffassung ausgehend, die bloße Röntgenbestrahlung nicht als eine Operation im Sinne der Versicherungsbedingungen angesehen hat, so ist das rechtlich nicht zu beanstanden. Zutreffend weist der Berufungsrichter darauf hin, daß es Sache der Beklagten gewesen wäre, einen etwa bei ihr vorhandenen Willen, eine zu Heilzwecken vorgenommene Einwirkung auf den Körper des Versicherungsnehmers, auch wenn sie keinen chirurgischen Eingriff darstellt, insbesondere eine solche durch Röntgenbestrahlung von der Versicherung auszunehmen, in einer klaren, jedem Versicherungsnehmer verständlichen Weise zum Ausdruck zu bringen. Solange sie dies nicht getan hat, muß sie sich gefallen lassen, daß der gebrauchte Ausdruck „Operation" im Sinne des vom Berufungsrichter festgestellten Sprachgebrauchs des täglichen Lebens verstanden wird."...

---

56. 1. Kommt ein Vertrag zustande, wenn der die Verhandlungen führende Agent erkennen mußte, daß der andere Teil eine wesentliche Bestimmung abweichend von ihrem verkehrsüblichen Sinne verstand?

2. Muß sich der Empfänger eines Bestätigungsschreibens, das er ohne Widerspruch läßt, als einverstanden behandeln lassen, wenn er ohne Verschulden irrtümlich annimmt, daß sich der Inhalt des Schreibens mit seinem Willen decke?

BGB. § 155; HGB. § 346.

II. Zivilsenat. Urt. v. 21. November 1919 i. S. M. & Co. (Kl.) w. P. (Bekl.). II 206/19.

I. Landgericht Hamburg, Kammer für Handelssachen.
II. Oberlandesgericht daselbst.

Aus abgetretenem Rechte fordert die Klägerin Zahlung des Kaufpreises von 51504,75 ℳ nebst Zinsen für von der Firma B. & Co. am 30. Mai 1917 dem Beklagten verkaufte 6000 kg Wildhaare. Sie behauptet, daß das Kaufgeschäft durch Vermittelung des Düsseldorfer Agenten der Firma B. & Co., Br., mittels Fernsprechers fest abgeschlossen worden sei. Nach dem von der Verkäuferin dem Beklagten am 30. Mai 1917 übersandten Schlußscheine seien die 6000 kg laut Type unter Vorbehalt kleiner Abweichungen zum Preise von 8,25 ℳ für das kg ab Wäscherei L. netto Kasse gegen Rechnung brutto für netto, beschlagnahme- und verwendungsfrei verkauft worden.

Der Beklagte hat um Abweisung der Klage gebeten. Er hat geltend gemacht, daß er dem Agenten Br. erklärt habe, auf Grund des viel zu kleinen ihm eingesandten Verkaufsmusters nicht kaufen zu können, sondern von der Prüfung eines größeren ihm zu sendenden Ausfallmusters seine Entschließung abhängig machen zu müssen. Nach Besichtigung der ihm darauf am 1. Juni zugegangenen Muster habe er sofort dem Agenten Br. erklärt, daß diese Muster dem Verkaufsmuster nicht entsprächen und er die Ware nicht gebrauchen könne. Auch wenn ein fester Kauf und nicht nur ein solcher auf Besicht abgeschlossen worden wäre, würde er die Zahlung wegen vertragswidriger Beschaffenheit der Ware verweigern dürfen. Notfalls sei geltend zu machen, daß eine Willenseinigung nicht zustande gekommen sei.

Während der erste Richter der Klage stattgab, erkannte das Oberlandesgericht auf Abweisung. Die Revision wurde zurückgewiesen.

Gründe:

„Das Berufungsgericht unterstellt bei der Prüfung des Sachverhalts zugunsten der Klägerin die Richtigkeit der Zeugenaussage ihres Agenten Br. Danach habe dieser am 20. Mai 1917 dem Beklagten die 6000 kg unter Beifügung eines 30 g schweren Musters zum Preise von 8,30 ℳ für das kg angeboten. Am 26. Mai habe der Beklagte dem Zeugen am Fernsprecher erklärt, daß er mit der Firma B. & Co. schlechte Erfahrungen gemacht habe. Br. habe ihn beruhigt und ihm geraten, doch gegen Ausfallmuster oder Probeballen zu kaufen. Als dann der Zeuge seinem Hause durch Fernsprecher über diesen Vorschlag berichtet habe, habe dieses ihn abgelehnt und dem Zeugen die für das Geschäft einzuhaltenden Bedingungen mitgeteilt. Der Zeuge habe sich diese Bedingungen sofort aufgeschrieben. Sie hätten im wesentlichen dahin gelautet, daß sich der Preis ab Wäscherei L. brutto für netto verstehe und „gegen neutrales unparteiisches Kontrollmuster von etwa ein kg Gewicht" verkauft werden solle. Am 29. Mai habe der Zeuge dem Beklagten durch Fernsprecher die sämtlichen Bedingungen vorgelesen. Dieser sei mit alleiniger Ausnahme der Bestimmung „brutto für netto" einverstanden gewesen und habe um schleunige Lieferung gebeten, worauf ihm der Zeuge sofort den Inhalt des Auftrags mit der Maßgabe, daß der Beklagte Lieferung franko Station L. und die Möglichkeit der Rückgabe der Säcke franko Station B. verlange, schriftlich bestätigt habe. Die Firma B. & Co. habe aber auf die Wünsche des Beklagten nicht eingehen wollen, sondern den Zeugen ersucht, lieber einen kleinen Preisnachlaß zu bewilligen. Dementsprechend habe sich der Zeuge durch Ferngespräch vom 30. Mai mit dem Beklagten auf einen Preis von 8,25 ℳ für das kg geeinigt, wohingegen die Bestimmung „brutto für netto“ beibehalten sei. Er habe noch am selben Tage den Abschluß dem Beklagten schriftlich bestätigt. Dieser habe keinen Widerspruch erhoben und erst am 1. Juni durch Fernsprecher mitgeteilt, daß das Kontrollmuster nicht der Kaufprobe entspreche.

Nun hindere zwar der Umstand, daß der von der Verkäuferin selbst am 30. Mai übersandte Schlußschein die offensichtlich vereinbarte Bedingung „gegen neutrales unparteiisches Kontrollmuster“ nicht enthalte, die Feststellung eines festen Abschlusses um deswillen nicht, weil der Inhalt der Bestätigungen des Zeugen vom 29. und 30. Mai 1917 mit herangezogen werden könne. Bedenklich sei aber schon, daß am 30. Mai offenbar keine Einigung über die Frage erzielt sei, ob sich der Preis ab Wäscherei L. verstand, wie die Verkäuferin wollte, oder franko Station L., wie der Beklagte wünschte. Doch könne dieser Punkt dahingestellt bleiben, weil der Vertrag aus einem andern Grunde als nicht zustande gekommen angesehen werden müsse. Der Beklagte habe nicht ohne Prüfung eines größeren Ausfallmusters kaufen und vorausbezahlen wollen. Das kleine ihm eingesandte Muster sei völlig ungeeignet gewesen, ein Bild von der zu liefernden Ware zu geben. Der Zeuge Br. habe das sofort anerkannt. Unter diesen Umständen sei es seine Pflicht gewesen, den Beklagten darauf hinzuweisen, daß sich das vertretene Haus auf seinen Standpunkt nicht einlassen wolle. Anstatt dessen habe er nur die Bedingungen der Verkäuferin vorgelesen. Aus diesen habe der Beklagte die Ablehnung seines Verlangens nicht entnommen; vielmehr sei er der Auffassung gewesen, daß die Bedingung „gegen neutrales unparteiisches Kontrollmuster“ im Sinne eines Kaufes auf Besicht gemeint sei. Damit sei, da die Verkäuferin selbst den Kauf für fest abgeschlossen gehalten habe, eine Willenseinigung der Verhandelnden nicht zustande gekommen. Nun spiele allerdings dieser Umstand in der Regel dann keine Rolle, wenn — wie im vorliegenden Falle — die von dem einen Teile mißverständlich aufgefaßte Bestimmung verkehrsüblich den vom anderen Teile verstandenen Inhalt und Sinn habe. Allein die besondere Lagerung des Streitfalles, insbesondere die in ihrem Zusammenhange zu prüfenden Kaufverhandlungen schlössen hier ein solches Ergebnis aus. Br. habe nach Treu und Glauben mit einem Einverständnis des Beklagten mit sofortigem festen Abschluß und einem dementsprechenden Verständnis der streitigen Bestimmung nicht rechnen können. Es müsse daher dabei bleiben, daß trotz beiderseitiger äußerlich gleichlautender Erklärungen eine Willenseinigung nicht vorliege.

Die Revision rügt Verletzung des § 155 BGB. und des § 286 ZPO. Der verkehrsüblich feststehenden Bedeutung der streitigen Bestimmung gegenüber komme es auf die persönliche Auffassung des Beklagten nicht an. Der Beklagte selbst habe nicht behauptet, daß Br. die Bestimmung im Sinne seiner Auslegung habe verstehen müssen, sondern vielmehr vortragen lassen, daß am 29. Mai von der Musterangelegenheit überhaupt nicht mehr die Rede gewesen sei. Alle drei Bestätigungsschreiben stellten den Verkauf einer bemusterten Ware (laut Type) fest. Es sei also ein fester Kaufabschluß bestätigt worden, und dagegen habe der Beklagte niemals Einspruch erhoben. Angesichts dieses Sachverhalts komme es nicht darauf an, ob Br. den Beklagten noch ausdrücklich auf den abweichenden Willen der Verkäuferin hingewiesen habe. Wenn das Berufungsgericht aber doch hierauf Wert legte, so habe es den Zeugen über diesen Punkt nochmals vernehmen müssen. Auch über die Bedeutung des Vorschlags des Zeugen, „gegen Ausfallmuster oder Probeballen" zu kaufen, wäre noch eine Vernehmung nötig gewesen. Endlich habe das Berufungsgericht die Behauptung der Klägerin unbeachtet gelassen, daß der Beklagte vorher sogar nach einem Briefmuster gekauft habe. Eilige Kriegsgeschäfte seien eben auch ohne zureichende Muster abgeschlossen worden.

Die Revision ist unbegründet. Unbedenklich hätte die Entscheidung zugunsten der Klägerin ausfallen müssen, wenn es lediglich auf den Schlußschein vom 30. Mai 1917 ankäme. Dort hat die Verkäuferin dem Beklagten nur bestätigt, daß sie ihm die 6000 kg Wildhaare laut Type (kleine Abweichungen vorbehalten) verkauft habe. Von dem neutralen, unparteiischen Kontrollmuster von etwa einem kg findet sich in dieser Urkunde nichts. Der Beklagte hätte nicht im unklaren darüber sein können, daß die Verkäuferin persönlich ein Kaufgeschäft nach Probe bestätigt hatte, und da er gegen den Inhalt des Schlußscheins keinen Widerspruch erhoben hat, so würde er es sich haben gefallen lassen müssen, daß man seine Genehmigung annahm. Gerade bei Abschlüssen durch Vertreter kommen häufig Unstimmigkeiten vor, und es ist solchenfalls für den vertretenen Vertragsteil von besonderer Wichtigkeit, den Inhalt der Abmachungen, wie er sie verstanden hat, im Bestätigungsschreiben festzulegen und dem anderen Teile kundzugeben.

Im vorliegenden Falle hat nun aber die Klägerin zugegeben, daß der letzte Schlußschein den Vertragsinhalt nicht vollständig wiedergibt, und daß auch für die Verkäuferin bindend abgemacht worden sei, daß „gegen neutrales, unparteiisches Kontrollmuster (von etwa einem kg)" verkauft worden sei. Es wird also darauf ankommen, welchen Sinn diese besondere Bestimmung hat. Das Berufungsgericht hat festgestellt, daß nach dem Inhalte der Kaufverhandlungen, wie sie der Zeuge Br. geschildert habe, der Beklagte der Meinung gewesen sei, daß der Abschluß von seiner Erklärung nach Prüfung der ihm einzusendenden Ausfallprobe abhängen solle, während die Verkäuferin — und zwar in Übereinstimmung mit der verkehrsüblichen Bedeutung der Bestimmung — den Abschluß als endgültig erfolgt angesehen und nur die Absicht gehabt habe, dem Käufer Ausfallmuster zur bequemeren Prüfung der Probemäßigkeit zu senden. Das Berufungsgericht hat trotz der verkehrsüblichen Bedeutung der Bestimmung im Sinne der Auffassung der Klägerin den Mangel einer Willenseinigung der beiden Teile angenommen, weil der Vertreter der Verkäuferin nach Sachlage nicht habe der Meinung sein können, daß der Beklagte die Bestimmung hier in ihrer verkehrsüblichen Bedeutung verstanden habe.

Im Ergebnis ist dem Berufungsgerichte beizutreten. Zweifel bestehen schon nach der Richtung, ob die Bestimmung so, wie sie gefaßt ist, tatsächlich verkehrsüblich dahin verstanden wird, daß Ausfallmuster zwecks Besichtigung einer festgekauften Ware übersandt werden sollen. Es heißt in dem Bestätigungsschreiben des Zeugen Br. vom 29. Mai 1917 nicht einfach: „neutrales, unparteiisches Kontrollmuster," sondern „gegen neutrales unparteiisches Kontrollmuster". Diese Fassung erhält besondere Bedeutung durch die Tatsache, daß der Zeuge, als der Beklagte von den schlechten Erfahrungen sprach, die er mit der Firma B. & Co. gemacht habe, ihn mit den Worten beruhigte, er könne ja „gegen Ausfallmuster oder Probeballen" kaufen. Aber wie dem auch sei, der Zeuge hat, wie das Berufungsgericht in einwandfreier Beweiswürdigung festgestellt hat, nicht annehmen können oder dürfen, daß der Beklagte die Bestimmung in dem von der Verkäuferin und ihrer Rechtsnachfolgerin vertretenen Sinne verstanden hat, und daraus folgt, daß der Beklagte nach Treu und Glauben nicht an dieser Auslegung festgehalten werden kann. . . .

Ebensowenig ist der Revision darin beizutreten, daß der Beklagte durch sein Schweigen auf die von Br. ihm übersandten Bestätigungsschreiben den Standpunkt des anderen Teiles genehmigt habe. Das Schweigen auf die Willenserklärung des anderen Teiles hat nur dann rechtsgeschäftliche Bedeutung, wenn es ein schlüssiges ist, d. h. wenn es nach Sachlage die Schlußfolgerung rechtfertigt, daß es als Billigung der Erklärung gedacht werden kann. Im vorliegenden Falle entfällt aber die Möglichkeit solcher Schlußfolgerung, weil der Beklagte der Meinung war und gemäß den zugrunde liegenden Verhandlungen ohne Verschulden sein konnte, die Bestätigungen deckten sich inhaltlich mit seiner Auffassung der gepflogenen Verhandlungen. Dabei spielt keine Rolle, daß im zweiten Bestätigungsschreiben vom 30. Mai des Kontrollmusters nicht mehr Erwähnung getan war, da nach dem Gange der Verhandlungen beide Schreiben als ein Ganzes anzusehen waren.

Hat sonach — wie das Berufungsgericht feststellt — der Beklagte die streitige Vertragsbestimmung anders verstanden als die Verkäuferin, und hat der den Abschluß vermittelnde Agent Br. nach Treu und Glauben diesen Umstand nicht verkennen können, so ist in der

Tat eine versteckte Willensuneinigkeit zwischen der Rechtsvorgängerin der Klägerin und dem Beklagten vorhanden gewesen, ein Vertrag somit nicht zustande gekommen."

---

57. Ist § 32 des Gesetzes, betr. die Krankenversicherung der Arbeiter, vom 15. Juni 1883 ein Schutzgesetz im Sinne des § 823 Abs. 2 BGB. zugunsten der Apotheker, die den Kassenmitgliedern Arzneien geliefert, und der Ärzte, die die Kassenmitglieder behandelt haben?

VI. Zivilsenat. Urt. v. 24. November 1919 i. S. K. (Kl.) w. P. u. Gen. (Bekl.). VI 167/19.

I. Landgericht Danzig.
II. Oberlandesgericht Marienwerder.

Die Frage ist vom Reichsgericht in Übereinstimmung mit dem Berufungsgerichte verneint worden aus folgenden

Gründen:

..."Die gesetzgeberischen Vorarbeiten zum Krankenversicherungsgesetz sprechen sich nicht über den Zweck aus, den § 35 verfolgt. Die Motive zu § 28 Entw. (§ 32 Ges.) schweigen darüber, und der Kommissionsbericht behandelt nur die geringfügige Änderung des Entwurfs durch Einfügung der Worte „im Mindestbetrag". Auch die Vorarbeiten zu § 364 RVO., der die Vorschrift des § 32 wiederholt, lassen hierüber nichts ersehen. Allein es versteht sich von selbst, daß der Reservefonds die geldlichen Verhältnisse der Kasse auf eine feste und dauerhafte Grundlage stellen, Schwankungen in den Beiträgen der Mitglieder und in den Leistungen der Kasse möglichst verhüten und die Kasse in den Stand setzen soll, in Zeiten außerordentlichen Bedarfs, wie bei Seuchen, erhöhtem Krankenstand durch Arbeitslosigkeit, infolge von Veruntreuungen von Beamten u. dgl. die gesetzlichen oder satzungsmäßigen Leistungen aufrecht zu erhalten. Insoweit mag der Reservefonds wie allen Gläubigern der Kasse, so auch den Ärzten und Apothekern zugute kommen, durch deren Inanspruchnahme die Kasse ihren Mitgliedern freie ärztliche Behandlung, freie Arzneien und Heilmittel gewährt. Daraus folgt aber nicht, daß § 32 die Sicherung der Ärzte und Apotheker bezweckt, wie es § 823 Abs. 2 BGB. erfordert. Die Krankenkassen sind öffentlichrechtliche Einrichtungen zur sozialen Fürsorge für die Arbeiter und Angestellten nebst ihren Angehörigen in Krankheitsfällen. Durch den Reservefonds soll die Stetigkeit und Gleichmäßigkeit dieser Fürsorge auch bei starker Beanspruchung der Mittel der Kasse erreicht werden. Dies ist ein wesentlicher, im öffentlichen Interesse liegender Zweck. Ziehen die Gläubiger aus dem Reservefonds Vorteil, so ist das gesetzliche Gebot, ihn anzusammeln, noch kein Gesetz, das zu ihrem Schutze bestimmt ist.

Des weiteren gehört die Ansammlung des Reservefonds zu den Pflichten der Verwaltung; § 42 KVG. bestimmt aber, daß die Mitglieder des Vorstands für Pflichtverletzungen in der Verwaltung nur der Kasse haften. Aus § 32 müßte also deutlich hervorgehen, daß durch den Verstoß wider sein Gebot nicht nur die Haftung nach § 42 begründet, sondern auch eine unerlaubte Handlung gegen bestimmte Personen begangen werde. Dies ist dem § 32 nicht zu entnehmen. Es hieße den Begriff und die Wirkung des Schutzgesetzes ins Uferlose ausdehnen, wenn jede Norm, die gewissen Personen oder Personengruppen zum Nutzen gereicht, zu einem Schutzgesetz für sie im Sinne des § 823 Abs. 2 gestempelt würde."...

---

58. Zur Frage der Anwendbarkeit der Tarifnr. 1 A b RStempG. vom 3. Juli 1913 auf die von Gesellschaften mit beschränkter Haftung ausgegebenen Genußscheine.

VII. Zivilsenat. Urt. v. 25. November 1919 i. S. Hamb. Staat (Bekl.) w. Hamb. Butter- und Fettverwertungsgesellschaft m. b. H. (Kl.). VII 295/19.

I. Landgericht Hamburg.
II. Oberlandesgericht daselbst.

Die klagende Gesellschaft ist durch Vertrag vom 17. Mai 1916 mit einem Stammkapitale von 40000 *M* errichtet. Durch einen Nachtragsvertrag vom 4. November 1916 ist das Stammkapital auf 110000 *M* erhöht. Inhalts der notariell beurkundeten Verhandlung vom 21. Januar 1918 hat Klägerin die Ausgabe von Genußscheinen in Höhe von 760000 *M* beschlossen. Die Verhandlung enthält nähere Bestimmungen über die Eigenschaften der Genußscheine, über deren Gegenwerte und die Rechte der Genußscheininhaber. Die Steuerbehörde forderte aus Anlaß dieses Gesellschaftsbeschlusses Entrichtung eines Reichsstempels von 3% der 760000 *M* sowie von teils $^2/_3$ teils $^1/_3$% gewisser, von Empfängern der Genußscheine eingebrachter Gegenwerte. Mit ihrer Klage begehrte die Klägerin die Feststellung, daß die 760000 *M* nicht stempelpflichtig seien und die geltend gemachte Stempelforderung unberechtigt sei. Das Landgericht erkannte auf Abweisung des Feststellungsanspruchs. Durch Urteil des Berufungsgerichts wurde dagegen festgestellt, daß die 760000 ℳ Genußscheine nicht steuerpflichtig seien. Die Revision des Beklagten blieb erfolglos.

Gründe:

„Die Entscheidung hängt davon ab, ob den auf Genußscheine bezüglichen Bestimmungen der Verhandlung vom 21. Januar 1918 die Bedeutung eines Beschlusses der klagenden Gesellschaft m. b. H. zukommt, durch welchen das Stammkapital der Gesellschaft um 760000 ℳ erhöht wird und neue Mitgliedschaftsrechte (Geschäftsanteile) in dieser Werthöhe geschaffen werden. Nur bei Bejahung dieser Frage könnte, wenn von einer, die Wirksamkeit eines Beschlusses des betreffenden Inhalts angehenden Frage (vgl. den Schluß dieser Ausführungen) abgesehen wird, der Tatbestand der Tarifnr. 1 A b RStempG. vom 3. Juli 1913, von dem der Stempelansatz des Beklagten ausgeht, als gegeben gelten. Unter dem Ausdrucke „Genußscheine" werden im Verkehrsleben Urkunden verschiedenartigen rechtlichen Charakters verstanden. Sie kommen namentlich im Betriebe von Aktiengesellschaften vor, und es ist insofern nicht zweifelhaft, daß sie sich im Einzelfall als Aktien darstellen können. Es ist aber auch möglich, daß es sich bei Genußscheinen um Renten- oder Schuldverschreibungen im Sinne der Tarifnr. 2 RStempG. von 1913 oder um Schuldverschreibungen anderer Art, die nicht dem Reichsstempel unterliegen, handelt (vgl. auch RStempG. v. 3. Juli 1913 Tarifnr. 1 A a Sp. 4 Satz 3; ferner RGZ. Bd. 30 S. 16, Bd. 49 S. 11, Bd. 70 S. 52, Bd. 83 S. 295; Entsch. des preuß. OVG. in Staatssteuersachen Bd. 10 S. 281). Überall, wo das Reichsstempelgesetz von 1913 in seinen Tarifnummern 1 und 2 von Genußscheinen spricht (Tarifnr. 1 A a Sp. 4; Tarifnr. 1 A Anmerkung 4 zu a, b; Tarifnr. 2, Anmerkung zu Tarifnr. 1 und 2 Absatz 2), sind seine Bestimmungen nicht auch auf Gesellschaften m. b. H. mit zu beziehen. Erst die Gesetzesnovelle vom 26. Juli 1918 (RGBl. S. 799) behandelt Genußscheine in ihrer Tarifnr. 3 in Vorschriften, die sich nach Fassung und Inhalt auf Gesellschaften m. b. H. miterstrecken. Diese Neuerung kommt indes vorliegend nicht zur Anwendung. Ebenso aber, wie es möglich ist, daß Genußscheine einer Aktiengesellschaft ein Mitgliedschaftsrecht an der Gesellschaft verbriefen und demnach zivil- und stempelrechtlich als Aktien zu beurteilen sind, ist auch für Genußscheine einer G. m. b. H. die Möglichkeit anzuerkennen, daß damit gesellschaftliche Mitgliedschaftsrechte, also Geschäftsanteile beurkundet sind. Hier wäre dieser Fall gegeben und Tarifnr. 1 A b RStempG. von 1913 anwendbar, wenn Klägerin durch Aufnahme der Inhaber der Genußscheine als neuer Mitglieder der Gesellschaft ihr Stammkapital um 760000 ℳ erhöht hätte. Daneben und gegensätzlich zu diesem Falle kommt aber auch als möglich in Betracht, daß Klägerin sich neue Betriebsmittel in der Werthöhe von 760000 ℳ von den

Genußscheininhabern als Obligationären beschafft hätte, die nicht am Unternehmen der Klägerin gesellschaftlich beteiligt sind, sondern der Gesellschaft und den Gesellschaftern als Dritte gegenüberstehen. Liegt dieser zweite Fall vor, dann könnte für die Genußscheine ein Reichsstempel nur unter Voraussetzung der Anwendbarkeit der Tarifnr. 2 a RStempG. erfordert werden. Im Berufungsurteil ist aber bedenkenfrei die Unanwendbarkeit dieser Tarifnummer nachgewiesen, und der Beklagte selbst hat auch nur Bestimmungen aus der Tarifnummer 1 herangezogen, und zwar grundlegend die Bestimmung, wonach Beurkundungen von Gesellschaftsverträgen steuerpflichtig sind, wenn sie die bei Gesellschaften m. b. H. erfolgende Erhöhung des Stammkapitals in der Form von Verträgen oder Beschlüssen betreffen (Nr. 1 A b).

Ob nun hier ein Fall der letztbezeichneten Art vorliegt und die Genußscheine Geschäftsanteile der G. m. b. H. verbriefen, oder ob die Inhaber der Scheine außerhalb des gesellschaftlichen Bandes stehende Dritte sind, war durch Auslegung des Inhalts der Verhandlung vom 21. Januar 1918 zu ermitteln. Der Berufungsrichter, ausgehend von den gleichen Gesichtspunkten, wie sie vorstehend entwickelt sind, hat sich dieser Aufgabe unterzogen und ist zu der Auffassung gelangt, es sei nicht Wille der Beteiligten gewesen, neue Geschäftsanteile zu schaffen, und es seien auch in Wirklichkeit durch die Genußscheine nicht neue Geschäftsanteile beurkundet. Der Inhalt des mit diesem Ergebnis gedeuteten Akts vom 21. Januar 1918 zeigt keinen typischen Charakter. Das Revisionsgericht ist daher nicht zur freien Nachprüfung befugt, sondern an die Auslegung des Berufungsrichters gebunden, es sei denn, daß diesem eine Gesetzesverletzung, insbesondere ein Irrtum in seinen rechtlichen Schlüssen, nachweisbar ist. Dies ist aber nicht der Fall, die Erwägungen des angefochtenen Urteils lassen nirgends einen Rechtsfehler hervortreten.

Die Revision will die in der Rechtsstellung der Gesellschafter und der Genußscheininhaber übereinstimmenden Elemente betonen und weist namentlich darauf hin, daß die letzteren in ganz gleicher Weise wie die ersteren sowohl während des Bestehens der Gesellschaft an deren Erträgen, als auch bei Liquidation der Gesellschaft an der Ausschüttungsmasse teilnehmen. Dieser Gesichtspunkt könnte dem Rechtsmittel zum Erfolg verhelfen, wenn die den Genußscheininhabern eingeräumten Rechte in den zwei hervorgehobenen Beziehungen oder auch in sonstiger Richtung mit rechtlicher Notwendigkeit die Eigenschaften von Geschäftsanteilen anzeigten. Dies ist aber nicht anzunehmen. Alle am 21. Januar 1918 für die Genußscheininhaber begründeten Rechte lassen sich als Forderungsrechte Dritter gegenüber der Gesellschaft auffassen. Insbesondere ist insofern schon im angefochtenen Urteile mit zutreffender Begründung dargelegt, daß die Bestimmungen des Aktes von jenem Tage über Versammlungen der Genußscheininhaber und über Bestellung eines Verwaltungsrats aus ihrer Mitte nur dazu dienen, ihre Rechte als die Rechte Dritter gegenüber der Gesellschaft klarzustellen und die Rechtsausübung der Gesellschaft gegenüber zu regeln und zu sichern. Auch die in jenem Akte vorgesehene Beteiligung der Genußscheine an den Jahresgewinnen der Gesellschaft und für den Fall der Liquidation an der Ausschüttungsmasse ist, zumal da alljährlich vor Verteilung einer Dividende 10 % des Reingewinns zur Amortisation auszulosender Genußscheine verwendet werden sollen (Verhandlung vom 21. Januar 1918 Nr. I 6, 7) und sonach die bezeichnete Beteiligung nicht bedingungslos eingeräumt ist, sehr wohl vereinbar mit der Annahme, daß die Genußscheine Forderungsrechte Dritter gegen die Gesellschaft verbriefen.

Der Berufungsrichter hat bei seinen Untersuchungen das Augenmerk mit Recht weniger auf die Übereinstimmungen als vielmehr auf die Verschiedenheiten in den Genußscheinrechten und den Geschäftsanteilen gerichtet. Ein Geschäftsanteil bedeutet den Komplex, den Inbegriff der für ein Mitglied der Gesellschaft aus seiner Beteiligung am gesellschaftlichen Unternehmen hervorgehenden Rechtsbeziehungen zur Gesellschaft, die Rechte wie auch Pflichten umspannen können und in ersterer Hinsicht in der Regel namentlich Rechte auf Gewinnbezug, auf Mitverwaltung und bei Auflösung der Gesellschaft auf das anteilige Guthaben umfassen. Das Berufungsurteil stellt in einer von Rechtsirrtum freien Würdigung des Sachverhalts fest, daß den Mitgliedern der klagenden Gesellschaft das Stimmrecht in den Versammlungen der Gesellschafter und das Minderheitsrecht im Sinne des § 50 GmbHG. zusteht, die Inhaber der Genußscheine diese Rechte aber nicht haben. Vergebens macht die Revision demgegenüber geltend, das Gesetz lasse eine Gestaltung der Rechtsverhältnisse zu, wonach die erwähnten Rechte allen Gesellschaftern oder auch nur einem Teile derselben fehlen könnten, die Regelung im vorliegendem Falle begründe daher nur die Folgerung, daß zwei Klassen von Gesellschaftern bestehen, von denen die zweite minder berechtigt als die erste sei. Der Angriff scheitert an der ersichtlichen und rechtlich einwandfreien Annahme des Tatrichters, daß an den Bestimmungen des Gründungsvertrags vom 17. Mai 1916, aus denen sich die Anwendbarkeit der §§ 46 bis 51 GmbHG. und somit auch ergab, daß den Mitgliedern der Gesellschaft das Stimmrecht und Minderheitsrecht zustehe, später nichts geändert ist. Daraus war schlüssig zu folgern, daß die Genußscheininhaber, wenn sie Gesellschafter wären, die bezeichneten Rechte haben würden, und daß sie, da ihnen die Rechte fehlen, nicht zu den Gesellschaftern gehören. Mit Recht weist das Berufungsurteil auch auf den Unterschied hin, daß es zur Abtretung von Geschäftsanteilen durch Gesellschafter eines in gerichtlicher oder notarieller Form geschlossenen Vertrags bedarf (§ 15 Abs. 3 GmbHG.), diese Form aber für die Übertragung von Genußscheinen — die nach Nr. I 9 der Verhandlung vom 21. Januar 1918 durch schriftliche Zession erfolgen soll — nicht vorgesehen ist. Diesem Punkte kommt ein wichtiger Beweiswert zu, der auch durch den von der Revision erhobenen Einwand, die Form der Übertragung berühre das Wesen des Rechtes selbst nicht, keineswegs ausgeräumt wird. Wären die Genußscheinrechte Geschäftsanteile, so würde die angedeutete Vertragsbestimmung Nr. I 9 nichtig sein. Mit gutem Grunde hat daher der Berufungsrichter aus dieser Bestimmung entnommen, daß die Beteiligten die Schaffung von Geschäftsanteilen nicht gewollt haben. Der Willensrichtung darf aber die rechtliche Beurteilung folgen, da, wie schon erörtert wurde, in der Natur der den Genußscheininhabern eingeräumten Rechte kein Hindernis liegt, diese als Forderungsrechte Dritter gegen die G. m. b. H. aufzufassen. Ein erheblicher Beweisgrund für diese Auffassung kann übrigens auch in der schon berührten Vertragsbestimmung über Amortisation der Genußscheine gefunden werden. Sie ergibt, daß bedingungsweise eine Befriedigung der Inhaber durch Auszahlung des Nennbetrags ihrer Genußscheine vorgesehen ist. Nach § 34 GmbHG. darf die Amortisation von Geschäftsanteilen nur erfolgen, soweit sie im Gesellschaftsvertrage zugelassen ist, und den beigebrachten Urkunden ist kein Anhalt dafür zu entnehmen, daß die Mitglieder der klagenden Gesellschaft eine solche Amortisation einführen wollten und eingeführt haben. Daher sprechen auch die Amortisationsbestimmungen der Verhandlung vom 21. Januar 1918 gegen eine Mitzugehörigkeit der durch die Genußscheine verbrieften Rechte zu den Geschäftsanteilen.

Wenn die Klägerin durch Ausgabe der Genußscheine in bedeutender Höhe und unter sehr eigenartigen Bedingungen den der Reichsabgabe nach Tarifnr. 1 A b unterliegenden Weg vermied, um Stempel zu sparen, so war sie dazu befugt. Näher liegt indes die Erklärung, daß Klägerin den von ihr eingeschlagenen Weg in Rücksicht auf die auch in der Klage angezogene Bundesratsverordnung über die staatliche Genehmigung zur Errichtung von Aktiengesellschaften usw. vom 2. November 1917 (RGBl. S. 987) gewählt hat. Nach § 1 der Verordnung bedurfte Klägerin zur Erhöhung ihres Stammkapitals um mehr als 300000 ℳ einer staatlichen Genehmigung, während sie zur Ausgabe von Genußscheinen in beliebiger Höhe ohne solche Genehmigung schreiten konnte. Bei der Unsicherheit, ob ein Gesuch um Genehmigung Erfolg gehabt hätte, erscheint das Vorgehen der Klägerin verständlich und durchaus bedenkenfrei. Die naheliegende Frage, ob nicht anderseits das unbedingte Verlangen eines Reichsstempels selbst vom Standpunkte der Steuerbehörde aus mangels einer staatlichen Genehmigung, wodurch eine Stammkapitalserhöhung erst hätte wirksam werden können, zu weit ging, braucht nicht erörtert zu werden, da der von der Steuerbehörde und dem Beklagten vertretene Standpunkt hier ebenso wie vom Berufungsgericht abgelehnt ist.

Hiernach war die Revision zurückzuweisen."

---

59. 1. Gehören Arbeiten zum Bau eines zweiten Gleises zum versicherungspflichtigen Betriebe der Eisenbahn?
2. Hat die Vorschrift des § 634 RVO. den Charakter einer Ausnahme gegenüber der Begriffsbestimmung des Betriebsunternehmers im § 633 RVO.?
3. Welche Tragweite ist dem Rentenfeststellungsbescheid einer Berufsgenossenschaft hinsichtlich der Annahme des Vorhandenseins mehrerer Betriebsunternehmer und Versicherungsträger beizumessen?

Reichsversicherungsordnung §§ 537 Nr. 3 u. 5, 624, 633, 634, 1543.

VI. Zivilsenat. Urt. v. 27. November 1919 i. S. Tiefbauberufsgenossenschaft (Kl.) w. sächs. Staat (Bekl.). VI 304/19.

I. Landgericht Dresden.
II. Oberlandesgericht daselbst.

Der verklagte Staatsfiskus ließ im Jahre 1917 auf einer von ihm betriebenen Eisenbahnstrecke ein zweites Gleis ausbauen. Die Erd-, Maurer- und Wegebefestigungsarbeiten hierfür hatte er an die Firma H. Ph. in D. vergeben, die der klagenden Berufsgenossenschaft angehört. Die Firma hatte sich vertragsmäßig verpflichtet, bei der Entlohnung und Beschäftigung der Arbeiter genauen Vorschriften nachzukommen und den Anweisungen der Beamten des Beklagten Folge zu leisten, deren Aufsicht die Arbeiten unterstanden. Am 17. August 1917 hatten Arbeiter des Ph. auf der Strecke Steine aus Arbeitswagen entladen. Auf der Rückfahrt von der Arbeitsstelle hatten diese Wagen einen Zusammenstoß mit dem Hauptteile des Steinbauzugs; hierbei verunglückte der zu den Leuten des Ph. gehörige Vorarbeiter Z. tödlich. Dessen Hinterbliebenen erkannte die Klägerin auf Grund der Reichsversicherungsordnung Sterbegeld und Renten zu. Wegen dieser Aufwendungen nimmt sie den Beklagten in Anspruch, weil er nach § 1 HaftpflG. für die Unfallfolgen aufzukommen habe und die hierdurch begründete Forderung der Hinterbliebenen des Z. nach § 1542 RVO. im Umfange ihrer Leistungen auf sie übergegangen sei. Der Beklagte wendet in erster Linie ein, daß er selbst als Betriebsunternehmer anzusehen und deshalb nur unter den nicht vorliegenden Voraussetzungen des § 898 RVO. ein Anspruch der Hinterbliebenen gegen ihn begründet sei.

Die Vorinstanzen haben die Klage abgewiesen, indem sie diesen Einwand als berechtigt anerkannten. Die Revision der Klägerin hatte keinen Erfolg.

Gründe:

„Die Vorinstanzen gelangen auf folgendem Wege zur Klagabweisung: Nach § 537 Ziff. 5 RVO. unterliege der gesamte Betrieb der Eisenbahnen der Versicherung. Die Arbeiten, die der Beklagte durch die Firma Ph. an der in Frage kommenden Strecke ausführen ließ, gehörten zum Eisenbahnbetriebe. Deshalb stände den dabei beschäftigten Arbeitern der Beklagte nach § 633 RVO. als Unternehmer und nach §§ 624, 892 RVO. auch als Versicherungsträger gegenüber. Nach § 544 das. sei mithin der Verunglückte Z. auch bei dem Beklagten gegen Betriebsunfälle versichert gewesen. Nach § 898 RVO. treffe den Beklagten aber eine sonstige Schadensersatzpflicht nur, wenn strafgerichtlich festgestellt wäre, daß er den Unfall vorsätzlich herbeigeführt habe. Da es an dieser Voraussetzung hier fehle, entfalle der etwaige Anspruch der Hinterbliebenen des Z. aus den §§ 1, 3 HaftpflG.; ein solcher habe daher auch nicht nach § 1542 RVO. auf die Klägerin übergehen können. Diese möge ihrerseits dem Verunglückten gleichfalls als Versicherungsträger gegenübergestanden haben, indem auch ihr Mitglied, die Firma Ph., im Verhältnis des Unternehmers zu ihm stand; diese Tatsache, die zur Folge gehabt habe, daß die Klägerin die Versicherungslast gegenüber den Hinterbliebenen des Z. trage, sei aber ohne Bedeutung für die Frage, ob der Beklagte nach dem Haftpflichtgesetz in Anspruch genommen werden könne.

Die Revision stellt diese Erwägungen als rechtsirrig hin und erhebt im wesentlichen folgende Angriffe gegen die Auffassung der Vorderrichter:

1. Es habe sich nicht um Verrichtungen gehandelt, die zum „gesamten Betriebe der Eisenbahnen" (§ 537 Nr. 5 RVO.) gehörten, sondern um selbständige Bauarbeiten, die von dem eigentlichen Betriebe der Eisenbahnen losgelöst gewesen seien und unter § 537 Nr. 3 RVO. fielen. Demnach seien dem Z. gegenüber nur die Firma Ph. Unternehmer und nur die Klägerin Versicherungsträger gewesen.
2. Die Entschädigungspflicht der Klägerin für den Unfall des Z. beruhe auf § 634 RVO., denn ein ihr angehöriger Unternehmer, die Firma Ph., habe zu dessen versicherter Tätigkeit den Auftrag gegeben und das Entgelt gezahlt. Die Vorschrift des § 634 stelle sich insofern als eine Ausnahme von der Regel des § 633 RVO. dar, als sie die Unfälle in Betrieben, die für Rechnung eines zu der Berufsgenossenschaft nicht gehörigen Unternehmers gehen, den Unfällen gleichsetze, die sich in dem Betriebe des zu der Genossenschaft gehörigen Unternehmers selbst ereignen. Für

den Arbeiter komme also als Träger der Versicherung nur sein ursprünglicher Unternehmer, nicht der Beklagte als zweiter Unternehmer in Betracht, wenn — wie hier — der erste den Auftrag gegeben und das Entgelt zu zahlen habe. Demnach könne sich der Beklagte auf § 898 RVO. nicht berufen.

3. Der Rentenfeststellungsbescheid der Klägerin, der in ihren — vorgelegten — Unfallakten enthalten sei, treffe auch die Entscheidung, daß Z. zu dem Zeitpunkte des Unfalls in dem Betriebe des Unternehmers Ph. beschäftigt gewesen sei. Mit dem Bescheide sei diese Entscheidung rechtskräftig und nach § 1543 RVO. für die Gerichte bindend geworden. Hierüber hätte das Berufungsgericht durch Ausübung des Fragerechts und Veranlassung der Vorlage der Unfallakten tatsächliche Feststellungen treffen sollen.

Die Angriffe gehen sämtlich fehl.

Zu 1: Der Ausbau eines zweiten Gleises auf einer im Betriebe befindlichen Eisenbahnstrecke gehört unzweifelhaft zum versicherungspflichtigen Betriebe der Eisenbahn. Dies würde vielleicht schon aus der Fassung der Nr. 5 des § 537 RVO. („der gesamte Betrieb der Eisenbahnen") zu entnehmen sein. Eine im Handbuche der Unfallversicherung, Bd. I S. 147 flg. unter d mitgeteilte Verfügung des Reichsversicherungsamts vom 17. Dezember 1907 besagt: „Eine Privatbahnverwaltung hatte die Gestellung geeigneter Arbeiter zur Herstellung und Unterhaltung von Gleisanlagen sowie zu sonstigen Arbeiten einem angeblichen Unternehmer übertragen; dieser war in der Auswahl der Arbeiter und in der Bemessung ihres Lohnes durch weitgehende Anordnungen der Bahnverwaltung beschränkt; die Arbeiten geschahen unter der unmittelbaren Leitung und Aufsicht eines Bahnmeisters; die Bahnverwaltung war zur Entlassung der Arbeiter berechtigt; die Arbeiten sind hiernach für einen Teil des Bahnbetriebs erachtet worden." Im gegebenen Falle ist der Sachverhalt offenbar ganz ähnlich gewesen. Im früheren Stande der Gesetzgebung, unter dem jene Verfügung des Reichsversicherungsamts noch ergangen ist, war im § 1 Abs. 1 Nr. 3 GewUVG. nach: „gesamter Betrieb der Eisenbahnverwaltungen" gesagt: „und zwar einschließlich der Bauten, welche von diesen Verwaltungen für eigene Rechnung ausgeführt werden". Diese Worte hat man in § 537 Nr. 5 RVO. nicht aufgenommen, weil jene Bauarbeiten bereits durch Nr. 3 daselbst der Unfallversicherung unterstellt seien; durch die Auslassung der Worte ist aber hinsichtlich des zuständigen Versicherungsträgers gegenüber dem bisherigen Rechte keine Änderung eingetreten (vgl. Komm. z. Reichsversicherungsordnung von Mitgl. des Reichsversicherungsamts 3. Aufl. Bd. III S. 30 flg. Anm. 35 zu § 537, sowie namentlich S. 455 flg. Anm. 6 c zu § 783; Stier-Somlo, desgl., Bd. II S. 541 Anm. 2 B zu § 783).

Wenn noch Zweifel blieben, so ergibt sich aus § 624 RVO., wo die Bauarbeiten besonders aufgeführt werden, daß sie der Gesetzgeber zum Betriebe der Eisenbahnen rechnet, und daß das Reich oder der Bundesstaat auch für sie Träger der Versicherung sind, wenn der Betrieb für ihre Rechnung geht. Davon, daß die von Ph. auszuführenden Bauarbeiten von dem eigentlichen Betriebe der Eisenbahnen losgelöst gewesen seien, kann keine Rede sein. Sie blieben Eisenbahnbauten, die für Rechnung des Beklagten gingen.

In der Entscheidung IV 348/17 vom 19. November 1917 hat das Reichsgericht bereits angenommen, daß die Vornahme von Gleisausbesserungsarbeiten zum versicherungspflichtigen Betriebe der Eisenbahn gehöre. Dies ist auch für Arbeiten zum Bau eines zweiten Gleises zu bejahen (vgl. auch RGZ. Bd. 74 S. 222).

Zu 2: Ob die Verpflichtung der klagenden Berufsgenossenschaft zur Tragung der Entschädigungslast, weil ihr die Firma Ph. angehört, auf § 633 oder auf § 634 RVO. beruht, mag dahinstehen. Auch wenn man der Revision zugibt, die letztere Bestimmung sei hier maßgebend, so läßt sich doch daraus nichts folgern, was zur Verneinung der Eigenschaft des Beklagten als Unternehmers — und zugleich als Versicherungsträgers nach § 624, 892 RVO. — führen müßte. Über das Verhältnis des § 634 zum § 633 RVO. hat sich der Senat bereits in dem Urteile VI 194/18 (RGZ. Bd. 93 S. 321) ausgesprochen. Danach bestimmt § 634 nichts darüber, wer in Ansehung eines Unfalls dem Verunglückten als Unternehmer gegenübersteht. Unternehmer ist nach § 633 derjenige, für dessen Rechnung der Betrieb geht. Davon völlig verschieden ist die Frage, ob eine Berufsgenossenschaft Unfälle zu entschädigen hat, die sich außerhalb ihrer Betriebe ereignen; hierüber trifft § 634 eine auf Zweckmäßigkeitserwägungen beruhende Bestimmung (vgl. Stier-Somlo a. a. O. S. 323 flg., Anm. 1 zu § 634), die auf den „regelmäßigen Arbeitgeber" des Verunglückten abstellt (so das Reichsversicherungsamt in seiner Entscheidung vom 15. Januar 1915, Amtl. Nachr. d. RVersAmts 1915 S. 528 Nr. 2806). Die Revision irrt also, wenn sie meint, die Vorschrift des § 634 stelle eine Ausnahme von der Regel des § 633 dar, und die Folgerungen, die sie aus einem solchen Verhältnis der beiden Gesetzesbestimmungen zu ziehen sucht, sind hinfällig. Ebensowenig wie in dem RGZ. Bd. 93 S. 321 entschiedenen Falle ist es hier ausgeschlossen, daß die Eigenschaft als Unternehmer im Sinne der Reichsversicherungsordnung sowohl dem Beklagten wie auch der der Klägerin angehörigen Firma Ph. zuzusprechen ist.

Das Berufungsgericht glaubt, zur Begründung seines Urteils die Unanwendbarkeit des § 634 RVO. feststellen zu müssen. Die Erwägungen, die es in dieser Hinsicht anstellt, sind nicht überzeugend. Nach dem Vorstehenden bedarf es aber einer Erörterung darüber nicht, weil die Stellung des Beklagten als Unternehmers und die nach Versicherungsrecht daraus herzuleitenden Folgen auch dann unberührt bleiben, wenn die Klägerin nach § 634 RVO. für den Unfall des Z. eingetreten ist.

Zu 3: Gewiß ist der Rentenfeststellungsbescheid der Klägerin nach § 1543 RVO. für die Gerichte bindend, soweit es sich darum handelt, ob und in welchem Umfange der Versicherungsträger verpflichtet ist. Daß dies auch von Entscheidungen der Versicherungsträger selbst, so der Berufsgenossenschaften, gilt, hat das Reichsgericht schon wiederholt ausgesprochen (vgl. die Urteile III 172/13 und VI 194/18 RGZ. Bd. 93 S. 323). In dem Falle VI 194/18 hat der erkennende Senat das Berufungsurteil aufgehoben und die Sache zurückverwiesen zur Feststellung darüber, ob die Entscheidung der damals klagenden Berufsgenossenschaft ausgesprochen hätte, daß die verletzten Personen zur Zeit des Unfalls nicht im Betriebe des verklagten Eisenbahnfiskus tätig gewesen seien. Auch im vorliegenden Falle hätte der Berufungsrichter die Vorlegung der Unfallakten der Klägerin fordern und ihren Rentenfeststellungsbescheid daraufhin prüfen sollen, ob sein für ihn bindender Inhalt hinsichtlich der richterlichen Stellungnahme zu den zu entscheidenden Rechtsfragen von Bedeutung sei. Von einer Aufhebung des Berufungsurteils und Zurückverweisung der Sache zu diesem Zwecke ist jedoch hier abzusehen. Die Unfallakten der Klägerin liegen nunmehr vor; sie ergeben, daß der Bescheid vom 30. November 1917 sich in keiner Weise mit der versicherungsrechtlichen Stellung des Beklagten zu dem Unfalle befaßt, um dessen Entschädigung es sich handelt. Wohl stellt er fest, daß der Verunglückte Z. im Betriebe der Firma Ph. beschäftigt war, aber das schließt keineswegs aus, daß dem Z. als Unternehmer und Versicherungsträger im Sinne der Reichsversicherungsordnung auch der Beklagte gegenüberstand, da sie ja das Vorhandensein mehrerer Versicherungsträger in Ansehung eines Unfalls kennt, wie die Vorschriften der §§ 1735 flg. RVO. beweisen. Demnach kann die Revision auch aus dem § 1543 RVO. nichts zu ihren Gunsten herleiten.

Zu bemerken ist schließlich, daß eine Anführung des § 898 RVO. zur Begründung der Klagabweisung entbehrlich ist, denn bei Annahme der Unternehmereigenschaft des Beklagten schließt die Vorschrift im § 1542 Abs. 1 Satz 2 RVO. den Übergang etwaiger Ansprüche der Hinterbliebenen des Z. auf die Klägerin aus, sodaß ihrer Klage schon dadurch der Boden entzogen ist." ...

---

60. Zum Begriff des Aufruhrs und seiner Folgen im Versicherungsrecht.

VII. Zivilsenat. Urt. v. 28. November 1919 i. S. H. Vers.-Akt.-Ges u. Gen. (Bekl.) w. M. (Kl.). VII 237/19.

I. Landgericht I Berlin.
II. Kammergericht daselbst.

In der Nacht vom 9. zum 10. November 1918 ist in das Geschäftslokal des Klägers eingebrochen, Sachen im Werte von 55850 *M* sind gestohlen worden. Die Beklagte zu 2 haftet vertraglich für 3/4 eines durch Einbruchdiebstahl entstandenen Schadens, lehnt aber jede Zahlung ab, weil sie für Schäden nicht aufzukommen habe, die „infolge eines Aufruhrs entstehen", § 2b der Allgemeinen Versicherungsbedingungen. Beide Vorinstanzen haben der Klage stattgegeben. Das Reichsgericht hat das Berufungsurteil aufgehoben und die Sache an das Berufungsgericht zurückverwiesen.

Gründe:

... „Den Begriff des Aufruhrs im Sinne der Versicherungsbedingungen bestimmt das Kammergericht, dem Landgerichte folgend, nach dem Strafgesetzbuche, sieht als Aufruhr aber nicht nur das an, was als solcher, sondern auch das, was als Landfriedensbruch bestraft wird (vgl. §§ 115, 125 StGB.). Ein Aufruhr soll es danach sein, wenn Menschenmengen bei einer öffentlichen Zusammenrottung widersetzliche Handlungen gegen die staatlichen Sicherheitsorgane (§§ 115, 113 StGB.), oder Gewalttaten gegen Personen und Sachen begehen (§ 125 StGB.).

Die Begriffsbestimmung des Kammergerichts ist zu eng. Nicht entscheidend ist, daß darin der strafrechtliche Aufruhrtatbestand nicht erschöpfend berücksichtigt ist. Auch das Kammergericht wollte offenbar nicht bestreiten, daß die Versicherungsbedingungen mindestens alles das als Aufruhr ansehen, was das Strafgesetzbuch als solchen bestraft, und daß strafrechtlich ein Aufruhr nach § 115 StGB. auch in der Verbindung mit § 114 das. gegeben sein kann. Erforderlich ist insoweit, daß bei einer öffentlichen Zusammenrottung mit vereinten Kräften unternommen wird, durch Gewalt oder Drohung eine Behörde oder einen Beamten zur Vornahme oder Unterlassung einer Amtshandlung zu nötigen. Entscheidend kommt vielmehr folgendes in Betracht: Die Regierung eines Landes wird tätig durch einen Kreis von Behörden und Beamten. Am äußersten Rande stehen die Beamten, die zur Vollstreckung von Gesetzen, Befehlen und Anordnungen der Verwaltungsbehörden und von Urteilen und Verfügungen der Gerichte berufen sind. Sie halten letzten Endes den Zustand der öffentlichen Ruhe und Ordnung aufrecht, der dem einzelnen die Sicherheit seiner Person und seines Eigentums gewährleistet. Ist es nun ein Aufruhr im Sinne der Versicherungsbedingungen, wenn eine zusammengerottete

Menschenmenge die öffentliche Ordnung und Sicherheit durch Gewalttaten gegen Personen oder Sachen verletzt, den Vollstreckungsbeamten Widerstand leistet, oder auch Behörden oder Beamte überhaupt an freier Amtsausübung hindert, dann muß es auch als Aufruhr angesehen werden, wenn sich die Angriffe der zusammengerotteten Menge gegen den Mittelpunkt des ganzen Beamtenkreises richten, gegen die Spitze des gesamten Staates, die Regierung als solche. Von ihr leiten alle Behörden und Beamten ihre Vollmacht ab, in ihr werden alle Behörden und Beamte angegriffen, mit ihrem Falle werden alle in ihrer Tätigkeit zunächst lahmgelegt. Die so herbeigeführte Erschütterung der öffentlichen Ordnung ist in ihren Wirkungen sogar tiefgehender und nachhaltiger, als bei aufrührerischen Bewegungen gegen untergeordnete Stellen.

Auch der innere Sinn der Versicherungsbedingungen erfordert diese Auslegung. Die Beklagte zu 2 soll für die Folgen eines Aufruhrs nicht haften, weil sie unabsehbar sind und die Versicherungsbeiträge zu hoch würden, wenn man auch diese Gefahren in die Versicherung einbezöge. Ob sich die Angriffe einer aufgeregten Menschenmenge nur gegen Personen oder Sachen richten, oder gegen Vollstreckungsbeamte, oder gegen Behörden und Beamte überhaupt, oder endlich gegen die Staatsregierung selbst, macht begrifflich keinen Unterschied. In allen diesen Fällen liegt die Gefahr nahe, daß durch den einzelnen Rechtsbruch das Rechtsbewußtsein der Menschen im ganzen erschüttert und getrübt, daß die niederen Triebe entfesselt und Gewalttaten aller Art begangen werden.

Ein Vergleich endlich mit anderen Bestimmungen bestätigt diese Auslegung. Das Gesetz über den Versicherungsvertrag kennt den Begriff des Aufruhrs nicht. Der Vorentwurf wollte die Haftung für durch Aufruhr verursachte Brandschäden ausschließen, der Hauptentwurf hat diese Bestimmung aber gestrichen (**Gerhard-Manes**, Gesetz über den Versicherungsvertrag § 84 Anm. 3). Einschlägige Vorschriften finden sich indessen in vielen Versicherungsbedingungen. Es wird die Haftung ausgeschlossen „für die Folgen eines Aufruhrs oder Landfriedensbruchs", § 1 Abs. 3 der Allg. Feuerversicherungsbedingungen von 1886 und 1887 (a. a. O. S. 441 flg.), für die „Folgen eines Aufruhrs", § 31 der Versicherungsbedingungen der Rheinischen Viehversicherungs-Anstalt a. G. zu Köln (a. a. O. S. 500), für „Schäden und Verluste, entstanden durch Aufruhr, Plünderung", § 3 der Allg. Bedingungen eines Versicherungsscheins auf Kasko für die Schiffahrt auf dem östlichen deutschen Stromgebiet (a. a. O. S. 553) und § 2 der Allg. Versicherungsbedingungen für den Transport von Gütern auf Flüssen und Binnengewässern (a. a. O. S. 571). Die Maschinenversicherungen (**Manes**, Vers.-Lexikon S. 837) schließen aus die Folgen von „Aufruhr, Streiks,

Tumult", die Wasserleitungsversicherungen (a. a. O. S. 1548) die Folgen von „bürgerlichen Unruhen, Aufruhr". Die öffentlichen Feuersozietäten (a. a O. S. 366) entschädigen dagegen auch für die Folgen von „Aufruhr oder Landfriedensbruch". Erwähnt sei auch noch, daß Ehrenberg im Handbuch des Versicherungs-Rechts Bd. I S. 324 von Aufstand spricht. Gemeint ist an allen den verschiedenen Stellen offenbar dasselbe; nichts läßt sich dafür anführen, daß mit den anderen Worten jedesmal auch ein anderer Sinn verbunden ist. Es wird vielmehr der Begriff des Aufruhrs als ein allgemeiner Begriff des Versicherungsrechts anzuerkennen sein, der in sich alles das umschließt, was der Sprachgebrauch, teilweise in Anlehnung an das Strafgesetzbuch, als Aufruhr, Landfriedensbruch, Tumult, Plünderung, Aufstand, bürgerliche Unruhen bezeichnet. In diesem Sinne ist das Wort auch in den Versicherungsbedingungen der Beklagten zu 2 gebraucht.

Als Folge eines Aufruhrs will das Kammergericht einen Einbruchsdiebstahl nur dann anerkennen, wenn ein unmittelbarer Zusammenhang zwischen der Zusammenrottung aufständischer Menschenmengen und dem Einbruche besteht. Soll damit das Erfordernis aufgestellt werden, daß die aufständische Menschenmenge selbst — ganz oder wenigstens in Teilen — unmittelbar nach ihren Aufstandshandlungen zu Einbruchsdiebstählen schreitet, so geht das zu weit. Die Notwendigkeit eines solchen engen Zusammenhangs ergibt sich nicht aus dem in den Versicherungsbedingungen gebrauchten Wort „Folge". Anderseits wird man nicht sagen können, daß die Beklagte zu 2 sich in demselben Umfange von der Haftung befreit hat wie die Versicherungsgesellschaft in dem RGZ. Bd. 90 S. 378 flg. entschiedenen Falle. Jene Gesellschaft haftete nicht im Falle eines Aufruhrs, es sei denn, daß weder er noch seine Wirkungen noch die dadurch hervorgerufenen Zustände, insbesondere der Zerstörung und mangelnden Ordnung, unmittelbar oder mittelbar die diebische Absicht oder die Ausführung des Einbruchsdiebstahls irgendwie beeinflussen oder begünstigen konnten. Hier ist in einer durch das Umkehren der Beweislast noch verschärften Form jede Haftung der Versicherungsgesellschaft selbst für die entferntesten, wirklichen oder auch nur möglichen, Folgen des Aufruhrs abgelehnt. Wo im vorliegenden Falle die Grenzlinie zu ziehen ist, ergibt sich aus der Erwägung, daß die Versicherungsbedingungen der Gesellschaften sich an die Allgemeinheit wenden und die darin gebrauchten Ausdrücke deshalb so verstanden werden müssen, wie ein unbefangener Laie sie auffaßt. Unter den Folgen eines Ereignisses versteht ein solcher das, was mit dem Ereignis in einem der Natur der Sache entsprechenden Zusammenhange steht oder, anders ausgedrückt, was sich aus dem gegebenen Ereignis nach dem gewöhnlichen Laufe der Dinge mit einer gewissen Notwendigkeit entwickelt, also das, was durch den juristischen

Fachausdruck des adäquaten Zusammenhanges bezeichnet wird (vgl. RGZ. Bd. 84 S. 359 flg.). Schon oben ist angedeutet, daß ein gewalttätig herbeigeführter Rechtsbruch häufig das Rechtsbewußtsein in seiner Gesamtheit erschüttert, daß dann Ausschreitungen aller Art sich anschließen und die öffentliche Sicherheit schließlich aufgehoben wird. Wenn dies auch bei dem Umsturze vom 9. November 1918 eingetreten ist, so wird man es, falls nicht besondere Umstände dagegen sprechen, als seine natürliche Folge betrachten können.

Auf diesen Standpunkt stellt sich das Kammergericht bei der Erörterung eines Hilfsgrundes. Für den Fall, daß die Vorgänge vom 9. November 1918 als Aufruhr zu werten seien und die Beklagte zu 2 sich durch ihre Versicherungsbedingungen von der Haftung auch für die entfernten Folgewirkungen des Aufruhrs befreit habe, sieht das Kammergericht eine überwiegende Wahrscheinlichkeit dafür, daß der Einbruch in das Geschäft des Klägers die Folge einer durch die Staatsumwälzung eingetretenen Unsicherheit war, dann als gegeben an, wenn es damals, d. h. in der Nacht vom 9. zum 10. November 1918, schon zu umfangreichen Plünderungen seitens des zusammengerotteten Verbrechertums gekommen wäre. Das aber hält das Kammergericht für nicht dargetan. Mit Grund rügt die Revision, daß dabei ein in zweiter Instanz gestellter Beweisantrag übergangen und dadurch § 286 ZPO. verletzt ist. Die Beklagte hatte eine Schilderung von den Zuständen gegeben, die am Nachmittag des 9. November 1918 und in der daran anschließenden Nacht in Berlin geherrscht hätten. Die Stadt sei nach der Amtsentsetzung von Polizei und Schutzmannschaft der heftig erregten Menge ausgeliefert gewesen, eine große Anzahl von Einbrüchen und Plünderungen habe in Ladengeschäften stattgefunden, besonders im nördlichen Teile der Stadt, wo auch das Geschäft des Klägers liege. Eine Auskunft des Polizeipräsidenten und des Ministers des Innern sollte das bestätigen. Die unter Beweis gestellte Tatsache deckt sich mit derjenigen, deren Unerwiesenheit den Hilfsgrund des Kammergerichts trägt. Von vornherein unerheblich war der Beweisantrag also nicht. Er läßt sich auch nicht als ein bloßer Beweisermittelungsantrag kennzeichnen, wennschon die einzelnen Straftaten nicht aufgeführt sind, die von den angerufenen Behörden bestätigt werden sollen. Glaubte das Kammergericht insoweit strenge Anforderungen an den Beweisantritt stellen zu sollen, so hätte es, wie ebenfalls die Revision betont, von seinem Fragerechte nach § 139 ZPO. Gebrauch machen müssen." . . .

---

61. Erleidet § 378 HGB. auch dann Anwendung, wenn der Verkäufer zwar die vertragsmäßige Menge geliefert, jedoch den durch Messung zu ermittelnden Kaufpreis zu hoch berechnet hat?

II. Zivilsenat. Urt. v. 28. November 1919 i. S. Sch. G. m. b. H. (Kl.) w. M. u. Gen. (Bekl.). II 214/19.

I. Landgericht I Berlin, Kammer für Handelssachen.
II. Kammergericht daselbst.

Die Klägerin hat von der Beklagten zu 1 im Dezember 1914 und Januar 1915 800 Häute zur Herstellung von Patronentaschen käuflich geliefert erhalten. Der Preis betrug 33 ℳ für das Quadratmeter und sollte nach Nabelmaß berechnet werden. Die Klägerin hat den Fakturenbetrag bezahlt. Sie behauptet, daß die Beklagte zu 1 ihr betrügerisch unrichtige Maße aufgegeben habe. Der für die Preisermittelung maßgebliche Flächeninhalt der Häute werde durch Multiplizierung von Breite und Länge berechnet; als Länge komme handelsüblich die Linie von der Schwanzwurzel bis zum Halse in Betracht, die minderwertigen Backen würden nicht oder höchstens zur Hälfte mitgemessen. Nun habe die Beklagte zu 1, obgleich sie bei den Kaufverhandlungen ausdrücklich gutes Maß zugesichert habe, die richtigen Gerbermaße ihrer Lieferanten auf den Häuten abschneiden und in völlig willkürlicher und ungehöriger Weise um durchschnittlich 0,30 Quadratmeter erhöhen lassen. Dabei habe sie etwa 20% der Häute sogar ohne Backen geliefert. Die Klägerin hat mit der Klage Verurteilung der Beklagten zur Zahlung von 9913,40 ℳ beantragt.

Die Beklagten haben um Abweisung der Klage gebeten. Sie haben ausgeführt, daß die Klägerin, da sie den angeblichen Fehlbetrag niemals gerügt habe, lediglich bei Nachweis eines arglistigen Verhaltens der Beklagten durchdringen könne. Solche Arglist werde aber zu Unrecht behauptet.

Das Landgericht wies die Klage vollständig ab. Das Kammergericht änderte das angefochtene Urteil dahin, daß die Klage nur zu $^9/_{10}$ abgewiesen, zu $^1/_{10}$ aber der Klaganspruch für dem Grunde nach berechtigt erklärt wurde. Es nahm an, daß 10% der Häute ohne Backen geliefert seien und die trotzdem erfolgte Mitberechnung der Backen arglistig erfolgt sei; im übrigen erachtete es solche Arglist als nicht erwiesen. Die Revision der Klägerin hatte Erfolg aus folgenden

Gründen:

„... Das angefochtene Urteil unterliegt der Aufhebung, weil es auf rechtsirrtümlicher Anwendung der §§ 377, 378 HGB. beruht. Die Vorschrift der unverzüglichen Anzeige gilt nur für den Fall, daß die Ware nicht in vertragsmäßiger Beschaffenheit oder Menge geliefert wird. Sie erleidet dagegen keine Anwendung, wenn nur eine unrichtige Preisberechnung vorgenommen worden ist. Die Vorinstanzen haben ebenso wie die Parteien selbst übersehen, daß der Klägerin nicht etwa vertragswidrig zu wenig geliefert worden ist, sondern daß es nur darum sich handelt, ob ihr nicht das vertragsmäßig Gelieferte zu hoch berechnet worden ist. Um daher das angeblich zuviel Gezahlte zurückzuerlangen, brauchte die Klägerin nichts anderes zu beweisen, als daß die Beklagte zu 1 den Kaufpreis unrichtig berechnet habe. Das Berufungsgericht hat von seinem rechtsirrtümlichen Standpunkt aus lediglich geprüft, ob die Beklagten arglistig gehandelt haben. Eine Feststellung dahin, daß die Berechnungsweise tatsächlich unrichtig war, hat es nicht vorgenommen." ...

---

62. 1. Kann über einzelne Teile einer nach Zeitabschnitten berechneten Schadensersatzforderung durch Teilurteil entschieden werden?

2. Kann von der Zurückverweisung nach § 538 Abs. 1 Nr. 3 ZPO. abgesehen werden, wenn die Sache zur Entscheidung über den Betrag reif ist?

3. Kann der Revisionskläger, der die Unzulässigkeit einer Betragsentscheidung wegen Verstoßes gegen § 538 Abs. 1 Nr. 3 ZPO. rügt, verlangen, daß die unzulässige Entscheidung insoweit, als sie zu seinen Gunsten ergangen ist, aufrecht erhalten und die Sache nur im übrigen an das Landgericht zurückverwiesen werde?

III. Zivilsenat. Urt. v. 28. November 1919 i. S. Berl. Terrain- u. Bau-Akt.-Ges. (Kl.) w. W. (Bekl.). III 174/19.

I. Landgericht II Berlin.
II. Kammergericht daselbst.

Laut Urkunde vom 18. März 1911 hat der Beklagte von dem Hauseigentümer A. die im ersten Stockwerke dreier Häuser in der Friedrich-, Tauben- und Mohrenstraße zu B. gelegenen Räumlichkeiten zum Betrieb eines Weinrestaurants auf 10 Jahre „gemietet". An Stelle eines festen Zinses sollte der Beklagte 10 % des Weinumsatzes entrichten (§ 1). Der Vermieter hatte gemäß § 11 das Recht, im Falle der Verletzung der Vertragspflichten des Mieters fristlose Räumung zu verlangen; der Mieter sollte, auch wenn der Vermieter von diesem Rechte Gebrauch mache, für den Ausfall des Zinses während der ganzen Vertragszeit haften. In der Nacht vom 10./11. April 1914 brach ein Brand im Lokal aus, dessen Folgen den Wirtschaftsbetrieb bis zur Wiederherstellung am 1. August 1914 ausschlossen. Schon im Frühjahre 1914 erhob die Klägerin gegen den Beklagten Räumungsklage wegen Verletzung seiner Vertragspflichten durch Verwahrlosung des Betriebs, der rechtskräftig entsprochen wurde; hierauf räumte der Beklagte am 3. Juli 1914.

Mit der nunmehrigen Klage beansprucht die Klägerin, für die im April 1912 ein Nießbrauch auf den Grundstücken eingetragen worden ist, Schadensersatz wegen der Verwahrlosung des Betriebs. Ihren Schaden berechnet sie für die Zeit von Mitte Februar 1914 bis Anfang April 1915 — jedoch abgesehen von dem durch den Brand verursachten Betriebsstillstand von 3 $^1/_2$ Monaten — unter Zugrundelegung eines monatlich auf 2500 ℳ angenommenen Zinsausfalls für 10 Monate auf 25000 ℳ. Hiervon hat sie den Teilbetrag von 10 000 ℳ eingeklagt. Der Beklagte hat den Anspruch nach Grund und Betrag bestritten. Das Landgericht hat die Klage abgewiesen, weil ein schuldhaftes, vertragswidriges Verhalten nicht vorliege. Das Berufungsgericht hat den Beklagten zur Zahlung von 2000 ℳ verurteilt und im übrigen die Berufung der Klägerin zurückgewiesen.

Lediglich die Klägerin hat Revision eingelegt mit dem Hauptantrage, das angefochtene Urteil, soweit es ihr ungünstig ist, aufzuheben, und dem Hilfsantrage, das Urteil in vollem Umfang aufzuheben, den Klaganspruch dem Grunde nach für gerechtfertigt zu erklären und die Sache zur Entscheidung über die Höhe an das Landgericht zurückzuverweisen. Das Reichsgericht hat das Urteil des Berufungsgerichts insoweit aufgehoben, als es die Beklagte zur Zahlung von 2000 ℳ verurteilt hat, und die Sache in diesem Umfange zur Entscheidung über den Betrag der Schadensersatzforderung für die Zeit von Mitte Februar bis 10. April 1914 an das Landgericht zurückverwiesen. Im übrigen wurde die Revision zurückgewiesen.

Aus den Gründen:

1. „Das Berufungsgericht ist im Gegensatze zum Landgerichte zu der Annahme gelangt, daß ein vertragswidriges Verhalten des Beklagten vorliege. Es hat den klägerischen Schadensersatzanspruch für die Zeit bis zum Brande (10./11. April 1914) dem Grunde nach für gerechtfertigt erklärt, den Anspruch für die spätere Zeit (1. August 1914 bis 8. April 1915) aber abgewiesen, weil ein in dieser Zeit etwa erwachsener Schaden der Klägerin nicht auf die Schuld des Beklagten, sondern auf den Einfluß der Stillegung des Betriebes durch den Brand und den Kriegsausbruch zurückzuführen sei. Die von der Revision gegen diese letztere tatsächliche auf § 287 ZPO. gestützte Annahme geäußerten prozessualen Bedenken sind nicht gerechtfertigt. . . . (Wird ausgeführt.)

Bestand hiernach kein Schadensersatzanspruch für die spätere Zeit vom 1. August 1914 bis 8. April 1915, so konnte und mußte das Berufungsgericht diesen Teil des Anspruchs als unbegründet ablehnen und insoweit die klägerische Berufung zurückweisen. Die Revision bestreitet die Zulässigkeit dieses Verfahrens, weil die Klägerin für die gesamte Zeit einen einheitlichen Schadensersatzanspruch geltend gemacht habe. Dieser Auffassung ist nicht beizutreten. Die Ansprüche für die einzelnen Zeitabschnitte sind besondere Ansprüche, die hinsichtlich ihrer rechtlichen Voraussetzungen, insbesondere des Ursachenzusammenhanges einer verschiedenen rechtlichen Beurteilung fähig und unterworfen sind. Die Klägerin hat auch ihrer Schadensberechnung einen monatlichen Schadensbetrag von 2500 *M* zugrunde gelegt. Die Revision war daher insoweit zurückzuweisen, als Ansprüche für die Zeit vom 1. August 1914 bis 8. April 1915 erhoben worden sind.

2. Dagegen mußte der Revision hinsichtlich der Forderung für die erste Zeit von Mitte Februar bis 10. April 1914 wegen Verletzung der zwingenden Vorschriften des § 538 Abs. 1 Nr. 3 ZPO. stattgegeben werden. Es unterliegt keinem Zweifel, daß, wie das Berufungsgericht selbst hervorgehoben hat, die Forderung im landgerichtlichen Verfahren nach Grund und Betrag streitig war. Dann durfte aber das Berufungsgericht, wenn es in Abweichung vom Landgerichte den Anspruch für begründet erachtete, nicht über den Betrag erkennen, mußte vielmehr die Sache zur Betragsentscheidung an das Landgericht zurückverweisen. Die Zurückverweisung erübrigte sich auch nicht dadurch, daß nach der prozessualen Lage im Berufungsverfahren die Entscheidungsreife für ein Betragsurteil gegeben war. Das Berufungsgericht hat die Bedeutung der in § 538 enthaltenen Worte: „sofern eine weitere Verhandlung derselben erforderlich ist" verkannt. Wie das Reichsgericht schon mehrfach ausgesprochen hat (z. B. RGZ. Bd. 12 S. 378, Bd. 61 S. 411), ist die Zurückverweisung nur dann entbehrlich, wenn das Berufungsgericht trotz Beschränkung auf den vom Landgerichte schon abgeurteilten Prozeßstoff in der Lage ist, durch seine Entscheidung den ganzen Rechtsstreit zu beenden.

3. Die Revision hat in erster Linie den Antrag gestellt, unter Aufrechterhaltung der Verurteilung des Beklagten zur Bezahlung von 2000 *M* die Sache zur Entscheidung über den weiteren, für diesen Zeitabschnitt verlangten Betrag an das Landgericht zurückzuverweisen. Dieses Verlangen steht im Widerspruche zu der eigenen Darlegung der Revision, daß die Betragsentscheidung des Berufungsgerichts wegen Verstoßes gegen § 538 ZPO. unzulässig sei. Diese Unzulässigkeit hat zur Folge, daß die Entscheidung auch keine Wirkung zugunsten der Klägerin ausüben konnte. Die Klägerin, die die Unzulässigkeit der Entscheidung geltend gemacht hat, muß sich gefallen lassen, daß ihr in einem späteren Verfahren möglicherweise ein geringerer Betrag zugesprochen werde. Dem steht bei der Eigenartigkeit der Prozeßlage die allgemeine Vorschrift des § 559 ZPO. nicht entgegen."...

63. 1. Kann der Nebenintervenient seine Berufung weiter verfolgen, wenn die Hauptpartei die von ihr eingelegte Berufung zurücknimmt?
2. Zur rechtlichen Stellung des Schiffsmaklers.
3. Zur Anwendung räumlich beschränkter Handelsgebräuche.

ZPO. §§ 67, 515; HGB. §§ 93, 346.

I. Zivilsenat. Urt. v. 29. November 1919 i. S. Tr. Agentur (Kl.) und M. (Nebeninterv.) w. F. (Bekl.). I 191/19.

I. Landgericht Hamburg, Kammer für Handelssachen.
II. Oberlandesgericht daselbst.

Der Nebenintervenient, der in Rostock das Gewerbe eines Schiffsmaklers betreibt, übersandte dem Beklagten mit Schreiben vom 15. Mai 1917 Abschriften zweier von ihm allein unterzeichneten, am gleichen Tage ausgestellten Frachtverträge, laut welchen die Klägerin als Befrachterin und der Beklagte als Verfrachter die Befrachtung des Dampfers Äolus oder eines Substituten, mit je 350—400 t Mauersteinen für die Reise von Hadersleben nach Bergen „abgeschlossen" hätten. Der Beklagte erwiderte durch Schreiben vom 18. Mai, daß „die Charter nicht in Ordnung" wäre. Trotz längeren Briefwechsels zwischen dem Nebenintervenienten und dem Beklagten wurden später die Frachtverträge nicht ausgeführt, da der Beklagte die Erfüllung verweigerte. Die Klägerin erhob infolgedessen gegen den Beklagten Klage auf Schadensersatz. Ihr trat der Nebenintervenient im Rechtsstreite bei. Der Beklagte bestritt den Klaganspruch nach Grund und Höhe.

Seinem Antrage gemäß wies das Landgericht die Klage ab. Die Berufung der Klägerin wurde zurückgenommen, die des Nebenintervenienten zurückgewiesen. Auf die Revision des letzteren wurde das Berufungsurteil aufgehoben.

Gründe:

„In prozessualer Hinsicht ist vorweg die Frage zu erörtern, ob der Nebenintervenient zur weiteren Verfolgung seiner Berufung befugt war, obwohl die von ihm unterstützte Hauptpartei, die Klägerin, die von ihr eingelegte Berufung zurückgenommen hatte. Der Zeit nach hatten sich die Vorgänge in der Berufungsinstanz, wie folgt, abgespielt: Das landgerichtliche Urteil war der Klägerin am 13. Februar 1919 zugestellt worden. Die Berufungsschrift des Nebenintervenienten ging am 10. März 1919 bei der Gerichtsschreiberei des Oberlandesgerichts ein und wurde am 14. desselben Monats dem Beklagten zugestellt, während die Berufungsschrift der Klägerin am 13. März 1919 der Gerichtsschreiberei des Oberlandesgerichts zuging und am 15. dem Beklagten zugestellt wurde. Vor dem auf den 8. Juli anberaumten Verhandlungstermine nahm die Klägerin mit Schriftsatz vom 27. Juni, zugestellt dem Beklagten am 2. Juli, ihre Berufung zurück. Der Nebenintervenient hielt aber seine Berufung aufrecht und nahm die Rechte der Klägerin im Verhandlungstermine wahr. Das wurde vom Beklagten als unzulässig bezeichnet, weil es mit dem eigenen Verhalten der Hauptpartei, die durch die Zurücknahme der Klage ihren Verzicht auf den geltend gemachten Schadensersatzanspruch zu erkennen gegeben hätte, in Widerspruch stände. Das Berufungsgericht hat sich aber dieser Auffassung nicht angeschlossen. Es erklärt es für sehr wohl möglich, daß die Klägerin, um ein eigenes Kostenrisiko zu vermeiden, die Verfolgung ihres Anspruchs dem Nebenintervenienten überlassen habe und mit der Fortführung des Rechtsstreits durch ihn einverstanden sei.

Vergeblich sucht demgegenüber die Revision auszuführen, daß die Zurücknahme der Berufung nach § 515 Abs. 5 ZPO. den Verlust des Rechtsmittels zur gesetzlichen Folge habe und deshalb für dessen weitere Verfolgung durch den Nebenintervenienten kein Raum sei. Diese Ansicht kann nicht gebilligt werden. Nach § 67 ZPO. ist der Nebenintervenient zur wirksamen Vornahme aller Prozeßhandlungen befugt, insoweit sie nicht mit Erklärungen und Handlungen der Hauptpartei in Widerspruch stehen. Demgemäß war der Nebenintervenient im vorliegenden Falle unzweifelhaft zur Einlegung der Berufung berechtigt, und er muß auch zur weiteren Durchführung seines Rechtsmittels für befugt erachtet werden, sofern nicht die Hauptpartei durch ausdrückliche Erklärungen oder schlüssige Handlungen zu erkennen gegeben hat, daß sie die Fortsetzung des Rechtsstreits durch den Nebenintervenienten nicht billige. Aus der bloßen Zurücknahme ihrer Berufung kann eine derartige Mißbilligung nicht gefolgert werden. Die Klägerin steht nach Zurücknahme ihrer Berufung nicht anders da, als wenn sie die rechtzeitige Einlegung der Berufung überhaupt unterlassen hätte. Für den Fall der Nichteinlegung des Rechtsmittels durch die Hauptpartei ist es aber anerkannten Rechts, daß der Nebenintervenient dadurch nicht gehindert wird, allein den Weg des Rechtsmittels zu beschreiten (RGZ. Bd. 10 S. 398, Warneyer 1911 Nr. 131). Zur gegenteiligen Würdigung des Verhaltens der Klägerin könnte man nur dann gelangen, wenn die begleitenden Umstände dafür sprächen, daß die Klägerin auf den Klaganspruch habe verzichten wollen. Aus der Tatsache der Berufungszurücknahme allein läßt sich ein solcher materieller Verzicht keineswegs folgern, vielmehr legen die vom Berufungsgericht angestellten Erwägungen durchaus die Annahme nahe, daß die Klägerin mit der Verfolgung der Berufung durch den Nebenintervenienten einverstanden gewesen sei und nur die Haftung für die durch den weiteren Prozeßbetrieb entstehenden Kosten von sich auf den Nebenintervenienten habe abwälzen wollen. Es liegt demnach kein Grund vor, die Fortsetzung des Berufungsverfahrens für unzulässig zu erklären. Ist aber der Erlaß des Berufungsurteils prozessual ordnungsmäßig erfolgt, so stehen auch der Einlegung der Revision seitens des Nebenintervenienten keine Bedenken entgegen.

In der Sache selbst hängt die Entscheidung über den Klaganspruch seinem Grunde nach allein von der Beantwortung der Frage ab, ob rechtswirksame Frachtverträge zwischen den Parteien durch die Tätigkeit des Nebenintervenienten zustande gebracht worden sind. Die Klägerin behauptet dies und führt aus, daß der Beklagte an die Frachtverträge gebunden sei, weil er, zum mindesten stillschweigend, dem Nebenintervenienten zum Vertragsschlusse Vollmacht erteilt habe, weil ferner nach Rostocker Handelsgebrauch der Nebenintervenient als Schiffsmakler für ermächtigt zur Vertretung des Beklagten und zur Zeichnung der Charter namens beider Vertragsteile gelten müsse, endlich weil der Beklagte die Verträge auch nachträglich genehmigt habe.

Das Berufungsgericht vertritt die Ansicht, daß keiner dieser Gesichtspunkte hier durchgreifen könne." (Im folgenden wird zunächst ausgeführt, daß die Einwendungen der Revision gegen die Verneinung der besonderen Abschlußvollmacht des Nebenintervenienten und der nachträglichen Genehmigung des Vertragschlusses unbegründet seien; dann wird fortgefahren:)

„Mithin kommt es entscheidend darauf an, ob der Nebenintervenient aus dem behaupteten Rostocker Handelsgebrauche seine Befugnis zur Vertretung des Beklagten herleiten konnte. Das Berufungsgericht verneint das Bestehen eines solchen allgemeinen Handelsgebrauchs für die Befugnisse der Schiffsmakler und stützt sich dabei auf das Gutachten des Sachverständigen F. Es läßt es aber dahingestellt, ob der Gebrauch etwa in der örtlichen Beschränkung auf den Rostocker Handelsverkehr Geltung habe. Hierauf legt es kein Gewicht, weil das Rechtsverhältnis nach dem Rechte des Ortes zu beurteilen sei, an dem der Beklagte seine Handelsniederlassung habe, also nach dem Hamburger Rechte, das den bezeichneten Handelsgebrauch nicht kenne.

Mit Recht wird diese Annahme von der Revision bekämpft. Die Aufgaben des Schiffsmaklers sind doppelter Art. Entweder äußert sich seine Tätigkeit darin, daß er für andere, ohne von ihnen auf Grund eines Vertragsverhältnisses ständig damit betraut zu sein, die Vermittlung von Verträgen über Gegenstände des seerechtlichen Verkehrs, wie Güterbeförderung auf Schiffen, Bodmerei, Schiffsmiete, gewerbsmäßig übernimmt, oder er ist die Vertrauensperson, der vom Reeder oder Schiffer die Besorgung von Rechtsangelegenheiten an Land, wie der Verkehr mit den Zoll- und Hafenbehörden, die Berechnung und Einziehung von Frachten und Liegegeldern, die Prüfung der Berechtigung der Ladungsempfänger u. dgl., übertragen wird (Boyens, Das deutsche

Seerecht Bd. 1 S. 315 flg.; Wagner, Handbuch des Seerechts § 40 Bd. 1 S. 270 flg.; Schaps, Das deutsche Seerecht, Exkurs zum dritten Abschnitt Anm. 1 S. 286; RGZ. Bd. 58 S. 150). Inwieweit bei den Geschäften der letzteren Art der Schiffsmakler als Vertreter des Reeders anzusehen ist, braucht nicht erörtet zu werden, da im vorliegenden Falle die Tätigkeit des Nebenintervenienten sich lediglich als eine solche der ersteren Art darstellt. Denn in dem Auftragschreiben vom 11. Mai hat der Beklagte dem Nebenintervenienten nur Angebote für die Übernahme bestimmter Güterbeförderungen gemacht und damit die Mitwirkung des Nebenintervenienten zur Vermittlung von Frachtverträgen gemäß § 93 HGB. angerufen. Bei derartigen Aufträgen hat der Schiffsmakler durch Leistung seiner Dienste in der Regel nur das Geschäft vermittelnd vorzubereiten, während der bindende Abschluß Sache des Geschäftsherrn bleibt (Warneyer 1910 Nr. 321; Komm. v. RGR. Vorbem. 1 zu § 164). Freilich kann sich ausnahmsweise die rechtliche Stellung des Maklers auch so gestalten, daß er unmittelbar zum Vertragschlusse namens des Geschäftsherrn befugt ist, und es kann ihm gemäß § 181 BGB. sogar gestattet sein, beim Vertragschlusse zugleich als Vertreter der Gegenpartei tätig zu werden. Hierzu bedarf er aber des Einverständnisses seines Auftraggebers. Dieses kann nach § 346 HGB. auch durch einen für die Beziehungen zwischen dem Geschäftsherrn und dem Makler maßgeblichen Handelsgebrauch ersetzt werden.

Das verkennt auch das Berufungsgericht nicht. Es will aber den von der Klägerin geltend gemachten Rostocker Handelsgebrauch deshalb nicht gelten lassen, weil allein ein am Orte der Niederlassung des Beklagten, also in Hamburg, bestehender Handelsgebrauch maßgebend sein könne. Dem kann nicht gefolgt werden. Es entspricht den Anforderungen von Treu und Glauben, daß jeder, der an einem Orte ein Handelsgewerbe betreibt, sein Verhalten so einzurichten hat, daß es mit den an dem Orte herrschenden Handelsgewohnheiten in Einklang steht. Mit einem solchen Verhalten des Gewerbetreibenden muß anderseits jeder rechnen, der sich mit ihm in geschäftliche Verbindungen einläßt. Soweit dem andren die örtlichen Gewohnheiten nicht bekannt sind, ist es seine Sache, die erforderlichen Erkundigungen danach einzuziehen. Demgemäß kommt ein Handelsgebrauch, der sich auf ein räumlich beschränktes Gebiet bezieht, mangels abweichender Vereinbarung stets dann zur Anwendung, wenn es sich um ein Geschäft handelt, das nach seinem eigentlichen Wesen, insbesondere nach seiner Bedeutung und Wirkung, diesem beschränkten Gebiet angehört (RGZ. Bd. 53 S. 62, Urteil des Reichsgerichts vom 6. Oktober 1903 VII 208/03, Recht 1903 Nr. 3058; Staub-Könige HGB. Anm. 9 zu § 346; Düringer-Hachenburg HGB. 2. Aufl. Bd. 2 S. 9 Anm. 8, S. 322 Anm. 9c). Nach diesen Grundsätzen muß im vorliegenden Falle der Ort, an dem der Nebenintervenient ansässig ist und auftragsgemäß seine Maklertätigkeit zu entfalten hatte, als derjenige angesehen werden, dessen Verkehrssitte und Handelsgewohnheiten für die Beurteilung der Rechte und Pflichten des Nebenintervenienten maßgebend sind. Das Berufungsgericht hätte daher zu der klägerischen Behauptung, daß der Schiffsmakler nach einem Rostocker Handelsgebrauche bei Aufträgen zur Beschaffung von Befrachtungen allgemein nicht nur als Vermittler, sondern als Vertreter des Auftraggebers gelte, in dessen Namen er die Nebenpunkte des Vertrags selbständig zu vereinbaren habe, und daß er die Charter sogar für beide Vertragsteile zeichnen dürfe, bestimmte Stellung nehmen müssen." ...

---

64. 1. Wann bedarf auch der mit einem Grundstückskaufe zugleich abgeschlossene Nebenvertrag der Form des § 313 BGB.? Hat solchenfalls die Formlosigkeit des Nebenvertrags auch die Nichtigkeit des Kaufvertrags zur Folge?

2. Kann auf Grund des über ein Grundstück für längere Zeit als ein Jahr nur mündlich abgeschlossenen Mietvertrags der Abschluß eines schriftlichen Vertrags gefordert werden?

BGB. §§ 313, 566.

V. Zivilsenat. Urt. v. 29. November 1919 i. S. H. (Kl.) w. K. (Bekl.). V 260/19.

I. Landgericht Stuttgart.
II. Oberlandesgericht daselbst.

Durch notariellen Vertrag vom 29. April 1918 verkauften der Kläger und seine Ehefrau ihr zu F. belegenes Grundstück an den Beklagten; zugleich mieteten sie ihre bisherige Wohnung in dem Grundstücke für die Dauer des Krieges. Die Übergabe und die Auflassung des Grundstücks sind nicht erfolgt. Der Kläger macht jetzt die Nichtigkeit des Grundstücksveräußerungsvertrags geltend, weil der Mietvertrag, ohne den auch der Kaufvertrag nicht abgeschlossen worden wäre, nicht ebenfalls förmlich beurkundet worden sei. Das Landgericht wies die Feststellungsklage ab; die Berufung des Klägers hatte keinen Erfolg. Seiner Revision ist stattgegeben worden.

Aus den Gründen:

„... Das Berufungsgericht erwägt zwar zutreffend, daß der gesamte Vertrag vom 29. April 1918 nichtig wäre, wenn der zwischen den Parteien nur mündlich abgeschlossene Mietvertrag ein Bestandteil des Grundstücksveräußerungsvertrags hätte werden sollen. Es stellt auch als unstreitig fest, daß zwischen den Parteien neben dem Kaufvertrag ein Mietvertrag des Inhalts abgeschlossen worden ist, daß der Kläger für eine Jahresmiete von 480 *M* während der Kriegsdauer in seiner bisherigen Wohnung im verkauften Hause wohnen bleiben dürfe. Es führt aber weiter aus, daß es im Belieben der Parteien gestanden habe, ob sie diesen Mietvertrag zu einem Bestandteile des notariellen Vertrags hätten machen wollen oder nicht; entscheidend sei, daß die Parteien den entsprechenden Willen nicht gehabt hätten. Es gehe das mit Sicherheit aus der Aussage der Ehefrau des Klägers hervor, wonach sie und ihr Ehemann „angesichts der bestimmten Erklärung des mitbeklagten Ehemanns, die einschlägige Vereinbarung bedürfe der Aufnahme in den Vertrag nicht, weil er an seinem mündlich gegebenen Worte festhalte", deren Aufnahme in den Vertrag selbst für unnötig gehalten hätten, so daß diese Unterlassung auf den Willen der Beteiligten zurückgeführt werden müsse. Es könne wohl sein, daß der Kläger den Kaufvertrag nicht ohne den Mietvertrag abgeschlossen haben würde, aber der Mietvertrag sei mündlich in gültiger und rechtswirksamer Weise abgeschlossen worden, und davon seien auch die Parteien ausgegangen.

Diese Ausführungen geben allerdings dem Verdachte Raum, daß das Berufungsgericht bei Beantwortung der Frage, ob auch der Mietvertrag der förmlichen Beurkundung gemäß § 313 BGB. bedurfte, von rechtsirrtümlichen Auffassungen ausgegangen ist. Feststehender Grundsatz ist es, daß die gesamten Abreden eines Grundstücksveräußerungsvertrags formbedürftig sind, und zwar nicht nur die nach der Natur eines solchen Vertrags schon an sich wesentlichen Abreden (essentialia negotii), sondern auch diejenigen Abreden (accidentalia negotii), welche die Parteien für den Vertragsabschluß nur als wesentlich erachtet haben (vgl. Komm. v. RGR. Anm. 2 Abs. 2 zu § 313 BGB. und RGZ. Bd. 52 S. 4, Bd. 80 S. 402, Bd. 91 S. 237). Handelt es sich um einen Kaufvertrag, dann wird der Regelfall der sein, daß die Abreden sich sämtlich auf das Kaufgeschäft unmittelbar beziehen, indem sie in näherer oder auch entfernterer Weise die Leistungen aus dem Kaufe betreffen. Es können aber die Parteien mit dem Kaufe auch ein anderes Geschäft verbinden, das an und für sich mit dem Kaufe selbst oder mit den beiderseitigen Leistungen aus dem Kaufe nichts zu tun hat, das jedoch zu dem Kaufabschlusse nach dem Willen der Parteien in eine solche innere Verbindung gesetzt wird, daß beide Geschäfte zusammen eine vertragliche Einheit darstellen, und demnach erst beide Geschäfte vereint den gewollten gesamten Grundstücksveräußerungsvertrag ausmachen. Es handelt sich dann um ein sogenanntes zusammengesetztes Rechtsgeschäft, nämlich die gewillkürte Verbindung einer Mehrheit von, möglicherweise wesensungleichen, Rechtsgeschäften zu einer

Einheit (vgl. RGZ. Bd. 78 S. 43, Bd. 79 S. 436). Liegt nun ein solcher Fall vor, dann muß auch die Regel des § 313 BGB. schlechthin in Ansehung der gesamten Abreden Platz greifen und zwar mit der Folge, daß, wenn auch nur das mit dem Kaufe verbundene Rechtsgeschäft der Form des § 313 ermangelt, die gesamten Vereinbarungen nichtig sind. Ob es sich gegebenenfalls um ein zusammengesetztes Rechtsgeschäft der bezeichneten Art handelt, wird danach sich bestimmen, ob die Parteien das eine Geschäft auch ohne das andere vorgenommen, insbesondere auch den Kauf ohne das andere Rechtsgeschäft abgeschlossen haben würden, so daß solche Fälle ausgeschlossen sind, wo das eine Geschäft etwa nur aus Anlaß oder auf Grund des anderen Geschäfts vorgenommen worden ist, oder wo der zeitliche Zusammenfall beider Geschäfte nur ein gelegentlicher ist, mithin das Erfordernis der gegenseitigen Abhängigkeit fehlt. Haben die Parteien etwa einen vereinbarten Kauf bereits als gegebene Tatsache angesehen und, der hierdurch bewirkten veränderten Rechtslage Rechnung tragend, auf Grund dessen das andere Rechtsgeschäft abgeschlossen, dann insbesondere wird von der Anwendbarkeit des § 313 (oder des § 139) BGB. keine Rede sein können. — Den obigen Erwägungen entsprechend ist nun auch die Frage zu beantworten, wie weit es die Parteien in der Hand haben, gegenüber den Anforderungen des § 313 die Grenzen für die förmliche Beurkundung ihrer Abreden selbst zu bestimmen. Selbstverständlich ist es, daß jedes Willkürrecht insoweit ausgeschlossen ist, als das Formerfordernis besteht (vgl. RGZ. Bd. 61 S. 267; Warneyer 1915 Nr. 45 und das dort genannte Urteil vom 5. April 1913 V 512/12); ebenso gewiß ist aber auch, daß bei einem gleichzeitigen Abschlusse mehrerer Geschäfte, bei denen die innere Beziehung der gegenseitigen Abhängigkeit im dargestellten Sinne fehlt, die Parteien weder durch § 313 noch durch § 139 genötigt sind, neben dem das Grundstück betreffenden Kaufgeschäfte zur Vermeidung der Nichtigkeit dieses Vertrags auch das andere Geschäft förmlich beurkunden zu lassen.

Geht man von dieser Anschauung auch in dem hier gegebenen Falle aus, dann ergibt sich folgendes: Hätten die Parteien den Mietvertrag nur aus Anlaß des notariell beurkundeten Kaufvertrags abgeschlossen, dessen gedenkend, daß der Kläger und seine Ehefrau infolge dieses Vertrags zur mietfreien Übergabe des von ihnen bisher bewohnten Grundstücks verpflichtet waren, und sonach der Abschluß eines Mietvertrags erforderlich war, wenn der Kläger und seine Ehefrau zum weiteren Besitz und Gebrauch ihrer bisherigen Wohnung berechtigt bleiben sollten, dann bestand keine Nötigung, auch den Mietvertrag gemäß § 313 förmlich zu beurkunden; dann hing es vielmehr lediglich vom Belieben der Vertragsparteien ab, in welcher Form sie den Mietvertrag, unbeschadet der Rechtsbeständigkeit des Kaufvertrags, abschließen wollten. Sollte dagegen nach Absicht der Vertragsparteien die innere Beziehung zwischen den beiden Geschäften eine derartige sein, daß der Abschluß des einen Geschäfts, nämlich des Kaufes, vom Abschlusse des anderen Geschäfts, des Mietvertrags, mit abhängig sein sollte, so daß auch hier erst beide Geschäfte zusammen das einheitlich zu denkende, gewollte Rechtsgeschäft, ein zusammengesetztes Rechtsgeschäft zuvor dargelegter Art ergeben hätten, dann lag es nicht im Belieben der Vertragschließenden, das Formbedürfnis hinsichtlich des Mietvertrags dadurch zu beseitigen, daß sie sich darüber einigten, dieser Vertrag solle trotz formlosen Abschlusses Rechtsgültigkeit haben, und dann waren sie auch keineswegs in der Lage, die Rechtsbeständigkeit des Kaufvertrags auf solchem Wege zu wahren (vgl. Warneyer 1913 Nr. 219).

Aus den Ausführungen des Berufungsurteils geht nun nicht, jedenfalls nicht mit genügender Klarheit hervor, daß sich das Gericht dieser hier anzuwendenden rechtlichen Gesichtspunkte bewußt gewesen wäre. Das Urteil spricht schlechthin aus, daß es im Belieben der Parteien gestanden habe, ob sie den Mietvertrag zu einem Bestandteil des notariellen Vertrags hätten machen wollen, und hält es für entscheidend, daß sie einen solchen Willen nicht gehabt hätten. Aber es fehlt jede Aufklärung darüber, weshalb das Berufungsgericht hier das angenommene Belieben der Parteien als gegeben angesehen hat. Namentlich fehlt jeder klare Aufschluß darüber, was es besagen soll, daß es vom Willen der Parteien abhing, ob sie den Mietvertrag zu einem „Bestandteile des notariellen Kaufvertrags machen wollten". Sollte nach dem Willen der Parteien zwischen dem Abschlusse der beiden Verträge eine bedingende innere Beziehung bestehen und insbesondere der Abschluß des Kaufvertrags von dem Abschlusse auch des Mietvertrags abhängig gewesen sein, dann war der letztere Vertrag ohne weiteres und notwendig ein Bestandteil des gesamten einheitlich zu denkenden Grundstücksveräußerungsvertrags, und dann konnte hieran das Belieben der Parteien nichts ändern. Das freilich hing vom Belieben der Parteien ab, ob sie den Kauf in völliger Unabhängigkeit vom Mietvertrag abschließen wollten, so daß auch dieses Rechtsgeschäft etwa nur aus Anlaß des Grundstücksverkaufs und nur, wie zuvor in Betracht gezogen worden, infolge des Grundstücksverkaufs abgeschlossen worden wäre. Aber daß das so war, darüber mangelt es im Urteil an jeder Aufklärung und jeder Feststellung. Daher ist auch der Verdacht begründet, daß das Berufungsgericht sich dessen nicht genügend bewußt gewesen ist, unter welchen Voraussetzungen allein es von dem Willen der Vertragschließenden abhing, den Mietvertrag nicht „zu einem Bestandteile des notariellen Kaufvertrags zu machen". (Es folgt hier die Beurteilung der Beweiswürdigung.) . . . „Sollte das Berufungsgericht hiernach, wie der Fall zu sein scheint, angenommen haben, daß es für die Frage, ob es zur Rechtsgültigkeit des notariell beurkundeten Kaufvertrags der förmlichen Beurkundung auch des Mietvertrags bedurft habe, von Bedeutung auch sei, ob der Mietvertrag seinerseits trotz mangelnder Form rechtsgültig zur Entstehung gelangt ist, so wäre verkannt, daß hierfür einzig und allein entscheidend sein kann, ob nach dem Standpunkte der Parteien der Mietvertrag als Bestandteil des gesamten Grundstücksveräußerungsvertrags angesehen werden muß, oder ob das Gegenteil der Fall ist. Die Auffassung, von der das Berufungsgericht anscheinend ausgegangen ist, würde schließlich dazu führen, daß, wenn das mit einem Vertrage bezeichneter Art verbundene Nebengeschäft einer Form überhaupt nicht bedarf, seine förmliche Beurkundung gemäß § 313 selbst dann niemals erforderlich wäre, wenn das Nebengeschäft wirklich mit zum Inhalte des Gesamtvertrags gehörte. Im übrigen irrt aber das Berufungsgericht auch darin, daß der Kläger und seine Ehefrau schon durch den mündlichen Mietvertrag hinsichtlich des Mietrechts genügend gesichert gewesen wären. Der für die Dauer des Krieges, also für länger als ein Jahr, abgeschlossene mündliche Mietvertrag mußte gemäß § 566 BGB. als für unbestimmte Zeit geschlossen gelten. Nach §§ 564, 565 wären also der Kläger und seine Frau lediglich für ein Jahr gesichert gewesen. Die Meinung, daß die Genannten trotzdem deswegen gesichert gewesen wären, weil sie berechtigt sein würden, für die weitere Zeit den Abschluß eines schriftlichen Vertrags zu verlangen, ist mit § 566 unvereinbar. Die Annahme des Berufungsgerichts wäre nur dann zutreffend, wenn die Parteien den späteren Abschluß eines schriftlichen Vertrags vereinbart hätten, so daß es sich um einen darauf gerichteten Vorvertrag gehandelt hätte (RGZ. Bd. 86 S. 30). Aber davon ist hier nach dem gegebenen Sachverhalte keine Rede; nach diesem ist der Mietvertrag selbst und nur dieser vereinbart worden." . . .

---

65. 1. Hat bei der Pfändung einer vorläufigen Eigentümergrundschuld aus §§ 1190, 1163 BGB., die als solche im Grundbuche zunächst nicht eintragbar ist, das im Pfändungsbeschlusse enthaltene Verfügungsverbot bedingte Wirksamkeit? Erlangt es, nachdem die Eigentümergrundschuld endgültig festgestellt und die Pfändung im Grundbuch eingetragen worden ist, rückwirkende Kraft?

2. Welche Bedeutung hat der Verzicht des eingetragenen Gläubigers auf den nicht valutierten Teil einer Höchstbetragshypothek?

BGB. §§ 1190, 1163, 1168, 161, 135 flg.; ZPO. §§ 830, 857 Abs. 6.

V. Zivilsenat. Urt. v. 29. November 1919 i. S. K. (Kl.) w. Deutsche Bank (Bekl.). V 159/19.

I. Landgericht München-Gladbach.
II. Oberlandesgericht Düsseldorf.

Die Witwe P. in B. hatte am 1. März 1910 zugunsten der offenen Handelsgesellschaft K.-H., deren geschäftsführender Gesellschafter der Kläger war, auf ihrem Grundstück eine Sicherungshypothek im Höchstbetrage von 45000 ℳ für alle Ansprüche eintragen lassen, die der Gläubigerin aus ihrer Geschäftsverbindung mit der offenen Handelsgesellschaft H. J. Br. erwachsen waren und noch erwachsen würden.

Die Witwe P., die in Zahlungsschwierigkeiten sich befand, verschuldete der Beklagten aus einem rechtskräftigen Urteile vom 8. April 1914 den Betrag von 36075 ℳ nebst Zinsen, außerdem aber auch dem Kläger nach dessen Angabe einen Betrag von 60000 ℳ. Da aus der durch die Sicherungshypothek gedeckten Geschäftsverbindung der Firma K.-H. mit der Firma H. J. Br., die inzwischen abgebrochen worden war, jener Firma nur eine Wechselforderung von 17500 ℳ nebst Zinsen erwachsen war, blieb ein Betrag von annähernd 27500 ℳ frei. Die Beklagte erwirkte am 5. August 1914 beim Amtsgericht in B. einen Beschluß, durch den die Sicherungshypothek, soweit sie wegen Nichtbestehens der Forderung gemäß § 1163 BGB. Eigentümergrundschuld geworden wäre, sowie der Anspruch auf Berichtigung des Grundbuchs in Höhe von 27500 ℳ gepfändet und ihr zur Einziehung überwiesen wurde. Am 6. Oktober 1914 erwirkte sie dann noch eine einstweilige Verfügung des Landgerichts, die die Eintragung eines Widerspruchs bei der Sicherungshypothek in Höhe des 17500 ℳ übersteigenden Betrags wegen mangelnden Bestehens der gesicherten Forderung anordnete und der Eigentümerin P. jede Verfügung über die Eigentümergrundschuld untersagte. Die Eintragung des Widerspruchs geschah am 20. Oktober 1914. Am 27. Oktober 1914 erkannte der Kläger als Vertreter der Firma K.-H. auf Verlangen der Beklagten in einer schriftlichen Urkunde an, daß Ansprüche der Firma an J. Br. nur in Höhe von 17500 ℳ nebst Zinsen zur Entstehung gelangt seien und weitere Ansprüche wegen Aufhebung der Geschäftsverbindung nicht zur Entstehung gelangen würden.

Der Kläger erwirkte am 27. Dezember 1915 wegen eines Teilbetrags von 30000 ℳ nebst Zinsen einen Zahlungsbefehl gegen die Witwe P. und ließ, nachdem die Firma K.-H. am 10. Januar 1916 einen Verzicht auf die Sicherungshypothek in Höhe von 25000 ℳ hatte eintragen lassen, am selben Tage die so entstandene Eigentümergrundschuld von 25000 ℳ pfänden und sich zur Einziehung überweisen, am 12. Januar 1916 diese Pfändung und Überweisung auch im Grundbuch eintragen.

Demnächst, am 28. November 1916, erzielte die Beklagte Eintragungen im Grundbuche, wonach die Sicherungshypothek in Höhe von 25000 *M* (hinter 20000 *M*) in eine Eigentümergrundschuld umgeschrieben und insoweit mit dem durch den Widerspruch gesicherten Range als zugunsten der Beklagten durch den Beschluß vom 5. August 1914 gepfändet und überwiesen bezeichnet wurde. Inzwischen war auf Antrag der Firma K.-H. die Zwangsversteigerung des Grundstücks eingeleitet worden und die Beklagte war ihr wegen eines Teilbetrags ihrer Forderung beigetreten. Im Verteilungstermine vom 22. Juni 1917 wurden die auf die Eigentümergrundschuld entfallenden 25000 *M* der Beklagten in Anrechnung auf ihre Forderung an Kapital, Zinsen und Kosten zugeteilt, infolge des vom Kläger erhobenen Widerspruchs jedoch die Hinterlegung angeordnet.

Der Kläger hat darauf am 13. Juli 1917 Klage erhoben mit dem Antrage, seinen Widerspruch für berechtigt zu erklären und unter Abänderung des Teilungsplans die 25000 *M* ihm zuzuteilen. Das Landgericht erkannte nach diesem Antrage des Klägers, das Oberlandesgericht aber wies unter Abänderung des landgerichtlichen Urteils die Klage ab. Die hiergegen vom Kläger eingelegte Revision hatte keinen Erfolg.

Aus den Gründen:

„... Der Streit der Parteien betrifft die Frage, ob die Pfändung und Überweisung der Eigentümergrundschuld, die die Beklagte am 5. August 1914 erwirkte, sowie die am 20. Oktober 1914 zufolge der einstweiligen Verfügungen vom 6. Oktober 1914 von der Beklagten erwirkten Eintragungen im Grundbuche (Widerspruch und Veräußerungsverbot in Ansehung der Eigentümergrundschuld) rechtswirksam und geeignet waren, die spätere, am 10. Januar 1916 nach Eintragung des Verzichts der eingetragenen Gläubigerin in Höhe von 25000 *M* zugunsten des Klägers bewirkte Pfändung und Überweisung auszuschließen.

Das Landgericht hatte sich der Auffassung des Klägers angeschlossen, indem es von der Annahme ausging, daß vor dem Verzicht der eingetragenen Gläubigerin eine eintragungsfähige und der Verfügung der Grundstückseigentümerin sowie der Pfändung unterliegende Eigentümergrundschuld nicht bestanden habe, die früheren zugunsten der Beklagten erwirkten Maßnahmen daher gegenstandslos gewesen seien. Vor dem Verzichte habe die Höhe der durch die Höchstbetragshypothek gesicherten Forderung der eingetragenen Gläubigerin trotz ihres Anerkenntnisses vom 27. Oktober 1914 nicht endgültig festgestanden, weil die Forderung trotzdem durch die Zinsen, die für eine nicht abzusehende Zeit fortliefen, ständig gewachsen und auch wegen der gleichfalls unbekannten Kosten einer etwaigen, dann tatsächlich notwendig gewordenen Rechtsverfolgung ihrer Höhe nach nicht bestimmbar gewesen sei.

Das Oberlandesgericht hat sich den Bedenken gegen die zugunsten der Beklagten am 20. Oktober 1914 im Grundbuch erfolgten Eintragungen nicht verschlossen, hat jedoch diesen Eintragungen keine Bedeutung beigemessen, weil es das in der einstweiligen Verfügung vom 6. Oktober 1914 enthaltene Veräußerungsverbot allein schon für ausreichend erachtet hat, die spätere zugunsten des Klägers bewirkte Pfändung und Überweisung unwirksam zu machen. Die Eintragung des Verzichts der eingetragenen Gläubigerin habe nur die Bedeutung der endgültigen Feststellung der Forderung gehabt, im übrigen aber an der bereits bestehenden Eigentümergrundschuld nichts geändert. Die zugunsten der Beklagten am 5. August 1914 bewirkte Pfändung und Überweisung dieser Eigentümergrundschuld habe nunmehr, nach Feststellung der Forderung, gemäß §§ 830 Abs. 1 Satz 3 und 857 Abs. 6 ZPO. auch im Grundbuch eingetragen werden können, und das sei durch die Eintragungen vom 28. November 1916 rechtswirksam zugunsten der Beklagten geschehen.

Die gegen diese Ausführungen gerichteten Revisionsangriffe sind nicht begründet. Nach der Rechtsprechung des Reichsgerichts, wie sie nach anfänglichen Schwankungen sich schließlich herausgebildet hat,

vgl. RGZ. Bd. 55 S. 220, Bd. 75 S. 250, Bd. 78 S. 409; Gruchot Bd. 56 S. 1072, Bd. 58 S. 670; ZBlfFrG. Bd. 16 S. 579; Urt. vom 19. September 1917 V 104/17,

besteht auch bei der Höchstbetragshypothek des § 1190 BGB., solange die gesicherte Forderung noch nicht entstanden und endgültig festgestellt ist, zunächst eine vorläufige Eigentümergrundschuld im Sinne des § 1163 Satz 1 BGB., die erst nach der Feststellung, soweit diese reicht, in eine Gläubigerhypothek übergeht, im übrigen endgültig Eigentümergrundschuld bleibt. Daß diese vorläufige Eigentümergrundschuld im Wege der Zwangsvollstreckung gepfändet und überwiesen werden kann, ist um so weniger zweifelhaft, als selbst in den früheren Urteilen des Reichsgerichts, die die vorläufige Eigentümergrundschuld nur als eine Anwartschaft auf eine künftige Eigentümergrundschuld auffaßten, die Pfändbarkeit dieses Rechtes niemals in Zweifel gezogen worden ist,

vgl. RGZ. Bd. 51 S. 116 a. E., Bd. 56 S. 14, Bd. 61 S. 376; Jur. Wochenschr. 1912 S. 297 Nr. 17.

Die Rechtswirksamkeit der von der Beklagten am 5. August 1914 erzielten Pfändung und Überweisung ist daher, vorbehaltlich der noch zu erörternden Eintragung, nicht zu bezweifeln. Die Pfändung und Überweisung der Eigentümergrundschuld bedurfte aber nach den §§ 830 Abs. 1, 857 Abs. 6 ZPO. der Eintragung im Grundbuch und diese ist erst nach dem am 10. Januar 1916 eingetragenen Verzicht der eingetragenen Gläubigerin und nach der am 12. Januar 1916 zugunsten des Klägers eingetragenen Pfändung und Überweisung am 28. November 1916 bewirkt worden. Inzwischen war nun zugunsten der Beklagten die einstweilige Verfügung vom 6. Oktober 1914 ergangen, die auf Grund des Pfändungs- und Überweisungsbeschlusses der Beklagten zu deren Gunsten die Eintragung eines Widerspruchs bei der zur Eigentümergrundschuld gewordenen Höchstbetragshypothek und die Eintragung eines Verfügungsverbots für die Grundstückseigentümerin anordnete. Diese Eintragungen sind am 20. Oktober 1914 vorgenommen worden, ihre Wirksamkeit ist aber streitig, und ebenso wird von der Revision auch die Wirksamkeit der einstweiligen Verfügung und des darin enthaltenen Verfügungsverbots in Abrede gestellt, um so der späteren zugunsten des Klägers bewirkten Pfändung und Überweisung Raum zu schaffen.

Nun ist in der Rechtsprechung des Reichsgerichts allerdings daran festgehalten worden, daß vorläufige Eigentümergrundschulden und Verfügungen darüber, insbesondere auch Vormerkungen, abgesehen von der im Gesetze (§ 1179 BGB.) zugelassenen, nicht für ausdehnungsfähig erklärten Ausnahme der Löschungsvormerkungen, im Grundbuche nicht eintragbar, solche Eintragungen vielmehr abzulehnen sind,

vgl. RGZ. Bd. 56 S. 14, Bd. 61 S. 374, Bd. 75 S. 250, Bd. 72 S. 275, Bd. 84 S. 80 u. a

Über die Bedeutung einer trotzdem vorgenommenen Eintragung aber hat sich das Reichsgericht noch nicht ausgesprochen, und diese Frage brauchte auch jetzt nicht entschieden zu werden. Denn dem Berufungsrichter ist darin beizutreten, daß es auf die Eintragungen vom 20. Oktober 1914 nicht ankommt, weil schon ein außerhalb des Grundbuchs im Zwangsvollstreckungswege ergangenes Verfügungsverbot ausreicht, um die im Wege der Zwangsvollstreckung zugunsten des Klägers ergangenen späteren Verfügungen der Beklagten gegenüber unwirksam zu machen. Die Eintragung des Verfügungsverbots im Grundbuche hat in Wirklichkeit nur die Bedeutung, den guten Glauben der Erwerber auszuschließen, bei Verfügungen im Zwangsvollstreckungswege, wie sie der Kläger erzielt hat, aber kommt es auf den guten Glauben nicht an. Sie sind ohne Rücksicht darauf wirkungslos, wenn dem Zwangsvollstreckungsschuldner die Verfügungsbefugnis fehlt (Jur. Wochenschr. 1918 S. 129 Nr. 1).

Als entscheidend hat nun der Berufungsrichter das in der einstweiligen Verfügung enthaltene Verfügungsverbot erachtet und die Revision hat infolgedessen, wie bereits erwähnt, auch die Rechtswirksamkeit der einstweiligen Verfügung angegriffen. Einstweilige Verfügungen nach §§ 935, 940 ZPO. seien nur zur Sicherung einer Individualleistung, nicht zur Sicherung eines Geldanspruchs, wie er der Beklagten zugestanden habe, zulässig. Für solche Geldansprüche sei vielmehr der Arrest das gegebene Rechtsmittel. Man könnte hiergegen einwenden, daß die Beklagte durch den Beginn der Zwangsvollstreckung (die Pfändung und Überweisung vom 5. August 1914) an der Eigentümergrundschuld bereits Individualrechte erlangt hatte, doch bedurfte auch diese Frage keiner Entscheidung. Es kommt auch darauf schließlich nicht an, weil das die Wirksamkeit der Pfändung und Überweisung des Klägers nach §§ 135 flg. BGB. ausschließende Verfügungsverbot schon in dem Pfändungs- und Überweisungsbeschlusse vom 5. August 1914 enthalten war (§ 829 Abs. 1 ZPO.). Die endgültige Wirksamkeit dieses Verfügungsverbots hing allerdings ebenso wie die der Pfändung, zu deren Durchführung es erlassen wurde, nach den für Hypothekenforderungen und Grundschulden, und demzufolge — wie in der Rechtsprechung anerkannt ist — auch für Eigentümergrundschulden geltenden Vorschriften der §§ 830, 857 Abs. 6 ZPO. von der Eintragung im Grundbuch ab; diese Eintragung ist aber schließlich am 28. November 1916 vorgenommen worden. Die Wirksamkeit begann auch nicht etwa erst mit dieser Eintragung, vielmehr trat, wie dies im § 830 Abs. 2 ZPO. (vgl. auch RGZ. Bd. 76 S. 233) in Ansehung des Zahlungsverbots und der zivilrechtlichen Wirkungen der Pfändung gegenüber dem Drittschuldner ausdrücklich anerkannt ist, alsbald der im § 161 BGB. geregelte Schwebezustand ein. Dieser Schwebezustand kann, wenn der Vollendung der Pfändung Schwierigkeiten entgegenstehen, wie z. B. im Falle des Verlustes des Hypothekenbriefs oder in Fällen der hier vorliegenden Art, wo es sich um eine vorläufige, noch nicht eintragbare Eigentümergrundschuld handelt, unter Umständen längere Zeit dauern. Gerade das mehr oder minder häufige Vorkommen solcher Schwierigkeiten aber beweist die Notwendigkeit der bedingten Wirksamkeit des im Pfändungsbeschluß enthaltenen richterlichen Verfügungsverbots und der Rückbeziehung seiner an die Vollendung der Pfändung geknüpften Folgen.

Gegen die Rechtswirksamkeit der zugunsten der Beklagten am 28. November 1916 bewirkten Eintragung der Pfändung und Überweisung ist dann noch geltend gemacht worden, daß die Eintragung eine andere Eigentümergrundschuld, nämlich die durch Verzicht nach § 1168 BGB. entstandene, betreffe, während Gegenstand der Pfändung und Überweisung der Beklagten die vorläufige Eigentümergrundschuld des § 1163 BGB. gewesen sei. Diese Ausführungen sind jedoch mit Recht vom Berufungsrichter für verfehlt erachtet worden. Der Verzicht der eingetragenen Gläubigerin hatte, da dieser insoweit, als der Verzicht reichte, eine Gläubigerhypothek noch nicht zustand, nicht die Bedeutung des § 1168 BGB. Er bedeutete vielmehr nur die Begrenzung der gesicherten Forderung und hatte zur Folge, daß die der vorläufigen Eigentümergrundschuld anhaftende auflösende Bedingung nunmehr endgültig im vollen Umfange des Verzichts in Wegfall kam. An der Eigentümergrundschuld selbst wurde im übrigen nichts geändert. Sie blieb, was sie war und wie sie auch der Pfändungs- und Überweisungsbeschluß bezeichnete, eine wegen Nichtentstehens einer gesicherten Forderung entstandene Eigentümergrundschuld. Zweifelhaft kann dies um so weniger sein, als der Berufungsrichter ausdrücklich festgestellt hat, daß die Forderung der Firma K.-H. den Betrag von 20000 *M* niemals überschritten hat." . . .

---

66. 1. Schließt die gegen einen Schadensersatzpflichtigen im Strafverfahren erkannte Buße weitergehende Schadensersatzansprüche gegen die anderen gesamtschuldnerisch haftenden Schadensersatzpflichtigen aus?

2. Gehört der kaufmännische Lehrherr in Ansehung seiner minderjährigen Lehrlinge zu den Personen, die im Sinne des § 832 BGB. kraft Gesetzes zur Aufsicht verpflichtet sind?

BGB. § 832; HGB. § 76; StGB. § 231.

VI. Zivilsenat. Urt. v. 1. Dezember 1919 i. S. v. L. (Bekl.) w. L. (Kl.). VI 295/19.

I. Landgericht Thorn.
II. Oberlandesgericht Marienwerder.

Am 26. September 1912 erhielt der Kläger, als er auf dem Markt in G. an dem dort belegenen Eisengeschäfte des Beklagten vorüberging, einen Schuß aus einer Luftbüchse in das rechte Auge, das infolge dieser Verletzung entfernt werden mußte. Der Schuß war abgegeben von dem damals 18 jährigen Handlungslehrlinge des Beklagten, Kr., der wegen dieser Handlung strafrechtlich zu einer Geldstrafe von 500 *M* und einer Buße von 3000 *M* rechtskräftig verurteilt worden ist. Der Kläger macht für den ihm entstandenen Schaden auch den Beklagten wegen Verletzung seiner Aufsichtspflicht auf Grund des § 832 BGB. verantwortlich und hat gegen ihn auf Zahlung von 447,05 *M* an Aufwendungen für Heilungs- und Pflegekosten sowie einer jährlichen Rente von 1200 *M* Klage erhoben. Das Landgericht hat diese Klagansprüche dem Grunde nach für gerechtfertigt erklärt, das Oberlandesgericht die Berufung des Beklagten zurückgewiesen.

Auch die Revision wurde zurückgewiesen aus folgenden

Gründen:

„Die Urteile beider Vorinstanzen haben die Klagansprüche aus dem rechtlichen Gesichtspunkte des § 832 BGB. für begründet erachtet, da auch dem kaufmännischen Lehrherrn ebenso wie dem gewerblichen eine Aufsichtspflicht über seine Handlungslehrlinge obliege. Einen dem

§ 832 BGB. entsprechenden Entlastungsbeweis habe der Beklagte nicht erbracht.

Die Revision des Beklagten, die sich gegen die Anwendung des § 832 BGB. auf das Verhältnis des kaufmännischen Lehrherrn zum Lehrling richtet, war nicht für begründet zu erachten.

Eine von der Revision nicht berührte Vorfrage für eine Verurteilung des Beklagten zum Schadensersatze gegenüber dem Kläger ist, ob die in dem Strafverfahren gegen den Urheber der Körperverletzung, den Lehrling Kr., dem Kläger zuerkannte Buße den weiteren Schadensersatzanspruch gemäß § 231 Abs. 2 StGB. auch gegenüber anderen Schadensersatzpflichtigen ausschließt. Die Frage ist vom erkennenden Senat in dem Urteile vom 23. März 1912 (RGZ. Bd. 79 S. 148) im verneinenden Sinne entschieden worden; an den Grundsätzen dieser Entscheidung hält der Senat auch für den gegebenen Fall fest. Der erhobene Schadensersatzanspruch ist somit trotz der dem Kläger zugesprochenen, dem Kr. auferlegten Buße zulässig, deren Betrag selbstverständlich auf den gegen andere Schadensersatzpflichtige geltend gemachten Entschädigungsanspruch angerechnet werden muß.

In der von der Revision zur Nachprüfung des Reichsgerichts gestellten Frage, ob § 832 BGB. auch für das Verhältnis des kaufmännischen Lehrherrn zum Handlungslehrling Anwendung zu finden hat, ob also der kaufmännische Lehrherr kraft Gesetzes zur Beaufsichtigung des minderjährigen Lehrlings verpflichtet ist, war den Vorentscheidungen des Landgerichts und des Berufungsgerichts beizutreten. Der erkennende Senat hat in den Entscheidungen RGZ. Bd. 52 S. 69 und Puchelt, Zeitschr. für bürg. Recht Bd. 33 S. 709, 714 die Haftung des gewerblichen Lehrmeisters für den Lehrling nach Maßgabe des § 832 BGB. ausgesprochen. Die Gründe dieser Entscheidungen treffen auch für den kaufmännischen Lehrherrn zu. Zwar weichen die Bestimmungen des Handelsgesetzbuchs über die Pflichten des kaufmännischen Lehrherrn gegenüber dem Handlungslehrling (§ 76 HGB.) von den in der Reichsgewerbeordnung für den gewerblichen Lehrmeister gegebenen Vorschriften ab. Die letzteren (§§ 127, 127a RGewO.) sind sowohl eingehender als eindringlicher, insofern sie dem mehr patriarchalisch gearteten Handwerkslehrverhältnis entsprechend dem Lehrmeister stärkere Rechte gegenüber dem Lehrlinge gewähren, denen demgemäß auch größere Pflichten gegenüberstehen. In § 127 ist von der Unterweisungs- und Ausbildungspflicht des Lehrmeisters die Rede, der den Lehrling aber auch „zu guten Sitten anhalten und vor Ausschweifungen bewahren" soll, ihn anderseits „gegen Mißhandlungen seitens der Arbeits- und Hausgenossen zu schützen" hat; nach § 127a ist der Lehrling „der väterlichen Zucht des Lehrherrn unterworfen" und diesem „zur Folgsamkeit und Treue, zu Fleiß und anständigem Betragen verpflichtet" auch ist dem Lehrmeister, wie aus Abs. 2 des § 127 a hervorgeht, ein Züchtigungsrecht zugesprochen, das nur in den Grenzen vernünftigen Maßes sich halten muß. In § 76 HGB. ist, nachdem von der Unterweisungs- und Ausbildungspflicht des Lehrherrn gehandelt worden ist, weiter bestimmt, daß der Lehrherr „den Lehrling zur Arbeitsamkeit und zu guten Sitten anzuhalten" hat; von väterlicher Zucht und gar von einem Züchtigungsrecht ist hier nicht die Rede.

Von derjenigen Aufsicht, die § 832 BGB. im Sinne hat, der Beaufsichtigung zum Schutze Dritter gegen Gefährdungen und Beschädigungen seitens der Aufsichtsbefohlenen, ist so wenig in den §§ 127, 127 a RGewO. wie in § 76 HGB. etwas bestimmt. Gleichwohl hat das Reichsgericht kein Bedenken getragen, in den oben angeführten Entscheidungen auszusprechen, daß die Aufsicht der §§ 127, 127 a RGewO., soweit es sich um Personen handelt, die der Beaufsichtigung im Sinne des § 832 BGB. bedürfen, sich auch auf jene Dinge erstrecke, da die sittliche Erziehung des Lehrlings ihrem Sinne und Zwecke nach über das Arbeitsverhältnis hinausgreife und die Verpflichtung des Lehrherrn begründe, sich auch um das Verhalten des Lehrlings außerhalb des Betriebes zu kümmern. Die gleichen Gesichtspunkte treffen aber für das kaufmännische Lehrlingsverhältnis zu. Aufsichtsrecht und Aufsichtspflicht sind hier wie dort in der Natur des Lehrverhältnisses begründet. Der Lehrling tritt in der überwiegenden Mehrzahl der Fälle in jugendlichem Alter, als in der sittlichen Erziehung noch unfertige Persönlichkeit in den Betrieb des Lehrherrn ein, der ihm nicht nur als Lehrer des gewerblichen oder Handelsfachs ausbildend und unterweisend, sondern auch in ähnlicher Weise wie der Lehrer als Erzieher in Ergänzung der elterlichen Tätigkeit entgegentritt. Ausnahmen, in denen schon großjährige Personen mit der Erlernung des Handels beginnen und in eine Lehrlingsstellung eintreten, erheischen naturgemäß eine andere Beurteilung; insbesondere ist die Anwendung des § 832 BGB. hier schon nach dieser Bestimmung selbst ausgeschlossen. Der kaufmännische Lehrherr ist wie der gewerbliche Lehrmeister nach § 76 HGB. den Lehrling „zu guten Sitten anzuhalten" verpflichtet. Damit ist in gleicher Weise wie nach §§ 127, 127 a RGewO. die Erziehungsaufgabe des Lehrherrn festgesetzt, und ihr entspricht, wie in der Entscheidung RGZ. Bd. 52 S. 69 für den gewerblichen Lehrherrn ausgeführt ist, auch die Verpflichtung, sich um das allgemeine Verhalten und die Lebensführung des Lehrlings zu kümmern, und in dieser ist auch die Aufsichtspflicht im Sinne des § 832 BGB. einbegriffen. Der Grad der Erziehung des Lehrlings gibt den Maßstab ab für das Bedürfnis der Beaufsichtigung. Es kann zugegeben werden, daß die Aufsichtspflicht des kaufmännischen Lehrherrn regelmäßig beschränkter sein wird, wie die des gewerblichen Lehrmeisters. Wenn der Handlungslehrling, wie dies gegenwärtig meistens der Fall ist, nicht in den Hausstand des Lehrherrn aufgenommen ist, wird sich die tatsächliche Möglichkeit der Beaufsichtigung wesentlich auf die Geschäftszeit und die Geschäftsräume beschränken, damit aber auch die Aufsichtspflicht. Darüber hinaus wird dem Lehrherrn eine Pflicht zum Einschreiten nur zuzuweisen sein, wenn er von Ausschreitungen des Lehrlings Kenntnis erhält oder bei Anwendung der im Verkehr erforderlichen Sorgfalt Kenntnis erhalten haben mußte.

Wie sich in solchen Fällen die Beweispflicht angesichts der die Entlastung dem Aufsichtspflichtigen zuweisenden Bestimmung des § 832 BGB. gestalten würde, braucht im gegebenen Falle nicht untersucht zu werden. Denn die Handlung des Lehrlings Kr., für die der Beklagte als Aufsichtspflichtiger auf Grund des § 832 BGB. verantwortlich gemacht wird, ist in den Geschäftsräumen und während der Geschäftszeit verübt worden. Vom Laden des Beklagten hat der Genannte nach dem Markt hinaus geschossen.

Daß im Hinblick auf diese Handlung des Lehrlings Kr. der Beklagte den ihm in § 832 BGB. auferlegten Beweis, daß er seiner Aufsichtspflicht genügt habe oder daß der Schaden auch bei gehöriger Aufsichtsführung entstanden sein würde, nicht geführt hat, hat das Berufungsgericht ohne Rechtsirrtum angenommen."...

---

67. 1. Zum Begriff der polizeilichen Verfügung im Sinne des preuß. Gesetzes vom 11. Mai 1842 (GS. S. 192).

2. Wird durch § 3 der Bekanntmachung gegen übermäßige Preissteigerung vom 23. Juli 1915 (RGBl. S. 467) der Rechtsweg für Schadensersatzansprüche gegen den Staat wegen pflichtwidrigen Verfahrens von Beamten bei der Durchführung des Enteignungsverfahrens nach §§ 1, 2 der Bekanntm. ausgeschlossen?

III. Zivilsenat. Urt. v. 2. Dezember 1919 i. S. N. (Kl.) w. preuß. Staat (Bekl.). III 189/19.

I. Landgericht Arnsberg.
II. Oberlandesgericht Hamm.

Am 12. Mai 1916 erließ der Landrat des Kreises A. unter Bezugnahme auf die Bekanntmachung des Reichskanzlers zur Fernhaltung unzuverlässiger Personen vom Handel vom 23. September 1915 an den Kläger, der eine Metzgerei betrieb, eine Verfügung, in der er ihm den Betrieb der Metzgerei und den Handel mit Vieh und Fleisch untersagte. Zugleich wies er die Ortspolizeibehörde an, die Metzgerei des

Klägers zu schließen und den Verkauf des bei ihm vorhandenen Fleisches zu bewirken. Der Kläger bestreitet die Rechtmäßigkeit dieser Anordnungen und fordert vom Staate Ersatz des Schadens, der ihm durch die Schließung des Geschäfts und dadurch entstanden sei, daß der Verkauf des bei ihm beschlagnahmten Fleisches nicht mit der gebotenen Eile und zum Teil zu einem zu niedrigen Preise erfolgt, auch der Verkaufserlös ihm verspätet und unter einem unbegründeten Abzug ausgezahlt worden sei. Seine Klage wurde in beiden Rechtszügen wegen Unzulässigkeit des Rechtsweges abgewiesen, seine Revision hatte keinen Erfolg.

Aus den Gründen:

„1. Insoweit der Kläger seinen Schadensersatzanspruch auf die Untersagung des Handelsbetriebs und die Schließung seines Geschäfts stützt, erachtet das Berufungsgericht den Rechtsweg für unzulässig, weil diese Anordnung des Landrats eine polizeiliche Verfügung im Sinne des Gesetzes vom 11. Mai 1842 über die Zulässigkeit des Rechtsweges in Beziehung auf polizeiliche Verfügungen darstelle, und eine Aufhebung dieser Verfügung als gesetzwidrig oder unzulässig nicht erfolgt sei. Die hiergegen erhobenen Einwendungen der Revision sind unbegründet. Die Untersagung des Betriebs des Handels mit Gegenständen des täglichen Bedarfs gemäß der Bekanntm. vom 23. September 1915 durch den hierzu nach den preußischen Ausführungsbestimmungen vom 27. September 1915 Nr. 1 zuständigen Landrat enthält ein in Ausübung der öffentlichen Polizeigewalt erlassenes unmittelbar in den Rechtskreis des Klägers eingreifendes Verbot und entspricht somit den Voraussetzungen einer polizeilichen Verfügung im Sinne des Gesetzes vom 11. Mai 1842 (vgl. RGZ. Bd. 88 S. 420; Jur. Wochenschr. 1915 S. 932 Nr. 20; Gruchot Bd. 57 S. 184). Eine dem § 6 des Gesetzes vom 11. Mai 1842 entsprechende Aufhebung dieser Verfügung hätte, wie das Berufungsgericht zutreffend ausführt, nach § 4 der Bekanntm. vom 23. September 1915 und Nr. 2 der preuß. Ausführungsbestimmungen nur im Wege der binnen einer Woche an den Regierungspräsidenten zu richtenden Beschwerde erfolgen können; eine solche Beschwerde ist nicht erhoben. Es kann auch nicht etwa dem Urteile des Oberverwaltungsgerichts vom 21. März 1918, durch das der von der Regierung in diesem Rechtsstreit erhobene Konflikt verworfen worden ist, die Bedeutung einer Aufhebung der Verfügung vom 12. Mai 1916 im Sinne des § 6 des Gesetzes vom 11. Mai 1842 beigelegt werden, denn durch § 4 der Bekanntm. vom 23. September 1915 war die sonst nach §§ 127flg., 131 des preuß. Gesetzes über die allgemeine Landesverwaltung vom 30. Juli 1883 gegebene Zuständigkeit des Oberverwaltungsgerichts zur Aufhebung polizeilicher Verfügungen ausgeschlossen.

2. Soweit der Kläger den Ersatz des Schadens fordert, der ihm entstanden sei durch verzögerten und zu billigen Verkauf des beschlagnahmten Fleisches, durch einen unberechtigten Abzug von dem Erlöse und verspätete Auszahlung des Erlöses an ihn, geht das Berufungsgericht in erster Reihe im Anschluß an die Auffassung des Oberverwaltungsgerichts in dem Urteile vom 21. März 1918 davon aus, daß es sich hier um einen im Privatrechte wurzelnden Anspruch handle. Es nimmt danach an, daß dieser Anspruch sich nicht auf § 839 BGB. und § 1 des preuß. Gesetzes vom 1. August 1909, sondern auf §§ 31, 89 BGB. stütze, daß aber der Rechtsweg durch § 3 der Bekanntm. gegen übermäßige Preissteigerung vom 23. Juli 1915 ausgeschlossen sei. Der Rechtsweg sei aber auch dann, so führt das Berufungsgericht weiter aus, und zwar nach dem Gesetze vom 11. Mai 1842, ausgeschlossen, wenn man auch diesen Anspruch des Klägers als einen solchen aus § 839 BGB. und dem Gesetze vom 1. August 1909 auffasse.

Dem Berufungsgerichte kann darin nicht beigetreten werden, daß die Tätigkeit des Landrats, aus der dieser Schadensersatzanspruch hergeleitet wird, auf privatrechtlichem Gebiete liege. Es hat nicht etwa der Staat das beschlagnahmte Fleisch übernommen und für sich verwertet; es wird vielmehr der Ersatzanspruch daraus hergeleitet, daß der Landrat bei der Übertragung des Eigentums an dem beschlagnahmten Fleische auf nicht näher bezeichnete Dritte, bei der Preisfestsetzung und der Ablieferung des Erlöses pflichtwidrig gehandelt habe. Alle diese Vorwürfe treffen Handlungen des Landrats, welche er nur aus Veranlassung der ihm durch die Bekanntm. gegen übermäßige Preissteigerung übertragenen Aufgaben vornehmen konnte; irgendwelche privatrechtlichen Beziehungen erwuchsen dadurch zwischen ihm und dem Kläger, oder zwischen diesem und dem Staate nicht. Was der Landrat in dieser Hinsicht anordnete, geschah in Ausübung öffentlicher Gewalt und konnte eine Haftung des Staates nur nach § 839 BGB. und dem Gesetze vom 1. August 1909 begründen. Dagegen handelt es sich hier nicht um polizeiliche Verfügungen im Sinne des Gesetzes vom 11. Mai 1842. Nur die, vom Kläger nicht angefochtene, Beschlagnahme des Fleisches bildete eine polizeiliche Verfügung in diesem Sinne, nicht die Maßnahmen, welche der Landrat aus Veranlassung dieser Beschlagnahme getroffen haben soll, und welche nicht als eine notwendige Folge der Beschlagnahme, sondern als unzulässige, pflichtwidrige Ausführungshandlungen vom Kläger bezeichnet werden. Der Verfolgung des auf solche Handlungen gestützten Schadensersatzanspruchs steht das Gesetz vom 11. Mai 1842 nicht entgegen (vgl. RGZ. Bd. 59 S. 172, Bd. 91 S. 187; Jur. Wochenschr. 1906 S. 150 Nr. 29).

Dagegen ist dem Berufungsgerichte dahin beizupflichten, daß der

Anspruch des Klägers auf Ersatz des hier in Frage stehenden Schadens durch § 3 der Bekanntm. gegen übermäßige Preissteigerung von der Verfolgung im Rechtsweg ausgeschlossen wird. Diese Vorschrift bestimmt, daß über alle Streitigkeiten, die sich bei dem Enteignungsverfahren ergeben, die Landeszentralbehörde oder die höhere Verwaltungsbehörde endgültig entscheiden. Die Fassung der Verordnung ist die weiteste. Die Verordnung war bestimmt, den Behörden ein wirksames Mittel zur Bekämpfung des mehr und mehr um sich greifenden Preiswuchers auf dem Gebiete der unentbehrlichen täglichen Bedarfsgegenstände in die Hand zu geben. Ein schleuniges und tatkräftiges Eingreifen der Behörden war geboten, wenn das Mittel zum Ziele führen sollte. Vor dem allgemeinen Interesse, das die Bekämpfung dieses Wuchers dringend erforderte, mußte das Interesse des einzelnen Betroffenen zurücktreten, auch darin, daß ihm anstatt des langwierigen, instanzenreichen Rechtsweges nur die Möglichkeit gegeben war, die höhere Verwaltungsbehörde anzurufen. Dieser Zweck der Verordnung verbietet, wie das Reichsgericht bereits hinsichtlich ähnlicher Kriegsverordnungen in RGZ. Bd. 92 S. 375 ausgesprochen hat, eine einschränkende Auslegung. Es liegt insbesondere keine Veranlassung vor, die Anwendung des § 3 in dem Falle auszuschließen, wo das Verfahren der Verwaltungsbehörde bei der Durchführung der Enteignung zum Gegenstande eines Schadensersatzanspruchs gemacht wird. Auch hier handelt es sich um Streitigkeiten, die sich aus dem Enteignungsverfahren ergeben. Der Ausschluß solcher Schadensersatzansprüche von der Bestimmung des § 3 wäre geeignet gewesen, die zur Erreichung der Ziele der Verordnung unbedingt erforderliche Entschlußfreudigkeit der Verwaltungsbehörden zu beeinträchtigen; er würde auch dem Betroffenen die Möglichkeit eröffnen, in der Form einer Schadensersatzklage gegen den Staat oder die Beamten alle ihm aus dem Enteignungsverfahren vermeintlich zustehenden Ansprüche vor die Gerichte zu bringen und so die Bestimmung des § 3 zu vereiteln. Soweit der Kläger die Festsetzung des Übernahmepreises und der Auslagen bemängelt, erhellt auch aus § 2 der Bekanntmachung, daß deren Regelung endgültig durch die Verwaltungsbehörde zu erfolgen hat. Aber auch die Schadensersatzforderung wegen Verzögerung des Verkaufs des beschlagnahmten Fleisches und der Auszahlung des Erlöses stellt sich lediglich als eine Streitigkeit dar, welche sich bei dem Enteignungsverfahren im Sinne des § 3 der Bekanntmachung ergeben hat."

---

68. Rechtliche Stellung der leitenden Firma einer sog. Arbeitsgemeinschaft im Verhältnis zu deren einzelnen Mitgliedern.

II. Zivilsenat. Urt. v. 2. Dezember 1919 i. S. der Firma H. Str., G. m. b. H. (Bekl.) w. die Firma H. u. K. (Kl.). II 208/19.

I. Landgericht Gera.
II. Oberlandesgericht Jena.

Im Januar 1915 schloß sich eine Anzahl von Firmen der Thüringischen Eisenindustrie zu einer „Arbeitsgemeinschaft Thüringischer Eisengießereien und Drehereien zur Lieferung von Granaten für die Heeresverwaltung" zusammen. Die Organisation wurde von der Kriegsgeschäftsstelle des Verbands Thüringer Industrieller ins Leben gerufen. Nach § 2 der Satzung der Arbeitsgemeinschaft arbeitete diese unter der Führung einer leitenden Gesellschaft, der die Vertretung der Arbeitsgemeinschaft gegenüber der Heeresverwaltung oblag; zur leitenden Gesellschaft wurde die verklagte Firma bestellt. Nach § 3 hatte die leitende Firma in Vertretung der Arbeitsgemeinschaft alle erforderlichen Verhandlungen mit der Heeresverwaltung zu führen, die Abschlüsse zu tätigen und dafür zu sorgen, daß im Rahmen der bei der Heeresverwaltung vorliegenden Aufträge die Gemeinschaftsbetriebe durch zweckentsprechende Verteilung der Arbeiten laufend beschäftigt würden; ferner war die leitende Firma im Namen der Arbeitsgemeinschaft der Heeresverwaltung gegenüber für die Einhaltung der vereinbarten Lieferungstermine verantwortlich. § 7 bestimmte, daß die von der Heeresverwaltung der Arbeitsgemeinschaft überwiesenen Aufträge von der leitenden Firma grundsätzlich auf deren Namen übernommen würden, daß jedoch im Einzelfalle auf besonderen Wunsch ein Teilauftrag auch unmittelbar auf den Namen der ausführenden Firma überschrieben werden könne.

Zu den Mitgliedern der Arbeitsgemeinschaft, die nicht unmittelbar mit der Heeresverwaltung verkehrten, ihre Aufträge vielmehr von der Beklagten als der leitenden Firma zugewiesen bekamen, gehörte auch die Klägerin. Sie hat im Herbst 1915 der Heeresverwaltung für insgesamt 19140 *M* Granaten geliefert. Im Laufe des Jahres 1916 erhielt sie von der Beklagten Zahlungen von rund 13300 *M*. Den Restbetrag hat die Beklagte von der Geschoßfabrik Spandau nicht erhalten und deshalb nicht an die Klägerin ausbezahlt. Die Geschoßfabrik Spandau hat diesen Restbetrag einbehalten, um einen im Sommer 1915 auf Befürwortung der Beklagten an ein anderes Mitglied der Arbeitsgemeinschaft bezahlten und infolge nachheriger Konkurseröffnung über das Vermögen dieses Mitglieds verloren gegangenen Vorschußbetrag von 50000 *M* teilweise wieder einzubringen.

Beide Vorinstanzen haben die Beklagte zur Bezahlung dieses Restbetrags an die Klägerin verurteilt. Die Revision der Beklagten wurde zurückgewiesen aus folgenden

Gründen:

„Die Revision wendet sich in erster Linie gegen die Auslegung, die das Berufungsgericht dem § 7 der Satzung der Arbeitsgemeinschaft zuteil werden läßt und die dahin geht, daß die von der Heeresverwaltung der Arbeitsgemeinschaft überwiesenen Aufträge von der leitenden Firma grundsätzlich auf ihren, der leitenden Firma, Namen übernommen würden. Diese Auslegung ist aber weder sprachlich unmöglich, noch steht sie mit dem sonstigen Inhalte der Satzung in dem von der Revision behaupteten Widerspruche. Denn wenn auch an anderer Stelle die leitende Firma als Vertreterin der Arbeitsgemeinschaft behandelt wird, so schließt dies doch eine Regelung dahin nicht aus, daß als Vertragsgegnerin der Heeresverwaltung bei deren einzelnen Aufträgen lediglich die leitende Firma — im Gegensatze zu der nur eine Innengesellschaft darstellenden Arbeitsgemeinschaft — angesehen werden sollte Ebensowenig wird diese Auslegung dadurch ausgeschlossen, daß § 8 der Satzung die Verantwortlichkeit des einzelnen Gesellschafters der Heeresverwaltung gegenüber bezüglich der ordnungsmäßigen Ausführung der auf ihn entfallenden Arbeiten ausdrücklich anerkennt. Ist aber diese Auslegung des § 7 rechtlich nicht zu beanstanden, so unterliegt auch die weitere Annahme, daß die Beklagte als Geschäftsführerin der Innengesellschaft den einzelnen liefernden Mitgliedern nach Auftragsvorschriften hafte, keinem Bedenken. Das Berufungsgericht überschreitet mit dieser Annahme nicht die Grenzen der zulässigen Vertragsauslegung. Die Grundlage dafür bildet der § 7 in Verbindung mit dem § 8 Satz 1 des Vertrags. Denn wenn, wie das Berufungsgericht dem § 7 entnimmt, die Beklagte der Heeresverwaltung (Geschoßfabrik) gegenüber allein berechtigt und verpflichtet, anderseits aber auch der einzelne Gesellschafter hinsichtlich der ordnungsmäßigen Erledigung seiner Arbeiten der Geschoßfabrik unmittelbar verantwortlich war, so mußte der Gesellschafter, sollte er nicht rechtlos sein, wegen Verschaffung der ihm vertragsmäßig zukommenden Vergütung sich an die leitende Firma wie an einen von ihm Beauftragten halten können. Der leitenden Firma ist damit im Verhältnis zu dem liefernden Gesellschafter eine ähnliche Rechtsstellung eingeräumt, wie sie der Kommissionär dem Kommittenten gegenüber einnimmt (§§ 383 flg. HGB.). Dem Gesagten entsprechend ist aber ein Rechtsirrtum auch darin nicht zu erblicken, daß das Berufungsgericht die Haftung der Beklagten gegenüber der Klägerin nicht auf die aus §§ 713, 664 bis 670 BGB. zu entnehmenden Verpflichtungen des Beauftragten beschränkt, sondern gerade die Haftbarkeit der Beklagten für die Verschaffung des der Klägerin zukommenden Werklohns als im Sinne des Vertrags gelegen annimmt. Unrichtig ist zwar, daß das Berufungsgericht in diesem Zusammenhange den § 11 Abs. 2 der Satzung anführt; denn diese Bestimmung bezieht sich, wie aus Abs. 1 daselbst deutlich hervorgeht, nicht auf die Entlohnung des einzelnen Gesellschafters für seine Lieferungen, sondern auf die Vergütung, welche die leitende Firma und der Verband Thüringer Industrieller für die Erledigung ihrer Obliegenheiten zu beanspruchen hatten Allein die Anführung des § 11 Abs. 2, worin zudem nur von dem Zeitpunkte der Auszahlung der Vergütung die Rede ist, kann den Bestand des Urteils nicht gefährden, weil der übrige Inhalt der Satzung eine hinreichende Grundlage für die Annahme der Haftung der Beklagten im Sinne der Ausführungen des Berufungsurteils darbietet. Das Berufungsgericht hat daher ohne Rechtsirrtum die Beklagte als Beauftragte der Klägerin für verpflichtet erklärt, dieser die Vergütung für die der Geschoßfabrik gemachten Lieferungen zu verschaffen.

Auch die Folgen, die der Berufungsrichter hieraus ableitet, sind rechtlich nicht zu beanstanden. Den noch ausstehenden Rest ihrer Vergütung hat die Klägerin deshalb nicht bekommen, weil die Geschoßfabrik diese ihre Restschuld der Beklagten gegenüber auf die 50000 *M* oder annähernd 50000 *M* angerechnet hat, die ihr infolge des Zusammenbruchs des Eisenwerks Jena verloren gingen. War die Geschoßfabrik zu dieser Verrechnung berechtigt, dann — sagt das Berufungsgericht — lag dem ein Verschulden der Beklagten in ihrem Rechtsverhältnis zur Geschoßfabrik zugrunde, und die Beklagte hat sich dann schuldhaft in die Lage versetzt, der Klägerin, die mit dem Verluste der Geschoßfabrik bei dem Eisenwerk Jena gar nichts zu tun hatte, ihre Vergütung nicht verschaffen zu können. Diese Erwägung ist bedenkenfrei; das Verschulden der Beklagten der Geschoßfabrik gegenüber, das ihr in ihrem Verhältnis zur Klägerin nicht zugute kommen kann, bestand dann eben darin, daß sie eine Sachlage herbeigeführt hatte, welche einen Ersatzanspruch der Geschoßfabrik gegen sie begründete. Für dieses verschuldete Unvermögen, der Klägerin ihren restlichen Werklohn zu verschaffen, muß die Beklagte dieser gegenüber aufkommen. War aber die Geschoßfabrik der Beklagten gegenüber zur Verrechnung nicht befugt und hatte demnach die Beklagte die rechtliche Möglichkeit, den der Klägerin noch gebührenden Werklohn von der Geschoßfabrik, nötigenfalls im Klagewege, zu erlangen, dann hat die Beklagte nach der Annahme des Berufungsrichters im Verhältnis zur Klägerin dadurch schuldhaft gehandelt, daß sie in den mehr als 3 Jahren, die seit der Inverzugsetzung der Beklagten, vom 11. November 1915, verflossen sind, eine Belangung der Geschoßfabrik unterließ. Auch diese Auffassung ist frei von Rechtsirrtum. Die Klägerin braucht ihrem Beauftragten gegenüber, der ihr zur Verschaffung der längst fälligen Vergütung verpflichtet ist, nicht jahrelang zuzuwarten; wenn die Beklagte nicht gegen die Geschoßfabrik vorging, um die restliche Vergütung der

Klägerin zu bekommen, so lag darin der Klägerin gegenüber ein Verschulden. Auch in diesem Falle kann die Klägerin den Klagebetrag von der Beklagten verlangen, die sich nach Lage der Sache so behandeln lassen muß, als hätte sie ihrer Verpflichtung gemäß den geschuldeten Werklohn von der Geschoßfabrik eingezogen. Die Beklagte, welche der Geschoßfabrik gegenüber allein forderungsberechtigt ist, mag sich alsdann bei dieser schadlos halten."

---

69. Ist das Aktienbezugsrecht, das einem bei der Gründung der Aktiengesellschaft beteiligten Bankhause im Gesellschaftsvertrag eingeräumt ist, an das Bestehen dieses Bankhauses geknüpft, oder ist es veräußerlich und vererblich?

II. Zivilsenat. Urt. v. 2. Dezember 1919 i. S. A.-G. Z.-Werke (Bekl.) w. O. L. u. Gen. (Kl.). II 79/19.

I. Landgericht Chemnitz, Kammer für Handelssachen.
II. Oberlandesgericht Dresden.

Die verklagte Aktiengesellschaft wurde im Jahre 1871 gegründet. Zu den Gründern gehörte u. a. das Bankhaus M. Sch. Nachf. in D., das sich bei der neuen Aktiengesellschaft mit einem Kapital von 350000 ℳ beteiligte; die Inhaber der Firma, einer offenen Handelsgesellschaft, waren damals die Bankiers L. L., E. M. und A. W., der im Jahre 1893 verstorbene Ehemann der Klägerin B. W. Im Jahre 1877 schied E. M. aus der Firma aus; von da an waren L. L. und A. W. deren alleinige Inhaber. Nach dem im Jahre 1889 erfolgten Tode des L. L. trat an dessen Stelle als Gesellschafter sein Sohn O. L., der eine der jetzigen Kläger. Im Januar 1892 beschlossen die Gesellschafter A. W. und O. L. die Liquidation der Firma. Nach Beendigung des Liquidationsverfahrens wurde im September 1892 das Erlöschen der Firma M. Sch. Nachf. im Handelsregister eingetragen. Die Mitklägerin B. W. ist nach dem Tode ihres Ehemanns A. W. (1893) dessen alleinige Erbin geworden und hat die Erbschaft angenommen.

Bei der Gründung der verklagten Aktiengesellschaft hat sich neben der Firma M. Sch. Nachf. auch der damalige Gesellschafter L. L. für seine Person in Höhe von 340000 ℳ beteiligt. Das Aktienkapital betrug insgesamt 6000000 ℳ. Im § 8 des ursprünglichen Gesellschaftsvertrags war bestimmt, daß im Falle einer Erhöhung des Aktienkapitals dem Bankhause M. Sch. Nachf. in D. das Recht zustehe, die Hälfte der neu auszugebenden Aktien zum Nennwerte zu übernehmen.

Im Jahre 1872 wurde das Aktienkapital von 6000000 ℳ auf 7200000 ℳ erhöht. Damals hat die Firma M. Sch. Nachf. ihr Bezugsrecht in Höhe von 600000 ℳ Nennwert, der Hälfte der Erhöhung von 1200000 ℳ, ausgeübt. Im Jahre 1875 wurde sodann das Grundkapital wieder auf 5400000 ℳ herabgesetzt.

Die Kläger O. L. und B. W. verlangen nunmehr Feststellung, daß ihnen das Recht zustehe, im Falle einer bei der Beklagten eintretenden Kapitalerhöhung die Hälfte der jeweils zu emittierenden Aktien zum Parikurse zu übernehmen.

Das Landgericht hat die Klage abgewiesen. Das Oberlandesgericht hat die Berechtigung der Kläger festgestellt, im Falle einer bei der Beklagten eintretenden Kapitalerhöhung die Hälfte der über 7200000 ℳ zu emittierenden Aktien zum Parikurse zu übernehmen, im übrigen aber es bei der Klagabweisung belassen. Die Revision der Beklagten hatte Erfolg.

Gründe:

„Den Ausgangspunkt der angefochtenen Entscheidung bildet die Erwägung, daß Bezugsrechte der in Frage stehenden Art mangels entgegenstehender vertraglicher Bindung oder gesetzlichen Verbots frei veräußerlich und vererblich seien. Auf dieser Grundlage und von der zutreffenden Anschauung aus, daß als Träger der Rechte und Verbindlichkeiten einer offenen Handelsgesellschaft die Gesellschafter in ihrer Gesamtheit anzusehen sind, gelangt das Berufungsgericht grundsätzlich zur Bejahung des von den Klägern in Anspruch genommenen Bezugsrechts, indem es weder aus dem § 8 des ursprünglichen Gesellschaftsvertrags noch aus sonstigen Umständen einen Anhalt dafür entnehmen zu können glaubt, daß es sich hier um ein auf die Dauer des Bestehens des Bankhauses M. Sch. Nachf. beschränktes Bezugsrecht handle.

Der Sinn der in § 8 a. a. O. erfolgten Bezugsrechtseinräumung durfte nicht, wie das Berufungsgericht es getan hat, auf der Grundlage mehr oder weniger allgemeiner rechtlicher Betrachtungen ermittelt, mußte vielmehr durch eine kaufmännischen Anschauungen Rechnung tragende Auslegung des Wortlauts jener Bestimmung gefunden werden. Zudem ist der Satz, den das Berufungsgericht an die Spitze seiner Ausführungen gestellt hat, daß nämlich Bezugsrechte der in Frage stehenden Art im Zweifel veräußerlich und vererblich seien, in dieser Allgemeinheit ausgesprochen höchst bedenklich. In der vom Berufungsgericht angeführten Entscheidung des Reichsgerichts (RGZ. Bd. 65 S. 21) ist von dem Bezugsrechte des Aktionärs, insbesondere des sog. Primordialzeichners, die Rede, dieses Bezugsrecht wird dort, sofern es nicht vertragsmäßig auf die Person des ursprünglich Berechtigten beschränkt ist, als ein an und für sich vererbliches und veräußerliches Recht bezeichnet. Auf ein Bezugsrecht von der Art des hier vorliegenden, das einem Dritten ohne Rücksicht auf Aktienzeichnung oder Aktienbesitz verliehen ist, läßt sich aber das in jener Entscheidung Gesagte nicht ohne weiteres mit der Folge übertragen, daß auch hier von der Vererblichkeit und Veräußerlichkeit des Bezugsrechts auszugehen und ein anderes nur bei ganz besonderer Gestaltung der Umstände anzunehmen wäre. Infolge der Anwendung der Entscheidung in RGZ. Bd. 65 S. 21 auf den gegenwärtigen, ganz anders gelagerten Fall ist der Berufungsrichter zu einer auch vom Standpunkte der Vererblichkeit des Bezugsrechts insofern nicht ganz folgerichtigen Auffassung gelangt, als nach seiner Annahme das Bezugsrecht während des Bestehens der offenen Handelsgesellschaft M. Sch. Nachf. auf deren jeweiligen Teilhaber überging, um erst nach dem Aufhören der Firma in der Person der letzten Teilhaber zu einem vererblichen Rechte zu werden, das bestehen bliebe bis zum Aufhören der verklagten Aktiengesellschaft. Aus der freien Veräußerlichkeit aber würde folgen, daß die Beklagte jeden Dritten, der sich als Erwerber des Rechtes ausweist, als Bezugsberechtigten gelten lassen müßte.

Die Auslegung des für den Klaganspruch maßgebenden § 8 der Satzung von 1871 hatte gemäß Art. 170 des EinfG. z. BGB. nach den damals geltenden Gesetzen, also nach Art. 278, 279 ADHGB. zu erfolgen. Was mit der Übertragung des Bezugsrechts an „das Bankhaus M. Sch. Nachf." gemeint sei, war lediglich aus dem Wortlaute des § 8 a. a. O. heraus unter Rücksichtnahme auf die im Handelsverkehr geltenden Gewohnheiten und Gebräuche (Art. 279) zu entscheiden. Der kaufmännische Verkehr aber — und das gilt für die Zeit der Gründung der verklagten Gesellschaft so gut wie für die Gegenwart — gibt sich bei der Beantwortung einer Frage der hier vorliegenden Art nicht mit rechtlichen Erwägungen und Konstruktionen ab, sondern beurteilt die Verhältnisse nach den Erfahrungen und Bedürfnissen des täglichen Lebens. Bei solcher Betrachtungsweise muß die Auslegung des Berufungsgerichts abgelehnt werden; denn sie ist im wesentlichen aus theoretischen Rechtserwägungen abgeleitet und läßt die natürliche, ungezwungene Anschauung der Dinge, wie sie der Übung und dem Bedürfnis des Handelsverkehrs entspricht, unberücksichtigt. Wenn, wie hier, einem bei der Gründung der Aktiengesellschaft tätig und an der Aktienzeichnung beteiligt gewesenen Bankhaus als solchem ohne Hinweisung auf die Zeichnung und ohne Rücksicht auf etwaigen Aktienbesitz ein Bezugsrecht eingeräumt worden ist, so kann dies nach kaufmännischen Anschauungen nur dahin verstanden werden, daß das Recht dem Bankhause, solange es als solches besteht, zukommen, daß es aber keinenfalls das Bestehen dieser Firma überdauern soll. Welche Beurteilung einzutreten hätte, wenn dem früheren Gesellschafter L. L., der Aktien in erheblichem Betrage für seine Person gezeichnet hat, ein Bezugsrecht verliehen worden wäre, braucht nicht erörtert zu werden, da dieser Fall nicht vorliegt.

Wegen Verletzung des Art. 279 ADHGB. mußte daher das angefochtene Urteil aufgehoben werden. Nach der ständigen Rechtsprechung des Senats ist das Revisionsgericht bei Bestimmungen von der Art der hier in Frage kommenden Satzung der verklagten Aktiengesellschaft nicht gehindert, die unzutreffende Auslegung des Berufungsgerichts durch die eigene Auslegung zu ersetzen. Ist aber, wie erörtert, der § 8 a. a. O. im Sinne der Beschränkung des Bezugsrechts auf die Dauer des Bestehens des Bankhauses M. Sch. Nachf. aufzufassen, so folgt daraus, daß der Klaganspruch unbegründet ist; denn unstreitig hat die Firma M. Sch. Nachf. im September 1892 zu bestehen aufgehört.

Hiernach war in der Sache selbst zu erkennen und die Berufung der Kläger gegen das landgerichtliche Urteil zurückzuweisen."

---

70. Unter welchen Voraussetzungen kann das Gericht auf einen richterlichen Eid erkennen, ohne vorher den angebotenen Zeugenbeweis zu erheben?

ZPO. § 475.

VII. Zivilsenat. Urt. v. 2. Dezember 1919 i. S. B. Holzwollfabrik (Kl.) w. M. (Bekl.). VII 292/19.

I. Landgericht Eichstädt.
II. Oberlandesgericht Augsburg.

Das Berufungsgericht hat die Entscheidung des Rechtsstreits von einem dem Beklagten auferlegten Eide über dessen Behauptung abhängig gemacht, daß der Rechtsstreit durch eine im Frühjahr 1917 zwischen ihm und dem damaligen Geschäftsführer der Klägerin Ma. getroffene Vereinbarung seine Erledigung gefunden habe. Der hiergegen erhobene Angriff der Revision hatte Erfolg.

Aus den Gründen:

„Zur Begründung der von der Revision bemängelten Auferlegung des richterlichen Eides hat der Berufungsrichter sich darauf beschränkt, den Inhalt der Aussagen der beiden von dem Beklagten benannten Zeugen wiederzugeben und auszuführen, daß durch diese völlig glaubwürdigen Aussagen eine so beträchtliche Wahrscheinlichkeit für die Einredebehauptung des Beklagten geliefert sei, daß es sich, da gegen die persönliche Vertrauenswürdigkeit des Beklagten keine Bedenken geltend gemacht seien oder sonst beständen, rechtfertige, ihn zum richterlichen Eide zuzulassen. Darauf, daß die Klägerin sich zum Beweis der Unwahrheit der Behauptung des Beklagten ausdrücklich auf das Zeugnis ihres früheren Geschäftsführers Ma. berufen hat, ist der Berufungsrichter überhaupt nicht eingegangen. Wenn nun auch das Berufungsgericht nach der feststehenden Rechtsprechung des Reichsgerichts in der Lage war, nach seinem Ermessen, ohne die angebotenen Beweismittel zu erschöpfen, auf einen richterlichen Eid zu erkennen, so hat ein solches Verfahren doch zur notwendigen Voraussetzung, daß das Gericht sich mit dem ihm vorgetragenen Beweisangebot in irgendeiner Weise auseinandersetzt und darlegt, weshalb es der Aussage des Zeugen auch dann, wenn er das, was er bekunden soll, tatsächlich aussagen würde, keine Erheblichkeit für die Frage beimessen würde, ob und wem von den Parteien der richterliche Eid über die streitige Tatsache aufzuerlegen sei. Darin, daß der Berufungsrichter über das Gegenbeweisangebot mit Stillschweigen hinweggegangen ist, liegt ein Prozeßverstoß, der zur Aufhebung des Berufungsurteils nötigt."...

---

71. Vermögensrechtliche Haftung der Personen des Soldatenstandes gegenüber dem Reiche.

III. Zivilsenat. Urt. v. 2. Dezember 1919 i. S. C. (Bekl.) w. Deutsches Reich (Kl.). III 202/19.

I. Landgericht Münster.
II. Oberlandesgericht Hamm.

Der Beklagte, von Beruf Lederhändler, damals Unteroffizier und als stellvertretender Packmeister oder Lagerdiener im Bekleidungsamte verwendet und mit der Nachprüfung der eingehenden Lederballen und mit der Vergleichung ihrer Zahl und des Inhalts der Frachtbriefe und Lieferungsverzeichnisse betraut, bescheinigte am 27. Mai 1916 den Empfang der von einem Soldaten des Fuhrparks herangebrachten Waren, darunter eines Ballens lederner Reithosenbesätze, ohne sich von der Ablieferung zu überzeugen. Der Ballen wurde nicht abgeliefert und konnte auch später nicht mehr ermittelt werden. Der Kläger verlangt deshalb von dem Beklagten den Ersatz des Betrags, den er an die liefernde Firma bezahlen mußte. Der Beklagte wurde demgemäß vom Landgerichte verurteilt; seine Berufung und seine Revision wurden zurückgewiesen.

Gründe:

„Das Berufungsgericht leitet die Haftung des Beklagten in erster Linie aus seinem Dienstverhältnis ab, das es als ein dem bürgerlichen Dienstvertragsverhältnis ähnliches bezeichnet, und sieht das die Ersatzpflicht begründende Verschulden des Beklagten darin, daß er den Empfang des Ballens bestätigte, ohne sich von seiner Ablieferung zu überzeugen.

Die Annahme einer solchen Haftung ist begründet. Das Berufungsgericht hätte allerdings statt auf den bürgerlichen Dienstvertrag auf die Rechtsähnlichkeit des Beamtenverhältnisses und der Beamtenhaftung verweisen sollen. Das Militärdienstverhältnis ist ein öffentlichrechtliches Dienstverhältnis. Auch derjenige, der als Soldat seine Wehrpflicht erfüllt, versieht staatliche Geschäfte, indem er der staatlichen Wehrmacht dient, und hat wie der Beamte staatliche Dienste zu leisten. An die Stelle der Amtspflicht des Beamten tritt hier die besondere militärische Dienstpflicht, und eine schuldhafte Verletzung der letzteren muß ebenso wie die der ersteren eine vermögensrechtliche Haftung des Dienstpflichtigen begründen. Die Gehorsamspflicht des Soldaten ist inhaltlich unbegrenzt und kann sich demgemäß auf die verschiedenartigsten Tätigkeiten erstrecken. Er kann auch mit der Verwaltung vermögensrechtlicher Angelegenheiten des Staates betraut werden. Die vermögensrechtliche Verwaltung aber erfordert grundsätzlich, wenn nicht Ausnahmen besonders festgesetzt sind, auch eine vermögensrechtliche Haftung. Daß der Beklagte kraft dienstlichen Befehls tätig wurde, begründet gerade seine vermögensrechtliche Verantwortlichkeit für die ordnungsmäßige Ausführung der befohlenen Dienste. Persönliche Verhältnisse und die Umstände, unter denen die Dienste geleistet werden mußten, wie z. B. der von der Revision angedeutete Mangel an Beamten und der Umfang der dienstlichen Aufgabe, mögen erheblich sein, wenn es sich um Art und Maß des Verschuldens handelt. Sie können aber den Dienstpflichtigen nicht von der Haftung für ein an sich schuldhaftes Verhalten befreien. Es wäre aber auch Sache des Beklagten gewesen, Umstände, die zu seiner Entschuldigung dienen konnten, in der Vorinstanz geltend zu machen, und es kann nicht als eine Verletzung des § 139 ZPO. angesehen werden, wenn das Berufungsgericht nicht nach dieser Richtung das Fragerecht ausgeübt hat. Ein Bedenken gegen die Haftung des Beklagten für jedes Verschulden, nicht nur für Vorsatz und grobe Fahrlässigkeit, ergibt sich auch nicht daraus, daß er, wenn auch vom Staate verpflegt und mit einer geringen Löhnung bedacht, doch ein besonderes Entgelt für seine Tätigkeit nicht erhielt, also unentgeltliche Dienste leistete (vgl. Laband, Staatsrecht § 106 IV 2). Das maßgebende Landesrecht (§§ 88 ff. ALR. II 10, vgl. RGZ. Bd. 92 S. 236) läßt den Beamten dem Staate gegenüber für jede Fahrlässigkeit haften, auch wenn er ein Entgelt für seine Dienste nicht erhält. Mangels einer besonderen Vorschrift kann für die Haftung der Personen des Soldatenstandes gegenüber dem Reiche nichts anderes angenommen werden. Daß ein für den Schaden ursächliches Verschulden des Beklagten vorliegt, wird vom Berufungsgericht einwandfrei ausgeführt. Damit rechtfertigt sich die Verurteilung des Beklagten. Ob sie, wie das Berufungsgericht in zweiter Linie annimmt, auch aus § 823 BGB. abgeleitet werden könnte, bedarf keiner Erörterung. Ebensowenig ist auf die Bestimmungen des Reichsbeamtengesetzes über die Defekte der Beamten (§§ 134 bis 148) einzugehen, die nach § 157 RBG. auf Personen des Soldatenstandes Anwendung finden. Ihr Inhalt ergibt nur, daß, was von der Revision als zweifelhaft bezeichnet worden ist, aber der Rechtsprechung entspricht und auch in dem Gesetz über die Haftung des Reichs für seine Beamten vom 22. Mai 1910 (vgl. § 1 Abs. 3, §§ 2, 3 dieses Gesetzes) vorausgesetzt ist, für die Ersatzansprüche des Reichs gegen Personen des Soldatenstandes wie gegen Beamte der Rechtsweg offen steht. Die Revision ist daher unbegründet."

---

72. 1. Zum Begriff der Lieferungsverträge im Sinne des § 4 der Bundesratsverordnung, betr. die private Schwefelwirtschaft, vom 13. November 1915 (RGBl. S. 761).

2. Zur Herausgabepflicht des Bereicherungsbeklagten, wenn ein Lieferungsvertrag zufolge gesetzlicher Bestimmung außer Kraft getreten ist.

3. Zum Eigentumserwerb nach § 930 BGB.

II. Zivilsenat. Urt. v. 5. Dezember 1919 i. S. Chem. Fabrik Rhenania A.-G. (Bekl.) w. A.-G. für Bergbau usw. zu Stolberg u. in Westfalen (Kl.). II 250/19.

I. Landgericht Aachen, Kammer für Handelssachen.
II. Oberlandesgericht Köln.

Die Beklagte hatte auf Grundstücken der Klägerin Fabrikanlagen zur Herstellung von Schwefelsäure errichtet, die vereinbarungsgemäß bis zum 31. Dezember 1908 wieder beseitigt werden sollten. Am 22. Juni 1907 kam zwischen den Parteien ein notarieller Vertrag zustande, wonach die Klägerin die Fabrikanlagen übernahm und sich verpflichtete, ihre gesamte Produktion an Schwefelsäure — abgesehen von der dem eigenen Bedarfe der Klägerin dienenden Jahresmenge von 2500 Tonnen — für die Zeit vom 1. Januar 1909 bis dahin 1919 der Beklagten zu liefern. Der Kaufpreis für die Fabrikanlagen wurde im Vertrage auf 800000 ℳ festgesetzt; der Preis der Schwefelsäure sollte 18,318 ℳ für die Tonne betragen mit der Maßgabe, daß bis zu der Menge von 440000 Tonnen nur 16,50 ℳ für die Tonne bezahlt, die überschießenden 1,818 *M* aber auf die 800000 *M* verrechnet werden sollten.

Nach Erlassung der Bundesratsverordnung betreffend die private Schwefelwirtschaft vom 13. November 1915, deren § 4 Lieferungsverträge über im Inland erzeugte Schwefelsäure mit dem 16. November 1915 insoweit, als die Lieferung nicht schon vorher erfolgt ist, außer Kraft setzt, verweigerte die Klägerin die Weiterlieferung von Schwefelsäure an die Beklagte, lieferte ihr dann aber auf Grund einer neuen Vereinbarung zu höherem Preise doch noch bis zum 30. Juni 1916; an diesem Tage stellte sie ihre Lieferungen endgültig ein.

Mit gegenwärtiger Klage verlangt die Klägerin Bezahlung des durch Schwefelsäurelieferungen auf Grund der neuen Vereinbarung für sie entstandenen Kaufpreises von 247253,47 *M*. Die Beklagte hat Klagabweisung beantragt. Sie bestreitet die Klageforderung an sich nicht, macht aber wegen Nichterfüllung des nach ihrer Ansicht durch die genannte Verordnung nicht außer Kraft gesetzten Vertrags vom 22. Juni 1907 und wegen Zurückhaltung von 23 Kesselwagen mit Schwefelsäure Ersatzansprüche geltend, mit denen sie zunächst aufrechnet und deren den Klaganspruch übersteigenden Betrag sie widerklagend verlangt. Hilfsweise hat sie Verurteilung der Klägerin zur Rückgewähr der von der Beklagten auf Grund des Vertrags vom 22. Juni 1907 empfangenen Leistungen beantragt.

Beide Instanzgerichte haben die von der Beklagten geltend gemachte Aufrechnung zum Teil für begründet erklärt und insoweit die Klage abgewiesen, im übrigen aber die Beklagte verurteilt. Das Berufungsgericht hat den von der Beklagten zu bezahlenden Betrag dem landgerichtlichen Urteile gegenüber um 14734,87 *M* erhöht und insgesamt auf 82979,31 *M* bemessen. Die Widerklage wurde in beiden Instanzen vollständig abgewiesen.

Auf die Revision der Beklagten ist das Urteil aufgehoben und die Sache an das Berufungsgericht zurückverwiesen worden aus folgenden

Gründen:

„Die erste, vom Berufungsgerichte bejahte Frage ist, ob die Verpflichtung zur Lieferung von Schwefelsäure, welche die Klägerin in dem Vertrage vom 22. Juni 1907 auf sich genommen hat, unter die Vorschrift des § 4 BRVO. betr. die private Schwefelwirtschaft vom 13. November 1915 fällt. Dort ist bestimmt, daß „Lieferungsverträge" über im Inland erzeugte Schwefelsäure insoweit, als die Lieferung nicht schon vorher erfolgt ist, mit dem 16. November 1915 außer Kraft treten. Die Revision bestreitet, daß hier ein Lieferungsvertrag über Schwefelsäure im Sinne des § 4 a. a. O. vorliege. Sie meint, der Vertrag vom 22. Juni 1907 fasse einen Immobiliar- und einen Mobiliarankauf sowie die Übertragung der Erzeugnisse einer Fabrik zu unlöslicher Verbindung zusammen, die von der Klägerin in diesem Vertrag übernommene Verpflichtung zur Auslieferung ihrer Schwefelsäureerzeugung auf die Dauer von 10 Jahren stelle einen Lieferungsvertrag in der technischen Bedeutung des Wortes — und nur hierauf beziehe sich § 4 a. a. O. — nicht dar. Dieser Auffassung vermag der erkennende Senat nicht beizutreten. Der Vertrag vom 22. Juni 1907 bezweckte die Auseinandersetzung der Rechtsbeziehungen, die seit 1882 zwischen den Parteien bestanden hatten. Damals begann die Beklagte die Röstgase, die sich aus dem von der Klägerin auf ihrem Gelände betriebenen Abrösten von Zinkerzen ergaben, auf Grund einer mit der Klägerin getroffenen Vereinbarung für ihre — der Beklagten — eigene Zwecke in Schwefelsäure überzuführen. Sie errichtete hierzu auf den Grundstücken der Klägerin neben deren Zinkhütten umfangreiche Fabrikanlagen mit erheblichem Kostenaufwande; nach ihrer Angabe soll es sich dabei um etwa $2^1/_2$ Mill. *M* gehandelt haben. Am 1. Januar 1909 liefen die vertraglichen Vereinbarungen der Parteien, die sich auf dieses Rechtsverhältnis bezogen, ab, und vom März 1907 an unterhandelten die Parteien wegen einer anderweiten Regelung, nachdem die Klägerin der Beklagten erklärt hatte, daß sie eine Fortsetzung des bisherigen Vertrags über den 1. Januar 1909 hinaus ablehne. Nach längeren Verhandlungen kam dann der Vertrag vom 22. Juni 1907 zustande, dessen § 8 den Kaufpreis für die sämtlichen der Klägerin zu übereignenden Fabrikanlagen der Beklagten auf 800000 *M* festsetzt und weiter bestimmt, dieser Betrag sei nicht in bar zu bezahlen, sondern dadurch auszugleichen, daß die Klägerin der Beklagten die Schwefelsäure zu einem mit Rücksicht auf diesen Zweck billiger gestellten Preise liefere. Die von den Parteien bei Abschluß des Vertrags verfolgte Absicht der Auseinandersetzung ihrer bisherigen Beziehungen steht der Annahme, daß die darin vereinbarte Lieferung von Schwefelsäure an die Beklagte einen entgeltlichen „Lieferungsvertrag“ im Sinne des § 4 a. a. O. darstelle, nicht entgegen; ebensowenig der Umstand, daß die Verpflichtung zur Lieferung hier einen untrennbaren Bestandteil eines noch andere Rechtsbeziehungen regelnden gegenseitigen Vertrags bildet. Die Bundesratsverordnung vom 13. November 1915 verpflichtet mit Wirkung vom 16. desselben Monats die Eigentümer zu diesem Zeitpunkte vorrätiger und von da ab hergestellter Schwefelsäure, soweit diese nicht für Heeres- oder Marinezwecke in Betracht kam, zur Entrichtung einer von der Verwaltungsstelle für private Schwefelwirtschaft nach näherer Bestimmung des Reichskanzlers festzusetzenden Umlage. Es sollten, wie die Begründung der Verordnung ergibt, neue Quellen der Schwefelsäure- und Schwefelerzeugung erschlossen und die damit verbundenen Kosten dadurch gedeckt werden, daß man die billiger produzierenden alten Werke zugunsten der neuen mit einer Umlage belastete. Infolgedessen mußten die alten Werke, die sich schon vor dem Inkrafttreten der Verordnung zur Lieferung von Schwefelsäure verpflichtet, bei Eingehung dieser Verpflichtungen aber die durch die Umlage bewirkte Preiserhöhung nicht hatten berücksichtigen können, von der Verpflichtung zur Erfüllung oder weiteren Erfüllung ihrer Lieferungsverträge entbunden werden, weil ihnen die Lieferung oder Weiterlieferung der Säure zu den früher vereinbarten niederen Preisen nicht zugemutet werden konnte. Dies ist durch § 4 der Verordnung geschehen. Wenn auch bei den „Lieferungsverträgen" in erster Linie an Lieferungsverträge im gewöhnlichen Sinne des Wortes gedacht worden sein mag, so besteht doch kein Grund, Lieferungsverpflichtungen, die einen unlösbaren Bestandteil eines auch noch andere Beziehungen regelnden entgeltlichen Vertrags darstellen, von dieser Vorschrift auszunehmen. Auch bei der Vertragsleistung der Klägerin handelte es sich — und das ist das Wesentliche — um eine Lieferungsverpflichtung, bei deren Eingehung die später durch die Umlage herbeigeführte Preissteigerung naturgemäß nicht in Rechnung genommen werden konnte. An dieser Beurteilung ändert auch nichts die von der Revision betonte, in ihrer Wirkung einem vertraglichen Veräußerungsverbote gleichkommende Verpflichtung der Klägerin, der Beklagten während der 10 Vertragsjahre ihre ganze Schwefelsäureerzeugung, bis auf den jährlichen eigenen Bedarf der Beklagten in Höhe von 2500 Tonnen, zur Verfügung zu stellen. Diese Verpflichtung unterscheidet sich nur hinsichtlich der Menge des zu Liefernden, nicht grundsätzlich, von einer weniger umfassenden Lieferungspflicht, neben der auch noch die Berücksichtigung anderer Bezugsliebhaber möglich gewesen wäre. Ob dann, wenn der Fabrikationsbetrieb der Klägerin als solcher auf die Rechnung der Beklagten übergegangen und der Klägerin nur noch die Stellung eines Betriebsleiters der Beklagten verblieben wäre, oder im Falle eines zwischen den Parteien bestehenden Gesellschafts- oder wenigstens Gemeinschaftsverhältnisses eine andere rechtliche Beurteilung Platz zu greifen hätte, kann unerörtert bleiben. Denn keine von diesen Gestaltungen liegt vor. Die beiderseitigen Betriebe waren unter der Wirkung des Vertrags vom 22. Juni 1907 völlig voneinander getrennt und selbständig; für die Annahme eines Gesellschaftsverhältnisses fehlt es an jedem greifbaren Anhalt, und das Vorhandensein der Fabrikanlagen der Beklagten auf dem Grundbesitze der Klägerin begründete ebensowenig wie der Übergang der Anlagen in das Eigentum der Klägerin eine Gemeinschaft (§§ 741 flg. BGB.) zwischen den Parteien.

Hiernach findet § 4 a. a. O. auf das Lieferungsverhältnis zwischen den Parteien Anwendung.

Ist aber der Lieferungsvertrag gemäß § 4 der Verordnung mit dem 16. November 1915 außer Kraft getreten, so kann es sich um ein späteres Wiederaufleben der Lieferungsverpflichtung — das, wie die Revision annimmt, mit dem Aufhören der Geltung der Verordnung eintreten würde — nicht handeln. Einer solchen Auffassung steht der Wortlaut und der offenbare Sinn des § 4 entgegen. Ein späteres Wiederaufleben der Verpflichtung, soweit sie am 16. November 1915 noch nicht erfüllt war, würde der Absicht des Gesetzgebers um so weniger entsprechen, als zur Zeit des Erlasses der Verordnung weder deren Geltungsdauer noch die Gestaltung der wirtschaftlichen Verhältnisse bei ihrem Außerkrafttreten übersehen werden konnte. Daß den Vertragsparteien zugemutet werden wollte, von diesem zunächst noch ganz ungewissen späteren Zeitpunkt an die früher unter anderen Verhältnissen übernommenen Verpflichtungen zu erfüllen oder vollends zu erfüllen, ist nicht denkbar. Mit Recht hat daher der Vorderrichter ein endgültiges Außerkrafttreten des am 16. November 1915 noch nicht durch Lieferung erfüllten Teiles des Vertrags angenommen.

Dem Umstand, daß sich die Beklagte — wie schon in der Klagebeantwortung vorgetragen wurde — von vornherein zur Bezahlung der die Klägerin treffenden Umlage für die Dauer des Vertrags bereit erklärt hat, mißt das Berufungsgericht eine Bedeutung in dem Sinne, daß infolgedessen die Klägerin zur Weiterlieferung über den 16. November 1915 hinaus verpflichtet gewesen wäre, nicht bei. Auch diese Annahme ist frei von Rechtsirrtum. Die Klägerin war selbstverständlich berechtigt, dieses Angebot anzunehmen, aber sie war nicht dazu verpflichtet, letzteres um so weniger, als es sich im Hinblick auf die Vorschrift des § 4 der Verordnung bezüglich der noch ausstehenden Lieferungen um das Ansinnen eines neuen Vertragsschlusses gehandelt hat. Ohne eine besondere gesetzliche Vorschrift — und eine solche enthält die Verordnung nicht — kann eine Verpflichtung der Klägerin, bei Bereiterklärung der Beklagten zur Bezahlung der Umlage den Lieferungsvertrag fortzusetzen, nicht anerkannt werden. Es verbleibt daher bei der im § 4 aufgestellten Regel. Eine Abweichung hiervon könnte auch deshalb nicht ohne weiteres in Frage kommen, weil nicht dargetan ist, daß der Einfluß der Verordnung vom 13. November 1915 auf die fernere Gestaltung des Preises der Schwefelsäure lediglich in einem Aufschlag in Höhe der Umlage bestanden habe.

Das Berufungsgericht hat die Regelung, die nach der Außerkraftsetzung des Lieferungsvertrags (§ 4 der Verordnung) einzutreten hat, dem Vertrage vom 22. Juni 1907 selbst entnommen. Auf den hier vorliegenden Fall des Aufhörens der Lieferungsverpflichtung — meint der Vorderrichter — sei die sinngemäße Anwendung der Nr. 11 und 22 geboten, wonach die Klägerin der Beklagten als Ersatz für jede von der Gesamtmenge von 440000 Tonnen noch nicht gelieferte Tonne den Betrag von 1,818 *M* zu vergüten habe. Der gegen diese Vertragsauslegung erhobene Revisionsangriff ist begründet. Denn das Berufungsgericht hat gegen die Auslegungsregel verstoßen, daß die sinngemäße Anwendung von Vertragsbestimmungen nur zulässig ist bei wirklicher Ähnlichkeit der Tatbestände und dann, wenn der eine Vertragsbestimmung beherrschende innere Grund zu ihrer Erstreckung auf den anderen Tatbestand führt. In den Fällen der Nr. 11³ und 22 des Vertrags handelt es sich, worauf die Revision mit Recht hinweist, um ein Aufhören der Fabrikation der Klägerin, in einem Falle auf Grund freiwilliger Betriebseinstellung, im anderen infolge höherer Gewalt, wobei besonders erwähnt sind: Arbeiteraussperrungen sowie Arbeitermangel auf den Werken der Klägerin. In beiden Fällen muß sich die Beklagte mit einer Ersatzleistung in Höhe von 1,818 ℳ für jede an der Gesamtmenge von 440000 Tonnen noch fehlende Tonne begnügen; im Falle der Nr. 11 ist jedoch die Klägerin verpflichtet, der Beklagten mindestens zwei Jahre vor der beabsichtigten Betriebseinstellung hiervon Mitteilung zu machen. Diese Bestimmungen ließen vielleicht den Schluß zu auf eine, wie das Berufungsurteil sagt, „ganz allgemein gewollte" Regelung, die dahin ginge, daß auch in anderen, ähnlich gearteten Fällen des Aufhörens der Fabrikation der Klägerin nur ein solcher Ersatzanspruch (1,818 ℳ für jede an 400000 fehlende Tonne) begründet sein sollte. Daß aber ein gleiches als von den Vertragschließenden gewollt auch dann zu gelten habe, wenn bei ungestörter Fortdauer des Fabrikationsbetriebes der Klägerin Lieferungsverträge durch eine Kriegsverordnung des hier vorliegenden Inhalts außer Kraft gesetzt werden, kann jenen Vertragsbestimmungen nicht entnommen werden. Ganz abgesehen davon, daß eine so eigenartige Gestaltung der Verhältnisse, wie sie durch die Verordnung vom 13. November 1915 und insbesondere durch deren § 4 geschaffen wurde, zur Zeit des Vertragsschlusses nicht im entferntesten in Aussicht zu nehmen war, trifft der Grund, der in jenen im Vertrage behandelten Fällen zur Festsetzung einer Ersatzleistung geführt hat, bei dem hier vorhandenen Tatbestande nicht zu. Denn so verschieden die in Nr. 11 und 22 erwähnten Tatbestände unter sich sind, so haben sie doch das Gemeinsame des Aufhörens der Fabrikation, sei es für immer (wie im Falle der Nr. 11), sei es (was bei Nr. 22 möglich, wenn nicht die Regel, ist) in vorübergehender Weise. Dieses endgültige oder zeitweilige Aufhören der Fabrikation der Klägerin ist aber der Grund der Festsetzung einer Ersatzleistung, wie im Vertrage geschehen. Die Auslegung des Berufungsgerichts ist daher als die Grenzen der zulässigen Vertragsdeutung überschreitend abzulehnen. Der Vertrag selbst gibt keinen Anhalt dafür, wie in einem Falle von der Art des vorliegenden das Rechtsverhältnis der Parteien auseinanderzusetzen sei. Die Frage, welche Rechtsfolgen sich aus der Anwendung des § 4 für die Vertragsbeziehungen der Parteien im allgemeinen ergeben, ist vielmehr aus dem Gesetze zu beantworten.

Nach Nr. 8 Abs. 2 des Vertrags bestand die Gegenleistung der Klägerin für die Erwerbung der auf ihren Grundstücken befindlichen Fabrikanlagen der Beklagten in der Schwefelsäurelieferung vom 1. Januar 1909 bis dahin 1919 zu den vereinbarten Vorzugspreisen. Durch diese Lieferungen sollte der im Abs. 1 der Nr. 8 auf 800000 ℳ festgesetzte Kaufpreis ausgeglichen werden. Die Fabrikanlagen der Beklagten waren nach § 95 Abs. 1 BGB. auch insoweit, als sie mit dem Grund und Boden der Klägerin verbunden waren, nicht Bestandteile (im Sinne des § 93) dieser Grundstücke. Es war also rechtlich durchaus möglich, daß sie, der Darstellung beider Streitteile entsprechend, bis zu dem Vertrage vom 22. Juni 1907 im Eigentum der Beklagten standen und erst durch diesen Vertrag in das Eigentum der Klägerin übergingen. Unstreitig hat die Klägerin sofort nach Vertragsschluß die ganze Leistung, die der Beklagten oblag, von dieser erhalten; es ist daher davon auszugehen, daß sie Eigentümerin der Fabrikanlagen und der ihr von der Beklagten überlassenen sonstigen Sachen geworden ist. Ihre eigenen Verpflichtungen, Lieferung von Schwefelsäure betreffend, hat sie dagegen nur bis zum Erlaß der Verordnung vom 13. November 1915, sodann aber, da die Parteien über einige weitere Lieferungen einig wurden, noch bis zum 30. Juni 1916 erfüllt. Weitere Lieferungen hat sie verweigert; jedenfalls in den letzten $2^1/_2$ Jahren der Vertragszeit, vom 30. Juni 1916 bis zum 1. Januar 1919, hat die Beklagte keine Lieferungen mehr erhalten. Nachdem, wie nunmehr feststeht, der in dem Vertrage vom 22. Juni 1907 enthaltene Lieferungsvertrag mit dem 16. November 1915 insoweit, als von da an noch weitere Schwefelsäure geliefert werden sollte, außer Kraft getreten, unwirksam geworden ist, hat sich der Ausgleich zwischen den Parteien nach den Vorschriften über die ungerechtfertigte Bereicherung zu vollziehen. Die Klägerin ist auf Kosten der Beklagten insofern ungerechtfertigt bereichert, als sie die von dieser übernommenen Fabrikanlagen während der $2^1/_2$ Jahre vom 30. Juni 1916 bis zum 1. Januar 1919, in denen sie der Beklagten keine Schwefelsäure mehr lieferte, vertraglos für ihre eigenen Zwecke zu benutzen Gelegenheit hatte und benutzt hat. Der Umstand, daß der Lieferungsvertrag infolge gesetzlicher Anordnung seine Wirksamkeit für die Zeit vom 16. November 1915 verloren hat, nimmt der Bereicherung der Klägerin nicht den Charakter des Ungerechtfertigten; denn es ist klar, daß das Gesetz dem Lieferer die ursprünglich vereinbarte Gegenleistung nicht auch für die Zeit zubilligen wollte, bezüglich deren der Vertrag außer Kraft ist. Gerade durch die Anordnung im § 4 der Verordnung ist der rechtliche Grund der Leistung der Beklagten für die letzten $2^1/_2$ Jahre der Vertragszeit nachträglich weggefallen. Um die Herausgabe eines Teiles der erlangten Fabrikanlagen in Natur kann es sich nach Sachlage nicht handeln; sie ist deshalb nicht möglich, weil die Anlagen als solche gar nicht von den Grundstücken der Klägerin entfernt und an einen anderen Ort verbracht werden können, die Herausgabe des durch Abbruch einzelner Teile gewonnenen Materials aber, abgesehen von der dadurch verursachten unverhältnismäßigen Entwertung, gegenständlich etwas anderes ist als die Ausfolgung dessen, was die Beklagte hingegeben hat. Eine Herausgabe der Anlagen oder von Teilen davon in der Art, daß die Klägerin auf ihr Eigentum an einzelnen Hütten u. dgl. zugunsten der Beklagten verzichten würde, kann gleichfalls nicht in Frage kommen. Denn auf den Grundstücken der Klägerin befindliche Stücke der Anlage könnte die Beklagte, so wie die Umstände liegen, nur durch Abbruch verwerten; dadurch würde aber, wie schon angedeutet, eine für sie unerträgliche Wertverminderung herbeigeführt. So bleibt nur übrig, daß die Klägerin den noch abzuschätzenden Geldwert der vertraglosen $2^1/_2$jährigen Benutzung und Ausnutzung der Fabrikanlagen der Beklagten zu ersetzen hat. Dieser Wert ist gleich dem mit Rücksicht auf die besonderen Zeitverhältnisse der Jahre 1916 bis Anfang 1919 zu bemessenden Pachtwerte der Anlagen, berechnet auf $2^1/_2$ Jahre. Die so zu ermittelnde Summe, die naturgemäß größer ist als der entsprechende Pachtzins vor dem Kriege gewesen wäre, stellt den Betrag dar, den die Klägerin unter dem Gesichtspunkte der Bereicherung der Beklagten zu erstatten hat. Da die Beklagte allein Revision eingelegt hat, darf diese Summe nicht niedriger sein als der Betrag des vom Berufungsgerichte der Beklagten zugesprochenen Schadensersatzes.

Endlich ist auch dem Revisionsangriff, der sich gegen die Abweisung des auf die Zurückhaltung von Schwefelsäure gestützten Schadensersatzanspruchs der Beklagten richtet, der Erfolg nicht zu versagen. Es handelt sich hierbei um Schwefelsäure, die bereits in 23 der Beklagten gehörige Kesselwagen eingefüllt war. Dieser Anspruch wird von der Beklagten lediglich damit begründet, daß die in die 23 Kesselwagen eingefüllte Schwefelsäure schon in ihr, der Beklagten, Eigentum übergegangen gewesen sei, als die Klägerin Ende August 1916 deren Herausgabe verweigert habe. Nach Nr. 19 des Vertrags gilt die Säure als von der Beklagten abgenommen, wenn die Grädigkeits- und Gewichtsbestimmung stattgefunden hat und wenn hierbei berechtigte Anstände seitens der Beklagten nicht erhoben worden sind; und weiter bestimmt Nr. 19, daß die Säure mit der Abnahme in das Eigentum der Beklagten übergehen soll. Die Gewichtsbestimmung hatte, wie die Beklagte behauptet, schon stattgefunden, als die Klägerin sich weigerte, die 23 Wagen herauszugeben. Dafür, daß damals die Rechnung über den Inhalt der 23 Wagen mit Angabe des Gewichts der Säure schon an die Beklagte abgesandt gewesen sei, hat diese Zeugenbeweis angeboten, der nicht erhoben worden ist. Das gleiche gilt von der Behauptung der Beklagten, daß die Grädigkeit der für die Beklagte bestimmten Säure nie festgestellt worden sei, weil sich die Parteien in gegenseitigem Vertrauen längst stillschweigend dahin geeinigt hätten, daß es einer solchen Feststellung vor der Versendung der Säure an die Beklagte nicht bedürfe. Ist dieses Vorbringen richtig, so kann aus der Unterlassung der Grädigkeitsbestimmung im vorliegenden Falle jedenfalls kein Grund gegen die Annahme abgeleitet werden, daß der Inhalt der 23 Kesselwagen von der Beklagten abgenommen gewesen sei. Wenn es auch richtig ist, daß die Einfüllung der Säure in die 23 Kesselwagen, die Eigentum der Beklagten waren, für sich allein noch nicht den Übergang des Eigentums an der Säure auf die Beklagte bewirkt hat, so sind doch, falls sich noch die obenerwähnten, unter Beweis gestellten Behauptungen der Beklagten bewahrheiten, alle Voraussetzungen nicht bloß der Abnahme, sondern auch des Eigentumserwerbs der Beklagten an der Säure nach § 930 BGB. gegeben. War die Beklagte aber Eigentümerin der Säure, so machte sich die Klägerin durch eine schuldhafte und widerrechtliche Verletzung dieses Eigentums nach § 823 Abs. 1 BGB. schadensersatzpflichtig."

---

73. Zum Begriff des Verstoßes gegen die guten Sitten, insbesondere im kaufmännischen Verkehr.

BGB. § 138 Abs. 1 und 2.

I. Zivilsenat. Urt. v. 6. Dezember 1919 i. S. M. Bank in Liqu. (Bekl.) w. H. (Kl.). I 123/19.

I. Landgericht Duisburg.
II. Oberlandesgericht Düsseldorf.

Der Kläger wollte im Jahre 1912 im Auftrag einer Witwe B. deren umfangreichen Grundbesitz aufteilen und veräußern. Zur Abwickelung dieses Geschäfts wandte er sich an die beklagte Bank. Diese sagte die Beschaffung der Geldmittel gegen Gewinnbeteiligung zu. Sodann kaufte der Kläger im Herbst 1912 ein großes, noch nicht ganz fertiggestelltes und in der Zwangsvollstreckung befindliches Haus in Hamburg. Auch hierfür sagte die Beklagte die Hergabe des nötigen Geldes im Betrage von 40000 *M* zu gegen Gewähr einer Gewinnbeteiligung von 40000 *M*. Anfangs 1913 bedurfte der Kläger für das Haus in Hamburg weiterer Gelder. Die Beklagte versprach ihm, solche vorzustrecken, falls er von dem Besitze der Witwe B. einige

Teilstücke an eine von der Beklagten gegründete Landverwertungsgesellschaft verkaufe und die gesamte Beteiligung der Beklagten an dem Gewinn aus der Verwertung jenes Grundbesitzes durch Übernahme einer Schuld von 156500 ℳ ablöse. Hierauf ging der Kläger ein und erhielt von der Beklagten 4000 ℳ als Darlehen.

Im Rechtsstreite behauptete er, daß die sämtlichen zwischen ihm und der Beklagten geschlossenen Verträge wucherisch, sittenwidrig und deshalb nichtig wären. Hieraus leitete er gegen die Beklagte eine Forderung von 59128 ℳ her, wegen deren er Klage erhob. In der Berufungsinstanz nahm er jedoch die Klage zurück.

Die Beklagte bestritt die Nichtigkeit der Geschäfte und verlangte mit der Widerklage Zahlung des Saldos von 153359 ℳ gemäß einer von ihr aufgemachten Abrechnung.

Das Landgericht gab der Widerklage statt.

Auf die Berufung des Klägers wies das Oberlandesgericht die Widerklage ab.

Die Revision der Beklagten hatte keinen Erfolg.

Gründe:

„Das Berufungsgericht hat angenommen, die Vereinbarung der Parteien vom 6. Februar 1913, durch welche der Kläger der Beklagten als Abfindung für ihre Gewinnbeteiligung die Summe von 156500 ℳ versprochen habe, verstoße gegen die guten Sitten und sei deshalb nichtig. Danach ergebe sich rechnerisch, daß die Widerklage unbegründet sei. Das Berufungsgericht hat nicht angenommen, daß die Voraussetzungen des Wuchers gegeben seien (§ 138 Abs. 2 BGB.), sondern es hat das Geschäft nach § 138 Abs. 1 als sittenwidrig angesehen. In dieser Richtung hat die Rechtsprechung des Reichsgerichts folgende Grundsätze entwickelt:

Der Fall des Wuchers liegt vor, wenn die Ausbedingung eines übermäßigen Vorteils und damit ein auffälliges Mißverhältnis zwischen Leistung und Gegenleistung gegeben, und wenn weiter die Notlage, der Leichtsinn oder die Unerfahrenheit des einen Vertragteils vom anderen ausgebeutet ist. Der Fall des Wuchers ist ein Einzelfall des Allgemeinbegriffs eines sittenwidrigen Geschäfts, wie die Wortfassung des Absatzes 2 des § 138 deutlich ergibt. Wenn somit die Ausbedingung übermäßiger Vorteile allein nach Abs. 2 nicht genügt, um die Nichtigkeit des Geschäfts wegen Wuchers herbeizuführen, so kann sie nach dem inneren Zusammenhange der beiden Absätze des § 138 allein auch nicht genügen, um das Geschäft nach Abs. 1 zu einem sittenwidrigen und somit nichtigen zu machen (RGZ. Bd. 64 S. 181). Es müssen deshalb, damit der Tatbestand des Absatzes 1 gegeben ist. weitere Umstände hinzutreten, die das Geschäft zu einem sittenwidrigen stempeln (RGZ. Bd. 83 S. 112). Diese Umstände müssen so beschaffen sein, daß der Vertrag nach seinem Inhalt und Zweck gegen das gesunde Rechtsempfinden aller anständig und billig Denkenden verstößt. Dabei ist auf die Anschauung derjenigen Gewerbe- oder Handelskreise Rücksicht zu nehmen, denen die Vertragschließenden angehören (RGZ. Bd. 63 S. 391 flg.), und es ist nicht außer acht zu lassen, daß, wenn das Risiko, das der eine Teil läuft, ein erhebliches ist, dieser Umstand nicht nur eine hohe Gewinnprämie, sondern auch Vertragsbestimmungen rechtfertigen kann, durch die jener Teil sich weitgehende Sicherungen verschafft, wenngleich solche Bestimmungen für den anderen Teil mehr oder weniger drückend sein mögen. Freilich darf das nicht so weit gehen, daß eine wirkliche „Knebelung" des einen Teiles herbeigeführt wird, wodurch dieser auf Jahre hinaus lahmgelegt wird und in eine nicht zu rechtfertigende Abhängigkeit von dem anderen Teile gerät. Besonders für den kaufmännischen Verkehr ist weiter zu berücksichtigen, daß durch jede größere Kreditgewährung eine mehr oder minder erhebliche Abhängigkeit des Schuldners von dem Gläubiger herbeigeführt wird. Eine solche Abhängigkeit wird also an sich nicht als sittenwidrig angesehen werden können, vielmehr ist es Sache desjenigen, der ein Unternehmen mit Kredithilfe durchführen will, zu überlegen, ob er jene Abhängigkeit gegenüber den Vorteilen aus der Kreditgewährung in den Kauf nehmen will. Wenn nicht Wucher vorliegt, wird also der Tatbestand des § 138 Abs. 1 bei freiwilliger Kreditnahme zur Eingehung eines neuen geschäftlichen Unternehmens nur selten und nur unter besonderen Umständen gegeben sein, mögen auch die Bedingungen des Kreditgebers scharf sein. Anders aber liegt die Sache, wenn der Kreditsucher an den Kreditgeber schon irgendwie gebunden ist, sei es, daß er ihm seine Aktiva bereits als Sicherheit überwiesen hat, oder daß er ihm stark verschuldet ist oder dgl.; wenn dann jener für weitere Kredithilfe Bedingungen stellt, die nach der Gesamtlage dem Rechtsempfinden jedes billig Denkenden erheblich widerstreiten, dann kann der Tatbestand des Abs. 1 des § 138 nicht selten gegeben sein.

Weiter ist über die subjektive Seite der Sache folgendes zu sagen. Häufig wird gelehrt, auf das Bewußtsein, gegen die guten Sitten zu verstoßen, komme es grundsätzlich nicht an. Das ist insoweit richtig, als die Eigenschaft der Handlung als eines Sittenverstoßes dem Handelnden in der Regel nicht bewußt zu sein braucht. Wohl aber muß jener sich in Fällen, wie dem hier vorliegenden (vgl. RGZ. Bd. 72 S. 69), derjenigen objektiven Tatumstände bewußt sein, die seine Handlung zu einer sittenwidrigen stempeln Der Kreditgeber muß also beispielsweise wissen, daß infolge der Vermögenslage seines Vertragsgegners eine sittenwidrige Abhängigkeit desselben herbeigeführt werden wird. Hält er jenen für einen zahlungsfähigen Mann, der sich auch anderweit die nötigen Geldmittel beschaffen könnte, so liegt keine sittenwidrige Handlung vor. Auf keinen Fall ist erforderlich, daß der Geldgeber den Zweck verfolgt hat, jenen in Abhängigkeit von sich zu bringen, etwa um das Unternehmen an sich zu reißen oder dgl.; das Bewußtsein der Möglichkeit eines solchen Erfolgs genügt.

Nun ist bekannt, daß ein Mann mit geringem Vermögen und ohne bereite Mittel Geld zur Verwertung großer Objekte und für weitausstehende Unternehmungen nur unter lästigen Bedingungen erhalten kann. Damit mußte der Kläger, der im Verkehrsleben steht, rechnen. Das Berufungsgericht hat aber angenommen, daß die Nachteile und Lasten, die dem Kläger im Vertrage vom 6. Februar 1913 auferlegt worden sind, das zulässige Maß überschreiten. Nach den tatsächlichen Feststellungen handelt es sich im einzelnen um folgenden Sachverhalt: Die Witwe B. hatte umfangreichen Grundbesitz, den sie abzustoßen beabsichtigte. Sie wandte sich an den Kläger, und dieser trat mit der beklagten Bank in Verbindung. Es wurde zwischen Frau B. und dem Kläger vereinbart, daß der Nettoerlös bis zu 250000 *M* der ersteren, der Überschuß über diese Summe aber dem Kläger zufallen sollte. Die Beklagte stellte zur Beschaffung der für den Verkauf nötigen Mittel dem Kläger einen Kredit von 100000 *M* zur Verfügung. An dem Gewinne des Klägers, nicht aber an seinem etwaigen Verluste, sollte sie mit 40% beteiligt sein. Ihren Gewinnanteil garantierte der Kläger mit 15000 *M*, mit welcher Summe sein Konto sofort belastet wurde. Er konnte die Beklagte für ihre Gewinnbeteiligung bis zum 31. Dezember 1913 mit 50000 *M*, bis zum 31. Dezember 1915 mit 70000 *M* und bis zum 31. Dezember 1917 mit 90000 *M* abfinden. Nach einiger Zeit gründete die Beklagte eine Landverwertungsgesellschaft, die wirtschaftlich mit ihr identisch war. An diese hat der Kläger einen Teil der Grundstücke der Frau B. verkauft — wie das Berufungsgericht feststellt, zu sehr billigem Preise. Alles dies trug sich im Sommer und Herbst 1912 zu. Gleichzeitig unternahm der Kläger ein zweites Geschäft zusammen mit der Beklagten. Er kaufte in Hamburg ein großes Haus, das noch nicht völlig fertiggestellt war, und in der Zwangsvollstreckung stand. Die Beklagte zahlte 15000 *M* an den ersten Hypothekengläubiger, damit dieser seine Hypothek stehen ließ. Sie stellte dem Kläger weitere 25000 *M* für Kosten usw. zur Verfügung, wofür ihr 40000 *M* hypothekarisch eingetragen wurden. Außerdem bedang sie sich einen festen Gewinn von 40000 *M* aus, der dem Kläger sofort zur Last geschrieben wurde. Anfang 1913 brauchte der Kläger für dies Haus weitere Gelder. Er trat an die Klägerin heran, und nun wurde am 6./7. Februar 1913 mündlich diejenige Vereinbarung getroffen, die das Berufungsgericht für sittenwidrig und deshalb nichtig erklärt hat. Es wurden laut dieser Vereinbarung weitere Grundstücke der Witwe B. an die Landverwertungsgesellschaft, das ist also im Grunde an die Beklagte, verkauft und zwar wiederum unter dem Taxwert. Außerdem wurde die Beklagte für ihre Gewinnbeteiligung an den bereits verkauften und an den noch zu verkaufenden Grundstücken der Frau B. durch eine feste Summe abgefunden. Diese Summe wurde auf 156500 *M* festgesetzt und der Kläger damit zum 31. Dezember 1912 belastet. Dagegen versprach die Beklagte, ihm mit weiteren Geldbeträgen, deren er für das Haus bedurfte, auszuhelfen.

Dies Abkommen erachtet das Berufungsgericht für nichtig, weil — wie es in eingehender Ausführung darlegt — die Abfindungssumme nach der Gesamtsachlage jedes billige Maß erheblich überschritten habe, und weil der Kläger durch die Vereinbarung auf lange Jahre hinaus in weitgehende wirtschaftliche Abhängigkeit von der Beklagten gebracht worden sei; ein solcher Vertrag widerstreite nach Inhalt und Zweck den guten Sitten.

Diese Ausführungen des Berufungsgerichts stehen mit den oben entwickelten Grundsätzen im Einklange. Sie sind deshalb an sich vom Rechtsstandpunkt aus nicht zu beanstanden."

(Im folgenden wird darauf hingewiesen, die Sittenwidrigkeit ergebe sich insbesondere daraus, daß der Kläger die Beteiligung der Beklagten durch eine sehr erhebliche Summe habe ablösen müssen, obgleich die Erzielung eines Gewinns ungewiß gewesen sei und nicht in naher Aussicht gestanden habe, obgleich ferner über die Höhe des möglichen Gewinns nichts Sicheres habe gesagt werden können und endlich der Kläger die Summe, mit der er belastet wurde, nicht habe zahlen können, und er also in eine weitgehende und langwierige Abhängigkeit von der Beklagten verstrickt worden sei.)

---

74. Hat der Verkäufer oder der Käufer die zur Freigabe einer beschlagnahmten Ware erforderliche behördliche Bescheinigung zu beschaffen?

BGB. §§ 433, 242.

I. Zivilsenat. Urt. v. 6. Dezember 1919 i. S. B. & St. G. m. b. H. (Bekl.) w. Akt.-Ges. Jute-Spinnerei und Weberei Br. (Kl.). I 140/19.

I. Kammer für Handelssachen Barmen.
II. Oberlandesgericht Düsseldorf.

Die Beklagte hatte der Klägerin ostindischen Baumwollzwirn verkauft, aber die Ware nicht geliefert. Die Klägerin erhob Klage auf Schadensersatz wegen Nichterfüllung. Die Beklagte berief sich auf

Unmöglichkeit der Leistung wegen Beschlagnahme der Ware. Nunmehr wurde es zwischen den Parteien streitig, wer den zur Freigabe der Ware erforderlichen Belegschein gemäß der Bekanntmachung des preußischen Kriegsministers vom 14. August 1915 betr. die Veräußerung, Verarbeitung und Beschlagnahme von Baumwolle zu beschaffen hätte.

Aus den Gründen:

„Die Revision greift die Ansicht des Oberlandesgerichts, daß die Beklagte der Klägerin gegenüber zur Beschaffung des Belegscheins verpflichtet gewesen sei, als rechtsirrig an. Allerdings ist es nach der Rechtsprechung des Reichsgerichts grundsätzlich Sache des lieferungspflichtigen Verkäufers, die der Lieferung entgegenstehenden Hindernisse zu beseitigen, während der Käufer, soweit nötig, auf Verlangen des Verkäufers dazu mitwirken muß. Es sind aber auch Ausnahmen hiervon in besonders gelagerten Fällen anerkannt.[1] So hat der Käufer den Freigabeschein zu besorgen, wenn er durch Unterlassung rechtzeitigen Abrufs schuldhaft verursacht, daß der Schein erforderlich wurde. Ferner ist die Einfuhrerlaubnis im Zweifel vom inländischen Käufer, nicht von dem hierzu in keiner Weise befähigten ausländischen Verkäufer zu beschaffen. Auch die besonderen Umstände des vorliegenden Falles zwingen zu der Annahme, daß die Klägerin gemäß § 242 BGB. zur Beschaffung und Übergabe des Belegscheins an die Beklagte ohne deren vorherige Mitwirkung verpflichtet war. Die Besonderheiten des Falles sind darin zu finden, daß 1. nach der Bekanntmachung des preußischen Kriegsministeriums der Nachweis der Verwendung der Baumwolle zur Erfüllung von Aufträgen der Heeres- oder Marineverwaltung nur als geführt gilt, wenn der Abnehmer der Halb- oder Ganzerzeugnisse (hier die Klägerin) dem Lieferer (hier der Beklagten) einen amtlichen Belegschein übergibt; 2. die Klägerin durch Beschaffung des Belegscheins die Beseitigung der sonst vorhandenen und die Beklagte befreienden Unmöglichkeit, Vertragsware zu liefern, herbeiführen sollte, also eine gerade ihrem Interessenkreise zuzurechnende Handlung vorzunehmen hatte; 3. die Klägerin in ihren Briefen vom 10. und 25. September und 19. Oktober 1915 von ihren mit der Baumwollgarn-Abrechnungsstelle und dem Kriegsministerium vergeblich geführten Verhandlungen wegen Überlassung inländischen Zwirns spricht, daher in der Beklagten den Eindruck erweckte oder erwecken konnte, als sei eine Aussicht auf Erlangung eines Belegscheins nicht vorhanden; 4. der Belegschein nicht, wie in dem vom Reichsgericht im Urteile vom

---

[1] Vgl. die Urteile des Reichsgerichts II 13/16 vom 7. April 1916 (Warneyer 1916 Nr. 155), III 510/17 vom 8. März 1918, II 344/17 vom 12. Februar 1918, II 143/18 vom 24. September 1918 (Warneyer 1918 Nr. 216). D. E.

7. April 1916 (Warneyer 1916 Nr. 155) entschiedenen Falle zur Erwirkung der Freigabe eigener Ware des Verkäufers, sondern zur Beschaffung der Ware aus dritter Hand dienen sollte. Endlich hatte die Klägerin, als sie der Beklagten am 19. Oktober 1915 die Nachfrist setzte, ... längst Kenntnis von der Bekanntmachung des Kriegsministeriums. Nach alledem durfte sie sich in der Beschaffung des Belegscheins nicht untätig verhalten. Spätestens bei der Setzung der Nachfrist hatte sie ihn der Beklagten auszuhändigen. Da sie es unterließ, trug sie selbst die Schuld daran, daß die Leistung der Beklagten infolge eines Umstandes unterblieb, den diese nicht zu vertreten hatte (§ 285 BGB.)."...

---

75. Kann in Ehesachen im Berufungsverfahren ein bedingtes Endurteil erlassen werden, das nur die Widerklage betrifft?

IV. Zivilsenat. Urt. v. 8. Dezember 1919 i. S. Ehefr. L. (Kl.) w. Ehem. L. (Bekl.). IV 280/19.

I. Landgericht Zweibrücken.
II. Oberlandesgericht daselbst.

Im ersten Rechtszuge war die Ehe auf die Klage aus Verschulden des Beklagten unter Abweisung seiner Widerklage geschieden worden. Auf die Berufung des Beklagten, der diese Abweisung anfocht, erkannte das Oberlandesgericht für den Fall der Leistung eines dem Beklagten auferlegten Eides auf Mitschuldigerklärung der Klägerin, für den andern Fall auf Abweisung der Widerklage. Die Revision der Klägerin blieb ohne sachlichen Erfolg; doch erfolgte die aus den Gründen ersichtliche Berichtigung der Urteilsformel.

Aus den Gründen:

... „Fehlerhaft ist ... das Berufungsurteil darin, daß es nicht zum Ausdrucke bringt, daß die in dem landgerichtlichen Urteil auf die Klage ausgesprochene Scheidung einen Teil der in der Berufungsinstanz getroffenen, von der Eidesleistung des Beklagten abhängig gemachten Entscheidung bildet und demgemäß wie diese erst mit Rechtskraft des Läuterungsurteils wirksam werden kann. Nach dem in der Rechtsprechung des Reichsgerichts zur Anerkennung gelangten Grundsatze der Einheitlichkeit der Entscheidung in Ehesachen ist der Erlaß eines Teilurteils in diesen Sachen ausgeschlossen (RGZ. Bd. 58 S. 307, 318; Jur. Wochenschr. 1904 S. 235 Nr. 11, 1906 S. 391 Nr. 17). Zwar gilt auch für Ehesachen der allgemeine Satz des § 525 ZPO., daß der Rechtsstreit in der Berufungsinstanz nur in den durch die Anträge der Parteien bestimmten Grenzen verhandelt wird (RGZ. Bd. 64 S. 315). Nur innerhalb dieser Grenzen ist die Abänderung des ersten Urteils zulässig; die auf die Klage ausgesprochene Scheidung bleibt, wenn dieser Teil des Urteils nicht angefochten ist, bestehen. Führt aber die Verhandlung über die Widerklage dazu, einer Partei den Eid aufzuerlegen, so muß der in dem landgerichtlichen Urteil enthaltene Ausspruch der Scheidung in das Berufungsurteil übernommen werden. Andernfalls würde eine Ungewißheit darüber entstehen, zu welchem Zeitpunkte die Scheidung in Kraft tritt. Es würde die Auffassung möglich sein, daß die Scheidung auf die Klage, wennschon durch Einlegung eines Rechtsmittels die Rechtskraft des angefochtenen Urteils im ganzen Umfange gehemmt wird, bereits mit der Rechtskraft des Berufungsurteils wirksam werde, während die Wirksamkeit der durch Leistung des Eides bedingten Entscheidung auf die Widerklage vor Rechtskraft des Läuterungsurteils nicht eintreten kann. Gerade zur Vermeidung einer solchen Ungewißheit (vgl. RGZ. Bd. 58 S. 312) ist ein Teilurteil in Ehesachen unstatthaft, das auf die Widerklage die Ehe scheidet, ohne den auf Scheidung gerichteten Klagantrag zu erledigen. Diesem Mangel konnte jedoch ohne weiteres dadurch abgeholfen werden, daß als Folge der Leistung und der Nichtleistung des dem Beklagten auferlegten Eides in dem Berufungsurteile zugleich die Scheidung auf die Klage ausgesprochen wird. Denn die Entscheidung Bd. 58 S. 310 schließt nicht die Möglichkeit aus, ein Urteil in einem dem Grundsatz einheitlicher Entscheidung entsprechenden Sinne auszulegen. Es erschien gerechtfertigt, hierbei im Interesse größerer Deutlichkeit ... von der Leistung des Eides ... nicht nur die Mitschuldigerklärung der Klägerin, sondern auch die Scheidung auf die Widerklage abhängig zu machen."

76. Zur Auslegung des § 95 HGB.

II. Zivilsenat. Urt. v. 9. Dezember 1919 i. S. A. & H. (Kl.) w. J. F. M. in Liqu. (Bekl.). II 300/19.

I. Landgericht Hamburg, Kammer für Handelssachen.
II. Oberlandesgericht daselbst.

Am 3. Mai 1910 schloß die Beklagte mit der Klägerin einen Vertrag über etwa 500 Tonnen Okouméholz zum Preise von 49 *M* per 1000 kg cif Bremen, Lieferung Juli-August 1911, Verschiffung von Afrika. In dem von der Beklagten unterzeichneten Schlußscheine heißt es:

„J. F. M., Hamburg, verkauften an Herrn A. & H. ... für Rechnung ihrer Auftraggeber. ... Entspricht die Lieferung nicht diesen Bedingungen, so sind die Käufer verpflichtet, die Lieferung gegen die von den unterzeichneten Mäklern festzusetzende Vergütung zu empfangen. ... Die Erteilung provisorischer Faktura sowie endgültiger Abrechnung nach Feststellung der Maße oder Gewichte erfolgt durch die unterzeichneten Mäkler. Meinungsverschiedenheiten, welche unter dem gegenwärtigen Kontrakt entstehen sollten, werden durch die unterzeichneten Mäkler entschieden, deren Urteil endgültig und bindend für die Parteien ist. Die durch solche Arbitrage etwa entstehenden Kosten werden von Verkäufern und Käufern zu gleichen Teilen getragen."

Nachdem die Abnahmefrist auf Wunsch der Klägerin hinausgeschoben war, forderte sie im Oktober 1912 von der Beklagten Erfüllung des Vertrags. Diese erwiderte, nicht sie sei die Verkäuferin, sondern die Firma Georges Mar. & Cie. in Paris. Die Klägerin beharrte jedoch auf ihrem Standpunkte, setzte der Beklagten eine Nachfrist und erhob nach deren Ablauf Klage auf Zahlung von Schadensersatz in Höhe von 11000 *M* nebst Zinsen. Sie machte geltend, die Beklagte sei Selbstkontrahent, hafte aber eventuell auch nach § 95 HGB.

Während der erste Richter den Klaganspruch dem Grunde nach für gerechtfertigt erklärte, wies das Oberlandesgericht die Klage ab. Die Revision wurde zurückgewiesen.

Gründe:

„Mit Recht gehen die Vorinstanzen davon aus, daß die Beklagte ausweislich des Schlußscheins nicht der Gegenkontrahent der Klägerin ist, auch nicht etwa als Verkaufskommissionär der Firma Georges Mar. & Cie. Es widerspricht durchaus dem kaufmännischen Sprachgebrauch, ein Kommissionsverhältnis durch die Wendung „für Rechnung" des Auftraggebers anzudeuten. Wo der Kaufmann, wie hier, ausdrücklich betont, daß er „für Rechnung" eines andern abschließe, meint er regelmäßig das Auftreten im Namen des andern. Auch der Umstand, daß der Beklagten die Entscheidung über Mängel der Ware und sonstige Differenzen übertragen ist, spricht entschieden gegen ihre Eigenschaft als Kommissionär. Hierzu kommt noch der vom Landgerichte hervorgehobene Grund, daß es sich nicht um einen Verkauf ab Lager, sondern um einen Verkauf auf Lieferung zur Verschiffung von Afrika handelt und die Beklagte, wie der Klägerin aus längerer Geschäftsverbindung bekannt war, nicht selbst von dort importierte. Die Revision hat denn auch insoweit einen Angriff nicht erhoben.

Streitig ist nur noch, ob die Beklagte nach § 95 Abs. 3 HGB. wegen verspäteter Bezeichnung des Gegenkontrahenten in Anspruch genommen werden kann. Daß sie den Vertrag in fremdem Namen abschloß und nicht nur wie ein Mäkler vermittelte, würde hiergegen noch nicht ausschlaggebend sein, denn nach der Feststellung des Berufungsgerichts war sie Agentin der Firma Mar., und eine Regelung des Agentenverhältnisses nach dem Vorbilde des § 95 hat der erkennende Senat, wenn die sonstigen Voraussetzungen zutreffen, auch früher schon für möglich erklärt (Urt. vom 15. März 1918 II 454/17). Indessen das Berufungsgericht, das hiermit nicht in Widerspruch treten will, lehnt aus andern Gründen jede, sei es auch nur entsprechende Anwendung des § 95 ab. Aus der Ernennung der Beklagten zum Schiedsrichter entnimmt es, daß sie nach der Absicht der Parteien niemals in die Lage kommen sollte, aus dem Vertrage selbst haftbar gemacht zu werden, und zwar weder an der Hand des § 95 noch auf Grund einer stillschweigenden Garantieübernahme. Ersichtlich habe sie im überseeischen Holzhandel ein Vertrauen genossen, kraft dessen derjenige, der mit ihr abschloß, es ihr völlig überließ, wen sie nach ihren geschäftlichen Beziehungen als Vertragsgegner stellte. Das Einverständnis der Klägerin mit solcher Handhabung und Abwickelung des Geschäfts zeige sich auch darin, daß sie sich in der ganzen seit dem Vertragsschluß verflossenen Zeit niemals nach ihrem Gegenkontrahenten erkundigt habe. Die Bezeichnung des Verkäufers sei nicht vorbehalten gewesen, sondern die Klägerin habe auf seine Angabe (für den Fall der ordnungsmäßigen Erledigung des Geschäfts) verzichtet. Ein Schwebezustand, wie er für eine Anwendung des § 95 unerläßlich sei, habe in keinem Augenblicke bestanden.

Die Revision wendet hiergegen ein, das Schiedsrichteramt sei mit einer eventuellen Haftbarkeit des Schiedsrichters durchaus vereinbar. Ob dem so ist, kann unerörtert bleiben, da dem Berufungsgericht aus andern Gründen beigetreten werden muß. Für eine Anwendung des § 95 ist einfach deshalb kein Raum, weil der Schlußschein weder die Klausel „Aufgabe vorbehalten" oder einen gleichbedeutenden Vermerk („an Aufgabe", „für Aufgabe") trägt, noch sonst zu erkennen gibt, daß dem Mäkler oder Agenten, der den Gegenkontrahenten noch nicht gefunden hat, indes alsbald finden wird, die Auswahl überlassen bleiben soll. Nur für Fälle, wo dies der Sinn des Vertrags ist, hat das neue Handelsgesetzbuch zur Schlichtung vielfacher früherer Zweifel die im wesentlichen mit der Auffassung des Reichsgerichts (vgl. RGZ. Bd. 20 S. 37, Bd. 24 S. 64) übereinstimmenden Vorschriften des § 95 gegeben, nach denen die vorbehaltene Bezeichnung in ortsüblicher oder angemessener Frist nachgeholt werden muß. Um ganz etwas anderes handelt es sich, wenn ein Agent seine Geschäftsverbindungen geheimhalten will und wenn deshalb nach der Meinung der Parteien, die mit einer ordnungsmäßigen Abwickelung des Geschäfts rechnen, der dem Agenten von vornherein bekannte Auftraggeber und Gegenkontrahent ungenannt bleiben soll. Auf einen solchen Fall paßt der § 95 nicht (vgl. auch RG. v. 6. Juni 1916 VII 75/16, Hans. Ger.-Ztg. Nr. 127). In Frage kommen kann hier nur, wie es sich verhält, wenn wider Erwarten Schwierigkeiten und Streit in der Abwickelung entstehen. Es ist möglich, daß der Agent mit Rücksicht hierauf von vornherein die Mithaft aus dem Vertrag übernimmt; ebenso möglich ist aber auch, daß sich der andere Teil mit einer Verpflichtung begnügt, auf Erfordern den Auftraggeber zu offenbaren. Im vorliegenden Falle hat das Berufungsgericht den Vertrag im letzteren Sinne ausgelegt; rechtliche Bedenken walten dagegen nicht ob. Unstreitig hat aber die Beklagte eine Anfrage nicht einmal abgewartet, sondern sofort, als die Klägerin auf Lieferung drängte, den Namen Mar. genannt."

---

77. Rechtliche Natur des Dienstverhältnisses der Personen des Soldatenstandes und ihre Haftung gegenüber dem Reiche.

III. Zivilsenat. Urt. v. 9. Dezember 1919 i. S. Deutsches Reich (Kl.) w. S. (Bekl.). III 210/19.

I. Landgericht Hannover.
II. Oberlandesgericht Celle.

Der Kläger fordert Schadensersatz in Höhe von 165 *M*, weil der Beklagte als Kommandeur eines Landsturmbataillons im Juli 1915 in unrichtiger und fahrlässiger Ausübung der ihm zustehenden Beförderungsgewalt Mannschaften über die planmäßige Stärke hinaus zu Unteroffizieren befördert habe und hierdurch Mehrkosten an Löhnung und Geldabfindung dem Kläger erwachsen seien.

Das Landgericht hat in Anwendung des § 13 RBG. zugesprochen; der Berufungsrichter hat abgewiesen. Auf die Revision des Klägers wurde das Berufungsurteil aufgehoben.

Gründe:

„Der Berufungsrichter stützt die Abweisung der Klage auf folgende Erwägungen:

Der Reichsmilitärfiskus sei zur Klage aktiv legitimiert, da die Militärverwaltung auf Kosten des Reichs geführt werde, das gesamte Militärinventar im Eigentum des Reichs stehe und darum nach der Anschauung der Praxis die Kontingentsverwaltungsbehörden die finanzielle Militärverwaltung nur in Vertretung des Reichsfiskus ausübten. Der Beklagte werde aber hinsichtlich der von ihm ausgeübten öffentlich-rechtlichen Funktionen zur Verantwortung gezogen, und insoweit sei der Beklagte als preußischer Offizier nur preußischer Landesbeamter und leite nur von dem ihn ernennenden Landesherrn, nicht vom Kaiser, seine Kommandogewalt ab; er stehe deshalb auch nur zu dem Kontingentsherrn in einem Dienstverhältnis und habe im Fahneneide diesem treu zu dienen versprochen. Der Beklagte sei weder unmittelbarer noch mittelbarer Reichsbeamter und stehe zum Reich überhaupt nicht in einem Beamtenverhältnis, so daß weder §§ 88, 89 ALR. II, 10 noch die Analogie des Dienstverhältnisses hinsichtlich des Reichs in Betracht kämen. Bei Verletzung der dem Beklagten anvertrauten öffentlichen Gewalt käme deshalb, da nicht der Dienstherr des Beklagten geschädigt sei, nur § 839 BGB., und der Reichsmilitärfiskus nur als Dritter in Frage; dem Beklagten habe gegenüber dem Reichsfiskus als einem Dritten die Amtspflicht obgelegen, bei der Vornahme von Beförderungen auch die durch die einschlägigen Dienstvorschriften geschützten Vermögensinteressen des Reichsmilitärfiskus zu wahren. Die Klage habe also nach dem preußischen Staatshaftungsgesetz vom 1. August 1909 gegen den Preußischen Staat, nicht gegen den Beklagten gerichtet werden müssen, und der Preußische Staat hätte dann seinerseits ein Rückgriffsrecht gegen den Beklagten gehabt; die Klage könne auch nicht auf § 1, 2 des Reichshaftungsgesetzes vom 22. Mai 1910 gegründet werden, denn dann fehle es an der Voraussetzung eines geschädigten Dritten.

Diese Erwägungen verkennen die frühere deutsche Militärverfassung und das Verhältnis des Offiziers zum Deutschen Reich.

Nach Art. 4 Nr. 14 der Reichsverfassung v. 16. April 1871 unterlag der Beaufsichtigung seitens des Reichs und seiner Gesetzgebung das Militärwesen des Reichs und die Kriegsmarine. Über das Reichskriegswesen bestimmten Art. 61 die Einführung der preußischen Militärgesetzgebung einschließlich der Reglements, Instruktionen und Reskripte im ganzen Deutschen Reich, und Art. 63, daß die gesamte Landmacht des Reichs als einheitliches Heer in Krieg und Frieden unter dem Befehle des Kaisers stehe, sowie daß der Kaiser für Einheit in der Organisation und Formation, in Bewaffnung und Kommando, in der Ausbildung der Mannschaften und in der Qualifikation der Offiziere zu sorgen die Pflicht und das Recht habe. In Ausführung dieser Bestimmungen war es das Reich allein, das alle öffentlichrechtlichen Rechte und Pflichten des Offiziers, also den gesamten Inhalt der dem einzelnen Offizier zustehenden Kommandogewalt regelte, und zwar regelte als einen ihm, dem Reiche, zu leistenden öffentlichrechtlichen Dienst. Das Reich war es, das die in der einzelnen Kommandogewalt zusammengefaßten öffentlichen Rechte und Pflichten anvertraute und anbefahl; dem Kontingentsstaate stand das Militärhoheitsrecht — die Quelle der einzelnen Kommandogewalten — gar nicht zu. Der Kontingentsstaat konnte also die einzelnen Kommandogewalten nicht anvertrauen, geschweige anvertrauen als einen Inbegriff ihm zu leistender, öffentlichrechtlicher Dienste. Gerade dies ist der Inhalt des nach Art. 64 der Verfassung in den Fahneneid aufzunehmenden Gelöbnisses, dem Kaiser unbedingt Folge zu leisten. Der Fahneneid war zwar — außer von den in Art. 64 Abs. 2 bezeichneten, vom Kaiser zu ernennenden Offizieren — dem den Offizier ernennenden Kontingentsherrn zu leisten; jedoch nicht der Kontingentsherr, dessen Ernennungs- und Ehrenrechte nur äußerliche Überbleibsel aus der Geschichte der Reichsgründung waren, sondern das Reich hatte den öffentlichrechtlichen Anspruch auf die nur ihm, nach ausschließlich von ihm gegebenen Vorschrift n zu leistenden öffentlichrechtlichen Dienste der Offiziere. Dies besagte die in den Fahneneid aufgenommene Gehorsamspflicht gegen den Kaiser; damit wurde Diensterfüllung dem Reiche gegenüber angelobt, nur dies Gelöbnis forderte und erhielt der Kontingentsherr (abgesehen von persönlicher Treue und von den Ehrenrechten). Nur das Reich, nicht der Kontingentsstaat, regelte und organisierte das gesamte öffentlichrechtliche und fiskalische Militärwesen, besoldete und versorgte alle Personen des Soldatenstandes. Bei der Schöpfung des Reichshaftungsgesetzes vom 22. Mai 1910 ist denn auch der vom Reichs-Justizamt auf Grund der Rechtsprechung des Reichsgerichts ausgesprochene Satz, daß der Heeresdienst Reichsdienst sei, von den sämtlichen Faktoren der Reichsgesetzgebung anerkannt worden; auf ihm beruht der Abs. 3 des § 1, daß im Sinne dieses Gesetzes die Personen des Soldatenstandes den Reichsbeamten gleichstehen. Wenn der Heeresdienst nicht Reichsdienst wäre, würde es gegen die Natur der Sache verstoßen haben, daß das Reich bei Verletzung der den Soldaten obliegenden öffentlichrechtlichen Pflichten Dritten gegenüber statt des Soldaten die Haftung übernahm; wenn der Kontingentsherr der Dienstherr in betreff dieser militärischen öffentlichrechtlichen Pflichten der Soldaten wäre, dann hätte der Kontingentsstaat diese Haftung übernehmen müssen. Die Staatshaftungsgesetze und das Reichshaftungsgesetz beruhen, wie der preußische Justizminister zutreffend aussprach, darauf, daß der Staat bei Amtspflichtverletzungen in Ausübung der staatlichen Hoheitsrechte sich nicht zurückziehen dürfe, als ob die Sache von einem Dritten ausgeführt wäre. Derjenige Staatskörper also soll mit seiner Haftung an Stelle des einzelnen Gewaltträgers dem Dritten gegenüber eintreten, dessen Hoheitsrechte ausgeführt werden, der behufs Verwirklichung dieser seiner Hoheitsrechte den einzelnen Gewaltträger mit öffentlichrechtlicher Gewalt ausgerüstet hat. Dies ist für den ganzen Bereich der militärischen Gewalt allein das Reich. Darum haftet kraft innerer Notwendigkeit für militärische Amtspflichtverletzungen der Personen des Soldatenstandes allein das Reich, und nicht der einzelne Kontingentsstaat.

Die Auffassung, daß der Offizier bei Ausübung der militärischen Kommandogewalt dem Kontingentsherrn Dienste leiste und dabei nur „auch die durch die Dienstvorschriften geschützten Vermögensinteressen des Reichsmilitärfiskus zu wahren" habe, und daß nur darum und nur insoweit das sonst nicht beteiligte Reich als Beschädigter, also als

Dritter im Sinne des § 839 BGB. in Betracht komme, geht durchaus fehl. In erster Linie sind es die öffentlichrechtlichen Befugnisse und Verpflichtungen der Kommandogewalt, die vom Reiche allein festgesetzt und anvertraut werden und nur dem Reiche selbst zu leisten sind. Die durch Verletzung der Kommandogewaltspflichten erwachsenden Vermögensschädigungen des Reichsmilitärfiskus sind nur das materielle Gegenstück, die geldliche Folge, der äußere Niederschlag, in den die Verletzung der öffentlichrechtlichen Verpflichtungen häufig ausläuft. Diese dem Reiche, seinem Schutze und seiner Wehrhaftigkeit dienenden öffentlichrechtlichen Verpflichtungen hat der Offizier in erster Linie zu wahren; er hat mitzuwirken an der Erreichung bestimmter über Vermögensinteressen weit hinausgehender staatlicher Ziele und ist dafür sittlich, disziplinär und strafrechtlich verantwortlich. Aus diesem Pflichtverhältnis ergibt sich ohne weiteres aber auch, daß der Offizier den durch die Verletzung dieser seiner Hauptverpflichtung etwa entstandenen Vermögensschaden dem Reiche zu ersetzen hat. Im ganzen Umkreise des Militärwesens kann nur das Reich der Geschädigte sein, weil das Reich allein die gesamte für Militärzwecke bestimmte Vermögensmasse besitzt. Diese Schädigungen des Reichs können eintreten durch unrichtige Verwaltung dieser Vermögensmasse, durch rein fiskalische, in das Gebiet des Privatrechts fallende Akte (RGZ. Bd. 55 S. 175), oder durch Pflichtverletzung bei der Ausübung der den Personen des Soldatenstandes anvertrauten öffentlichen Gewalt. Auch solche Pflichtverletzung schädigt in weitem Maße den Inhaber der öffentlichen Gewalt selbst, nämlich das Reich. Gerade daß der Kontingentsstaat durch wie immer geartete Amtspflichtverletzungen der Personen des Soldatenstandes niemals beschädigt werden kann, offenbart den inneren Aufbau der Reichsmilitärverfassung als eines das gesamte Militärwesen umfassenden Reichsorganismus. Daß durch Störungen der materiellen, vermögenswertlichen Grundlagen des Militärwesens, durch Vermögensschäden irgendwelcher Art nur das Reich getroffen werden kann, ist nur der äußere Ausdruck dafür und nur die sichtbare Konsequenz davon, daß die militärischen Hoheitsrechte, zu deren Durchführung allein jene materiellen Grundlagen als Militärvermögen im Reichshaushalt ausgesondert und ausgeworfen sind, allein dem Reiche zustehen sollen und zustehen können. Es ist ein innerer Widerspruch, daß der Kontingentsstaat, welchem der die militärische Amtspflicht verletzende Soldat angehört, für den so entstandenen Vermögensschaden nun doch auf dem Umwege des § 839 BGB. und des Staatshaftungsgesetzes sollte einstehen müssen und seinerseits den Rückgriff gegen den schuldvoll schädigenden Soldaten hätte: bei diesem Einstehen und bei diesem Rückgriffe würde der Kontingentsstaat nun doch passiv und aktiv als Landesmilitärfiskus auftreten, während es einen Landesmilitärfiskus eben nicht gibt, sondern nur einen Reichsmilitärfiskus

(RGZ. Bd. 20 S. 153, Bd. 24 S. 37, Bd. 53 S. 242, Bd. 54 S. 201, Bd. 55 S. 172).

Schon das preuß. Allgemeine Landrecht hatte in Teil II Titel 10 „die Diener des Staates", in „Militärbediente" und „Zivilbediente" geschieden, unter den ersteren alle Personen des Soldatenstandes, auch die Unteroffiziere und Gemeinen, verstanden, und die letzteren „Zivilbeamte" genannt. Bei der inneren Verschiedenheit dieser beiden Zweige der Staatsdienerschaft war es notwendig oder jedenfalls angemessen, daß für Anstellung, für Rechte und Pflichten der Militärbedienten und der Zivilbedienten je besondere Gesetze und Vorschriften erlassen wurden. Ebenso verhält es sich beim Reiche. Der dem Reiche von Gemeinen, Unteroffizieren und Offizieren zu leistende Militärdienst und der dem Reiche von den Reichsbeamten zu leistende Beamtendienst sind nur Unterabteilungen der Reichsdienerschaft, die je in besonderen Gesetzen und Vorschriften ihre besondere Ausgestaltung und Regelung finden. Darum ist es selbstverständlich, daß § 157 RBG. die Anwendbarkeit der in diesem Gesetze gegebenen beamtenrechtlichen Bestimmungen auf Personen des Soldatenstandes ausschließt: für diese, die Soldaten, gelten in allen in diesem Gesetze für Reichsbeamte geregelten Beziehungen bereits anderweite umfassende und genaue Vorschriften. Eben darum sind Soldaten keine mittelbaren Reichsbeamten im Sinne des § 1 RBG.; denn sie sind überhaupt nicht Beamte, sondern Reichsdiener anderer Art, die kraft des Fahneneides als Soldaten dem Kaiser Folge zu leisten haben. Daß die Bestimmungen der §§ 134 bis 148 RBG. über Defekte auf Personen des Soldatenstandes Anwendung finden, zeigt durchaus nicht an, daß die Soldaten auch nur insoweit Reichsbeamte sind. Sachlich konnten die Defektbestimmungen für Reichsbeamte und für Soldaten gleich lauten, und es war nur eine rein äußerliche Gesetzgebungstechnik, daß die Defektbestimmungen im Reichsbeamtengesetze niedergelegt sind und dort auf sie als auch für die Soldaten gültige verwiesen wurde. Die für die Defektbestimmungen des Reichsbeamtengesetzes vorbildliche preußische Verordnung vom 24. Januar 1844 über die Festsetzung und den Ersatz der bei Kassen und anderen Verwaltungen vorkommenden Defekte regelt zunächst die sachliche Behandlung der Defekte an öffentlichen Kassen oder anderen öffentlichen Verwaltungen, gebraucht dabei wiederholt das Wort „Beamter", sagt dann aber in § 18:

„Das gegenwärtige Gesetz findet auf sämtliche öffentliche Kassen und Verwaltungen und deren Beamte, einschließlich der gerichtlichen, sowie auf die Militärkassen, Magazine und Verwaltungen aller Art, und nicht nur auf Militär-Beamte, sondern auch auf Militär-Personen Anwendung.

Wegen Ausführung des Gesetzes in der Militärverwaltung wird Unser Kriegsminister eine Instruktion erteilen."

Damit waren die Zivilverwaltungen und die Beamten jeder Art von den Militärverwaltungen und von den Militär-Personen klar geschieden und die Militärdienerschaft und die Beamtendienerschaft als besondere selbständige Abteilungen der Staatsdienerschaft in Übereinstimmung mit ALR. II 10 mit einer jede mißverständliche Vermengung ausschließenden Deutlichkeit voneinander abgetrennt.

Die militärische Reichsdienerschaft war durch das fahneneidliche Gelöbnis, dem Kaiser Folge zu leisten, und dadurch, daß das Reich allein die Gesetze, Verordnungen, Reglements und Instruktionen für den gesamten öffentlichrechtlichen und fiskalischen Militärdienst erlassen hatte und allein die Personen des Soldatenstandes besoldete und versorgte, geschaffen und verwirklicht. In der Verpflichtung, die militärischen Reichsvorschriften zu erfüllen, also militärischen Reichsdienst zu leisten, verkörpert sich unmittelbar das Verhältnis, daß diese Dienste vom Reiche als ihm zu leistende gefordert und von dem Soldaten dem Reiche als von diesem auferlegte Verpflichtungen geleistet werden. Es bedarf nicht der abzulehnenden Analogie des privatrechtlichen Dienstvertrags: es genügt die rechtliche und tatsächliche Wirklichkeit, daß sich auf dem öffentlichrechtlichen Gebiete des Militärwesens das Reich als Dienstberechtigter, als Dienstherr, und der Soldat als Dienstverpflichteter, als Reichsdiener gegenüberstehen. Daraus folgt unabweislich, daß der Soldat dem Reiche für alle Dienstpflichtverletzungen verantwortlich ist. Dies ist im Reichshaftungsgesetze für den Fall der Beschädigung Dritter ausdrücklich anerkannt, insofern der statt des Soldaten dem Dritten haftende Reichsmilitärfiskus seinen Rückgriff gegen den Soldaten nehmen kann und die Zulässigkeit dieses Rückgriffs eben auf der allgemeinen Verantwortlichkeit des Soldaten gegenüber dem Reiche beruht.

Ebenso ergibt sich aus dem inneren Wesen der verantwortlichen militärischen Reichsdienerschaft, daß der schuldige Soldat dem Reiche Schadensersatz zu leisten hat auch dann, wenn durch schuldhaft unrichtige Ausübung der vom Reiche anvertrauten und anbefohlenen öffentlichen militärischen Gewalt das Reich selbst Schaden erleidet. Die §§ 88, 89 ALR. II 10 und § 13 RBG. sind nur Einzelausprägungen dieser allgemeinen inneren Notwendigkeit für die Beamtendienerschaft; sie stellen denn auch nur die Verantwortlichkeit der Beamten fest ohne nähere Angabe, wem und wie der Beamte verantwortlich sein soll; die Praxis hat aber von Anfang an ohne Bedenken diese Verantwortlichkeit dahin verstanden und verwirklicht, daß der Beamte dem beschädigten Staate selbst Schadensersatz zu leisten hat. Davon ist auch der Gesetzgeber selbst immer ausgegangen; denn die in der preuß. Verordnung vom 24. Januar 1844 und in §§ 134flg. RBG. gegebenen Defektenbestimmungen zielen gerade auf die Erfüllung dieser Schadensersatzpflicht für gewisse Schäden und sehen für diese besonderen Schäden ein beschleunigtes, zu baldiger Vollstreckung führendes Verwaltungsverfahren vor.

Endlich unterliegt die Zulässigkeit des Rechtswegs keinem Bedenken. Auch darüber schweigen die §§ 88, 89 ALR. II 10 und § 13 RBG. (vgl. RGSt. Bd. 32 S. 322), ob der Staat und das Reich den Beamten vor dem Zivilrichter verantwortlich machen dürfen und müssen. Wiederum aber hat die Rechtsprechung nie gezweifelt, daß für solche Schadensersatzklage des Staats und des Reichs gegen den Beamten der Rechtsweg gegeben ist. Dies war und ist auch die Anschauung des Gesetzgebers selbst. Denn in der Verordnung von 1844 und in § 144 RBG. ist gegen den Defektenbeschluß der Rechtsweg eröffnet, und zwar, wie die Rechtsprechung angenommen hat, in dem Sinne, daß der Zivilrichter auch über die Voraussetzungen eines Defektenbeschlusses hinaus endgültig über das Verschulden des Beamten und dessen Ersatzpflicht, also schlechthin darüber zu befinden hat, ob dem Beamten ein Verschulden überhaupt, nicht nur ein zu dem Defektenbeschluß notwendiges grobes Versehen, zur Last fällt; und die Rückgriffsbestimmungen des Staats- und des Reichshaftungsgesetzes nehmen die Zuständigkeit des Zivilrichters als selbstverständlich an und enthalten sich darum jeder ausdrücklichen Anordnung.

Der Zivilrichter muß hiernach für berufen erachtet werden, über die Ersatzpflicht auch des militärischen Reichsdieners für Schäden jeder Art und für Verschulden jedes Grades vorbehaltlich der Defektenbestimmungen zu entscheiden, und der militärische Reichsdiener ist ersatzpflichtig nicht nur wegen unerlaubter Handlung und nicht nur im Rahmen des Defektenverfahrens, sondern allgemein auf Grund des öffentlichrechtlichen Reichsdienerverhältnisses." ...

---

78. Kann ein Wiederkaufsrecht wirksam auch durch eine Eventualerklärung, insbesondere für den Fall ausgeübt werden, daß eine in erster Linie erklärte Anfechtung des Kaufvertrags sich als unbegründet erweist?

BGB. § 497.

V. Zivilsenat. Urt. v. 10. Dezember 1919 i. S. M. (Kl.) w. Sch. (Bekl.). V 229/19.

I. Landgericht Greifswald.
II. Oberlandesgericht Stettin.

Der Kläger hat durch Vertrag vom 29. Juni 1913 sein Rittergut L. um 300000 ℳ an den Beklagten verkauft. § 10 des Vertrags bestimmt:

„Der Verkäufer behält sich das Wiederkaufsrecht vor; er kann dieses Recht nur ausüben, wenn er dem Käufer einen Kaufpreis bietet, der den von ihm gezahlten Kaufpreis, d. h. seine sich aus den Büchern ergebende Forderung an den Verkäufer, vollständig deckt. . . . Der Käufer hat über die Einahmen aus dem Gute und die dafür gemachten Ausgaben Buch zu führen und bei dem Abschlusse dem Verkäufer Rechnung abzulegen. Das Wiederkaufsrecht des Verkäufers erlischt mit dem 30. Juni 1914."

Nach Abschluß des Vertrags entstanden unter den Parteien Streitigkeiten, die dazu führten, daß der jetzige Beklagte gegen den jetzigen Kläger Räumungsklage erhob und auf eine von ihm erwirkte einstweilige Verfügung hin der jetzige Kläger aus dem Besitze des Gutes L. entsetzt wurde. In dem Räumungsprozesse focht der jetzige Kläger den Kaufvertrag wegen Drohung und Irrtum an. Am 10. Februar 1914 richtete er an den Beklagten das folgende Schreiben:

„Ohne hiermit den Vertrag betr. Verkauf von L. anerkennen zu wollen und unter ausdrücklichem Vorbehalt aller meiner Rechte aus der erfolgten Anfechtung des Vertrags mache ich, um L. schon früher, als eine Entscheidung herbeigeführt werden kann, wieder in Besitz zu bekommen, von dem mir zustehenden Wiederkaufsrecht hiermit Gebrauch. Ich ersuche um Rechenschaftslegung innerhalb 8 Tagen und um Auflassung."

Im April 1914 erhob er Klage mit dem Antrage auf Verurteilung des Beklagten zur Vorlage einer Rechnung mit Belegen über die Einnahmen und Ausgaben aus L. bis zum 12. Februar 1914 und eventuell zur Leistung des Offenbarungseides dahin, daß die Einnahmen richtig angegeben seien. Der Beklagte teilte darauf dem Kläger eine Rechnung über die Einnahmen und Ausgaben mit, die der Kläger aber nicht als hinreichend anerkannte. Unterdessen war in dem Räumungsprozesse unter Verwerfung des Einwandes der Anfechtung entschieden worden, daß es bei der durch die einstweilige Verfügung angeordneten Räumung des Gutes durch den Verkäufer (jetzigen Kläger) zu verbleiben habe; dieses Urteil ist rechtskräftig geworden. Im gegenwärtigen Prozesse erklärte das Landgericht den Antrag des Klägers auf Rechnungslegung für erledigt, verurteilte aber den Beklagten, dem Kläger zu der mitgeteilten Rechnung noch die Belege über die Einnahmen und Ausgaben vorzulegen und den Offenbarungseid zu leisten. Das Oberlandesgericht wies die Klage ab. Auf die Revision des Klägers wurde das Berufungsurteil aufgehoben und die Sache an das Berufungsgericht zurückverwiesen.

Aus den Gründen:

„Der Berufungsrichter nimmt in Übereinstimmung mit dem Landgericht an, daß die Pflicht zur Rechnungslegung entstehen sollte, sobald der Kläger das Wiederkaufsrecht ausübte und dadurch den Wiederkauf gemäß § 497 BGB. zustande brächte. Es nimmt ferner an, daß es eines besonderen Angebots des Wiederkaufspreises bei der Wiederkaufserklärung nicht bedurfte, vielmehr die Erklärung des Klägers, er mache von seinem Wiederkaufsrechte Gebrauch, zum Ausdruck gebracht habe, daß er das Gut zu dem nach § 10 zu berechnenden Wiederkaufspreise zurückkaufen wolle; auch sei ein anderes als ein wörtliches Angebot des Wiederkaufspreises nicht erforderlich gewesen. Im Gegensatze zum Landgerichte verneint aber der Berufungsrichter, daß in dem Schreiben des Klägers vom 10. Februar 1914 eine dem § 497 entsprechende Erklärung der Ausübung des Wiederkaufsrechts zu finden sei, weil die Erklärung nicht in „schlüssiger“ Weise und nicht vorbehaltlos abgegeben worden sei. Denn der Kläger habe sich in erster Linie auf den Standpunkt gestellt, daß der Vertrag vom 29. Juni 1913 anfechtbar und infolge der von ihm erklärten Anfechtung nichtig sei, und nur unter Vorbehalt aller seiner Rechte aus der erfolgten Anfechtung habe er die Erklärung abgegeben, daß er von seinem Wiederkaufsrechte Gebrauch mache. Diese Erklärungen stünden untereinander in einem unlösbaren inneren Widerspruche; denn wenn der Kläger den Vertrag vom 29. Juni 1913, auf dem sein Wiederkaufsrecht beruhte, als nichtig behandelte, so habe er nicht gleichzeitig von diesem als nichtig betrachteten Rechte Gebrauch machen können.... Für diese Auffassung bezieht sich der Berufungsrichter auf das in RGZ. Bd. 74 S. 1 abgedruckte Urteil des Reichsgerichts.

Die Revision will die Bezugnahme auf das angeführte Urteil des Reichsgerichts nicht gelten lassen und meint, der Berufungsrichter habe die Bedeutung der in diesem Urteile gemachten Ausführungen verkannt. Der Revision kann jedoch zunächst nicht zugegeben werden, daß ein wesentlicher Unterschied zwischen dem damals entschiedenen Falle und dem jetzt zu entscheidenden darin bestehe, daß damals die Anfechtung für begründet erklärt worden sei. Allerdings beruhen die Gründe des Berufungsurteils in der damaligen Sache wesentlich auf der Feststellung, daß die Anfechtung begründet und deshalb durch sie der Vertrag nichtig geworden sei. Aber das Reichsgericht mißbilligt gerade diese Begründung, da sie dem eignen Vorbringen des Anfechtungsgegners, der die Anfechtung als unbegründet bezeichnet hatte, widerspreche, und gelangt zu dem gleichen Ergebnis wie der Berufungsrichter auf Grund einer anderen Begründung, die die Frage der Berechtigung der Anfechtung dahingestellt sein läßt. Diese Begründung geht dahin, daß die Vertragspartei, welche die Anfechtung erklärt hat, vermöge der Unwiderruflichkeit der Anfechtung an diese gebunden sei und deshalb zwar nicht unbedingt das Recht verloren habe, noch solche Ansprüche zu verfolgen, die den Bestand des Vertrags voraussetzen, weil nur die berechtigte Anfechtung den Vertrag beseitige; daß sie aber nicht unter Aufrechterhaltung der die Anfechtung begründenden Behauptungen, statt diese weiter zu verfolgen, Ansprüche aus dem Vertrage geltend machen könne. Der Anfechtende hatte nämlich in dem dort entschiedenen Falle, nachdem er das Grundstück weiter verkauft hatte, erklärt, daß er infolgedessen die durch die Anfechtung eingetretene Nichtigkeit des Vertrags nicht mehr geltend machen könne, aber auf Grund der gleichen Tatsachen, auf die er die Anfechtung gegründet hatte, Schadensersatz aus § 826 verlangt. Dabei läßt das Reichsgericht dahingestellt, wieweit der Anfechtende eventuell oder alternativ solche Ansprüche hätte erheben können, weil er in dem damals vorliegenden Falle die Anfechtung überhaupt zurücknehmen wolle und nur Ansprüche erhebe, die aus einem nichtigen Vertrage nicht erhoben werden könnten; ebensowenig brauche erörtert zu werden, welche Bedeutung die Anfechtung noch hätte, wenn der Anfechtende die sie begründenden Tatsachen nicht mehr behauptete. Fehl geht auch der Hinweis der Revision darauf, daß der Kläger im vorliegenden Prozesse nicht mehr die Nichtigkeit des Vertrags behaupte. Für die Entscheidung im gegenwärtigen Prozesse kommt es, wenn man die in Bd. 74 a. a. O. vertretene Rechtsauffassung zugrunde legt, nur darauf an, ob das Schreiben des Klägers vom 10. Februar 1914 eine rechtswirksame Ausübung des Wiederkaufsrechts enthielt oder ob es, wie der Berufungsrichter annimmt, wirkungslos war, weil es zugleich die miteinander unvereinbaren Erklärungen enthielt, einerseits, daß die Anfechtung begründet, also der Vertrag nichtig sei, und anderseits, daß der Kläger das Wiederkaufsrecht auf Grund des Vertrags ausübe. Wäre das Schreiben des Klägers so auszulegen, daß das Wiederkaufsrecht eventuell, nämlich für den Fall, daß die Anfechtung für unbegründet erklärt werden sollte, ausgeübt werde, so würde das angeführte reichsgerichtliche Urteil der Annahme einer Wirksamkeit der Wiederkaufsausübung nicht entgegenstehen, da es ja die Frage der Zulässigkeit der eventuellen Erhebung von Ansprüchen aus dem Vertrage dahingestellt sein läßt. Es ist aber nicht klar, in welcher Weise der Berufungsrichter das Schreiben in dieser Beziehung auslegt. Einerseits spricht er davon, daß der Kläger in erster Linie sich auf den Standpunkt gestellt habe, daß der Vertrag infolge der Anfechtung nichtig sei, und daß er das Wiederkaufsrecht nicht vorbehaltlos, sondern nur unter Vorbehalt aller seiner Rechte aus der Anfechtung auszuüben erklärt habe, — was auf ein Eventualverhältnis der in Frage stehenden Erklärungen deuten würde —; anderseits findet er einen inneren Widerspruch darin, daß der Kläger gleichzeitig den Vertrag als nichtig behandeln und von dem aus diesem nichtigen Vertrage sich ergebenden Wiederkaufsrechte Gebrauch machen wolle. Es erscheint hiernach nicht ausgeschlossen, daß der Berufungsrichter in dem Schreiben eine gleichzeitig, aber im Eventualverhältnis abgegebene Erklärung des Inhalts erblickt hat, daß in erster Linie die Anfechtung als gerechtfertigt aufrecht erhalten, in zweiter Linie aber für den Fall, daß sie sich als unbegründet erwiese, das Wiederkaufsrecht ausgeübt werden sollte. Das wäre auch die natürlichste und dem zu vermutenden Parteiwillen am meisten entsprechende Auslegung der Erklärung. Freilich ist nicht zu verkennen, daß der Wortlaut ihr insofern entgegensteht, als darin gesagt ist, die Wiederkaufserklärung werde abgegeben, um L. schon früher, als eine Entscheidung (über die Anfechtung) herbeigeführt werden kann, wieder in Besitz zu bekommen. Aber diese Worte können nach ihrer Fassung als eine auf unklarer Auffassung beruhende Angabe des Beweggrundes, die für den Inhalt der Erklärung nicht von entscheidender Bedeutung zu sein braucht, aufgefaßt werden. Es fragt sich deshalb, ob bei Zugrundelegung dieser Auslegung die Auffassung des Berufungsrichters, daß die Erklärung als Ausübung des Wiederkaufsrechts unwirksam sei, frei von Rechtsirrtum ist. Das muß aber verneint werden. Das Reichsgericht hat die Zulässigkeit der Aufrechnung für den Fall des Bestehens der in erster Linie bestrittenen Forderung des Gegners, in und außerhalb des Prozesses, angenommen, obwohl bei der Aufrechnung durch § 388 Satz 2 BGB. die Beifügung einer echten Bedingung ausgeschlossen ist. Es ist dabei angenommen worden, daß es sich bei einer solchen Eventualerklärung nicht um eine wirkliche Bedingung, ein zukünftiges ungewisses Ereignis, sondern nur um eine in der Zukunft in Aussicht stehende Aufklärung eines bereits jetzt bestehenden, nur noch nicht erkannten Zustandes handle (RGZ. Bd. 57 S. 101; Motive zum Entw. eines BGB. Bd. 2 S. 108; Komm. v. RGR. zu § 388 BGB. Erl. 2, 3; anders im Falle einer wirklichen Bedingung Jur. Wochenschr. 1903 Beil. S. 124 Nr. 275). Aus den gleichen Erwägungen besteht auch kein Anlaß, die eventuelle Erklärung der Ausübung eines Wiederkaufsrechts für unzulässig zu halten, obwohl auch hier die Beifügung einer echten Bedingung durch den zugrunde liegenden Vertrag in der Regel ausgeschlossen sein wird. Andernfalls würde der Wiederkaufsberechtigte in die Zwangslage versetzt werden, entweder die Anfechtung des Vertrags aufzugeben oder auf die Ausübung seines Wiederkaufsrechts, namentlich, wenn es, wie hier, befristet ist, ganz zu verzichten."...

---

79. 1. Ergreift die Nichtigkeit eines Grundstücksveräußerungsvertrags auch die in ihm enthaltene Auflassungsvollmacht?

2. Kann die Nichtigkeit der Vollmacht dem Erwerber auch dann entgegengehalten werden, wenn ihm die Vollmacht bei der Auflassung vorgelegt worden war?

BGB. §§ 139, 172.

V. Zivilsenat. Urt. v. 10. Dezember 1919 i. S. K. (Kl.) w. M. H. (Bekl.) und F. (Nebeninterv.). V 249/19.

I. Landgericht Aurich.
II. Oberlandesgericht Celle.

Der erste Ehemann der Klägerin, der Kolonist H. H., ist am 11. Mai 1909 verstorben und hat in seinem Testamente der Klägerin den vollen und uneingeschränkten Nießbrauch seines gesamten Nachlasses mit der Maßgabe vermacht, daß nach ihrem Tode, was dann noch etwa vorhanden sein sollte, an seine Kinder oder deren Leibeserben fallen solle. Er hatte am 26. Juni 1908 mit dem Viehhändler F. einen notariellen Tauschvertrag abgeschlossen, in dem sich die Vertragschließenden gegenseitig ihre Kolonatstellen in Tausch gaben, und zwar H. H. die im Grundbuche von W. Band V Blatt 28 eingetragene Stelle. In § 4 Abs. 2 des Tauschvertrags ist bestimmt: „Die Komparenten, Verkäufer und Käufer, beauftragen und bevollmächtigen hiermit den Bureauvorsteher B., die Tauschobjekte gegenseitig im Grundbuch aufzulassen und alle erforderlichen Erklärungen abzugeben. B. soll darin nach seinem Belieben handeln."

Der Beklagte hat das von F. im Tausch erworbene Grundstück von diesem in öffentlicher Versteigerung gekauft und am 30. Dezember 1911 durch den Bureauvorsteher B. auf Grund der im Tauschvertrage erteilten Vollmacht aufgelassen erhalten.

Mit der Klage verlangt die Klägerin die Nichtigkeitserklärung der Auflassung an den Beklagten und dessen Verurteilung, darin zu willigen, daß die Klägerin als Eigentümerin eingetragen werde, und die Besitzung an die Klägerin herauszugeben. Sie macht die Nichtigkeit des Tauschvertrags vom 26. Juni 1908 wegen Wuchers geltend und erachtet auch die durch B. an den Beklagten erfolgte Auflassung für nichtig, weil B. durch den Tauschvertrag wohl zur Auflassung an H. H., nicht aber auch an den Beklagten ermächtigt sei, und weil die Nichtigkeit des Tauschvertrags auch die Nichtigkeit der an B. erteilten Vollmacht zur Folge habe.

Das Landgericht wies die Klage ab; die Berufung der Klägerin blieb erfolglos. Während das Landgericht die Voraussetzungen des § 138 BGB. für nicht erwiesen ansah, ließ das Berufungsgericht die Frage, ob der Tauschvertrag nichtig sei, offen und stützte seine Entscheidung im wesentlichen darauf, daß die an B. erteilte Vollmacht zur Auflassungserklärung an den Beklagten rechtswirksam gewesen und geblieben sei. Die Revision der Klägerin wurde zurückgewiesen.

Aus den Gründen:

(Es wird zunächst der Angriff der Revision zurückgewiesen, der sich gegen die Annahme des Berufungsgerichts wendet, daß die dem

B. erteilte Vollmacht ihn auch zur Auflassung an den Beklagten ermächtigte. Weiter wird dargelegt, daß die Nichtigkeit des Tauschvertrags sich nicht auf die Auflassung an den Beklagten erstrecke. Sodann wird fortgefahren:)

... „Die Klägerin vertritt den Standpunkt, daß die in dem Tauschvertrag an B. erteilte Auflassungsvollmacht mit Rücksicht auf die Bestimmung des § 139 BGB. nichtig sei. Die Vollmacht bilde im Sinne dieser Vorschrift einen Teil des gesamten Rechtsgeschäfts, wie es zu notariellem Protokoll erklärt sei, und werde deshalb von der Nichtigkeit des Tauschvertrags mit ergriffen. Es muß zugegeben werden, daß die Auffassung des Berufungsgerichts, wonach die in § 4 des Tauschvertrags erklärte Vollmacht an B. ein selbständiges Rechtsgeschäft sei und deshalb die Vollmachtserklärung nicht als Teil des Tauschvertrags im Sinne des § 139 BGB. aufgefaßt werden könne, rechtlich nicht haltbar ist. Mag die Vollmachtserteilung widerruflich oder unwiderruflich erfolgt sein, auf alle Fälle bildet sie schon äußerlich einen Teil des schriftlichen Gesamtvertrags. Der Inhalt wie der Zweck des Vertrags sprechen aber erkennbar dafür, daß die Vollmacht ausschließlich zur Durchführung des Tauschvertrags von den Vertragschließenden gleichzeitig mit den Abmachungen über das Tauschgeschäft zu notariellem Protokoll erklärt worden ist. Die Vollmachtserteilung bildete auch hier einen Bestandteil des gesamten Vertrags, wie in einem ähnlichen Falle in der Entscheidung des erkennenden Senats vom 13. November 1918, RGZ. Bd. 94 S. 147, näher dargelegt ist. Hat danach insoweit das Berufungsgericht die Tragweite des § 139 BGB. verkannt, so rechtfertigt sich doch die getroffene Entscheidung aus einem anderen rechtlichen Gesichtspunkte.

Wie bereits in der Entscheidung des Reichsgerichts Bd. 69 S. 234 ausgeführt ist, hat die Ungültigkeit des der Vollmacht zugrunde liegenden Vertrags gegenüber dem gutgläubigen Dritten, der auf Grund formell ordnungsmäßig erscheinender Vollmacht mit dem Bevollmächtigten abgeschlossen hat, die Nichtigkeit der Vollmacht nicht unbedingt zur Folge. Nach dem in den Grundakten befindlichen Protokolle des Amtsgerichts zu E. vom 30. Dezember 1911 hat der Bureauvorsteher B. bei der Auflassungsverhandlung mit dem Beklagten in dessen Gegenwart zu seiner Legitimation als Bevollmächtigter des H. H. eine Ausfertigung des notariellen Tauschvertrags vom 26. Juni 1908 dem Richter übergeben. Die in dem Tauschvertrag enthaltene Vollmacht an B. ist damit auch dem Beklagten im Sinne des § 172 BGB. vorgelegt. Der Beklagte war nach den gegebenen Umständen in der Lage, von dem Inhalte der Vollmacht sinnlich Kenntnis zu nehmen. Ob er die Prüfung des Inhalts der Vollmacht tatsächlich selbst vorgenommen oder sie dem dazu verpflichteten Richter überlassen und deshalb von der vorhandenen Möglichkeit, sich selbst durch Einsichtnahme von der Richtigkeit der Vollmacht zu überzeugen, Abstand genommen hat, ist in vorliegendem Falle unerheblich. B. als der Vertreter des H. H. hat sie hier mit der Überreichung an den amtierenden Grundbuchrichter zugleich auch dem Beklagten zur unmittelbaren Einsichtnahme vorgelegt. Aus der Tatsache aber, daß B. die Vollmachtsurkunde in Besitz hatte, ergibt sich in Verbindung mit dem unstreitigen Sachverhalte zur Genüge, daß B. mit Willen und Wissen des H. H. in den Besitz der Urkunde gekommen war.

Die Vollmachtsurkunde berechtigte den B. zur Auflassungserklärung an den Beklagten, wie ihn denn auch der Grundbuchrichter als Bevollmächtigten zugelassen hat. Ist die Vollmachtsurkunde aber dem Dritten vorgelegt, so ist die Vertretungsmacht des in der Urkunde als bevollmächtigt Bezeichneten so lange in Gemäßheit des in § 172 BGB. aufgestellten Grundsatzes wirksam, bis die Urkunde dem Vollmachtgeber zurückgegeben oder für kraftlos erklärt ist. Die Vollmachtsurkunde ist hier weder zurückgegeben noch für kraftlos erklärt. Es liegt auch nicht die Ausnahmevorschrift des § 173 BGB. vor; denn nach den tatsächlichen Feststellungen des Berufungsgerichts hatte der Beklagte zur Zeit der Auflassung keine Kenntnis von den Vorgängen, welche die Klägerin zur Begründung des Wuchers vorgebracht hat; er hat vielmehr in gutem Glauben an die Richtigkeit der Vollmacht den dinglichen Vertrag mit B. auf Grund seines mit F. abgeschlossenen Kaufvertrags und in dessen Erfüllung vollzogen. Die Rechtswirksamkeit der auf Grund dieses dinglichen Vertrags erfolgten Eintragung des Beklagten als Eigentümers der im Klagantrage bezeichneten Kolonatstelle wird darnach von der Nichtigkeit des Tauschvertrags nicht berührt."

---

80. Zur Auslegung des § 1579 Abs. 2 BGB.

IV. Zivilsenat. Urt. v. 11. Dezember 1919 i. S. Ehefr. P. (Bekl.) w. Ehem. P. (Kl.). IV 451/19.

I. Landgericht Potsdam.
II. Kammergericht Berlin.

Der Kläger, aus dessen Verschulden die Ehe der Parteien geschieden worden ist, hat auf Grund des § 323 ZPO. beantragt, die durch Urteil vom 21. Februar 1911 der Beklagten rechtskräftig zugesprochene Unterhaltsrente in Wegfall zu bringen. Das Landgericht hat die Klage abgewiesen. Auf die Berufung des Klägers hat das Kammergericht die Rente für die Zeit vom 1. April 1918 ab in Fortfall gebracht. Die Revision der Beklagten führte zur Aufhebung des Urteils.

Gründe:

„Das Berufungsgericht führt aus: Seit dem 1. April 1918 seien in der Person des Klägers alle Voraussetzungen des § 1579 Abs. 1 BGB. vorhanden. Andrerseits habe die Beklagte zugegeben, daß ihr von dem Betrage von etwa 28000 M, den sie von ihrem Vater ererbt habe, jetzt noch 19400 M mit einem jährlichen Zinsertrage von 974 M übrig geblieben seien. Nach § 1579 Abs. 2 BGB. müsse sie diesen Stamm ihres Vermögens zunächst verbrauchen. Solange sei der Kläger von der Unterhaltspflicht ihr gegenüber ganz befreit.

Die Revision rügt Verletzung des § 1579 Abs. 2 BGB. Die Rüge ist begründet. Die Beklagte hatte von vornherein geltend gemacht, die Vorschrift des § 1579 Abs. 2 könne ihr gegenüber nicht zur Anwendung kommen. Wenn sie genötigt werden sollte, ihr geringes Kapital anzugreifen, um davon ihr Leben zu fristen, so würde das Kapital in etwa 5 Jahren verbraucht sein. Sie müßte dann der Armenpflege zur Last fallen und bei ihrem, viele und teure Pflege beanspruchenden Krankheitszustand (Knochenerweichung) in kurzer Zeit zugrunde gehen. In den Jahren 1910 bis 1915 habe sie allein für ihre Krankheit rund 9000 M aufgewendet; der Unterhalt habe schon in normalen Zeiten jährlich 3270 M erfordert; bei den jetzigen Teuerungsverhältnissen würde man die Kosten dafür auf das Vierfache veranschlagen können. Ihr Vermögen bestehe in $3^1/_2$ prozentigen Papieren, deren Kurs nur noch 66 betrage. Wenn sie diese jetzt verkaufen müsse, würde der Verfall ihres Vermögens rapid sein.

Das Berufungsgericht ist auf dies Vorbringen nicht eingegangen. Der Grund liegt in der unzutreffenden Auffassung des § 1579 Abs. 2. Das Berufungsgericht legt die Vorschrift dahin aus, daß der Mann von seiner Unterhaltspflicht ganz befreit sei, solange die Frau den Unterhalt aus dem Stamm ihres Vermögens bestreiten könne. Wäre diese Ansicht richtig, so würde allerdings die Entscheidung des Berufungsgerichts nicht zu beanstanden sein. Denn daß die Beklagte noch einige Zeit von ihrem Vermögen leben kann, ist nicht zu bezweifeln. Die Auffassung des Berufungsgerichts kann aber nicht gebilligt werden. Wie das Reichsgericht wiederholt ausgesprochen hat, ist § 1579 Abs. 2 nicht so zu verstehen, daß die schuldlos geschiedene Frau darauf hingewiesen werden dürfte, ihr Stammvermögen in jeder noch so unwirtschaftlichen Weise hinzugeben, nur damit der schuldige Ehemann von einer Unterhaltsleistung frei bleibe. Vielmehr setzt § 1579 Abs. 2 eine solche Verwendbarkeit des Stammvermögens der Frau zu ihrem Unterhalte voraus, die sich wirtschaftlich rechtfertigen läßt und nicht die dauernde Sicherung ihres Unterhalts in Zweifel stellt. Urteil vom 19. April 1915 IV 603/14, vom 4. März 1918 IV 407/17 Leipz. Zeitschr. 1918 Sp. 984.

Es kann zugegeben werden, daß der Wortlaut des § 1579 Abs. 2 die Auslegung, die das Berufungsgericht ihm gibt, zuläßt, vielleicht sogar für sie spricht. Dem Sinne des Gesetzes wird sie aber nicht gerecht. Der § 1579 Abs. 2 bildet eine Ausnahme von der Vorschrift des § 1578 Abs. 1. Danach hat der allein für schuldig erklärte Mann der geschiedenen Frau Unterhalt insoweit zu gewähren, als sie ihn nicht aus den Einkünften und — unter gewissen Voraussetzungen — aus dem Ertrag ihrer Arbeit bestreiten kann. Diese Vorschrift erfuhr bei den Beratungen der 2. Kommission für den Fall, daß die in § 1579 Abs. 1 angegebenen Voraussetzungen vorliegen, eine Milderung dahin, daß die Frau auch genötigt sein sollte, auf den Stamm ihres Vermögens zurückzugreifen (Prot. Bd. 4 S. 524). Aber dafür, daß der Mann schon dann von seiner Verpflichtung befreit sein sollte, wenn die Frau ein auch noch so kleines Vermögen besitzt, und daß diese Befreiung bis zur völligen Aufzehrung dieses Vermögens dauern soll, findet sich in den Verhandlungen kein Anhalt. Vielmehr muß entsprechend der Regelvorschrift des § 1578 Abs. 1 auch § 1579 Abs. 2 dahin verstanden werden, daß der Mann nur insoweit befreit wird, als die Frau den Unterhalt aus dem Stamme ihres Vermögens bestreiten kann. . . .

Im Sinne des § 1579 Abs. 2 ist danach die Frau nur dann imstande, den Unterhalt dem Stamme ihres Vermögens zu entnehmen, wenn und soweit dieser nach dem gewöhnlichen Laufe der Dinge unter Berücksichtigung ihrer zukünftigen Vermögens- und Erwerbsverhältnisse für ihre voraussichtliche Lebensdauer zum Unterhalt ausreicht. Unwirtschaftliche Maßnahmen können ihr dabei nicht angesonnen werden. Inwieweit solche Unwirtschaftlichkeit anzunehmen ist, ist Tatfrage des Einzelfalles.

Zu beachten ist dabei aber folgendes: Wenn sich bei der Prüfung ergibt, daß der Stamm des Frauenvermögens nur zur Aufbringung eines Teiles ihres standesmäßigen Unterhalts genügt, so folgt daraus noch nicht, daß der Mann nun verpflichtet wäre, den fehlenden Betrag zuzuschießen. Vielmehr ist jetzt wieder § 1579 Abs. 1 Satz 2 die maßgebende Norm. Es ist also nunmehr zu untersuchen, was mit Rücksicht auf die Bedürfnisse sowie auf die Vermögens- und Erwerbsverhältnisse aller Beteiligten der Billigkeit entspricht. Diese Prüfung kann unter Umständen zu einer völligen Befreiung des Mannes von der Unterhaltspflicht gegenüber seiner geschiedenen Frau führen (RGZ. Bd. 75 S. 433). Aus Billigkeitsrücksichten gegenüber den übrigen Beteiligten, insbesondere dem Manne, könnte also auch der Frau zugemutet werden, für sie unwirtschaftliche Maßregeln, wie den vorzeitigen Verbrauch ihres Kapitals und den Verkauf von Wertpapieren trotz niedrigen Kursstandes, vorzunehmen.

Es ist also zunächst die Frage, ob und inwieweit die Frau den Unterhalt aus dem Stamme ihres Vermögens bestreiten kann (§ 1579 Abs. 2), nach den Regeln einer ordnungsmäßigen Wirtschaft, also objektiv, zu prüfen; wenn sich dabei ergibt, daß dies nur teilweise der Fall sein wird, so ist zu untersuchen, ob nicht die Verhältnisse der übrigen Beteiligten es billig erscheinen lassen, daß die Frau, statt den Mann auf Unterhaltsbeiträge in Anspruch zu nehmen, ihr Vermögen ohne Rücksicht auf die Grundsätze einer ordnungsmäßigen Verwaltung verbraucht (§ 1579 Abs. 1 Satz 2)." ...

---

81. Kann der Entschädigungsforderung des von eigenem Verschulden freien Versicherten entgegengehalten werden, daß sein Vertreter Anzeigen unterlassen hat, die zur Erhaltung des Anspruchs auf Entschädigung nach den Versicherungsbedingungen dem Versicherer zu erstatten sind?

VII. Zivilsenat. Urt. v. 12. Dezember 1919 i. S. Land-Feuersozietät der Provinz Br. (Bekl.) w. T. (Kl.). VII 215/19.

I. Landgericht II Berlin.
II. Kammergericht daselbst.

Der Kläger versicherte als Eigentümer eines landwirtschaftlichen Grundstücks dessen Gebäude bei der Beklagten gegen Feuersgefahr. Er machte, zum Heeresdienst einberufen, dem Ingenieur D. ein Kaufangebot über das Grundstück und verpachtete es ihm bis zur Annahme des Angebots. D. vermietete Gebäude des Grundstücks zur Unterbringung von Kriegsgefangenen. Es wurden neue Feuerstätten angelegt. Die vermieteten Gebäude brannten ab. Der Kläger forderte die Brandentschädigung; die Beklagte verweigerte die Zahlung, weil ihr weder die Verpachtung des Grundstücks mitgeteilt noch rechtzeitig Anzeige von der durch die Anlegung der Feuerstätten eingetretenen Gefahrerhöhung gemacht, der Brand aber auch auf Mängel der neuen Anlage zurückzuführen sei.

In den Vorinstanzen wurde die Beklagte nach dem Klagantrage verurteilt. Auf die Revision der Beklagten wurde das Berufungsurteil aufgehoben und die Sache in die Vorinstanz zurückverwiesen.

Gründe:

„Das Berufungsgericht nimmt zunächst an, daß den Kläger selbst kein Verschulden daran trifft, wenn, wie die Beklagte behauptet, die von der Gefahrerhöhung und den Sicherheitsvorschriften handelnden Bestimmungen ihrer Versicherungsbedingungen und die des Gesetzes über den Versicherungsvertrag nicht befolgt worden sind.

Dieser Beurteilung ist beigetreten. In der Verpachtung des Gutes und dessen Überlassung mit den versicherten Gebäuden an D. liegt keine Gefahrerhöhung, die der Einwilligung der Beklagten bedürfte. Daß der Kläger bei der Auswahl des D. es an der genügenden Sorgfalt habe fehlen lassen, ist nicht behauptet. Von den Vorgängen, aus denen die Beklagte die Befreiung von der Entschädigungspflicht herleitet, hat der im Felde stehende Kläger keine Kenntnis gehabt.

Die zur Entscheidung stehende Frage ist, ob der Kläger gleichwohl für die behauptete Nichtbefolgung der dem Versicherten bei Gefahrerhöhungen auferlegten Obliegenheiten einzustehen hat. In den Vorinstanzen ist diese Frage verneint. Die Revision will sie bejaht haben, weil D. Vertreter des Klägers gewesen sein. Habe D. die vorgeschriebenen Anzeigen unterlassen und Gefahrerhöhungen durch B. zugelassen, so müsse der Kläger dies nach §§ 242, 278, 831 BGB. gegen sich gelten lassen.

Darüber, ob der Versicherungsnehmer nur für sein eigenes Verschulden zu haften hat oder ob und wieweit er auch für Handlungen und Unterlassungen Dritter einzustehen hat, herrscht im Schrifttum große Verschiedenheit der Ansichten. Zu einer grundsätzlichen Stellungnahme gegenüber dieser Streitfrage bietet der vorliegende Rechtsstreit keinen Anlaß. Vielmehr ist auch ohne eine solche Entscheidung nach der tatsächlichen Lage des Falles hier zu einem von der Auffassung der Vorinstanzen abweichenden Ergebnis zu gelangen.

Das Berufungsgericht stellt über das vertragliche Verhältnis des D. zu dem Kläger in bezug auf das in Frage stehende Grundstück fest: D. sei in der in Frage kommenden Zeit nicht nur Pächter des Grundstücks gewesen, sondern es sei ihm auch der Eigentumserwerb angetragen, die Auflassung an ihn auch inzwischen erfolgt. Er habe als Eigentumsanwärter das Grundstück selbständig verwaltet und alle öffentlichen Lasten getragen. Er habe sich in seiner Anzeige an die Beklagte als Vertreter des Eigentümers bezeichnet, als solcher sei er auch von der Ehefrau des Klägers, und von der Beklagten fortgesetzt behandelt. Diese Eigenschaft habe ihm auch der Kläger eingeräumt und als dessen Vertreter habe er bei der Brandschadensermittelung mitgewirkt. Wenn der Kläger auch von den erwähnten Einzelheiten, weil er im Felde war, nichts gewußt habe, habe er doch durch den Pachtvertrag, das Angebot des Eigentumserwerbs und die Besitzübertragung dem D. schon vorher die von ihm eingetragene Stellung eingeräumt, D. sei mit dem Wissen und dem Willen des Klägers dessen „Repräsentant" in dem Versicherungsverhältnis gewesen.

Das Berufungsgericht schließt sich sodann der Rechtsprechung des Reichsgerichts (RGZ. Bd. 58 S. 342, Bd. 62 S. 190) darin an, daß § 278 BGB. hier nicht zur Anwendung zu bringen ist. Denn es handle sich bei der nach der Behauptung der Beklagten nicht rechtzeitig und nicht vollständig erstatteten Anzeige von der gefahrerhöhenden Verwendung der versicherten Gebäude nicht um von der Beklagten erzwingbare, bei Nichterfüllung in Schadensersatzansprüche übergehende Verbindlichkeiten im Sinne des § 278, sondern nur um Voraussetzungen für die Erhaltung des Anspruchs auf die Versicherungssumme. Scheide aber § 278 aus, so fehle es, auch wenn D. Repräsentant des Klägers war, an einer gesetzlichen Grundlage, den Kläger für dessen Verhalten haftbar zu machen. Weder aus den Bestimmungen des Bürgerlichen Gesetzbuchs noch aus den Vorschriften des Gesetzes über den Versicherungsvertrag oder aus dem in den Versicherungsbedingungen Vereinbarten sei die von der Beklagten verlangte Haftung des Klägers zu entnehmen.

Diesen Ausführungen ist, soweit sie die Anwendbarkeit des § 278 verneinen, unter Aufrechterhaltung der erwähnten Rechtsprechung beigetreten. Gefolgt aber kann dem Berufungsgerichte darin nicht werden, daß, wenn § 278 ausscheidet, es auch bei einem Verhältnis, wie es hier zwischen dem Kläger und D. festgestellt ist, an einer gesetzlichen Grundlage für die Haftung des Klägers fehlt. Es kann dahingestellt bleiben, welche Deutung der im Gesetze nicht gebrauchten Bezeichnung „Repräsentant" zu geben ist. Jedenfalls aber war D. nach der vorstehend erwähnten Feststellung hinsichtlich der Verwaltnng des hier in Betracht kommenden Grundstücks gewillkürter Vertreter des Klägers. Er war als Eigentumsanwärter zur selbständigen Verwaltung des Grundstücks ermächtigt. Zur Verwaltung eines Grundstücks gehört auch die Versicherung seiner Gebäude gegen Feuersgefahr, D. konnte sich deshalb, wie er es getan hat, auch der Beklagten gegenüber als Vertreter des Klägers bezeichnen, mit dem der Versicherungsvertrag abgeschlossen war. Trat er so der Beklagten gegenüber, so zeigte D. damit, daß er auch die dem Versicherungsnehmer in den Bedingungen auferlegten Obliegenheiten in Vertretung des Klägers erfüllen wolle und damit auch die bei Gefahrerhöhung erforderliche Anzeigepflicht für den Kläger übernommen habe. D., an den jetzt auch die Zahlung der Versicherungssumme beantragt ist, handelte bei der Vertretung des Klägers zugleich in seinem eigenen Interesse als Eigentumsanwärter.

Auf ein Verhältnis, wie es sich hier gestaltet hat, findet die Bestimmung des § 166 Abs. 1 BGB. entsprechende Anwendung. Es handelt sich zwar bei der Erfüllung der Obliegenheiten, welche in den Versicherungsbedingungen zur Erhaltung des Anspruchs auf die Versicherungssumme dem Versicherten auferlegt sind, nicht um Willenserklärungen im eigentlichen Sinne, immerhin aber doch um ein Handeln des Vertreters für den Vertretenen innerhalb des durch den Versicherungsvertrag begründeten Rechtsverhältnisses. Dieses Handeln beruhte ausschließlich auf dem Willensentschluß des Vertreters D. Denn dieser Willensentschluß setzt Kenntnis der auf dem Grundstücke vorgenommenen oder bevorstehenden Änderungen voraus, eine Kenntnis, die nicht der Kläger, sondern nur D. hatte. Nur aus seiner Person läßt sich deshalb beurteilen, ob durch das, was er getan oder unterlassen hat, Obliegenheiten, die in den Bedingungen dem Versicherungsnehmer vorgeschrieben sind, unerfüllt geblieben sind. Der dem § 166 Abs. 1 zugrunde liegende Rechtsgedanke kommt deshalb auch hier zur entsprechenden Anwendung. Diese Anwendung führt zu der Folgerung, daß, wenn der den Kläger in seinem Vertragsverhältnis zu der Versicherungsgesellschaft vollständig vertretende D. gegen die dem Versicherungsnehmer bei Gefahrerhöhungen und hinsichtlich der Sicherheitsvorschriften auferlegten Obliegenheiten gefehlt hat, dies auch das Versicherungsverhältnis dem Kläger gegenüber berührt. Seine Nichtkenntnis und das sich daraus ergebende Fehlen des eigenen Verschuldens schützt den Kläger nicht, da hier für die Beurteilung der Sache die Person des Vertreters in Betracht kommt und dessen Kenntnis maßgebend ist.

Daß in dem Gesetz über den Versicherungsvertrag bei den in Frage kommenden Bestimmungen nur von dem Versicherten die Rede ist, und auch die Versicherungsbedingungen nur von dem Versicherungsnehmer sprechen, steht dieser Beurteilung nicht entgegen. Grundsätze des bürgerlichen Rechtes haben durch die den Regelfall im Auge habende Ausdrucksweise nicht abgeändert werden sollen. Es ist nicht ersichtlich, daß für Fälle, wie der vorliegende ist, eine Erleichterung in der Erfüllung der Bedingungen für den Versicherten hat eintreten sollen."

---

82. 1. Zur Anwendung des § 508 Satz 2 BGB. Kann das dort bezeichnete Recht durch Parteivereinbarung ausgeschlossen werden? Unter welchen Voraussetzungen ist ein Verzicht auf dieses Recht anzunehmen?

V. Zivilsenat. Urt. v. 13. Dezember 1919 i. S. der Akt.-Ges. Z. & Co. (Bekl.) w. die Firma H. (Kl.). V 338/19.

I. Landgericht Freiburg i. Br.
II. Oberlandesgericht Karlsruhe.

Die Klägerin war Eigentümerin eines Anwesens am Hauptbahnhofe in Fr. mit den Hausnummern 32, 34, die an der Straße selbst liegen und ihren ursprünglichen Besitz bildeten, und mit den später dazu erworbenen Hintergebäuden Nr. 34a, 26a, b, c, d. Sie hatte das Anwesen allmählich zum fabrikmäßigen Betriebe der Großbuchbinderei ausgebaut, dann aber seit 1912 den Betrieb in einen anderweit errichteten Neubau verlegt. Die Gebäude standen nun zum großen Teile leer und die Klägerin suchte sie anderweit zu verwerten. Da sich kein Käufer fand, schloß sie am 9. August 1913 einen Mietvertrag über einzelne der vereinigten Fabrikgrundstücke mit der Firma Dr.-Werke GmbH. und am 14. August 1913 einen solchen mit der Beklagten. Durch den letzteren, in notarieller Form geschlossenen Vertrag mietete die Beklagte das Hauptgebäude Nr. 34 und bedang sich in den §§ 9 und 10 dieses Vertrags ein Vormietrecht an dem angrenzenden Vordergebäude Nr. 32 und ein Vorkaufsrecht an beiden Gebäuden für die Dauer des Mietvertrags aus. Zur Ausübung des Vorkaufs sollte nach § 9 die Klägerin den etwa abgeschlossenen Kaufvertrag vorlegen und die Beklagte binnen 14 Tagen erklären, ob sie von dem Vorkaufsrechte Gebrauch machen wolle. Blieb die Erklärung aus oder lautete sie abschlägig, so sollte das Vorkaufsrecht erlöschen und die Beklagte verpflichtet sein, die Löschung zu bewilligen. Das Vorkaufsrecht wurde im Grundbuch eingetragen.

In dem Mietvertrage vom 9. August 1913 und in Nachtragsverträgen vermietete die Klägerin den Dr.-Werken den größten Teil der Hintergebäude, die durch eine zwischen den Vordergebäuden 32 und 34 befindliche Durchfahrt und durch Zufahrtswege im Norden und Süden zu erreichen waren, auf die Dauer von 10 Jahren. Im § 11 des Vertrags vom 9. August 1913 war ein Vorkaufsrecht in Beziehung auf das Grundstück Nr. 26b und das Kesselhaus (Nr. 26d) vereinbart, doch kam es hier weder zu einer notariellen Beurkundung noch zur Eintragung im Grundbuch.

Die Klägerin bemühte sich weiter um den Verkauf des Fabrikanwesens und fand einen Käufer in dem Ingenieur G., dem früheren Geschäftsführer der Dr.-Werke, der nach Auflösung dieser Gesellschaft alleiniger Inhaber der Firma geworden war. Der Preis für das ganze Anwesen wurde auf 335000 M festgesetzt und in dem Entwurfe, den die Klägerin am 25. August 1917 dem Kaufvertrage zugrunde gelegt wissen wollte, mit Rücksicht auf das Vorkaufsrecht der Beklagten auf die einzelnen Grundstücke verteilt. Auf Nr. 34 sollten danach 110000 M, auf Nr. 32 95000 M entfallen. G. ging jedoch darauf nicht ein; er vertrat die Auffassung, daß das Vorkaufsrecht nach § 508 Satz 2 BGB. nur in bezug auf den ganzen Vertrag ausgeübt werden dürfe, und verlangte Aufnahme einer Bestimmung, wonach beim Durchgreifen der gegenteiligen Auffassung der ganze Kaufvertrag unwirksam werde. Die Klägerin trat nun in Briefwechsel mit der Beklagten, die jedoch die Übernahme des ganzen Anwesens ablehnte und den Vorkauf für die beiden damit belasteten Grundstücke verlangte. Am 22. Oktober 1917 wurde der Kaufvertrag mit G. als Inhaber der Dr.-Werke nach dessen Entwurf notariell abgeschlossen und im § 7 die Unwirksamkeit des Kaufvertrags für den Fall vereinbart, daß der Vorkauf der Einzelgrundstücke durchdringe. Auf die Vorlegung dieses Kaufvertrags antwortete die Beklagte, daß sie an ihrem vertragsmäßigen Vorkaufsrechte für die Häuser Nr. 32 und 34 festhalte und gegen den beabsichtigten Mitverkauf protestiere.

Die Klägerin erklärte darauf das Vorkaufsrecht für erloschen und erhob Klage auf Erteilung der Löschungsbewilligung. Das Landgericht wies die Klage ab, das Oberlandesgericht gab ihr statt. Die hiergegen von der Beklagten eingelegte Revision hatte keinen Erfolg.

Aus den Gründen:

„... Das Landgericht hatte angenommen, auf das im § 508 Satz 2 BGB. dem Vorkaufsbelasteten eingeräumte Recht der Erstreckung des Vorkaufs auf alle für den Gesamtpreis verkauften Grundstücke und demgemäß auch auf die Frage, ob die Aussonderung der vorkaufsbelasteten Grundstücke ohne Nachteil für den Verpflichteten möglich sei, komme es nicht an, weil die bezeichnete Gesetzesvorschrift nachgiebiges Recht bilde und aus den Vereinbarungen der Miets- und Vorkaufsverträge zu entnehmen sei, daß sie nach dem Willen der Parteien nicht zur Anwendung kommen, der Vorkauf vielmehr auf die in dem Vertrage bezeichneten Grundstücke beschränkt werden sollte. Durch den Vertrag seien die beiden Vorder- und Hauptgebäude erkennbar als eine selbständige wirtschaftliche Einheit ausgeschieden und dasselbe gelte von den besonders vermieteten und zugunsten des Mieters mit einem selbständigen Vorkaufsrechte belasteten Hintergebäuden.

Der Berufungsrichter hat demgegenüber ausgeführt, bei Anwendung des § 508 BGB. komme es auf das Vorhandensein einer wirtschaftlichen Einheit zwischen den zum Gesamtpreis verkauften Gegenständen nicht an. Entscheidend sei vielmehr nur, ob die Sachen ohne Nachteil für den Eigentümer beim Verkauf hätten getrennt werden können. Sei dies nicht der Fall gewesen, so könne er die Erstreckung des Vorkaufs auf alle verkauften Sachen verlangen. Zwar handle es sich um nachgiebiges Recht, das durch Parteivereinbarung ausgeschlossen werden könne, den Beweis eines solchen Ausschlusses aber habe die Beklagte nicht erbracht. Von der Bestimmung des § 508 Satz 2 BGB. habe bei Abschluß des Miet- und Vorkaufsvertrags weder die Klägerin noch die Beklagte Kenntnis gehabt. Aus dem Inhalte des Vertrags sei aber ebensowenig wie aus dem Verhalten der Klägerin vor und nach dem

Vertragschluß zu folgern, daß sie auf das Recht, das Anwesen im ganzen zu verkaufen, hätte verzichten wollen. Durch den Abschluß selbständiger Mietverträge und die Einräumung selbständiger Vorkaufsrechte habe sie keineswegs die frühere wirtschaftliche Einheit des Ganzen aufheben und in selbständige Teile zerlegen wollen. Die Mietverhältnisse hätten gekündigt werden können, sie hätten nicht das ganze Anwesen umfaßt, auch sei der Zusammenhang der einzeln vermieteten Teile, namentlich mit dem Kesselhause, nicht vollständig aufgehoben worden, sondern bestehen geblieben. Die Klägerin sei fortdauernd um den Verkauf des Ganzen bemüht gewesen, die Einräumung von Vorkaufsrechten an Teilen dieses Ganzen habe dem nicht entgegengestanden § 508 Satz 2 BGB. komme hiernach zur Anwendung und es sei durch die Beweisaufnahme auch festgestellt, daß bei Abschluß des Verkaufs eine Trennung der einzelnen Teile ohne Nachteil für die Klägerin nicht möglich gewesen sei. G. habe das Anwesen nur im ganzen kaufen wollen, auch lehre die tägliche Erfahrung, daß größere zusammenhängende Anlagen, worin Großbetriebe untergebracht werden könnten, einen verhältnismäßig höheren Preis erzielten als kleinere Anlagen. Wenn auch eine vollständige wirtschaftliche Trennung der Grundstücke durch eine Änderung der bisherigen Teilung nach den Gutachten der Sachverständigen möglich sei, so sei sie doch aus dem vorerwähnten Grunde unvorteilhaft. Es sei dargetan, daß die Klägerin nicht in der Absicht gehandelt habe, die Beklagte zu schädigen. Sie könne daher Löschung des durch die Ablehnung der Beklagten erledigten Vorkaufsrechts verlangen.

Diese Ausführungen beruhen im wesentlichen auf einer tatsächlichen Würdigung des Sachverhalts und lassen weder einen Rechtsirrtum noch einen Verstoß gegen die Denkgesetze erkennen. Die Revision hat sie nur insoweit angegriffen, als sie die Außerkraftsetzung der Vorschrift des § 508 Satz 2 BGB. durch Parteivereinbarung verneinen. Auch hier ist indessen dem Berufungsrichter ein Verstoß nicht zur Last zu legen. Es ist nicht anzuerkennen, daß die festgestellten Parteivereinbarungen der Anwendung des § 508 Satz 2 BGB. entgegenstehen. Es kommt dabei, da die Vermietung von Teilen der einheitlichen Sache hierfür ohne Bedeutung ist, im wesentlichen nur die Einräumung von Vorkaufsrechten an solchen Teilen in Betracht. Daraus mag zu folgern sein, daß die Klägerin damals die Zerschlagung des Ganzen ins Auge gefaßt hatte und gegebenenfalls durchzuführen bereit war. Es bestand aber für sie kein Zwang. Sie konnte, auch wenn sie, wie festgestellt, den § 508 Satz 2 BGB. nicht kannte, das an Zeitablauf und Kündigung gebundene Vorkaufsrecht zum Erlöschen bringen und es blieb ihr also die Möglichkeit, trotzdem einen vorteilhaften Gesamtverkauf abzuschließen. Liegt aber kein unbedingter Verzicht auf den Gesamtverkauf vor, so kann auch kein Verzicht der Klägerin auf das ihr unbekannte Recht des § 508 Satz 2 BGB. angenommen werden."...

83. Zur Anwendung des § 1353 BGB. Kann mit der Klage auf Herstellung des ehelichen Lebens auch ein Unterhaltsanspruch (§ 1360 BGB.) verfolgt werden?

VI. Zivilsenat. Urt. v. 15. Dezember 1919 i. S. Ehem. M. (Bekl.) w. Ehefr. M. (Kl.). VI 336/19.

I. Landgericht Leipzig.
II. Oberlandesgericht Dresden.

Die Klägerin hat auf Herstellung der ehelichen Gemeinschaft geklagt und begehrt, daß ihr der Beklagte ein monatliches Taschengeld von 25 *M* gewähre, daß er ihr ihren häuslichen Wirkungskreis ordnungsmäßig überlasse, insbesondere es unterlasse, die zur Führung des Hauswesens benötigten Waren und Gegenstände zu verschließen, und daß er ihr eine Hilfe zur Verrichtung der gröberen Arbeiten, wie Waschen und Scheuern, bestelle. Der Beklagte hat unter Berufung auf § 1568 BGB. Widerklage auf Scheidung der Ehe erhoben. Die häusliche Gemeinschaft der Ehegatten bestand und besteht fort. Der erste Richter hat die Klage abgewiesen und der Widerklage willfahrt. Das Berufungsgericht hat diese abgewiesen und nach dem Antrage der Klage erkannt. Die Revision des Beklagten hatte teilweise Erfolg.

Aus den **Gründen**:

„Gegen das Urteil zur Klage wendet die Revision ein, die Ausgestaltung der ehelichen Lebensgemeinschaft im einzelnen könne nicht zum Gegenstand besonderer Ansprüche gemacht werden. Nach § 1354 BGB. stehe dem Manne die alleinige Entscheidung in allen das gemeinschaftliche eheliche Leben betreffenden Angelegenheiten zu. Wenn die Klägerin sich durch einen Mißbrauch seines Rechtes gekränkt fühle und Abhilfe nicht erreichen könne, stehe ihr frei, die eheliche Gemeinschaft aufzuheben und, wenn sie wolle, nach § 1568 BGB. auf Scheidung zu klagen. Eingriffe des Richters in das Entscheidungsrecht des Ehemanns könnten nur zu unmöglichen Zuständen führen, seien also völlig zwecklos und höchstens geeignet, die Gegensätze unter den Ehegatten zu verschärfen.

Diesen Ausführungen konnte nicht beigetreten werden: sie stehen nicht im Einklang mit der vom Gesetze getroffenen Regelung.

Nach § 1353 Abs. 1 BGB. sind die Ehegatten einander nicht etwa bloß zu häuslicher Gemeinschaft, sondern zu „ehelicher Lebensgemeinschaft" verpflichtet. Diese Verpflichtung umfaßt alle, auch die nicht im Gesetzbuche besonders hervorgehobenen Pflichten, die sich nach dem Wesen der Ehe aus den persönlichen Beziehungen der Ehegatten zueinander ergeben, so die Verpflichtung zur häuslichen Gemeinschaft, aber auch zu wechselseitiger Treue und Beistandleistung, zur Gestattung des Geschlechtsverkehrs, zur Gestattung der Leitung des Hauswesens durch die Frau (§ 1356). Die Verletzung jeder dieser Pflichten, nicht nur der Pflicht zum Zusammenleben, rechtfertigt das Verlangen des verletzten Ehegatten nach Herstellung der vollen ehelichen Lebensgemeinschaft und begründet damit sein Recht, von dem anderen Ehegatten die Erfüllung der gerade verletzten Pflicht zu verlangen. Die Vorschrift des § 1353 Abs. 1 und 2 hat daher Anwendung zu finden nicht bloß dann, wenn ein Ehegatte die häusliche Gemeinschaft aufgibt, sondern in allen Fällen, wo irgendeine der aus dem persönlichen Verhältnis der Ehegatten entspringenden Pflichten verletzt und vom anderen Ehegatten deren Erfüllung verlangt wird. Das Gesetz gibt ihm das Recht, auf Erfüllung der Pflichten der §§ 1353 flg. BGB. zu klagen — eine Klage, die, soweit die persönlichen Verpflichtungen der Ehegatten in der bezeichneten Richtung in Frage kommen, den Namen „Klage auf Herstellung des ehelichen Lebens" führt (vgl. §§ 606 flg. ZPO., Mot. zum Entw. des BGB. Bd. 4 S. 104, 108, 109; Prot. 2. Lesung Bd. 5 S. 99; RGZ. Bd. 51 S. 182, 185, Bd. 59 S. 256, Bd. 95 S. 330; Warneyer 1912 Nr. 262, 1915 Nr. 287 auf S. 449 vorl. Abs.; Jur. Wochenschr. 1910 S. 817 Nr. 38). Anerkannt ist weiter, daß in Fällen dieser Rechtsverfolgung der Klagantrag und der Urteilsausspruch zu spezialisieren haben, welche der Pflichten der §§ 1353 flg. BGB. der Beklagte erfüllen soll. Daß in der Entscheidung RGZ. Bd. 51 S. 186 a. E. zugelassen wird, die Spezialisierung in den Gründen zum Ausdruck zu bringen und solchenfalls in der Formel sich auf den Ausspruch der Herstellung des ehelichen Lebens schlechthin zu beschränken, steht dem nicht entgegen.

Daß solche Spezialisierung praktisch Schwierigkeiten bereiten kann, ist insbesondere in der 2. Kommission zur Sprache gekommen; nach Prot. Bd. 4 S. 99 (unter VA) hat man aber geglaubt, es dabei bewenden lassen zu sollen.

Die Revision will demgegenüber eine Einschränkung insbesondere aus der Vorschrift des § 1354 BGB. für die Fälle entnehmen, wo es sich um die „das gemeinschaftliche eheliche Leben betreffenden Angelegenheiten" handelt, deren Kreis die von der vorliegenden Klage erhobenen Einzelbegehren insgesamt zugehören. Sie macht geltend, im Umfange des § 1354 habe der Mann zu bestimmen, und, wo er bestimmt hat, sei für einen richterlichen Ausspruch abändernden Inhalts kein Raum, die Frau könne nur den Gehorsam verweigern, die Gemeinschaft aufheben und letzten Endes auf Scheidung klagen. Die Revision will mithin im Bereiche des § 1354 eine Herstellungsklage nur dem Manne, nicht auch der Frau gewähren: auf Klage des Mannes könnte danach das Gericht zwar die Weigerung der Frau für gerechtfertigt erklären — nicht aber könnte die Frau im Klageweg erreichen, daß eine Änderung der Entschließung des Mannes und eine demgemäß geänderte Gemeinschaftshaltung durch Urteil geboten wird.

Für diese Betrachtungsweise der Revision gibt indessen das Gesetz keinen Anhalt. Ist die Herstellungsklage als solche für jede Verletzung der aus dem persönlichen Verhältnis der Ehegatten entspringenden Pflichten gegeben, so kann es keinen Unterschied machen, ob jene Verletzung aus Mißbrauch des ehemännlichen Bestimmungsrechts (§ 1354 Abs. 2 BGB.) entfließt oder ohne solche Voraussetzung besteht. Es ist kein innerer Grund ersichtlich, warum die Angelegenheiten des § 1354, dessen Regelung im Abs. 2 doch nur eine Folge des in § 1353 ausgesprochenen Grundsatzes ist, anders als alle übrigen in das Gebiet der ehelichen Lebensgemeinschaft gehörigen Pflichten behandelt werden sollten.

Von den mit der vorliegenden Klage erhobenen Einzelbegehren gehören das Verlangen, eine Hilfskraft zur Besorgung gewisser Arbeiten im Hauswesen bestellt zu erhalten, und das, die für die Besorgung des Hauswesens nötigen Waren und Gegenstände nicht mehr abzuschließen, in das Bereich des § 1356 BGB. und betreffen das erstere die Pflicht, das zweite das Recht zur Leitung des Hauswesens und zur Arbeit darin. Insoweit besteht daran, daß die Herstellungsklage gegeben ist, nach dem Ausgeführten kein Zweifel.

Dagegen gehört das Verlangen des Taschengelds, wie auch das Berufungsgericht nicht verkennt, in das Bereich der Unterhaltsgewährung (§ 1360 BGB.); zweifelhaft kann erscheinen, ob auch hierfür die Herstellungsklage gegeben ist, ob insoweit nicht mit einer gewöhnlichen Klage vorzugehen ist. Die praktische Bedeutung der Frage liegt darin, daß für die Herstellungsklage, weil sie Ehesache im Sinne der §§ 606 flg. ZPO. ist, nicht aber für die regelmäßige Unterhaltsklage die besonderen Verfahrensvorschriften der §§ 606, 607, 612 — 615, 617 — 619, 622, 626, 628 sowie die Vorschrift des § 888 Abs. 2 gelten, nach welcher letzteren insbesondere für den einer Herstellungsklage willfahrenden Urteilsausspruch keine Vollstreckbarkeit gegeben ist.

Darüber ob mit der Herstellungsklage auch ein Unterhaltsanspruch im Sinne des § 1360 BGB. verfolgt werden kann, besteht Meinungsverschiedenheit. Die Frage wird teilweise schlechthin verneint[1], teilweise wird die Klage als während der Dauer der Gemeinschaft einziger Behelf

[1] Planck[3] Vorbem. 5 vor § 1353, Endemann[8, 9] § 171. 1, Stein[11] ZPO. vor § 606 III 5, 6 u. a.; Rechtspr. OLG. 18, 261. D. E.

schlechthin zugesprochen.[1] Teilweise wird neben der Feststellungsklage die regelmäßige Unterhaltsklage gewährt, je nachdem der Anspruch auf Verletzung der persönlichen Gemeinschaftspflichten gestützt wird oder nicht[2], wogegen wieder andere darauf abstellen, ob der Anspruch auf Geld oder auf die Ausgestaltung der Naturalunterhaltsgewährung gerichtet ist.[3]

Daß in vorliegendem Falle der Anspruch auf das Taschengeld lediglich mit der Herstellungsklage verfolgt wird, kann nicht bezweifelt werden; daß das Berufungsgericht den Anspruch mit einem Herstellungsurteile nach § 1353, 1360 BGB. zusprechen will, sagt es ausdrücklich. Dies kann nach der Sachlage auch rechtlich nicht beanstandet werden. Nach den vom Berufungsgerichte festgestellten eigenen Einräumungen des Beklagten gewährt er der Klägerin zur Bestreitung ihrer kleineren Bedürfnisse nur dasselbe Taschengeld, wie seinen ersteheIichen Töchtern, 1,50 *M* wöchentlich. Die Klägerin beschwert sich — nach Ansicht des Berufungsgerichts mit Recht — darüber; es könne ihr nicht zugemutet werden, sich, wenn sie Geld für ihre persönlichen Bedürfnisse brauche, jedesmal erst an den Beklagten zu wenden und ihn unter Darlegung des Zweckes, zu dem sie das Geld verwenden wolle, und der Notwendigkeit der Ausgabe darum anzugehen. Das Berufungsgericht hält diese Beschwerde für begründet und den Betrag von 25 *M* monatlich für angemessen. Die Ehegatten leben tatsächlich in häuslicher Gemeinschaft: es handelt sich um eine nähere Ausgestaltung dieses Gemeinschaftslebens. Nach der Klagebegründung wie nach der Beurteilung steht nicht die Frage im Vordergrund, ob der Beklagte ausreichend für jene „kleineren Bedürfnisse" der Klägerin sorgt, wofür das Taschengeld Verwendung finden soll, sondern wie er das tut: der Frau soll die unwürdige Lage erspart werden, wegen jeder kleineren persönlichen Ausgabe den Mann angehen zu müssen, um ihm Grund und Betrag der Ausgabe darzulegen und seine Einwilligung einzuholen. Das ist recht eigentlich eine Frage des persönlichen Zusammenlebens und der von Ehegatten wechselseitig geschuldeten Rücksicht und Achtung. So begründet liegt in der Tat ein Fall der Herstellungsklage vor, wogegen nicht entscheidend ins Gewicht fallen kann, daß das hier in Rede stehende Einzelbegehren auf einen Geldbetrag gerichtet ist. Ob unter anderen

---

[1] Gauß, Die Klage auf Herstellung des ehelichen Lebens (Tübinger Diss. 1910) S. 58 IV.

[2] Staudinger[7·8] § 1360 Erl. 8; Joerges, Die eheliche Lebensgemeinschaft (1912) S. 37, 49.

[3] Wieruszowski, Handbuch des Eherechts I 128, Enneccerus, II 2 § 32 Anm. 7 S. 109. Ohne Meinungsverschiedenheit wird eine regelmäßige Unterhaltsklage angenommen in den Fällen der §§ 1361 u. 1578 BGB. (bei Getrenntleben u. nach Ehescheidung). D. E.

als den hier gegebenen Voraussetzungen für eine dem Unterhalte dienende Geldleistung während bestehender ehelicher Gemeinschaft nicht die regelmäßige Unterhaltsklage der gegebene Rechtsbehelf ist, braucht hier nicht entschieden zu werden.

Nach der zuletzt hervorgehobenen Klagebegründung zu diesem Einzelbegehren erschien es übrigens nicht zutreffend, das verlangte Taschengeld für die Zeit schon vom 1. April 1918 an zuzusprechen. Allerdings greift auch für die Fälle des § 1360 BGB. nach Abs. 3 das. die Vorschrift des § 1613 ein, wonach der Unterhaltsberechtigte auch für die Vergangenheit Erfüllung oder Schadensersatz wegen Nichterfüllung, und zwar von der Zeit an fordern kann, wo der Verpflichtete in Verzug gekommen oder der Unterhaltsanspruch rechtshängig geworden ist. Der nach dem Sachvorbringen der Vorinstanzen allein in Betracht kommende letztere Zeitpunkt liegt nach dem 1. April 1918. Wie ausgeführt, richtet sich aber der dem Klaganspruche zu diesem Teile zugrunde liegende Vorwurf im Sinne des § 1353 BGB. überhaupt seinem wesentlichen Gehalte nach gegen das von der Klägerin als kränkend empfundene persönliche Verhalten des Beklagten, bezüglich dessen eine Nachholung oder Wiederherstellung für die Vergangenheit ebensowenig in Betracht kommen kann, wie bezüglich der bisher versagten Bestellung einer Hilfskraft oder des bisher geübten Abschließens von Waren und Gegenständen für das Hauswesen. Diesem Sinne des Klagbegehrens entspricht es mithin, die dem Beklagten auferlegten Leistungen insgesamt erst für die Zeit von der rechtskräftigen Entscheidung dieses Rechtsstreits an zu fordern. Diese Einschränkung ist mit der in die Urteilsformel aufgenommenen Maßgabe ausgedrückt worden." ...

---

84. Kann wegen des Sachschadens, der während der Bauzeit einer Kleinbahn durch den Verkehr der Arbeitszüge verursacht wird, der Bauunternehmer ohne den Nachweis eines Verschuldens in Anspruch genommen werden?

BGB. §§ 906, 1004; Preuß. Gesetz über Kleinbahnen und Privatanschlußbahnen vom 28. Juli 1892 § 17.

VI. Zivilsenat. Urt. v. 15. Dezember 1919 i. S. Ostdeutsche Eisenbahn-Gesellschaft (Bekl.) w. Feuersozietät für die Provinz Ostpreußen (Kl.). VI 258/19.

I. Landgericht Königsberg i. Pr.
II. Oberlandesgericht daselbst.

Der J.-Kleinbahn-Aktiengesellschaft war die Genehmigung erteilt worden, das von ihr betriebene Kleinbahnnetz durch Ausbau einer mit Dampflokomotiven zu betreibenden Kleinbahn von der Station W. nach dem Masurischen Kanal zu erweitern. Ihr gegenüber hatte sich die Beklagte durch einen Bauvertrag verpflichtet, jene Verlängerungsstrecke betriebsfertig herzustellen. Während der Bauzeit, am 5. Mai 1916, wurde durch Funkenwurf aus der Lokomotive eines Arbeitszuges auf dem Vorwerk W. ein Brand hervorgerufen. Acht Gebäude brannten nieder und ein neuntes wurde beschädigt. Die Klägerin, bei der der Eigentümer gegen Feuer versichert war, entschädigte ihn durch Zahlung von 18960 *M*. Aus abgetretenen Rechten ihres Versicherungsnehmers sowie wegen Forderungsübergangs nach § 67 VVG. nahm sie wegen eines Teilbetrags ihrer Aufwendungen die Beklagte in Anspruch.

Das Landgericht erkannte nach dem Klagantrage, die Berufung der Beklagten wurde zurückgewiesen, ebenso ihre Revision.

Aus den Gründen:

„Das Oberlandesgericht nimmt an, daß die Beklagte auch ohne den Nachweis eines Verschuldens für den Brandschaden einzustehen habe, weil dem Rechtsvorgänger der Klägerin durch besondere Vorschrift des öffentlichen Rechts, infolge der der staatlichen Genehmigung des Bahnbaus beizulegenden Wirkung die Befugnis zur Abwehr von Störungen seines Eigentums mittels Klage aus § 1004 BGB. entzogen und ihm zum Ersatze hierfür ein Anspruch auf Erstattung des durch solche Störungen angerichteten Schadens gegeben sei. Diese Auffassung steht durchaus im Einklange mit der vom Berufungsrichter angeführten Rechtsprechung des Reichsgerichts (vgl. RGZ. Bd. 58 S. 130, Bd. 59 S. 70; Jur. Wochenschr. 1905 S. 131 Nr. 1, 1910 S. 580 und 619; Warneyer 1913 Nr. 226).

Die Revision sieht davon ab, diesen Rechtsgrundsatz an sich zu bekämpfen, sie bestreitet aber, daß die Ostdeutsche Eisenbahngesellschaft die rechte Beklagte sei, weil sie nur als Bauunternehmerin tätig gewesen sei, mit dem Betriebe der Kleinbahn selbst aber nichts zu tun habe. In dieser Hinsicht führt der Vorderrichter aus, die der J.-Kleinbahn-Aktiengesellschaft durch die behördliche Genehmigung erteilte Berechtigung, in deren Rahmen den Bahnbetrieb ohne Rücksicht auf die Interessen und Befugnisse der der Bahnstrecke anliegenden Grundeigentümer einzurichten und durchzuführen, sei notwendigerweise auch auf die Beklagte übergegangen, als jene sich ihrer zur Einrichtung der genehmigten Bahnanlage bediente. Wenn in einzelnen Reichsgerichtsentscheidungen besonderes Gewicht darauf gelegt sei, daß die Entschädigungspflicht demjenigen obliege, der den Vorteil daraus ziehe, daß dem Eigentümer die Möglichkeit der Abwehr schädigender Einwirkungen entzogen sei, so treffe dieser Umstand auch bei der Beklagten zu, sofern sie, im Auftrag und als Helferin der Betriebsunternehmerin handelnd, durch ihre Maßnahme zu einer Beeinträchtigung des Eigentums des Rechtsvorgängers der Klägerin Anlaß gegeben habe.

Die Auffassung des Berufungsgerichts ist zu billigen. Zwar sei der Revision zugegeben, daß sich der finanzielle Vorteil der Beklagten auf die ihr für die Bahnbauarbeiten zu gewährende Vergütung beschränkt haben mag. Trotzdem war es aber für sie nicht gleichgültig, ob ihre Auftraggeberin kraft der behördlichen Genehmigung befugt war, das Unternehmen ohne Rücksicht auf den Willen der Anlieger der Bahnstrecke durchzuführen. Hätte ihr dies Recht nicht zugestanden, und wären Einsprüche von Anliegern erfolgt, so würde nicht nur ihr der Betrieb der Bahnlinie, sondern auch der Beklagten die Ausübung ihres Gewerbebetriebs auf der Grundlage des abzuschließenden Werkvertrags unmöglich gemacht worden sein. Da sich die Beklagte gerade mit Eisenbahnbauten gewerbsmäßig befaßt, ist sie wirtschaftlich an jeder Genehmigung einer neuen Bahnlinie oder sonstiger Eisenbahnbauten interessiert, da ihr hauptsächlich dadurch gewerbliche Tätigkeitsfelder eröffnet werden. Demzufolge gereichen die mit solchen Genehmigungen durchweg verbundenen Eigentumsbeschränkungen der Anlieger auch der Beklagten zum Vorteil, wenngleich ihr nur die Bauarbeiten übertragen sind. Die Enteignungsbefugnis kommt dabei weniger in Betracht, als die — auch im vorliegenden Falle allein interessierende — Entziehung des sonst dem Eigentümer nach § 1004 BGB. zustehenden Rechts, von dem Störer seines Eigentums die Beseitigung und Unterlassung von Beeinträchtigungen zu verlangen.

Die Entscheidung ist jedoch nicht lediglich darauf abzustellen, ob der Beklagten ein Vorteil dieser Art zugewendet war. Die Ansicht des Berufungsgerichts erweist sich auch deshalb als richtig, weil das preuß. Kleinbahngesetz im § 17 eine besondere Feststellung des Bauplans durch die genehmigende Behörde anordnet, vor welcher der Bahnbau regelmäßig nicht begonnen werden darf. Eine solche behördliche Gestattung hat aber ohne weiteres die Wirkung, daß die hinsichtlich der Benutzung ihrer Grundstücke beeinträchtigten Anlieger in der Ausübung der ihnen nach den §§ 906, 1004 BGB. zustehenden Eigentumsbefugnisse beschränkt werden, indem ihnen nicht die Klage auf Beseitigung oder Unterlassung der Beeinträchtigung, sondern nur die auf Leistung von Schadensersatz gegeben ist (vgl. RGZ. Bd. 59 S. 70). Diese Rechtslage tritt sonach bereits zugunsten dessen ein, der den Bau der Kleinbahn ausführt, mag es der Eisenbahnunternehmer selbst oder ein von ihm damit betrauter Bauunternehmer sein. Da also während der Bauzeit auch die Beklagte jene bevorzugte Rechtsstellung innehatte und vor Klagen gemäß § 1004 BGB. geschützt war, entspricht es der allgemeinen Erwägung, welche die Rechtsprechung zur ersatzweisen Gewährung eines Anspruchs auf Schadloshaltung auch ohne Verschulden des Schädigers bestimmt hat, diesen auch in der Richtung gegen den Bauunternehmer, die Beklagte, zuzulassen.

Die Gedankenverbindung mit § 1004 BGB. bestätigt die Annahme, daß die Beklagte zu Recht verklagt ist, ferner auch unter dem Gesichtspunkt, daß sie als Störer im Sinne jener Gesetzesvorschrift erscheint, und somit der negatorische Anspruch, wenn er überhaupt gegeben wäre, sich mit gegen sie richten würde. Störer ist in erster Reihe derjenige, welcher durch seine Benutzung des Nachbargrundstücks die Einwirkungen verursacht; in Ansehung des Funkenflugs aus Lokomotiven von Bauzügen kommt also zunächst die den Bau ausführende Beklagte in Betracht. Auch nach der in Staudingers Kommentar zum BGB. Anm. 3bδ zu § 1004 BGB. vertretenen einschränkenden Auffassung, wonach bei einer in fremdem Auftrage verübten Störung die Klage in erster Reihe gegen den Auftraggeber zu richten ist und der Beauftragte nur verklagt werden kann, wenn durch ihn der Zustand der Beeinträchtigung aufrecht erhalten wird, würde im vorliegenden Falle die Beklagte possiv legitimiert erscheinen; denn natürlich wollte sie den Verkehr ihrer Arbeitszüge auch nach dem Brandunglücke fortsetzen.

Endlich greift die namentlich in älteren Entscheidungen (RGZ. Bd. 17 S. 103 und Urteil vom 24. September 1901 III 250/01) betonte Erwägung, als Haftungsgrund habe eine im Gewerbebetrieb erfolgte Betriebshandlung zu gelten, die ihrer Natur nach das Eigentum Dritter gefährde, während der Eigentümer auf Einstellung des mit obrigkeitlicher Genehmigung unternommenen Betriebs nicht klagen könne, zweifellos auch gegenüber der Beklagten ein. Denn hinsichtlich der Schädigung durch Funkenwurf ist das Fahren der Arbeitszüge in der Bauzeit nicht weniger gefährlich, als der Betrieb der fertiggestellten Eisenbahnstrecke.

Alle diese Erwägungen führen zu demselben Ergebnis. Demnach ist die Ostdeutsche Eisenbahn-Gesellschaft als die rechte Beklagte anzusehen. Ob neben ihr auch die J. Kleinbahn-Aktiengesellschaft haften würde, kann hier unerörtert bleiben." ...

---

85. Zum Begriff der „Obhut" im Sinne der bei der Haftpflichtversicherung üblichen allgemeinen Versicherungsbedingungen.

VII. Zivilsenat. Urt. v. 16. Dezember 1919 i. S. K. (Kl.) w. die „Vaterländische" u. „Rhenania", vereinigte Versicherungsgesellschaften (Bekl.). VII 260/19.

I. Landgericht Bautzen.
II. Oberlandesgericht Dresden.

Mit der Klage fordert der Kläger auf Grund des laut Versicherungsschein vom 15. September 1916 abgeschlossenen Versicherungsvertrags von der Beklagten Zahlung von 5061,95 *M*, die er seinerseits an die Aktiengesellschaft H. & Co. hat zahlen müssen, weil ein dieser gehöriges Pferd, das mit einem zweiten Pferde dem Kläger zum Beschlagen zugeführt und nach stattgehabter Beschlagung an einem in der Wand der Schmiede befestigten Ring angebunden war, dadurch verunglückte, daß es in ein auf dem Hofe der Schmiede befindliches Schleusenschrot geriet. Die Beklagte hat ihre Zahlungsverpflichtung mit Hinweis auf die Bestimmung in § 5 Abs. 4 Satz 2 der Versicherungsbedingungen bestritten, wonach Beschädigungen von Sachen, die dem Versicherungsnehmer zur Bearbeitung oder zu sonstigen Zwecken in Gewahrsam oder Obhut übergeben oder von ihm übernommen worden sind, nicht unter die Versicherung fallen. Das Landgericht verneinte das Vorliegen eines Ausnahmefalles und verurteilte die Beklagte nach dem Klagantrage. Das Oberlandesgericht wies die Klage ab. Auf die Revision des Klägers wurde das Berufungsurteil aufgehoben und die Berufung des Beklagten zurückgewiesen.

Aus folgenden Gründen:

„Das Berufungsgericht hat im Gegensatze zum Landgericht die den Versicherungsschutz ausschließende Bestimmung des § 5 Abs. 4 der Allgemeinen Versicherungsbedingungen für anwendbar erachtet, indem es annimmt, daß das verunglückte Pferd zum Zwecke des Beschlagens in die Obhut des Klägers gelangt sei und sich auch nach dem Beschlagen noch so lange in dessen Obhut befunden habe, als es sich auf dem Schmiedegrundstücke befand. Dem hiergegen gerichteten Angriffe der Revision war der Erfolg nicht zu versagen.

Allerdings ist dem Berufungsrichter darin nicht entgegenzutreten, daß eine Übergabe der zu bearbeitenden Sache in die Obhut des mit der Bearbeitung beauftragten Versicherungsnehmers im Sinne der Versicherungsbedingungen schon dann als erfolgt anzusehen ist, wenn eine auf unversehrte Erhaltung der Sache gerichtete Fürsorgepflicht als mit der Entgegennahme der Sache zur Bearbeitung, wenn auch nur stillschweigend, übernommen zu gelten hat. Aus dieser nicht zu beanstandenden Auffassung des Begriffs des „Übergebens in Obhut" im Sinne der Versicherungsbedingungen läßt sich aber für den hier zur Entscheidung stehenden Fall nur die Folgerung ziehen, daß dem klagenden Schmiede während der Dauer der ihm übertragenen Arbeit des Beschlagens selbst eine derartige Fürsorgepflicht ohne weiteres oblag und danach das zu beschlagende Pferd während des Beschlagens selbst in dessen Obhut gegeben war. Dagegen läßt sich aus dem auf Vornahme des Beschlagens gerichteten Werkvertrage nicht ohne weiteres die weitergehende Verpflichtung des Schmiedes herleiten, auch dafür Sorge zu tragen, daß das bereits beschlagene Pferd auch während des Beschlagens des zweiten Pferdes vor Beschädigung bewahrt werde. In einem solchen Falle ist beim Nichtvorliegen von besonderen Umständen, welche für eine andere Auffassung sprechen, davon auszugehen, daß mit der Fertigstellung des Beschlagens und der sich anschließenden Wegführung des beschlagenen Pferdes von dem Beschlagplatze und dem Anbinden an den hierzu bestimmten Ring durch den Kutscher der Pferdeeigentümerin die Fürsorgepflicht des klagenden Schmieds endigte und von da ab eine Obhut des Klägers im Sinne der Versicherungsbedingung nicht mehr bestand. Damit ist keineswegs das Bestehen einer Verpflichtung des Klägers unvereinbar, den zum Anbinden der Pferde den Kunden zur Verfügung gestellten Platz in einer die Pferde nicht gefährdenden Beschaffenheit zu erhalten."...

---

86. 1. Grenzen der Rechtskraftwirkung eines Urteils gegenüber demjenigen, dem der Streit verkündet worden ist.

2. Welche Grundsätze sind bei Prüfung der Frage anzuwenden, ob im Einzelfalle die für die Errichtung von Testamenten gegebenen Formvorschriften beobachtet sind?

3. Unter welchen Voraussetzungen ist die gemäß § 2244 Abs. 2 BGB. dem Testament als Anlage beigefügte Übersetzung als Teil des Protokolls anzusehen?

ZPO. §§ 74, 68; BGB. § 2244 Abs. 2 und 3; Reichsgesetz über die Angelegenheiten der freiwilligen Gerichtsbarkeit § 176 Abs. 2.

III. Zivilsenat. Urt. v. 16. Dezember 1919 i. S. preuß. Staat (Bekl., und P. (Nebeninterv.) w. G. (Kl.). III 6/17.

I. Landgericht Memel.
II. Oberlandesgericht Königsberg.

In dem gerichtlich aufgenommenen Testamente vom 6. April 1911 hatten die W.schen Eheleute sich gegenseitig zu Erben eingesetzt und die Kläger zu Erben des zuletzt Versterbenden berufen. Da beide Erblasser erklärt hatten, daß sie nur der litauischen Sprache mächtig seien, war mit ihnen unter Zuziehung des litauischen Dolmetschers R. verhandelt worden. Das Protokoll schließt mit den Worten:

„Diese Verhandlung ist den Testatoren in deutscher Sprache und von dem litauischen Dolmetscher auch in der beigefügten Übersetzung laut vorgelesen, von ihnen genehmigt und wie folgt, eigenhändig unterschrieben worden", worauf die Unterschriften der beiden Erblasser, des Richters, des Gerichtsschreibers und des Dolmetschers folgen. Die litauische Übersetzung trägt am Schlusse den Vermerk: „Für die richtige Übersetzung N. Dolmetscher". Nach dem Tode der Ehefrau W. schloß ihr Ehemann eine zweite Ehe. Er starb im Februar 1915. Seine Witwe klagte in einem Vorprozesse gegen die jetzigen Kläger auf Feststellung der Nichtigkeit des Testaments vom 6. April 1911. Die damaligen Beklagten verkündeten dem preußischen Staate und dem Assessor P., der das Testament aufgenommen hatte, den Streit, ohne daß diese in den Prozeß eintraten. Das Landgericht gab dem Antrage der Klägerin statt, weil es in dem Protokolle die in § 2244 Abs. 3 BGB. vorgeschriebene Feststellung vermißte, daß der Dolmetscher die litauische Übersetzung angefertigt oder beglaubigt habe. Dieses Urteil ist rechtskräftig geworden. Die damaligen Beklagten erhoben nunmehr mit der Behauptung, daß sie als Testamentserben mehr erhalten haben würden, wie als gesetzliche Miterben, gegen den preußischen Staat Klage mit dem Antrage, dessen Verpflichtung festzustellen, ihnen den Schaden zu ersetzen, der ihnen bei der Auseinandersetzung wegen des Nachlasses der W.schen Eheleute aus der Nichtigkeit des Testaments vom 6. April 1911 erwächst. Das Landgericht und das Oberlandesgericht erachteten das Klagebegehren für begründet. Auf die Revision des früheren Gerichtsassessors P., dem der Beklagte den Streit verkündet hatte, wurde die Klage abgewiesen aus folgenden

Gründen:

„Infolge der Streitverkündung im Vorprozesse müssen der Beklagte und der Nebenintervenient die Nichtigkeit des Testaments vom 6. April 1911 auch gegen sich gelten lassen (§ 74 Abs. 2 und 3, § 68 ZPO.). Insoweit ist das Urteil des Vorprozesses auch für den vorliegenden Rechtsstreit maßgebend. Dagegen ist in jenem Urteile die für die damalige Entscheidung völlig belanglose Frage eines etwaigen Verschuldens des Testamentsrichters, von deren Bejahung die Schadensersatzpflicht des Beklagten abhängt (§ 839 BGB., § 1 preuß. Staatshaftungsgesetzes vom 1. August 1909), überhaupt nicht berührt. In bezug auf sie hat der Richter daher nunmehr gänzlich freie Hand. Er hat somit sämtliche Voraussetzungen der dem Nebenintervenienten zur Last gelegten Fahrlässigkeit selbständig zu prüfen und festzustellen und muß diese Fahrlässigkeit verneinen, wenn er die Überzeugung gewinnt, der Nebenintervenient habe der Vorschrift des § 2244 Abs. 3 BGB. entsprechend in dem Protokolle mit hinreichender Deutlichkeit zum Ausdrucke gebracht, daß der Dolmetscher die litauische Übersetzung angefertigt oder beglaubigt habe. Einer solchen Feststellung würde das Vorprozeßurteil nicht etwa deshalb entgegenstehen, weil es die Ungültigkeit des Testaments mit der entgegengesetzten Annahme begründet (vgl. Urteil des erkennenden Senats vom 28. November 1905 in III 169/05). Denn die Streitverkündung bezweckt lediglich, dem Streitverkündeten in dem demnächstigen Prozesse zwischen ihm und einer der Hauptparteien den Einwand, der frühere Rechtsstreit sei unrichtig entschieden, sowie alle Ausführungen, die in dem letzteren bereits gemacht sind oder wenigstens hätten gemacht werden können, insoweit abzuschneiden, als sie sich gegen das im Vorprozeßurteile festgestellte Rechtsverhältnis oder die dort ausgesprochenen Rechtsfolgen wenden. In dem Feststellungsprozesse wollten nun die damaligen Parteien die zwischen ihnen streitig gewordene Frage, ob das Testament vom 6. April 1911 wirksam sei oder nicht, zum Austrage bringen, und nur über diesen Streitpunkt ist in ihm rechtskräftig entschieden worden. Die Nichtigkeit des Testaments bildet jedoch nur einen Teil des Tatbestands, aus dem die Schadensersatzpflicht des Beklagten hergeleitet wird. Auf denjenigen Teil dieses Tatbestands aber, der nicht Gegenstand des Feststellungsprozesses gewesen ist, — und dazu gehört die Frage eines für die Nichtigkeit des Testaments ursächlichen richterlichen Verschuldens in ihrem ganzen Umfang, — erstreckt sich die durch die Streitverkündung erweiterte Rechtskraftwirkung des Vorprozeßurteils nicht.

Unzweifelhaft handelt es sich in § 2244 Abs. 2 und 3 BGB. um zwingendes Recht, um wesentliche Formvorschriften, von deren Beobachtung die Rechtswirksamkeit eines Testaments abhängt. Deshalb darf aber die Entscheidung der Frage, ob sie im Einzelfalle beobachtet sind, nicht etwa in formalistischem Sinne getroffen werden. Jedem starren Formalismus ist vielmehr, wie überall im Rechtsleben, so auch hier mit Nachdruck entgegenzutreten. Er würde ebensosehr den Bedürfnissen des Verkehrs und den Zwecken der Testamentserrichtung wie dem Geiste des Gesetzes selbst widersprechen. Das Rechtsempfinden des Volkes verlangt, daß allein der Wille des Erblassers dafür maßgebend ist, was nach seinem Tode mit dem Nachlasse geschehen soll. Die Testamentserrichtung soll daher, soweit das im Rahmen menschlicher Einrichtungen überhaupt möglich ist, volle Gewähr dafür schaffen, daß der Wille des Testators richtig ermittelt und richtig niedergeschrieben wird. Die Formerfordernisse der Testamentsaufnahme sind vom Gesetze mithin nicht um ihrer selbst willen, sondern zur Sicherung des letzten Willens des Erblassers, also in dessen Interesse und in dem der Bedachten aufgestellt worden. Deshalb dürfen sie nicht zu Fallstricken werden, welche die Absichten des Gesetzgebers vereiteln und den letzten Willen des Erblassers um seine Wirksamkeit bringen. Dieser muß vielmehr immer, soweit es mit dem Wortlaute der Formvorschriften irgend vereinbar ist, zur Anerkennung gebracht werden. Man wird also bei Prüfung der Frage, ob sie eingehalten sind, keinen zu strengen

Maßstab anlegen dürfen. Es wird insbesondere nicht nur an der bisherigen Rechtsprechung des Reichsgerichts, nach der die notwendigen Protokollfeststellungen nicht mit den Worten des Gesetzes zu erfolgen brauchen und zur Aufhellung etwaiger Zweifel und Unklarheiten auch Vorgänge und Tatsachen, die mit der Testamentsaufnahme in innerem Zusammenhange stehen, mit herangezogen werden können (vgl. RGZ. Bd. 86 S. 385), festzuhalten, sondern es werden auch überhaupt die Anforderungen an die Form dieser Feststellungen so gering als möglich zu bemessen sein, und das um so mehr, als die Niederschrift von Testamenten häufig unter erschwerenden Umständen, z. B. zur Nachtzeit in spärlich erleuchtetem Krankenzimmer bei hochgradiger Schwäche des Erblassers, geschehen muß.

Die Tatsachen nun, welche der Richter nach § 2244 Abs. 3 BGB. zu beurkunden hat, sollen die sichere Feststellung ermöglichen, daß dem nur einer fremden Sprache mächtigen Erblasser seine letztwilligen Anordnungen so, wie der Richter sie deutsch hat niederschreiben lassen, auch in seiner Muttersprache zur Kenntnis gebracht sind. Sie sollen die Gewißheit gewähren, daß nicht eine beliebige, sondern gerade die von dem vereideten Dolmetscher angefertigte oder wenigstens beglaubigte Übersetzung dem Erblasser vorgelesen ist und dessen Genehmigung gefunden hat. Hinsichtlich dieser Feststellung unterscheidet sich aber der vorliegende Fall wesentlich von dem in dem Urteile des IV. Zivilsenats vom 11. März 1915 (Jur. Wochenschr. 1915 S. 582 Nr. 16) behandelten. Hier schloß das Protokoll mit den Worten:

„Dies Protokoll ist dem Testator deutsch, die litauische Übertragung vom Dolmetscher litauisch vorgelesen, von ihm genehmigt und wie folgt eigenhändig unterschrieben worden",

während es in dem Testamente vom 6. April 1911 heißt, „die Verhandlung sei den Testatoren ... von dem litauischen Dolmetscher in der beigefügten Übersetzung vorgelesen." Der Nebenintervenient hat also, was in dem anderen Testamente nicht geschehen ist, in dem Protokoll auf die ihm beigefügte Übersetzung ausdrücklich Bezug genommen. Das rechtfertigt die von der Revision vertretene Auffassung, daß er sie infolgedessen für einen Bestandteil des gerichtlichen Protokolls gehalten und geglaubt habe, die Richtigkeit des Dolmetschervermerks auf ihr mit zu beurkunden und sonach zu bezeugen, daß der Dolmetscher die Übersetzung angefertigt oder beglaubigt habe. Das Oberlandesgericht meint freilich, einer solchen Auffassung stehe § 176 Abs. 2 FrGG. entgegen, der eine Anlage als Protokollteil nur dann gelten läßt, wenn auf sie in der protokollierten Erklärung der Beteiligten zwecks deren Ergänzung verwiesen wird. Dem ist jedoch entgegenzuhalten, daß § 176 Abs. 2 a. a. O. die Frage, ob und wann eine Anlage Protokollbestandteil ist, erschöpfend weder regeln will noch regelt. Sie ist vielmehr immer nur nach Lage des Einzelfalls zu entscheiden. In dieser Beziehung kommt hinsichtlich der Testamente fremdsprachiger Personen folgendes in Betracht: Die Erblasser erklären und genehmigen tatsächlich nur den Inhalt der ihnen allein verständlichen fremdsprachigen Urkunde als ihren letzten Willen. Diese Urkunde muß dem deutschen Protokoll als Anlage beigefügt werden und kann und soll unter Umständen zur Erläuterung eines möglicherweise nicht völlig klaren oder mehrdeutigen deutschen Ausdrucks oder Satzes dienen. Deshalb bildet sie ihrer Bedeutung, ihrer Zweckbestimmung und der Natur der Sache nach einen wesentlichen Bestandteil des Testamentsprotokolls. Das Berufungsgericht hat aber bei Erörterung der Frage, ob die von ihm vermißte Feststellung in dem letzteren enthalten sei, nicht nur dies, sondern auch verschiedene andere mit der Testamentserrichtung in untrennbarem Zusammenhange stehende Umstände nicht beachtet. So ergibt das Protokoll, daß der Richter den Dolmetscher von dem Gerichtssitze nach dem Wohnorte der Erblasser mitgenommen hat. Die Mitnahme erfolgte selbstverständlich, damit er die nach § 2244 Abs. 2 BGB. erforderliche litauische Übersetzung anfertige oder beglaubige und den Testatoren zur Genehmigung vorlese. In dem Protokoll ist denn auch, worauf schon der Berufungsrichter hinweist, die Erklärung der W.schen Eheleute, nur der litauischen Sprache mächtig zu sein, und ferner erwähnt, daß deshalb mit ihnen unter Zuziehung des Dolmetschers verhandelt worden sei. Um die Bedeutung dieses Satzes recht zu würdigen, muß man sich die Vorgänge bei der Testamentserrichtung klar vergegenwärtigen. Der Richter kann sich mit den Erblassern litauisch nicht verständigen. Er erfährt erst durch den litauischen Dolmetscher, was sie hinsichtlich ihres Nachlasses verordnen wollen. Nur nach dessen Angaben läßt er ihren litauisch erklärten letzten Willen deutsch niederschreiben. Nimmt man nun noch hinzu, daß andere Personen als die Erblasser, der Richter, der Gerichtsschreiber und der Dolmetscher in dem Protokoll als anwesend nicht aufgeführt sind, so erscheint es ausgeschlossen, daß nicht der dazu berufene und zu diesem Zwecke mitgereiste Dolmetscher, sondern ein nicht genannter Dritter das deutsche Testament in das Litauische zurückübertragen und die Richtigkeit der Übersetzung beglaubigt hat. Alles das hätte neben oder vielmehr im Zusammenhange mit dem Schlußsatze des Protokolls berücksichtigt werden müssen.

Hätte das Oberlandesgericht dies unter Zugrundelegung der vorstehenden Rechtsausführungen getan, so wäre es möglicherweise zu dem Ergebnis gelangt, daß dem Protokolle mit hinreichender Deutlichkeit die richterliche Bestätigung der Anfertigung oder Beglaubigung der litauischen Übersetzung durch den Dolmetscher zu entnehmen sei. Ob die geschilderten Umstände indessen zu einer solchen Feststellung nötigen, kann dahingestellt bleiben, denn sie sind jedenfalls derart, daß der Nebenintervenient nach Lage des Falles mit gutem Grunde und ohne Verletzung der ihm durch sein Amt und die Wichtigkeit seiner Aufgabe gebotenen Sorgfalt des Glaubens sein konnte, er hätte dem § 2244 Abs. 3 BGB. nach jeder Richtung hin genügt. Ist danach eine Fahrlässigkeit des Testamentsrichters nicht anzuerkennen, so fehlt es dem Klaganspruch an der erforderlichen rechtlichen Grundlage."

---

87. Ist § 222 Abs. 2 ZPO. auf Ausschlußfristen für die Beschreitung des Rechtswegs anzuwenden?

III. Zivilsenat. Urt. v. 18. Dezember 1919 i. S. T. (Kl.) w. Deutsches Reich (Bekl.). III 299/19.

I. Landgericht I Berlin.
II. Kammergericht daselbst.

Die auf Zahlung von Gehalt und Kaution gerichtete Klage des im Heeresdienst als Festungsbauwart beschäftigt gewesenen Klägers ist vom Berufungsgericht abgewiesen worden, weil die Klage erst nach Ablauf der sechsmonatigen Frist zur Beschreitung des Rechtswegs (§ 150 RBG.) erhoben sei. Auf die Revision des Klägers ist das Berufungsurteil aufgehoben worden aus folgenden

Gründen:

„Der Berufungsrichter weist den Gehalts- und Pensionsanspruch des Klägers ab, weil der Bescheid des Kriegsministers vom 29. November 1915 der endgültige und dem Kläger am 1. Dezember 1915 zugestellt sei, die Zustellung der Klage aber erst am 2. Juni 1916 stattfand und demnach der Kläger das Klagrecht verloren habe.

Dabei ist übersehen, daß der 1. Juni 1916 ein Feiertag (Himmelfahrt) war. Darum blieb die sechsmonatige Klagefrist durch Zustellung der Klage am 2. Juni als dem nächstfolgenden Werktage gemäß § 222 Abs. 2 ZPO. gewahrt. Die Anschauung des Beklagten, daß § 222 Abs. 2 ZPO. nicht eingreife, ist rechtsirrig. Der durch die Novelle vom 17. Mai 1898 unberührt gebliebene § 222 Abs. 2 (früher § 200 Abs. 2) hat, wie die Motive zur Zivilprozeßordnung betonen, dem Art. 329 ADHGB. und dem Art. 92 WO. entsprochen. Der Entwurf des Bürgerlichen Gesetzbuchs wollte eine derartige Vorschrift völlig ablehnen. Die Motive Bd. 1 S. 286—287 zu § 153 des Entwurfs begründeten dies mit dem Satze „die für den Wechsel- und Handelsverkehr sowie für den gerichtlichen Verkehr in dieser Hinsicht getroffenen besonderen Bestimmungen (WO. Art. 92, HGB. Art. 329, 330 Abs. 2, ZPO. § 200 Abs. 2, StPO. § 43 Abs. 2) haben in besonderen Verhältnissen ihren Grund und eignen sich nicht zur Übertragung auf das bürgerliche Recht." In der zweiten Kommission und in der Redaktionskommission wurde jedoch der § 193 BGB. geschaffen und zwar wurde zunächst die Leistung (Prot. Bd. I S. 190—193), sodann auch die Willenserklärung der Regel des Ersatzes des Sonn- oder Feiertags durch den nächstfolgenden Werktag unterworfen. Wegen dieser Beschränkung auf Willenserklärung und Leistung ließ sich, wie die Motive zur Zivilprozeßnovelle vom 17. Mai 1898 bemerken, der § 200 Abs. 2 (jetzt § 222 Abs. 2) nicht durch Verweisung auf das Bürgerliche Gesetzbuch beseitigen. Die in ihm gegebene, aus Sätzen des materiellen Rechtes entnommene, der Heilighaltung der Sonn- und Festtage und der guten Sitte dienende (Prot. Bd. 1 S. 191) Vorschrift ist eine durchgreifende Regel des gerichtlichen Verfahrens. Auch auf diese Regel wie auf die sämtlichen Bestimmungen der Zivilprozeßordnung über Klagerhebung, als auf unmittelbar eingreifende, nehmen alle die Gesetze Bezug, welche nach dem Vorgange des preußischen Gesetzes, betreffend die Erweiterung des Rechtswegs, vom 24. Mai 1861 § 2 das Anbringen der Klage innerhalb bestimmter Frist bei Verlust des Klagrechts fordern, so insbesondere das Militärpensionsgesetz vom 27. Juni 1871 § 114, das Reichsbeamtengesetz § 150, das Offizierpensionsgesetz § 39 und das Mannschaftsversorgungsgesetz § 42. Jene Regel des Endigens der Frist erst mit Ablauf des nächstfolgenden Werktags bedeutet eben, daß — wie § 193 BGB. es formuliert — der nächstfolgende Werktag an die Stelle des Sonn- oder Feiertags tritt, oder, anders ausgedrückt, daß die am nächstfolgenden Werktage zugestellte Klage als schon am Sonn- oder Feiertage zugestellt gilt — wie Art. 329 ADHGB. für den Tag der Erfüllung formuliert hatte. Die Frage, wann die Klage zugestellt ist, blieb stets eine ausschließlich zivilprozeßrechtliche. Diese Frage selbständig oder gar abweichend von der jeweils geltenden Zivilprozeßordnung zu beantworten, lag niemals im Rahmen und in der Absicht der bezeichneten Gesetze; sie überlassen diese Frage der jeweiligen Zivilprozeßordnung, indem sie die Eröffnung des Rechtswegs an den zivilprozeßrechtlichen Akt der Klagerhebung binden. Es ist also kein Gegengrund, daß § 222 Abs. 2 selbst, für sich allein, selbstverständlich nur die in der Zivilprozeßordnung gesetzten Fristen trifft. Eine dieser Fristen, nämlich die des § 586 ZPO., ist übrigens gerade eine Klagerhebungsfrist. Diesem § 586 Abs. 2 ist die Antragsfrist des § 28 Abs. 3 des Patentgesetzes vom 7. April 1891 nachgebildet, und daß auch für diese Antragsfrist der ganze § 222 ZPO. gilt, wird in RGZ. Bd. 65 S. 25 anerkannt, obwohl der § 28 darüber schweigt. Ebenso wird in RGZ Bd. 68 S. 58 anerkannt, daß im Anschluß an die sich nur in der Begründung zu § 28 des preußischen Stempelsteuergesetzes vom 31. Juli 1895 befindende Bemerkung „Die Berechnung der im Tarife bezeichneten Fristen soll sich nach den §§ 199, 200 ZPO. (ä. F.) richten", der jetzige § 222 ZPO. auf die Klagfrist des § 26 des Gesetzes selbst angewendet werden müsse. Es dient demnach nur der Deutlichkeit, daß das Reichsstempelgesetz vom 29. Mai 1885 § 32 (gleichlautend in den späteren Fassungen vom 27. April 1894 § 33, vom 14. Juni 1900 § 43, 3. Juni 1906 § 70, 22. Juli 1909 § 94 und 2. August 1913 § 110) und ebenso das Reichserbschaftssteuergesetz vom 3. Juni 1906 § 57 (§ 52 des Entwurfs) besagen: „Für die Berechnung dieser Frist (nämlich der Frist zur Erhebung der Klage) sind die Vorschriften der Zivilprozeßordnung maßgebend". Die Motive zu letzterem Gesetze bemerken dazu auch nur „Die §§ 38—59 (des Entwurfs) schließen sich im allgemeinen an bestehendes Recht an und bedürfen insoweit keiner Erläuterung". In dem Berichte der den Zivilrechtsweg in das Reichsstempelgesetz einführenden Reichstagskommission zum Entwurfe des Gesetzes vom 29. Mai 1885 (6. Legislaturperiode, 1. Session 1884/85, Aktenstück Nr. 286) heißt es allerdings S. 38: „Eine Verweisung auf die Berechnung dieser Frist, wie sie die Zivilprozeßordnung enthält, erschien geboten, weil die hier gesetzte Frist keine solche ist, welche ohne diese ausdrückliche Bestimmung unter die Vorschriften der Zivilprozeßordnung fällt." Diese Auslassung der Kommission ist jedoch irrig; die Regelung der Berechnung auch dieser Frist durch die Zivilprozeßordnung ergab sich schon aus der Bestimmung, daß das Klagrecht durch Klagerhebung binnen bestimmter Frist gewahrt werden muß; eben darum haben alle die vorbezeichneten Gesetze einen solchen ausdrücklichen Satz für unnötig erachtet." ...

---

88. 1. Kommt es für den Umfang des Zeichenschutzes darauf an, daß das eingetragene Zeichen ein sog. Defensivzeichen ist? Beschränkt sich der Umfang dieses Schutzes auf den des Hauptzeichens oder ist § 20 WZG. uneingeschränkt anwendbar?

2. Verwechslungsfähigkeit bei sog. schwachen Zeichen.

WZG. §§ 12, 20.

II. Zivilsenat. Urt. v. 19. Dezember 1919 i. S. R. & Co. (Bekl.) w. Sch. (Kl.). II 256/19.

I. Landgericht Barmen, Kammer für Handelssachen.
II. Oberlandesgericht Düsseldorf.

Für die Klägerin, die ebenso wie die Beklagte einen Ausfuhrhandel von deutschen Metallerzeugnissen insbesondere nach Niederländisch-Indien betreibt, sind folgende Warenzeichen in die Zeichenrolle des Patentamts eingetragen:

1. Bildzeichen: a) am 13. Mai 1896 unter Nr. 16464 ein halber Strahlenkranz, in dem sich ein Auge befindet,
   b) am 6. Januar 1896 unter Nr. 12544 derselbe Strahlenkranz ohne Auge.
2. Wortzeichen: a) am 5. Februar 1904 unter Nr. 66649: „Halber Strahlenkranz",
   b) am 6. September 1904 unter Nr. 71851: „Strahlenkranz".

Für die Beklagte sind in die Zeichenrolle des Patentamts eingetragen als Bildzeichen:

a) am 24. August 1909 unter Nr. 121046 ein voller Strahlenkranz, in dessen Innerem eine Axt oder Beil ohne Stiel sich befindet,
b) am 18. September 1909 unter Nr. 121607 ein Strahlenkranz, in dessen Innerem sich eine Axt mit Stiel befindet.

In den Zeichen der Klägerin und dem der Beklagten unter a) sind die Strahlen selbständig, keilförmig und mit der Spitze nach innen gerichtet, in dem Strahlenkranz der Beklagten zu b) bilden die Strahlen miteinander gleichmäßig verbundene Zacken. Sowohl die selbständigen Strahlen als die Zacken wechseln in sämtlichen Zeichen derart miteinander ab, daß auf zwei kürzere ein längerer folgt.

Die Klägerin erhob Klage auf Verurteilung des Beklagten, die Zeichen 121607 und 121046 löschen zu lassen. Vom ersten Richter abgewiesen, betonte sie namentlich, daß der Strahlenkranz, nicht das Auge, das Hauptmotiv des Zeichens sei und daß bei der bestimmungsgemäßen Verwendung des Zeichens im Verkehr und bei seiner Anbringung auf den Waren sowohl bei ihr als bei der Beklagten die zusätzlichen Bestandteile, das Auge hier und die Axt dort, zurückträten oder ganz verschwänden. Auch mit den für sie eingetragenen Wortzeichen seien daher die Warenzeichen der Beklagten verwechslungsfähig.

Die Beklagte machte demgegenüber u. a. geltend, daß für die Klägerin das Warenzeichen 12544 lediglich als Defensivzeichen eingetragen sei.

Das Oberlandesgericht gab der Klage statt. Die Revision führte zur Zurückverweisung der Sache in die Instanz.

Gründe:

„Das Berufungsgericht läßt dahingestellt, ob die Verwechslung der für die Beklagte eingetragenen Warenzeichen mit den beiden Wortzeichen der Klägerin begrifflich möglich und mit dem Bildzeichen 16464 wegen der dieses Zeichen mitbeherrschenden Darstellung des Auges ausgeschlossen sei, und stellt fest, daß eine die Löschung berechtigende Verwechslungsgefahr mit dem Bildzeichen 12544 vorliege, indem es unterstellt, daß dieses Zeichen von der Klägerin nur als sog. Defensivzeichen zum Eintrag gebracht worden sei, ihm aber gleichwohl die Schutzkraft aus §§ 12, 20 WZG. nicht versagt. Die Verwechslungsgefahr begründet das Berufungsgericht unter tatsächlicher Würdigung der Ähnlichkeiten und Verschiedenheiten der in Betracht kommenden Zeichen damit, daß der Strahlenkranz in beiden Zeichen das beherrschende und für die Bildwirkung wesentliche Element sei, namentlich bei der bestimmungsgemäßen Verwendung durch Einprägung auf den Eisenteilen der Werkzeuge in kleinerem Format am schärfsten ins Auge falle und somit als charakteristisches Bild vom Zeichen in der Erinnerung bleibe. Die dem Strahlenkranze von der Beklagten gegebenen Zusätze von Axt und Beil mit oder ohne Stiel seien nicht geeignet, das Erinnerungsbild an das Zeichen der Klägerin merklich zu beeinflussen; insbesondere scheide die Unterscheidungskraft für das Zeichen 121607 „so gut wie ganz" aus, weil dieses Zeichen überhaupt nur für Äxte und Beile eingetragen sei. Ebensowenig sei der Umstand von Belang, daß die Beklagte einen ganzen, die Klägerin einen halben Strahlenkranz verwende, da auch dies bei der bestimmungsgemäßen Verwendung häufig nicht deutlich in die Erscheinung trete.

Die Revision bekämpft die Gründe des Oberlandesgerichts nach zwei Richtungen hin. Einmal könne für ein nicht im Verkehr befindliches Defensivzeichen nicht der weite Grundsatz des § 20 WZG., sondern nur der des § 12 angewendet werden, wonach maßgebend lediglich die Gestalt der Eintragung sei, nicht eine etwaige Verwechslungsgefahr im Verkehr, in den es nicht gebracht sei. Sodann seien den Bildern von Axt und Beil die Unterscheidungsfähigkeiten nicht um deswillen zu versagen, weil sie sich auf die Waren bezögen, die die Beklagte vertreibe. Wenn ferner ein Strahlenkranz häufig als Warenzeichenelement verwendet werde, bildeten gerade die Zusätze zu ihm das Eigenartige und Unterscheidende. Den Erwägungen endlich, daß bei den Einprägungen auf die Eisenteile der Werkzeuge der Strahlenkranz allein schärfer in die Augen falle, sei entgegenzuhalten, daß bei dem Metallstempel ausweislich des überreichten Musters überhaupt nicht mehr zu erkennen sei, wie das Zeichen aussehe.

Daß das Berufungsgericht zur Vergleichung mit den Warenzeichen der Beklagten das Bildzeichen der Klägerin Nr. 16464 heranzieht, ist nicht zu beanstanden. Die Wortzeichen kommen nach der ständigen Rechtsprechung des Reichsgerichts für die Frage der Verwechslungsfähigkeit mit Bildzeichen ohnehin nicht in Betracht. Wenn ferner, wie es ebenfalls in der Rechtsprechung des Reichsgerichts feststeht und fast vom gesamten Schrifttum angenommen wird, der Schutz am Zeichen allein mit der Eintragung entsteht und es zur Begründung dieses Rechtes weder eines Gebrauchs des Zeichens noch einer bei der Anmeldung vorhandenen Absicht, es zu gebrauchen, bedarf, so kommt es auf die Beweggründe, aus denen die Eintragung und der Nichtgebrauch im Verkehr beruht, überhaupt nicht an, und es vermag zeichenrechtlich einen Unterschied nicht zu begründen, ob die Eintragung des Zeichens zu dem Zwecke bewirkt wird, ein anderes gebrauchtes Zeichen in seiner Schutzwirkung zu verteidigen (sog. Defensivzeichen), oder ob sonstwelche andere Zwecke, etwa sich einen Vorrat sofort verwendungsfähiger Zeichen zu halten, dabei verfolgt werden (RGZ. Bd. 18 S. 96, Bd. 69 S. 379). Alle diese Zwecke und Beweggründe liegen außerhalb des formellen Zeichenrechts und können von Bedeutung nur werden, soweit ihre Verfolgung die Grenzen des lauteren Wettbewerbs und guter Sitten, in denen auch das formelle Zeichenrecht seine Schranken findet, überschreiten ließe. Daraus folgt, daß auch die Frage nach der Verwechslungsgefahr für jedes eingetragene Zeichen in gleicher Weise nach den Grundsätzen des § 20 WZG. zu beurteilen ist und es einen Unterschied nicht machen kann, ob das eingetragene Zeichen die zeichenrechtlich nicht in Betracht kommende Eigenschaft eines Defensivzeichens hat oder nicht. Insbesondere wird durch diesen außerzeichenrechtlichen Schutzzweck nicht objektiv der Umfang des Schutzes des sog. Defensivzeichens, der ihm nach § 12 und 20 WZG. zukommt, auf den Umfang eines anderen Zeichens, dessen Schutz es dienen will, eingeschränkt. Die Entscheidung des erkennenden Senats RG. II 190/14 v. 1. Dezember 1914 (Markenschutz und Wettbewerb Bd. 14 S. 187, 189) steht nicht entgegen, da sie darauf beruht, daß in dem dort behandelten besonderen Falle die Vorschrift des § 826 BGB. anwendbar sei. Des Weiteren aber folgt, daß der Umstand, daß das Zeichen 16464 entsprechend seiner Eigenschaft als Defensivzeichen nicht im Verkehr Verwendung gefunden hat, darum noch nicht den Schutzumfang nach den Grundsätzen des § 20 WZG. entbehrt. Für die noch nicht in Verkehr gebrachten sog. Vorratszeichen hat dies der Senat bereits in RGZ. Bd. 97 S. 90 ausgesprochen. Es gilt das gleiche aber auch für die Defensivzeichen. Kommt diesen auch ohne Gebrauch im Verkehr der Schutz des § 12 WZG. zu, so genießen sie ihn auch im vollen Umfange des Gesetzes. Der § 20 aber bezweckt lediglich, den Umfang zu umschreiben, indem er ausspricht, daß sich der Schutz nicht bloß gegen identische Zeichen richtet, sondern auch gegen solche, die nach den Anschauungen des Verkehrs schon infolge ihrer bloßen Ähnlichkeit verwechslungsfähig sind. Vom Standpunkte des Verkehrs aus kann diese Feststellung aber auch dann vorgenommen werden, wenn die Zeichen noch nicht im Verkehr gebraucht worden sind, und ist gemäß § 5 jederzeit so auch vom Patentamte vorgenommen worden. Schon aus dieser letzteren Vorschrift erhellt, daß ein tatsächlicher Gebrauch bei der Prüfung der Verwechslungsfähigkeit nicht vorausgesetzt wird. Da im übrigen der eingetragene Inhaber auch eines Defensivzeichens nicht behindert ist, dieses jederzeit zu gebrauchen, so treffen auch für dieses die in dem Urteile RGZ. Bd. 97 S. 90 angestellten Erwägungen zu, daß dem eingetragenen Zeichen jede Kennzeichnungskraft genommen werden würde, wenn vorher die Verwendung eines verwechslungsfähigen Zeichens dem anderen Wettbewerber nachgelassen würde, da selbstverständlich dann das eingetragene Zeichen bei seiner späteren Verwendung die Waren als von ihm herrührend kennzeichnen würde. Für diese Behandlung der Defensivzeichen spricht auch noch folgende Erwägung. Gerade weil, wie die Rechtsprechung annimmt, Wort- und Bildzeichen je ihr besonderes Gebiet haben und daher grundsätzlich als nicht verwechslungsfähig zu behandeln sind, so ergibt sich vielfach das Bedürfnis, sich zum Schutze von Wortzeichen ein Bildzeichen und umgekehrt eintragen zu lassen, da eine tatsächliche Verwechslungsgefahr unter Umständen besteht. In derartigen Fällen würde aber das Defensivzeichen nach jener Rechtsprechung völlig den Zweck verfehlen, wenn man ihm nur den Schutz des Hauptzeichens zuerkennen wollte.

Dagegen sind die Angriffe der Revision, die sich gegen die Verwechslungsfähigkeit der Zeichen der Beklagten mit dem eingetragenen Zeichen der Klägerin Nr. 16464 richten, gerechtfertigt. Das Urteil enthält bei der Vergleichung der Zeichen der Beklagten mit dem Defensivzeichen der Klägerin einen Widerspruch. Es stellt in einwandfreier Weise fest, daß bei beiden Zeichen der Strahlenkranz das beherrschende Merkmal sei, das als Erinnerungsbild hafte, und nimmt an, daß durch den Strahlenkranz als solchen die Verwechslungsfähigkeit begründet werde. Zugleich unterstellt es aber auch, daß der Strahlenkranz ein „häufig vorkommendes Zeichen" sei und daß eine Verwechslungsgefahr nur deshalb vorliege, weil die Form des Strahlenkranzes bei beiden nach der besonderen Ausgestaltung der Strahlen die Verwechslung begünstige. Das setzt aber voraus, daß eben die besondere Gestaltung des Strahlenkranzes auch im Zeichen der Klägerin, dem die Zeichen der Beklagten ähneln, ihrerseits sich hinreichend von den übrigen häufig vorkommenden Zeichen Dritter unterscheidet und dadurch wegen dieser besonderen Gestaltung das Zeichen der Klägerin als Kennzeichnung gerade ihres Geschäftsbetriebs erkennbar ist. Daher wäre zu erwägen gewesen, ob nicht der Unterschied zwischen den klägerischen Zeichen und den vielfachen anderen Zeichen Dritter, die einen Strahlenkranz als gleiches charakteristisches Merkmal haben, derart verschwindet, daß der ganze Strahlenkranz nur zu einem sog schwachen zeichen wird (RGZ. Bd. 53 S. 96). In dieser Hinsicht mangelt es an ausreichender Feststellung, namentlich, ob und in welcher Form tatsächlich bei Waren gleicher Art von Dritten Warenzeichen mit Strahlenkränzen verwendet werden, wie die Beklagte behauptet hat.

Würde der Strahlenkranz als beherrschendes Element einer großen Anzahl von Warenzeichen verschiedener Zeicheninhaber festgestellt werden, so würde er allein nicht mehr als Kennzeichen der Waren gerade der Klägerin gelten können und die Verwendung dieses Elements in dem Zeichen der Beklagten keine Verwechslung mit der Herkunft aus dem Betriebe der Klägerin erzeugen. Es käme dann in der Tat darauf an, ob in dem Zeichen der Parteien andere Bestandteile enthalten wären, denen diese besondere Kennzeichnungskraft zukäme, und die nach Art und Weise der Anbringung des Zeichens auf den Waren auch diese ihre kennzeichnende Aufgabe erfüllen könnten. Von vornherein durfte dann auch den Zutaten in den Zeichen der Beklagten, die in den Abbildungen eines Beiles und einer Axt bestehen, nicht jede Bedeutung abgesprochen werden. Zutreffend ist es namentlich auch nicht, dies für die Waren zu tun, die selbst Äxte und Beile sind, was augenscheinlich mit Rücksicht auf § 4 Nr. 1 WZG. geschehen ist. Denn der Umstand, daß ein Motiv eines Zeichens, wie hier Axt und Beil, im allgemeinen Freizeichen ist, schließt nicht aus, daß die besondere Art der Ausgestaltung des Motivs im Einzelfalle dem Zeichen ein eigentümliches Gepräge mit besonderer Unterscheidungskraft gibt, wobei namentlich auch der Gesamteindruck des ganzen zusammengesetzten Zeichens in Betracht kommt. Einer Prüfung nach dieser Richtung hat sich das Berufungsgericht noch nicht unterzogen. Ferner kann aus dem Umstande, daß nach der notwendigen Art und Weise des Anbringens der Zeichen diese etwa maßgebenden Unterscheidungsmerkmale verschwinden und nur der Strahlenkranz als charakteristisches Merkmal übrig bleibt, dann nichts zuungunsten der Beklagten gefolgert werden, wenn aus dem gleichen Grunde auch in dem Zeichen der Klägerin die unterscheidenden Merkmale in der Gestaltung des Strahlenkranzes verschwinden. Denn dann liegt der Grund der Verwechslungsfähigkeit darin, daß die Klägerin überhaupt ein genügender Unterschiedskraft entbehrendes schwaches Zeichen gewählt hat und die unterscheidenden Merkmale in seiner besonderen Ausgestaltung nach der Art der Anbringung auf den Waren nicht zur Geltung kommen. Solchenfalls aber versagt der Schutz des § 12 WZG."

---

89. Eingetragene Genossenschaft mit unbeschränkter Haftpflicht. Ist eine Beitrittserklärung wirksam, die dem § 15 Abs. 1, nicht aber dem § 120 des Gesetzes, betr. die Erwerbs- und Wirschaftsgenossenschaften, vom 20. Mai 1898 entspricht?

II. Zivilsenat. Urt. v. 19. Dezember 1919 i. S. des B.'er Kreditvereins, eingetr. Genossensch. m. u. H. (Kl.) w. K. u. Gen. (Bekl.). II 391/19.

I. Landgericht Saarbrücken.
II. Oberlandesgericht Köln.

Die Beklagten haben, und zwar der Beklagte zu 2 im Jahre 1903, die übrigen Beklagten in den 1890er Jahren, je eine Beitrittserklärung folgenden Wortlauts:

„Ich erkläre hiermit durch meine Unterschrift, daß ich dem B.'er Kreditverein, e. G. m. u. H., als Genossenschafter beitrete"

unterschrieben und sie dem Vorstande des klagenden Vereins übergeben. Der Vorstand hat die Erklärungen je nach Eingang dem zuständigen Amtsgericht in S. eingereicht, das die Beklagten in die Liste der Genossen eingetragen und sie hiervon benachrichtigt hat. Die Beklagten haben das Eintrittsgeld entrichtet, ihre Geschäftsanteile ganz oder teilweise eingezahlt, Darlehne empfangen und Dividenden bezogen, im Jahre 1918 aber, als der klagende Verein in eine schwierige Vermögenslage geraten war, ihre Mitgliedschaft bestritten, weil ihre Beitrittserklärung nicht den Erfordernissen des § 120 (früher § 113) GenGes. entsprochen habe. Der Verein ist darauf mit dem Antrage klagbar geworden,

„festzustellen, daß die Beklagten Genossen sind, eventuell sie zu verurteilen, zu erklären, daß sie dem Kläger als Genossen beitreten und für die Verbindlichkeiten der Genossenschaft dieser sowie unmittelbar den Gläubigern derselben nach Maßgabe des Genossenschaftsgesetzes mit ihrem ganzen Vermögen haften".

Das Landgericht hat die Klage abgewiesen. Die Berufung des Vereins ist ohne Erfolg geblieben, ebenso die Revision.

Gründe:

... „Schon unter der Herrschaft des Gesetzes, betreffend die privatrechtliche Stellung der Erwerbs- und Wirtschaftsgenossenschaften, vom 4. Juli 1868, dessen § 2 Abs. 4 lautete:

„Zum Eintritt der einzelnen Genossenschafter genügt die schriftliche Erklärung",

hat das Reichsgericht in ständiger Rechtsprechung angenommen, daß der Beitritt zu einer eingetragenen Genossenschaft der Schriftform bedürfe und daß auch das einer solchen Genossenschaft gegebene Versprechen des Beitritts, wenn überhaupt, nur in dieser Form wirksam sei (RGZ. Bd. 1 S. 242, Bd. 8 S. 3, Bd. 14 S. 90). Das Gesetz, betreffend die Erwerbs- und Wirtschaftsgenossenschaften, vom 1. Mai 1889 (jetzt vom 20. Mai 1898), das nicht, wie das frühere Gesetz, nur Genossenschaften mit unbeschränkter Haftpflicht, sondern auch solche mit unbeschränkter Nachschußpflicht und solche mit beschränkter Haftpflicht kennt, hat aber nicht nur für alle drei Arten von Genossenschaften an den zwingenden Erfordernissen der Schriftlichkeit festgehalten, indem es in § 15 Abs. 1 bestimmt:

„Nach der Anmeldung des Statuts zum Genossenschaftsregister bedarf es zum Erwerbe der Mitgliedschaft einer von dem Beitretenden zu unterzeichnenden, unbedingten Erklärung des Beitritts",

sondern es hat außerdem in § 113 (jetzt § 120) für die Genossenschaften mit unbeschränkter Haftpflicht vorgeschrieben:

„Die Beitrittserklärungen (§ 15) müssen die ausdrückliche Bemerkung enthalten, daß die einzelnen Genossen für die Verbindlichkeiten der Genossenschaft dieser sowie unmittelbar den Gläubigern derselben nach Maßgabe des Gesetzes mit ihrem ganzen Vermögen haften"

und in § 121 (jetzt § 127) für die Genossenschaften mit unbeschränkter Nachschußpflicht:

„Die Beitrittserklärungen (§ 15) müssen die ausdrückliche Bemerkung enthalten, daß die einzelnen Genossen mit ihrem ganzen Vermögen verpflichtet sind, der Genossenschaft die zur Befriedigung der Gläubiger derselben erforderlichen Nachschüsse nach Maßgabe des Gesetzes zu leisten."

Durch diese Vorschriften sollte eine Gewähr dafür geschaffen werden, daß jeder, der einer Genossenschaft mit unbeschränkter Haftpflicht oder mit unbeschränkter Nachschußpflicht beitreten will, vor dem Beitritt „über die rechtliche Tragweite seines Schrittes tunlichst aufgeklärt werde" (Begründung zum Entwurf II, S. 127), während für die Erklärung des Beitritts zu einer Genossenschaft mit beschränkter Haftpflicht eine besondere Bemerkung über den Umfang der von dem Beitretenden zu übernehmenden Verpflichtungen nicht für erforderlich erachtet wurde. Aus dem Umstande, daß die Vorschriften der §§ 113, 121 (jetzt §§ 120, 127) von der des § 15 Abs. 1 räumlich getrennt stehen, läßt sich daher nicht entnehmen, daß die vorgeschriebenen ausdrücklichen Bemerkungen dem Formzwange nicht unterlägen, und zwar um so weniger, als der bestehende innere Zusammenhang auch äußerlich dadurch gekennzeichnet wird, daß sich in beiden Vorschriften hinter dem Worte „Beitrittserklärungen" die Paragraphenzahl 15 eingeklammert findet. Die Vorinstanzen haben hiernach mit Recht angenommen, daß die von den Beklagten abgegebenen schriftlichen Beitrittserklärungen, die eine dem § 113 (jetzt § 120) Gen.Ges. entsprechende Bemerkung über die Haftung der Genossen nicht enthalten, weder den Erwerb der Mitgliedschaft herbeiführen, noch die Verpflichtung der Beklagten begründen konnten, eine vorschriftsmäßige Beitrittserklärung abzugeben. Der Zweck des Gesetzes würde völlig vereitelt werden, wenn man es zulassen wollte, aus formlosen Verpflichtungserklärungen einen Zwang zum Beitritte herzuleiten. Der Mangel der Schriftform ist auch nicht etwa dadurch geheilt worden, daß auf Grund der unvorschriftsmäßigen Beitrittserklärungen und deren Einreichung beim Registergerichte die Beklagten in die Liste der Genossen eingetragen worden sind, und ebensowenig dadurch, daß sie jahrelang die Rechte der Genossen ausgeübt und deren Pflichten erfüllt haben. Das Genossenschaftsgesetz hat keine dem § 189 Abs. 4 HGB. entsprechende Bestimmung, und die Eintragung in die Liste der Genossen begründet nur die Vermutung, daß der Eingetragene Genosse sei, eine Vermutung, die der Eingetragene jederzeit durch den Nachweis entkräften kann, daß es an den gesetzlichen formalen Voraussetzungen für die Eintragung gefehlt habe (RGZ. Bd. 68 S. 90). Aus dem Beschlusse der Vereinigten Zivilsenate vom 16. Mai 1904 (RGZ. Bd. 57 S. 292) läßt sich gegen diese Auffassung nichts herleiten. Endlich bezweifelt die Revision ohne Grund, daß es sich in dem durch das Urteil vom 3. November 1897 (RGZ. Bd. 40 S. 46) entschiedenen Falle um eine Genossenschaft mit beschränkter Haftpflicht gehandelt habe." ...

---

90. Wird durch die Benutzung einer fremden Gleisanlage über den vertragsmäßigen Umfang hinaus eine ungerechtfertigte Bereicherung geschaffen?

V. Zivilsenat. Urt. v. 20. Dezember 1919 i. S. M. (Kl.) w. Kommanditgesellschaft W. (Bekl.). V 299/19.

I. Landgericht Dresden.
II. Oberlandesgericht daselbst.

Der Kläger, der Eigentümer des an der Dresden-Pirnaer Staatsbahn gelegenen Flurstücks Nr. 203 des Flurbuchs von N. ist, gestattete durch Vertrag vom 31. März 1897 dem damaligen Eigentümer des angrenzenden Flurstücks Nr. 204, G., zur Verbindung seines Grundstücks mit dem Eisenbahnindustriegleis über Flur Nr. 203 nach Nr. 204 ein Zweiggleis zu legen, und bestellte ihm eine Grunddienstbarkeit, wonach der Eigentümer von Nr. 203 unentgeltlich zu dulden hat, daß auf dem Zweiggleise über Nr. 203 nach und von Nr. 204 Eisenbahnlastwagen befördert werden, deren Ladung für Nr. 204 bestimmt ist. Ein späterer Eigentümer des Flurgrundstücks 204, H. W., verlängerte im Jahre 1900 das Zweiggleis nach seinen angrenzenden Flurgrundstücken Nr. 205 und 206a und beförderte auf dem Gleise auch Wagen mit Ladung für diese Flurstücke. Die Beklagte setzte die Benutzung der Zweiggleisanlage in dem erweiterten Umfange seit 1908 fort. Sie errichtete 1910 auf dem Flurgrundstücke 206a ein Fabrikgebäude, verpachtete es und beförderte auf dem Zweiggleise über Nr. 203 auch die Eisenbahnlastwagen, deren Ladung für den Pächter der Fabrik bestimmt war. Sie wurde jedoch verurteilt, die erweiterte Benutzung der Gleisanlage auf dem Flurstücke Nr. 203 zu unterlassen, und fügte sich dem, nachdem dies Urteil rechtskräftig geworden war.

Mit der gegenwärtigen Klage hat der Kläger von der Beklagten Zahlung von 8000 ℳ wegen der Mehrbenutzung seines Flurstücks 203 verlangt. Das Landgericht hat ihm 270 ℳ zugesprochen, im übrigen die Klage abgewiesen. Die Berufung des Klägers wurde zurückgewiesen. Das Reichsgericht erklärte den Anspruch aus der Bereicherung dem Grunde nach für gerechtfertigt.

Aus den Gründen:

„Das Landgericht hat die Verurteilung der Beklagten zur Zahlung von 270 ℳ damit begründet, daß insoweit der Klaganspruch aus dem Gesichtspunkte der ungerechtfertigten Bereicherung gemäß § 812 Abs. 1 BGB. zu Recht bestehe. Es führt aus, daß der Kläger der Beklagten auf die Zeit vor dem 27. Juli 1911 ein persönliches widerrufliches Recht zu der Mehrbenutzung der über das Grundstück des Klägers führenden Gleisanlage eingeräumt, dieses Recht aber durch den an die Beklagte gerichteten Brief vom 27. Juli 1911 widerrufen habe; von diesem Zeitpunkt ab bis zu der Beendigung der verbotswidrigen Benutzung (dem 30. Juni 1913) habe der Kläger durch das Verhalten der Beklagten eine Beeinträchtigung des zu seinem Vermögen gehörigen Eigentumsrechts erlitten, während auf der anderen Seite die Beklagte einen Vermögenszuwachs durch die unberechtigte Mehrbenutzung erlangt habe.

Das Berufungsgericht dagegen hat den Klaganspruch weder aus einem Vertrage noch aus unerlaubter Handlung noch endlich aus ungerechtfertigter Bereicherung für begründet erachtet.

Die Ausführungen des Berufungsgerichts, mit denen es den Klaggrund des Vertrags und den Klaggrund der unerlaubten Handlung als haltlos ablehnt, sind nicht zu beanstanden. Insbesondere ist es nicht zutreffend, daß durch die unbefugte Mehrbenutzung dem Kläger infolge der erhöhten Abnutzung der Gleisanlagen ein Schaden erwachsen sei, denn das Berufungsgericht stellt tatsächlich fest, daß diese Anlagen von der Beklagten zu unterhalten waren und von ihr unterhalten sind.

Dagegen sind die Darlegungen des Berufungsgerichts über den Klaggrund der ungerechtfertigten Bereicherung rechtlich nicht zu billigen. Fest steht, daß die Beklagte jedenfalls seit Empfang des Briefes vom 27. Juli 1911 bis zum 30. Juni 1913 das Flurstück des Klägers, über das die Gleisanlage führte, über das ihr zustehende Recht hinaus rechtswidrig in eigensüchtiger Weise benutzt hat, indem sie darüber auch ihrer Pächterin Güter verbotswidrig zuführte. Aus dem Briefe des Klägers vom 27. Juli 1911 mußte sie auch ersehen, daß der Kläger diese Mehrbenutzung nur dulden wollte, wenn ihm dafür eine angemessene Entschädigung gewährt würde. Der Kläger wollte also aus der Gestattung der Mehrbenutzung geldliche Vorteile erzielen. Bei dieser Sachlage erscheint der von dem Berufungsgerichte vertretene Standpunkt von vornherein unbillig. Gewiß können Billigkeitserwägungen für die Anwendbarkeit des § 812 BGB. allein nicht ausschlaggebend sein, mit dem Landgericht ist aber auch der Tatbestand dieser Vorschrift als gegeben anzusehen. Bereichert ist die Beklagte auf Kosten des Klägers insofern, als sie bei ordnungsmäßigem Vorgehen dem Kläger für die unerlaubte Mehrbenutzung eine angemessene Entschädigung hätte zahlen müssen, diese also erspart und damit zugleich dem Kläger entzogen hat. Sie kann, nachdem der Kläger gegen die Mehrbenutzung Einwendungen erhoben hat, nicht geltend machen, sie würde niemals eine Vergütung gezahlt, sondern selbst eine andere Gleisanlage gebaut, also dem Kläger niemals etwas zugewendet haben. Sie muß sich vielmehr, nachdem sie trotz der Einwendungen das Gleis unbefugt benutzt hat, gefallen lassen, daß sie an der Sachlage, wie sie selbst solche geschaffen hat, festgehalten wird. Sie kann nicht einwenden, daß sie, wenn sie schon früher von der unentgeltlichen ordnungswidrigen Mehrbenutzung hätte Abstand nehmen müssen, sich in anderer Weise geholfen haben würde, während sie sich tatsächlich für die betreffende Zeit eben nicht in anderer Weise geholfen hat." ...

---

91. Sind die Lehrer an den städtischen Fortbildungsschulen in Preußen Kommunalbeamte im Sinne des Kommunalbeamtengesetzes?

Preuß. Kommunalbeamtengesetz vom 30. Juli 1899 §§ 1, 7.

III. Zivilsenat. Urt. v. 20. Dezember 1919 i. S. Stadtgemeinde P. (Bekl.) w. S. (Kl.). III 129/19.

I. Landgericht Paderborn.
II. Oberlandesgericht Hamm.

Der am 28. Mai 1916 verstorbene Ehemann der Klägerin war vom Magistrat der beklagten Stadtgemeinde P. in Westfalen unter Aushändigung einer Anstellungsurkunde für die Zeit vom 1. Oktober 1906 an als Fortbildungsschullehrer im Hauptamt an der städtischen Fortbildungsschule in P. angestellt worden. Die Klägerin, der das sog. Gnadenquartal ausbezahlt wurde, verlangte mit der Klage die Verurteilung der Beklagten zur Bezahlung einer Witwenpension von

595,20 ℳ jährlich für die Zeit vom 1. September 1906 an, zunächst auf sieben Jahre, auf Grund des § 15 KBG. in Verbindung mit dem Gesetze vom 20. Mai 1882 betr. die Fürsorge für die Witwen und Waisen der unmittelbaren Staatsbeamten. Die Beklagte beantragte die Abweisung der Klage, da der Ehemann der Klägerin nicht Kommunalbeamter im Sinne des Kommunalbeamtengesetzes gewesen sei, dieses Gesetz daher keine Anwendung finde. Die erste Instanz wies die Klage ab, das Berufungsgericht gab ihr mit einer den §§ 18, 19 des Gesetzes vom 20. Mai 1882 entsprechenden Einschränkung statt. Die Revision der Beklagten wurde zurückgewiesen.

Gründe:

„Bei der Frage der Stellung der Volksschullehrer und anderer Lehrer an den von Gemeinden unterhaltenen Unterrichtsanstalten in Preußen handelt es sich um einen Gegenstand, der sich im Flusse befindet, unter allen Beteiligten bestritten ist, und auch durch die Rechtsprechung, die es immer nur mit einzelnen rechtlichen Beziehungen jener Lehrpersonen zu tun hat, nur stufenweise geklärt werden kann. In RGZ. Bd. 37 S. 298 (302) hat bei der Erörterung des Gehaltsanspruchs einer Lehrerin an einer städtischen höheren Töchterschule der IV. Zivilsenat des Reichsgerichts die Anwendbarkeit des § 56 Nr. 6 der Städteordnung vom 30. Mai 1853 mit der Begründung verneint, daß Lehrer an städtischen Schulen nicht Gemeindebeamte im Sinne dieser Städteordnung seien. Der erkennende Senat hat in RGZ. Bd. 70 S. 416 (ebenso Jur. Wochenschr. 1913 S. 106 Nr. 22), wo es sich um den Ruhegehaltsanspruch des Direktors eines städtischen Lehrerinnenseminars handelte, die Unanwendbarkeit des § 7 KBG. mit der Erwägung begründet, daß dieses Gesetz sich nicht auf Lehrer an den von Gemeinden unterhaltenen Unterrichtsanstalten beziehe. In RGZ. Bd. 84 S. 27 hat der erkennende Senat mit eingehender Begründung dargelegt, daß die Lehrpersonen an höheren von Gemeinden unterhaltenen Lehranstalten Gemeindebeamte und im Sinne des § 4 des Gesetzes über die Haftung des Staates usw. vom 1. August 1909 für den Dienst der Gemeinde angestellt seien, gleichwohl aber die frühere Rechtsprechung aufrecht erhalten, indem er ausführte, es seien Gemeindebeamte eigener Art, nicht Gemeindebeamte im Sinne der Städteordnungen und auch nicht Kommunalbeamte im Sinne des Kommunalbeamtengesetzes. Im vorliegenden Rechtsstreite hat die erste Instanz im Anschluß an die erwähnten Entscheidungen die Klage abgewiesen, weil der Ehemann der Klägerin als Lehrer an einer städtischen Schule nicht Kommunalbeamter im Sinne jenes Gesetzes gewesen sei. Das Berufungsgericht läßt die Richtigkeit der in jener Rechtsprechung aufgestellten, von Schriftstellern, wie z. B. Fischer im preuß. Verw.-Bl. Bd. 36 S. 131, 149, bekämpften Einschränkung der Gemeindebeamteneigenschaft von Lehrpersonen an städtischen höheren Unterrichtsanstalten dahingestellt, weil diese Einschränkung für die Lehrer an städtischen Fortbildungsschulen in ihrer ganz anders gearteten Stellung nicht maßgebend sei, und erkennt den verstorbenen Ehemann der Klägerin als Kommunalbeamten im Sinne des Kommunalbeamtengesetzes an. Diese Auffassung steht im Widerspruch mit der Rechtsprechung des preuß. Oberverwaltungsgerichts, das den Lehrern an städtischen Fortbildungsschulen die Eigenschaft als Gemeindebeamte ausdrücklich abspricht (Entsch. OVG. Bd. 6 S. 133, Bd. 30 S. 437, Bd. 37 S. 118 und insbesondere die Urteile vom 16. Mai 1911 im HandelsministBl. 1911 S. 332 und vom 6. Januar 1913 im preuß. Verw.-Bl. Bd. 34 S. 452), steht auch nicht im völligen Einklange mit der allerdings die Stellung der Fortbildungsschullehrer nicht erörternden bisherigen Rechtsprechung des Reichsgerichts, ist aber gleichwohl zu billigen und rechtfertigt die Entscheidung über den der Höhe nach unbestrittenen Anspruch, so daß auf die hilfsweise beigefügten weiteren Entscheidungsgründe und die dagegen erhobenen Revisionsangriffe nicht eingegangen zu werden braucht.

Wenn es in RGZ. Bd. 70 S. 416 (422) ganz allgemein heißt, daß das Kommunalbeamtengesetz sich auf Lehrer an den von Gemeinden unterhaltenen Unterrichtsanstalten nicht beziehe, so kann das in dieser Allgemeinheit nicht aufrecht erhalten werden. Für die Bedeutung eines Gesetzes ist grundsätzlich der Inhalt seiner Bestimmungen maßgebend. Äußerungen, die sich in der Begründung eines Gesetzentwurfs finden oder bei den gesetzgeberischen Verhandlungen gemacht werden, stehen dem nicht gleich und können auch der Auslegung des Gesetzes nur dienen, wenn ihr Gedankeninhalt im Gesetze selbst einen, wenn auch nur unklaren und unvollständigen Ausdruck gefunden hat. Diesem in der Rechtsprechung des Reichsgerichts auch sonst angewendeten Grundsatz entspricht die in jener Entscheidung ausgesprochene Ansicht nicht. Das Kommunalbeamtengesetz erwähnt die Lehrer an gemeindlichen Unterrichtsanstalten nicht, sagt aber auch nicht, daß sie nicht Kommunalbeamte in seinem Sinne sein sollen. In der Begründung von RGZ. Bd. 70 S. 416 (422) ist denn auch nicht von einzelnen Bestimmungen des Gesetzes, sondern nur ganz allgemein von seinem „Gesamtinhalt“ und von einer Äußerung im Berichte des Herrenhauses die Rede, wo einerseits von den unmittelbaren Staatsbeamten und den Lehrern, anderseits von den Kommunalbeamten gesprochen wird. Ferner wird hervorgehoben, daß die wirtschaftlichen Verhältnisse der Lehrer und Lehrerinnen an den öffentlichen Volksschulen erst kurz vor dem Kommunalbeamtengesetze durch das Gesetz vom 3. März 1897 über das Diensteinkommen der Lehrer und Lehrerinnen an diesen Schulen neu und allgemein geordnet worden seien, und daß, was von den Lehrern an den öffentlichen Volksschulen gelte, für die Anwendung des Kommunalbeamtengesetzes auch von den Lehrern an den von den Gemeinden unterhaltenen höheren Unterrichtsanstalten Geltung haben müsse. Dieser Hinweis auf die Lehrer an den öffentlichen Volksschulen ist nicht mehr beweiskräftig, weil diese, wie in RGZ. Bd. 85 S. 22 dargelegt, unmittelbare Staatsbeamte sind und schon deshalb nicht unter das Kommunalbeamtengesetz fallen können. Aber auch abgesehen hiervon kann die Annahme, daß Lehrer an gemeindlichen Unterrichtsanstalten ohne Unterschied von der Anwendung des Kommunalbeamtengesetzes ausgeschlossen seien, mangels eines Ausdrucks im Gesetze selbst nicht aufrecht erhalten werden. Richtig ist nur, daß, wenn die Gehalts- und Versorgungsverhältnisse einer bestimmten Klasse von Lehrpersonen und ihrer Hinterbliebenen anderweitig besonders geregelt sind, für diese Klasse nur diese Sondervorschriften und nicht die im Kommunalbeamtengesetze für Kommunalbeamte im allgemeinen gegebenen Bestimmungen anzuwenden sind. Solche gesetzliche Sondervorschriften sind aber, wie schon das Berufungsgericht zutreffend hervorhebt, für die Lehrer an den gemeindlichen Fortbildungsschulen nicht vorhanden.

Schließt sonach das Gesetz die Lehrer an den gemeindlichen Fortbildungsschulen nicht von vornherein aus dem Kreise der Kommunalbeamten aus, so hängt die Anwendung des Gesetzes nach der Begriffsbestimmung des § 1 nur noch davon ab, ob diese Lehrer als Beamte für den Dienst eines Kommunalverbandes, hier der Gemeinde, angestellt sind. Diese Frage aber ist grundsätzlich und auch in der Anwendung auf den hier in Betracht kommenden Lehrer an der städtischen Fortbildungsschule in P. zu bejahen. Mit den Volksschullehrern, die, wie erwähnt, in RGZ. Bd. 85 S. 22 als unmittelbare Staatsbeamte anerkannt sind (vgl. auch RGZ. Bd. 80 S. 338, 347), können sie nicht auf eine Stufe gestellt werden. Die Fortbildungsschulen sollen das von der Volksschule begonnene Werk fortführen (RGSt. Bd. 45 S. 1), gehören aber, wie auch das Oberverwaltungsgericht anerkennt (vgl. die Urteile vom 6. Januar 1913 preuß. Verw.-Bl. Bd. 34 S. 452 und vom 9. Juli 1914 HMBl. 1915 S. 51), nicht zur Volksschule, die der Erfüllung der allgemeinen Schulpflicht dient. Der Hauptgrund, der gegen die Gemeindebeamteneigenschaft der Volksschullehrer spricht, die Anstellung durch die Schulaufsichtsbehörde (vgl. RGZ. Bd. 80 S. 346 f., Bd. 85 S. 25), fällt hier weg. Das Erfordernis einer Bestätigung oder Genehmigung durch die Staatsbehörden aber bedeutet, wie schon in RGZ. Bd. 84 S. 34 ausgeführt ist, nur eine Beschränkung, nicht eine Beseitigung des Anstellungsrechts der Gemeinde, setzt dieses vielmehr als gegeben voraus. Der vom Oberverwaltungsgericht in den erwähnten Urteilen vom 16. Mai 1911 und vom 6. Januar 1913 aufgestellte Satz, daß die Gemeinde das Anstellungsrecht im Auftrag und als Organ des Staats ausübe, weil die Schule begrifflich eine Veranstaltung des Staats sei, ist nichts als eine Folgerung aus dem erst zu beweisenden Satze, daß die von den Gemeinden unterhaltenen Schulen keine Gemeindeanstalten seien. Daß dieser Satz nicht aus dem hierfür verwerteten § 1 ALR. II 12 folgt, wonach Schulen Veranstaltungen des Staats sind, ist schon in RGZ. Bd. 84 S. 35 dargelegt und wird auch vom Oberverwaltungsgericht in seinen Entsch. Bd. 64 S. 343 anerkannt. Die Rechtsprechung des Oberverwaltungsgerichts, das den Fortbildungsschullehrern die Gemeindebeamteneigenschaft abspricht, geht von dem Begriffe des mittelbaren Staatsbeamten aus. Daß es einen mittelbaren Staatsbeamten, der keines eigenen Gemeinwesens unmittelbares Organ ist, nicht gibt, und daß die an den gemeindlichen höheren Unterrichtsanstalten angestellten Lehrpersonen genau ebenso, wie alle übrigen Gemeindebeamten, mittelbare Staatsbeamten nur insofern sind, als das Gemeinwesen, dessen unmittelbare Organe sie sind, die Gemeinde, dem Staate als dem höheren Organismus eingegliedert ist, hat der erkennende Senat in RGZ. Bd. 84 S 27 (40, 41) ausgeführt. An den dort ausgesprochenen Grundsätzen, auf deren Begründung hier Bezug genommen werden kann, ist festzuhalten. Sie führen aber mit Notwendigkeit zu der Annahme, daß die gemeindlichen Fortbildungsschulen Gemeindeanstalten, und die von der Gemeinde angestellten Lehrer an diesen Schulen für den Dienst der Gemeinde angestellt, also Gemeindebeamte sind. Auch diese Schulen sind, weil im Interesse der Gemeinden für ihre Zwecke errichtet, keine Staats-, sondern Gemeindeanstalten. Für die in P. eingerichtete Sonntagsschule, aus der sich die jetzt dort bestehende Fortbildungsschule entwickelte, wurde dies schon in der vom Berufungsgericht erwähnten Verfügung der königlichen Regierung in M. vom 21. Mai 1830 mit den Worten anerkannt, daß den allgemeinen Grundsätzen gemäß die Sonntagshandwerkerschule „lediglich als kommunale Angelegenheit" betrachtet werde. Handelte es sich dabei auch nur darum, einen staatlichen Zuschuß als aussichtlos zu bezeichnen und die Unterhaltungskosten der Stadtgemeinde aufzubürden, so bildet die Verfügung doch eine Bestätigung dafür, daß man diese in P. wie anderwärts aus den örtlichen Verhältnissen und Bedürfnissen sich entwickelnden Schulen als eine nur der allgemeinen Staatsaufsicht unterliegende Gemeindeangelegenheit, die Schulen als Gemeindeanstalten betrachtete. Durch die spätere Rechtsentwickelung, insbesondere durch die Vorschriften der Reichsgewerbeordnung, auf welche die Revision verweist, hat sich daran nichts geändert. Die Errichtung von Fortbildungsschulen wurde in § 120 RGewO. absichtlich den Gemeinden und weiteren Kommunalverbänden überlassen (vgl. die Begründung bei von Rohrscheidt GewO. Bd. II S. 202 zu § 120). Die Errichtung steht (vgl. Entsch. OVG. Bd. 65 S. 208) auch nach der dem § 120 durch das Gesetz vom 27. Dezember 1911 gegebenen Fassung den Gemeinden frei. Nur die nach Abs. 3 statutarisch bestimmbare Pflicht zum Besuche einer Fortbildungsschule kann nach Abs. 4 auch durch Anordnung der höheren Verwaltungsbehörde eingeführt werden. Eine solche Anordnung setzt aber voraus, daß eine Fortbildungsschule errichtet ist oder errichtet wird. Ein Antrag dahingehend, daß die höhere Verwaltungsbehörde auch die Errichtung von Fortbildungsschulen anordnen könne, wurde bei den gesetzgeberischen Verhandlungen abgelehnt (vgl. v. Landmann GewO. § 120 Anm. 9) Daß auch ein staatliches Interesse an der Errichtung und dem Gedeihen der Fortbildungsschulen besteht, das in dem Hinwirken auf Errichtung solcher Schulen, in dem Gewähren staatlicher Zuschüsse und, damit zusammenhängend, in einer immer stärker werdenden Staatsaufsicht sich äußert (vgl. v. Rohrscheidt a. O. Anm. 8, 12), steht dem gemeindlichen Charakter der Schulen nicht entgegen. Sind aber die von den Gemeinden unterhaltenen Fortbildungsschulen Gemeindeanstalten, dann müssen auch die von den Gemeinden an ihnen angestellten Lehrer als für den Dienst der Gemeinden angestellte Beamte angesehen werden. Gegen die Richtigkeit dieser Auffassung spricht es auch nicht, wenn nach dem — nicht Gesetz gewordenen — Entwurf eines Gesetzes betreffend die Errichtung und den Besuch von Pflichtfortbildungsschulen vom März 1911 (preuß. Abg.-H. 1911 Drucks. Bd. III Nr. 178) § 15 die für Gemeindebeamte geltenden Bestimmungen auf die Leiter und Lehrer der Fortbildungsschulen nur „entsprechend" angewendet werden sollten, ihre Bezeichnung als Gemeindebeamte aber ausdrücklich abgelehnt wurde. Nach der Begründung zu § 15 geschah dies nur deshalb, weil die Bezeichnung als Gemeindebeamte mit der Behandlung, die den Fortbildungsschulen nach dem Entwurfe zuteil werden sollte, nicht vereinbar sei. Daß die Verhältnisse früher anders lagen, erkennt die Begründung selbst an. Bezüglich der Verhältnisse der Fortbildungsschule in P. stellt das Berufungsgericht als unstreitig noch besonders fest, daß die Stadtgemeinde in bezug auf Schulzwang, Dauer und Art des Unterrichts, wie Befreiung davon, sowie wegen der Anstellung, der Entlassung, der Festsetzung des Gehalts und der Hinterbliebenengelder, der Beurlaubung der Lehrer, der Gestattung der Übernahme von Nebenämtern usw. volle Selbständigkeit habe. Diese Feststellungen sind von der Revision nicht angegriffen worden.

Die Fortbildungsschullehrer sind auch als Gemeindebeamte im Sinne der Städteordnungen zu betrachten. Bei der in RGZ. Bd. 84 S. 27 (38) gebilligten Annahme, daß Lehrer an den von den Gemeinden unterhaltenen höheren Unterrichtsanstalten nicht Gemeindebeamte im Sinne der Städteordnung seien, bildet ein wesentliches

Moment der Umstand, daß diese Schulen nicht der Beaufsichtigung des Magistrats unterstehen, die Gemeinden vielmehr nur die Kosten der Unterhaltung zu tragen haben. Dieses Moment trifft bei den Fortbildungsschulen nicht zu. Es bedarf indessen keiner näheren Erörterung dieser Frage. Nach den Ausführungen des Berufungsgerichts ist als festgestellt anzusehen, daß die Lehrer an den städtischen Fortbildungsschulen im Gebiete der hier anzuwendenden westfälischen Städteordnung vom 19. März 1856 als Gemeindebeamte im Sinne dieser Städteordnung anzusehen sind, und diese auf irrevisiblem Rechte beruhende Feststellung ist für die Revisionsinstanz maßgebend. Daß der verstorbene Ehemann der Klägerin Kommunalbeamter im Sinne des Kommunalbeamtengesetzes war, ergibt sich aber, auch wenn man hiervon ganz absieht, schon aus den obigen Darlegungen.

Der Klaganspruch, dessen Verfolgung im Rechtswege bei der vom Berufungsgerichte zutreffend dargelegten Beobachtung des § 7 KBG. keinem Bedenken unterliegt, ist daher mit Recht für begründet erklärt worden."

---

92. 1. Kann bei der Seeversicherung der Beweis des Totalverlustes nur durch urkundliche Belege geführt werden?

2. Zur Frage der Zahlungspflicht des Seeversicherers, wenn eine gekaufte Ware total verloren geht, ehe der versicherte Käufer, z. B. infolge Zahlungsverbots, den Kaufpreis entrichten kann.

HGB. §§ 882, 884, 858; Allg. SVB. §§ 144, 146, 113.

I. Zivilsenat. Urt. v. 22. Dezember 1919 i. S. Bad. Ass.-Ges. u. Gen. (Bekl.) w. E. & Co. (Kl.). I 161/19.

I. Landgericht Hamburg, Kammer für Handelssachen.
II. Oberlandesgericht daselbst.

Die Klägerin hat bei den Beklagten für Rechnung wen es angeht 748 Ballen Baumwolle, die im Sommer 1914 mit dem Dampfer Lautenfels von Indien nach Hamburg verschifft wurden, gegen Kriegs- und Seegefahr versichert. Der Dampfer lief bei Ausbruch des Krieges Port Said an. Von den Engländern wurde er gezwungen, diesen Hafen zu verlassen; er wurde dann nach Alexandrien aufgebracht. Hier ordnete der englische Supreme Court an, daß die Ladung nach einem englischen Hafen zu verbringen sei und die englischen Behörden über sie durch Verkauf oder anderweitig verfügen dürften, der Erlös aber zu hinterlegen sei. Die Klägerin behauptet, daß sie Eigentümerin der Baumwolle sei. Sie habe sie von der Firma F. C. & Co. gekauft, habe die Konnossemente erhalten und Zahlung durch die Londoner Firma R. & Sons geleistet. Die Ware sei von den englischen Behörden verkauft worden. Die Klägerin verlangt Zahlung der Versicherungssumme, da Totalverlust vorliege.

Die Beklagten bestreiten, daß die Klägerin Eigentum an der Ware durch Kauf erlangt habe; sie sei vielmehr nur Vermittlerin gewesen. Sie bestreiten weiter, daß die Ware in England verkauft worden sei und Totalverlust vorliege. Sie behaupten endlich, daß, auch wenn Totalverlust vorliege, die Klägerin keinen Schaden erlitten habe da sie den Kaufpreis nicht gezahlt habe.

Das Landgericht gab der Klage statt. Das Oberlandesgericht wies die Berufung der Beklagten zurück. Auch die Revision blieb erfolglos.

Gründe:

„Das angefochtene Urteil hat zunächst angenommen, daß die Klägerin als Eigentümerin der 748 Ballen Baumwolle nachgewiesen sei; zum mindesten habe sie durch Übergabe der Konnossemente das Recht zur freien Verfügung über die Ware erhalten, was nach § 146 Nr. 1 Allg. SVB. zum Nachweise des Interesses, also der Legitimation zur Erhebung des Versicherungsanspruchs, genüge. Gegen diese Ausführungen sind rechtliche Bedenken nicht zu erheben; sie sind auch von der Revision nicht angefochten worden.

Weiter hat das Berufungsgericht angenommen, daß die versicherte Ware von den englischen Behörden verkauft und dadurch der Klägerin ohne Aussicht auf Wiedererlangung verloren gegangen sei, so daß der Versicherungsfall vorliege. Es ist im einzelnen dargelegt, daß durch den Spruch des Supreme Court in Alexandrien zwar die Ware nicht kondemniert, wohl aber die englischen Behörden zum Verkauf derselben ermächtigt seien, und daß danach unter Berücksichtigung des auch bei den Feinden Deutschlands herrschenden Mangels an Baumwolle durchaus angenommen werden müsse, daß die englischen Behörden von jener Befugnis Gebrauch gemacht und die Ware tatsächlich verkauft hätten. Diese Schlußfolgerung des Berufungsgerichts ist an sich rein tatsächlicher Natur und also in der Revisionsinstanz nicht nachzuprüfen; zivilprozeßrechtliche Beweisregeln sind nicht verletzt worden. Es kann sich nur darum handeln, ob, wie die Revision rügt, nicht beachtet worden ist, daß nach §§ 144, 146 Allg. SVB. der Versicherungsfall durch urkundliche Belege darzutun ist, und zwar durch solche Belege, die im Handelsverkehr nicht beanstandet zu werden pflegen. Die Revision meint, dieser Vorschrift sei nicht Genüge getan, da durch urkundliche Belege nur die Ermächtigung zum Verkauf dargetan sei, die wirkliche Vornahme des Verkaufs aber allein aus der wirtschaftlichen Lage der Engländer und ihrer Verbündeten geschlossen werde. Dieser Ausführung der Revision kann nicht beigetreten werden. Im § 146 ist ausgesprochen, daß als Beleg in Kondemnationsfällen insbesondere das Erkenntnis des Prisengerichts genüge. Die Bestimmung fordert, wie ihr Wortlaut ergibt, nicht die Beibringung des Prisenurteils als unerläßliche Bedingung; es ist vielmehr nur ausgesprochen, daß das Prisenurteil jedenfalls genüge. Nun hat das Reichsgericht bereits mehrfach dargelegt, daß während des Krieges an die Notwendigkeit der Beibringung von Belegen nicht derselbe Maßstab gelegt werden kann, wie im Frieden. Im Kriege sind solche Belege in vielen Fällen schlechterdings nicht zu erhalten. Weiter ist bereits darauf hingewiesen worden, daß Anschauungen des Handelsverkehrs darüber, welche Belege in Kriegszeiten genügen, sich nicht gebildet haben. Alles dies zwingt dazu, die Bestimmungen des § 146 nicht so, wie in Friedenszeiten, sondern analog und sinngemäß anzuwenden. Dabei ist allerdings zu beachten, daß die richterliche Überzeugung, ob ein Versicherungsfall vorliegt, des genügenden Anhalts an feststehenden tatsächlichen Umständen nicht entbehren darf. Gegen diese Grundsätze hat das Berufungsgericht nicht verstoßen. Die Ermächtigung zum Verkauf ist urkundlich belegt. Daß auch die Gegner Deutschlands vielfach erheblichen Mangel an Baumwolle gelitten haben, ist allgemein bekannt. Wenn das Berufungsgericht daraus den Schluß gezogen hat, daß die streitige Baumwolle verkauft ist, so ist dieser Schluß nicht so unsicher, daß sich sagen läßt, ihm fehle die genügende tatsächliche Grundlage. Die Beklagte hatte Beweis dafür angetreten, daß die Engländer keinerlei Ware ohne prisengerichtliches Urteil verkauft und daß sie vielfach deutsche Ware noch bis in die jüngste Zeit bewahrt haben. Die Übergehung dieses Beweisantrags wird von der Revision gerügt. Allein in überzeugender Weise hat das Berufungsgericht hervorgehoben, daß das auf andere Ware zutreffen mag, aber nicht auf Ware, die so dringend benötigt wurde, wie Baumwolle. Auf letzteres richtete sich denn auch die Beweisantretung nicht. Daß der Verkauf nicht vor Erlaß eines Kondemnationsurteils vorgenommen worden ist, ist damit durchaus vereinbar. Nach allem kann nicht angenommen werden, daß das Berufungsgericht an die Verpflichtung des Versicherten zur Beibringung urkundlicher Belege im vorliegenden Falle zu geringe Anforderungen gestellt hat.

Des weiteren rügt die Revision, das Berufungsgericht habe nicht beachtet, daß der Klägerin ein Schaden nicht entstanden sei. Die Behauptungen der Beklagten gingen dahin, daß, wenn der Verkauf der Ware vorgenommen sein sollte, der Erlös hinterlegt worden sei. Da nun die Klägerin ihre Londoner Bankiers R. & Sons, die die Konnossomente bezahlt hätten, nicht aogedeckt habe, so würde sie, wenn ihr jetzt die Klagsumme zugesprochen werde, den Wert der Ware zweimal erhalten, nämlich einmal aus dem in England hinterlegten Erlöse und zweitens von den Versicherern. Das sei unzulässig.

Auch diese Einrede geht fehl. Das Grundprinzip des Totalverlustes ist, daß der Versicherer den Versicherungswert zu zahlen hat, wenn der Versicherungsfall eingetreten ist. Das ist im § 113 Allg. SVB. klar und deutlich ausgesprochen. Eine Ausnahme von dieser Regel ist in diesen Bedingungen nicht vorgesehen. Gegen Zahlung gehen die dem Versicherten in betreff des versicherten Gegenstandes zustehenden Rechte nach § 114 auf den Versicherer über. Damit ist Vorsorge getroffen, daß der Versicherte nicht etwa, wenn die Ware wieder greifbar werden sollte, diese zu der Versicherungssumme hinzu erhält. Deshalb wird der Versicherte, wenn an die Stelle der Ware ein Verkaufserlös getreten ist, seine Rechte auf diesen abzutreten haben (vgl. Lutz, Protokolle Bd. 8, 9 S. 4385 flg.). Ob solche Abtretung zur vollen Höhe zu erfolgen hat, wenn der Erlös die Versicherungssumme übersteigt, ist hier nicht zu entscheiden. Eine Bereicherung des Versicherten kann auf diese Weise nie erfolgen, wie eine Erörterung der möglichen Fälle ergibt.

Entweder der Erlös ist hinterlegt und bleibt zugunsten des Berechtigten hinterlegt. Dann hat der Anspruch auf diesen Erlös von der Klägerin auf die Beklagten nach § 114 Allg. SVB. überzugehen, so daß die Klägerin nicht in den Besitz des Erlöses gelangen wird. Die Klägerin wird sich ihrerseits demnächst mit R. & Sons, die den Kaufpreis durch Einlösung der Dokumente bezahlt und diese letzteren der Klägerin übersandt haben, auseinanderzusetzen haben. Im Endergebnis kann also eine Bereicherung der Klägerin auf Kosten der Beklagten nicht eintreten. Allerdings gelangt die Klägerin in den Besitz der Versicherungssumme früher, als sie an R. Zahlung leisten kann; das ist ohne weiteres zuzugeben. Diese Erwägung hat in dem Urteile RGZ. Bd. 88 S. 233 — es lag damals ein Abandon mit nachfolgender Kondemnation vor — zu der Entscheidung geführt, daß die Versicherungsgesellschaft in solchem Falle nicht schon zur Zahlung, sondern nur zur Sicherheitsleistung für die Versicherungssumme zu verurteilen sei. Richtig ist, daß damit den berechtigten Interessen des Versicherten Genüge getan sein würde. Gleichwohl kann jene Beurteilung einer solchen Sachlage nicht im vollen Umfange aufrecht erhalten werden. Grundsätzlich hat vielmehr die Versicherungsgesellschaft auch in einem solchen Falle Zahlung zu leisten, nicht nur Sicherheit zu stellen. Das ergibt sich aus den Allg. Seeversicherungsbedingungen. Nach diesen zieht sowohl der Abandon (§ 116) als auch der Totalverlust (§ 113) die Verpflichtung zur Zahlung als Rechtsfolge nach sich. Für den Fall, daß ein Abandon vorliegt und daß der versicherte Gegenstand mit gewissen dinglichen Rechten Dritter belastet ist, ist zugunsten der Versicherer eine Ausnahmebestimmung getroffen; in solchem Falle haben zwar die Versicherer ebenfalls Zahlung zu leisten, aber der Versicherte hat ihnen wegen der genannten dinglichen Rechte Gewähr zu leisten. Eine weitere Ausnahme ist in den Allg. Seeversicherungsbedingungen weder für den Fall des Totalverlustes noch für den des Abandons bestimmt. Die Bedingungen haben also keine Vorsorge für den Fall getroffen, daß der Versicherte infolge von Totalverlust oder Abandon früher einen fälligen Anspruch gegen den Versicherer erlangt, als ihn durch den Versicherungsfall ein wirklicher Kapitalverlust trifft. Es wird nicht daran festgehalten, daß damit eine Lücke in den vertraglichen Bestimmungen gegeben ist, die, wie im Urteile Bd. 88 S. 243 geschehen, ergänzt werden müßte. Vielmehr ist es durchaus möglich, daß die Versicherer das in solchem Falle für sie entstehende Risiko, das für Friedenszeiten kaum erheblich ist, haben auf sich nehmen wollen. Das ist um so mehr anzunehmen, als auch in den neuen Allgemeinen deutschen Seeversicherungsbedingungen §§ 71, 72 flg. keine Bestimmung getroffen ist, die die sofortige Zahlung in derartigen Fällen ausschließt, obwohl doch die im Kriege gemachten Erfahrungen die Aufnahme einer solchen Bestimmung hätten nahelegen können. Danach ergibt sich also, daß auch für den Fall der Hinterlegung des Verkaufserlöses die Beklagten nach der grundsätzlichen in den Allg. Seeversicherungsbedingungen getroffenen Regelung Zahlung zu leisten haben. Gewährleistung der Klägerin — einerlei, ob solche für den Fall des Totalverlustes überhaupt jemals sollte verlangt werden können oder nicht — kommt im vorliegenden Streitfalle nicht in Frage, da die Beklagten nicht behauptet haben, daß der Firma R. & Sons dingliche Rechte an der Ware zugestanden hätten; dies ist auch kaum anzunehmen, da die Firma ja die Konnossemente an die Klägerin übersandt hat.

Die zweite Möglichkeit ist, daß der Erlös der Ware von den englischen Behörden an R. & Sons ausgekehrt ist. Die Beklagten suchen auszuführen, daß dann von einem durch den Totalverlust verursachten Schaden der Klägerin nicht die Rede sein könne, da die Klägerin ihrer Schuld gegenüber R. & Sons auf Ersatz des von diesen gezahlten Kaufpreises ledig geworden sei. Man könnte auch daran denken, daß den Beklagten solchenfalls eine Zurückbehaltungseinrede zustehe, weil die Klägerin einen Anspruch auf den an die Stelle der Ware getretenen Erlös nicht mehr abtreten könne. Nach Lage des Streitfalles muß dahingestellt bleiben, ob eine dieser Einwendungen rechtlich zum Ziele führen könnte; denn unter jeder möglichen Konstruktion wären die Beklagten dafür beweispflichtig, daß der Erlös tatsächlich an R. & Sons ausgekehrt worden ist. Diesen Beweis haben sie, wie die Revision zugibt, nicht angetreten. Die Revision meint, ein solcher Beweis hätte nicht angetreten werden können, weil die Beklagten in erster Linie auf dem Standpunkte stehen, daß die Ware nicht verkauft und ein Erlös also nicht vorhanden sei. Dem ist jedoch nicht beizutreten. Es war prozessual durchaus zulässig, hilfsweise zu behaupten und unter Beweis zu stellen, daß, wenn durch Verkauf der Ware ein Erlös erzielt sein sollte, dieser an R. & Sons gezahlt sei. Dies ist nicht geschehen."

---

93. Zur Anwendung des § 178 des Versicherungsvertragsgesetzes vom 30. Mai 1908 auf Versicherungsverträge, die vor dem 1. Januar 1910 abgeschlossen, dann aufgekündigt und nach dem 1. Januar 1910 wieder in Kraft gesetzt sind.

VII. Zivilsenat. Urt. v. 23. Dezember 1919 i. S. „New-York" Lebensversicherungsgesellschaft (Bekl.) w. R. (Kl.). VII 310/19.

I. Landgericht I Berlin.
II. Kammergericht daselbst.

Der im September 1917 gefallene Landwirt B. hatte laut Versicherungsschein vom 1. Juni 1904 sein Leben bei der Beklagten in Höhe von 20000 ℳ versichert und im Jahre 1909 alle Rechte aus dieser Versicherung seiner Schwester, der Ehefrau des Klägers, für ein Darlehen von 20000 ℳ verpfändet. Mit der Behauptung, daß ihm die inzwischen fällig gewordene Darlehnsforderung nebst dem Pfandrecht abgetreten sei, hat Kläger Klage auf Zahlung eines Teilbetrags der Versicherungssumme erhoben. Die Beklagte hat Abweisung der Klage beantragt und geltend gemacht, die Versicherung sei gemäß dem Schlußabsatze der Nr. VII der Versicherungsbedingungen erloschen, da sie durch Schreiben vom 8. November 1916 dem Versicherungsnehmer B. wegen Rückstandes mit der Prämienzahlung die Versicherung aufgekündigt habe. Das Landgericht hat auf diesen Einwand die Klage abgewiesen. Das Oberlandesgericht hat dagegen der Klage stattgegeben. Die Revision der Beklagten blieb erfolglos.

Aus den Gründen:

„Dem Berufungsrichter ist darin beizutreten, daß die Wirkung der mit dem Schreiben der Beklagten vom 8. November 1916 erfolgten Aufkündigung nach dem Versicherungsvertragsgesetze vom 30. Mai 1908 zu beurteilen ist, weil das laut Versicherungsschein vom 1. Juni 1904 bestehende Versicherungsverhältnis zufolge der im Jahre 1913 erfolgten Aufkündigung erloschen war und die Versicherung erst auf Grund erneuter Verhandlungen zwischen B. und der Beklagten nach einiger Zeit wieder in Kraft gesetzt worden ist. Da die diese Wiederinkraftsetzung herbeiführende Vereinbarung erst nach dem Inkrafttreten des Versicherungsvertragsgesetzes erfolgt ist, hat der Berufungsrichter mit Recht angenommen, daß die zwingenden Vorschriften dieses Gesetzes auf das erneuerte Versicherungsverhältnis zur Anwendung zu bringen sind, obgleich der übereinstimmende Wille der Parteien bei der Wiederinkraftsetzung dahingegangen ist, daß es unter ihnen so angesehen werden solle, als ob das alte Versicherungsverhältnis ungekündigt fortbestanden habe. Eine gegenteilige Auffassung würde sich in Widerspruch setzen zu dem in Art. 3 EinfGzVVG. zum Ausdruck gebrachten gesetzgeberischen Willen, daß die Vorschriften dieses Gesetzes im Interesse besonders der Versicherungsnehmer auf bestehende Versicherungsverhältnisse schon von dem Zeitpunkt ab angewendet werden sollen, in dem eine beiden Teilen freistehende Kündigung nicht benutzt wird. Wenn die bloße Möglichkeit einer Aufkündigung die Rechtsfolge hat, daß das neue Recht auf ein vor seinem Inkrafttreten entstandenes und fortbestehendes Versicherungsverhältnis Anwendung zu finden hat, so muß es als ausgeschlossen gelten, das neue Recht in einem Falle wie dem vorliegenden nicht anzuwenden, in dem infolge berechtigter Aufkündigung das Versicherungsverhältnis bereits wirklich zur Beendigung gebracht worden war und erst durch eine nach Inkrafttreten des neuen Gesetzes erfolgte Vereinbarung wieder zu neuem Leben erweckt worden ist. Die Ausführungen der Revision, daß in der Zurücknahme der Kündigung unter Zustimmung der Gegenseite der Abschluß eines neuen Vertrags nicht liege, gehen jedenfalls dann fehl, wenn, wie vorliegend, das bestehende Rechtsverhältnis bereits erloschen war und die Wiederinkraftsetzung nur auf Grund erneuter übereinstimmender Willenserklärungen der Beteiligten erfolgen konnte. Die Wirkung dieser das Erlöschen des früheren Vertragsverhältnisses wieder beseitigenden Parteivereinbarung muß nach dem zur Zeit dieser Vereinbarung geltenden Gesetze beurteilt werden und findet demgemäß an den zu dieser Zeit geltenden zwingenden gesetzlichen Vorschriften ihre Schranken.

Hat somit der Berufungsrichter mit Recht die Vorschrift des § 178 VVG. angewendet, so ist auch weiter nicht zu beanstanden, daß er trotzdem ein Bestehen des Versicherungsverhältnisses während mindestens 3 Jahren i. S. des § 173 angenommen hat. Die von der Revision behauptete Unmöglichkeit, bei Annahme eines erneuten Vertragsschlusses auf das alte Versicherungsverhältnis zurückzugreifen, liegt um deswillen nicht vor, weil bei der vertragsmäßigen Wiederinkraftsetzung der Versicherung der Vertragswille der Beteiligten dahin gegangen ist, daß in ihrem Verhältnis zueinander es in jeder Hinsicht so angesehen werden solle, als sei die Versicherung nicht gekündigt und also auch nicht erloschen gewesen. Dieser Parteiwille bleibt für das erneute Versicherungsverhältnis maßgebend, da insoweit zwingende gesetzliche Vorschriften nicht entgegenstehen. Mit Recht hat der Berufungsrichter daher bei der Entscheidung der Frage, ob § 173 anzuwenden, die Sachlage so beurteilt, als ob die Versicherung seit 1904 ununterbrochen bestanden hätte. Daß der Berufungsrichter bei der hiernach zutreffenden Anwendung der in § 173 flg. enthaltenen Vorschriften die Berufung der Beklagten auf ihre Verwirkungsklausel im Schlußabsatze der Nr. VII ihrer Versicherungsbedingungen für unzulässig angesehen hat, ist von der Revision nicht angegriffen und auch von Amts wegen nicht zu bemängeln." ...

---

94. 1. Über den Umfang der Offenbarungspflicht und Verschulden beim Vertragsschluß.

2. Stillschweigende Garantieübernahme bei Lieferungsverträgen hinsichtlich des Inhalts der erforderlichen Deckungsgeschäfte zur Ermöglichung der Lieferung. Bedeutung der Klausel „Lieferungsmöglichkeit vorbehalten".

BGB. § 276.

II. Zivilsenat. Urt. v. 2. Januar 1920 i. S. Br. (Kl.) w. A. (Bekl.) II 271/19.

I. Landgericht Düsseldorf, Kammer für Handelssachen.
II. Oberlandesgericht daselbst.

Die Beklagte macht gegen die unbestrittene Klagforderung von 9355,50 ℳ einen gleichhohen Schadensanspruch geltend, weil die Klägerin ohne berechtigten Grund von einem mit ihr am 7. September 1916 abgeschlossenen, von der Klägerin mit Schreiben vom 8. September 1916 bestätigten Lieferungsvertrag über 150 Tonnen Flacheisen zurückgetreten sei. Die Klägerin hat bestritten, daß dieser Rücktritt verschuldet sei, und sich namentlich auf die vereinbarte Klausel „Lieferungsmöglichkeit vorbehalten" berufen. Die Unmöglichkeit der Lieferung sei aber eingetreten, weil die W.-Werke in H., von denen einverstandenermaßen das Eisen herzustellen gewesen wäre, infolge direkter Heereslieferungeu zur Lieferung an die Klägerin außerstande gewesen seien. Demgegenüber wendet die Beklagte ein, daß sich die Klägerin nicht auf diese Klausel berufen könne, denn es treffe sie schon bei Eingehung des Vertrags insofern ein Verschulden, als sie der Klägerin verschwiegen habe, die W.-Werke würden die direkten Heeresaufträge stets vor den indirekten, d. h. den Aufträgen der Kundschaft, bevorzugen. Bei Kenntnis dieses Umstandes würde die Beklagte niemals den Vertrag mit der Klägerin abgeschlossen haben.

In erster Instanz wurde die Beklagte dem Klagantrage gemäß verurteilt. Das Landgericht nahm an, daß ein gültiger Vertrag über die Lieferung der 150 Tonnen Flacheisen überhaupt nicht zustande gekommen sei. Dagegen wies das Oberlandesgericht die Klage in Höhe von 4200 *M* durch Teilurteil ab. Die Revision der Klägerin blieb erfolglos.

Gründe:

„In Streit steht lediglich die Gegenforderung der Beklagten auf Schadenersatz wegen Nichtlieferung des Flacheisens. Daß der hierüber geschlossene Lieferungsvertrag zustande gekommen ist, wird vom Oberlandesgericht entgegen dem Landgerichte mit Recht angenommen und von der Revision auch nicht in Zweifel gezogen.

Ebenso ist es zutreffend, daß es sich vorliegend um eine beschränkte Gattungsschuld handelt, da nur das von den W.-Werken in H. hergestellte Eisen verkauft worden war, und daß es, wenn eben dieses Werk die Lieferung an die Klägerin versagte, für sie unmöglich geworden war, ihrer Lieferpflicht der Beklagten gegenüber nachzukommen. Das Oberlandesgericht ist aber der Meinung, daß, trotzdem die Klägerin nur unter der Klausel „Lieferungsmöglichkeit bleibt vorbehalten" den Vertrag abgeschlossen hatte, eine Berufung auf diesen Vorbehalt nicht zuzulassen sei, weil die Klägerin bereits bei Abschluß des Vertrags ein von ihr zu vertretendes Verschulden treffe. Hierzu erwägt es folgendes:

Die W.-Werke hätten unter Schutzverwaltung gestanden, durch G. & Co. und Qu. sei der Klägerin mitgeteilt worden, daß diese bereit seien, vorzugsweise die für den Heeresbedarf bestimmten Aufträge der Kundschaft der Klägerin auszuführen, jedoch unter der Einschränkung, daß immer die Kundenaufträge für dringende Heereslieferungen hinter den unmittelbaren Aufträgen der Heeresverwaltung selbst zurückgesetzt würden, und daß für solche unmittelbare Aufträge eine Möglichkeit und sogar eine Wahrscheinlichkeit vorliege. Gerade die Kenntnis dieser Einschränkung sei jedoch für die Beklagte von ausschlaggebender Bedeutung gewesen. Es sei ausgeschlossen, daß sie sich auf den Abschluß eingelassen hätte, wenn sie von dieser Art der Lieferungsvorbehalte der W.-Werke H Kenntnis gehabt hätte, während sie selbst dringende Heereslieferungen gehabt habe. Die Klägerin, die die Lage der Beklagten sowohl als die Vorbehalte der W.-Werke gekannt habe, sei daher nach Treu und Glauben verpflichtet gewesen, auch diese der Beklagten bekannt zu geben. Daß sie es nicht getan habe, gereiche ihr nach § 276 BGB. zum Verschulden bei der Eingehung des Vertrags. Die Klausel „Erfüllungsmöglichkeit vorbehalten" decke nur die unerwartet eintretenden, nicht auch solche Ereignisse, deren sicherer oder möglicher Eintritt dem durch die Klausel begünstigten Vertragsteile bei Vertragsschluß bekannt, dem anderen Teile aber unbekannt und verschwiegen war. Diese Vorbehalte hätte sie nicht unter dem von der Klägerin für sich gemachten Vorbehalte der „Lieferungsmöglichkeit" verstehen können.

Die Revision bekämpft diese Auffassung des Vorderrichters über den Umfang der Offenbarungspflicht der Klägerin beim Vertragsschluß als rechtsirrig und betont, daß die Klägerin ohne Verschulden damit habe rechnen können, daß die W.-Werke die aufgegebenen Kriegslieferungen ausführen würden. Die bestehende Unsicherheit der Lieferungen werde durch den vereinbarten Vorbehalt völlig gedeckt. Darüber, daß die Klägerin zuversichtlich geglaubt habe und habe glauben können, die W.-Werke würden dringliche Heereslieferungen auch als Kundenaufträge ausführen, habe sich die Klägerin auf das Zeugnis ihres Bevollmächtigten Sch. berufen, dessen Nichtvernehmung gerügt werde. In der Annahme, daß die W.-Werke liefern würden, sei die Klägerin mit Grund noch dadurch bestärkt worden, daß jene Werke nach den eigenen Feststellungen des angefochtenen Urteils zwei andere vor dem strittigen Schluß aufgegebene Aufträge angenommen und auszuführen bereits unternommen gehabt hätten. Sie habe daher darauf vertrauen dürfen, daß das gleiche auch mit den Lieferungen für die Beklagte geschehen werde.

Das Urteil läßt keinen Rechtsirrtum erkennen. Daß eine Rechtspflicht für den einen Vertragsteil besteht, dem andern die für ihn beim Vertragsschluß bedeutsamen Tatsachen kundzugeben, und daß fahrlässiges Unterlassen dieser Kundgabe nach § 276 BGB. haftbar macht, hat das Reichsgericht bereits in mehreren Entscheidungen anerkannt (Jur. Wochenschr. 1912 S. 743 Nr. 5; RGZ. Bd. 95 S. 58; Recht 1919 Nr. 401 und 1938). Es wird dies auch von der Revision nicht bekämpft. Ob die Gestaltung des Falles eine solche Kundgabe erfordert und ihr Unterbleiben zur Schuld angerechnet werden muß, richtet sich nach den Anforderungen von Treu und Glauben im redlichen Verkehr und ist im wesentlichen Tatfrage. Daß das Berufungsgericht diese Anforderungen überspannt und sich bei seiner Beurteilung rechtlich geirrt habe, ist nicht ersichtlich. Von Bedeutung ist namentlich auch, daß die Beklagte vor Abschluß des Vertrags wegen des von der Klägerin gemachten Vorbehalts „mit Rücksicht auf die gegenwärtigen außergewöhnlichen Verhältnisse bleibt Lieferungsmöglichkeit vorbehalten" ausdrücklich vorstellig geworden war und zu erkennen gegeben hatte, daß sie einen solchen Vorbehalt mit Rücksicht auf die Bestimmung der Lieferung für die Fronttruppen hier nicht in Frage kommend ansah. Wenn darauf die Klägerin erklärte, daß der Vorbehalt der Lieferungsmöglichkeit seit nahezu zwei Jahren üblich sei und auch bei diesem Geschäfte sie davon nicht abstehen könne, so mußte dies bei der Gegenseite die Vorstellung erwecken, als sollten nur die allgemeinen, bei allen Geschäften im Kriege möglicherweise zukünftig einmal vorkommenden Lieferungshindernisse vorbehalten werden und als kämen für dieses Geschäft besondere Umstände, die die Lieferung hindern könnten, und namentlich bereits bestehende Gefahren für die Lieferung daneben nicht in Frage. Gerade das aber war der Fall. Denn hier bestand für die W.-Werke, von deren Lieferung die Klägerin abhing, die Verpflichtung, unmittelbare Aufträge der Heeresverwaltung vor anderen Kundenaufträgen zu erfüllen, für letztere also bereits unter allen Umständen eine große Unsicherheit hinsichtlich ihrer Erfüllungsmöglichkeit, und zwar auch für solche, die, wie die der Beklagten, ihrerseits wieder Heereslieferungen dienten. Ja die Klägerin wußte sogar, daß die Wahrscheinlichkeit solcher Hindernisse bestand. Es handelte sich nicht um ganz allgemeine, unbestimmte, erst in Zukunft als möglich zu erwartende Hindernisse für die Lieferungen, sondern um schon vorliegende Umstände, nämlich das Gebundensein der W.-Werke für Fälle, deren Eintritt sogar wahrscheinlich war. Es lag also eine bereits vorhandene Gefahr für die Lieferungsmöglichkeit vor. Wenn das Berufungsgericht verlangt, daß hiervon nach den Umständen des Falles der Beklagten Mitteilung zu machen gewesen wäre, so muß das nur für zutreffend angesehen werden, und jedenfalls ist hierin eine Überspannung der Offenbarungspflicht nicht zu erblicken. Denn daß es für die Beklagte von Bedeutung war, zu wissen, wie unsicher für sie die Erfüllungsmöglichkeit durch die Klägerin war, die ganz von der Lieferungsbereitschaft der W.-Werke H. abhing, liegt auf der Hand. Die Klägerin kann sich demgegenüber auch nicht darauf berufen, daß vorher diese H.-Werke zwei andere Aufträge ausgeführt hätten; denn dieser Umstand verminderte nicht im geringsten die Wahrscheinlichkeit, daß die Heeresverwaltung jederzeit mit unmittelbarer Inanspruchnahme die Lieferungen an andere Kunden lahmlegte, beseitigte also das objektive Vorhandensein einer Gefährdung der Lieferungsmöglichkeit nicht und damit auch nicht die Pflicht der Klägerin, die Beklagte von dem Bestehen einer solchen Gefahr zu unterrichten.

Die Entscheidung ist weiter auch aus folgendem Gesichtspunkt zu rechtfertigen. Wer eine Lieferungsverpflichtung übernimmt und dabei erkennbar macht, daß deren Aushaltung von der Durchführbarkeit eines vorgängigen Deckungskaufs abhängt, übernimmt damit stillschweigend seinem Vertragsgegner gegenüber die Garantie, daß die Lieferungsverpflichtungen seines Vormannes ihm gegenüber mindestens die gleichen seien, wie die seinen dem Vertragsgegner gegenüber, und daß er sich durch das Deckungsgeschäft die gleiche Sicherheit und Wahrscheinlichkeit geschaffen hat, die weiterverkaufte Ware zu erhalten, wie sie der Vertragsgegner sich durch den Vertragsabschluß zu verschaffen hofft. Gegen diese stillschweigende Garantieübernahme verstieß aber die

Klägerin, da der von ihr mit der Gewerkschaft Qu. abgeschlossene Vertrag ihr bei weitem nicht die Sicherheit gab, die Ware zu erhalten, wie sie die Beklagte trotz der Klausel „Lieferungsmöglichkeit vorbehalten" nach Lage des besonderen Falles und mit Rücksicht auf die oben hervorgehobenen Umstände von ihr selbst erwarten durfte. Denn die W.-Werke durften die Lieferung nicht erst bei wirklicher Unmöglichkeit, sondern schon beim Vorhandensein anderer vorzugsweise zu befriedigender Verpflichtungen verweigern, die Klägerin hatte sich aber nur für den Fall tatsächlicher Unmöglichkeit frei bedungen. Im Abschluß eines solchen in seinen Bedingungen vom Deckungskaufe abweichenden Vertrags liegt dann nicht nur ein Verschulden bei Eingehung des Vertrags, sondern auch eine zu vertretende Verletzung der übernommenen Gewährleistung für die Sicherheit der Erfüllung, wofür die Klägerin gleichfalls nach § 276 BGB. zu haften hat."

---

95. Wann unterliegt ein Gesellschaftsvertrag zur Verwertung eines Grundstücks für gemeinschaftliche Rechnung der Formvorschrift des § 313 BGB.?

II. Zivilsenat. Urt. v. 2. Januar 1920 i. S. 1. H. R. (Bekl.), 2. K. (Nebeninterv.) w. de W. (Kl.). II 312/19.

I. Landgericht Essen.
II. Oberlandsgericht Hamm.

Ein Grundstück in D. mit dem Hotel „Zum schwarzen Adler", woran der Beklagte und hinter ihm der Kläger Hypotheken hatten, wurde im Juli 1917 auf Antrag der den beiden vorgehenden Sparkasse subhastiert. Im Versteigerungstermine vom 9. Juli gab der Beklagte das einzige Gebot ab; am 14. Juli wurde ihm das Grundstück zugeschlagen. Bevor letzteres geschah, trafen die Parteien eine Vereinbarung, deren Inhalt in einer vom 9. Juli datierten privatschriftlichen Urkunde zusammengefaßt wurde. Der Eingang dieses Schriftstücks lautet: „H. R. (der Beklagte) hat heute die Besitzung Hotel E. zum Preise von 140500 ℳ angesteigert. Falls er zu diesem Gebote den Zuschlag erhält, erklärt er für sich und im Auftrage des de W. (des Klägers), daß zur Wiederverwertung des Besitztums ein Konsortium gebildet wird. Das „Konsortium" sollte aus den beiden Parteien bestehen. Der Kläger, der die Auslagen des Beklagten zu verzinsen sowie die Sparkassenzinsen zu zahlen versprach, übernahm die Verwaltung und Verwertung des Grundstücks. Was bei der Verwertung über die Erwerbskosten des Beklagten und über die beiderseitigen Forderungen hinaus erzielt werden würde, sollte zwischen den Parteien zur Hälfte geteilt werden. Zu Veräußerungen und Vermietungen sollte es der Zustimmung des Beklagten bedürfen.

Am 12. Februar 1918 verkaufte der Beklagte das Grundstück hinter dem Rücken des Klägers an den Nebenintervenienten K. Der Kläger forderte darauf klagend, zu erkennen, daß der Beklagte zu diesem Verkaufe nicht befugt sei. Der Beklagte wandte hauptsächlich ein, der Vertrag vom 9. Juli 1917 sei wegen fehlender notarieller Beurkundung nichtig.

Während das Landgericht sich dieser Ansicht anschloß und die Klage abwies, gab umgekehrt das Oberlandesgericht ihr statt. Die Revision hatte keinen Erfolg.

Gründe:

„Das Berufungsgericht geht zutreffend davon aus, daß das sog. Konsortium eine Gesellschaft ist. Anlangend den Zweck der Gesellschaft, so stellt es fest, daß die Parteien die Vereinbarung gerade für den Fall gewollt haben, daß es weder dem Beklagten noch dem Kläger gelingen würde, das Grundstück an einen andern Bieter loszuwerden. Die Worte „falls Beklagter zu diesem Gebote den Zuschlag erhält", bedeuteten eine wirkliche Bedingung des Vertrags, der also erst nach Erteilung des Zuschlags an den Beklagten in Wirksamkeit treten sollte. Demnach sei, als dies am 14. Juli 1917 geschah, der Beklagte Eigentümer gewesen; der Vertrag habe die Regelung der durch den Zuschlag geschaffenen Lage bezweckt, in der Weise, daß das Grundstück einstweilen gemeinsam verwaltet und baldmöglichst nutzbringend verkauft werde. Bis zu solchem Verkauf habe der Beklagte Eigentümer bleiben sollen, um demnächst im Interesse der Gesellschaft, für deren Rechnung, aber im eigenen Namen, das Grundstück an den erst zu ermittelnden dritten Kaufliebhaber aufzulassen.

Die Frage, ob ein Gesellschaftsvertrag dieses Inhalts der in § 313 BGB. bestimmten Form bedarf, hat das Berufungsgericht verneint. Es hat ausgeführt, wenn auch eine Eigentumsübertragung an den Käufer im Sinne des Vertrages liege, so doch keine bindende, unwiderrufliche, erzwingbare Verpflichtung des Beklagten hierzu. Die Annahme, daß er seine Zustimmung zur Veräußerung nicht versagen dürfe und zur Erfüllung derselben gezwungen werden könne, gehe fehl. Der Vertrag besage davon nichts, überlasse es vielmehr seinem freien Ermessen, ob er zustimmen wolle oder nicht. Es handle sich dabei um Zweckmäßigkeitsfragen wirtschaftlicher Art, die rein persönlicher Natur seien und sich der Entscheidung durch den Richter entzögen. Die allgemeine Pflicht des Beklagten, das Beste der Gesellschaft zu fördern, sei verschieden von der unbedingten Verpflichtung, die der § 313 BGB. im Auge habe. Die Ausübung des freien Ermessens sei Vertrauenssache. Täusche ein Gesellschafter das Vertrauen und verweigere er die Zustimmung grundlos oder gar schikanös, so bleibe nur das Mittel der Aufkündigung nach § 723 BGB. oder der Schadensersatzklage.

Diese Begründung des Urteils wird von der Revision mit Recht beanstandet. Widerspruchsvoll ist es schon, wenn das Berufungsgericht wegen willkürlicher Verweigerung der Zustimmung eine Schadensersatzklage für möglich hält, denn Schadensersatz kann nur gefordert werden, falls der Beklagte durch die Weigerung eine Verpflichtung, zuzustimmen, verletzt hat. Auch die Erwägung, mit der die Annahme bekämpft wird, daß eine solche Verpflichtung dem Beklagten nicht obliege, läßt sich nicht billigen. Was die Parteien im Vertrage vom 9. Juli 1917 für die Veräußerung des Grundstücks an einen Dritten vereinbart haben, entspricht der gesetzlichen Regelvorschrift des § 709 BGB.: jeder einzelne Gesellschafter muß zustimmen. So gewiß es aber richtig ist, daß Zweckmäßigkeitsfragen Vertrauenssachen sind, in die der Richter nicht hineinzureden hat, so ist doch eine bloße Zweckmäßigkeitsfrage überall da nicht gegeben, wo der Gesellschafter durch eine Weigerung seinen in § 705 BGB. bezeichneten gesellschaftlichen Pflichten zuwiderhandelt. Für eine Klage auf Erteilung der Zustimmung bildet es daher kein Erfordernis, daß im Vertrage bestimmte Fälle der Verpflichtung zur Zustimmung genannt sind. Vielmehr genügt es für die Erzwingbarkeit, wenn der gemeinsame Zweck und das Interesse der Gesellschaft die Zustimmung fordern, so daß die Weigerung gegen Treu und Glauben verstoßen würde (vgl. Oertmann BGB. § 709 Anm. 3; Düringer-Hachenburg HGB. Bd. 4 S. 98). Das hat für Gesellschaften zur gemeinsamen Veräußerung eines Grundstücks auch das Reichsgericht wiederholt dargelegt; vgl. die Urteile des I. Zivilsenats Gruchot Bd. 49 S. 630; Jur. Wochenschr. 1905 S. 73 Nr. 7; Leipz. Zeitschr. 1907 S. 433 Nr. 3, des II. Zivilsenats RGZ. Bd. 68 S. 261.

Gleichwohl muß dem Berufungsgericht im Ergebnis beigetreten werden, weil eine Gesellschaft der letzteren Art im vorliegenden Falle nicht in Frage steht. § 313 BGB. würde nur dann anwendbar sein, wenn der Gesellschaftsvertrag erst nach dem Zuschlag abgeschlossen wäre. Alsdann wäre der Beklagte Eigentümer gewesen und die Verpflichtung zur Veräußerung des Grundstücks an einen Dritten hätte den ursprünglichen Gegenstand seiner gesellschaftlichen Bindung dargestellt. Hier aber hat der Abschluß des Gesellschaftsvertrags schon nach Abgabe des Gebots durch den Beklagten, also zu einer Zeit stattgefunden, wo er noch nicht Eigentümer war, sondern durch sein Gebot nur eine Anwartschaft darauf hatte, es zu werden. Diese Anwartschaft brachte er in die Gesellschaft ein, die allerdings, vermöge des verfolgten Zweckes und der Vereinbarung, nur wirksam werden konnte, wenn sie den Zuschlag zur Folge hatte. Die Sache liegt ebenso wie in dem Falle des Urteils vom 2. Juni 1916 II 48/16 (Warneyer Nr. 275), wo sich die Parteien zur gemeinsamen Ansteigerung des Grundstücks zusammengetan hatten. Wie der Senat damals Formfreiheit des Gesellschaftsvertrags angenommen hat, so muß das gleiche auch hier gelten. Daß hier der Zuschlag zur Bedingung der Gesellschaft gemacht worden ist, begründet keinen Unterschied. Das Grundstück fiel unmittelbar und gleichzeitig mit dem Zuschlage in die Gesellschaft und unter den Vertrag vom 9. Juli 1917. Es bestand für den Beklagten keinen Augenblick mehr die Möglichkeit, unabhängig vom Vertrage darüber zu verfügen. Die Bedingung wurde nur gesetzt, weil die Vertragschließenden noch mit der Möglichkeit rechneten, daß ein Dritter es zu einem höheren Preise erstehen könnte. Geschah das nicht, so sollte es wirtschaftlich — im Sinne des Verwendungszwecks — Gesellschaftsgrundstück werden. Mit Rücksicht hierauf sah der Kläger davon ab, selbst überzubieten oder, wie er behauptet, seinen Widerspruch gegen das Gebot des Beklagten weiter zu verfolgen. Nach alledem trifft der gesetzgeberische Grund des § 313 hier nicht zu. Nur der Eigentümer als solcher soll durch diese Vorschrift geschützt werden, nicht derjenige, der auf den Erwerb des Eigentums nur einen Anspruch oder eine Anwartschaft hat."

---

96. Unter welchen Umständen bedarf die Vollmacht zur Abgabe eines Verkaufsangebots über ein Grundstück der Form des § 313 BGB.?

BGB. §§ 167 Abs. 2, 313.

V. Zivilsenat. Urt. v. 3. Januar 1920 i. S. A. R.sche Montanwerke (Kl.) w. P. (Bekl.). V 254/19.

I. Landgericht Halle a. S.
II. Oberlandesgericht Naumburg a. S.

In einer privatschriftlichen Urkunde vom 3. Mai 1914 trug der Beklagte der Klägerin den Abschluß des seinem Wortlaute nach in die Urkunde aufgenommenen Kaufvertrags über eine Anzahl ihm gehöriger Grundstücke an. Am Schlusse der Urkunde war gesagt:

„Ich, der Landwirt P. zu St., bevollmächtige hiermit zugleich Herrn Prokurist Schr. zu H., den vorstehenden Kaufvertrag für mich zu notariellem Protokolle zu erklären und den A. R. Montanwerken mitzuteilen. Zur Annahme dieses Antrags stelle ich hiermit eine Frist bis zum 1. August dieses Jahres."

Diese Urkunde händigte der Beklagte dem darin bevollmächtigten Prokuristen der Klägerin Schr. aus und dieser erklärte am 4. Mai 1914 den darin beurkundeten Verkaufsantrag zu notariellem Protokoll. Am 7. Juni 1914 erklärte der Beklagte in einer weiteren privatschriftlichen Urkunde unter Bezugnahme auf seinen Verkaufsantrag vom 3./4. Mai, daß er diesen Antrag wiederhole, aber den Kaufpreis auf 1350 ℳ für den Morgen ermäßige. Auch diese Urkunde enthielt die oben im Wortlaute wiedergegebene Vollmachtserklärung. — Am 8. Juni 1914 erklärte Schr. diesen Verkaufsantrag zu notariellem Protokoll, und am gleichen Tage nahmen ihn die gesetzlichen Vertreter der Klägerin zu notariellem Protokoll an. Der Beklagte hat später die Grundstücke anderweit verkauft und aufgelassen. Die Klägerin hat darauf Klage auf Auflassung der Grundstücke an sie gegen Zahlung oder Eintragung des Kaufgeldes erhoben. Das Landgericht hat die Klage abgewiesen. Die Berufung und die Revision der Klägerin blieben erfolglos.

Aus den Gründen:

„Die Rechtsunwirksamkeit des Kaufvertrags, der durch den zu notariellem Protokoll vom 8. Juni 1914 von dem Prokuristen der Klägerin Schr. erklärten Verkaufsantrag und die in der gleichen Verhandlung von den gesetzlichen Vertretern der Klägerin erklärte Annahme dieses Antrags zustande gekommen sein soll, hat der Beklagte in erster Linie unter Berufung auf das Urteil des erkennenden Senats vom 30. Juni 1913 V 93/13 (Gruchot Bd. 58 S. 176) daraus hergeleitet, daß der Vertrag der in § 313 BGB. vorgeschriebenen notariellen Beurkundung entbehre, weil der dabei als Bevollmächtigter des Beklagten aufgetretene Prokurist Schr. nicht Stellvertreter im Willen gewesen sei, sondern nur in der Erklärung (Bote), indem er lediglich den seinem ganzen Inhalte nach privatschriftlich festgelegten Verkaufsantrag zu notariellem Protokolle zu erklären ermächtigt gewesen sei. Dies lehnt der Berufungsrichter ab, indem er ausführt, eine bloße Stellvertretung in der Erklärung liege nicht vor, da nach den Tatumständen nicht anzunehmen sei, daß die Vertretungsmacht des Schr. so eng begrenzt sein sollte. Ob die Gründe, die der Berufungsrichter für diese Auffassung anführt, geeignet sind, seine Bedenken gegen die Anwendung der in dem angeführten Urteil und in der sonstigen Rechtsprechung des Reichsgerichts (vgl. namentlich das Urteil des erkennenden Senats vom 12. Juni 1911 V 529/1910) ausgesprochenen Auffassung auf den hier vorliegenden Fall zu rechtfertigen, und ob nicht vielmehr schon aus dem hier in Frage kommenden rechtlichen Gesichtspunkte der Kaufvertrag sich als unwirksam darstellt, kann dahingestellt bleiben. Gleiches gilt von dem vom Landgerichte für durchschlagend erachteten, vom Berufungsrichter aber gleichfalls abgelehnten Einwande des Beklagten, daß die Vollmacht, ungeachtet ihrer grundsätzlichen Formfreiheit nach § 167 Abs. 2 im vorliegenden Falle wegen ihres engen Zusammenhanges mit dem Grundstücksveräußerungsgeschäfte der notariellen oder gerichtlichen Beurkundung gemäß § 313 BGB. bedurft haben würde.

Denn die Entscheidung wird getragen durch die vom Berufungsrichter selbst gegebene Begründung. Der Berufungsrichter führt nämlich unter Bezugnahme auf RGZ. Bd. 76 S. 182 aus, es sei denkbar, daß im Einzelfalle nur der äußeren Form nach eine (abstrakte) Vollmacht vorliege, während in Wirklichkeit schon die Bevollmächtigung denselben Zwecken dienen sollte und auch tatsächlich diene wie der Abschluß des Hauptgeschäfts. Das sei der Fall, wenn der Verkäufer des Grundstücks den Erwerber bevollmächtigte, in seinem — des Verkäufers — Namen als sein Vertreter sich selbst den Verkaufsantrag zu stellen, und ebenso in dem als gleichliegend zu erachtenden Falle, wenn die Vollmacht zwar nicht dem Erwerber, sondern einem Dritten erteilt sei, dieser aber mit Wissen und Willen der Parteien, wenn auch nach außen scheinbar unabhängig, tatsächlich ohne eignen Willen nach den Weisungen des Erwerbers handeln solle. Beide Fälle unterwerfe das Reichsgericht dem Formzwange des § 313, weil die Formfreiheit der Vollmacht nicht dazu führen könne, daß der sonst formpflichtige Kaufvertrag im Wege formfreier Bevollmächtigung rechtswirksam zustande komme. Einen solchen Fall erachtet der Berufungsrichter hier für gegeben. Er legt auf Grund der unbestrittenen Erklärungen, die die Klägerin in der Berufungsinstanz über die Vorverhandlungen abgegeben habe, und der Tatsache, daß Schr. Prokurist der Klägerin sei, dar, daß Schr., nachdem der Beklagte durch sein Schreiben vom 15. März 1914 die Angelegenheit angeregt hatte, im Auftrage der Klägerin mit dem Beklagten in Verhandlungen getreten sei, deren Niederschlag der Inhalt der Privaturkunden vom 3. Mai und 7. Juni gewesen sei, und daß der Beklagte mit der Abgabe dieser Erklärungen offenbar alles getan haben wollte, was ihm als Verkäufer bei dem Vertragsabschlusse oblag. Hierbei sei es gleichgültig, ob er die Urkunden für rechtlich verpflichtend hielt oder nicht. Anderseits sei die Stellung der Klägerin zu Schr. dadurch bedingt gewesen, daß er ihr Angestellter war und beide von dem Gedanken ausgingen, daß er bei den Verhandlungen mit dem Beklagten ihr Interesse wahrzunehmen habe und wahrnehmen werde. Die Klägerin habe Schr. so bestimmte Weisungen gegeben, insbesondere über den zu bewilligenden Höchstpreis von 1350 *M*, daß von einer Entschließungsfreiheit Schr.s keine Rede mehr habe sein können, es vielmehr gleichgültig geblieben sei, ob die Vollmacht von dem Beklagten auf Schr. oder unmittelbar auf die Klägerin ausgestellt wurde, und ersteres lediglich der bequemeren Verhandlung wegen geschehen sei. Sonach sei Schr. nach Absicht beider Parteien lediglich aus Zweckmäßigkeitsgründen als eine Mittelsperson eingeschoben worden, die von beiden Seiten durch bestimmte Weisungen so eingeschränkt war, daß sie ohne die Möglichkeit selbständiger Entschließungen handeln mußte. Deshalb sei der Fall der oben erwähnten Reichsgerichtsentscheidung hier gegeben. Der Berufungsrichter erklärt deshalb, indem er sich der dort vertretenen Rechtsauffassung anschließt, daß die Bevollmächtigung des Schr. gemäß § 313 BGB. formpflichtig gewesen sei.

Die Revision bezeichnet das Urteil des Reichsgerichts, auf das sich der Berufungsrichter stützt, als bedenklich und regt dadurch eine Nachprüfung der dort entschiedenen Rechtsfrage durch den jetzt erkennenden Senat an. Diese Nachprüfung gibt indessen keinen Anlaß, von den dort entwickelten Rechtsgrundsätzen abzuweichen. Dabei kann dahingestellt bleiben, ob eine in dem dort vorausgesetzten Verhältnis zu dem Erwerber stehende Person als „willenloses Werkzeug" des Erwerbers bezeichnet werden kann; wesentlich ist die Feststellung, daß sie zur selbständigen Wahrnehmung der Rechte und Interessen ihres angeblichen Vollmachtgebers, des Verkäufers, gegenüber dem Erwerber nicht in der Lage und nicht berufen ist, vielmehr lediglich auf Grund der bereits formlos abgegebenen Vertragserklärung des Veräußeres nach den Anweisungen des Erwerbers die formelle Beurkundung des Kaufvertrags zustande bringen sollte. Zwar ist der Veräußerer rechtlich noch befugt, dem Bevollmächtigten die Vollmacht zu entziehen; aber tatsächlich hat er sich durch die Vollmachtserteilung bereits in die Hände des Erwerbers oder seines Angestellten gegeben, da dieser jederzeit von der Vollmacht wirksam Gebrauch machen kann, ehe der Veräußerer in der Lage ist, die Vollmacht in der nach § 171, 172 BGB. erforderlichen Weise zu widerrufen. Die Erteilung der Vollmacht würde deshalb, falls der auf ihrer Grundlage abgeschlossene Vertrag wirksam zustande käme, bereits eine vom Gesetze nicht gewollte Bindung des Veräußerers an den von ihm formlos erklärten Verpflichtungswillen zur Veräußerung eines Grundstücks bewirken.

Der 2. Zivilsenat hat nun in seinem angeführten Urteil ausgesprochen, daß das damalige Berufungsgericht zwar von einem an sich richtigen rechtlichen Gesichtspunkt ausgegangen sei, indem es Wert darauf gelegt habe, daß die Personen, denen die Vollmacht des Veräußerers erteilt worden, Angestellte des Erwerbers waren, daß aber dieser Umstand allein nicht genüge, um eine den vorstehend entwickelten Rechtsgrundsätzen entsprechende Sachlage als gegeben anzusehen, vielmehr festgestellt werden müsse, daß der beiderseitige Parteiwille darauf gerichtet war, daß sie nur in solcher Weise, d. h. lediglich nach den Weisungen des Erwerbers (als „willenlose Werkzeuge" des Erwerbers) handeln sollten. Auch in dieser Richtung hat aber der Berufungsrichter rechtlich bedenkenfreie Feststellungen getroffen. Die dagegen von der Revision erhobenen Angriffe sind nicht durchgreifend Sie vermißt mit Unrecht eine Feststellung, daß die Parteien bereits in Beziehungen zueinander getreten wären, ehe die notariellen Verkaufsangebote der Klägerin zugingen. Der Berufungsrichter stellt vielmehr eingehend die unter den Parteien geführten Vorverhandlungen dar, bei denen Schr. in seiner Eigenschaft als Prokurist und im besonderen Auftrage der Klägerin mit dem Beklagten verhandelt hat und als deren Ergebnis die Privaturkunden vom 3. Mai und 7. Juni zustande gekommen sind. Ob dabei Schr. von der Klägerin bevollmächtigt war, für sie bereits bindende Verpflichtungen einzugehen, kann dahingestellt bleiben, da es sich zunächst nur um das einseitig bindende Vertragsangebot des Beklagten handelte. Daß aber Schr. von der Klägerin beauftragt war, ein solches Vertragsangebot des Beklagten herbeizuführen, kann nach den Feststellungen des Berufungsrichters nicht in Zweifel gezogen werden; ebensowenig, daß die Klägerin mit der ihr günstigen Fassung der Privaturkunden und der Erteilung der Vollmacht an Schr. durch den Beklagten einverstanden war und sie, wenn sie sie nicht vorher gekannt haben sollte, genehmigt hat. Deshalb ist es unerheblich, daß Schr., wie unterstellt werden muß, nur Kollektivprokura hatte und somit nicht befugt war, allein rechtsverbindliche Verpflichtungen für die Klägerin einzugehen. Inwiefern darin, daß der Beklagte den notariell beurkundeten Vertragsantrag im Besitze der Klägerin gelassen haben soll, eine Genehmigung gefunden werden könnte, ist nicht einzusehen, zumal da es nicht in der Macht des Beklagten lag, ihr den Besitz ohne weiteres zu entziehen, der Beklagte auch keine Schritte getan hat, um den Kaufvertrag zu erfüllen, vielmehr durch Schreiben vom 25. Juli 1914 der Klägerin mitgeteilt hat, daß er sich an die Privatverhandlung vom 2. Mai nicht gebunden halte." ..

---

97. Zur Haftung für Verschulden bei nicht rechtzeitigem Zugehen rechtsgeschäftlicher Erklärungen. Kann der Schaden nach § 254 BGB. geteilt werden, wenn beiden Teilen ein Verschulden bei den Vertragsverhandlungen zur Last fällt?

BGB. §§ 130, 254.

I. Zivilsenat. Urt. v. 3. Januar 1920 i. S. T. (Bekl.) w. S. (Kl.). I 228/19.

I. Landgericht Köln, Kammer für Handelssachen.
II. Oberlandesgericht daselbst.

Der Beklagte, ein Angestellter eines Stahlwerks B. in W. bei Crefeld, bot dem in Düsseldorf wohnhaften Kläger am 29. Oktober 1917 durch Fernsprecher 11 Kuxe zu je 4000 ℳ gültig auf Bescheid bis abends 6 Uhr an. Die Prokuristin des Klägers rief um 5 Uhr 14 Minuten die Fernsprechzentrale des Stahlwerks an und verlangte den Beklagten zu sprechen. Der Beklagte war nicht zur Stelle. Die Prokuristin beauftragte darauf die Fernsprechbeamtin des Stahlwerks, dem Beklagten sofort zu bestellen, daß die Kuxe verkauft seien. Die Beamtin richtete die Bestellung an den Beklagten erst kurz vor 7 Uhr aus. Der Beklagte hielt sich an sein Angebot nicht mehr gebunden, weil die Annahme verspätet erfolgt sei, und hat die Kuxe nicht geliefert. Der Kläger, der sich anderweit zu höherem Preise eingedeckt hat, verlangt Schadensersatz.

Das Landgericht gab der Klage statt; die Berufung des Beklagten wurde zurückgewiesen.

Die Revision des Beklagten hatte teilweise Erfolg.

Gründe:

„Das angefochtene Urteil stellt fest, der Kläger habe sich im Hinblick auf die Kürze der ihm gesetzten Annahmefrist nur des Fernsprechers bedienen können, wenn er auf rechtzeitige Übermittlung der Annahmeerklärung rechnen wollte. Der Beklagte habe also mit ziemlich großer Wahrscheinlichkeit erwarten müssen, daß ihm vom Kläger eine Fernsprechmitteilung zugehen werde; deshalb sei es seine Sache gewesen, sich zu entschließen, ob er mit dem Kläger oder dessen Vertreter persönlich sprechen oder aber sich damit begnügen wolle, daß eine Fernsprechbeamtin als Mittelsperson tätig werde. Seine Pflicht sei es gewesen — da es sich um eine seltene und besonders wichtige Angelegenheit gehandelt habe —, die Durchführung seines Entschlusses sicherzustellen. Dazu habe es nicht genügt, daß er jener Beamtin bei einem vorübergehenden Gange ins Lager hinterlassen habe, wo er zu finden sei. Vielmehr hätte er sie veranlassen müssen, ihn gegebenenfalls an den Fernsprecher zu rufen. Dieser Verpflichtung sei er nicht nachgekommen. Anderseits habe die Prokuristin des Klägers annehmen dürfen, daß die Entgegennahme ihrer Fernsprechmitteilung durch jene Beamtin im Einverständnis mit dem Beklagten geschehe; danach habe sie keinen Anlaß gehabt, den Beklagten persönlich an den Fernsprecher kommen zu lassen, noch auch, eine Voranmeldung des Ferngesprächs zu veranlassen. Deshalb falle nach Treu und Glauben eine Verspätung in der Weitergabe der Fernsprechmitteilung dem Beklagten zur Last und nicht dem Kläger.

Die Revision rügt in erster Linie, daß das Berufungsgericht ein Verschulden des Beklagten für erwiesen angesehen habe; er habe nicht notwendig damit zu rechnen brauchen, daß die Annahme seines Verkaufsangebots durch Fernsprecher und noch dazu ohne Voranmeldung des Gesprächs erfolgen werde; es sei außer acht gelassen, daß der Kläger bei früheren Gesprächen der Parteien jedesmal den Beklagten an den Fernsprecher habe holen lassen und daß das auch diesmal ohne Schwierigkeit hätte geschehen können.

Diese Rüge erscheint nicht begründet. Es ist ein Umstand zu berücksichtigen, der dem vorliegenden Falle sein besonderes Gepräge gibt. Der Beklagte war Angestellter des Stahlwerks. Die in Rede stehende Angelegenheit war reine Privatsache des Beklagten. Es sollte also eine Privatsache eines Angestellten durch den Fernsprecher seines Prinzipals erledigt werden. Das konnte unschwer zu Störungen und Weiterungen führen, da selbstverständlich die Fernsprechangelegenheiten des Prinzipals den Vorrang in der Erledigung zu beanspruchen haben. Hierauf mußte der Beklagte Rücksicht nehmen; er mußte besondere Vorsicht walten lassen und durfte sich nicht dabei beruhigen, daß sich bei früheren derartigen Fernsprechmitteilungen keine Schwierigkeiten ergeben hatten. Insoweit erscheint die angefochtene Entscheidung nicht rechtsirrtümlich.

Der angeführte Umstand mußte aber auch — und insoweit ist einer weiteren Rüge der Revision Recht zu geben — vom Kläger oder seiner Prokuristin berücksichtigt werden. Das Berufungsgericht meint, die Prokuristin habe mit dem Einverständnis des Beklagten rechnen dürfen, daß die Mitteilung an die Fernsprechbeamtin des Werks erfolge. Für diese Annahme fehlt es an genügendem Anhalt. Vielmehr kam in Betracht, daß es sich um ein recht erhebliches Objekt (über 40000 *M*) handelte, daß das Verkaufsangebot des Beklagten zeitlich begrenzt war, daß zur Zeit des Gesprächs nur noch drei Viertelstunden bis zum Endtermin zur Verfügung standen und daß die Fernsprechbeamtin ihre dienstlichen Geschäfte vor den Privatangelegenheiten eines Angestellten zu erledigen hatte. Bei dieser Sachlage entsprach es nicht der gebotenen und üblichen Vorsicht, wenn die Vertreterin des Klägers sich ohne weiteres dabei beruhigte, daß die Fernsprechbestellung dem Beklagten rechtzeitig weitergegeben werde. Sie hätte ihn vielmehr an den Fernsprecher rufen lassen müssen.

Beiden Teilen fällt also eine Außerachtlassung der gebotenen Sorgfalt zur Last. Es fragt sich, welche rechtlichen Folgen daraus zu ziehen sind. Vorauszuschicken ist, daß nicht etwa an sich schon und ohne Rücksicht auf Verschulden die Annahme des Verkaufsangebots als dem Beklagten im Augenblicke des Ferngesprächs zugegangen unterstellt werden kann, denn die Fernsprechbeamtin war weder Hausgenossin des Beklagten, noch dessen Angestellte oder dgl. Nur wenn die Mitteilung in der Wohnung oder im eigenen Geschäftslokale des Empfängers an eine zur Übermittlung geeignete Persönlichkeit erfolgt, kann die Mitteilung als zugegangen gelten (RGZ. Bd. 56 S. 262 flg.).

Die Annahme ist also dem Beklagten nicht rechtzeitig zugegangen, und zwar infolge mangelnder Sorgfalt beider Parteien. Die rechtlichen Folgen einer solchen Sachlage sind bisher in der Rechtsprechung und, soweit ersichtlich, auch im Schrifttum nicht näher erörtert worden.

Das Reichsgericht hat RGZ. Bd. 58 S. 409 entschieden, daß, wenn dem Empfänger Arglist oder auch nur ein Verschulden zur Last fällt, die verspätete Mitteilung als rechtzeitig zugegangen gilt. Diese Entscheidung, die im Schrifttum Billigung, wenn auch zum Teil mit abweichender Begründung, gefunden hat (Planck, BGB. § 130 Anm. 5a; Regelsberger im Bankarchiv Bd. 9 S. 273), trifft den vorliegenden Fall nicht, da sie von dem Vorliegen eines Verschuldens nur auf einer Seite, der des Empfängers, ausgeht. Sie läßt sich auch nicht entsprechend anwenden, denn offenbar entspricht es nicht einer gerechten Würdigung des Sachverhalts, die Schadensfolgen dem Empfänger allein aufzubürden, wenn der Absender diese Folgen auch seinerseits durch die gebotene Vorsicht hätte vermeiden können.

Andrerseits können die Folgen auch nicht dem Absender allein auferlegt werden, etwa mit der Begründung, daß es seine Sache sei, für das Zugehen der Mitteilung zu sorgen, und daß er deshalb keinerlei Ansprüche erheben könne, wenn das unterbliebene oder verspätete Zugehen auf sein — sei es auch nur mitwirkendes — Verschulden zurückzuführen ist. Eine solche Beurteilung würde allein auf formalen Gesichtspunkten fußen und dem Wesen der Sache nicht gerecht werden.

Angemessen erscheint es vielmehr, den Schaden, den beide Parteien verschuldet haben, zwischen ihnen nach den Grundsätzen des § 254 BGB. zu teilen. Der Anwendung des § 254 BGB. auf einen derartigen Fall, wo es sich nicht um schuldhafte Verletzung bereits bestehender Vertragspflichten, sondern um ein Verschulden bei den Vertragsverhandlungen handelt, das das Zustandekommen des Vertrags hindert, stehen keine Bedenken entgegen. Das wird im Schrifttum mit Recht angenommen (vgl. Staudinger BGB. § 254 Anm. 2a; Oertmann, Schuldverhältnisse § 254 Nr. 3). Der Schaden besteht in solchem Falle darin, daß, weil der Vertrag nicht zustande gekommen ist, der Absender der Mitteilung keinen vertraglichen Erfüllungsanspruch gegen den Empfänger und mithin, wenn letzterer nicht erfüllt, keinen Ersatzanspruch hat. Nach den Grundsätzen über die Schadenswiederherstellung ist also der Absender so zu stellen, als ob er einen vertraglichen Ersatzanspruch hätte; mit anderen Worten: der Schaden ist gleich dem positiven Erfüllungsinteresse des Absenders. Gegen die in der Klage vorgenommene Bezifferung dieses Interesses sind Einwendungen nicht erhoben. Nun ist das Verschulden beider Teile im vorliegenden Falle für gleich groß zu erachten. Daraus ergibt sich, daß der Schaden zwischen ihnen nach Hälften zu teilen und mithin der Klage zur Hälfte stattzugeben ist." ...

---

98. Wann ist die „geistige Gemeinschaft" unter den Ehegatten im Sinne des § 1569 BGB. als aufgehoben anzusehen?

V. Zivilsenat. Urt. v. 7. Januar 1920 i. S. Ehemann M. (Kl.) w. Ehefrau M. (Bekl.). V 362/19.

I. Landgericht Bielefeld.
II. Oberlandesgericht Hamm.

Das Berufungsgericht hat die Ehescheidungsklage, der das Landgericht stattgegeben hatte, abgewiesen, und zwar, soweit sie auf § 1569 BGB. gestützt war, mit der Begründung, daß, wenn auch anzunehmen wäre, daß die Beklagte in Geisteskrankheit verfallen sei, diese Krankheit doch nicht einen solchen Grad erreicht habe, daß die geistige Gemeinschaft zwischen den Ehegatten aufgehoben sei. Die Revision führte zur Aufhebung des Berufungsurteils.

Aus den Gründen:

„Die Annahme, daß auch bei Unterstellung vorhandener Geisteskrankheit die Erfordernisse des § 1569 BGB. nicht vorlägen, begründet der Berufungsrichter in folgender Weise: Es ergäben sich allerdings aus der Erkrankung der Beklagten schwerwiegende Bedenken gegen die Möglichkeit der Durchführung einer ehelichen Lebensgemeinschaft zwischen den Ehegatten; ein physisches Zusammenleben würde unmöglich sein. Wollte man hiernach annehmen, daß die Wiederherstellung einer ehelichen Lebensgemeinschaft für alle Zukunft ausgeschlossen sei, so würde daraus noch nicht folgen, daß nunmehr auch jede geistige Gemeinschaft aufgehoben sei. Die Beklagte habe noch Interesse für ihre Familie und insbesondere auch für den Kläger, wie ihre persönliche Vernehmung gezeigt habe; sie habe auch Verständnis dafür, wie die Zukunft der Kinder materiell zu sichern sei. Es erscheine auch nicht ausgeschlossen, daß auf brieflichem Wege ein regelrechter Gedankenaustausch zwischen den Ehegatten geführt werden könnte, sobald der Kläger seinen jegliche Verbindung mit der Beklagten ablehnenden Standpunkt aufgäbe. Allerdings würde das immer noch keine eheliche Lebensgemeinschaft darstellen, aber mit einer solchen rechne § 1569 auch nicht. Es ließen sich viele Fälle denken, in denen wegen körperlicher Erkrankung eines Ehegatten ein dauerndes Zusammenleben beider Teile ausgeschlossen sei; auf solche Fälle könne § 1569 nicht etwa analoge Anwendung finden. Was aber von schweren körperlichen Gebrechen gelte, müsse erst recht auch von einer geistigen Erkrankung gelten, wenn sie das Maß des § 1569 nicht erreiche. Daß die Ehefrau für ihr ehewidriges Verhalten wegen ihrer geistigen Erkrankung nicht verantwortlich gemacht werden könne, schaffe noch nicht die Voraussetzungen des § 1569, wie das Reichsgericht in dem bei Soergel 1917 S. 253 mitgeteilten Urteile vom 30. November 1916 IV 283/16 ausgesprochen habe. Zwischen einer geistigen Erkrankung, welche den Fall des § 1568 ausschließe, und einer Geisteskrankheit, welche die geistige Gemeinschaft der Ehegatten aufhebe, liege ein weiter Spielraum, wie das gerade im vorliegenden Falle die Erkrankung der Beklagten beweise.

Gegen diese Ausführungen wendet die Revision mit Unrecht ein, die geistige Gemeinschaft sei immer schon dann aufgehoben, wenn die Geisteskrankheit das eheliche Zusammenleben, als das Wesentlichste bei der Ehe, unmöglich mache. Aus der Entstehungsgeschichte des § 1569 BGB. ergibt sich, daß der erste Entwurf eine Ehescheidung wegen Geisteskrankheit überhaupt nicht zulassen wollte, weil es praktisch nicht ausführbar sei, diejenigen Fälle, in denen durch die Geisteskrankheit jede geistige Gemeinschaft aufgehoben und der geisteskranke Ehegatte als geistig tot zu betrachten sei, so daß für ihn die Fortsetzung der Ehe, abgesehen von der Unterhaltspflicht, keinen Wert mehr habe, von anderen Fällen zu sondern, in denen die Scheidung sich als eine nicht zu rechtfertigende Härte gegen den Kranken darstellen und von ihm auch als solche empfunden werden könnte (Motive Bd. 4 S. 571). In der zweiten Kommission (Protokolle Bd. 4 S. 423 flg.) wurden die Bedenken gegen Zulassung der Ehescheidung wegen Geisteskrankheit nicht verkannt, man glaubte aber den Versuch machen zu müssen, sie zu überwinden, namentlich mit Rücksicht darauf, daß die Zulassung in einem großen Teile des deutschen Rechtsgebiets bisher schon geltendes Recht war. Man war sich aber darüber einig, daß nur eine qualifizierte Geisteskrankheit Ehescheidungsgrund sein könne. Das suchten die gestellten Anträge auf zweierlei Weise zu erreichen: der eine wollte die Scheidung zulassen, wenn die Geisteskrankheit vermöge ihres Charakters die häusliche und eheliche Gemeinschaft unmöglich mache, eventuell wenn dem anderen Ehegatten die Fortsetzung dieser Gemeinschaft nicht mehr zugemutet werden könne (Antrag 2d S. 406, vgl. S. 425); die anderen wollten die Ehescheidung nur zulassen, wenn die Geisteskrankheit einen die geistige Gemeinschaft ausschließenden Grad erreicht habe. Diese letzteren Anträge wurden angenommen und es wurde dabei erwogen, daß die Unmöglichkeit der Fortsetzung der ehelichen Lebensgemeinschaft für sich allein nicht als geeignete Qualifikation einer die Scheidung rechtfertigenden Geisteskrankheit angesehen werden könne, weil sie sonst auch in anderen Fällen, bei dauernder körperlicher Erkrankung ohne Verschulden des erkrankten Teiles, zugelassen werden müßte, was ein völliges Aufgeben, nicht nur eine Modifikation, des Verschuldungsprinzips bedeuten würde. Richtiger sei es, in Analogie der Auflösung der Ehe durch den physischen Tod auch den geistigen Tod eines Ehegatten als Auflösungsgrund gelten zu lassen. Wie dieser Gedanke am besten auszudrücken sei, sollte der Redaktionskommission überlassen bleiben; evt. werde es genügen, mit den zuletzt erwähnten Anträgen die Scheidung dann zuzulassen, wenn die geistige Gemeinschaft aufgehoben sei. In der dementsprechend festgestellten Fassung ist dann die Vorschrift Gesetz geworden.

Aus diesem Entstehungsgange ist der Inhalt und die Bedeutung der Vorschrift deutlich zu erkennen. Wenn auch die Absicht der Kommission, daß nur der „geistige Tod", also etwa das vollständige Aufhören geistiger Funktionen, die eigentliche Verblödung (vgl. die im Komm. von RGR. zu § 1560 Anm. 5 angeführten Entscheidungen des Reichsgerichts), die Scheidung rechtfertigen solle, im Gesetze nicht zum Ausdrucke gelangt ist, so bringt doch das Erfordernis der Aufhebung der „geistigen Gemeinschaft" den von der Kommission durch die Ablehnung der betreffenden Anträge beabsichtigten Sinn, daß die Unmöglichkeit einer physischen, körperlichen Gemeinschaft, also eines ehelichen Zusammenlebens, nicht genügen solle, zu deutlichem Ausdruck.

Dagegen muß der Revision zugegeben werden, daß der Berufungsrichter den Begriff der geistigen Gemeinschaft unter den Ehegatten in anderer Richtung verkannt hat, wenn er meint, Aufhebung dieser Gemeinschaft liege hier schon um deswillen nicht vor, weil die Beklagte noch Interesse für ihre Familie und insbesondere auch für den Kläger und Verständnis dafür habe, wie die Zukunft der Kinder materiell zu sichern sei, und weil auch nicht ausgeschlossen erscheine, daß auf brieflichem Wege ein regelmäßiger Gedankenaustausch zwischen den Ehegatten geführt werden könnte. Der Berufungsrichter übersieht dabei, daß nach der von ihm nicht in Zweifel gezogenen Feststellung des Sachverständigen die Wahnideen der Beklagten sich richten in erster Linie gegen den Kläger, von dem sie glaubt, daß er die eheliche Treue andauernd verletze und daß er es auf ihr Vermögen abgesehen habe, und ferner gegen die Kinder oder doch wenigstens gegen die Tochter E. und den jetzt verstorbenen Sohn G., von denen sie annimmt, daß sie mit dem Vater unter einer Decke steckten. Der Berufungsrichter hätte sich fragen müssen, ob nicht infolge dieser gegen den Mann und die Kinder gerichteten Wahnideen eine geistige Gemeinschaft auch auf brieflichem Wege nicht hergestellt werden kann, der Gedankenaustausch vielmehr auch auf diesem Wege ein rein gegensätzlicher bleiben muß und zu irgendwelcher Gemeinsamkeit der Gedanken und Empfindungen nicht führen kann. Ein Briefwechsel, in dem der eine Briefschreiber lediglich den gegen den anderen gerichteten Wahnideen Ausdruck gibt, kann als ein Ausdruck einer geistigen Gemeinschaft zwischen dem Schreiber und dem Empfänger nicht gelten. Auch das Interesse für die Familie und das Verständnis für die materielle Sicherung der Kinder, das nach der Feststellung des Berufungsrichters noch besteht, kann, wenn es von Wahnideen beherrscht wird, die sich gegen die Familie richten, nicht Ausdruck einer geistigen Gemeinsamkeit mit dieser und insbesondere mit dem Kläger sein. Daß solche Wahnvorstellungen, die gerade in den wichtigsten Punkten des geistigen Zusammenlebens der Ehegatten das gegenseitige Verständnis und Vertrauen ausschließen und ein gemeinsames Fühlen und Denken unmöglich machen, eine Auflösung des geistigen Bandes unter den Ehegatten herbeizuführen geeignet sind, hat das Reichsgericht bereits in dem Urteile vom 16. Februar 1911 IV 132/1910 ausgesprochen." ...

---

99. 1. Ist die Klage auf Widerruf einer Behauptung zulässig, durch die ein geschütztes Rechtsgut des Klägers nur objektiv, nicht schuldhaft, widerrechtlich verletzt worden ist?

2. Kann die Gefährdung der Freiheit eine Verletzung der Freiheit bilden?

3. Kann eine unkörperliche Einwirkung auf die freie Willensbetätigung einer Person als Verletzung ihrer Freiheit gelten?

BGB. §§ 823 Abs. 1, 249.

VI. Zivilsenat. Urt. v. 12. Januar 1920 i. S. D. (Kl.) w. N. (Bekl.). VI 320/19.

I. Landgericht Hamburg.
II. Oberlandesgericht daselbst.

Der Beklagte hat am 2. Juli 1915 der Ehefrau des Klägers, die mit diesem seit langem in Unfrieden lebt, ein Zeugnis ausgestellt, des Inhalts „Herr D. bedarf wegen geistiger Erkrankung der Aufnahme in die Privatheilanstalt des Herrn Dr. L.". Von diesem Zeugnis hat die Ehefrau des Klägers in den Streitigkeiten der Eheleute über die Herausgabe des jüngsten Kindes und darüber, ob dem Ehemanne die Sorge für dessen Vermögen und Person zu entziehen sei, Gebrauch gemacht. Der Kläger behauptet, er sei geistig vollkommen gesund, das in den Händen seiner Frau befindliche Zeugnis bedeute daher eine stete Gefährdung seiner „Aktionsfreiheit"; der daraus folgende Zustand der Rechtsverletzung dauere an, solange das Zeugnis sich in der Welt und namentlich in den Händen seiner Ehefrau befinde; er habe daher auf Grund dieser andauernden Störung gemäß § 1004 BGB., und da der Beklagte das Zeugnis ohne gründliche Untersuchung schuldhaft ausgestellt habe, auch aus unerlaubter Handlung den Anspruch auf Widerruf. Der Kläger hat geklagt mit dem Antrage, den Beklagten zu verurteilen, der Ehefrau des Klägers gegenüber das Zeugnis zu widerrufen.

Beide Vordergerichte haben die Klage abgewiesen. Die Revision hatte keinen Erfolg.

Aus den Gründen:

„Das Reichsgericht hat in ständiger Rechtsprechung die Klage auf Widerruf beleidigender oder kreditgefährdender Behauptungen zugelassen, wenn durch diese ein dauernder Zustand geschaffen wurde, der für den Kläger eine stetig sich erneuernde Quelle der Ehrverletzung oder Vermögensschädigung bildete (RGZ. Bd. 60 S. 19; Bd. 88 S. 133; Warneyer 1913 Nr. 449; Jur. Wochenschr. 1919 S. 995). Was für Behauptungen der bezeichneten Art gilt, findet unbedenklich auch Anwendung auf Kundgebungen, durch die in ein anderes geschütztes Rechtsgut des Verletzten eingegriffen wird, oder die unter § 826 BGB. fallen.

Wie der Antrag des Klägers zu verstehen ist, verlangt er von dem Beklagten die Erklärung, daß das Zeugnis, als er es ausstellte, unrichtig war, nicht etwa, daß es nachmals seine Geltung verloren habe. Da eine geistige Erkrankung nicht notwendig von Dauer ist, so würde die Erklärung, daß das Zeugnis für eine spätere Zeit nicht mehr zutreffe, überhaupt keinen Widerruf, d. i. die Zurücknahme der früheren Behauptung, darstellen.

Der Widerruf ist eine Form des Schadensersatzes. Der Zustand, der durch die Behauptung entstanden ist, soll durch ihre Zurücknahme beseitigt und der frühere Zustand, wie er ohne die Rechtsverletzung bestand und bestehen würde, wieder hergestellt werden (vgl. RGZ. Bd. 60 S. 17). Hier würde auch der Widerruf, wenn die übrigen Erfordernisse des Klaganspruchs vorlägen, diese Wirkung erzeugen können.

Die Klage ist erhoben unter rechtsähnlicher Heranziehung des § 1004 BGB. und aus unerlaubter Handlung gemäß §§ 823, 824 BGB., denen die Revision noch § 826 anreihen will. Als uneigentliche (quasinegatorische) Eigentumsklage fordert sie den Widerruf, unabhängig davon, ob den Beklagten ein Verschulden treffe, oder ob er in Wahrnehmung von Rechten handelte, schon deshalb, weil er widerrechtlich in ein geschütztes Rechtsgut des Klägers eingegriffen habe.

Der erkennende Senat lehnt eine so begründete Klage auf Widerruf, deren Statthaftigkeit das Berufungsgericht dahingestellt läßt, ab.

Der Widerruf ist, wie bemerkt, eine Art des Schadensersatzes. Nach dem Rechte des Bürgerlichen Gesetzbuchs setzt die Pflicht zum Schadensersatz, soweit das Gesetz nichts anderes sagt, ein Verschulden des Ersatzpflichtigen voraus. Daran ist auch für die Klage auf Widerruf festzuhalten. Auf diese kann nicht ohne weiteres übertragen werden, was für die vorbeugende Unterlassungsklage gilt, die das Reichsgericht auch bei einem nur objektiv widerrechtlichen Eingriff in ein fremdes Rechtsgut zugelassen hat. Beide Ansprüche haben einen verschiedenen Gegenstand. Die Unterlassungsklage soll regelmäßig erneuter künftiger Schädigung vorbeugen, der Widerruf geschehene Schädigung wieder gut machen. Der Senat vermag auch nach aller Erfahrung kein ausreichendes Rechtsschutzbedürfnis für eine derartige Ausdehnung der Klage auf Widerruf anzuerkennen. Mag sie in einzelnen Fällen erwünscht, in andern der Unterlassungsklage insofern ähnlich sein, als der Kläger sich durch den Widerruf von einem in die Zukunft wirkenden Drucke befreien will, unter dem er infolge der Behauptung des Gegners leidet, so könnte auf der andern Seite ihre allgemeine Zulassung der Prozeßsucht, Rechthaberei und übertriebenen Empfindlichkeit im öffentlichen Leben besondere Nahrung geben, eine Gefahr für die Freiheit der Meinungsäußerung in Wort und Schrift werden und den Schutz des § 193 StGB. vielfach zu nichte machen.

Was den Klaggrund der unerlaubten Handlung anlangt, so sieht das Berufungsgericht als Rechtsgüter, die der Beklagte verletzt haben soll, die Freiheit und die Ehre des Klägers an. Es führt dazu folgendes aus: Seine Freiheit sei nicht verletzt worden. Eine bloße Gefährdung der Freiheit erfülle nicht den Tatbestand des § 823; im übrigen bestehe auch keine Gefahr, daß der Kläger auf Grund des vor Jahren ausgestellten Zeugnisses gegen seinen Willen in eine Heilanstalt verbracht werden könnte. Der Widerruf sei daher zur Beseitigung einer fortdauernden Gefahr für die Freiheit des Klägers nicht nötig. Die Klage könne aber auch nicht damit begründet werden, daß seine Ehre verletzt sei. Denn das Zeugnis sei zur Wahrung von Rechten ausgestellt. Der Beklagte sei zur Ausstellung derartiger Zeugnisse berufen. Er habe in Wahrnehmung von Rechten gehandelt, wenn er auf Veranlassung der Ehefrau des Klägers seiner bei der Untersuchung des Klägers gewonnenen Überzeugung gemäß das Zeugnis ausstellte. Ebenso stehe der Anwendung des § 824 BGB. dessen Abs. 2 entgegen.

Unter der Freiheit, wegen deren Verletzung der Kläger klagt, versteht das Berufungsgericht offensichtlich die rein körperliche Freiheit im Gegensatze zur Einschließung. Irrig ist seine Ansicht, daß die Gefährdung dieser Freiheit noch keine Verletzung des Rechtsguts enthalte. Regelmäßig wird vielmehr schon eine Bedrohung mit Freiheitsberaubung als Verletzung der Freiheit zu erachten sein. Hierauf braucht indes nicht weiter eingegangen zu werden, weil der Kläger keine Verletzung seiner Freiheit in dem Sinne behauptet hat, daß er wegen des Zeugnisses die Einsperrung in eine Heilanstalt befürchten müsse. Sondern er hat in erster Instanz vorgetragen, daß er, solange das Zeugnis in den Händen seiner Frau sich befände, in seiner „Aktionsfreiheit" behindert werde, und in zweiter Instanz, daß das Zeugnis eine dauernde Gefährdung seiner ungehinderten Verfügungsfähigkeit im Wirtschafts- und Rechtsleben bedeute.

Dies ist etwas anderes, als was das Berufungsgericht seiner Entscheidung zugrunde legt. Der Kläger will offenbar sagen, er sei in seiner wirtschaftlichen und rechtlichen Bewegungs-, Unternehmungs- und Verfügungsfreiheit beschränkt, solange seine Frau in der Lage sei, seine Pläne, Entschlüsse und Geschäfte, sowie seine Rechtshandlungen zu durchkreuzen, indem sie ihn bei den Personen, mit denen er in Verbindung zu treten suche oder getreten sei, oder bei Gerichten und anderen Behörden mittels des Zeugnisses als Geisteskranken und Geschäftsunfähigen verdächtige.

Wie weit eine so gestaltete unkörperliche Einwirkung auf die freie Willensbetätigung eines Menschen unter den Begriff der Freiheitsverletzung fällt, ist zweifelhaft und wird sich nicht allgemein, sondern nur nach den Umständen des einzelnen Falles beantworten lassen (vgl. RGZ. Bd. 48 S. 123, Bd. 58 S. 28; Jur. Wochenschr. 1908 S. 679). Auch hier dürfen im Interesse der allgemeinen Freiheit, insbesondere der freien Äußerung wissenschaftlicher Überzeugung, die Schranken, innerhalb welcher von außen sich aufnötigende Hemmungen der freien Entschließungs- und Handlungsmöglichkeit als Freiheitsverletzungen im Sinne des § 823 Abs. 1 zu gelten haben, nicht zu weit gesteckt werden. Aus ähnlichem Grunde hat das Reichsgericht zum Schutze der allgemeinen gewerblichen Freiheit dem Rechte an dem Gewerbebetriebe die Aufnahme unter die durch § 823 Abs. 1 geschützten Rechtsgüter versagt. Anderseits kann gerade durch ein ärztliches Gutachten über die geistige oder selbst über die körperliche Gesundheit einer Person, das sich in den Händen eines andern befindet und von ihm zu ihrem Schaden gebraucht wird, eine solche Beengung der rechtlichen, geschäftlichen oder gesellschaftlichen Bewegungsfähigkeit herbeigeführt werden, daß sie die Merkmale einer Verletzung der Freiheit in jenem Sinne trägt. Eine derartige Sachgestaltung müßte der Kläger dartun. Daran fehlt es hier. Das Zeugnis des Beklagten lautet nicht auf Geisteskrankheit, sondern auf geistige Erkrankung des Klägers, die sehr wohl vorübergehender Art sein konnte. Der Kläger hat dafür, daß seine „Aktionsfreiheit" gefährdet sei, nur anführen können, daß seine Frau mit der auf das Zeugnis gestützten

Behauptung, er sei geisteskrank, den Antrag beim Vormundschaftsgericht, ihm die elterliche Gewalt über den jüngsten Sohn zu entziehen, begründet und seine Klage auf Herausgabe dieses Kindes bekämpft habe. In beiden Verfahren haben die Gerichte trotz des Zeugnisses angenommen, daß der Kläger geistig gesund und prozeßfähig sei. Seit der Ausstellung des Zeugnisses sind bis zur Klage drei, bis zur letzten mündlichen Verhandlung vor dem Berufungsgerichte vier Jahre verflossen. Wenn in diesem ganzen Zeitraume das Zeugnis nicht weiter und dazu erfolglos verwertet wurde, als in dem Streite zwischen den Eltern über die Sorge für ein Kind, so genügt dies nicht zur Annahme, daß der Kläger, weil sich das Zeugnis in den Händen seiner Frau befinde, in seiner Bewegungsfreiheit in den oben bezeichneten Richtungen dauernd behindert oder gefährdet sei. Der Kläger kann daher mit der Begründung, daß seine Freiheit verletzt sei, nicht durchdringen.

Daß er, wie das Berufungsgericht unterstellt, durch das Zeugnis in seiner Ehre gekränkt sei, hat er nie vorgebracht. Es ist auch nicht abzusehen, inwiefern das der Fall sein sollte." ... (Sodann wird ausgeführt, daß auch weder § 824 noch § 826 BGB. hier Anwendung finde.)

---

100. Hat die Witwe eines Beamten auch dann Anspruch auf die volle Witwenrente des § 2 Abs. 1 Nr. 2a des Beamtenunfallfürsorgegesetzes, wenn sie mehr als 15 Jahre jünger ist als ihr Mann?

Unfallfürsorgegesetz für Beamte und für Personen des Soldatenstandes vom 18. Juni 1901 § 2 Abs. 1 Nr. 2a, § 9; Preuß. Gesetz, betr. die Fürsorge für Beamte infolge von Betriebsunfällen, vom 2. Juni 1902 § 2 Abs. 1 Nr. 2a, § 9; Preuß. Gesetz, betr. die Fürsorge für die Witwen und Waisen der unmittelbaren Staatsbeamten vom 20. Mai 1882/1. Juni 1897 § 12 Abs. 1, 3; Reichs-Beamtenhinterbliebenengesetz vom 17. Mai 1907 § 6.

III. Zivilsenat. Urt. v. 13. Januar 1920 i. S. preuß. Staat (Bekl.) w. E. (Kl.). III 349/19.

I. Landgericht Beuthen.
II. Oberlandesgericht Breslau.

Der Ehemann der Klägerin war preußischer Eisenbahnbeamter und verstarb am 20. Mai 1917 infolge eines im Dienste erlittenen Betriebsunfalls. Da er 26 Jahre älter war als die Klägerin und die Ehe nicht fünf Jahre bestanden hatte, wurde die Witwenrente, die der Klägerin nach der im § 2 Abs. 1 Nr. 2a des preußischen Beamtenunfallfürsorgegesetzes an sich zustehen würde, unter Anwendung des § 12 Abs. 1 preuß. Hinterbliebenenfürsorgegesetzes wegen des Altersunterschieds gekürzt und auf 389,40 *M* festgesetzt. Die Klägerin hält diese Kürzung für unzulässig und beansprucht 20 % des jährlichen Diensteinkommens ihres Mannes, das 2846 *M* betrug, also 569,20 *M* als Witwenrente. Nachdem sie auf ihre an den Minister der öffentlichen Arbeiten und an den Finanzminister gerichteten Beschwerden unter dem 21. November 1917 und dem 8. Januar 1918 ablehnende Bescheide erhalten hatte, hat sie am 25. April 1918 Klage auf Zahlung dieser Rente erhoben. Das Landgericht hat ihre Klage abgewiesen, das Oberlandesgericht hat dagegen den Beklagten nach dem Klagantrage verurteilt. Seine Revision hatte keinen Erfolg.

Gründe:

„... Das preuß. Beamtenunfallfürsorgegesetz (BUFG.) gewährt, ebenso wie das Reichs-BUFG., im § 2 Abs. 1 Nr. 2a der Witwe eines Beamten, der infolge eines im Dienste erlittenen Betriebsunfalls gestorben ist, den Anspruch auf eine Rente in Höhe von 20 % des jährlichen Diensteinkommens des Verstorbenen, ohne den Fall zu erwähnen, daß die Witwe mehr als 15 Jahre jünger als der Verstorbene gewesen ist, während das preuß. Gesetz, betr. die Fürsorge für die Witwen und Waisen der unmittelbaren Staatsbeamten vom 20. Mai 1882 (preuß. BHG.) im § 12 Abs. 1, in Übereinstimmung mit dem Reichsgesetze, betr. die Fürsorge für die Witwen und Waisen der Reichsbeamten der Zivilverwaltung vom 20. April 1881 § 12 Abs. 1, jetzt dem an dessen Stelle getretenen Reichs-BHG. vom 17. Mai 1907 § 6 Abs. 1 Satz 1, bestimmt: „War die Witwe mehr als 15 Jahre jünger als der Verstorbene, so wird das nach Maßgabe der §§ 8 und 10 berechnete Witwengeld für jedes angefangene Jahr des Altersunterschieds über 15 bis einschließlich 25 Jahre um $^1/_{20}$ gekürzt." Die Parteien streiten nun darüber, ob auf Grund dieser Bestimmung auch die Witwenrente einer über 15 Jahre jüngeren Witwe des infolge eines Betriebsunfalls verstorbenen Beamten zu kürzen ist, weil § 9 preuß. BUFG., ebenso wie § 9 RBUFG., im Abs. 1 Satz 1 bestimmt: „Soweit vorstehend nichts anderes bestimmt ist, finden auf die nach §§ 1 bis 3 zu gewährenden Bezüge die für die Beteiligten geltenden Bestimmungen über die Pension und über die Fürsorge für Witwen und Waisen Anwendung." Da hier, wie die Revision unter Hinweis auf die abweichende Fassung des § 9 Abs. 1 Satz 2 hervorhebt, nicht die entsprechende, sondern die unmittelbare Anwendung der Vorschriften über die Fürsorge für Witwen und Waisen vorgeschrieben ist, hängt die Entscheidung davon ab, ob in dieser Hinsicht § 2 BUFG. etwas anderes bestimmt hat (vgl. RGZ. Bd. 72 S. 79). Diese Frage hat, abweichend von dem Landgerichte, der Berufungsrichter in bewußtem Gegensatze zu der in der Rechtslehre herrschenden Meinung und auch in Abweichung von der preuß. Ausführungsanweisung vom 6. Juli 1907 (JMBl. S. 487; EisenbahnVBl. S. 305) Nr. I A 1 bejaht. Seinen Ausführungen kann im wesentlichen nur beigepflichtet werden.

Allerdings ist der Äußerung der Regierungsvertreter bei der Beratung des RBUFG. von 1886 in der Reichstagskommission, daß § 12 RBHG. vom 20. April 1881 auf die der Witwe nach dem BUFG. zustehenden Ansprüche keine Anwendung finde (Verhandlungen des Reichstags 1885/86, S. 23 des Kommissionsberichts, Drucksache Nr. 83, zu § 6 der Vorlage), kein Gewicht beizulegen. Sie steht nicht nur mit der von dem Berufungsgericht erwähnten, entgegengesetzten Feststellung in der Kommission des Abgeordnetenhauses bei der Beratung des preuß. BUFG. (Aktenstück Nr. 170 der stenogr. Berichte des Hauses der Abg. 1887, Anl. Bd. 3 S. 2302 zu § 7), sondern auch mit dem Inhalte der Begründung des preuß. BUFG. (das. Aktenstück Nr. 88 Bd. 3 S. 1831 zu § 7) und des RBUFG. (Verhandl. des Reichstags 1885/86 Drucks. Nr. 5 S. 13 zu § 6) in Widerspruch; in beiden Begründungen wird die in Betracht kommende Kürzungsvorschrift ausdrücklich für anwendbar erklärt. Es unterliegt daher Bedenken, wenn das Berufungsgericht meint, bei der Beratung des RBUFG. habe über die Unanwendbarkeit dieser Kürzungsvorschrift unter den gesetzgebenden Faktoren Einverständnis geherrscht, und daraus folgert, daß, weil das Reichsgesetz dem preuß. BUFG. als Vorbild gedient habe, die bei der Beratung des letzteren zutage getretene entgegengesetzte Ansicht auf einer irrtümlichen Auslegung des Reichsgesetzes beruhe und deshalb die Auslegung des preuß. Gesetzes nicht beeinflussen dürfe. Jedenfalls ist aber aus dieser Entstehungsgeschichte der beiden Gesetze auch nichts gegen die Ansicht des Berufungsrichters zu entnehmen.

Sinn und Zweck der Bestimmungen der Beamtenunfallfürsorgegesetze zwingen dagegen zu dem Schlusse, daß die Anwendung der Kürzungsvorschrift des § 12 BHG. mit den Vorschriften des § 2 BUFG. unvereinbar ist, daß vielmehr der um mehr als 15 Jahre jüngeren Witwe des Beamten die volle Witwenrente zukommt.

Das Berufungsgericht weist zunächst mit Recht darauf hin, daß nach den Bestimmungen des BHG., weil sich nach ihnen das Witwengeld nach der Pension des Mannes bemißt, die junge Witwe eines alten Beamten beim Fehlen der Vorschrift des § 12 einen doppelten Vorteil genießen würde, den des höheren Diensteinkommens und den des höheren Pensionsdienstalters des alten Beamten, während nach dem BUFG. die junge Witwe, da sie als Witwenrente 20% des Diensteinkommens ihres Mannes ohne Rücksicht auf dessen Dienstalter bezieht, nur den Vorteil des höheren Diensteinkommens genießt, so daß ein Grund für die Kürzung bei der Witwenrente nicht in demselben Maße gegeben ist, wie bei dem Witwengelde.

Ferner ist mit dem Berufungsrichter besonderes Gewicht auf die Bestimmung des § 12 Abs. 2 BHG. (in der Fassung des Gesetzes vom 1. Juni 1897) zu legen: „Nach fünfjähriger Dauer der Ehe wird für jedes angefangene Jahr ihrer weiteren Dauer dem gekürzten Betrage $^1/_{20}$ des nach Maßgabe der §§ 8 und 10 zu berechnenden Witwengeldes so lange hinzugesetzt, bis der volle Betrag wieder erreicht ist." Die hier der jungen Frau eines alten Beamten eröffnete Aussicht, durch eine längere Dauer der Ehe mit der Verkürzung des Witwengeldes ganz oder zum Teil verschont zu werden, wird ihr durch einen infolge eines Betriebsunfalls eingetretenen verfrühten Tod ihres Mannes abgeschnitten. Sie erleidet demnach, wenn der § 12 zur Anwendung kommt, einen unbilligen Nachteil, der nicht mit dem Zwecke des BUFG. im Einklange steht, die Hinterbliebenen des im Dienste durch einen Betriebsunfall verunglückten Beamten gegen die mit dessen verfrühtem Tode verbundenen wirtschaftlichen Nachteile zu schützen.

Endlich spricht für die hier vertretene Ansicht auch die Erwägung, daß die Beamtenunfallfürsorgegesetze den verunglückten Beamten und deren Hinterbliebenen grundsätzlich eine gleichwertige Fürsorge angedeihen lassen wollen, wie sie den Arbeitern nach den Unfallversicherungsgesetzen zusteht (vgl. RGZ. Bd. 72 S. 80, Bd. 84 S. 191), und daß insbesondere der § 2 die Renten der Hinterbliebenen im allgemeinen nach den Bestimmungen dieser Gesetze regelt (Begr. z. Entwurf des RBUFG. von 1886, Reichstagsverhandl. 1885/86 Drucks. Nr. 5 S. 11 zu § 2, und Begr. zum Entwurf dieses Gesetzes von 1901, daselbst 1900/01 Drucks. Nr. 176 S. 8; vgl. auch § 4 der beiden BUFG.). Das Gewerbeunfallversicherungsgesetz vom 5. Juli 1900 gewährt aber der Witwe eine Rente von 20% des Jahresarbeitsverdienstes des verunglückten Arbeiters (§ 16) ohne Rücksicht auf den Altersunterschied zwischen den Ehegatten. Die junge Witwe eines alten Beamten würde demnach, wenn die Ansicht des Beklagten zuträfe, schlechter gestellt sein, als die eines Arbeiters. Wenn der Beklagte sich demgegenüber auf § 20 GewUnfVG. und die Einschränkungen des § 10 dieses Gesetzes beruft, so übersieht er, daß der § 20 mit § 2 Abs. 2 BUFG. übereinstimmt und daß die Bestimmungen des § 10 über die Berechnung des Arbeitsverdienstes und die Einschränkung seiner Anrechnung mit der hier zu entscheidenden Frage nichts zu tun haben."

101. Kann der Käufer einer gewöhnlichen Geige (Orchestergeige) den Kauf wandeln, wenn die Parteien nach dem vereinbarten Preise davon ausgegangen sind, daß es sich um ein Instrument von hohem Werte (Sologeige) handle?

BGB. § 459.

II. Zivilsenat. Urt. v. 13. Januar 1920 i. S. S. (Kl.) w. H. (Bekl.). II 352/19.

I. Landgericht I Berlin.
II. Kammergericht daselbst.

Der Kläger hat vom Beklagten Anfang 1913 zwei Geigen für den Preis von 8500 *M* gekauft. Er behauptet, ihm sei versichert worden, daß die Geigen von vorzüglicher Klangschönheit und besonders guter Qualität seien, daß sie einen hohen Kunstwert hätten und der Preis nicht nur angemessen, sondern sogar billig sei; in Wahrheit hätten die Geigen keine künstlerische Qualität, keinen guten Ton und seien keine wertvollen Exemplare; sie seien höchstens 800 *M* wert. Er macht das Recht auf Wandlung geltend und ficht den Vertrag eventuell wegen Irrtums und arglistiger Täuschung an. Er beansprucht Rückzahlung der gezahlten 8500 *M*.

Während das Landgericht der Klage stattgab, erkannte das Kammergericht auf Abweisung. Die Revision des Klägers blieb erfolglos.

Gründe:

„Der Kläger hat seinen Anspruch dreifach begründet. Er will den Kauf wandeln oder aber ihn anfechten wegen Irrtums nach § 119 Abs. 2 BGB. oder wegen arglistiger Täuschung. Die Zurückweisung der Anfechtung wegen Täuschung beruht auf tatsächlicher Feststellung, die der Anfechtung wegen Irrtums auf Rechtsanwendung, der jedenfalls insofern ohne weiteres zuzustimmen ist, als dem Käufer neben den Gewährleistungsansprüchen die Anfechtung des Kaufgeschäfts wegen wesentlicher Mängel der Kaufsache überhaupt versagt ist.

Die Revision rügt denn auch nur Verletzung des § 459 BGB. In dieser Beziehung hat der Vorderrichter ausgeführt, der Vortrag des Klägers ergebe nicht, daß die Geigen mit Fehlern behaftet seien, wie § 459 sie im Auge habe; der gewöhnliche Gebrauch von Geigen bestehe darin, daß man auf ihnen spiele und spielen könne; der Kläger stelle nicht in Abrede, daß das hier der Fall sei, er behaupte nur, daß auf ihnen nicht die künstlerischen Leistungen erzielt werden könnten, die er ihnen nach dem Preise zugeschrieben habe; freilich habe er davon ausgehen können, daß die Geigen besonders wertvoll seien, während sie nach dem Sachverständigen nur einen Wert von etwa 700 *M* hätten; in dem Umstand aber, daß die Sache einen erheblich geringeren Wert habe, als der Kaufpreis betrage, sei ein Fehler nach § 459 nicht zu erblicken.

Die Revision bekämpft dies mit dem Hinweise, daß gegenüber dem vereinbarten Preise der nach dem Vertrage vorausgesetzte Gebrauch der Geigen nicht nur darin habe bestehen sollen, daß man auf ihnen spielen könne; es habe sich vielmehr um Geigen von Kunstwert gehandelt, um Sologeigen, um solche, auf denen künstlerische Leistungen erzielt werden sollten. Das ist richtig, widerlegt aber den Vorderrichter nicht. Es handelt sich um einen Spezieskauf. Gegenstand des Vertrags waren die beiden Geigen so, wie sie sind. Und so wie sie sind, hat der Verkäufer sie dem Käufer übergeben und damit übereignet. Allerdings geht aus dem Preise, den der Verkäufer — übrigens nach der Feststellung des Instanzrichters in gutem Glauben — gestellt, der Käufer bewilligt hat, hervor, daß die Vertragsparteien den Wert der Geigen viel zu hoch geschätzt hatten, den Wert, wie er sich durch die allgemeine Beschaffenheit des Instruments, vor allem durch Schönheit und Stärke des Tones bestimmt. Aber unter Fehler im Sinne des § 459 ist ein Abweichen von der normalen Beschaffenheit zu verstehen, und ein Abfall im Werte, auch wenn er erheblich ist, bedingt noch keine Abweichung von der normalen Beschaffenheit. Es ist kein Fehler eines Instruments, daß es seiner allgemeinen Beschaffenheit nach hinter besseren zurücksteht. Folgt man dem Sachverständigen in der Unterscheidung zwischen Orchester- und Sologeigen, so ist eine Frage die, ob es sich hier um die eine oder die andere Qualität handelt; eine ganz andere Frage ist dagegen, ob die Geigen Fehler und Mängel aufweisen oder nicht. Verfehlt wäre es, eine Orchestergeige als eine fehlerhafte Sologeige zu kennzeichnen. Der Kläger hat ein richtiges Gefühl für seine Rechtslage bewiesen, als er vom Verkäufer eine Gewähr dafür forderte, daß die Geigen den verlangten Preis wert, daß sie echt seien. Das wurde abgelehnt, und wenn er trotzdem kaufte, so hat er einen viel zu hohen Preis bewilligt, aber darum noch nicht fehlerhafte Geigen gekauft."

Register.

Die Zahlen bedeuten die Seiten.

A. Sachregister.

A

B

W

B. Gesetzesregister.

1. Reichsgesetze.

a. Bürgerliches Gesetzbuch.

b. Einführungsgesetz zum Bürgerlichen Gesetzbuche.

c. Allgemeines Deutsches Handelsgesetzbuch (a. F.).

d. Handelsgesetzbuch von 1897.

24*

2. Landesrecht.

Preußen.

a. Allgemeines Landrecht.

3. Ausländisches Recht.

England.

Frankreich.

Österreich.

C. Zusammenstellung der Entscheidungen nach der Zeitfolge.

Zusammenstellung

der

im siebenundneunzigsten Bande, der neuen Folge siebenundvierzigsten Bande,

mitgeteilten Entscheidungen

nach

Oberlandesgerichtsbezirken.

Berichtigungen.

Dreiundneunzigster Band.

S. 70 Z. 18 v. o. statt „S. 538" lies „S. 358 Nr. 7".

Siebenundneunzigster Band.

S. 97 Z. 8 v. u. statt „4. November" lies „11. November".

Generalregister zu Bd. 61—70.

S. 241 Z. 5/6 v. o. statt „63, 256" lies „62, 256".

Generalregister zu Band 81—90.

S. 299 Z. 4 v. o. statt „89, 228" lies „85, 228".

FSC
www.fsc.org
MIX
Papier | Fördert
gute Waldnutzung
FSC® C083411

Kolibri 360 GmbH
Ferdinand-Jühlke-Straße 7
99095 Erfurt, Deutschland
produktsicherheit@kolibri360.de